Wissenstransfer – Erfolgskontrolle und Rückmeldungen aus der Praxis

TRANSFER
WISSENSCHAFTEN

Herausgegeben von Gerd Antos und Sigurd Wichter

Band 5

PETER LANG

Frankfurt am Main · Berlin · Bern · Bruxelles · New York · Oxford · Wien

Sigurd Wichter/Albert Busch (Hrsg.)

Wissenstransfer – Erfolgskontrolle und Rückmeldungen aus der Praxis

PETER LANG
Europäischer Verlag der Wissenschaften

Bibliografische Information Der Deutschen Bibliothek
Die Deutsche Bibliothek verzeichnet diese Publikation in der
Deutschen Nationalbibliografie; detaillierte bibliografische
Daten sind im Internet über <http://dnb.ddb.de> abrufbar.

Gedruckt auf alterungsbeständigem,
säurefreiem Papier.

ISSN 1615-0031
ISBN 3-631-53671-2

© Peter Lang GmbH
Europäischer Verlag der Wissenschaften
Frankfurt am Main 2006
Alle Rechte vorbehalten.

Printed in Germany 1 2 3 4   6 7

www.peterlang.de

Vorbemerkung der Herausgeber

Das 5. Kolloquium „Transferwissenschaften" fand in der Zeit vom 29.9. bis zum 1.10.2003 in Göttingen statt. Es beschäftigte sich mit dem Wissenstransfer unter besonderer Berücksichtigung evaluativer Gesichtspunkte: Im Mittelpunkt standen Erfolgskontrollen und Rückmeldungen aus der Praxis.

Auch diesmal waren die Debatten und Gespräche von kritischer Offenheit und zugleich von Kollegialität geprägt. Für diese Form der Kooperation und auch für die Kooperation bei der Erstellung des vorliegenden Sammelbandes sind die Herausgeber den Teilnehmern und Beiträgern zu großem Dank verpflichtet.

Weiterhin gilt unser ganz besonderer Dank Frau Karin Peschke für die Koordination der Korrekturen und die aufwändige Erstellung der Druckvorlage. Und ebenso schulden wir großen Dank Frau Annegret Meier, Frau Katharina Wöhl, Herrn Kevin Archut und Herrn Manuel Tants für die Unterstützung der Korrekturarbeit.

Sigurd Wichter *Albert Busch*

Inhaltsverzeichnis

Wissenstransfer in der Informationsgesellschaft

Politische Kommunikation in den sich mit der Aufarbeitung der SED-Diktatur beschäftigenden Enquete-Kommissionen des Deutschen Bundestages

Udo Baron (Berlin)

1 Einleitung

Eine Demokratie lebt vom Engagement der sie tragenden Bürger. Dieses Engagement muss aber immer wieder neu geweckt und gefördert werden. Eine Aufgabe, für die in einer parlamentarischen Demokratie in erster Linie die politischen Parteien zuständig sind. Das Grundgesetz der Bundesrepublik Deutschland hat ihnen daher in Artikel 21, Abs. 1 Verfassungsrang gegeben, verbunden mit dem Auftrag, an der politischen Willensbildung des Volkes mitzuwirken. Diese Willensbildung setzt in der demokratischen Staatsform die wechselseitige Kommunikation zwischen Politik und Öffentlichkeit voraus. Die politische Kommunikationsarbeit, verstanden als „eine ständige, auf den Dialog zwischen Bürgern und Partei, ihren Mandatsträgern und Mitgliedern ausgerichtete Aufgabe", ist deshalb zu einem zentralen Element des politischen Marketings und somit zu einem unverzichtbaren Mittel der Politik geworden.[1] Neben der Bestätigung durch die Wahlentscheidung des Bürgers verfolgt die politische Kommunikation folgende Ziele:

1. Die Profilgewinnung, d. h. die Verdeutlichung der politischen Programmatik.

2. Die Schaffung von Vertrauen und Identität, d. h. der Bürger soll sich mit seinen Anliegen und Vorstellungen in der Politik bzw. bei der Partei seiner Wahl wiederfinden und sich mit ihr identifizieren.

---

[1] Pflaum/Pieper (1990: 296)

3. Die Darstellung und der Aufbau von Sachkompetenz zu politischen Sachthemen.

4. Bürgernähe, d. h. die Auf- und Annahme von Wünschen und Sorgen der Bürger, um daraus konkrete Lösungsvorschläge zu entwickeln und zu vermitteln.[2]

Um in der heutigen Informations- und Dienstleistungsgesellschaft wahrgenommen zu werden, ist die politische Kommunikation auf ein zeitgemäßes Kommunikationsmanagement angewiesen, das – vor allem im Wahlkampf – die Strukturen und Mittel der Mediendemokratie berücksichtigen und anwenden muss. Vor allem im Zeitalter der Massenkommunikation fungieren die klassischen Medien Fernsehen, Hörfunk und Presse sowie das neu hinzugekommene Internet und das Handy als Instrumentarien der politischen Kommunikation. Sie nehmen täglich Einfluss auf den politischen Prozess und prägen ihn nachhaltig. Die Kunst der politischen Kommunikation besteht heutzutage darin, die Politik in ihrer ganzen Komplexität dem Bürger durch Transparenz näher zu bringen, damit er die politischen Zusammenhänge besser versteht. Darüber hinaus soll sie den Einzelnen motivieren, sich stärker für Politik zu interessieren und zu engagieren. Um Programme und Images zu verbreiten, d. h. um Einfluss auf den öffentlichen Willensbildungs- und Entscheidungsfindungsprozess zu nehmen, benötigt die Politik die Medien als Transporteur ihrer Ideen, Absichten und Beschlüsse. Zugleich brauchen die Medien die Politik, weil diese ihnen die benötigten Informationen liefern. Idealtypisch betrachtet führt die daraus resultierende Kommunikation dazu, dass einerseits die Medien die Themen, Bedürfnisse und Meinungen der Bürger zu den politisch Handelnden befördern, während die Politiker ihrerseits ihre Planungen und Entscheidungen der Öffentlichkeit über die Medien zugänglich machen.[3]

2   Rolle und Funktion von Enquete-Kommissionen im politischen Raum

Politische Kommunikation findet aber nicht nur zwischen Politik und Bürger statt. Sie vollzieht sich ebenso innerhalb politischer Einrichtungen als auch zwischen ihren Akteuren. Politische Kommunikation gliedert sich dabei immer in eine Außen- und eine Binnenkommunikation.[4] Findet erstere vor allem mit Hilfe der Instrumentarien der modernen Massenkommunikation statt, so kommt letztere durchaus auch ohne diese aus. Interne Kommunikation erfolgt vornehmlich innerhalb geschlossener Kreise, d. h. in Gremien, die ausschließlich den politischen Akteuren vorbehalten bleiben. Eine Ausnahme bildet eine par-

---

[2]   Ebd., S. 297.

[3]   Meyn (2004: 250)

[4]   Alemann/Marschall (2002: 22 ff.)

lamentarische Institution, deren Arbeitsweise auf die direkte Kooperation und Kommunikation zwischen Politikern und Nichtpolitikern zurückgreift und gezielt den Kontakt zur Öffentlichkeit sucht: Die Enquete-Kommission.

Will der Deutsche Bundestag oder ein Landesparlament sich in umfangreichere und bedeutsame Sachkomplexe auch mit Hilfe wissenschaftlicher Sachverständiger einarbeiten, so können sie seit der Geschäftsordnungsreform von 1969 auf Antrag eines Viertels ihrer Mitglieder eine Enquete-Kommission einsetzen. Diese setzt sich aus Abgeordneten der im Deutschen Bundestag bzw. der in den entsprechenden Landtagen vertretenen Parteien und einer meist gleichgroßen Zahl externer Sachverständiger ohne Parlamentsmandat zusammen. Eine Enquete-Kommission ist das einzige parlamentarische Gremium, welches außer gewählten Parlamentariern auch externen Sachverstand stimmberechtigt zulässt. Ihre Mitglieder werden im Einvernehmen der im Parlament vertretenen Fraktionen benannt und vom Bundestags- bzw. Landtagspräsidenten berufen. Kommt es nicht zu einer Einigung, so benennen die Fraktionen die Mitglieder im Verhältnis ihrer Stärke, wobei es nicht mehr als neun pro Fraktion sein sollen. In ihren Sitzungen werden der wissenschaftliche Inhalt ebenso wie die politische Bedeutung und künftige Gestaltungsnotwendigkeit einer aktuellen Materie erarbeitet. Als Instrumentarien stehen ihr schriftliche und mündliche Expertisen zur Verfügung. Beendet wird die Arbeit mit einem Abschlussbericht, der so rechtzeitig vorliegen muss, dass bis zum Ende der Wahlperiode noch eine Aussprache darüber im Parlament stattfinden kann. Er fasst die Arbeit einer Enquete-Kommission zusammen und wendet sich in Form von Handlungsempfehlungen an den Gesetzgeber und die Öffentlichkeit.[5]

Zu den bedeutendsten Enquete-Kommissionen seit ihrer Einführung gehören die nach der deutschen Einheit eingesetzte Enquete-Kommission zur „Aufarbeitung von Geschichte und Folgen der SED-Diktatur in Deutschland" und ihre Folgekommission zur „Überwindung der Folgen der SED-Diktatur im Prozeß der deutschen Einheit". Ost- und westdeutsche Abgeordnete arbeiteten in diesen Gremien mit Wissenschaftlern, Journalisten, Literaten und anderen Nichtparlamentariern aus West- und Ostdeutschland über zwei Wahlperioden als Sachverständige zusammen. So entstand ein Gremium, dem nicht nur führende ostdeutsche Politiker aller Parteien, insbesondere ehemalige DDR-Bürgerrechtler aus der Umbruchphase der Jahre 1989/90 wie der letzte Außenminister der DDR, Markus Meckel (SPD), ihr letzter Verteidigungsminister Rainer Eppelmann (CDU) oder die bündnisgrünen Abgeordneten Gerd Poppe und Wolfgang Ullmann angehörten, sondern auch ehemalige Repräsentanten der vormals herrschenden Staatspartei der DDR, der SED, wie ihr letzter Ministerpräsident Hans Modrow und sein Kultusminister Dietmar Keller, die für die SED-Nachfolgepartei, die PDS, im Deutschen Bundestag saßen. Von westdeutscher Seite

---

[5] Vgl. Geschäftsordnung des Deutschen Bundestages (GOBT), VII. Ausschüsse, § 56.

kamen Abgeordnete wie der Sozialdemokrat Gert Weiskirchen hinzu, der bereits im Verlauf des Kalten Krieges als einer von wenigen aus der altbundesrepublikanischen Politik Kontakte zu den Bürgerrechtsbewegungen in der ehemaligen DDR aufgebaut und gepflegt hatte. Aber auch ehemalige westdeutsche bzw. gesamtdeutsche Bundesminister wie die christdemokratische innerdeutsche Ministerin Dorothee Wilms (CDU), die freidemokratische Justizministerin Sabine Leutheusser-Schnarrenberg oder ihr Parteikollege, Bildungsminister Rainer Ortleb, gehörten diesem Gremium, zumindest zeitweise, an. Als Sachverständige fungierten renommierte Politikwissenschaftler wie Hermann Weber, Hans-Adolf Jacobsen oder Manfred Wilke, die zu den führenden westdeutschen Repräsentanten auf dem Gebiet der Kommunismus- und Deutschlandforschung gehörten bzw. immer noch gehören. Mit dem langjährigen Chefredakteur des Deutschlandfunks, Karl Wilhelm Fricke, unterstützte zudem ein Mann die Arbeit der Kommission, der sich nicht nur fachlich intensiv mit der Thematik auseinander gesetzt hatte, sondern als ehemaliges Entführungsopfer des Ministeriums für Staatssicherheit und politischer Häftling im DDR-Gefängnis Bautzen II auch über leidvolle persönliche Erfahrungen im Umgang mit dem Macht- und Herrschaftsapparat der SED verfügt.

In verschiedenen Arbeitsgruppen, welche zu den einzelnen Themenfeldern der Enquete-Kommissionen wie „Widerstand und Opposition in der DDR" oder „Recht, Justiz, Polizei" gebildet worden waren, wurde parteiübergreifend das aus öffentlichen und nichtöffentlichen Anhörungen, aus der Vergabe und Auswertung von Expertisen sowie aus der Formulierung der Abschlussberichte und ihrer Handlungsempfehlungen bestehende Arbeitsprogramm der jeweiligen Enquete-Kommission konzipiert und, nach Zustimmung durch das Plenum dieses Gremiums, realisiert.

3 Politische Kommunikation in den sich mit der Aufarbeitung der SED-Diktatur beschäftigenden Enquete-Kommissionen

3.1 Die Außenkommunikation

Politische Akteure kommunizieren nicht nur im internen Raum, d. h. innerhalb ihrer Parteien und den parlamentarischen Gremien, denen sie angehören, sondern auch im externen, d. h. mit der außerparteilichen und außerparlamentarischen Öffentlichkeit. Auch für die Kommunikation der beiden sich mit der Aufarbeitung der SED-Diktatur beschäftigenden Enquete-Kommissionen galten diese Kriterien. Als politische Außenkommunikation verstand sich der Dialog von Mitgliedern der Enquete-Kommissionen bzw. der Institution Enquete-Kommission mit der interessierten Öffentlichkeit. Dieser fand vor allem in Form von öffentlichen Anhörungen in den neuen Ländern oder im Deutschen Bundestag in Bonn statt. Externe Zeitzeugen, u. a. Opfer, Täter und Mitläufer der

SED-Diktatur aus allen gesellschaftlichen Schichten und beruflichen Bereichen, informierten ebenso wie Wissenschaftler oder Vertreter gesellschaftlicher Organisationen und der Medien die Kommissionen mittels Referaten und Statements zu Einzelaspekten der DDR-Geschichte und stellten sich anschließend der Befragung durch die Kommissionsmitglieder. Während die Kommunikation hier im wechselseitigen Dialog stattfand, durfte die interessierte Öffentlichkeit zwar als Zuschauer diesen Sitzungen folgen. Sie verfügte aber nicht über ein eigenes Rederecht und war so von der direkten Kommunikation ausgeschlossen. Die Kontaktaufnahme zu ihr fand vielmehr indirekt mit Hilfe der modernen Massenkommunikationsmittel statt. So konnte sich der interessierte Bürger über die regionalen bzw. überregionalen Printmedien als auch über die vom Deutschen Bundestag herausgegebene Reihe „Zur Sache", in der einzelne Protokolle von Tagungen der Enquete-Kommissionen und ausgewählte Experten nachzulesen sind, über die laufende Arbeit der jeweiligen Enquete-Kommission und ihre aktuellen Ergebnisse informieren. Die am Ende der Legislaturperiode erstellten Abschlussberichte wurden zusammen mit den im Auftrag der Kommissionen erstellten Gutachten sowie den Protokollen der öffentlichen Sitzungen und Anhörungen als mehrbändige Materialsammlungen der Öffentlichkeit zur Verfügung gestellt.[6] Sie dienten einerseits dazu, querschnittsartig einen Überblick über Geschichte und Folgen der zweiten Diktatur auf deutschem Boden im 20. Jahrhundert zu vermitteln. Andererseits sollten sie vor allem Wissenschaft und Forschung die Desiderate auf diesem Gebiet aufzeigen und sie zur Schließung dieser Lücken durch weitergehende Forschungsleistungen animieren. Zugleich standen die Kommissionsmitglieder Fernsehen, Rundfunk und Printmedien für Interviews und Hintergrundgespräche zur Verfügung, um mit ihrer Hilfe der Öffentlichkeit ausgewählte Sachverhalte mitzuteilen.

Für eine effiziente und reibungslose Außenkommunikation der Kommissionen war es unverzichtbar, vor dem Gang an die Öffentlichkeit die internen Positionen soweit abzustimmen, dass nach außen ein möglichst stimmiges Bild von der Arbeit der Enquete-Kommissionen vermittelt werden konnte. Gezielt wurde deshalb eine allgemeinverständliche Sprache gewählt, die mit kurzen und pointierten Sätzen versuchte, einen möglichst großen Interessentenkreis mit den eigenen Anliegen zu erreichen. Vor allem kam es aber darauf an, die Vertreter der Medien als Transporteure der eigenen Botschaften zu gewinnen. Unerwünschte Einblicke in die Binnenkommunikation sollten dabei vermieden werden. Das schloss aber nicht aus, dass die Außenkommunikation bei entsprechender Gelegenheit als verlängerter Arm der Binnenkommunikation eingesetzt wurde. Sie diente vor allem in Wahlkampfzeiten dazu, kommissionsinterne Differenzen, seien sie fachlicher oder parteipolitischer Natur, gezielt in die Öffentlichkeit zu lancieren, um über die öffentliche und veröffentlichte Meinung

---

[6] Deutscher Bundestag (1995), ders. (1999)

Druck auf die Binnenkommunikation und somit auf die internen Entscheidungsprozesse auszuüben.

3.2 Die Binnenkommunikation

Die personelle Zusammensetzung der sich mit der Aufarbeitung der SED-Diktatur beschäftigenden Enquete-Kommissionen lässt erahnen, wie diffizil und teilweise auch kompliziert nicht nur die Außen-, sondern auch die Binnenkommunikation innerhalb dieser Gremien verlaufen sein muss. Verantwortlich hierfür war zunächst einmal die in allen heterogenen Gruppierungen anzutreffende unterschiedliche regionale, soziale und funktionale Herkunft ihrer Mitglieder, die zwangsläufig zum Gebrauch unterschiedlichster Fach- und Umgangssprachen führten. Oftmals wurden deshalb zur Beschreibung derselben Dinge unterschiedliche Begriffe in unterschiedlichen Satzkonstruktionen mit oftmals unterschiedlichen Intentionen verwendet. Am deutlichsten wird dieses in der Kommunikation zwischen Ost- und Westdeutschen. Das beginnt bei der Benennung banaler Alltagsgegenstände wie dem Brötchen, dass die Mitglieder aus dem Berliner Raum in der Regel „Schrippe" nennen, so wie der Sachse das Hähnchen „Broiler" getauft hat. Die Kommunikation beginnt sich weiter zu verkomplizieren, wenn man die Sozialisation ihrer Mitglieder berücksichtigt. Ein gelernter Maurer und späterer Pfarrer wie Rainer Eppelmann, der Vorsitzende beider Enquete-Kommissionen, pflegte eher einen kumpelhaften Umgang und gebrauchte somit ganz andere Wörter und Satzkonstruktionen als ein eher introvertierter Physiker wie Gerd Poppe. Vor allem innerhalb des akademischen Milieus wurden, jenseits des Ost-West-Gegensatzes, sprachliche Differenzen sichtbar, beispielsweise wenn ein Jurist auf einen Theologen oder Historiker traf und beide aufgrund des Rückgriffs auf ihre Fachsprache permanent aneinander vorbei redeten. Neben regionalen und sozialen Unterschieden bestimmten aber auch die unterschiedlichen Funktionen innerhalb der Enquete-Kommissionen die Kommunikation. Ein Abgeordneter, egal, ob er aus den alten oder den neuen Ländern kam, egal, ob er Akademiker oder Nichtakademiker war, redete anders als ein Wissenschaftler, Literat oder Journalist. Seine Sprache war primär auf die Außenwirkung orientiert, sie oblag viel mehr den Zwängen der Öffentlichkeit als es bei einem Sachverständigen in der Regel der Fall war. Überlagert wurden diese Kommunikationsunterschiede vor allem durch die generationsspezifischen bzw. altersbedingten Differenzen innerhalb der Enquete-Kommissionen. Jüngere Mitglieder wählten häufig andere Worte zur Beschreibung derselben Sachverhalte als ältere. Vor allem Anglizismen waren den älteren Kollegen, erst Recht, wenn sie aus den neuen Ländern kamen, eher fremd.

Im Gegensatz zu anderen parlamentarischen Gremien orientiert sich eine Enquete-Kommission nicht in erster Linie auf die Binnenkommunikation zwischen den parlamentarischen Akteuren. Sie öffnet sich vielmehr gezielt gegenüber

Nichtparlamentariern. Dadurch, dass Nichtpolitiker aktiv in einer Enquete-Kommission mitwirken, verändert sich zwangsläufig auch die Kommunikation zwischen ihren Akteuren. Die innerhalb des politischen Milieus vorherrschenden Sprachwendungen und Rituale verlieren unter diesen Umständen ihre Gültigkeit. Dienten insbesondere in Wahlkampfzeiten politische Aussagen einzelner Abgeordneter bei Sitzungen der Enquete-Kommission zuallererst der Profilierung gegenüber der eigenen Partei, so empfanden diejenigen Sachverständigen, die parteipolitisch unabhängiger waren, die parteipolitisch gefärbten Äußerungen ihrer Kollegen als der gemeinsamen Arbeit hinderlich und lehnten den Parteijargon eher ab. Im Gegensatz zum Plenum der Enquete-Kommission kommunizierte man in den Arbeitsgruppen anders. Aufgrund ihres kleineren Rahmens und ihres nichtöffentlichen Charakters konnte hier die Kommunikation ungezwungener erfolgen. Von der Wortwahl über die Satzformulierungen bis hin zu den Inhalten wurde dort in der Regel ein offenerer Dialog zelebriert. Unstimmigkeiten konnten schneller bereinigt, Einigungen schneller erzielt werden.

Die Tatsache, dass zahlreiche ostdeutsche Abgeordnete wie Markus Meckel (SPD), Stephan Hilsberg (SPD), Rainer Eppelmann (CDU), Gerd Poppe (Bündnis 90/Die Grünen), der jüngst verstorbene Wolfgang Ullmann (Bündnis 90/Die Grünen) oder der Sachverständige Martin Gutzeit zu den führenden Akteuren verschiedener oppositioneller Gruppierungen in der ehemaligen DDR gehörten, gab der Kommunikation zwischen diesen Akteuren innerhalb dieser Kommissionen einen ganz besonderen Charakter. Sie kannten sich oftmals schon seit den siebziger Jahren des letzten Jahrhunderts. Ihre gemeinsamen Erfahrungen und Erlebnisse mit dem Macht- und Repressionsapparat der SED erleichterte einerseits den Dialog über alle Parteigrenzen hinweg. Andererseits verkomplizierte er wiederum die Kommunikation im nicht erheblichen Maße. Längst vergessene bzw. verdrängte Animositäten, Missverständnisse und Abneigungen kamen plötzlich wieder zum Vorschein und erschwerten die Zusammenarbeit, insbesondere in sensiblen Bereichen wie der Frage der Opferentschädigung oder des Aktenzugangs. Oftmals konnte der Stillstand in der Kommunikation nur noch durch die nüchterne Sachlichkeit vor allem westdeutscher Kommissionsmitglieder überwunden werden.

Kommunikationsstörungen gab es ebenso mit den westdeutschen Abgeordneten und Sachverständigen. Sie verfügten zwar über erhebliches Fachwissen zum Thema, aber in der Regel nicht über praktische Diktaturerfahrungen. In der Kommunikation konnten sie deshalb auf die Erfahrungsberichte ihrer ostdeutschen Kollegen zumeist nur mit ihrem angelesenen und erfragten Wissen reagieren. Von der Wortwahl bis zu den Inhalten kam es dadurch immer wieder zu kommunikativen Störungen und Missverständnissen. Diese traten besonders deutlich bei emotional berührenden Angelegenheiten zutage. Bei vielen ostdeutschen Mitgliedern waren diese Emotionen auch sprachlich messbar, insbesondere, wenn persönliche Erinnerungen aus der Zeit der SED-Diktatur mit hinein-spielten. Im Gegensatz zu den überwiegend nüchternen und sachlichen Formu-lierungen ihrer westdeutschen Kollegen ohne persönlichen Erfahrungshinter-grund, merkte man ihnen in ihrer Wortwahl und der Form ihrer Stellungnahmen die persönliche Betroffenheit an. In diesen Momenten waren auch die kommu-nikativen Barrieren zu den (ostdeutschen) Gästen überwunden. Mitglieder der Enquete-Kommissionen und Teilnehmer ihrer Anhörungen trafen sich in diesen Momenten auf der gleichen sprachlichen Ebene, die letztlich eine emotionale war.

Generell zog sich der Ost-West-Gegensatz – nicht im Sinne der viel zitierten „Mauer in den Köpfen", sondern als ein Ergebnis unterschiedlicher Sozialisatio-nen und Lebenserfahrungen – wie ein roter Faden durch die Enquete-Kommis-sionen. Gegenüber ihren westdeutschen Kollegen, sofern man sich nicht bereits aus früheren Zusammenhängen näher kannte, verhielten sich die ostdeutschen Kommissionsmitglieder eher reservierter. Geprägt von oftmals jahrzehntelanger Bespitzelung durch kommunistische Geheimdienste konnten sie anderen, ihnen weitgehend unbekannten Menschen, nicht so offen und unbeschwert begegnen, wie denen aus dem eigenen, vertrauten Umfeld. Statt des ansonsten obligatori-schen „Du" griffen sie auf das unverbindliche „Sie" zurück und demonstrierten allein dadurch auch sprachlich die ihnen notwendig erscheinende Distanz. Deut-lich spürbar waren in diesen Situationen die Nachwirkungen einer Diktatur, die mit Gesinnungsschnüffelei und Zensur die freie Meinungsäußerung kontinuier-lich unterdrückt und das Individuum gezwungen hatte, sein Denken und Reden täglich der Schere im eigenen Kopf zu unterziehen, um sich nicht repressiven Maßnahmen auszusetzen. Ein eher zurückhaltendes kommunikatives Verhalten und die Bereitschaft, Informationen erst einmal nur selektiv und kontrolliert weiterzugeben, sind sicherlich bei den ostdeutschen Kommissionsmitgliedern nur die äußerlich wahrnehmbaren Seiten dieser Diktaturerfahrung.

Die ungezwungenste Kommunikation dagegen fand – natürlich möchte man fast sagen – außerhalb aller offiziellen Zwänge statt. Jenseits aller formellen Ar-beitsgruppen, abseits von der Öffentlichkeit und dem Plenum der Enquete-Kommissionen, kam es in einzelnen Abgeordnetenbüros oder im Bonner Presse-club bzw. in der Gaststätte unter dem Plenarsaal des Deutschen Bundestages parteiübergreifend zu den vielleicht intensivsten und informativsten Gesprächen zwischen Mitgliedern der Enquete-Kommissionen, in die durchaus auch die Au-ßenwelt eingeschlossen werden konnte. Hier entschied persönliche Sympathie, gemeinsame Erfahrungen und die gleiche „Wellenlänge" darüber, wer mit wem und über was kommunizierte. Die Sprache unterlag keinen parteipolitischen Zwängen mehr, Hierarchien zwischen Abgeordneten, Sachverständigen und Re-ferenten waren weitgehend aufgehoben, auf die Mittel der Massenkommunika-tion konnte weitgehend verzichtet werden. Jeder konnte sich zu allem äußern. In dieser Atmosphäre gelang es oftmals, auch kontroverse Themen komplikationsloser als in den förmlichen Gremien abzuhandeln, Einigungen schneller zu erzielen und Hürden einfacher zu überspringen.

Allen geografischen, sozialen und funktionalen Differenzen zum Trotz, fand und findet politische Kommunikation bis zum heutigen Tage in einem nicht zu unterschätzenden Ausmaß auf den berühmten Fluren und Gängen der Parlamente statt. Unbeobachtet von der Öffentlichkeit oder der parteipolitischen Konkurrenz und den eigenen Parteifreunden können dort übergreifende und oftmals ungezwungenere Vier-, Sechs- oder Acht-Augen-Gespräche stattfinden als bei offiziellen Zusammenkünften. Unter Verzicht auf alle Instrumentarien der Massenkommunikation können so kommunikative Störungen in der Binnen- als auch in der Außenkommunikation schneller behoben und Entscheidungen auf den Weg gebracht werden, die zuvor als unentscheidbar galten. Dieses Beispiel zeigt auf, dass Wissenstransfer und Informationsaustausch im Rahmen der politischen Kommunikation auch ohne Fernsehen und Rundfunk, ohne Internet und Handy und ohne Zeitungen und Zeitschriften auskommen kann, wenn die einzelnen Akteure dies wollen und ihre zwischenmenschlichen Kommunikationswege jenseits aller Massenkommunikationsmittel funktionsfähig sind.

4   Literatur

Alemann, Ulrich von / Stefan Marschall (Hrsg.): Parteien in der Mediendemokratie. Wiesbaden 2002. Verlag für Sozialwissenschaften.

Deutscher Bundestag (Hrsg.): Materialien der Enquete Kommission „Aufarbeitung von Geschichte und Folgen der SED-Diktatur in Deutschland", 12. Wahlperiode des Deutschen Bundestages. 9 Bände in 18 Teilbänden. Baden-Baden 1995. Nomos-Verlag.

Ders. (Hrsg.): Materialien der Enquete-Kommission „Überwindung der Folgen der SED-Diktatur im Prozeß der deutschen Einheit". Baden-Baden 1999. Nomos-Verlag.

GOBT – Geschäftsordnung des Deutschen Bundestages in der Fassung der Bekanntmachung vom 2. Juli 1980 (BGBl. I S. 1237), zuletzt geändert laut Bekanntmachung vom 12. Juli 2005 (BGBl. I S. 2512), online unter http://www.bundestag.de/parlament/gesetze/go.pdf.

Meyn, Hermann: Massenmedien in Deutschland. Konstanz 2004. UVK Verlag.

Pflaum, Dieter / Wolfgang Pieper (Hrsg.): Lexikon der Public Relations. Berlin 1990. Verlag Die Wirtschaft.

Sind Wort- und Satzlänge brauchbare Kriterien zur Bestimmung der Lesbarkeit von Texten?

Karl-Heinz Best (Göttingen)

1 Lesbarkeit und das Problem ihrer theoretischen Fundierung

Wenn man sich mit den Problemen des Wissenstransfers befasst, dann ist Lesbarkeit ein besonders wichtiges Thema. Lesbarkeit betrifft die formalen Textmerkmale und ist damit ein wesentlicher Bestandteil der Verständlichkeit, die zusätzlich zielgruppenbezogen auf Leser- und Lernermerkmalen beruht (Groeben 1982: 187). Große Bedeutung haben beide Konzepte in der Lehrbuchforschung. Aber nicht nur dort sowie in der Wissenschaft und im Wissenschaftsjournalismus, sondern auch im allgemeinen Journalismus spielt Lesbarkeit eine hervorragende Rolle. So findet man etwa bei Wolf Schneider ([2]1986: 86) als „Ludwig-Reiners-Schema" eine Tabelle, die Sätze nach Kriterien wie „Wörter pro Satz", „aktive Verben" u. a. in eine Skala einstuft, die von „sehr leicht verständlich" bis „sehr schwer verständlich" reicht. Schneider (1987: 198) fasst in einer Tabelle Erkenntnisse dazu zusammen, wie lang Sätze nach den Empfehlungen verschiedener Autoren sein sollen bzw. wie lang sie tatsächlich sind.

Satzlänge wird also als ein wichtiges Lesbarkeitskriterium betrachtet, und dies nicht nur im Journalismus. Ein zweites immer wieder angeführtes Kriterium ist die Wortlänge. Es gibt nun eine recht lange Tradition von Versuchen, die Lesbarkeit von Texten zu messen, die sich in den verschiedenen Vorschlägen zu entsprechenden Formeln niederschlagen (Groeben 1982: 175 ff.; Mikk 2000: 121 ff.; Wimmer u. a. 2003: 201). Nur zur Erinnerung sei die bekannteste davon zitiert; es ist Flesch's Reading-Ease-Formel für englische Texte:

$$R.E. = 206.835 - 0.846wl - 1.015sl \text{ (Lisch \& Kriz 1978: 181),}$$

wobei *wl* für Wortlänge und *sl* für Satzlänge steht. Die Formel muss für jede andere Sprache neu geeicht werden. Die Werte für Satz- und Wortlänge variieren in deutschen Texten erheblich. (Vgl. zu Satzlängen Best 2002, zu Wortlängen Best 2001.)

Diese Formel wurde ergänzt um eine Skala, in der man ablesen kann, als wie leicht oder schwer ein Text bei einem ermittelten R.E.-Wert empfunden wird. In der Nachfolge wurde darüber diskutiert, ob die Formel zu korrigieren sei, ob man mehr Kriterien einbeziehen solle und wie sie an Texte anderer Sprachen anzupassen sei. (Vgl. dazu u. a. Merten [2]1995: 175 ff.) Es gibt eine Reihe von Experimenten, die zeigen, welche Eigenschaften von Texten deren Rezeption erleichtern. Andersen (1985: 106) nennt neben anderen Kriterien geringe Satztiefe, viele Aktivsätze sowie kurze Satzklammern, Teilsätze und Wörter. Diese Kriterien sind aber nicht der vornehmliche Gegenstand meiner folgenden Ausführungen. Stattdessen soll eine andere Perspektive aufgegriffen werden, die Ballod (2001: 37) unter Bezugnahme auf das „Hamburger Verständlichkeitskonzept" mit seinen Kriterien „Einfachheit", „Gliederung-Ordnung", „Kürze-Prägnanz" und „zusätzliche Stimulanz" thematisiert:

> „Eine Reihe von Untersuchungen bestätigen die Relevanz dieser Dimensionen, wobei auch bei diesem Ansatz der Haupteinwand auf eine fehlende theoretische Fundierung zielt."

Dieser Einwand betrifft in gleicher Weise die Lesbarkeit, auf die ich mich hier beschränke. Damit ist ein doppeltes Dilemma zu konstatieren:

1. Die Schlichtheit vieler Lesbarkeitsformeln macht zunächst einmal ratlos. Wenn man in Seminaren mit Studenten darüber spricht, erfährt man eine Menge Vorbehalte. Kann man überhaupt „Lesbarkeit" oder „Textverständlichkeit" messen? Und wenn evtl. doch: Welche Kriterien sind zu beachten? Da diese Formeln an Gruppen von Versuchspersonen geeicht werden, ist aber klar, dass sie offenbar etwas von dem messen, was zu messen sie vorgeben.

2. Einmal angenommen, die entsprechenden Formeln treffen, wenn schon nicht die ganze Wahrheit, so doch immerhin etwas Richtiges: Inwiefern tun sie das? Wie steht es um die theoretische Fundierung der Formeln?

Es geht im Folgenden nun ausschließlich darum, Erkenntnisse der Quantitativen Linguistik zu nutzen, um eine Perspektive zur Beantwortung dieser Frage zu gewinnen.

2   Zur vertikalen (hierarchischen) Strukturierung: Wort- und Satzlänge

Beginnen wir mit einem erneuten Blick auf Flesch's Formel und deren Bedeutung: Der R.E.-Index beinhaltet Wort- und Satzlänge; je größer eines der beiden Merkmale (bzw. beide) ausfällt, desto kleiner ist der Wert dieses Indexes, da

Wort- und Satzlänge mit einer bestimmten Gewichtung von der empirisch für englische Texte bestimmten Größe 206.835 abgezogen werden. Je kleiner der Wert des Indexes ist, desto geringer ist auch die Lesbarkeit des gemessenen Satzes oder Textes.

Die Quantitative Linguistik kann zu diesem Aspekt folgendes beitragen: Wenn man einmal eine beliebige sprachliche Größe im Verhältnis zu ihren direkten Konstituenten betrachtet, so gilt ein gut gesichertes Sprachgesetz, das in der Quantitativen Linguistik unter dem Namen „Menzerath-Altmann-Gesetz" bekannt ist. Dieses besagt: Je größer ein sprachliches Konstrukt ist, gemessen in der Zahl seiner direkten Konstituenten, desto kleiner sind diese Konstituenten selbst, gemessen in der Zahl ihrer direkten Konstituenten. In der einfachsten Form ausgedrückt:

„Je größer das Ganze, desto kleiner die Teile" (Altmann & Schwibbe 1989: 5).

Man betrachte nun den folgenden Ausschnitt aus dem Sprachsystem:

Jede übergeordnete Größe kann jetzt als Konstrukt, jede untergeordnete als Konstituente aufgefasst werden. In den meisten Fällen gibt es einen gesetzmäßigen Zusammenhang der Form

$$y = ax^b \text{ (Altmann & Schwibbe 1989: 6),}$$

wobei b negativ wird, wenn es sich um direkte Konstituenten handelt. Also z. B.: „Je länger ein Satz, desto kürzer die Teilsatzlänge" (Altmann & Schwibbe 1989: 37). Explizit ausformuliert: Je länger ein Satz, gemessen in der Zahl seiner direkten Konstituenten, der Teilsätze (clauses), desto kürzer sind diese Teilsätze, gemessen in der Zahl ihrer direkten Konstituenten, der Wörter. Diese Gesetzeshypothese ist mehrfach mit gutem Ergebnis getestet worden (Heups 1983; Altmann & Schwibbe 1989: 37-43), wobei Heups allerdings eine andere Variante des Menzerath-Altmann'schen Gesetzes als die oben genannte testete. Einige Beobachtungen an deutschen Texten zum Verhältnis Wortlänge – Silbenlänge legen eine Verallgemeinerung dieser Gesetzmäßigkeit nahe: Die Länge der Konstituenten ist eine Funktion der Länge des Konstrukts (Best ²2003: 100-102).

Der Zusammenhang Teilsatz – Wort wurde m. W. bisher nicht untersucht; die Hypothese „Je länger ein Wort, desto kürzer seine Morphe" hat Gerlach (1982) anhand eines deutschen Wörterbuchs erfolgreich überprüft; er verwendete dabei das gleiche Modell wie Heups.

Aus diesen beiden genannten Gesetzeshypothesen ergibt sich konsequenterweise eine weitere: „Je größer ein Satz, desto größer die Wörter des Satzes." Voraussetzung für diese Annahme ist, dass zwischen Satz und Wort nur eine hierarchische Zwischenebene besteht und nicht etwa deren zwei. Eine Überprüfung umfangreicher Daten von H. Arens (1965) durch Altmann ergab eine überzeugende Bestätigung für diese Hypothese (Altmann 1983; Altmann & Schwibbe 1989: 46-48).

Diese Forschungen in der Quantitativen Linguistik stellen einerseits weitere empirische Befunde zur Stützung der Annahmen dar, die in vielen Lesbarkeitsformeln enthalten sind, dass nämlich zunehmende Satz- und Wortlänge sich beide negativ auf die Lesbarkeit auswirken. Es wäre ja auch denkbar, dass eine dieser Größen sich positiv, die andere negativ oder auch gar nicht hinsichtlich der Lesbarkeit bemerkbar machte. Vor allem aber liefert die Quantitative Linguistik andererseits der Lesbarkeitsforschung den wohlfundierten theoretischen Hintergrund, indem sie sich nicht nur auf empirische Eichungen einer mehr oder weniger willkürlich angenommenen Formel beruft, sondern auf ganz allgemeine theoretische Annahmen und daraus abgeleitete spezielle Hypothesen, die sich bei entsprechenden Untersuchungen immer wieder erfolgreich testen ließen. Wenn Wort- und Satzlänge mit gleichem Vorzeichen in Lesbarkeitsformeln eingehen, so findet auch dies hier seine Begründung.

3   Zur horizontalen Strukturierung der Sprache

Wenn man einmal davon absieht, welcher Zusammenhang zwischen Sprachentitäten der unterschiedlichen hierarchischen Ebenen besteht, so kann man stattdessen untersuchen, wie sie sich innerhalb einer Sprachebene verhalten. Hier ist mit mindestens zwei Phänomenen zu rechnen: Wenn man erstens im Lexikon oder in Texten untersucht, wie häufig eine ganz bestimmte Eigenschaft einer Entität vertreten ist, so stößt man in allen bisher untersuchten Fällen auf gesetzmäßige Verteilungen. Am besten ist die Verteilung von Wörtern verschiedener Länge in Texten unterschiedlicher Sprachen bekannt. Es hat sich herausgestellt, dass in ca. 50 Sprachen die Wortlängen gemäß einer kleinen Zahl von theoretisch begründbaren Verteilungen (Wimmer u. a. 1994; Wimmer & Altmann 1996) vorkommen. Diese Theorie lässt sich anscheinend problemlos auf beliebige andere Sprachentitäten übertragen, darunter Satzlängen, Längen rhythmischer Einheiten, aber auch z. B. Wortarten. (Vgl. dazu Best [Hrsg.] 2001 und die darin angegebene Literatur; etliche Beispiele auch in Best ²2003.)

Der zweite ebeneninterne Aspekt besteht darin, dass man einzelne Interaktionen verschiedener Eigenschaften einer Sprachentität theoretisch begründen und dann auch empirisch beobachten und testen kann. Etliche solcher Zusammenhänge sind vor allem in Bezug auf das Wort bekannt. Um hier nur einige Interaktionszusammenhänge zu nennen: Je häufiger ein Wort ist, desto kürzer ist es auch und desto größer sind auch seine Wortbildungsaktivität und Polysemie. Dies gilt nicht unbedingt für ein einzelnes Wort, wohl aber für die Masse der Wörter. Eine ganze Reihe solcher Zusammenhänge im Spezialfall der Komposita findet man in Hypothesenform in Altmann (1989). Die Hypothesen zu den Komposita haben den Charme, dass die meisten noch ihrer Überprüfung harren; Untersuchungen zu den anderen Zusammenhängen findet man vor allem in Köhler (1986), Altmann & Schwibbe (1989) und Altmann u. a. (2002).

4 Regelkreise

Boten die Forschungen zur vertikalen, hierarchischen Strukturierung der Sprachen eine Begründung für die Lesbarkeitsformeln, so kann man die Regelkreise, die in der Sprachtypologie und in der so genannten linguistischen Synergetik entwickelt wurden, als eine weitere betrachten.

Hier sei zunächst auf das Netz der Merkmalszusammenhänge verwiesen, das Altmann & Lehfeldt (1973: 44) vorschlugen. Dieses Netz beruht auf Korrelationen zwischen den Greenberg'schen Indizes, die auf der Basis von 20 Sprachen berechnet wurden, und stellt Interaktionen zwischen 7 der insgesamt 10 Spracheigenschaften fest. Einer dieser Indizes, der Synthese-Index W/M (Zahl der Wörter / Zahl der Morpheme), betrifft die Wortlänge. Die Interaktion dieses Index mit dem Agglutinationsindex A/J (Zahl agglutinierender Konstruktionen / Zahl morphematischer Junkturen) berechnen Altmann & Schwibbe (1989: 81 f.). Es kommt hier nicht auf Details an, sondern lediglich darauf, dass es zwischen Spracheigenschaften Interaktionen gibt, dass man diese messen und daraufhin testen kann, ob sie bestimmten theoretischen Annahmen entsprechen oder nicht.

Einen sehr einfachen Regelkreis für die Interaktionen zwischen sprachlichen Entitäten haben Köhler & Altmann (1986: 261) entwickelt:

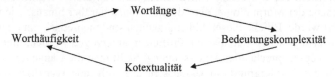

(Bedeutungskomplexität: Zahl der Bedeutungen pro Wort; Kotextualität: Zahl der Texte, in denen ein Wort vorkommen kann.) Dieser Regelkreis besagt, dass die genannten sprachlichen Größen in Pfeilrichtung auf die jeweils nächste einwirken. Im Einzelnen: Je häufiger Wörter sind, desto kürzer sind sie auch; je länger Wörter sind, desto weniger verschiedene Bedeutungen haben sie; je mehr

Bedeutungen Wörter haben, in desto mehr verschiedenen Texten können sie verwendet werden; Wörter, die in mehr verschiedenen Texten verwendet werden können, werden insgesamt auch häufiger verwendet. An dieser Stelle beginnt der Regelkreis aufs Neue. Noch genauer geht Köhler (1986: 75) auf solche Zusammenhänge ein und stellt fest, dass es sich meistens wieder um die Funktion

$$y = ax^b$$

handelt, die in einem Fall, für die Interaktion von Frequenz und Kotextualität, zu

$$y = ax^b \, e^{cx}$$

modifiziert wird (Köhler 1986: 108); sämtliche Tests bestätigen das Modell (Köhler 1986: 87 ff.). Eine Untersuchung zum Polnischen kam zu weitgehend gleichen Ergebnissen (Hammerl 1991). Eine erweiterte Version dieses Regelkreises findet sich in Altmann u. a. (2002: 173). Ansätze zu einem Regelkreis auf Satzebene stellt Köhler (1999) vor.

Die genannten Regelkreise haben eine neue Qualität: In ihnen interagieren zum einen sprachliche Größen unterschiedlichster Art miteinander. Verblüffend ist dabei vielleicht, dass rein formale Eigenschaften wie die Länge von Sprachentitäten durchaus etwas mit ihrer Semantik zu tun haben, indem die „Bedeutungskomplexität" der Wörter, auch „Polylexie" genannt, durch die Wortlänge beeinflusst wird, während sie selbst die Synonymie beeinflusst (Altmann u. a. 2002: 173 f.). Der Bezug des Regelkreises zur R.E.-Formel ergibt sich folgendermaßen: Kurze Wörter verbessern die Lesbarkeit; insofern sind alle Entitäten dieses Regelkreises mit der Lesbarkeit direkt oder indirekt verbunden.

5   Das Wort im Zentrum sprachlicher Interaktionen

Der R.E.-Index stellt das Wort neben dem Satz mit einer seiner Eigenschaften, der Länge, in das Zentrum der Lesbarkeitskriterien. Das Wort steht zusätzlich im Kraftfeld einer Vielzahl von Interaktionen mit anderen Entitäten innerhalb der Ebene der Morphologie, aber durchaus auch darüber hinaus, wie schon ausgeführt wurde. Etliche dieser Abhängigkeiten sind theoretisch gut begründet und bereits erfolgreichen statistischen Prüfungen unterzogen worden; manche harren noch einer entsprechenden Untersuchung. Stellt man die Länge des Wortes einmal in den Vordergrund, so lassen sich u. a. folgende Hypothesen aufstellen, immer unter der Voraussetzung, dass alle anderen Umstände gleich sind: Je mehr Wörter ein Teilsatz (clause) enthält, desto kürzer sind die Wörter; je älter Wörter sind, desto kürzer sind sie; je größer das Phoneminventar einer Sprache ist, desto kürzer sind ihre Wörter; je häufiger Wörter benutzt werden, desto kürzer sind sie; je umfangreicher das Lexikon einer Sprache ist, desto länger sind seine Wörter; je kürzer ein Wort ist, desto höher ist seine Polysemie; je mehr

Silben oder Morphe ein Wort aufweist, desto kürzer sind die Silben oder Morphe; je länger ein Wort ist, desto kürzer werden seine Laute ausgesprochen.

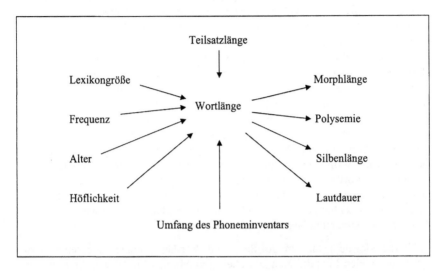

Abb. 1: Schema einiger Einflüsse zwischen der Wortlänge und anderen Entitäten

Dieses Modell kann erweitert werden; so scheint es einen Zusammenhang zwischen dem Geschlecht von Personen und der Länge ihrer Vornamen zu geben: Tendenziell sind Mädchennamen – zumindest in unserer Kultur – länger als Jungennamen. Vermutlich wirken sich auch Höflichkeit (Fónagy 1961: 91), Ehrung und Würdigung dergestalt auf die Wortlänge aus, dass diese zunimmt. Auf den Zusammenhang zwischen Satzlänge und Wortlänge wurde schon hingewiesen. Es gibt Erkenntnisse dazu, dass noch größere Einheiten als der Satz, sog. „Satzaggregate" (Hřebíček 1997: 31) in dieses Wirkungsfeld gehören; es handelt sich dabei um Gruppen von Sätzen, die eine bestimmte lexikalische Einheit enthalten, die also den „larger context" (Hřebíček 2002: 28) dieser Lexeme bilden. Ein Modell, das mehr Sprachebenen in Betracht zieht, findet sich in Best (^{2}2003: 128).

6 Konsequenzen für Lesbarkeitsformeln

Was hat das alles nun mit den Lesbarkeitsformeln zu tun? Aus der Perspektive der Quantitativen Linguistik kann man dazu folgendes sagen: Auch wenn Formeln wie die von Flesch nur zwei Sprachgrößen messen, erlauben sie dennoch mit bestimmbarer Wahrscheinlichkeit Aussagen über weitere Größen. Lügers

Auffassung (²1995: 15 f.): „Zusammenfassend betrachtet, kann man bei einem
Großteil der Verfahren zur Verständlichkeitsmessung einwenden, daß sie vor
allem *isolierte sprachliche Einheiten*, allzuoft auf der Satz- und Wortebene, heranziehen" muss also revidiert werden. Es gibt keine „isolierten sprachlichen
Einheiten". Die Tatsache, dass bisher nur relativ wenige weitere Eigenschaften
in ihrem funktionalen Zusammenwirken mit Wort- und Satzlänge bekannt und
getestet sind, bedeutet nicht, dass sie nur mit diesen wenigen interagieren. Man
darf annehmen, dass sie in Wirklichkeit mit vielen weiteren in Wechselwirkung
stehen. D. h., die Lesbarkeitsformeln messen in Wirklichkeit erheblich mehr
Texteigenschaften, als konkret im Einzelnen berücksichtigt wurden. Von einigen
dieser Eigenschaften ist bekannt, dass sie sich auf die Fähigkeit der Rezipienten,
die entsprechenden Sätze verarbeiten zu können, auswirken, z. B. auf die Lese-
geschwindigkeit. Ballod (2001: 60) stellt den Zusammenhang folgendermaßen
dar: „Häufige Wörter einer Sprache sind demnach eher kurze Wörter. Mit zunehmender Wortlänge steigt der Differenzierungsgrad, während der Bekannt-
heitsgrad hingegen sinkt. Das bedeutet aber zugleich, daß diese Wörter für einen
einzelnen Sprachbenutzer potentiell informationshaltiger (schwerer verständlich) sind als allgemein bekannte, kurze Wörter."

Lesbarkeitsformeln, die sich auf Satz- und Wortlänge stützen, messen also aufgrund der vielen Interaktionen zwischen sprachlichen Entitäten indirekt wesentlich mehr, als in den Formeln direkt enthalten ist. Dies dürfte das eigentliche
Geheimnis für den Erfolg der Lesbarkeitsformeln sein, der sich ja darin ausdrückt, dass Wissenschaftler sich immer wieder mit ihnen befassen, obwohl sie
sich zugleich mit dem eingangs anhand des Zitats von Ballod vorgestellten Dilemma plagen, dass sie die entsprechenden Formeln als theoretisch unbegründet
ansehen. In diesem Beitrag wurde versucht darzulegen, dass es durchaus Möglichkeiten gibt, den Lesbarkeitsformeln eine nachträgliche theoretische Fundierung zu geben. Um mit einer Art Bonmot zu schließen: Flesch und seine Nach-
folger hatten mehr Recht mit ihren Überlegungen, als sie vermutlich selber ahn-
ten.

7   Wichtige Begriffe

Entität: Linguistischer Begriff, der sowohl die verschiedenen Einheiten der
Sprache als auch ihre einzelnen Eigenschaften meinen kann.

Funktion: In der Quantitativen Linguistik mathematisches Modell für das Zusammenwirken verschiedener sprachlicher Entitäten.

Horizontale Strukturierung der Sprache: Verhalten der Entitäten innerhalb
einer Sprachebene: Interaktionen zwischen ihnen und ihre Verteilungen.

Lesbarkeit: Eigenschaft von Texten, die aufgrund ihrer linguistischen Merkmale bestimmt wird. Lesbarkeit ist ein wesentlicher Bestandteil der Verständlichkeit von Texten.

Linguistische Synergetik: Auffassung der Sprache als eines sich selbst regulierenden bzw. organisierenden Systems.

Ludwig-Reiners-Schema: Tabelle zur Einschätzung der Textverständlichkeit auf der Grundlage der Kriterien: Wörter pro Satz, aktive Verben, vorkommende Personen und abstrakte Substantive.

Menzerath-Altmann-Gesetz: Sprachgesetz in der Quantitativen Linguistik, das die Interaktion zwischen den Sprachebenen definiert. Es besagt: Je größer eine Einheit, gemessen nach der Zahl ihrer direkten Konstituenten, desto kleiner sind diese Konstituenten selbst.

Quantitative Linguistik: Disziplin der Sprachwissenschaft, die sich unter anderem um sprachstatistische Erhebungen verschiedener Art bemüht, die an sich schon als interessant empfunden werden (Wie viele Wörter hat eine Sprache? Wie ist das type-token-Verhältnis in Texten? Wie verteilen sich Einheiten verschiedener Länge in Texten oder im Wörterbuch? Etc.). Weitere Bemühungen gelten der Lösung von Problemen in Nachbardisziplinen (Kann man aufgrund der statistischen Struktur von Texten etwas über ihre anonymen Autoren sagen? Wie erwirbt ein Kind seinen muttersprachlichen Wortschatz?). Vor allem unternimmt sie aber auch den Versuch, Sprachgesetze zu entwickeln und auf diesen eine eigene Form der Sprachtheorie aufzubauen, die auf Erkenntnissen über die Interaktionen zwischen sprachlichen Entitäten beruht.

R.E. (= Reading-Ease-Formeln): Eine Menge von mathematischen Formeln, die entwickelt wurden, um die Lesbarkeit von Texten zu messen.

Regelkreis: In der Quantitativen Linguistik der Versuch, die Interaktionen zwischen sprachlichen Entitäten verschiedenster Art in Form von Funktionen zu modellieren. (s. „Linguistische Synergetik")

Verständlichkeit: Die Verständlichkeit von Texten ist nicht nur von ihrer Lesbarkeit abhängig, sondern darüber hinaus von kognitiven Merkmalen sowohl des Textes selbst als auch des Rezipienten (Hörers, Lesers, Lerners).

Vertikale Strukturierung der Sprache: Interaktion zwischen den verschiedenen hierarchischen Ebenen der Sprache.

8   Literatur

Altmann, Gabriel (1983): H. Arens „Verborgene Ordnung" und das Menzerathsche Gesetz. In: Faust, Manfred / Roland Harweg / Werner Lehfeldt / Götz Wienold (Hg.): Allgemeine Sprachwissenschaft, Sprachtypologie und Textlinguistik. Festschrift für Peter Hartmann (S. 31-39). Tübingen: Narr.

Altmann, Gabriel (1989): Hypotheses about compounds. In: Hammerl, Rolf (Hg.): Glottometrika 10. S. 100-107. Bochum: Brockmeyer.

Altmann, Gabriel / Dariusch Bagheri / Hans Goebl / Reinhard Köhler / Claudia Prün (2002): Einführung in die quantitative Lexikologie. Göttingen: Peust & Gutschmidt.

Altmann, Gabriel / Werner Lehfeldt (1973): Allgemeine Sprachtypologie. München: Fink.

Altmann, Gabriel / Michael H. Schwibbe (1989): Das Menzerathsche Gesetz in informationsverarbeitenden Systemen. Hildesheim / Zürich / New York: Olms.

Andersen, Simone (1985): Sprachliche Verständlichkeit und Wahrscheinlichkeit. Bochum: Brockmeyer.

Arens, Hans (1965): Verborgene Ordnung. Düsseldorf: Schwann.

Ballod, Matthias (2001): Verständliche Wissenschaft. Tübingen: Narr.

Best, Karl-Heinz (2001): Wortlängen in Texten gesprochener Sprache. Göttinger Beiträge zur Sprachwissenschaft 6. S. 31-42.

Best, Karl-Heinz (Hg.) (2001): Häufigkeitsverteilungen in Texten. Göttingen: Peust & Gutschmidt.

Best, Karl-Heinz (2002): Satzlängen im Deutschen: Verteilungen, Mittelwerte, Sprachwandel. Göttinger Beiträge zur Sprachwissenschaft 7. S. 7-31.

Best, Karl-Heinz (2003): Quantitative Linguistik: eine Annäherung. 2., überarb. u. erw. Aufl. Göttingen: Peust & Gutschmidt.

Fónagy, Iván (1961): Die Silbenzahl der ungarischen Wörter in der Rede. Zeitschrift für Phonetik, Sprachwissenschaft und Kommunikationsforschung 14. S. 88-92.

Gerlach, Rainer (1982): Zur Überprüfung des Menzerath'schen Gesetzes im Bereich der Morphologie. In: Lehfeldt, W. / U. Strauss (eds.), Glottometrika 4. S. 95-102. Bochum: Brockmeyer.

Groeben, Norbert (1982): Leserpsychologie: Textverständnis – Textverständlichkeit. Münster. Aschendorff.

Hammerl, Rolf (1991): Untersuchungen zur Struktur der Lexik: Aufbau eines lexikalischen Basismodells. Trier: Wissenschaftlicher Verlag.

Heups, Gabriela (1983): Untersuchungen zum Verhältnis von Satzlänge zu Clauselänge am Beispiel deutscher Texte verschiedener Textklassen. In: Köhler, R. / J. Boy (eds.), Glottometrika 5. S. 113-133. Bochum: Brockmeyer.

Hřebíček, Luděk. 1997. Lectures on Text Theory. Prag: Academy of Sciences of the Czech Republic, Oriental Institute.

Hřebíček, Luděk. 2002. Zipf's Law and Text. Glottometrics 2. S. 27-38.

Köhler, Reinhard (1986): Zur linguistischen Synergetik: Struktur und Dynamik der Lexik. Bochum: Brockmeyer.

Köhler, Reinhard (1999): Syntactic Structures: Properties and Interrelations. Journal of Quantitative Linguistics 6. S. 46-57.

Köhler, Reinhard / Gabriel Altmann (1986): Synergetische Aspekte der Linguistik. Zeitschrift für Sprachwissenschaft 5. S. 253-265.

Lisch, Ralf / Wolfgang Kriz (1978): Grundlagen und Modelle der Inhaltsanalyse. Reinbek: Rowohlt.

Lüger, Heinz-Helmut (1995): Pressesprache. 2., neu bearb. Aufl. Tübingen: Niemeyer.

Merten, Klaus (1995): Inhaltsanalyse. 2., verb. Aufl. Opladen: Westdeutscher Verlag.

Mikk, Jaan (2000): Textbook: Research and Writing. Frankfurt / M.: Peter Lang.

Schneider, Wolf (1986): Deutsch für Profis. 2. Aufl. Hamburg: Goldmann -Stern-Bücher.

Schneider, Wolf (1987): Deutsch für Kenner. Hamburg: Gruner und Jahr.

Wimmer, Gejza / Reinhard Köhler / Rüdiger Grotjahn / Gabriel Altmann (1994): Towards a Theory of Word Length Distribution. Journal of Quantitative Linguistics 1. S. 98-106.

Wimmer, Gejza / Gabriel Altmann (1996): The Theory of Word Length Distribution: Some Results and Generalizations. In: Schmidt, Peter (Hrsg.), Glottometrika 15. S. 112-133, Trier: Wissenschaftlicher Verlag Trier.

Wimmer, Gejza / Gabriel Altmann / Hřebíček / Luděk / Ondrejovič / Slavomír / Wimmerová / Soňa (2003): úvod do analýzy textov. Bratislava: VEDA (vydavateľstvo Slovenskej akadémie vied).

Wenn Wissenstransfer zur Vertrauenssache wird – eine empirische Studie zum Einkauf in Internet-Apotheken

Oliver B. Büttner (Göttingen), Anja S. Göritz (Nürnberg)

1 Wissenstransfer, Risiko und Vertrauen

Im Zuge der Diskussion um die „Wissensgesellschaft" wird der Transfer von Wissen im Allgemeinen als etwas Wünschenswertes diskutiert. Forderungen wie „Lebenslanges Lernen", „Lernende Organisation" und ähnliche Schlagworte heben die positive Bedeutung von Wissen und Lernen hervor.

Der Tatsache, dass Wissenstransfer auch höchst riskant sein kann, wird dabei in der Regel wenig Beachtung geschenkt. Wenn doch, dann werden eher die Risiken für den Wissensgeber herausgestellt. So wird beispielsweise in der Literatur zu Wissensmanagement die – durchaus begründete – Angst von Wissensträgern um einen Statusverlust bei der Weitergabe von Wissen diskutiert (z. B. Probst / Raub / Romhardt 1999).

Dabei ist der Transfer von Wissen aber durchaus auch für den Empfänger mit Risiken behaftet. Dies gilt ganz besonders dort, wo es um die Gesundheit oder sogar das Leben der Betroffenen geht: im medizinischen Bereich. Wer einen medizinischen Ratschlag einholt, muss darauf vertrauen können, dass dieser sachgerecht ist und Informationen, die man selbst preisgibt, auch vertraulich behandelt werden.

Zunehmend werden ergänzend zu den klassischen medizinischen Wissensträgern, wie etwa Ärzten, auch Angebote im Internet konsultiert. Die Bedeutung dieses Mediums als Träger gesundheitsbezogener Informationen verdeutlichen Zahlen einer repräsentativen Untersuchung aus den USA: 80 Prozent aller US-amerikanischen Internetnutzer gaben an, solche Informationsangebote aufgesucht zu haben (Pew Research Center 2003:1).

Allerdings ist gerade im World Wide Web die Qualität medizinischer Informationen heterogen (Eysenbach / Powell / Kuss / Sa 2002). Damit rückt für den Empfänger, oder besser – den *aktiven Konsumenten von Wissen* – die Frage in den Vordergrund, ob dem Anbieter, also dem Wissensgeber, überhaupt vertraut werden kann. In Abhängigkeit von der Einschätzung der Vertrauenswürdigkeit werden Konsumenten eine Entscheidung darüber treffen, ob eine Interaktion, und letztendlich ein Transfer von Wissen, mit dem Anbieter für sie überhaupt in Frage kommt. Für Online-Anbieter medizinischer Dienstleistungen oder Produkte wird damit das Vertrauen der Konsumenten zu einem zentralen Erfolgsfaktor (Büttner 2004).

In diesem Beitrag steht deshalb die Frage im Vordergrund, welche Rolle die wahrgenommene Vertrauenswürdigkeit eines medizinischen Online-Anbieters für das Verhalten der Konsumenten spielt. Hierfür werden zuerst die besonderen Risiken bei der Interaktion mit medizinischen Online-Angeboten aufgezeigt. Daraufhin wird ein Modell zu Vertrauen vorgestellt, welches als Rahmenmodell der anschließend beschriebenen empirischen Studie zugrunde liegt. Der Beitrag schließt mit Implikationen für die Transferforschung.

2   Risiken medizinischer Angebote im World Wide Web

Das Angebot medizinischer Informationsangebote im World Wide Web ist mittlerweile unüberschaubar (für einen kommentierten Ausschnitt: Koc 2002). Hier finden sich beispielsweise Websites von Selbsthilfegruppen, Informationssysteme von Krankenkassen, Internet-Apotheken, wissenschaftliche Fachzeitschriften, Infoportale zu bestimmten Schwerpunktthemen oder Pharmaunternehmen. Über die Unterschiedlichkeit der Angebote hinweg lassen sich allerdings zwei gemeinsame Felder von Risiken ausmachen: zum einen die Qualität der Leistung selbst (vgl. Busch 2004, i. Dr.) und zum anderen der Kontext, in dem der Transfer von Beratungsleistungen stattfindet.

Medizinische Leistungen sind durch einen hohen Anteil an Vertrauens- und Erfahrungseigenschaften im Sinne der informationsökonomischen Eigenschaftstypologie charakterisiert (vgl. Magerhans / Köcher 2004). Dies bedeutet, dass sich die Kunden vor – und häufig auch nach – dem Erhalt der Leistung nicht von deren Qualität überzeugen können, da den Konsumenten gesundheitsbezogener Leistungen hierfür meist die medizinische Kompetenz fehlt. Zieht man die Risiken für die Gesundheit und sogar das Leben in Betracht, die aus einem falschen Ratschlag folgen können, wird deutlich, dass die Frage, ob einem Anbieter tatsächlich vertraut werden kann, zentral im Entscheidungsprozess der Konsumenten wird.

Aber auch durch die Nutzung des Internets drohen weitere Risiken. Im Zuge der Inanspruchnahme medizinischer Informationen fallen z. T. hochsensible Daten über den eigenen Gesundheitszustand an. Diese können u. U. auch mit persönlichen Daten verknüpft werden, entweder weil die Nutzung der Dienste nicht anonym ist oder über Spuren, welche der Internetnutzer in Logfiles o. ä. hinterlässt (vgl. Silberer 2001). Das Risiko besteht einerseits im unerlaubten Sammeln und der Weitergabe solcher Informationen durch den Anbieter selbst („privacy issues"; Belanger / Hiller / Smith 2002), oder durch Dritte, welche sich Sicherheitslücken bei der Übertragung oder Speicherung solcher Daten zunutze machen („security issues"). Werden solche Daten über den eigenen Gesundheitszustand oder Medikamentengebrauch bekannt, kann dies weitreichende soziale aber auch finanzielle Folgen nach sich ziehen.

Natürlich sind dies Risiken, die teilweise auch im „Offline"-Bereich des Gesundheitssektors vorhanden sind: Auch hier ist die Qualität für den Laien oft nicht abschätzbar und es werden hochsensible Daten in Rechnernetze eingespeist. Für den Konsumenten ist hier allerdings die Orientierung durch etablierte Organisationen wie etwa Kliniken, Ärzte- und Apothekerkammern gegenüber dem Online-Bereich erleichtert. Und auch hier hat das Vertrauen einen hohen Stellenwert, v. a. in der Arzt-Patient-Beziehung (Leysen / Hyman 2001: 24).

Als „Heilmittel" werden im Online-Bereich deshalb häufig Gütesiegel unabhängiger Institutionen diskutiert. Im E-Commerce Bereich liegen auch Untersuchungen hierzu vor (z. B. Belanger et al. 2002). Allerdings basieren diese auf Einschätzungen der Wichtigkeit durch die Untersuchungsteilnehmer selbst; Studien zum tatsächlichen Einfluss solcher Gütesiegel auf das Vertrauen der Konsumenten stehen hingegen noch aus. Eine Untersuchung zu solchen Siegeln im Online-Gesundheitsbereich zeigte, dass eine Vielzahl von Vergabestellen existiert und zudem im Laufe der Zeit auch etliche wieder verschwinden (Gagliardi / Jadad 2002). Dies erleichtert die Orientierung für die Konsumenten nicht: Statt der Vertrauenswürdigkeit des Anbieters selbst, muss nun die der Vergabeinstitution eingeschätzt werden. Dass allein die Vergabe von Gütesiegeln das Vertrauensproblem löst, darf deshalb zumindest zum aktuellen Zeitpunkt bezweifelt werden.

3   Vertrauen als Handeln unter Risiko

3.1   Zum Begriff des Vertrauens

In der psychologischen Forschung findet man eine Reihe, teilweise unterschiedlicher Definitionen von Vertrauen (vgl. Petermann 1996: 15). Eine wichtige Unterscheidung der verschiedenen Ansätze ist die zwischen generalisiertem und
spezifischem Vertrauen. Generalisiertes Vertrauen bezieht sich dabei auf eine
allgemeine Tendenz zu vertrauen. Einer der bekanntesten Ansätze, Rotters "interpersonal trust", definiert Vertrauen als „expectancy held by an individual or
group that the word, promise, verbal, or written statement of another individual
or group can be relied on" (Rotter 1971: 444). Ansätze zu spezifischem Vertrau-
en hingegen betonen, dass die Entscheidung zu vertrauen vom Interaktionspartner abhängt. Ein Beispiel ist die Definition von Mayer / Davis / Schorman
(1995: 712): Vertrauen ist „the willingness to be vulnerable to the actions of
another party based on the expectation that the other will perform a particular
action important to the trustor, irrespective of the ability to monitor or control
that other party.". In der verhaltenswissenschaftlich orientierten Marketingforschung steht das spezifische Vertrauen des Kunden in den Anbieter im Vordergrund (z. B. Doney / Cannon 1997).

3.2   Ein Rahmenmodell zu Vertrauen

Im Modell von Mayer et al. (1995) werden beide Elemente von Vertrauen integriert und Vertrauen in den Kontext des Verhaltens unter Risiko gestellt. Sowohl
Ausmaß des Vertrauens als auch die Höhe des wahrgenommenen Risikos entscheiden, ob Personen in Beziehungen Risiken übernehmen. Vertrauen wird dabei sowohl durch Eigenschaften des trustors (in unserem Fall des Kunden) als
auch des trustees (des Anbieters) bestimmt. Auf der Seite des trustees steht hier
eine Persönlichkeitseigenschaft (propensity to trust), welche für generalisierte
Erwartungen bezüglich der Vertrauenswürdigkeit anderer (unabhängig von einem konkreten Vertrauensobjekt) steht, im Sinne Rotters (1971) "interpersonal
trust".

Eine weitere Komponente des Modells ist die wahrgenommene Vertrauenswürdigkeit des trustees. Dies ist ein Set von Eigenschaften, die der trustee aus Sicht
des trustors besitzt. Die Autoren stellen drei Charakteristika heraus: ability, benevolence und integrity. Mit *ability* bezeichnen sie die aufgaben- und situations-
spezifische Kompetenz, die als notwendig gesehen wird, damit der trustee die an
ihn gestellten Erfordernisse überhaupt erfüllen kann. *Benevolence* beinhaltet die
Motivation des trustees, neben der Berücksichtigung eigener Interessen, auch
gute Ergebnisse für den trustor erzielen zu wollen. *Integrity* meint, dass das
Handeln des trustees von Prinzipien geleitet wird, welche der trustor positiv be-

wertet. Dabei ist allerdings keine Wertekongruenz zwischen trustee und trustor gemeint. Die Prinzipien sind solche, die der trustor für Vertrauenssituationen von seinem Interaktionspartner erwartet, ohne dass er selbst notwendigerweise nach diesen handeln muss.

Sowohl die Vertrauenswürdigkeit als auch die Vertrauensneigung beeinflussen die Entstehung von Vertrauen. Vertrauen selbst führt zur Übernahme von Risiken in der Beziehung. Vertrauen ist „the willingness to assume risk; behavioral trust is the assuming of risk" (Mayer et al. 1995: 726; Hervorhebung im Original). Die Ergebnisse der Interaktion zwischen trustor und trustee wiederum beeinflussen in einem Rückkopplungsprozess die Wahrnehmung der Vertrauenswürdigkeit des trustees.

Nach dem Modell wird der Einfluss von Vertrauen auf Risikoübernahme durch das Ausmaß des wahrgenommenen Risikos moderiert. Die Höhe des Risikos stellt eine Schwelle dar, die vom Ausmaß des Vertrauens überschritten werden muss, damit es zur Übernahme von Risiken kommt. Die wahrgenommenen Risiken beziehen sich hierbei auf Überlegungen zur Wahrscheinlichkeit von Gewinnen oder Verlusten als Resultate einer solchen Handlung im Allgemeinen, unabhängig von der eigentlichen Beziehung zwischen trustee und trustor.

3.3 Bewertung des Modells

Insgesamt erscheint das Verständnis von Vertrauen als Handeln unter Risikobedingungen geeignet für den Kontext medizinischer Angebote im WWW. Hier sind drei mögliche Klassen von Risikohandlungen relevant: (1) das Angeben von persönlichen, insbesondere gesundheitsbezogenen Informationen, (2) der Kauf eines Produktes oder einer Dienstleistung, etwa einer Beratung und (3) das Befolgen von Ratschlägen bzw. das Anwenden von Produkten wie Medikamenten. Allerdings muss die Anwendbarkeit des Modells im Kontext medizinischer Angebote im WWW empirisch gezeigt werden.

Die Bedeutung der Zuschreibung von Eigenschaften auf den Interaktionspartner für Vertrauen wird auch von anderen Autoren betont (z. B. Kee / Knox 1970). Allerdings wird in vielen Arbeiten die Unterscheidung zwischen Vertrauen und Vertrauenswürdigkeit nicht getroffen bzw. werden in den verwendeten Messinstrumenten beide Aspekte vermischt (vgl. Gefen / Rao / Tractinsky 2003). Eine Ausnahme ist eine Studie von McKnight / Choudhury / Kacmar (2002), welche explizit den Zusammenhang zwischen diesen beiden Komponenten untersucht. Die Autoren können zeigen, dass Vertrauen tatsächlich von der wahrgenommenen Vertrauenswürdigkeit abhängt.

Die Komponenten der Vertrauenswürdigkeit bei Mayer et al. (1995) sind solche, die auch andere Autoren als Ursachen von Vertrauen verwenden, wenn auch oft unter anderen Bezeichnungen oder in anderer Zusammenstellung (Büttner 2004: 15ff.). Dass Vertrauen zur Übernahme von Risiken in einer Beziehung führt, kann als empirisch gesichert gelten (z. B. Schlenker / Helm / Tedeschi 1973). Im Online-Kontext wurden allerdings bisher nur Verhalten*sintentionen* untersucht (z. B. McKnight et al. 2002, Jarvenpaa / Tractinsky / Vitale 2000), kein tatsächlich gezeigtes Verhalten. Zum Einfluss des wahrgenommenen Risikos als Moderator auf den Zusammenhang zwischen Vertrauen und Übernahme von Risiken sind uns keine empirischen Studien bekannt. Der Einfluss der Vertrauensneigung auf das Vertrauen in einen Interaktionspartner wurde in verschiedenen Studien nachgewiesen, allerdings ist dieser eher als gering einzustufen (Schlenker et al. 1973; McKnight et al. 2002).

Wesentliche Aspekte des Modells von Mayer et al. (1995) werden also durch empirische Befunde gestützt. Offen bleibt allerdings die postulierte Moderatorwirkung des Ausmaßes des wahrgenommenen Risikos sowie der Einfluss von Vertrauen auf tatsächliches Risikoverhalten. Diesen Lücken sowie der Frage nach der Anwendbarkeit des Modells soll mit der im Folgenden dargestellten Studie nachgegangen werden.

4   Eine empirische Studie zu Vertrauen in Internet-Apotheken

4.1   Hypothesen

Um die tatsächliche Bedeutung der Einschätzung der Vertrauenswürdigkeit eines Online-Anbieters im Sinne des Modells von Mayer et al. (1995) zu überprüfen, wurde von uns eine Online-Studie mit einer fiktiven aber realitätsgerechten Internet-Apotheke als Beispiel eines kommerziellen medizinischen Anbieters durchgeführt (für eine detaillierte Darstellung der Studie siehe Büttner / Göritz 2005).

Der Versand von Medikamenten über das Internet wurde in Deutschland erst zum 1.1.2004 im Zuge der Gesundheitsreform zugelassen, zum Zeitpunkt der Durchführung der Studie war dies noch nicht der Fall. So konnte unterstellt werden, dass die Teilnehmer nahezu keine Erfahrung mit Internet-Apotheken und somit lediglich vage Erwartungen an das Auftreten eines solchen Anbieters hatten.

In der Studie wurde das Augenmerk auf den Zusammenhang zwischen wahrgenommener Vertrauenswürdigkeit und der Übernahme von Risiken gelegt (s. Abbildung 1). Die Mediatorfunktion von Vertrauen als eigenständiges Konstrukt wurde nicht aufgenommen, ebenso der Einfluss der persönlichen Vertrauensneigung (*propensity to trust*) und das Feedback vorheriger Interaktionen. Ergänzend zu den bei Mayer et al. (1995) genannten drei Faktoren der wahrgenommenen Vertrauenswürdigkeit wurde entsprechend den Ergebnissen von McKnight et al. (2002) noch ein vierter Faktor aufgenommen. Dieser vierte Faktor *predictability* repräsentiert die Einschätzung der Vorhersehbarkeit des Anbieterverhaltens.

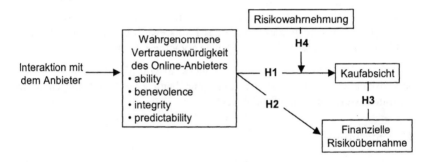

Abb. 1: Hypothesen der Studie („H1" bedeutet Hypothese 1, "H2" Hypothese 2, usw.)

Wie bereits dargelegt, ist eine der zentralen Risikohandlungen bei kommerziellen Angeboten im WWW die Entscheidung, tatsächlich eine Leistung in Anspruch zu nehmen. Bei Internet-Apotheken handelt es sich dabei um die Bestellung von Medikamenten. Da im Kontext der Untersuchung ein tatsächlicher Kauf nicht möglich ist und die Entscheidung, etwas zu kaufen auch von weiteren Faktoren wie z. B. der Bedürfnislage des Kunden abhängt, wurde die Kaufabsicht erhoben. Die Hypothese lautet dementsprechend:

Hypothese 1: Je vertrauenswürdiger ein Online-Anbieter wahrgenommen wird, desto eher sind potentielle Kunden bereit, bei diesem Anbieter zu kaufen.

Die geäußerte Kaufabsicht ist allerdings eine Selbstauskunft und muss als Handlungsabsicht nicht unbedingt mit tatsächlichem Verhalten übereinstimmen (vgl. Silberer / Büttner 2004: 8). Deshalb soll ergänzend auch gezeigtes Verhalten untersucht werden, in diesem Fall das Eingehen eines Risikos seitens des Kunden. Hierfür wurde das Eingehen eines finanziellen Risikos herangezogen. Ein finanzielles Risiko geht ein Kunde auch beim Bezahlen der Leistung bei kommerziellen medizinischen Angeboten ein. Daraus folgt:

Hypothese 2: Je vertrauenswürdig Personen einen Online-Anbieter einschätzen, desto eher gehen sie diesem gegenüber ein finanzielles Risiko ein.

Wenn sowohl Kaufbereitschaft als auch tatsächliches Eingehen eines finanziellen Risikos Indikatoren der Übernahme von Risiken seitens des Kunden sind, sollte folgender Zusammenhang gelten:

Hypothese 3: Je höher die Bereitschaft von Personen bei einem Anbieter zu kaufen, desto eher sind sie bereit, gegenüber diesem Anbieter ein tatsächliches finanzielles Risiko einzugehen.

Je höher die wahrgenommenen Risiken bei einer solchen Transaktion sind, umso mehr Vertrauen ist notwendig, damit es tatsächlich zum Kauf kommt. Bei Personen, die einen Kauf bei einer Internet-Apotheke als wenig riskant einschätzen, ist es für das Zustandekommen des Kaufs egal, ob der Kunde wenig oder viel Vertrauen hat. Deshalb wird folgende Hypothese formuliert:

Hypothese 4: Für Kunden, die den Online-Kauf von Medikamenten als besonders riskant einschätzen, ist der Zusammenhang zwischen wahrgenommener Vertrauenswürdigkeit und Kaufabsicht höher.

4.2   Stichprobe

Die Teilnehmer wurden zum Teil aus dem Wisopanel (www.wisopanel.uni-erlangen.de), einem am Lehrstuhl für Wirtschafts- und Sozialpsychologie der Universität Erlangen-Nürnberg unterhaltenen Online-Panel (vgl. Göritz 2003), und zum Teil über Einträge in Newsgroups und E-Mails an Bekannte gewonnen.

Den Probanden wurde mitgeteilt, dass sie für ihre Teilnahme eine Belohnung in Form eines 10 DM-Gutschein erhalten würden, den sie bei einem Buchversand einlösen können. Ferner würden sie die Gelegenheit bekommen, diesen Gutschein im Verlauf der Untersuchung einzusetzen, mit der Möglichkeit, den Gutscheingewinn auf 15 DM erhöhen zu können oder diesen ganz zu verlieren.

Nach dem Ausschluss unseriöser Probanden (Kriterien: Mehrfachteilnahme, Aufenthaltsdauer in der Apotheke, fehlende Angaben) verblieben 631 Teilnehmer in der Stichprobe. Der Altersdurchschnitt betrug 31 Jahre (SD = 10). Der Anteil der Teilnehmer aus dem Wisopanel lag bei 64 %.

4.3 Variablen

Die *wahrgenommene Vertrauenswürdigkeit* des Anbieters wurde mit einer eigenen, neu entwickelten Skala erhoben. Hierfür wurden aus einem Itempool 36 Items getestet und die unter psychometrischen Gesichtspunkten besten zwölf Items herangezogen. Jeweils drei der Items lassen sich den vier Faktoren ability, benevolence, integrity und predictability zuordnen. Da eine Faktorenanalyse der Daten gegen eine Unabhängigkeit der Dimensionen sprach, wurde die Skala als eindimensionales Instrument konstruiert. Die Items waren als Aussagen formuliert und die Teilnehmer wurden gebeten, auf einer Ratingskala anzugeben, inwieweit sie diesen zustimmen.

Die *Kaufabsicht* wurde über ein Item erhoben, bei dem die Teilnehmer die Wahrscheinlichkeit eines Kaufs auf einer Ratingskala angeben sollten.

Um die *wahrgenommenen Risiken* zu erheben, wurden insgesamt sieben mögliche negative Konsequenzen beim Online-Kauf von Medikamenten herangezogen (vgl. Abbildung 5). Die Teilnehmer wurden gebeten, auf einer Ratingskala jeweils ihre persönliche Einschätzung der Eintrittswahrscheinlichkeit der negativen Konsequenzen anzugeben.

Um Vertrauensverhalten zu erheben, wurde eine Entscheidungssituation geschaffen, bei der die Teilnehmer wählen konnten, ob sie ein *finanzielles Risiko* gegenüber der Apotheke eingehen wollen oder nicht. Der Einsatz war dabei die Belohnung für die Teilnahme (10 DM-Gutschein). Den Probanden wurde in den Instruktionen mitgeteilt, dass sie eine aus zwei möglichen Internet-Apotheken sehen würden. Eine davon wäre vertrauenswürdig, die andere nicht. Welche sie im Verlauf der Untersuchung sehen würden, wäre vom Zufall bestimmt. Im Gegensatz zu diesen Instruktionen interagierten aber alle Teilnehmer mit *derselben* Apotheke.

Nachdem die Probanden die Apotheke gesehen hatten, konnten sie sich abhängig von ihrem Eindruck von der Apotheke entscheiden, dieser zu vertrauen oder nicht zu vertrauen. Diese Entscheidung war mit dem Einsatz des Gutscheins verknüpft. Dabei wurde den Teilnehmern mitgeteilt, dass, falls sie sich entschieden, dem Anbieter zu vertrauen und sie tatsächlich die vertrauenswürdige Apotheke gesehen hatten, der Wert ihres Gutscheins auf 15 DM erhöht würde. Hingegen würden sie ihren ursprünglichen Gutschein verlieren und keine Belohnung erhalten, falls sie der nicht vertrauenswürdigen Apotheke vertrauen würden. Falls die Teilnehmer sich dafür entscheiden würden, der Apotheke nicht zu vertrauen, so würden sie die ursprüngliche Belohnung behalten, hätten somit aber keine Chance auf eine Erhöhung der Belohnung.

Diese Situation enthält wesentliche Elemente von Vertrauensentscheidungen. Die Entscheidung zu vertrauen birgt das Risiko des Verlustes. Wer nicht vertraut, verliert zwar nichts, hat aber auch nicht die Möglichkeit, etwas zu gewinnen. Die Auszahlung wurde so ausbalanciert, dass sie sich von Glücksspielsituationen unterscheidet. Nach Deutsch (1960) unterscheiden sich Vertrauenssituationen von Glücksspielen dadurch, dass bei letzteren die Höhe des möglichen Gewinns die des potentiellen Verlusts übersteigt und die Wahrscheinlichkeit für einen Gewinn vergleichsweise gering ist. Neben der Funktion als Variable für Vertrauensverhalten sollte die Entscheidungssituation auch das Involvement der Teilnehmer erhöhen. Da in Wirklichkeit nur eine Apotheke existierte, haben aus Gründen der Fairness alle Teilnehmer nach Abschluss der Studie mindestens einen 10 DM-Gutschein erhalten.

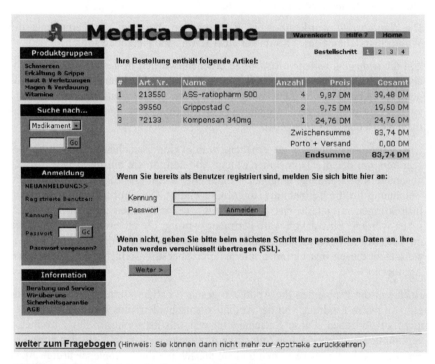

Abbildung 2: Screenshot der simulierten Internet-Apotheke

Um diese Vorabüberlegungen empirisch abzusichern, wurde als Kontrollvariable eine Skala zur persönlichen *Risikobereitschaft* in Glücksspielen erhoben. Wenn die Gutscheinsituation von den Probanden dennoch als Glücksspiel interpretiert werden sollte, müsste sich dies in einem hohen Zusammenhang zwischen der persönlichen Risikobereitschaft und der Bereitschaft, den Gutschein einzusetzen, zeigen.

4.4 Ablauf

Die gesamte Untersuchung wurde im WWW durchgeführt. Hierfür wurde eine fiktive, aber realitätsgerechte Internet-Apotheke programmiert (s. Abbildung 2) und zusammen mit dem Fragebogen ins Netz gestellt. Die Apotheke war eine Simulation, es wurden keine Medikamente an die Teilnehmer ausgeliefert. Auch hatte die Apotheke einen eingeschränkten Funktionsumfang. Die Teilnehmer waren darüber informiert.

Auf der Startseite der Studie wurden die Teilnehmer mit dem Hintergrund zu Internet-Apotheken vertraut gemacht. Ihnen wurde mitgeteilt, die Zielstellung der Studie sei, herauszufinden, nach welchen Kriterien potentielle Kunden die Vertrauenswürdigkeit von Internet-Apotheken beurteilen. Anschließend wurden demografische Daten, wahrgenommene Risiken und Risikobereitschaft erhoben. In den Instruktionen wurde den Probanden mitgeteilt, dass es zwei Anbieter geben würde und sie einen zufällig ausgewählten sehen würden. Zudem wurde die später folgende Gutscheinentscheidung ausführlicher erklärt.

Nachdem die Teilnehmer den Link zur Apotheke geklickt hatten, wurde die Homepage der Apotheke angezeigt. Innerhalb der Apotheke konnten sich die Teilnehmer frei und ohne Zeitbeschränkung bewegen. Unter der Apotheke war auf jeder Seite ein Link „weiter zum Fragebogen" angebracht, mit dem die Teilnehmer die Apotheke verlassen konnten. Nach dem Verlassen der Apotheke wurde die wahrgenommen Vertrauenswürdigkeit des Anbieters erhoben. Im Anschluss wurde nach der Kaufabsicht gefragt sowie der Einsatz des Gutscheins wiederholend erläutert und erhoben.

4.5 Ergebnisse

Wahrgenommene Vertrauenswürdigkeit und Kaufabsicht korrelieren hoch positiv miteinander. Damit kann *Hypothese 1* bestätigt werden: Je vertrauenswürdiger ein Anbieter wahrgenommen wird, um so eher sind potentielle Kunden bereit, bei diesem auch zu kaufen.

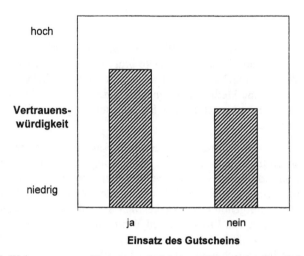

Abb. 3: Wahrgenommene Vertrauenswürdigkeit und Einsatz des Gutscheins

Der Unterschied der wahrgenommenen Vertrauenswürdigkeit zwischen den beiden Gutscheingruppen (Einsatz: ja / nein) war ebenfalls signifikant (s. Abbildung 3). *Hypothese 2* wird damit ebenfalls gestützt: Personen, die einen Anbieter als vertrauenswürdig einstufen, gehen diesem gegenüber auch tatsächlich ein höheres finanzielles Risiko ein.

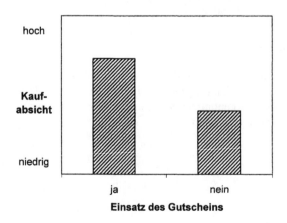

Abb. 4: Kaufabsicht und Einsatz des Gutscheins

Zusätzlich findet sich ein hoher positiver Zusammenhang zwischen dem Einsatz des Gutscheins und der Kaufabsicht (s. Abbildung 4). Dies bestätigt *Hypothese*

3 und spricht dafür, dass beide Variablen tatsächlich etwas Ähnliches messen, nämlich die Übernahme von Risiken.

Die persönliche Risikobereitschaft in Glücksspielen spielt keine Rolle für die Entscheidung über den Gutscheineinsatz. Der Unterschied der Risikobereitschaft zwischen den beiden Gruppen ist zwar statistisch signifikant, die Höhe des Zusammenhangs mit $r < .10$ allerdings bedeutungslos. Zusammen mit den Ergebnissen zu Hypothese 2 zeigt dies, dass die Entscheidung über den Einsatz des Gutscheins nicht als Glücksspiel interpretiert wurde, sondern tatsächlich auf Grund des Eindrucks von der Internet-Apotheke fiel.

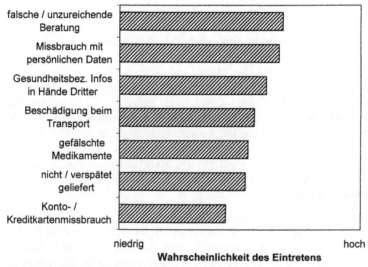

Abb. 5: Wahrgenommene Risiken beim Einkauf in Internet-Apotheken

Um den Moderatoreffekt der aggregierten wahrgenommenen Risiken auf den Zusammenhang zwischen Vertrauenswürdigkeit und Kaufabsicht zu überprüfen, wurde eine hierarchische Regressionsanalyse mit wahrgenommener Vertrauenswürdigkeit und wahrgenommenen Risiken berechnet. Hier zeigt sich allerdings, dass die Aufnahme der Interaktion zwischen wahrgenommener Vertrauenswürdigkeit und wahrgenommenen Risiken zu keiner Verbesserung der erklärten Varianz gegenüber den Einzelvariablen führt (vgl. Baron / Kenny 1986). *Hypothese 4* muss damit verworfen werden.

Betrachtet man die Einschätzung der wahrgenommenen Risiken, so zeigt sich dass die *Qualität der Beratung* sowie die oben genannten *privacy* und *security issues* tatsächlich als die größten Risiken gesehen werden (Abbildung 5).

4.6 Diskussion

In der Studie konnte gezeigt werden, dass die wahrgenommene Vertrauenswürdigkeit eines Online-Anbieters eine zentrale Rolle für die Übernahme von Risiken seitens potentieller Kunden spielt. Je vertrauenswürdiger ein Anbieter wahrgenommen wird, umso eher sind Personen bereit, bei diesem zu kaufen.

Probanden, die den Anbieter als vertrauenswürdiger wahrnehmen, gehen diesem gegenüber auch eher ein tatsächliches finanzielles Risiko (Einsatz des Gutscheins) ein. Für die Zulässigkeit der Annahme, dass die Kaufabsicht auch die Übernahme von Risiken beinhaltet, spricht der hohe Zusammenhang zwischen der Kaufabsicht und dem tatsächlichen Eingehen eines finanziellen Risikos durch die Teilnehmer.

Die postulierte Moderatorfunktion der Risikowahrnehmung konnte nicht bestätigt werden. Vor der Entscheidung, die Moderatorrolle der Risikowahrnehmung gänzlich zu verwerfen und das Modell an dieser Stelle den hier gefundenen Ergebnissen anzupassen, sollte mit weiteren Untersuchungen die Frage geklärt werden, ob diese nicht auf eine unzureichende Erfassung der wahrgenommenen Risiken zurückzuführen sind. So wurde Risiko als subjektive Eintrittswahrscheinlichkeit negativer Ereignisse operationalisiert. Eine weitere Möglichkeit wäre, zusätzlich die Bewertung der Konsequenzen zu erheben (vgl. Vlek / Stallen 1981). Dies könnte ein adäquateres Maß für Risiko sein, da sich die in der Studie erhobenen Risiken hinsichtlich ihrer Konsequenzen für die Konsumenten deutlich unterscheiden.

Insgesamt stützen aber die Ergebnisse die Anwendbarkeit des theoretischen Rahmens „Risikoübernahme" auf Vertrauen bei Interaktionen mit medizinischen Online-Angeboten. Da die Kaufabsicht und das Eingehen eines finanziellen Risikos nur einen Teil der denkbaren Risikohandlungen bezüglich medizinischer Online-Angebote abdecken, sollten zukünftige Untersuchungen weitere Variablen berücksichtigen, z. B. das Angeben persönlicher Daten wie Anschrift und Telefonnummer, von Zahlungsinformationen wie Bankverbindung oder Kreditkarte, das Preisgeben gesundheitsbezogener Informationen wie Medikamentengebrauch oder die Bereitschaft, sich auf Ratschläge des Anbieters zu verlassen. Auch sollte neben der reinen Wahrscheinlichkeit des Eingehens eines Risikos das Ausmaß des Risikos (z. B. Höhe des Einkaufs) erhoben werden. Ebenfalls ist der Frage nachzugehen, welche Determinanten das Konsumentenvertrauen in einen solchen Online-Anbieter beeinflussen (vgl. Büttner 2004).

5 Implikationen für die Transferforschung

Für die Transferforschung kann das Verständnis von Vertrauen als Handeln unter Risiko auch außerhalb des medizinischen Kontextes nützlich sein.

Schließlich ist der Transfer von Wissen immer risikobehaftet. So weiß beispielsweise ein Unternehmen, welches sich die Hilfe einer Unternehmensberatung zur Problemlösung sichert, nicht, ob die Handlungsempfehlungen tatsächlich zu einer Verbesserung der Situation führen oder diese womöglich noch verschlechtern. Zudem kann schon allein der Abschluss solcher Beratungsverträge zur Vorbereitung des Wissenstransfers zu ernsthaften Konsequenzen für die Verantwortlichen führen, wie aktuelle Beispiele aus der jüngsten politischen Vergangenheit belegen.

Unabhängig von der Vertrauens- und Risikothematik sind wir der Auffassung, dass die hier eingenommene Betrachtungsweise des Konsumenten von Wissen als *aktiv handelndes und entscheidendes Subjekt* (vgl. Büttner / Mau 2004), im Gegensatz zu einem rein passiven Empfänger von Wissen, zu neuen Fragestellungen und Ansätzen für die Transferforschung führen kann.

6 Literatur

Baron, R. M. / D. A. Kenny (1986): The moderator-mediator variable distinction in social psychological research: Conceptual, strategic, and statistical considerations. In: Journal of Personality and Social Psychology, Vol. 51, No. 6, pp. 1173-1182.

Belanger, F. / J. S. Hiller / W. J. Smith (2002): Trustworthiness in electronic commerce: The role of privacy, security, and site attributes. In: Strategic Information Systems, Vol. 11, pp. 245-270.

Busch, A. (2004, i. Dr.): Transferqualität in der Online-Gesundheitskommunikation. In: S. Wichter / G. Antos (Hg.): Transferqualität. Frankfurt: Peter Lang.

Büttner, O. B. (2004): Vertrauen in Online-Angebote – Ein Erfolgsfaktor im Health Marketing. Nr. 46 der Beiträge zur Marketingwissenschaft, hrsg. von G. Silberer. Georg-August-Universität Göttingen: Institut für Marketing und Handel.

Büttner, O. B. / A. S. Göritz (2005): Perceived Trustworthiness of Online Shops: Influence on Consumer Behavior. Manuskript eingereicht zur Veröffentlichung..

Büttner, O. B. / G. Mau (2004): Kognitive und emotionale Regulation von Kaufhandlungen: Theoretische Impulse für eine prozessorientierte Betrachtung des Konsumentenverhaltens. In: K.-P. Wiedmann (Hg.). Fundierung des Marketing – Verhaltenswissenschaftliche Erkenntnisse als Grundlage einer angewandten Marketingforschung. Wiesbaden: DUV, S. 341-361.

Deutsch, M. (1960): Trust and suspicion. In: Journal of Conflict Resolution, Vol. 2, pp. 265-279.

Doney, P. M. / J. P. Cannon (1997): An examination of the nature of trust in buyer-seller relationships. In: Journal of Marketing, Vol. 61 (April), pp. 35-51.

Eysenbach, G. / J. Powell / O. Kuss / E.-R. Sa (2002): Empirical studies assessing the quality of health information for consumers on the World Wide Web. A systematic review. In: Journal of the American Medical Association, Vol. 287, No. 20, pp. 2691-2700.

Gagliardi, A. / A. R. Jadad (2002): Examination of instruments used to rate the quality of health information on the internet: Chronicle of a voyage with an unclear destination. In: British Medical Journal, Vol. 324 (9 March), pp. 569-572.

Ganesan, S. (1994): Determinants of long-term orientation in buyer-seller relationships. In: Journal of Marketing, Vol. 58 (April), pp. 1-19.

Gefen, D. / V. S. Rao / N. Tractinsky (2003): The conceptualization of trust, risk and their relationship in electronic commerce: The need for clarifications. In: Proceedings of the 36th Hawaii International Conference on System Sciences. Quelle: CD-Version

Göritz, A. S. (2003): Online-Panels. In: Theobald, A. / M. Dreyer / T. Starsetzki (Hrsg.). Online-Marktforschung – Beiträge aus Wissenschaft und Praxis. Wiesbaden: Gabler, S. 227-240.

Jarvenpaa, S. L. / N. Tractinsky / M. Vitale (2000): Consumer trust in an Internet store. In: Information Technology and Management, Vol. 1, pp. 45-71.

Kee, H. W. / R. E. Knox (1970): Conceptual and methodological considerations in the study of trust and suspicion. In: Journal of Conflict Resolution, Vol. 14, pp. 357-365.

Koc, F. (2002): Medizin im Internet – Evidence-based-Medicine und Qualitätsmanagement online. Berlin: Springer.

Leisen, B. / M. R. Hyman (2001): An improved scale for assessing patient's trust in their physician. In: Health Marketing Quarterly, Vol. 19, No. 1, pp. 23-42.

Magerhans, A. / M. Köcher (2004): Nachfragerverhalten im Residenz- und Distanzhandel: Eine informationsökonomische Betrachtung. In: K.-P. Wiedmann (Hg.). Fundierung des Marketing – Verhaltenswissenschaftliche Erkenntnisse als Grundlage einer angewandten Marketingforschung. Wiesbaden: DUV, S. 363-386.

Mayer, R. C. / J. H. Davis / F. D. Schorman (1995): An integrative model of organizational trust. In: Academy of Management Review, Vol. 20, No. 3, pp. 709-734.

McKnight, D. H. / V. Choudhury / C. Kacmar (2002): The impact of initial consumer trust on intentions to transact with a web site: A trust building model. In: Journal of Strategic Information Systems, Vol. 11, pp. 297-323.

Petermann, F. (1996). Psychologie des Vertrauens (3. Aufl.). Göttingen: Hogrefe.

Pew Research Center (2003): Internet Health Resources. URL: http://www.↵ pewinternet.org/reports/pdfs/PIP_Health_Report_July_2003.pdf (Stand 05.08.2003)

Probst, G. / S. Raub / K. Romhardt (1999): Wissen managen: Wie Unternehmen ihre wertvollste Ressource optimal nutzen (3. Aufl.). Frankfurt a. M.: FAZ.

Rotter, J. B. (1967): A new scale for the measurement of interpersonal trust. In: Journal of Personality, Vol. 35, pp. 651-665.

Schlenker, B. R. / B. Helm / J. T. Tedeschi (1973): The effects of personality and situational variables on behavioral trust. In: Journal of Personality and Social Psychology, Vol. 25, No. 3, pp. 419-427.

Silberer, G. (2001): Elektronische Spuren des Internet-Nutzers, Vortrag bei der Techniker-Krankenkasse, 9. Juli, Hamburg.

Silberer, G. / O. B. Büttner (2004): Video-Cued Thought Protocols as a Method for Assessing Consumer Cognition at the Point of Sale. Nr. 7 der Beiträge zur Tracking-Forschung, hrsg. von G. Silberer. Georg-August-Universität Göttingen: Institut für Marketing und Handel.

Vlek, C. / P.-J. Stallen (1981). Judging risks and benefits in the small and in the large. In: Organizational Behavior and Human Performance, Vol. 28, pp. 235-271.

Textsorte Erpresserschreiben

Albert Busch (Göttingen)

1 Tat- und Erpresserschreiben: Texttyp und Textsorte

Ziel dieses Beitrages ist es, auf der Grundlage von 1.500 Tatschreiben im LiK-tORA-Korpus[1], Hinweise zur Beantwortung der folgenden Grundfragen der kumulativen forensisch-linguistischen Analyse zu geben.[2]

1) Welche Charakteristika weist die Textsorte Erpresserschreiben auf?

2) Welche Varianz findet sich bei der Textsorte Erpresserschreiben?

3) Welche Textsorten reflektierenden Potenziale lassen sich in Erpresserschreiben auffinden?

Die Textsorte Erpresserschreiben subsumiere ich unter den Texttyp Tatschreiben, zu dem etwa auch Drohschreiben, Bekennerschreiben oder Verleumdungsschreiben gehören.[3] Für Tatschreiben ist konstitutiv, dass sie:

a) schriftlich realisiert sind,[4]

b) als Instrument zur Begehung einer Straftat dienen (kommunikativer Zweck),

---

[1] Zur näheren Beschreibung des LiKtoRA-Korpus vgl. den Beitrag von Busch/Heitz in diesem Band. Opfer solcher Erpressungen sind Firmen, Privatpersonen, staatliche Institutionen und in seltenen Fällen Politiker.

[2] Artmann (1996) hat in seiner Dissertation eine ausführliche Analyse von 237 Tatschreiben vorgelegt, in der er zahlreiche Spezifika ermittelt und die Textsorten Drohbrief und Erpresserbrief unterscheidet.

[3] Vgl. hierzu auch Schall (2004: 551) mit einer Übersicht über die Deliktklassen, die in den vergangenen Jahren beim BKA forensisch-linguistisch untersucht wurden.

[4] Zur Rolle geschriebener und gesprochener Sprache in der forensischen Linguistik vgl. Schall (2004) und Dern (2003).

c) meist nicht öffentlich zugänglich sind und

d) häufig anonym verfasst sind.

Durch die fehlende öffentliche Zugänglichkeit haben Tatschreiben potenziell einen hohen Aufmerksamkeitswert, wenn sie in Einzelfällen dann doch einmal öffentlich werden. So reichen etwa der BILD-Zeitung zur Sensationalisierung im Zusammenhang mit dem so genannten Praxismord in Heidelberg[5] zwei Zeilen eines handschriftlichen Tatschreibens als Aufhänger für einen ganzseitigen Artikel:

Mit den genannten Merkmalen des Texttyps Tatschreiben lässt sich bereits ein Teil der Fragen beantworten, die Kniffka für die forensisch-linguistische Autorschaftsanalyse stellt, wenn er postuliert:

---

[5] Cherubim (1990) beschreibt die linguistische Begutachtung eines solchen Tatschreibens ebenfalls in einem Mordprozess.

Zu klärende Fragen sind z. B. Was unterscheidet einen anonymen nicht-kriminellen Brief von einem anonymen kriminellen (Spendenaufruf vs. Erpresserschreiben, Werbebrief vs. Drohbrief etc.)? Was unterscheidet holistisch Erpressungs- und Verleumdungsschreiben? Welche komplementären Verteilungen von Eigenschaften sind grosso modo feststellbar? (Kniffka 2000: 68)

Insbesondere die Kriterien b) 'Instrument zur Straftatbegehung' und c) 'nicht öffentlich zugänglich' ermöglichen schlichterweise – fügt man eine spezifische Explikation des jeweiligen kommunikativen Zweckes hinzu – eine problemlose und trennscharfe Unterscheidung etwa zwischen den von Kniffka angesprochenen Beispielen 'Spendenaufruf vs. Erpresserschreiben' oder 'Werbebrief vs. Drohbrief'.

Darüber hinaus lassen sich weitere Charakteristika des Texttyps Tatschreiben ermitteln, wenn man die dem Texttyp zugehörigen Textsorten, hier Erpresserschreiben, und ihre Varianten untersucht.

2 Textsortencharakteristik: quantitativ-stilistische und pragmatische Kennzeichen

Ordnet man vor diesem Hintergrund die Textsorte Erpresserschreiben in das klassifikatorische Umfeld ein, ergibt sich folgendes Bild:

Texttyp *Tatschreiben*
integriert Textsorten wie Erpresserschreiben, Drohschreiben, Verleumdungsschreiben.
Merkmale: schriftlich realisiert, Instrument zur Begehung einer Straftat, meist nicht öffentlich zugänglich, anonym verfasst
Textsorte *Erpresserschreiben*
weist die Merkmale des Texttyps auf und bildet durch spezifische weitere Merkmale eine Subklasse des Texttyps.
Textsortenvariante
(z.B. Erstschreiben, Folgeschreiben) weist die Merkmale der Textsorte auf und bildet durch spezifische Merkmalsausprägungen eine Subklasse der Textsorte.
Text(sorten)exemplar
weist die Merkmale der Textsorte auf, ist Repräsentant der Textsorte und bildet durch fallspezifische Merkmale eine falltypische Identität aus, die sich im Einzelexemplar oder in den Schreiben einer zusammengehörenden Erpressungsserie niederschlagen kann.

Die Erfassung der Varianz und typischer Merkmalskonfigurationen der Textsorte Erpresserschreiben führt auch einen Schritt weiter in Richtung des linguis-
tisch-systematischen Oberziels „der Beschreibung und Erklärung der strukturellen Ähnlichkeiten und Unterschiede von anonymen Texten"[6], das Kniffka als
eines der zentralen Desiderate „auf dem Wege zu einer empirisch gesicherten
Praxis der FLA [forensisch-linguistischen Autorschaftsanalyse]"[7] bezeichnet.

Welches sind nun die spezifischen Merkmale der Textsorte *Erpresserschreiben*?
Dazu gibt es zahlreiche Einzeluntersuchungen und -beobachtungen.[8] Insbesondere zwei Merkmalsbereiche lassen sich übergreifend hervorheben: quantitativ-
stilistische und handlungstheoretisch-pragmatische Charakteristika.

Zur quantitativ-stilistischen Unterscheidung von anderen Textsorten innerhalb
des Texttyps Tatschreiben lassen sich besonders die Kennzeichen heranziehen,
die Kniffka (2000: 68-69) zusammenfasst:[9]

- Textlänge[10]

- Gesamtanzahl der Wörter pro Text, Satz, Phrase

- Zahl & Art der Rechtschreib- und Interpunktionsfehler

- Verhältnis Autosemantika – Synsemantika

- Verhältnis Hypotaxe – Parataxe

- Verhältnis Nominalisierungen – Nicht-Nominalisierungen

- Proportionen einzelner Abweichungsklassen (z. B. Wortstellungsfehler vs.
  Kongruenzfehler vs. Rektionsfehler, sowie grammatische Fehler vs. lexikalische Fehler vs. Stilebenenfehler etc.)[11]

Darüber hinaus lässt sich die Textsorte mit Brinker (2002) und Artmann (1996)
auch pragmatisch bestimmen. Auf einer ersten Ebene lassen sich Erpresserschreiben als „komplexe Aufforderungshandlungen"[12] beschreiben, in denen die
appellative oder direktive Textfunktion dominiert. Brinker macht allerdings zu

---

[6]   Kniffka (2000: 68).

[7]   Kniffka (2000: 70).

[8]   Vgl. etwa Schall (2004), Baldauf (2002, 2000, 1999), Dern (2003) und Kniffka (1990) und
      die dort zitierte Literatur.

[9]   Diese Merkmale werden aus unterschiedlichen Perspektiven auch zur Autorenerkennung
      herangezogen. Vgl. dazu insbesondere Schall (2004) und Baldauf (1999, 2000).

[10] Bei Erpresserschreiben handelt es sich meist um kurze „Texte von einer Länge unter 200
      Wörtern", wie Schall (2004: 553) auf der Grundlage einer Analyse von 1.513 Texten
      belegt.

[11] Zur fehlerlinguistischen Einschätzung vgl. den Beitrag von Fobbe in diesem Band.

[12] Artmann (1996: 185).

Recht darauf aufmerksam, dass diese beiden textuellen Grundfunktionen zur Charakterisierung nicht ausreichen und betont:

> dass diese Textsorte in textfunktionaler Hinsicht durch eine spezifische Verbindung von zwei Funktionstypen gekennzeichnet ist. Die Handlungsaufforderung (appellative bzw. direktive Funktion) ist zwar dominant, sie ist aber fest mit der Handlungsankündigung (obligative bzw. kommissive Funktion) verbunden. Die Ankündigung (der Sanktionshandlung) ist somit als *obligatorische* Zusatzfunktion zu betrachten. (Brinker 2002: 49, Kursivdruck im Original)

Damit steht ein erpresserisches Konditionalgefüge im Zentrum der Textsortencharakteristik, das schlichterweise aus zwei konditional verknüpften Themen besteht: Zahlung der Summe X; Sanktion im Falle der Nicht-Zahlung.[13] Dies ist in den Erpresserschreiben im Untersuchungskorpus oft sehr bündig formuliert:

1. entweder Sie zahlen oder wir schlagen zu:

2. Zahlen Sie 100 Milliarden DM oder ein Jumbo stürzt ab!

3. WENN SIE NICHT WOLLEN DAS SIE UND IHRE FAMILIE VERLETZT WERDEN ERWARTEN WIR VON IHNEN DIE ZAHLUNG VON 5.000.000 DM

4. 20 000 DM morgen um 12 Uhr zu Telephonzelle. Nächst der Post. Oder deine Frau ist tot!

5. ENTWEDER SIE SCHICKEN MIR 1.000.000,- DM, ODER BEI IHNEN GEHT EINE BOMBE HOCH!

Nimmt man die situierenden und kontextuellen Angaben hinzu, lassen sich besonders fünf Elemente als Konstituenten des pragmatischen Profils der Textsorte bestimmen:

- das erpresserische Konditionalgefüge von Forderung und Drohung

- die individuellen Situierungsangaben (Ort, Zeit, Ausführungsbedingungen)

- der situative Kontext (weitere Kontextfaktoren, Umstände der Übermittlung)

- der soziale Kontext (Aussagen des Emittenten über sich selbst, Beziehung zwischen Emittent und Rezipient)

- die Textfunktion mit obligatorischer Zusatzfunktion.[14]

Über diese allgemeinen Bestimmungen hinaus, die bei Artmann bereits eine weitere empirische Absicherung und Ausdifferenzierung erfahren haben, sollen im Folgenden einige Hinweise auf die Ausdifferenzierungstypik gegeben wer-

---

[13] Vgl. Brinker (2002). Brinker kritisiert Artmanns Ansatz der argumentativen Themenentfaltung und bezweifelt die Gültigkeit der Differenzierung in Erpresser- und Drohschreiben.

[14] Vgl. Brinker (2002).

den, die die Auswertung des LiKtORA-Korpus an der Universität Göttingen erbracht hat.[15]

3 Textsortenvarianz: Erstschreiben, Folgeschreiben, Absagen

Im Korpus tauchen insgesamt die folgenden Textsortenvarianten auf:

- Erstschreiben mit Folgeschreiben

- Erstschreiben ohne Folgeschreiben

- Folgeschreiben

- Absagen

- Nebentexte (stehen in unmittelbarem Zusammenhang mit einem Erpressungsfall, richten sich aber nicht an das Opfer selbst)

Die Varianten weisen eine spezifische Verteilung im Korpus auf:

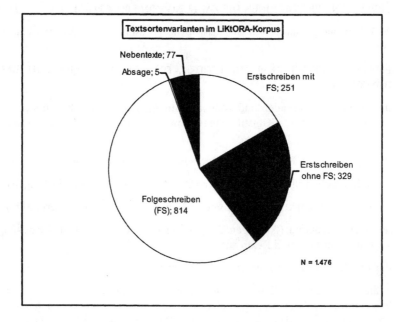

---

[15] Die aufwändige Korpusbearbeitung und das Tagging (insgesamt 19.700 Einzeltags) haben Helle Körner und Ina Kühner vorgenommen, denen ich dafür ebenso sehr herzlich danke wie für zahlreiche Diskussionen und weiterführende Überlegungen zur Kategorisierung.

Die wichtigste Unterscheidung bei der Varianzerfassung ist die nach Erstschreiben oder Folgeschreiben. Erstschreiben sind diejenigen Schreiben, durch die ein Erpresser erstmals mit seinem Opfer Kontakt aufnimmt; sie leiten als initiale Sprachhandlungen eine Erpressung ein. Sie lassen sich unterteilen in Erstschreiben mit und ohne Folgeschreiben. Diese Erstschreiben bilden den von Artmann gemeinten Prototyp, weil hier in aller Regel das erpresserische Konditionalgefüge von Forderung und Drohung seinen Platz hat und häufig auch die grundlegende Form der Geldübergabe bereits beschrieben oder angedeutet wird, wie etwa im folgenden Beispiel:

AN DIE GESCHÄFTSFÜHRUNG

DER XXX-WERKE

WIR HABEN IM SK-DISKOUNT MARKT [...] EIN GLAS MARMELADE (WALDFRÜCHTE) UND EIN GLAS XXX (HIMBEER) MIT GIFT VERSETZT, DEPONIERT, UND GEKENNZEICHNET!

WIR FORDERN "200 000.- (ZWEIHUNDERTTAUSEND)" IN NEUEN "100.-DM" SCHEINEN!

DIE ÜBERGABE FINDET AM DONNERSTAG DEN 30.01.03 STATT!

SIE WIRD VOM 1. GEWERKSCHAFTSVORSITZENDEN HERRN XXX DURCHGEFÜHRT!

NACH ERFOLGREICHER ÜBERGABE WIRD IHNEN DER STANDORT ZWEIER DIESMAL NICHT GEKENNZEICHNETER MARMELADEN - GLÄSER MITGETEILT!

WEITERE FORDERUNGEN FINDEN NICHT STATT!

BEI WEIGERUNG WERDEN MENSCHEN DURCH DEN VERZEHR IHRER MARMELADE STERBEN!

Dagegen werden zugeordnete Folgeschreiben meist zur spezifischen Situierung verwendet, hier findet man häufig Angaben zu den Übergabemodalitäten und den Bezug auf vorangegangene Kontakte und Übergabeversuche oder reine Anweisungen:

AN DEN

1. GEWERKSCHAFTSVORSITZENDEN

SIE FAHREN ALLEINE MIT DEM GELD IN EINEM FAHRZEUG OHNE TELEFON ODER FUNK!

KEINE POLIZEI!

SIE FAHREN AM XX.X.XXXX UM 18.00 UHR ZUR XXX-KASERNE IN DER XXX-STRASSE UM IN DER TELEFONZELLE BEI DER BUSHALTESTELLE NEUE INSTRUKTIONEN ZU EMPFANGEN!

Erstschreiben und Folgeschreiben können sich zu Serien von bis zu 20 Einzel-
schreiben addieren. Sie können recht ausführlich angelegt (im Einzelfall bis zu 3
Seiten Text) oder, wie in den folgenden Beispielen, sehr kurz sein und ggf. nur
eine einzige Information beinhalten, die nur im situativen Kontext dekodierbar
ist:

1) Von diesen Karten könnten Sie demnächst mehr bekommen.

2) GELD HINTER MÜLLEIMER UND SOFORT WEITER FAHREN

3) LETZTE CHANCE! Fr. 12.9. 13 UHR DIESMAL KEINE TRICKS

Eine seltene Textsortenvariante ist die Absage einer Erpressung, aber auch sie
kommt hin und wieder vor:

HALLO DU

Die SACHE Ist ERLEDIGT! HAB MiR ES ANDERS ÜberLEGT. MEIN GE-
WISSEN ist DocH besser Als ICH DACHTE. HAB FÜR MICH EINE BESSERE
LÖSUNG gefunden die AUCH weniger gefährlich ist. DU Hörst Nichts MEHR
von mir. KANNSt ruhig schlafen. Sorry für die TAGE des ScHRECKS!

DEIne doch nette UNBEKANNTE!

Damit lässt sich **Varianzarmut** als wichtiges Merkmal der Textsorte Erpresserschreiben festhalten; neben den beiden Hauptvarianten Erstschreiben (mit und
ohne Folgeschreiben) und Folgeschreiben finden sich unter 1.476 Erpresserschreiben kaum andere textliche Repräsentationen des kommunikativen Zwecks.
Das gilt aber nicht für die Realisierung der Textexemplare, die vor diesem Hintergrund sehr unterschiedlich ausfallen kann.

4   Formmuster

In Erpresserschreiben finden sich häufig explizit oder implizit realisierte Reflexionen über Textsorten und Textmuster. Diese Textsorten reflektierenden
Potenziale werden teilweise bewusst als Formmuster genutzt, um die kriminelle
Handlung entweder abzuschwächen oder zu ironisieren. Darüber hinaus findet
sich eine Vielzahl eher impliziter Textsortenvorgaben durch die Anpassung an
das Textmuster „Geschäftsbrief".

4.1 explizite Textsortenvorgabe: Geschäft, Vertrag, Kredit

Insbesondere die Stilisierung einer Erpressung als Geschäft, Vertrag oder Kreditvergabe ist häufig und auffällig.[16] So heißt es etwa:

1. dies ist keine erpressung, sondern ein arrangement,

2. WIR WOLLEN MIT IHNEN EIN DISKRETES GESCHÄFT ABWICKELN!!!

3. Wir sind erfreut, das Sie bei unserem Investitionshilfeprogramm wieder dabei sind.

Neben Ironisierungen der Art, wie sie im letzten Beispiel deutlich wird, findet sich auch unverhohlener Zynismus, etwa wenn es im Anschluss an die Drohung mit Veröffentlichung rufschädigender Informationen heißt:

> Wir möchten jedoch ausdrücklichst betonen, daß wir nichts von ihnen verlangen oder fordern, sowohl Sie in keinster Weise unter Druck setzen, Sie sind in Ihren Entscheidungen völlig frei! Solten Sie uns doch ein Angebot unterbreiten wollen, dann inserieren Sie in der X-Zeitung unter Bootsmarkt und Wassersport

Ein Textsortenbewusstsein und ein Spiel mit Textsortenkonventionalisierungen ist unverkennbar. Eine Häufung solcher Textsortenvorgaben in einer bestimmten Serie von Erpresserschreiben kann u. U. auch als autorenspezifisches Indiz gewertet werden. In wenigen Fällen wird gerade diese Textsortenvorgabe zum bewusst stilisierten Kennzeichen eines Täters; etwa wenn ein mehrseitiges Erstschreiben an den Bürgermeister einer Großstadt im Stil eines Vertrages gehalten ist, in dem es heißt:

> § 1.
>
> Unsere Forderung auf endgültige Schadensausgleichszahlung (von Wiedergutmachung könnte man rechterdings nur reden, wenn das, was uns zugefügt wurde, tatsächlich wiedergutzumachen wäre!) errechnet sich folgendermassen:
>
> § 2.
>
> Die Übergabe der vollständigen Summe hat ohne Abzug (Skonto unzulässig!) und exakt in folgender Sortierung zu erfolgen:
>
> DM 250.000.- in 2.500 100 DM=Scheinen (Bild: Clara Schumann)
>
> DM 500.000.- in 2.500 200 DM=Scheinen (Bild: Paul Ehrlich)
>
> Der Rest (DM 121.000.-) in 121 Tausend=DM=Scheinen.

---

[16] Intertextualitätsmarkierungen sind zwar für die Textsorte nicht typisch, kommen aber gelegentlich vor. Dabei beziehen sich Erpresser insbesondere auf spektakuläre Vorgängerfälle, meist, um ihre Entschlossenheit zu unterstreichen. So findet sich z. B. in einer Serie von fünf Erpresserschreiben regelmäßig ein Textbaustein mit dem Wortlaut: „Tun Sie mir aber bitte einen Gefallen und verwechseln Sie mich nicht mit Dagobert, ich bin absolut humorlos und mache keine Spielchen". In einem anderen Schreiben heißt es: „Ich bin nicht Dagobert".

§ 3.

Zur Gewährleistung eines komplikationslosen Transfers werden von beiden Seiten ÜberbringerInnen bestellt. Für Ihre Seite tragen Sie Verantwortung + Sorgfaltspflicht, für unsere Seite wir. [...]

Dieser Sprachgestus wird auch durch die sieben Folgeschreiben hinweg durchgehalten, etwa, wenn es dort heißt:

Sehr geehrte Frau XXX!

Zur Vertragserfüllung werden Sie als treuhänderisch Beauftragte aufgefordert sich am Freitag, den 11. Dezember 19XX, um 14 Uhr in XXXX einzufinden.

In einem solchen Fall finden sich auffällige autorenspezifische Hinweise im sehr umfangreichen Erstschreiben, in dem deutlich wird, dass ein Täter offenbar eine Nähe zur Schriftsprache und zu Vertragstextsorten hat oder eben dies vorspiegeln will. In beiden Fällen setzt dies eine gewisse Souveränität und Übung im Umgang mit schriftlichen Texten voraus, die sich in vielen anderen Schreiben im Korpus nicht ohne zusätzliche Informationen konstatieren lässt.

Durch sein Spiel mit der Textsorte Vertrag gibt ein solcher Verfasser recht deutliche personenspezifische Hinweise und illustriert, wie zutreffend Cherubims Einschätzung ist, wenn er unterstreicht:

Texte, die für bestimmte Situationen und Zwecke verfasst werden, stellen immer Ergebnisse von Auswahlen aus sprachlichen Möglichkeiten dar, die den Verfassern zur Verfügung stehen [...]. Es scheint daher auch möglich zu sein über bestimmte vorliegende Textmerkmale und die Bedingungen, unter denen die Texte entstanden sind, rückzuschließen auf die besonderen Voraussetzungen von Menschen, die als Textproduzenten in Frage kommen könnten. (Cherubim 1990: 349)

Eine weitere Auffälligkeit im Bereich expliziter Textsortenvorgaben stellt die Etikettierung der Erpressung als Darlehen dar:

1. Wir wünschen uns von Ihnen 15 Millionen DM, die wir als zinsloses Darlehen betrachten.

2. bitte ich Sie hiermit um einen einmaligen Kredit in Höhe von 500.000 DM, zur Verbesserung meiner Erfolgsaussichten in der sozialen Marktwirtschaft.

3. In 10 Jahren wird garantiert 1 Mio. DM zurückgezahlt. Natürlich ist die Kreditgewährung absolut freiwillig.

4. WERDEN DIESES GELD WIEDER AN SIE ZURÜCKZAHLEN! SOBALD WIR IN DER LAGE SIND.

5. Ich werde mich mit dem Geld wieder selbstständig machen, und der XXX-Bank den gesamten Betrag in Raten zurückgeben.

6. Die Erfüllung einer kleinen Forderung könnte die Sache jedoch für immer aus der Welt schaffen. DM 1.000.000,-- zahlen Sie mir als Barkredit - Rückzahlung zinsfrei innerh. v. 5 Jahren.

Hier bleibt ohne den Einbezug weiterer Ermittlungswissens unklar, ob diese Deklarationen eher ein Spiel mit der Textsorte sind oder als naive Immunisierungsstrategie im Falle der Identifizierung des Täters gemeint sind. Artmann generalisiert unter Aufnahme eines weiteren Motivs:

> Der typische [Erpresser-]Briefschreiber ist bemüht, den Erpressungsvorgang als eine Art Geschäft darzustellen, um so zum einen moralisch seine eigene Position aufzuwerten und zum anderen dem Opfer eine Einwilligung durch Vermeidung eines völligen Gesichtsverlustes zu ermöglichen. (Artmann 1996: 185)

Die Vermeidung des Gesichtsverlustes seitens des Opfers zur „typischen" Motivationslage und damit zum Textsortenmerkmal zu erheben, scheint mir indes zu optimistisch. Es kontrastiert zu stark damit, dass Erpresser in etwa einem Drittel der im Korpus repräsentierten Fälle explizit versuchen, durch Hinweis auf ihre besondere Ernsthaftigkeit, Entschlossenheit oder Skrupellosigkeit ihrer Forderung Nachdruck zu verleihen:

1   Kurz gesagt, Sie bekommen noch eine letzte Chance, bevor wir Ihnen beweisen, wie ernst wir zu nehmen sind.

2   WIR SPAßEN NICHT.

3   DIE BOMBE DIE LETZTE NACHT BEI IHNEN EXPLODIERT IST SOLLTE MEINER FORDERUNG DRUCK GEBEN UND IHN ZEIGEN DAS ICH ES ERNST MEINE DENN ICH HABE NICHTS ZU VERLIEREN.

4   wir kennen keine skrupel, einen mord zu begehen.

5   Wir foltern das Kind langsam tot. Das Video davon bekommen seine Eltern.

Hier wird deutlich, dass den Tätern in vielen Fällen jedes Mittel Recht ist, ihre Ernsthaftigkeit zu unterstreichen. Angesichts des häufigen Bemühens von Erpressern, eine solche Drohkulisse aufzubauen und ihre Brutalität zu betonen, kann man die Sorge um das Opfer oder einen Gesichtsverlust sicher nicht zum Textsortenmerkmal erheben.

4.2 Din 5008-Adaptationen

Textsorten- und Textmusterwissen wird auch explizit einbezogen, wenn Erpresserschreiben, denen häufig der Charakter eines Geschäftsbriefes gegeben wird (893 Fälle im Korpus), formal an die Regelungen der DIN 5008 (zu Schreib- und Gestaltungsregeln für die Textverarbeitung) angepasst werden. Besonders

häufig werden Strukturmerkmale wie die formale Anrede „Sehr geehrte ...",
Betreffzeile, Datum oder die Standardgrußformel „Mit freundlichen Grüßen"
verwendet.

Dabei bleibt zunächst offen, ob es sich in allen Fällen um eine Ironisierung des
Erpressungsvorganges oder gar eine bewusste Gestaltung des Erpressungsvorganges als Geschäft handeln soll. Dies lässt sich nur in den Fällen konstatieren,
in denen der Geschäftscharakter auch inhaltlich explizit vorgegeben wird, wie
im folgenden Fall:

Firma

XXXX

-Geschäftsleitung-

Postfach [...]

18. August XXXX

Betreff: Angebot von Informationen

Sehr geehrte Damen und Herren,

[....]

Ich versichere Ihnen, daß es sich hier um ein schlichtes und seriöses Geschäft
handelt, und ich rechne daher auch Ihrerseits mit Diskretion.

Mit freundlichem Gruß

Typisch für DIN 5008-Adaptationen sind auch die Betreffzeilen, deren Spanne
von der schlichten Deklaration „Erpresserbrief!" bis zu komplexen Angaben
reicht:

1) Erpresserbrief!

2) "WINTERMAERCHEN", ERPRESSUNG DER FIRMA XXX,

   ERSTER BRIEF.

3) BETR.: "WINTERMAERCHEN", ERPRESSUNG DER FIRMA XXX,

   ZWEITER BRIEF

4) Betr.: Alternatives Finanzierungsmodell "Robin Hood"

   Unser Schreiben vom 30. August XXXX

Zu solchen Anlehnungen an die DIN 5008 kommen gelegentlich weitere Struk-
turierungsmerkmale wie Gliederungen und Aufzählungen:

bei nichteinhaltung dieser forderungen erfolgt:

- - tötung ihrer person;

- - die ermordung von politikern des bonner öffentlichen lebens;

- - sprengstoffattentat auf die XXX-zentrale in XXX

- - sprengstoffanschläge auf öffentliche gebäude und wichtige verkehrsknotenpunkte in großstädten der brd; zum teil sind die sprengladungen schon gelegt;

Ob die Nutzung solcher Strukturierungsschemata und Gliederungshilfen im Einzelfall als Hinweis auf eine möglicherweise beruflich bedingte Nähe eines
Texturhebers zur Schriftsprache bewertet werden kann, lässt sich aufgrund eines
Korpus von Tatschreiben nicht einschätzen. Dazu muss im Rahmen der Autorschaftsanalyse Vergleichsmaterial von Verdächtigen und ggf. Ermittlungswissen
hinzugezogen werden.

Explizite Textsortenvorgaben und DIN 5008-Adaptationen lassen sich übergreifend als Formmuster auffassen, als feste Schemata, die „Typisches und Univer-
selles"[17] widerspiegeln, und so der Tatsache Rechnung tragen, dass wir bei der
Realisierung von Texten spezifisches Textmusterwissen aktualisieren und in unsere Textgestaltung integrieren.[18] Damit wird auch oberhalb der Ebene der phraseologischen und kollokativen Musterhaftigkeit in den Einzelformulierungen
von Erpresserbriefen, die Baldauf/Stein (2000) als Formulierungsmuster bezeichnen, das Vorhandensein von Formmustern zum weiteren auffälligen
Merkmal.

5 Fazit

Vor dem Hintergrund dieser ersten Auswertungsergebnisse des LIKTORA-Korpus kann das Set der eingangs skizzierten Textsortenmerkmale um die Dimensionen Varianzarmut und Formmuster erweitert werden, so dass sich das textlin-
guistische Profil zusammenfassend entlang der folgenden Dimensionen skizzieren lässt:

● Textsortenmarkierungen

a) Varianzarmut (Erst- und Folgeschreiben als dominierende Einheiten)

b) Textsorten reflektierende Potenziale

   – explizite Textsortenvorgabe

   – Textdeklaration

---

[17] Heinemann/Viehweger (1991: 165).

[18] Vgl. auch Baldauf/Stein (2000: 388-391). Baldauf/Stein (S. 389) verweisen mit Artmann
auch auf das Vorhandensein „brieftypischer Formulierungsmuster" und heben hervor: „Es
ist das Dilemma des Erpressers, dass für die Textsorter Erpresserbrief keine geeigneten
Briefsteller existieren, an denen er sich orientieren könnte."

- Intertextualität

- Formmuster

- erpresserisches Konditionalgefüge von Forderung und Drohung

- individuelle Situierungsangaben (Ort, Zeit, Ausführungsbedingungen)

- situativer Kontext (Kontextfaktoren, Umstände der Übermittlung)

- sozialer Kontext (Aussagen des Emittenten über sich selbst, Beziehung zwischen Emittent und Rezipient)

- Textfunktion mit obligatorischer Zusatzfunktion

- quantitativ stilistische Markierungen

- phraseologische Formulierungsmuster.

6   Literatur

Adamzik, Kirsten (2002): Interaktionsrollen. Die Textwelt und ihre Akteure. In: Adamzik, Kirsten (Hg.): Texte•Diskurse•Interaktionsrollen. Analysen zur Kommunikation im öffentlichen Raum. Tübingen: Stauffenberg.

Artmann, Peter (1996): Tätertexte – eine linguistische Analyse der Textsorten Erpresserbrief und Drohbrief. (=Phil. Diss. Würzburg).

Baldauf, Christa (1999): Zur Signifikanz sprachlicher Merkmale im Rahmen des Autorschaftsnachweises. Ansätze und Desiderate der forensischen Linguistik. In: Archiv für Kriminologie 204/3, S. 93-105.

Baldauf, Christa (2000) (Hg.): 2. Symposion Autorenerkennung des Bundeskriminalamtes. Tagungsband. Wiesbaden: BKA

Baldauf, Christa (2002): Autorenerkennung im BKA. Linguistik unter Zugzwang? In: Haß-Zumkehr, Ulrike (2002) (Hg.): Sprache und Recht. Berlin u. a.: de Gruyter, S. 321-329.

Baldauf, Christa/Stephan Stein (2000): Fests sprachliche Einheiten in Erpresserbriefen. Empirische Analysen und Überlegungen zu ihrer Relevanz für die forensische Textanalyse. In: ZGL 28.3. S.377-403.

Brinker, Klaus (2002): Textsortenbeschreibung auf handlungstheoretischer Grundlage (am Beispiel des Erpresserbriefs). In: Adamzik, Kirsten (2002) (Hg.): Texte•Diskurse•Interaktionsrollen: Analysen zur Kommunikation im öffentlichen Raum. Tübingen: Stauffenberg, S. 41-59.

Cherubim, Dieter (1990): Der Fall S. – Linguistische Gutachten in einem Mordprozess. In: Kniffka, Hannes (1990) (Hg.): Texte zur Theorie und Praxis forensischer Linguistik. Tübingen: Niemeyer, S. 339-375).

Dern, Christa (vorm. Baldauf) (2003): Sprachwissenschaft und Kriminalistik. Zur Praxis der Autorenerkennung. In: ZGL 31.1. S. 44-73.

Heinemann, Wolfgang / Dieter Viehweger (1991): Textlinguistik. Eine Einführung. Tübingen: Niemeyer.

Knapp, Karlfried u. a. (2004) (Hg.): Angewandte Linguistik. Tübingen, Basel: Francke.

Kniffka, Hannes (2000): Forensisch-linguistische Autorschaftsanalyse. Eine Zwischenbilanz. In: Baldauf, Christa (2000) (Hg.): 2. Symposium Autorenerkennung des Bundeskriminalamtes. Tagungsband. Wiesbaden: BKA, S. 54-82).

Kniffka, Hannes (1990) (Hg.): Texte zu Theorie und Praxis forensischer Linguistik. Tübingen: Niemeyer.

Schall, Sabine: Forensische Linguistik. In: Knapp, Karlfried u. a. (Hg.) (2004): Angewandte Linguistik. Tübingen, Basel: Francke, S. 544-562.

Linguistische Unternehmensberatung in Kooperation von Universität und Beratungspraxis

Albert Busch (Göttingen), Stefan Goes (Lübeck)

1 Linguistisch fundierte Unternehmensberatung

„Viele Schwierigkeiten, die Menschen miteinander haben, sind nicht psychologischer oder sozialer Natur, sondern sprachlich bedingt [...]. Die meisten gehen mit Sprache nicht bewusst genug um. Das ist wie Atmen, da denkt man gar nicht mehr drüber nach. Und dadurch läuft halt eine Menge schief: Die Leute drücken sich nicht präzise aus, sie hören dem anderen nicht aufmerksam genug zu oder verlieren ihr eigenes Ziel aus dem Auge."[1]

Im Zentrum dieses Beitrags stehen zwei Fragerichtungen:

1) Erfolgsfaktor Linguistik: Können Linguistinnen und Linguisten Kommunikationsprobleme in der Praxis lösen helfen, also linguistisches Wissen erfolgreich in die Kommunikationspraxis von Unternehmen transferieren?

2) Projekt Sprachwerk: Welche Wege zur Vermittlung entsprechender Praxiskompetenzen können zwischen universitärer Ausbildung und den Anforderungen des Marktes für kommunikative Dienstleistungen eingeschlagen werden?

Die Kompetenzfrage scheint schnell geklärt: Glaubt man dem Handbuch „Angewandte Linguistik"[2] mit seinen 26 thematischen Artikeln, gibt es zahlreiche

---

[1] Stefan Goes im Interview mit *brand eins*; vgl. Funck / Meyer (2005).
[2] Knapp (2004).

Felder, in denen linguistisches Wissen angewendet wird. Allerdings herrscht
hier ein weiter Begriff von angewandter Sprachwissenschaft vor:

> Angewandte Sprachwissenschaft ist heute generell zu definieren als eine Diszip-
> lin, die sich mit der Beschreibung, Erklärung und Lösung von lebens- und gesell-
> schaftspraktischen Problemen in den Bereichen von Sprache und Kommunikation
> befasst. Diese Probleme halten sich nicht notwendig an disziplinäre Grenzen [...].
> (Knapp 2004:XVIII)

Diese begrüßenswert weite Auffassung von angewandter Sprachwissenschaft erfährt indes auf dem Dienstleistungsmarkt für unternehmensbezogene Kommunikationsberatung eine klare Eingrenzung: Es können nur diejenigen linguistischen Konzepte und Instrumente in die Praxis transferiert werden, die helfen,
kommunikative Probleme vor Ort, also im Unternehmen, bewusst zu machen
und zu lösen. Eine linguistische Unternehmensberatung und damit auch der
Transfer linguistischen Wissens in die Kommunikationspraxis von Unternehmen
sind in ihrer Spezifik von der Nachfrageseite abhängig. Auch wenn die Autoren
des genannten Handbuches die Vorstellung, „wonach angewandte Wissenschaften gleichsam rezeptologisch Erkenntnisse der theoretischen Wissenschaften für
praktische Zwecke nutzen",[3] als veraltetes Denkmuster ablehnen, ist eben dieses
Muster für marktnahe Leistungen das entscheidende. Die meisten potenziellen
Auftraggeber für KommunikationsberaterInnen interessiert in erster Linie die erfolgreiche Lösung ihrer kommunikativen Probleme im Unternehmen, und sie
sind von „rezeptologischen" Lösungen, aufgefasst als komplexitätsreduzierte
standardisierungs- oder routinisierungsfähige Algorithmen, durchaus angetan.
Weniger dagegen schätzen sie offenes oder verdecktes auftragsgebundenes
Sponsoring von Beiträgen zur Kommunikationsforschung, das seitens der Auftraggeber häufig unterstellt wird, wenn eine Universität und dort dann auch noch
geisteswissenschaftliche Akteure an einem Auftrag beteiligt sind. Für eine linguistische Unternehmensberatung müssen Auftragsforschung nach Maßgabe der
Auftraggeber und wissenschaftliche Forschung nach den Vorstellungen der Forscher als zwei legitime Perspektiven angewandter Sprachwissenschaft klar und
für Auftraggeber überzeugend getrennt bleiben.

Im Zentrum der unternehmensorientierten Umsetzung wissenschaftlicher Erkenntnisse für die kommunikative Praxis stehen das Training kundenorientierter
Kommunikation, die Anwendung gesprächsanalytischer Techniken in der betrieblichen Praxis[4], Gesprächsberatung in Unternehmen, Organisationen und Institutionen, ebenso das Feld der Optimierung der technischen und elektronischen
Kommunikation[5] sowie die textsortenbezogene Optimierung etwa von Ge-

---

[3]   Knapp (2004: XVII).
[4]   Vgl. die Überblicksartikel von Hartung (2004), Habscheid (2004) sowie Fiehler / Schmitt
      (2004).
[5]   Vgl. Göpferich (2004).

brauchsanleitungen[6]. Die Breite des angedeuteten Feldes und der Hinweis auf die im Eingangszitat etikettierten, notwendigen interdisziplinären Vorgehensweisen signalisieren bereits, dass ein Hinweis auf die Einzelkompetenz der Linguistik als Königsweg zur Lösung der kommunikativen Probleme alleine wenig überzeugt. Wer im Akquisegespräch auf stereotype Fragen wie „Warum denn Linguistik, machen das nicht sonst Psychologen / Werbeagenturen / Journalisten / Informatiker?" oder „Was können Sie denn besser als die anderen?" schlicht mit dem Hinweis auf eine Art Alleinzuständigkeit der Linguistik für sprachliche Fragen kontert, hat wohl diesen Auftrag bereits verloren. Auch ein Blick auf den Ratgebermarkt zeigt, dass die populärsten Konzepte von „Rhetorik für Führungskräfte" über „Transaktionsanalyse" bis zum sog. „Neurolinguistischen Programmieren" eben gerade keine linguistischen Konzepte sind.

Doch auch vor diesem Hintergrund stellt ein solides Fundament linguistischen Basiswissens einen zentralen Erfolgsfaktor für die Beratung dar, insbesondere weil das adäquate Reduzieren komplexer Forschungsergebnisse zu Transferzwecken und zur Anpassung an die Bedürfnisse der Unternehmen die Kenntnis des disziplinären wissenschaftlichen Hintergrundes und Erfahrung mit interdisziplinärer Vernetzung voraussetzen.

2   Kommunikationsberatung: Erfolgsfaktor Linguistik

2.1   Spannungsfeld Fach- und Methodenkompetenz

Jedes professionell arbeitende Unternehmen bedient sich des Wissens und der Erfahrung externer Berater, wenn die interne Kompetenz erschöpft oder nicht gefragt ist. Dies gilt nicht nur für den kaufmännisch-operativen Bereich, sondern selbstverständlich auch für den Bereich der internen und externen Kommunikation. Folgende Kernfelder lassen sich hier identifizieren:

interne Kommunikation	externe Kommunikation
Mitarbeiterführung,	Korrespondenz,
Abteilungskommunikation,	Informations- und Werbetexte,
abteilungsübergreifende Kommunikation,	Produktdokumentationen und Bedienungsanleitungen,
Unternehmenskultur und –kommunikation.	Vertrieb,
	Auftragsbearbeitung.

---

[6]   Vgl. Nickl (2000).

Die Beraterinnen und Berater strömen aus allen Richtungen auf diesen lukrativen Markt. Bei der Eignung lässt sich grundsätzlich unterscheiden zwischen Praxis- und Methodenkompetenz:

Zahlreiche Berater mit Praxiskompetenz kommen aus dem Umfeld, das sie beraten, waren also selbst in der Geschäftsführung, im Vertrieb oder etwa im Personalbereich tätig, bevor Sie die Seiten wechselten. Viele haben sich durch Fortbildungen die notwendige didaktische und sozialpsychologische Methodenkompetenz angeeignet. PraxisberaterInnen zeichnen sich auf der einen Seite dadurch aus, dass sie über einen reichen Erfahrungsschatz verfügen, von dem der Kunde profitieren kann. Auf der anderen Seite fehlt es oft an didaktischer oder sozialer Kompetenz, die Beratung auch mit Fingerspitzengefühl durchführen zu können. Ferner wird häufig innerhalb von gut-schlecht-Paradigmen beraten, d.h. das professionelle Handeln der Klienten wird gewertet.

Berater mit Methodenkompetenz dagegen verfügen klassischerweise über eine Hochschulausbildung mit den Schwerpunkten Psychologie oder Sozialwissenschaften. Darüber hinaus besitzen sie oft grundlegende Praxiserfahrungen und haben sich speziell weitergebildet, zur Supervisorin etwa oder zum Coach. Diese Art der BeraterInnen besitzt das Methodenwissen, das grundsätzlich, sozusagen prototypisch, immer wiederkehrende Problemlagen zu lösen hilft. Die Kehrseite der Medaille: Die Praxiserfahrung ist oft nicht so umfassend wie nötig, um sich in die vorliegende Situation wirklich eindenken und –fühlen zu können.

2.2   Methodenberater mit linguistischem Hintergrund

Beraterinnen und Berater mit linguistischer Ausbildung gibt es weltweit wenige, in Deutschland werden es nicht mehr als einige Dutzend sein. So erstaunlich dies ist, so leicht lassen sich jedoch auch Erklärungen für diese Tatsache ausmachen. Die zwei wichtigsten scheinen diese zu sein:

1. In Handwerk und Industrie begegnet man Linguisten i.d.R. mit Misstrauen, und zwar aus zwei Gründen: Erstens weiß kaum jemand, welche Qualifikation hinter dieser Ausbildung steckt, und wenn ja, dann wird der Linguist, die Linguistin zweitens mit einem hartnäckigen Philologen-Stereotyp identifiziert – sofort greifen alte Erinnerungen an den Deutschunterricht mit Goethe, Fontane, Hauptmann und langweiligen Grammatikaufgaben.

2. Im Vergleich zur Psychologie und Soziologie ist die Linguistik als angewandte Disziplin in Deutschland noch ein recht junges Fach. In Folge hat sie nicht die entsprechende gesellschaftliche Breitenwirkung entfalten können. Darüber hinaus hat die Lehre die Anwendung linguistisch pragmatischen Wissens auf Unternehmenskontexte über viele Jahre vernachlässigt.

Statt zum kreativen Wettbewerb herauszufordern, waren „Drittmittel" bis vor wenigen Jahren ein misstrauisch beäugtes oder neidbelegtes Phänomen an vielen philologischen Fakultäten. Auch heute noch nutzen viele Universitätsangehörige ihre Kontakte zu Handwerk und Industrie lieber als Steinbruch für Forschungsarbeiten, denn als Einkommensquelle für ihre Hochschule und ihre Studierenden. Dabei zeigt die Erfahrung, dass linguistisches Wissen für Unternehmen, die nach Optimierung ihrer Kommunikation streben, oft die beste Wahl ist. Zugespitzt formuliert:

> Linguistinnen und Linguisten erklären das, was alle anderen zum Erklären brauchen: die Wirkungsweise der Sprache.

Dieses Argument überzeugt in der Geschäftsanbahnung, vor allem aber überzeugt es während der gemeinsamen Arbeit. Denn zu vermitteln gilt, dass der Kunde dies in überproportionaler Weise erhält:

1 Effektivität

2 Nachhaltigkeit

3 Transfermöglichkeit

4 Effizienz

5 Präzision

6 Kundenorientierung

2.3 Effektivität, Nachhaltigkeit und Transfereignung

Zur Veranschaulichung sollen, sprachwissenschaftlich abgeleitet, zwei einfache zu erklärende Aspekte dienen: Sprachhandlungen und die Untergruppe der Fragen.

Ein Kunde braucht nichts über Sprechakt- und Sprechhandlungstheorie zu erfahren, um sich über die Konsequenzen dieses einfachen Satzes klar zu werden: „Jede sprachliche Äußerung ist zugleich eine Handlung". Erstaunlich, aber wahr: Die wenigsten Menschen machen sich bewusst, dass bei der Partnerwirkung kaum ein Unterschied zwischen einem freundlichen Händedruck und einem freundlichen „Guten Tag!" besteht, dass eine gezielt eingesetzte oder versehentlich geäußerte Beleidigung mindestens so schmerzhaft sein kann wie eine Ohrfeige. Sie wissen es zwar aus ihrem alltäglichen sprachlichen Handeln, aber es fällt ihnen oft schwer, die Sprachbausteine in der gewünschten Weise zusammenzufügen. Linguisten dagegen können präzise und zugleich auf der einfachsten Ebene erklären, wie sich die Wirkungsweise von Sprache steuern lässt. Nehmen wir die unverzichtbare Kompetenz des Fragens:

Fragt man etwa in Seminaren, welche Fragetypen bekannt seien, kommen fast jedes Mal die Antworten in dieser Reihenfolge: „Na, offen und geschlossen!", und dann: „Ja, rhetorische zum Beispiel oder suggestiv!" Diese Vermischung von Form und Funktion ist meist die Altlast vorangegangener Trainings. Die Folge: wirklich effektive, zielgerichtete Fragehandlungen sind nicht möglich, weil die Anwender die folgende Handlungs-Systematik nicht kennen: 1. gewünschte Funktion festlegen, 2. (situativ) geeignete Form wählen, 3. die Frage unter Berücksichtigung von Satzbau und Prosodie stellen. Mit Handlungsanleitungen der folgenden Art[7] lässt sich die Methode wirksam erklären, wie die Abb. auf der folgenden Seite zeigt.

Deutlich wird an diesem Beispiel: Das ist nicht linguistische Beratung, sondern linguistisch fundierte Beratung. Der Vorteil: Das Wissen wird so einfach und reduziert vermittelt, dass es in der Praxis auch tatsächlich anwendbar ist, und zugleich steht es auf dem Boden der Sprachwissenschaft. Ein weiterer Vorteil: Hier wird nicht mit gut / schlecht oder richtig / falsch operiert, sondern innerhalb eines effektiv-ineffektiv-Paradigmas.

Aus genau diesem Grund wirkt das vermittelte Wissen – in Verbindung mit praktischen Übungen an Fällen aus dem Berufsleben – nachhaltig. Die Seminarteilnehmer können sich, wie die Erfahrung zeigt, auch nach Monaten noch daran erinnern, Funktion und Form voneinander zu trennen. Und weil der Sachverhalt so vereinfacht dargelegt ist – in diesem Fall auf zwei DIN A4-Seiten – lässt er sich auch leicht im Unternehmen samt Erklärung weiter reichen.

2.4 Effizienz, Präzision und Kundenorientierung

Die Sprachwissenschaft zeichnet sich dadurch aus, dass sie komplexe kommunikative Sachverhalte oft in einfachen Modellen abzubilden versteht. Dies funktioniert insbesondere dann gut, wenn deskriptiv-theoretische Ansätze mit Beobachtungen der Pragmatik vereint werden – wie etwa in der Gesprächsforschung. Für die Kunden heißt das: Linguistisch fundierte Unternehmensberatung ist effizient: Wichtige Hilfestellungen zur effektiven Verwendung von Sprache lassen sich schnell und trotzdem verständlich vermitteln und einüben. Dafür gibt es zahlreiche Beispiele in der Praxis von communicare[8]. So konnte z.B. ein deutscher Stromversorger unlängst nach vorausgegangenem Kurzgutachten in einem eintägigen Workshop die Textbausteine für die Kundenkorrespondenz erfolgreich überarbeiten.

Linguistisch fundierte Unternehmensberatung ist präzise: KundInnen profitieren davon, dass die Berater die Verständlichkeit oder Stiltreue von Texten sowie die

---

[7] Arbeitsblatt von communicare, Dr. Goes
[8] www.communicare.de.

Fragen

Nur wenn Sie die richtigen Fragen stellen, erhalten Sie die richtigen Informationen und können den Gesprächsprozess steuern. Hier sind die richtigen Frage-Werkzeuge: Wir unterscheiden zwischen

1. Aufgaben von Fragen
2. Typen von Fragen und
3. Ausführungen von Fragen

1. Aufgaben

Fragen können drei grundlegende, konstruktive Aufgaben haben:

- Informationen beschaffen
- Strukturieren
- Führen

Machen Sie sich immer klar, was Sie im Gespräch gerade erreichen wollen. Oft erreichen Sie mit einer Frage das Ziel schneller.

2. Typen

Wenn Sie Aufgabe und Funktion einer Frage-Handlung ermittelt haben, wählen Sie den Typ von Frage, der am besten passt. Es gibt nur drei:

- ‚W'-Fragen (auch ‚offene' Fragen genannt)
- JA / NEIN-Fragen (auch ‚geschlossene' Fragen genannt)
- A-oder B-Fragen (auch ‚Alternativ'-Fragen genannt)

Diese Frage-Typen bieten unterschiedliche Vor- und Nachteile:

Frage-Typ	Chancen	Risiken
offene Fragen (W-Fragen: wer, was ‚wann, worüber, wo, wie, warum, weshalb, wozu, wogegen, ...)	großer Antwortspielraum, Gespräch bleibt im Fluss	Informationsflut, Verlust des roten Fadens, Abblocken
• Beispiele: *Wer* bestimmt in Ihrem Hause über den Einkauf? *Welchen* Belastungen muss der Tisch Stand halten? *Wie lange* sollen die Möbel halten? *Wann* brauchen Sie die Einrichtung? ...		
geschlossene Fragen (lassen sich nur mit JA oder NEIN beantworten)	Enger Antwortspielraum klare Entscheidungen / Positionen	Gespräch gerät ins Stocken, eingeengte Problemsicht
• Beispiel: Sind Sie zufrieden? Möchten Sie einen Kaffee?		
Alternativfragen (A oder B?)	Verdeutlichung von Standpunkten	unerwünschte Festlegungen, Schwarzweißdenken
• Beispiel: Möchten Sie gleich unterschreiben oder erst noch einmal das Angebot durchlesen?		

3. Ausführung

Die meisten Fragen werden Sie in gesprochener Sprache ausführen. Doch werden Sie oft Ihr Gesicht und manchmal auch Ihren Körper zu Hilfe nehmen. Stellen Sie sich nur die unterschiedlichen Wirkungen ein und derselben Frage vor, wenn Sie jeweils mit Körper und Gesicht andere Aussagen treffen:

„Möchten Sie das?"

communicare©

Gelegentlich kann es auch sehr sinnvoll oder effektvoll sein, auf die Verbalisierung der Frage zu verzichten und sie nur gestisch-mimisch zu stellen (denken Sie etwa an das Bild, das Joschka Fischer bei Reden abgibt, wenn er mit ans Ohr gelegter Hand vorgibt, lästige Zwischenrufer nicht verstanden zu haben).

Ganz wichtig ist es – unabhängig davon, was Sie mit Ihrem Körper tun –, dass Sie immer daran denken, dass Sie Fragen nicht nur in Frageform und mit Frageintonation stellen können, sondern natürlich auch in Form eines Aussagesatzes:

Frage (Verb-Subjekt-Objekt)	Aussage (Subjekt-Verb-Objekt)
Möchten Sie das ? ↗	Sie möchten das ? ↗
Möchten Sie das = ➜	Sie möchten das = ➜
Möchten Sie das . ↘	Sie möchten das . ↘

communicare©

Zielgenauigkeit mündlicher Kommunikation nach klaren, überprüfbaren und reproduzierbaren Kriterien in der Syntax und Semantik z.B. untersuchen und im Anschluss sofort Verbesserungsideen anbieten können, die für den Laien nachvollziehbar, weil systematisch und erklärbar, sind.

Linguistisch fundierte Unternehmensberatung ist kundenorientiert: Als Experten für Kommunikation verstehen die BeraterInnen schnell, wo es beim Kunden hakt, welche Bedürfnisse er hat. Anstelle von Patentrezepten oder Breitbandlösungen können linguistisch geschulte BeraterInnen erklären, nach welchen Regeln sich die grundsätzlich immer gleichen Sprachbausteine zu genau den Häusern und Brücken kombinieren lassen, die der Kunde benötigt.

3   Linguistisch basierte Unternehmensberatung zwischen Universität und Markt: das Sprachwerk-Projekt

Hart studiert und dann trotzdem kein Job? Das soll Studierenden der Germanistik an der Georg-August-Universität immer seltener widerfahren. Im Herbst 2003 startete ein Projekt, das engagierte Studenten erste Praxiserfahrungen als Unternehmensberater sammeln lässt: die studentisch-linguistische Unternehmensberatung *Das Sprachwerk* am Seminar für deutsche Philologie.

So lautet der Beginn der ersten Pressemeldung zum Sprachwerk-Projekt[10], das ins Leben gerufen wurde, um auf einige Sachverhalte zu reagieren:

1   Vielen interessierten Linguistik-Studierenden und Absolventen, die mit dem Erlernten freiberuflich tätig werden könnten, fehlt zum Einstieg in die Grün-

---

[10]   Auf Grund des Vorbildcharakters ist das Projekt Partner im „TeamArbeit für Deutschland" des Bundesministeriums für Wirtschaft und Arbeit, vgl. http://www.teamarbeit-fuer-deutschland.de/servlet/PB/menu/1001888_pprofiDetail/index.html?profi=1958

dungsphase die notwendige Praxiserfahrung sowohl in der Durchführung von Projekten (von der Akquise über die Kalkulation bis zur Durchführung) als auch in der Selbstvermarktung.

2 Gleichzeitig gibt es eine immense Nachfrage nach zuverlässigen Kommunikationsdienstleistungen insbesondere für Unternehmen; ein Markt (und ein wissenschaftliches hoch spannendes Untersuchungsfeld), den die Sprachwissenschaft bis heute stark vernachlässigt hat.[11]

3 Die Sprachwissenschaft hat dieses Feld bis heute überwiegend „Betriebswirten, Psychologen und Kommunikationstrainern überlassen, die in der Regel keine spezielle sprachwissenschaftliche und kommunikationstheoretische Ausbildung haben"[12].

4 Es fehlt der germanistischen Linguistik insgesamt an Kooperationen mit der Wirtschaft. Das führt dazu, dass wechselseitig nutzbare Potenziale nicht erkannt werden und es kaum zur Zusammenarbeit von Wissenschaft und Praxis kommt, dies weder im Bereich der Auftragsforschung noch im Feld von Qualifikations- und Abschlussarbeiten. AbsolventInnen oder PromovendInnen, die im Rahmen ihrer Magister- / Masterarbeit oder Dissertation Aspekte der schriftlichen oder mündlichen Wirtschaftskommunikation untersuchen möchten, haben zum Teil erhebliche Probleme, entsprechende Praxisfelder, sprich interessierte Firmen, zu finden; meist muss „kalt" akquiriert werden und eine Zusammenarbeit hängt dann nicht von der Brisanz des zu lösenden Problems, sondern von der Aufgeschlossenheit der jeweiligen Betriebsleitung ab.

Um auf diese Gesamtproblematik zu reagieren und Verbesserungsansätze zu erproben, wurde die studentisch-linguistische Unternehmensberatung *Das Sprachwerk* als Kooperationsprojekt von Universität und der Unternehmensberatung „communicare. Die Sprachingenieure" in Lübeck gegründet, um deren Möglichkeiten und Erfahrungen zum Nutzen der Studierenden und Unternehmen zu verbinden. Sprachwerk verfolgt drei Ziele:

---

[11] Zwar hat es unter dem Stichwort „Betriebslinguistik" bereits Arbeiten, Projekte und bereits im September 1989 einen Kongress zu diesem Thema gegeben, vgl. Klein (1991), und sind z. B. mit Antos (1996, 2001) und Brünner (2000) Praxisaspekte der Sprachoptimierung auch aus linguistischer Sicht in den Blick genommen worden, aber in der universitären Lehre hat dies bisher nur sehr begrenzten Niederschlag gefunden. Vgl. zur Betriebslinguistik auch die Angebote unter www.betriebslinguistik.de, Grobe / Holtgrewe / Schmeling (2004) sowie die Faltblatt-Zeitschrift *Betriebslinguistische Beiträge*, zum Medien- und Kommunikationsmanagement in elektronisch basierter Unternehmenskommunikation Busch (2004) und zum Konfliktmanagement in Gesprächen Goes (2001).

[12] Fiehler / Schmitt (2004: 341).

- Sprachwerk bietet durch das Einwerben von Aufträgen für Kommunikationsdienstleistungen und die Bearbeitung dieser Aufträge durch Teams kompetenter Studierender diesen ein Praxissprungbrett. Konkrete (bezahlte) Aufträge können so im Rahmen des Germanistikstudiums bearbeitet werden, bei Bedarf werden Studierende auftragsspezifisch weitergebildet, und die erzielten Einnahmen kommen nach Abzug des geringen universitären Overheads ausnahmslos den Studierenden zugute.

- Den Unternehmen und Organisationen als Auftraggeber wird eine kostengünstige und fachlich hochwertige Kommunikationsberatung vor Ort angeboten.

- Eine engere Kooperation zwischen Forschung und Praxis soll angebahnt und verstetigt werden.

Die Bereiche, in denen das Sprachwerk seine Dienste anbieten kann, liegen mit Beratung, Optimierung und Forschung in den Kerngebieten der Linguistik:[13]

- gesprochene Sprache, z. B. Besprechungen, Mitarbeitergespräche, Beschwerdemanagement, Kundenkommunikation,

- Schriftsprache, z. B. Korrespondenz, zielführendes Mahnen, Arbeitsanweisungen, Bedienungsleitungen, Konzern-, Kunden- und Mitarbeiterzeitschriften, Produktkommunikation und Werbung,

- Semantik: im Feld der Markenkommunikation, z. B. empirische Erhebung zu Fragen der Präzision und Marken-Konformität (Transportiert die Sprache die für intendierte Markenwirkung notwendigen Denotate und Konnotate?) und Emotionalität (Erreicht die Sprache des Unternehmens die Gefühlswelt der Kunden?).

Die folgende Skizze eines Sprachwerk-Projektes im Feld der Markenkommunikation soll einen kleinen Einblick in die Komplexität der Projektarbeit geben.

3.1 Beispiel: Eine Studie zur Frage der Akzeptanz einer Markendehnung

Mit Hilfe der Studie sollten Planungsdaten für ein bundesweit agierendes Einrichtungsunternehmen bereitgestellt werden. Das Unternehmen verfügt über eine seit Jahren erfolgreich etablierte Marke im Premiumsegment seiner Produktklasse und erwog nun auch preiswertere Produkte derselben Produktklasse anzubieten. Damit stand es vor einer ähnlichen Fragestellung wie etwa das ungleich prominentere Unternehmen Daimler / Chrysler vor der Einführung der A-Klasse oder der Etablierung des Smart. Neben einem Premium-Produkt sollte eine

---

[13] Weiterer Sachverstand, etwa aus der Psychologie oder der empirischen Sozialforschung, wird bedarfsspezifisch hinzugezogen.

preisgünstigere Alternative etabliert werden, ohne die Stammmarke zu beschädigen.

Zur Fundierung dieser unternehmerischen Entscheidung stellte sich die geradezu klassische Frage: „Stellt eine Dehnung der Marke XXX durch Produktlinienerweiterung in den Sub-Premiumsbereich eine strategische Wachstumsoption dar, oder führt eine solche Line-Extension zu einer Verwässerung der Stammmarke?" Um die Frage beantworten zu können, wurden empirisch fundierte Daten über die Kompatibilität des Markenimages der Stammmarke mit einer Produktlinienerweiterung benötigt. Deshalb wurde via schriftlicher Kundenbefragung in 5 deutschen Großstädten erhoben, ob die neue Produktlinie, bzw. das Erweiterungsprodukt aus Sicht der Bestandskunden zur Marke XXX passt, indem Kundeneinschätzungen zu vier Kernbereichen ermittelt werden:

1 Marken-Image / Marken-Schema

2 bisherige Zufriedenheit mit dem Markenprodukt / der Marke

3 Marken bezogenes Folgekauf-Potenzial

4 Einschätzungen zu einer Line-Extension

Zunächst wurden für jedes dieser Befragungssegmente die zentralen Erhebungspotenziale definiert:

Erhebungsperspektiven im Segment *Marken-Image / Marken-Schema*
• Welche Markenwerte werden der Marke XXX zugeschrieben?
• Welche lexikalischen Einheiten werden den Markenwerten zugeschrieben? (stereotype Nomina, semantisches Netz usw.)
• Priorisierung der Markenwerte
• Transfer Markenwissen: Welche Möglichkeiten wurden vor dem Kauf genutzt, um sich zu informieren? Welche war die wichtigste? Welche Eigenschaften werden dem Erweiterungsprodukt zugeschrieben?
• Sind Markeneigenschaften und Produkteigenschaften (des Erweiterungsproduktes) kompatibel?
Erhebungsperspektiven im Segment *Markenzufriedenheit*
• Wie ist die Zufriedenheit von Kunden mit den in der Vergangenheit erworbenen Produkten der Marke XXX?
• Wie ist die Zufriedenheit mit Produkt, Qualität, Preis-Leistungs-Verhältnis?
• Was war der Kaufanlass beim letzten Kauf eines XXX-Produktes (z.B. erste eigene Wohnung, Umzug, Ersatz alter Möbel, Ergänzung der Einrichtung, Geschenk)?
• Welche war die Primärmotivation beim letzten Kauf eines XXX-Produktes? (Materialien, Ergonomie, Ökologie, Preis-Leistung, Marke,

Gesundheit)

Erhebungsperspektiven im Segment *Marken bezogenes Folgekauf-Potenzial*

- Wie ausgeprägt ist die Bereitschaft von After-Sales-Kunden, in naher Zukunft XXX-Produkte oder vergleichbare Produkte anzuschaffen?
- Assoziieren potenzielle Kunden dabei eine oder mehrere Marken?
- In wie vielen / welchen Möbelhäusern würden potenzielle Kunden sich beraten lassen?
- Was würde den Ausschlag für einen Kauf geben (Materialien, Ergonomie, Ökologie, Gesundheit, Preis-Leistung, Marke)?
- Wie ausgeprägt ist die Bereitschaft, erneut ein Produkt der Marke XXX zu erwerben?

Erhebungsperspektiven im Segment **Einschätzungen zur** *Line-Extension*

- Wie groß ist das Interesse von Bestandskunden an einer preiswerteren Produktlinie?
- Inwieweit sind Abstriche bei Qualität, Ergonomie, Material mit den markentypischen Vorstellungen kompatibel?
- Wären potentielle Kunden generell bereit, zugunsten eines günstigeren Preises Abstriche bei Qualität, Ergonomie, Material in Kauf nehmen?
- Falls ja, wo hätten Einschränkungen die größte Akzeptanz? (Qualität, Ergonomie, Material)
- Falls ja, in welchem Maße?
- Präferieren Kunden eher die Werte der Stammmarke oder den nivellierenden Wert („preisgünstiger") der neuen Produktlinie?

Der Fragenkanon zeigt sehr deutlich, in welchem Maße ein linguistisch basiertes Projekt die unternehmerischen Frageinteressen des Auftraggebers ins Zentrum stellen, das betriebswirtschaftliche Wissen zu Fragen der Markenkommunikation und –dehnung einbeziehen und methodisch die Techniken der empirischen Sozialforschung nutzen muss. Der linguistische Kern einer solchen Befragung liegt im Feld Erhebung des Markenprofils, das einen sprachlich repräsentierten und häufig zusätzlich ikonisch kodierten Wissensbestand darstellt. Denotat und Konnotat von Marken sind komplexe, artifiziell erzeugte Sememe, deren Elemente mit den Mitteln einer empirischen Linguistik leicht zu erheben und zu analysieren sind. So konnte hier das Profil der Marke als zu erhaltender Bestand eines Ensembles von Markenwerten ermittelt werden:

Bei der Darstellung dieser Markenwerte wurde deutlich, dass das unternehmens-
seitige Autostereotyp der Marke durch die vorliegenden Ergebnisse eine erhebliche Präzisierung und partielle Umorganisation erfahren musste. Überdies
konnte der vorzüglich passende Markenwert Nr.1 direkt in eine Werbekampagne
integriert werden. Insgesamt war es möglich, auf der Grundlage der erzielten
Studienergebnisse die notwendige unternehmerische Entscheidung zu fundieren;
ein gutes Ergebnis für das Unternehmen und ein spannender Auftrag für das
Sprachwerk.

4   Fazit und Weiterführung: ein Curriculum für einen Studiengang
Linguistische Unternehmensberatung

Für die Projektperspektive und den vernetzten Wissenstransfer aus der Sicht des
Sprachwerk-Projektes ist anhand der bisher durchgeführten Projekte sichtbar
geworden, dass es für diese Art angewandter Linguistik – neben einer Anschub-
finanzierung, über die Sprachwerk leider nicht verfügte – einer speziellen Ausbildung bedarf, die die Kompetenzen zusammenführt, die für eine praktische
linguistische Unternehmensberatung nötig sind. Ein Umriss eines möglichen
Curriculums, etwa für einen Master- oder Aufbaustudiengang in diesem Feld
könnte folgendermaßen aussehen:

---

[14] Markenwerte, die direkt auf das Produkt schließen lassen, sind anonymisiert.

Linguistische Unternehmensberatung		
Lehre	**Forschung**	**Vernetzung /** **Kooperationen**

Ziele der Lehre

inhaltliche Schwerpunkte:
- Unternehmenskommunikation (intern, extern)
- Semantik und Pragmatik der Unternehmens- und Markenkommunikation
- Gesprächsanalyse und Beratungstechniken
- Kommunikationsmittel Fachtext
- Textproduktion: Schreibprozess und visuelle Kommunikation
- Textproduktion und Medium: vom Printmedium bis zur Textproduktion in elektronischen Umgebungen
- Standardisierung, Evaluation und Qualitätssicherung
- Empirische Sozialforschung für Linguisten
- Linguistische Datenverarbeitung

didaktische Ziele:
1. Zu jedem Inhaltsbereich werden in der Vorlesung die wissenschaftlichen Grundlagen und richtungsweisende Anwendungsaspekte vermittelt.
2. Zu jedem Thema wird in Projekten die Möglichkeit zur praktischen Vertiefung und Einübung wirksamer Praxisstrategien gegeben.

Forschungsinhalte:
- Entwicklung von produkt- und prozessbezogenen Optimierungen
- Empirische Erfassung der Wirkungen von unternehmensbezogenen Textsorten, besonders mit Blick auf Verständlichkeit, Adressatenspezifik (gesamtes Adressatenfeld) und Praxistauglichkeit
- Entwicklung von (teil)standardisierten Instrumenten und Routinen für die Unternehmenskommunikation in kleinen und mittleren Unternehmen (KMU) sowie größeren Industriebetrieben in der jeweiligen Region
- Verbesserte Integration der Textproduktion und Kommunikation in den Wertschöpfungsprozess (Kosten / Nutzen), in betriebliche Abläufe und in das betriebliche Qualitätsmanagement (Zertifizierung)
- Projektnahe Entwicklung von Dienstleistungsinstrumenten für Betriebe: von der Optimierung der Kommunikation im Betrieb bis zu Präsentation von KMU im Internet

```
                          Vernetzung / Kooperation
Kooperationsziele:
•  Forschung an die unternehmerische Praxis anbinden
•  Praxiskontakte für die Studierenden anbahnen
•  Berufsfelder für Absolventen ausweiten
•  Drittmittel zur Förderung der Studierenden einwerben
```

5 Literatur

Antos, Gerd (1996): Laien-Linguistik. Studien zu Sprach- und Kommunikationsproblemen im Alltag – am Beispiel von Sprachratgebern und Kommunikationstrainings. Tübingen: Niemeyer (Reihe Germanistische Linguistik 146).

Antos, Gerd (2001): Gesprächsanalyse und Ratgeberliteratur. In Brinker u. a. (2001/2002: 1716–1725).

Betriebslinguistische Beiträge : Zeitschrift für Unternehmenskommunikation. Hrsg. vom Institut für Betriebslinguistik, Paderborn.

Brinker, Klaus u. a. (2001 / 2002): Text- und Gesprächslinguistik. Ein internationales Handbuch zeitgenössischer Forschung. 2 Halbbände. Berlin u. a.: de Gruyter.

Brünner, Gisela (2000): Wirtschaftskommunikation. Tübingen: Niemeyer.

Busch, Albert (2004): Medien und Kommunikationsmanagement in elektronisch basierter Unternehmenskommunikation. In: Wichter, Sigurd / Oliver Stensche (Hg.) (2004): Theorie, Steuerung und Medien des Wissenstransfers. Frankfurt u. a.: Lang, S. 267-282.

Fiehler, Reinhard / Reinhold Schmitt (2004): Gesprächstraining. In: Knapp, Karlfried u. a. Tübingen / Basel: Francke, S. 341–361).

Funck, Astrid / Ralf Meyer (2005): Die Sprachingenieure. Sie helfen Menschen dabei, Brücken aus Sprache zu bauen, statt bewusstlos draufloszureden. In: brand eins 6/2005.

Goes, Stefan (2001): "Das 'nicht' war zu leise!": Untersuchungen zur kommunikativen Verarbeitung von Abweichungen in Gesprächen. Göttingen: Duehrkop & Radicke.

Göpferich, Susanne (2004): Technische Kommunikation. In: Knapp u. a. Tübingen u. a.: Francke, S. 143-165.

Grobe Myriam / Ute Holtgrewe / Barbara Schmeling (Hg.) (2004): Betriebslinguistik und Unternehmenskultur. Paderborn: IFB.

Habscheid, Stephan (2004): Gesprächsberatung in Organisationen und Institutionen. In: Knapp u. a. (2004: 320-340).

Hartung, Matthias (2004): Gesprächsanalyse in der betrieblichen Praxis. In: Knapp u. a. (2004: 299-319).

Klein, Eberhard (Hg.) (1991): Betriebslinguistik und Linguistikbetrieb. Akten des 24. Linguistischen Kolloquiums, Universität Bremen, 4.-6. September 1989. Tübingen: Niemeyer.

Knapp, Karlfried u. a. (Hg.) (2004): Angewandte Linguistik. Ein Lehrbuch. Tübingen und Basel: Francke.

Knapp, Karlfried (2004): Vorwort. In: Knapp u. a. (2004: XVII-XX).

Nickl, Markus (2000): Gebrauchsanleitungen. Ein Beitrag zur Textsortengeschichte seit 1950. Tübingen: Narr (FFF 52).

Wissenstransfer und Verstellung in Erpresserschreiben: Zur Analyse von Verstellungsstrategien auf korpuslinguistischer Basis

Albert Busch (Göttingen), Susanne Catharina Heitz (Griesheim)

unter Mitarbeit von Helle Körner und Ina Kühner[1]

1   Wissenstransfer in Erpresserschreiben?

Wissenstransfer in Erpresserschreiben? Das klingt paradox. Haben nicht Erpresser für gewöhnlich ein sehr großes Interesse daran, möglichst wenig Wissen in ihren Texten zu vermitteln? Schließlich sollen nur die Informationen an das oder die Erpressungsopfer übermittelt werden, die zur Abwicklung der Erpressung notwendig sind. Alles was darüber hinausgeht, ist für den Erpresser ein Risiko und für die Ermittler ein mögliches Hinweispotenzial, das zur Täterermittlung herangezogen werden kann. Erpresser versuchen für gewöhnlich mit allen ihnen zu Gebote stehenden Mitteln und ggf. hohem technischen Aufwand eine Identifizierung zu vermeiden, wie eine Äußerung des Kaufhauserpresser Arno Funke, alias Dagobert, illustriert:

> Ich schrieb nun einen weiteren Brief, in dem ich die Geldübergabe für den 15. 7.
> ankündigte. Ich legte noch zwei unvollständige Texte dazu, bei denen die wich-

[1]   Das sehr aufwändige und arbeitsreiche Annotieren und die Ausdifferenzierung des Kodiersystems des zugrunde liegenden LiKtORA-Korpus haben Helle Körner M.A. und Ina Kühner Dipl. Hdl. auf sich genommen. Dafür und für die ausgezeichnete Zusammenarbeit und die spannenden Diskussionen ganz herzlichen Dank.

tigsten Wörter fehlten. Den ersten Text wollte ich am Tag vor der Übergabe ergänzen. Ich hatte mich zu dieser Maßnahme entschieden, weil mein Computer,
der die Wörter auf Diktiergerät sprechen sollte, einen starken amerikanischen Akzent hatte, was die Verständlichkeit beeinträchtigte. So konnte ich mich bei der
Ausarbeitung der synthetischen Sprache auf wenige Wörter beschränken. (Funke
2000: 133-134)

Aus der Täterperspektive wird hier deutlich, wie sehr bei der Textsorte Erpresserschreiben mit Irreführung und Verstellung auf allen kommunikativen Ebenen
bis hin zum komplexen Medieneinsatz zu rechnen ist.[2] Trotz der Versuche
solcher Autoren, keine individuell-täterbezogenen Hinweise zu geben, unterlaufen ihnen, wie die forensische Linguistik zeigt, dabei immer wieder Fehler, denn
es fehlt ihnen in aller Regel ein sprachreflexives und analytisches Wissen, das
eine dauerhaft erfolgreiche Verstellung ermöglichen könnte.

So findet sich in Erpresserschreiben ein Konglomerat von autorenbezogenem
Wissen, und es ist Aufgabe der forensischen Linguistik mit Hilfe von Textanalyse, Textvergleich und Sammlungsrecherche drei Wissensgruppen zu unterscheiden:

1. unabsichtlich eingebrachtes Täter indizierendes Wissen, das den Ermittlern Hinweise auf die Täter bzw. Texturheber geben kann,[3]

2. absichtlich eingebrachte Autorenstilisierungen; so kann sich ein Täter
   etwa als besonders klug, unwissend, gefährlich oder in bestimmter Weise
   motiviert darstellen,

3. absichtlich eingebrachte Verstellungsartefakte; ein Täter kann z. B.
   vorspiegeln, er sein kein Muttersprachler oder verfüge nur über rudimen-
   täre schriftsprachliche Kompetenz.

Ziel dieses Beitrages ist es, auf korpuslinguistischer Basis einen Ausblick auf
wichtige Dimensionen insbesondere der Autorenstilisierungen und der Verstellungsartefakte bzw. des Verstellungspotenzials zu geben.

Da die Materiallage und ihre korpuslinguistische Erschließung dafür von großer
Bedeutung sind, zunächst einige Hinweise zum zugrunde liegenden Korpus zur
Taggingsystematik[4].

---

[2]   Zur Textsortenfrage und der Ausdifferenzierung in Texttyp, Textsorte, Textsortenvariante
       und Textexemplar vgl. meinen Beitrag „Textsorte Erpresserschreiben" in diesem Band.

[3]   Vgl. Schall (2004) und Dern (2003/a).

[4]   Eine ausführliche Darstellung zur Erstellung elektronischer Korpora und der Beachtung
       zentraler methodologischer Gütekriterien findet sich in Busch (2004: 142-158).

2 Korpuslinguistische Potenziale in der forensischen Linguistik

Das Ziel des LiKtORA-Projektes[5] ist es, mit Hilfe korpuslinguistischer Verfahren ein flexibles, mobiles und zukunftsoffenes Korpus von Tatschreiben zu schaffen, das

- geeignet ist, das vorhandene Wissen aus den Bereichen Ermittlungspraxis, Autorenerkennung und forensischer Linguistik zusammenzuführen,

- für die Autorenerkennung einsetzbar ist,

- wegen des mobilen Charakters ggf. auch Gutachtertätigkeiten vor Gericht unterstützen kann und

- als Grundlage für die weitere wissenschaftliche Auswertung dienen kann.

Diese Ziele wurden durch die Annotierung und Aufbereitung des Korpus erreicht, und so ermöglicht die durchgeführte Annotierung (Tagging) der Textbasis des Korpus, das Analyse- und Ermittlungspotenzial des Korpus systematisch zu nutzen und auszubauen. Für die Nutzung des Korpus sind die folgenden Merkmale zentral:

- Das Korpus kann unabhängig von möglicherweise parallel laufenden Kodierungsarbeiten genutzt werden und kann auf der Grundlage der bereits vorgenommenen Codierungen zu jedem Arbeitszeitpunkt als Wissensbasis für die Sammlungsrecherche verwendet werden.

- Routine für verteiltes Arbeiten: Das getaggte Korpus kann überdies als zukunftsoffene Arbeitsplattform und Kumulationsgrundlage genutzt werden. Mit Hilfe der Software MAXqda wurde eine unaufwendige Routine entwickelt, die es möglich macht, künftige Detailergebnisse aus Ermittlung und Forschung zusammenzuführen. So kann – über die Möglichkeiten des BKA-Systems KISTE hinaus – bei kontinuierlicher Nutzung und Optimierung mit der Zeit ein sehr umfangreiches Korpus aufgebaut werden, in dem Ermittlungswissen, linguistische Ergebnisse sowie Kategorisierungen zur Textsorte „Erpresserschreiben" gebündelt und auswertbar zusammen vorgehalten werden können.

- Zusätzliche tagging-unabhängige Abfrage: Neben der Auswertung der annotierten Texte und Textelemente ist auch ein direktes Abfragen von Textmerkmalen möglich (z. B. die Abfrage ermittlungsseitig bekannt gewordener autorenspezifischer Merkmale oder Verdachtsmerkmale). Ein vorheriges Tagging für solche Analysen ist nicht notwendig.

---

[5] LiKtORA = **L**inguistische **K**orpusanalyse als **t**extanalytische **O**ption für **R**epräsentation und **A**uswertung von Tatschreiben, im Auftrag des BKA.

Um dies zu erreichen wurde die Korpusbasis von 1.500 Tatschreiben wurde in 12 Teilkorpora geschichtet, wobei die 1.476 Erpresserschreiben im engeren Sinne in die Teilkorpora 1-10 vorgehalten werden. Diese Erpresserschreiben wurden hinsichtlich der vier Dimensionen Autorenstilisierung, Verstellungsstrategien, Textmerkmale und sonstige linguistische Auffälligkeiten annotiert.

Das LiKtORA-Korpus im Überblick		
Textbasis	1.500 Tatschreiben	
Korpusorganisation	Geschichtetes Korpus: • Teilkorpora 1–10: 1.476 Erpresserschreiben • Teilkorpus 11: Verleumdungsschreiben • Teilkorpus 12: weitere Tatschreiben	
Tagginginstrumente	• Variablen (Klassifizierung vollständiger Texte, z. B. als Erst- oder Folgeschreiben) • Codings (annotierte Textstellen variablen Umfangs)	
Taggingvolumen:	1) Variablentaggings (textbezogen)	9.000 tags
	2) Codetagging (textstellenbezogen):	
	Codings für Kategorien-Set *Autorenstilisierung*	3.786 tags
	Codings für Kategorien-Set *Verstellungspotenzial:*	323 tags
	Codings für Kategorien-Set *Textmerkmale* und *sonstige linguistische Auffälligkeiten:*	6.652 tags
	Gesamtes Taggingvolumen	**19.761 tags**

3 nicht intendiertes, Täter indizierendes Wissen

Die Ermittlung von Texturhebern auf der Grundlage sprachlicher Indikatoren ist Aufgabe der forensisch-linguistischen Autorenerkennung, deren Vorgehensweise und Methodologie Dern (2003/a) und Schall (2004) ausführlich darstellen. Dass die Verfasser von Tatschreiben in ihren Texten häufig Spuren ihrer sozialen, nationalen, regionalen oder Bildungszugehörigkeit hinterlassen, können sie oft nicht vermeiden – eine Tatsache, die den Ermittlern nützlich sein kann, wie Christa Dern betont:

> Wie verzweigt das System von Regeln und Elementen sein kann und wie genau bestimmte sprachliche Äußerungen auf bestimmte Situationen zugeschnitten sind, zeigt sich dann in der Mühe, die ihn eine einfache Äußerung kostet, und in den Fehlern, die ihm unterlaufen. Der Muttersprachler jedoch ist unbekümmert und i.d.R. blind für die Architektur seiner Sprache. So, wie ein typischer 'user' zwar einen Computer souverän bedienen kann, aber die Programmierung der Software oder auch den Aufbau der Hardware nicht kennt, so sind die meisten Sprecher einer Sprache 'user', die ihre Sprache zwar angemessen und fehlerlos sprechen, ihre Funktionsweise aber nicht reflektiert haben und das System nicht kennen. Die Autorenerkennung macht sich diese Tatsache zu Nutze. (Dern 2003/a: 44-45)

Zu den linguistischen Ebenen, auf denen solche Wissensspuren in Tatschreiben ermittelt werden können, gibt es umfangreiche Erkenntnisse.[6] Sie werden von der Autorenerkennung in Textanalyse, Textvergleich und Sammlungsrecherche angewendet. Ziel ist es, die Verstellung zu durchschauen und einen Verfasser wenigstens ansatzweise hinsichtlich Muttersprache, Bildungsgrad, Ausbildung einzuordnen. Anhaltspunkte dazu liefern etwa Fehler in der

- Orthographie (z. B. Fremdwortschreibung, Phonem-Graphem-Korrespondenz)

- Morphosyntax (z. B. Flexionsendungen, Genera)

- Syntax (z. B. Satzklammer, Wortstellung)

- Phraseologie (z. B. Phraseologismen & Varianten)

- Lexik (z. B. Lexemwahl, Fachlexik) (vgl. Dern 2003/a)

Allerdings lassen solche Hinweise meist keine eindeutige Identifizierung zu; einen linguistischen Fingerabdruck gibt es nicht, wie Dern (2003/a) und Schall (2004: 548) betonen.

Neben solchen Formen des unabsichtlich eingebrachten Wissens gibt es in Erpresserschreiben in großem Umfang absichtlich eingebrachtes Wissen, das in erster Linie dazu dienen soll, dem oder den Textverfassern ein bestimmtes Profil zu verleihen. Besonders Autorenstilisierungen und das Potenzial absichtlich eingebrachter Verstellungsartefakte lassen sich auf der Grundlage LiKtORA-Korpus empirisch breit fundiert belegen.

4   Typen der Autorenstilisierung im LiKtORA-Korpus

Autorenstilisierungen sind explizite Angaben, die ein Texturheber absichtlich oder unabsichtlich über sich selbst und ggf. die Gruppe, der er angehört, macht. Solche Stilisierungen sind im Korpus auf vielfältige Weise realisiert und lassen sich zwei Großgruppen zuordnen: der Stilisierung der Interaktionsrollen und der Stilisierung bestimmter Eigenschaften des oder der Erpresser.

4.1   Stilisierung von Interaktionsrollen

„Diese Mitteilung wurde von einem der 'ausführenden Organe' nach Vorlage abgeschrieben und die Schrift verstellt.", so heißt es in einem der Erpresserschreiben. Hier wird deutlich, dass die Rolle der Beteiligten reflektiert wird und verschleiert werden soll: Ein „ausführendes Organ", das für die Vorlage offen-

---

[6]   Vgl. etwa Artmann (1996), Baldauf (2002, 2000, 1999), Dern (2003/a), Grewendorf (2000), Schall (2004), Cherubim (1990), Kniffka (2000).

bar nicht verantwortlich sein soll, habe den Brief „nach Vorlage" abgeschrieben.
Ein andere Variante „In vorfeld möchte ich inen sagen das Ich gezwungen
werde diesen Brief zuschreiben"[7] Solche und andere emittentenseitigen Angaben zum Status des oder der Textproduzenten zur jeweiligen Rolle im erpresserischen Sprachspiel werden hier als Vorgabe von Interaktionsrollen aufgefasst.[8]

Die grundlegendste Interaktionsrolle, deren Gestaltung sich kein Autor entzie-
hen kann, ist die Frage, ob ein Erpresserschreiben ein numerische Signal geben
soll: Will man den Anschein erwecken, es handele sich um einen Einzeltäter
oder um eine Gruppe, oder will man jeden Hinweis darauf vermeiden? Auch
schlichte Formen der Verstellung durch die Wahl der Pronomina oder Briefun-
terschriften (etwa „Felix" vs. „Diamond GmbH") zeigen hier bereits Wirkung,
weil „natürlich auch eine weniger gute Verstellung einen Teil der authentischen
sprachlichen Merkmale eines Autors wirkungsvoll maskieren kann".[9] Dabei ist
die Spanne der Möglichkeiten nicht auf Singular und Plural begrenzt, sondern es
zeigt sich im Korpus ein etwas verbreitetes Spektrum der Täterspezifizierun-
gen:

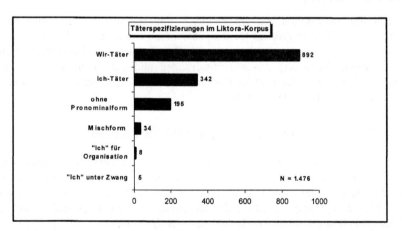

Die größte Gruppe ist die der 892 Schreiben, in denen vorgegeben wird, es
handle sich um eine Täter- und Verfassergruppe, wie etwa in den folgenden
Realisierungen:

    1) „Bei Anruf werden wir uns durch das Kennwort „Gewinnverteilung" zu
        erkennen geben"

---

[7]   Orthographiefehler in Korpuszitaten werden beibehalten.
[8]   Zum Konzept der Interaktionsrollen vgl. Adamzik (2002).
[9]   Schall (2004: 554).

2) Sehr geehrter Herr,

mit bedauern mußten wir feststellen, daß Sie unser höfliches Schreiben nicht
vertraulich behandelt haben.[10]

Über die Entstehungsweise solcher vorgeblicher Gruppenprodukte „ist nicht viel
bekannt; man kann also – selbst wenn man davon ausgeht, dass mehrere Personen an der Erstellung eines Textes beteiligt waren, – kaum Aussagen darüber
treffen, wie viele Personen in welchem Umfang einen Beitrag geliefert haben."[11]
Schall (2004: 255) verweist zur möglichen Lösung solcher Fragen auf das
Phasenmodell der Textproduktion von Bungarten, das die Phasen Orientie-
rungsphase, Entwurfsphase, Formulierungsphase, Kontrollphase vorsieht. Das
scheint indes für die vorliegende Textsorte zu idealtypisch. Zumindest ebenso
wahrscheinlich ist ein kollaboratives Verfertigen, bei dem sich die Mittäter
gleichsam über die Schulter des Schreibers beugen und assoziativ diktierend
mitverfassen oder ein arbeitsteiliges Modell, bei dem ein Täter einen Entwurf
fertigt, der dann von den Mittätern verändert wird.

Ebenfalls mit Gruppenbezug aber abweichend vom Grundmuster ist die folgende Stilisierung:

WARUM KEINE GELDÜBERGABE NACHRICHT [...] MEINE PARTNER
WOLLTEN DIE DROHUNG SOFORT UMSETZEN NOCHMAL WERDE ICH
SIE NICHT STOPPEN KÖNNEN[12]

Sie steht für die 8 Schreiben, in denen der Schreiber vorgibt, er schreibe zwar als
Einzelner aber im Auftrag einer Organisation, die die Erpressung verantworte.

In 342 Fällen wird, etwa nach dem Muster „Meine Forderungen sind" vorgegeben, es handele sich um einen Einzeltäter und in 195 Schreiben wird ein Hinweis auf die Täterzahl explizit vermieden. Interessant sind Mischformen wie:
„Ihr Schweizer Nummernkonto wäre uns am liebsten. Die beschriebenen kpl.
Orig.-Unterlagen sende ich Ihnen dann per Postaket an Ihre Privatadresse". Aber
auch hier ist ohne weitere Hinweise nicht zu entscheiden, ob man Einzel- oder
Gruppenautorschaft unterstellen kann.

Ebenfalls in Richtung Stilisierung hinsichtlich Einzeltäter oder Tätergruppe
deuten explizite Autobezeichnungen, die im Briefkopf (177 Fälle), im Text des
jeweiligen Schreibens (113 Fälle) oder, dies ist mit 622 Vorkommen der häufigste Fall, als Unterschrift realisiert werden. Steht im Briefkopf etwa „Hinrich-
tungskommando" oder „Maffia Kommando" so ist dies Gruppenstilisierung und
Einschüchterungsversuch gleichermaßen.

---

[10] Orthographiefehler in Korpuszitaten werden beibehalten.

[11] Schall (2004: 555).

[12] Großbuchstaben in Korpuszitaten signalisieren Großbuchstaben im Originalschreiben.

4.2   Stilisierung von Tätereigenschaften

Darüber hinaus findet sich ein ganzes Set von Hinweisen auf bestimmte positive oder negative Eigenschaften des oder der Erpresser. Bei der eher positiven Selbstdarstellung überwiegt mit 118 Fällen ein Hinweis darauf, dass es sich um eine einmalige Erpressung handele, etwa: „Hat die einmalige Spende ihr Ziel erreicht, ist die Angelegenheit für alle erledigt." Hier scheint sich so etwas wie ein allgemeiner Vertrauenswürdigkeitstopos anzudeuten, der ein Pendant auch in 17 Fällen der expliziten allgemeinen Bekräftigung der Vertrauenswürdigkeit, etwa nach dem folgenden Muster findet: „ICH VERSICHERE IHNEN NOCH-MALS DAß WIR UNS GENAUESTENS AN ALLE ABMACHUNGEN HALTEN WERDEN UND NICHT WIE […] DOPPELTES SPIEL TREIBEN".

In das Feld der positiven Selbststilisierungen gehört auch der Komplex vorgege-bener Motive, wenn etwa behauptet wird, das erpresste Geld sei „FÜR DIE ÄRMSTEN GEDACHT", diene „EINER GUTEN SACHE", sei „eine Spende für brasilianische Straßenkinder" oder „die INDONESIEN-Hilfe". Im Einzelfall wird sogar zwischen karitativem und Eigenanteil differenziert: „Sie können sich auf unser Wort verlassen womit das Geld für gute Zwecke eingesetzt wird. Unsere Organisation behält ca. 10% für Unkosten ein." Ob es sich bei solchen Positivstilisierungen insgesamt eher um naive Immunisierungs- und Abschwä-chungsversuche oder Ironie handelt, kann nur im Einzelfall und vor dem Hinter-grund weiterer Ermittlungszusammenhänge bewertet werden. Im Rahmen einer korpusgestützten Sammlungsrecherche ist das kaum möglich.

Anders als solche Positivstilisierungen stehen ihre Negativpendants direkt im Dienste des erpresserischen Konditionalkonnexes von Drohung und Forderung. Bei solchen Zuschreibungen negativer Eigenschaften findet sich z.B. die expli-zite Betonung der:

• Ernsthaftigkeit: „Kurz gesagt, Sie bekommen noch eine letzte Chance, bevor wir Ihnen beweisen, wie ernst wir zu nehmen sind.",

• Entschlossenheit: „Sie können ganz sicher sein, dass die Aktion dann voll durchgezogen wird, ohne jeden Kompromiss.",

• Skrupellosigkeit und Brutalität: „wir kennen keine skrupel, einen mord zu begehen.",

• Bereitschaft zu Rücksichtslosigkeit gegenüber Unbeteiligten: „Wir haben in mehreren Großstädten, in bewohnten Häusern, offentlichen Gebäuden, Schulen usw. Bomben deponiert, auch sind wir gewillt und bereit, einen voll besetzten Personenzug zu sprengen".

Aus der Codierung und Auszählung solcher Elemente der Autorenstilisierung lässt sich das auf der folgenden Seite abgebildete Kategoriensystem der Autorenstilisierung in Erpresserschreiben gewinnen.

5 Täuschung und Verstellungspotenzial

Neben Interaktionsrollen und Autorenstilisierungen finden sich in Erpresserschreiben häufig Verstellungsartefakte, die ihrerseits aber empirisch nicht so eindeutig zu erkennen sind wie diese. Das Einbringen solcher Verstellungsartefakte in ein Erpresserschreiben ist eine Form der Lüge, einem „*verdeckten Sprechakt zweiter Ordnung*"[13] mit dem Ziel der direkten Täuschung und dem wahrheitswidrigen Nahelegen von Tatsachen. Den doppelten Boden der Täuschung weisen Erpresserschreiben immer auf, aber zu den Techniken des Täuschens gibt es bisher wenige empirisch gefestigte linguistische Erkenntnisse. Um so spannender ist die Studie von Heitz zu dieser Frage, die im folgenden beschrieben wird, bevor dann nachfolgend der Blick auf die Ergebnisse zu Verstellungsartefakten im Liktora-Korpus gerichtet wird.

5.1 Methoden der Verstellung bei der Produktion von Erpressungsschreiben

Die Fragestellung der Untersuchung[14] ergab sich aus der Überlegung, dass sprachliche Merkmale von Erpressertexten immer unter der Berücksichtigung einer Verstellungsabsicht zu betrachten sind. Zwar liegt das Hauptgewicht der Verstellung dabei – nicht zuletzt entsprechend dem durch Krimis erworbenen durchschnittlichen Textmusterwissen – vermutlich auf der Unterdrückung

---

[13] Dietz (2003: 39, Kursivdruck im Original). Dietz (2003: 39) trennt sprechakttheoretisch zwei Ebenen: „Wer lügt, folgt den Regeln des Behauptens aber er folgt ihnen in einer spezifischen Weise, die über die Regeln des bloßen Behauptens hinausgehen. Das Behaupten fungiert dabei als Sprechakt erster Ordnung, als eine im logischen Sinne grundlegende Handlung, die auf eine charakteristische Weise verändert wird." Ein Regelsystem solcher Veränderungen des Sprechaktes erster Ordnung entwirft Giese (1992) mit ihrer Typologie der sprachlichen Täuschungen.

[14] Betreut wurde diese Magisterarbeit an der Johannes-Gutenberg-Universität in Mainz von Prof. Dr. Jörg Meibauer, der durch Kontakt zum BKA den Themenkreis Forensische Linguistik vorschlug.

Dimensionen der Autorenstilisierung in Erpresserschreiben

positive Selbstdarstellung durch
    Schuld von sich weisen
    Zusicherung der Vertrauenswürdigkeit
    Zusicherung: einmalige Erpressung
    Zusicherung: Unversehrtheit von Beteiligten
    Rücksichtnahme / Schutz Unschuldiger
    Betonung der eigenen Sorgfalt
    Betonung der eigenen
        Intelligenz
        Geduld
        Vorsicht
   Motiv-Vorgabe
    Schutzgeld
    karitative Zwecke
    Aufbau
    Ausgleich (Wiedergutmachung usw.)
    politisch
    Geld
    sonstige
Verleihung von Nachdruck durch
    explizite Betonung der
        Ernsthaftigkeit
        Entschlossenheit
        Skrupellosigkeit / Brutalität
        Bereitschaft, Unbeteiligte zu schädigen
   Hinweis auf
        Terror
        eigene Verzweiflung
        militärische Ausbildung
        Veröffentlichung diskriminierender Details
   Betonung der eigenen Professionalität durch
        Verweis auf weitere Erpressungen
        Verweis auf eigene Internationalität
   Hinweis auf eine Bekanntschaft von Täter und Opfer
        Täter beobachtet Opfer
        Opfer kennt Täter
   Schuldzuweisung

handschriftlicher Merkmale, doch liegt es nahe, dass auch der Stil Veränderungen erfährt.

In der Praxis der forensischen Untersuchung drängt sich häufig der Verdacht auf, dass sich die Autoren bei der Produktion inkriminierter Texte bewusst verstellt haben; allerdings gibt es bisher kaum empirische Untersuchungen zur Typik dieser Verstellungen. Daher wurde in der vorliegenden Pilotstudie eine erste Feldschau angestrebt, durch die Methode und Fragestellungen getestet werden sollten.

Bedingt durch den Mangel an vergleichbaren Arbeiten musste sich die Untersuchung dabei an einzelnen Fragestellungen aus der Praxis der forensischen Linguistik orientieren, wie sie in der Literatur zu finden sind, aber auch in Absprache mit Dr. Baldauf vom BKA ausgewählt wurden. Die primäre Frage „Welche Methoden verwenden die Autoren von Erpresserschreiben, um sich zu verstellen?" wurde daher um verschiedene Personendaten ergänzt; dies in der Hoffnung, aussagekräftige Korrelationen zu finden, um aus Merkmalen der Verstellung Hinweise auf den Autor zu erhalten – die Hoffnung wurde natürlich von vorneherein durch den begrenzten Umfang der Studie relativiert.

Eine reine Untersuchung auf Basis vorhandener Textsammlungen erschien wenig Erfolg versprechend, da in den meisten Fällen keine Informationen über die tatsächlichen Urheber der Texte bzw. „unverstellte" Vergleichstexte vorhanden waren.

Da sich die Untersuchung auf Erpresserschreiben konzentrierte, wurde ein Fragebogen zur Erhebung schriftlicher Daten erstellt. Ein Datensatz sollte dabei aus jeweils einem unverstellten und einem verstellten Erpresserschreiben sowie einigen Kurztexten mit vorgegebener Verstellungsabsicht bestehen.[15] Darüber hinaus wurden Daten der Teilnehmer hinsichtlich ihrer Bildung, Sprachkenntnisse, Schreibgewöhnung etc. erhoben.

Bei Testläufen stellte sich heraus, dass das Ausfüllen eines Fragebogens so lange dauerte, dass eine Datenerhebung im Beisein einer Kontrollperson (etwa an einem Stand vor einem Supermarkt) nicht genügend Teilnehmer finden würde. Daher sollten die Teilnehmer die Bögen zu Hause ausfüllen. Die damit verbundenen anzunehmenden Verfälschungen der Ergebnisse wurden in Kauf genommen.

Auch die Auswahl der Teilnehmer konnte sich nicht an bestimmten Kriterien orientieren, da die Bereitschaft, an einer solchen Befragung unentgeltlich teilzunehmen, gering war. Letztlich war daher der mit rund 30 Teilnehmern ohnehin

---

[15] Außerdem sollten die Teilnehmer in einem Rezeptionsteil Kurztexte hinsichtlich möglicher Autorenmerkmale beurteilen. Da dieser Teil jedoch keine verwertbaren Ergebnisse brachte, wurde er in der Untersuchung nicht berücksichtigt.

kleine Kreis der Testpersonen bezüglich der erhobenen Personendaten sehr heterogen.[16]

In der Einleitung des Fragebogens wurden die Teilnehmer gebeten, die Aufgaben in der gegebenen Reihenfolge zu bearbeiten und die Anweisungen für die nächste Aufgabe erst dann zu lesen, wenn die vorige bearbeitet wurde. Damit wurde versucht, Einflüsse aus den detaillierter werdenden Fragestellungen auf die ersten, weniger gelenkten Aufgaben zu verringern.

Von den Teilnehmer wurde zunächst verlangt, ein Erpresserschreiben zu einem gegebenen, möglichst unrealistischen (also kaum nachahmbaren) Szenario zu erstellen:

Bitte erstellen Sie ein Schreiben an Hans Müller gemäß folgendem Szenario:

In Ihrer Stadt lebt ein sehr reicher Hans Müller

Hans Müller hat in seinem Garten eine seltene und teure Pflanze

Sie brauchen dringend 6.000,- DM, die Sie nicht haben und die Sie nicht auf anderem Wege beschaffen können

Sie beschließen, Hans Müller die 6.000,- DM abzupressen, indem Sie drohen, seine Pflanze zu schädigen

Hans Müller soll das Geld in der Toilette einer Gaststätte hinterlegen

Die nächste Aufgabe verlangte ein Erpresserschreiben zum gleichen Szenario, jedoch mit verstelltem Stil. Genauere Hinweise zum Vorgehen gab es nicht, nur den Hinweis, dass es nicht um eine Verstellung der Handschrift geht.

Anschließend wurden die Teilnehmer gebeten, die angewandten Methoden der Verstellung ebenso wie weitere sinnvolle zu beschreiben, um Informationen dazu zu gewinnen, welche Variationen bewusst vor- oder zumindest wahrgenommen wurden.

Danach sollten acht Kurztexte erstellt werden, in der der konditionale Kern der Erpressung zunächst in eigenen Worten wiederzugeben war, dann unter Vorspiegelung verschiedener falscher Charakteristika: Die Teilnehmer sollten in der „Maske" einer älteren, jüngeren, gebildeteren, ungebildeteren und einer geisteskranken Person schreiben, außerdem als Ausländer und als Mitglied einer radikalen Organisation. Die Verstellung als Ausländer[17] wurde gefordert, weil in

---

[16] Um Aussagen über Verstellungsverhalten bestimmten Autorengruppen zu gewinnen, wäre eine neue Studie mit bestimmten Teilnahmekriterien (etwa das Alter verknüpft mit dem Bildungsgrad) sinnvoll.

[17] Dabei sollten die Probanden auch angeben, woher der fiktive Autor stammt. Eine genaue Definition von „Ausländer" wurde bewusst nicht vorgegeben, dennoch hat die

der forensischen Praxis immer wieder geprüft werden muss, ob Fehler, die auf einen Nicht-Muttersprachler deuten, von einem Muttersprachler bewusst eingefügt worden sein können bzw. wie sich „echte" von „vorgetäuschten" Fehlern unterscheiden. Das gleiche gilt für Textmerkmale, die auf Alter und Bildungsgrad hindeuten. Wenn in inkriminierten Schreiben der BKA-Sammlungen radikale Organisationen als Urheber angegeben werden, besteht häufig Zweifel an diesen Hinweisen. Daher sollten Daten erhoben werden, wie eine solche Organisation vorgespiegelt wird. Die Frage nach einem gedachten geisteskranken Autoren schließlich sollte Hinweise zur Unterscheidung tatsächlicher psychischer Auffälligkeiten von nur vorgetäuschter Krankheit geben, womit beispielsweise die Ernsthaftigkeit einer Drohung besser beurteilt werden könnte.

Um nun die Methoden der Verstellung, die sich in den Texten zeigten, auch mit Charakteristika der Autoren korrelieren zu können, wurden Daten zur Person erhoben: Neben Alter, Geschlecht, derzeitiger Beschäftigung und Bildung (höchster Schulabschluss, akademische und beruflicher Ausbildung) wurden dabei Informationen zum Sprachwissen und -übung abgefragt: Welche Fremdsprachen mit welchem Niveau beherrscht werden (und ob eine dieser Sprachen etwa bei einem längeren Auslandsaufenthalt Alltagssprache des Probanden war), wie viel Text der Proband innerhalb des letztes Jahres geschätzt produziert hat und welche Zeitungen, Zeitschriften regelmäßig bzw. welche Bücher in letzter Zeit von der Testperson gelesen wurden.

Die mit den Fragebögen gewonnenen Texte wurden hinsichtlich verschiedener Kategorien untersucht, die auch in der Literatur zur Autorenerkennung immer wieder genannt wird: Textlänge, Satzarten, Art der Konditionalstruktur, Lexikon, Normverstöße, Höflichkeit[18] und Drastik der Sanktionsschilderung. Insbesondere die letzten drei Kategorien konnten nur anhand (subjektiver) Ordinalskalen verglichen werden, wie etwa „sehr höflich" „leicht höflich", „neutral" usw. gezogen werden, was die Aussagekraft der daraus gewonnen Mittelwerte allerdings einschränkt. Dazu kam die vergleichsweise kleine Menge an Datensätzen, durch die Tendenzen kaum zu erkennen waren, so dass schließlich auch nur wenige Ergebnisse gefunden werden konnten, denen man überzufälligen Status zuordnen kann.

Zwar sollte diese erste Feldstudie in erster Linie Fragestellungen klarer definieren und gezielte Hinweise für Folgestudien geben, dennoch zeigte aber die Auswertung der Texte, dass die Probanden hauptsächlich drei Methoden der Verstellung nutzten: Beinahe alle „verstellten" Texte waren kürzer als ihre

---

überwiegende Mehrheit der Teilnehmer „Ausländer" mit „Nicht-Muttersprachler des Deutschen" gleichgesetzt.

[18] Zur Frage der Höflichkeit in Erpresserschreiben vgl. Dern (2003/b).

Pendants die meisten unhöflicher oder unfreundlicher im Tonfall und die Drohungen wurden häufig drastischer.

In einer Folgestudie müsste nun dieses Ergebnis bestätigt werden, außerdem bietet es sich an zu untersuchen, inwiefern diese Methoden bewusst angewendet werden. Im Gegenzug scheint es überlegenswert, ob besonders ausführliche oder höfliche Texte eine Verstellungsabsicht generell unwahrscheinlich machen.

Ansätze für nähere Untersuchungen können auch die Ergebnisse der Kurztexterhebung liefern. Vor allem die Merkmale, die zur Vorspiegelung von Nicht-Muttersprachlern als Texturheber, zur Vortäuschung von Jugend, Alter oder einer Gruppe verwendet wurden, bieten sich dafür an. Vergleichsdaten über die zu erwartenden Fehler von Nicht-Muttersprachlern lassen sich im Forschungsbereich Deutsch als Fremdsprache finden. Gerade durch die Analyse von Rektions- und Genusfehlern sollte es hier möglich sein, relativ zuverlässig „echte" von „vorgetäuschten" Fehlern zu unterscheiden und damit Hinweise auf die Muttersprache und die Verstellungsabsicht der Autoren zu gewinnen.

Ähnlich verhält es sich vermutlich mit Merkmalen älterer Autoren – davon ausgehend, dass nur wenige Jüngere häufig schriftliche Nachrichten Älterer bekommen, ist anzunehmen, dass hier eine Verstellungsabsicht leichter zu erkennen sein sollte. Textproben jüngerer und älterer Probanden sollten sich relativ leicht in Rahmen von Folgestudien gewinnen und vergleichen lassen.

Auch scheint es wahrscheinlich, dass Einzel-Autoren, die eine Gruppe vortäuschen wollen, dies mangels ausgeprägtem Textwissen mit Merkmalen tun, die sich von denen echter Gruppen-Texte unterscheiden, die in den BKA-Sammlungen vorhanden sind und sich im Nachhinein als authentisch herausgestellt haben.

5.2   Verstellungspotenzial im LiKtORA-Korpus

Im LiKtORA-Korpus finden sich die von Heitz angesprochenen Möglichkeiten der Verstellung in breiter Auswahl. Allerdings ist es ohne weiteres Ermittlungswissen nicht entscheidbar, ob es sich dabei im Einzelfall um tatsächliche Verstellungsartefakte handelt. Um die relevanten Merkmale zu erfassen und der Tatsache Rechnung zu tragen, dass die Autorenerkennung generell die Möglichkeit der Verstellung mitbeachten muss, wenn sie fallspezifische Textmerkmale isoliert, wurden die Auffälligkeiten zunächst durchgängig als „verstellungsverdächtig" codiert. Zur Klärung und weiteren Auswertung muss in einem weiteren Schritt Ermittlungswissen über die Person eines ermittelten Texturhebers in das Korpus integriert werden. Nur durch eine solche systematische Kombination von Textmerkmalen und autorenspezifischen Daten wird man die häufigsten Techniken der Verstellung analysieren können. Im LiKtORA-Korpus wurden insgesamt Texte und Textstellen identifiziert, klassifiziert und codiert, die möglicherweise auf Verstellung (oder eben auf Autorenmerkmale) hindeuten. Einige Verstellungsartefakte sind besonders auffallend:

Deutsch als Fremdsprache: Es liegt offenbar recht nahe, sich so zu verstellen, als sei man kein deutscher Muttersprachler. Die schlichteste Form ist die wenig überzeugende Postulierung des DaF-Status: „Ich bin Auslender behersche gut ihre Sprache aber weniger gut ire Rechtschreibung." DaF-Verstellungen sind als solche häufig erkennbar, weil oft das sprachreflexive Wissen eines Autors nicht ausreicht, die Verstellung auf allen sprachlichen Ebenen durchzuhalten.

> Achtung! Achtung! Bomben versteckt in X Internaten und Schulungsgebäuden aber nicht sein Gefahr für Krankenhaus wir leid tun kranke Leute

> Forderung: Leute von Berufsförderungswerk schicken heim wegen Gefährlichkeit. Nach geben Geld wir sagen wo und wieviel Bomben

Schall (2004: 555) hat an diesem Beispiel bereits deutlich gemacht, dass die Verstellung über eine oberflächliche und stereotype Veränderung in der Morphologie (Infinitivformen der Verben) und Syntax (Verzicht auf Inversion) kaum hinausgeht. Gleichzeitig ist die Orthographie weitgehend intakt. Auch im folgenden Fall kann die Verstellung nicht durchgehalten werden.

> Zwischen den Tänzern wird es ein Mann ganz in weiß angezogen. Du mußt ihm sein rechtes Ohr ziehen, dann wird er dir eine Schlüssel geben, die das Haus XX, das du XX kennst, aufmacht.

> Mit dem Ziel, dir zu beweissen, daß ich dir keinen Bären aufbinden will, sende ich dir XX.

Teilweise ist die Syntax ungrammatisch, aber die Verstellung wird durch den Relativsatz und die komplexe abschließende Hypotaxe wieder aufgehoben. Wird die Verstellung schon innerhalb eines Briefes kaum durchgehalten, so ist dies bei Briefserien kaum mehr möglich.

Fachsprachenverwendung: Die Verwendung fachsprachlicher Details können entweder auf Verstellung oder evtl. auf den Beruf oder zumindest auf eine gewisse fachliche Bildung in einem bestimmten Lebensbereich der Textproduzenten deuten. Verwendet ein Täter eine komplexe Formulierung wie „Die Kursangaben sind allerdings korrekt angegeben da sie nicht direkt auf geografischen Koordinaten basieren sondern auf dem Gauss-Krueger Gitter", so deutet dies in der argumentativen Einbindung wohl auf eine gewisse Fachkompetenz. Dagegen kann es sich bei eher isolierter Fachwortverwendung wie der Benennung von Sprengstoffen oder Giften auch um einfache Übernahmen aus anderen Textsorten handeln. So formuliert etwa ein Erpresser in einem anderen Zusammenhang: „Sie können in jeden beliebigen Medizinbuch nachlesen". Dies gilt auch für den Verstellungsverdacht. Ein Täter kann Fachwortschatz durchaus auch zum Legen falscher Fährten verwenden; dies wäre wiederum eine recht anspruchsvolle Verstellungstechnik, die ihrerseits Aufschlüsse über das Bildungsniveau zuließe.

Bildungsgrad: Indikatoren für den Bildungsgrad oder eben eine Verstellung in diese Richtung sind häufig aufzufinden. Allerdings ist hier in aller Regel nur die Verstellung auf ein niedrigeres Niveau zu erwarten. Jemand, der seinen Erpresserbrief mit einem lateinischen oder einem Literaturzitat beginnt, muss ja einen Bildungszugang zu einem solchen Zitat haben. Kommen noch weitere Merkmale hinzu, die ebenfalls auf einen höheren Bildungsgrad deuten, so lässt dies Rückschlüsse zu.

Radikale Organisationen: In der Kategorie „Sprache radikaler Organisationen" sind Textpassagen zusammengeführt, in denen die Autoren sich als Anhänger politisch radikaler Gruppierungen darstellen, die Spanne reicht hier von der RAF über islamistische Gruppierungen bis zu Hitler-Imitationen und der Nennung nationalsozialistischer Formeln. Ein Indikator für das bloße Vorgeben einer solchen Zugehörigkeit zu Verstellungszwecken ist naheliegenderweise die Frage danach, ob es einen Zusammenhang zwischen den Erpressungsinhalten und den politischen Zielen der jeweils zitierten oder genannten Organisation gibt.

Altersspezifische Sprache: Droht ein Erpresser mit Veröffentlichungen und behauptet, die Presse „währe ganz Geil auf die Storrie", dann ist dies eine Wortwahl, die in den letzten Jahren noch als typisch jugendsprachlich gegolten hätte. Dabei wäre offen, ob es sich hier um Verstellung handelte oder nicht. Jeder ältere Mensch könnte ein so deutlich markiertes Lexem verwenden, um die Zugehörigkeit zu einer Altersgruppe – Schall (2004: 558) nennt die drei Gruppen *Jugendlicher, reifer Erwachsener, alter Mensch* – vorzutäuschen. Allerdings reicht zu einer gelungen Verstellung die Verwendung einzelner Lexeme und Modewörter nicht aus; dazu müsste der Sprachgestus des gesamten Schreibens auf eine Altersgruppe deuten. Eine Verstellung mit Blick auf die Zugehörigkeit zu einer Altersgruppe setzt, wenn die Verstellung über die Verwendung von Modewörtern hinausgehen soll, eine hohe sprachliche Reflexionsfähigkeit voraus.

6 Fazit

Die ersten Ergebnisse der Analyse des LiKtORA-Korpus zeigen deutlich das große Potenzial dieses Korpus für die forensische Linguistik. Es erfüllt die eingangs skizzierten Erwartungen sehr gut, stellt eine ausgezeichnete Basis für weitere Korpusanalysen dar und eignet sich überdies als Praxisinstrument. So schildert etwa Dern (2003/a) einen Fall, in dem sprachliche Ähnlichkeiten zwischen Erpresserschreiben verschiedener, zeitlich auseinander liegender

Serien dazu geführt haben, dass eine Autorenidentität „vor dem Hintergrund eingehender Erfahrung mit Erpresserschreiben mit hoher Wahrscheinlichkeit angenommen werden".[19] konnte. Aufgrund dieser Annahme konnte dem Täter durch gezielte Ermittlungen auch die zweite Erpressung nachgewiesen werden. Solche Gemeinsamkeiten lassen sich im LiKtORA-Korpus über 1.500 Tatschreiben hinweg vergleichsweise schnell und unaufwändig überprüfen.

Der Nutzwert des Korpus in seiner jetzigen Form kann erheblich gesteigert werden, wenn die LiKtORA-Daten mit fallspezifischem Ermittlungswissen kombiniert werden. Auf diese Weise lässt sich z. B. Aufschluss darüber gewinnen, inwieweit es sich bei den Phänomenen, die im vorliegenden Korpus noch als potenzielle Verstellungsartefakte gedeutet werden mussten, auch um Hinweise auf Autorenidentitäten handeln kann.

Vor diesem Hintergrund steht die Integration des auf zahllose Dienststellen und verschiedene Institutionen verteilten Ermittlungs- und Praxiswissens in das LiKtORA-Korpus als wichtige Zukunftsaufgabe auf dem Programm der forensischen Linguistik.

7 Literatur

Adamzik, Kirsten (2002): Interaktionsrollen. Die Textwelt und ihre Akteure. In: Adamzik, Kirsten (Hg.): Texte•Diskurse•Interaktionsrollen. Analysen zur Kommunikation im öffentlichen Raum. Tübingen: Stauffenberg.

Artmann, Peter (1996): Tätertexte – eine linguistische Analyse der Textsorten Erpresserbrief und Drohbrief (=Phil. Diss. Würzburg).

Baldauf, Christa (1999): Zur Signifikanz sprachlicher Merkmale im Rahmen des Autorschaftsnachweises. Ansätze und Desiderate der forensischen Linguistik. In: Archiv für Kriminologie 204/3, S. 93-105.

Baldauf, Christa (2000) (Hg.): 2. Symposion Autorenerkennung des Bundeskriminalamtes. Tagungsband. Wiesbaden: BKA.

Baldauf, Christa (2002): Autorenerkennung im BKA. Linguistik unter Zugzwang? In: Haß-Zumkehr, Ulrike (2002) (Hg.): Sprache und Recht. Berlin u. a.: de Gruyter, S. 321-329.

Brinker, Klaus (2002): Textsortenbeschreibung auf handlungstheoretischer Grundlage (am Beispiel des Erpresserbriefs). In: Adamzik, Kirsten (2002) (Hg.): Texte•Diskurse•Interaktionsrollen: Analysen zur Kommunikation im öffentlichen Raum. Tübingen: Stauffenberg, S. 41-59.

---

[19] Dern (2003/a: 62-63).

Dern, Christa (2003/a): Sprachwissenschaft und Kriminalistik. Zur Praxis der Autorenerkennung. In: ZGL 31.1, S. 44-73.

Dern, Christa (2003/b): „Unhöflichkeit ist es nicht." Sprachliche Höflichkeit in Erpresserbriefen. In: Deutsche Sprache 2, S. 127-141.

Dietz, Simone (2003): Die Kunst des Lügens. Eine sprachliche Fähigkeit und ihr moralischer Wert. Reinbek: Rowohlt.

Funke, Arno (1998): Mein Leben als Dagobert. Berlin: Links.

Giese, Bettina (1992): Untersuchungen zur sprachlichen Täuschung. Tübingen. (Reihe germanistische Linguistik 129)

Heitz, Susanne Catharina (2002): Methoden der Verstellung bei der Produktion von Erpressungsschreiben. (Magisterarbeit Mainz).

Heinemann, Margot / Wolfgang Heinemann (2002): Grundlagen der Textlinguistik: Interaktion – Text – Diskurs. Tübingen. (Reihe germanistische Linguistik 230)

Kniffka, Hannes (2000): Forensisch-linguistische Autorschaftsanalyse. Eine Zwischenbilanz. In: Baldauf, Christa (2000) (Hg.): 2. Symposium Autorenerkennung des Bundeskriminalamtes. Tagungsband Wiesbaden: BKA, S. 54-82

Einfluss der Antizipation auf die Effizienz des Wissens-transfers (im fremdsprachlichen Fachunterricht)

Barbara Czwartos (Bielsko Biała)

1 Einleitung

Im Rahmen des vorliegenden Beitrags sollen das Wesen und die Rolle der Antizipation beim Verstehen von Fachtexten dargestellt werden. Es wird auch auf die Problematik von Faktoren eingegangen, die das Zustandekommen der Antizipationsstrategie ermöglichen. Dieser Beitrag verfolgt auch das Ziel, die behaltensfördernde Rolle der Antizipation beim Verstehen fremdsprachlicher Fachtexte anhand einer Pilotstudie aufzuzeigen.

Das Motiv, sich mit der Antizipation im Wissenserwerb auseinander zu setzen, ergibt sich aus der erschwerten Fachkommunikation im fremdsprachlichen Fachunterricht. Diese erschwerte Kommunikation hat zwei Dimensionen:

1. die Kommunikation in der Fremdsprache verläuft auf der Basis nicht ausreichend entwickelter sprachlicher Kompetenzen

2. die Kommunikation über Fachinhalte ist unseren Lernenden wenig geläufig

2 Einige Bemerkungen über „Antizipation"

Vom psycholinguistischen Gesichtspunkt aus wird dieser Begriff folgendermaßen verstanden:

„Antizipation [ist] die vorstellungsmäßige Vorwegnahme oder Erwartung eines gewissen Denk- oder Handlungszieles bzw. eines Ereignisses, ein auf ein bestimmtes Ziel gerichtetes Denken oder Erkennen bzw. ein zielorientiertes Vorgehen." (Fröhlich 1998: 64)

Diese Definition weist auf bestimmte Merkmale der Antizipation hin, die für uns von Bedeutung sind:

1. Wir wollen darauf aufmerksam machen, dass Antizipieren auf das Aufsuchen fehlender Inhalte hinzielt. Nach Selz (in: Tichomirow 1976: 43) antizipiert man das, was man sucht. So verstandene Antizipation lässt sich aber nicht mit dem Ratespiel gleichsetzen, denn der Handelnde entwirft ein Aktionsprogramm (vgl. Widmaier 1987: 38), das aber nicht beliebig konstruiert wird. Die Fachliteratur weist darauf hin, dass seiner Entstehung das Kennenlernen des „Handlungsfelds" vorausgeht. Diese Feststellung impliziert also, dass der Handelnde (in unserem Fall: der Lesende) viele Elemente dieses Handlungsfeldes einschätzen und einbeziehen soll. Damit ist gemeint, dass der Textrezipient auf eigenes Wissen, eigene Erfahrungen eingehen soll. Laut der psychologischen Auffassung ist hier die besondere Rolle des Kontextes hervorzuheben, denn nur im Kontext gewinnt die beim Handelnden eingehende Information ihre Bedeutung dadurch, dass sie entsprechenden Bedeutungskategorien des Wissens zugeordnet werden kann. Der Rezipient soll die Struktur der Information in Bezug auf den Kontext wahrnehmen und identifizieren, um die oben erwähnte Situation richtig zu verarbeiten. Dadurch wird erreicht, dass die Aufmerksamkeit des Rezipienten geweckt wird und er imstande ist, sich auf die kommenden Inhalte vorzubereiten. Dementsprechend nimmt der Rezipient eine aktive Erwartungshaltung ein, die seinen Verarbeitungsprozess effizienter macht.

2. Aus dem oben Gesagten dürfte bereits deutlich geworden sein, dass Antizipieren ein Teil der Top-down-Prozesse ist, in denen, die eingehenden Informationen dem Formatieren (Bezeichnung nach Dakowska 2001: 38) unterliegen, das bedeutet, dass sie in Verbindung mit dem in Form von Schemata aktivierten Wissen gebracht werden. Dadurch wird erreicht, dass beim Rezipienten ein allgemeiner Orientierungszustand aufgebaut wird, der darin besteht, dass die Relation zwischen dem Bekannten und Neuen, zwischen dem Voraussehbaren und Nichtvoraussehbaren genauer wahrzunehmen ist. Hiermit ist gemeint, dass der Lesende eine aktive Erwartungshaltung aufgebaut hat, die ihm erlaubt, vor ihm stehende Ziele, Aufgaben und die Etappen ihrer Lösung richtig einzuschätzen. Diese Feststellung impliziert zugleich, dass sich der Handelnde bewusst ist, welche mentalen Operationen ihm zur Verfügung stehen, um eine Aufgabe erfolgreich abzuschließen. Somit lässt sich also Antizipieren als ein Vorbereitungszustand[1] bezeichnen,

---

[1] In der englischen Fachliteratur wird der Terminus coping potential verwendet und bedeutet, dass der Handelnde imstande ist, das mentale Potenzial effizient auszunutzen. (vgl. Dakowska 2001: 118)

der den Lesenden auf den Verarbeitungsmechanismus vorbereitet, indem er die zur Bewältigung dieser Aufgabe brauchbaren Informationen bereitstellt.

3. Es kristallisiert sich somit die Feststellung heraus, dass Antizipieren immer zielgerichtet ist. Sein zielgerichteter Verlauf verläuft in drei Phasen:

1. Diagnose der Situation (Kontextsituation)

2. Voraussehen, was danach kommt

3. Abrufen der zu diesem Mechanismus brauchbaren Informationen

Gehen wir näher auf die erste Phase ein, so lässt sich feststellen, dass der Ausgangspunkt der Antizipationsprozesse ein Entstehen der Vorstellung[2] ist, in der das Gesuchte näher bezeichnet wird (was schon im ersten Punkt unserer Überlegungen angedeutet wurde). In der Auffassung von Tichomirow (1976: 43) wird dabei ein Problemkomplex gebildet, charakteristische Merkmale dessen, was gesucht wird, werden ausgesondert. Hier kommt deutlich zum Ausdruck, dass das Gesuchte in Relation zu dem schon Bekannten zu stellen ist. Von dieser Annahme lässt sich also ableiten, dass (wie bereits erwähnt) der Handelnde einen Orientierungszustand aufbaut, der die Richtung der Antizipationsprozesse determiniert. Infolgedessen stellt der Lesende Hypothesen auf (die zweite Phase), die der Überprüfung und dem Verifizieren versus Falsifizieren (in Bezug auf die abgerufenen Informationen (die dritte Phase) unterliegen. Nach Meinung von Igl (1974: 91) sind daran solche Denkoperationen beteiligt wie: Analyse, Synthese, Abstrahieren, Verallgemeinern, Analogie und Vergleich. Diesen Prozess kann man schematisch folgendermaßen darstellen:

Empirische Vorhersage

↓

Realisierung

↓

Vergleich
Vorhersage - Wirklichkeit

↓

Ergebnis
Überprüfung von Hypothesen

(Huber 1987: 39)

In der ersten Phase wird eine Vorhersage über einen Sachverhalt / ein Objekt gemacht. Dabei wird das Wissen (u. a. Sachwissen, Erfahrungswissen usw.)

---

[2] In der Auffassung von Tichomirow (1976: 43) bezeichnet man dieses Stadium als Geburt der Vorstellung.

einbezogen. Das Gesuchte (genauer sein Platz) wird näher bestimmt. Dies führt zur Formulierung der Hypothese, die jedoch nicht beliebig ist, denn ihr Zustandekommen wird durch die aufgesuchten Merkmale und Einordnungen festgelegt. In der nächsten Phase wird sie mit den aktivierten Informationen verglichen. An dieser Stelle muss gesagt werden, dass sich der Lesende im Leseprozess der Retrospektionsstrategie bedienen muss. Dies bedeutet, dass er die Tätigkeit der Rückbindung an den zurückliegenden Text ausüben muss. Diese Feststellung impliziert, dass der Lesende seine Hypothesen nicht nur auf das schon Bekannte sondern auch auf das schon Verarbeitete überprüfen muss, was ihn berechtigt, in eine bestimmte Richtung zu antizipieren. Anders gesagt soll bei ihm permanent eine Monitoringfunktion eingeschaltet werden, die ihn dazu veranlasst, die aufgestellte Hypothese als richtig wahrzunehmen oder als falsch abzulehnen.

Zusammenfassend lässt sich also sagen, dass die Antizipationsprozesse auf den Operationen beruhen, die bedingt durch zielgerichtetes Planen und intentionales Handeln erlauben, „die besseren Hypothesen" aufzustellen. Dies führt uns zur Feststellung, dass diese Prozesse der Kontrolle unterliegen und gleichzeitig durch viele andere Faktoren determiniert sind. Im Folgenden sollen diese näher beschrieben werden.

2.1 Bedingungsfaktoren der Antizipation

Das Gelingen der so verstandenen Antizipation ist von vielen Faktoren abhängig, die sich unserer Meinung nach in drei Gruppen einteilen lassen:

1. das Wissen des Lesenden[3]

2. die eingesetzten didaktischen Maßnahmen, die die Antizipationsprozesse hervorrufen

3. soziale Beziehungen in der Gruppe

Anm. 1: Zu Wissen

Wissen, genauer gesagt Vorwissen, ist ein Faktor, der nach der Auffassung von Westhof (1987: 40) unentbehrlich ist, um antizipieren zu können und um Texte zu verstehen. Abgesehen von verschiedenen Einteilungen des Vorwissens konzentrieren wir uns auf die Kenntnisse über die Welt, die der Leser braucht, um antizipatorisch auf der inhaltlichen Ebene zu handeln. Damit ist gemeint, dass der Leser weiß, wie die Welt beschaffen ist, wie die Dinge funktionieren, wel-

---

[3] Aus dem früher gesagten ist klar geworden, dass auch der Kontext zu den Antizipation bedingten Faktoren zugerechnet werden kann. Auf seine Rolle haben wir schon bei der Beschreibung der Antizipationsstrategie gemacht, deswegen wird auf diese Problematik nicht weiter eingegangen.

che Rolle man in der realen Welt übernimmt und spielt. Wie Westhof unterstreicht, ist es ohne diese Kenntnisse nicht möglich, den Textinhalt voraussehen zu können und ihn zu verstehen.

Ergänzend muss jedoch festgestellt werden, dass die bis jetzt von uns genannten Arten des Weltwissens nicht ausreichend sind, um Vorhersagungen machen zu können. Man muss auch der Tatsache Rechnung tragen, dass der Leser mit unterschiedlichen Fachtexten konfrontiert wird. Um diese erstens zu verstehen und zweitens Hypothesen über ihren Inhalt aufzustellen, muss er auf das aktivierte Fachwissen zurückgreifen. Daher wollen wir der Konzeption von Wolff (1984: 5) folgen. Demnach ist zu berücksichtigen, dass der Leser auch das Wissen über die Konventionen der Textsorten haben muss.

Anm. 2: Zu didaktischen Maßnahmen

Man kann sicherlich davon ausgehen, dass zu didaktischen Maßnahmen, die der Lehrer einsetzt, um die Antizipationsprozesse in Gang zu setzen, gehören:

- die antizipierenden Schemata (advance organizer)

- Priming

Die Funktionsweise von advance organizern basiert darauf, dass sie den Lesenden ein „intellektuelles Gerüst" für das Behalten sowohl der eingehenden Informationen als auch der zu lernenden Inhalte liefern. Gleichzeitig wird ihnen die Rolle der einzuführenden textbezogenen Organisationshilfen zugesprochen. Wir schließen uns an dieser Stelle der Meinung von Groeben (1988: 140) an, dass sie das Vorwissen des Lesenden in geordneter Form aktivieren[4] und dadurch die Möglichkeit schaffen, die vorhandenen Informationen mit den eingehenden in Verbindung zu setzen, und diese letzteren auf der Grundlage der ans Licht gebrachten Ankerpunkte effizienter zu behalten, denn, wie Groeben (1988: 140) behauptet:

> „... nur stabile, klare und eindeutige Konzepte ermöglichen potentiell sinnvollem Material eine adäquate kognitive Verankerung und dauerhafte Repräsentation."

Aus den oben dargestellten Überlegungen lässt sich ableiten, dass ihre Funktionsweise dem Prinzip der Subsumption unterliegt. Im Falle der Antizipationsprozesse teilen wir die Meinung von Tomaszewski (1971: 194), dass dabei die korrelative Subsumption zustande kommt. Sie wird dann empfohlen, wenn den Versuchspersonen die behandelte Thematik fremd ist oder diese Thematik modifiziert / ergänzt werden sollte. An dieser Stelle ist wiederum Tomaszewski (1971: 194) zuzustimmen, denn seiner Meinung nach sieht dieses Ergänzen von

---

[4] Ein antizipierendes Schema stellt verschiedene thematisch verbundene Begriffe in Bereitschaftszustand. In diesem Sinne stehen antizipierende Schemata im engen Zusammenhang mit Assoziationsprozessen.

unvollständigen Daten die fehlenden Inhalte voraus, was im Endeffekt dazu führt, dass der Gedankengang zielgerichtet verläuft.

In Anlehnung an diese Thesen lässt sich also bestätigen, dass die antizipierenden Schemata das Denken der Lesenden in eine bestimmte Ordnung bringen und ihn auf die kommenden Inhalte vorbereiten, deswegen vertreten wir die Auffassung, dass ihr Einsatz als eine didaktische Maßnahme notwendig ist, um Antizipationsprozesse in Gang[5] zu setzen.

Zu den didaktischen Maßnahmen, die ein Zustandekommen der Antizipation wesentlich ermöglichen, haben wir auch Priming gerechnet. Unter diesem Begriff kann verstanden werden, dass:

> „... durch die Wahrnehmung eines Wortes all diejenigen Wörter in Bereitschaft gestellt, „vorgewärmt" werden, zu denen dieses Wort assoziative Verbindung hat" (Grimm / Engelkamp 1991: 41).

Offensichtlich werden nicht alle Wörter „vorgewärmt", sondern nur diejenigen, die kontextuell miteinander verbunden sind. Daraus wird geschlossen, dass der Kontext eine beschränkende Funktion besitzt. Eine Erleichterung bilden Schlüsselwörter, die den Lesenden eine schnellere Wahrnehmung der Inhalte erlauben. Wenn dem so ist, verfügen die Leser über mehr Zeit, um sich auf die Perzeption der nächst folgenden Informationen einzustellen und mit ganz spezifischen Erwartungen an die Textlektüre zu gehen. In diesem Sinne ist der Lesende bereit und vorbereitet, die nächst kommenden Inhalte zu antizipieren.

Anm. 3: Zu sozialen Beziehungen in der Gruppe

Außer den oben genannten Faktoren gibt es im schulischen Unterricht noch einen, von dem der Erfolg der Hypothesenbildung abhängt, der mit den zwischenmenschlichen Beziehungen in Zusammenhang steht. Dieser Faktor heißt **Vertrauen**. Igl (1974: 91) ist der Meinung, dass auch Geborgenheit und Halt Voraussetzungen für gelungene Antizipation sind, denn Antizipieren heißt nach Igl *„aus sich herausgehen, auf ein Ziel hingehen"*. Dies kann so verstanden werden, dass die antizipierende Person eigene Hypothesen laut im Kreis anderer Personen (z. B. der Klassenkameraden) äußern soll. Damit ist aber oft die Angst verbunden, ob die eigenen Vermutungen richtig sind, ob man sich nicht lächerlich macht u. a. Die antizipierende Person braucht Vertrauen von der Art, dass sie weiß:

> „Der, auf den ich vertraue, ist während des Verwirklichungsprozesses persönlich oder in Gedanken bei mir" (Igl 1974: 92).

---

[5]   Diese Hypothese stützen wir auf die Ergebnisse sowohl von Soo-Youn (1990: 18) als auch auf unsere Experimente, die im Rahmen der Dissertation durchgeführt wurden. (Czwartos 2001: 229, unpubliziertes Manuskript)

Aus den oben präsentierten Kurzüberlegungen zum Begriff der Antizipation lassen sich drei Schlussfolgerungen ziehen:

1. der Antizipationsbegriff ist laut psychologischen Erwägungen mit vielen synonymischen Begriffen gleichzusetzen, u. a. mit dem der Einstellung, Erwartung und Hypothese

2. die Antizipationsprozesse stehen in Abhängigkeit von vielen Faktoren, die ihr Hervorrufen bedingen

3. laut der Feststellung von Dakowska (2001: 39) spielt sie eine wichtige Rolle beim Erwerb der neuen Inhalte

Im Hinblick auf diese letzte Schlussfolgerung müssen wir uns die Frage stellen, ob sie Einfluss auf den Wissenserwerb der Fachinhalte ausübt. Unser Augenmerk richtet sich auf die Arbeit mit fremdsprachlichen Fachtexten, denn wie die Ergebnisse von früher durchgeführten Experimenten bewiesen haben, spielt die Antizipation eine wesentliche Rolle bei der Arbeit mit literarischen Texten und beim Erwerb der vermittelten Inhalte.

Hinzugefügt werden muss, dass die Untersuchungen in diesem Bereich erwiesen haben, dass:

1. auch im Falle von fremdsprachigen Texten der Aufbau einer antizipierenden Haltung möglich ist

2. die gezielt eingesetzte Antizipation und die Anzahl der behaltenen Informationen eine positive Interdependenz aufweisen[6].

Wir wollen aber die Rolle der Antizipation in den Situationen überprüfen, wo das Verstehen erschwert ist, d. h. wo der Leser mit einem fremdsprachigen Fachtext konfrontiert ist, in dem viele neue Informationen dargeboten werden. Unsere Problemstellung resultiert aus der Tatsache, dass diese zwei Faktoren, d. h. die Fremdsprachigkeit und die Fachlichkeit, den Aufbau der antizipierenden Haltung wesentlich beeinträchtigen. Hierbei stellt sich die Frage, ob Antizipation unter solchen Bedingungen zustande kommen kann.

Eine Antwort auf diese Frage liefern uns Ergebnisse der Pilotstudie, die nun präsentiert werden.

---

[6] Vgl. Czwartos 2001, unpublizierte Dissertation.

3   Beschreibung der Pilotstudie

3.1   Ziel der Pilotstudie

Im Rahmen der durchgeführten Pilotstudie wollten wir den folgenden Fragen nachgehen:

1. Kann der Inhalt eines Fachtextes antizipiert werden?

2. Haben die evozierten antizipierenden Schemata und die Antizipation des Fachtextinhalts einen positiven Einfluss auf die Effizienz der behaltenen Informationen?

3. Was beeinflusst mehr das Zustandekommen der Antizipation: Fachwissen oder sprachliche Kenntnisse?

In unseren Forschungen stützen wir uns auf die These von Soo-Youn (1990: 18), die besagt hat, dass die Experimentellgruppe mit advance organizer signifikant höhere Leistungen zeigte als die Kontrollgruppe. In diesen Experimenten wurde bewiesen, dass der Erfolg der Arbeit mit antizipierenden Schemata darin besteht, dass diese das Vorwissen der Versuchspersonen aktivieren und dadurch das Organisationsraster für die Einordnung der neuen Informationen liefern. Dementsprechend besteht ihre Funktion, so Voigt (1997: 54), in der Erleichterung der Integration von im Text vermittelten Inhalten in die individuelle Wissensstruktur, was wesentlich den Erwerb neuer Inhalte erleichtert.

Im Rahmen der Wissensaktivierung wurden die Versuchspersonen, die an unserer Pilotstudie teilgenommen haben, gebeten, ein Assoziogramm zu Schlüsselbegriffen zu erstellen, welches das Verstehen von Texten laut der aufgestellten Hypothesen erheblich fördern würde.

Aber die von uns gestellte zweite Frage impliziert zusätzliche Aspekte, die wegen ihrer Schwierigkeit geklärt werden müssen. Die Anwendung der Antizipation im fachsprachlichen Unterricht steht im engen Zusammenhang mit dem Funktionieren des Arbeitsgedächtnisses und mit der Aufmerksamkeit der Probanden. Wenn im Unterricht die Antizipation bei der Textarbeit gezielt eingesetzt wird, steigt die selektive Konzentration der Probanden. Sie richtet sich auf das Aufsuchen fehlender Elemente. Da dieser Prozess zielgerichtet verläuft, verfügt man über mehr Gedächtniskapazität und kann diese bei der Textrezeption effizienter einsetzen. Mehr Kapazität bedeutet zugleich, dass das menschliche Gedächtnis imstande ist, den Sinn des Textes besser zu konstituieren und neu eingegangene Informationen dauerhafter zu speichern. Demnach kann die gezielt eingesetzte Antizipationsstrategie einen positiven Einfluss auf den Wissenstransfer haben.

Sie ist somit als didaktische Maßnahme anzusehen und deswegen lässt sich noch ein weiterer Aspekt berücksichtigen. In diesem Verfahren ist der Verstärkungseffekt von Thorndike wichtig (in: Rogińska 1969: 115). Seiner Meinung nach kann der Experimentleiter während des Experiments eine so genannte positive Verstärkung in Form einer Belohnung anwenden. Solche Belohnungsformen, wie: „gut, richtig, eine gute Idee",[7] wurden bei der von uns durchgeführten Pilotstudie eingesetzt, wenn eine Versuchsperson Hypothesen treffend aufstellte. Belohnungen dieser Art werden nach der Meinung von Weiner (1988: 152) zu einem Erfolgsreiz (Ae), der gleichzeitig ein Teil der Motivation ist. Kommt dieser Erfolgsreiz zustande, führt dies bei den Versuchspersonen zum Erfolgsmotiv, bei dem die Hoffnung auf Erfolg zusammenwirkt. Falls die Versuchsperson einen Erfolg erzielt, d. h. in unserem Fall richtige Hypothesen formuliert, erreicht sie ihr Ziel. In diesem Moment entsteht die Motivation, weitere Ziele zu erreichen, also z. B. sich neue Informationen zu merken.

Abschließend wollen wir die Fragen diskutieren, die wir im 2. und 3. Punkt unserer Zielsetzung der durchgeführten Pilotstudie gestellt haben. Laut der Lerneraufteilung nach Buhlmann und Fearns (2000: 102) gehen wir von der Annahme aus, dass „unsere" Probanden als Nichtfachleute auf nicht akademischer Ebene einzustufen sind. Es handelte sich um 11 Studenten der Europastudien. Zusammen mit 12 Personen des ersten Studienjahres eines Sprachkollegs bildeten sie eine Experimentellgruppe. Die Kontrollgruppe bildeten 26 Studenten des zweiten Studienjahres eines Sprachkollegs. Bei der Textarbeit mit solchen Personen müssen das Fachwissen und die fachlichen Denkstrukturen aufgebaut werden, weil sie mit verschiedenen Fachtermini konfrontiert werden, deren Inhalt ihnen auch in der Muttersprache oft nicht geläufig ist, so dass sie diese Begriffe mit keiner Vorstellung, keinem Inhalt in Verbindung setzen können. Ungeklärt ist, inwieweit dieses Wissen oder der Mangel dessen die Fachtextarbeit unter Einsatz der Antizipationsstrategie beeinflussen.

Bei der Diskussion der Pilotstudienergebnisse unternehmen wir den Versuch, die Resultate zu analysieren, obwohl wir uns eingestehen müssen, dass diese Ergebnisse nicht signifikant sein können, denn sie beruhen auf unseren subjektiven Eindrücken. Dies resultiert daraus, dass wir keinen Test gefunden haben, mit dem:

1. das für das Leseverstehen der Fachtexte jeweilige Fachwissen bestimmt werden kann;

2. der Grad des Fachwissens gemessen werden könnte.

---

[7] Wir haben es früher angedeutet, dass das Vertrauen an den Lehrer auch ein Faktor ist, der das Zustandekommen der Antizipation determiniert. Solche Anmerkungen, die an die Lesenden gerichtet werden, können behilflich sein, das Vertrauen aufzubauen.

Man muss darauf aufmerksam machen, dass nur die Versuchspersonen der Europastudien ein gewisses Fachwissen im Bereich der Ökonomie hatten, so dass wir annehmen konnten, dass sie mit ihrem rudimentären Fachwissen Textinhalte antizipieren könnten. Es kristallisiert sich also die Frage heraus, inwieweit ihr Fachwissen das Antizipieren beeinflusst hat. Wäre das nicht der Fall, dann wäre es zu hinterfragen, ob das Misslingen des Antizipierens ihren Sprachkenntnissen zuzuschreiben ist, denn die Untergruppe auf niedrigerem Sprachniveau war als die anderen Versuchspersonen des philologischen Sprachkollegs.

Nun zu der dritten Frage. Wie wir schon angedeutet haben, hat man bis jetzt die Antizipation in Bezug auf die literarischen Texte untersucht. Um die Inhalte solcher Texte vorhersagen zu können, muss der Leser das Vorwissen aktivieren, das in Form von Schemata aufgebaut ist. Die aufgenommenen Informationen aktivieren die im Langzeitgedächtnis bereits vorhandenen Schemata, die wiederum Subschemata in einen Bereitschaftszustand stellen. Dies führt zu Hypothesen und Erwartungen, löst also Antizipation aus.

Fehlen relevante Schemata oder Subschemata, so hat der Rezipient Verstehensschwierigkeiten und ist auch nicht imstande, die treffenden Hypothesen aufzustellen. Wie erwähnt, verfügte die Untergruppe der philologischen Sprachkollegs über kein entsprechendes Fachwissen. Deswegen wollen wir die Frage aufwerfen, ob es möglich ist, trotz des fehlenden Fachwissens antizipieren zu können.

3.2   Beschreibung der untersuchten Variablen

In Bezug auf die oben dargestellten Hypothesen und ihre psycholinguistischen Grundlagen können wir annehmen, dass die unabhängige Variable ein antizipierendes Schema und die Antizipation des Fachtextinhalts ist, die abhängige Variable dagegen die Anzahl der behaltenen Textinformationen.

Der Versuchsplan des von uns durchgeführten Experiments sieht folgendermaßen aus:

Experimentellgruppe

unabhängige Variablen: *abhängige Variablen:*

1. Antizipation des Textinhalts 2. Antizipierende Schemata

1. Anzahl der behaltenen Infos

Kontrollgruppe

unabhängige Variablen: *abhängige Variablen:*

1. Anzahl der behaltenen Infos

3.3   Vorgehensweise der Pilotstudie

1. Im Experiment arbeiteten wir an dem Fachtext: Störungen der Preisniveaustabilität: Inflation – Deflation – Stagflation (St. Bęza, K. H. Kiefer 2002, S. 195–198, s. Anhang 1).

2. Eine Woche nach der Durchführung der Pilotstudie machten wir einen Test, mit dessen Hilfe wir feststellen wollten, ob die gezielt eingesetzte Antizipationsstrategie einen positiven Einfluss auf den Wissenserwerb hatte.

3. Dann errechneten wir mit Hilfe statistischer Verfahren den Koeffizienten des Signifikanztests. Zuerst stellten wir die Prozentzahl der richtigen Antworten in den untersuchten Gruppen fest. Erst danach wurde der Koeffizient errechnet, der mit Hilfe folgender Formel ausgedrückt wird:

$$\overline{p} = \frac{m_1 + m_2}{n_1 + n_2}$$

$$\overline{q} = 1 - \overline{p}$$

$$n = \frac{n_1 n_2}{n_1 + n_2}$$

m_1 – arithmetischer Durchschnitt der ersten Probe
m_2 – arithmetischer Durchschnitt der zweiten Probe
n_1 – die Zahl der Probanden in der ersten Probe
n_2 – die Zahl der Probanden in der zweiten Probe
n – durchschnittlicher Koeffizient

Anhand der erhaltenen statistischen Daten ermittelten wir in der Tabelle den Koeffizienten des Signifikanztests. Wenn dieser größer als 1,9 ist, sind die erhaltenen Ergebnisse signifikant.

3.4 Verlauf der Pilotstudie in der Kontrollgruppe

Diesen Teil der Pilotstudie führten wir entsprechend den Hinweisen der Lehrwerkautoren durch. Zuerst wurde den Versuchspersonen der ganze Text vorgelegt. Nach der Textlektüre wurden sie aufgefordert, mündlich 9 Fragen zum Textinhalt zu beantworten (s. Anhang 2). Ziel der nächsten Unterrichtsphase war die Überprüfung des Textverständnisses, d. h. die Studenten wurden gebeten, zu entscheiden, ob die von den Lehrwerkautoren vorgeschlagenen Aussagen richtig oder falsch waren (s. Anhang 3). Im nächsten Schritt der Textarbeit wurden den Studierenden 4 Aussagen zum Ansteigen der Inflation (s. Anhang 4) präsentiert. Anhand der im Text dargestellten Informationen sollten sie zuerst entscheiden und dann begründen, ob die wachsende Inflation zu den von den Lehrwerkautoren genannten wirtschaftlichen Erscheinungen führt. Danach erhielten die Versuchspersonen die Anweisung, das dem Text beigefügte Schema zu ergänzen (s. Anhang 5). In der letzten Phase der Pilotstudien bat der Experimentleiter die Versuchspersonen, die angegebenen Lexeme zu sortieren (s. Anhang 6).

3.5 Verlauf der Pilotstudien in der Experimentellgruppe

Im Gegensatz zu der Kontrollgruppe begann die Textarbeit in der Experimentellgruppe mit der Anfertigung des Assoziogramms zum Wort „Inflation". Das Assoziogramm betrachteten wir als ein antizipierendes Schema, das erlaubte, kollektives Wissen der Probanden zu aktivieren. Da die Experimentellgruppe aus den Studenten des Sprachkollegs und der Europastudien bestand, ließen sich bereits bei der Assoziogrammsanfertigung gewisse Unterschiede zwischen den beiden Gruppen feststellen. Es fiel uns auf, dass es den Studenten des Lehrerkollegs schwer fiel, diese Aufgabe zu lösen. Außerdem signalisierten sie, dass dieses Thema für sie nicht interessant und nicht relevant sei. Im Gegensatz zu den Lehramtstudenten hatten die Studenten der Europastudien ein genaueres Assoziogramm angefertigt, obwohl sie auf einem niedrigeren Sprachniveau als die Studenten des Lehrerkollegs waren. D. h. ihr Assoziogramm enthielt mehr Fachtermini und wies auf die Zusammenhänge zwischen der Inflation und den markwirtschaftlichen Erscheinungen hin (die assoziierten Lexeme werden bei der Auswertung der Pilotstudie präsentiert).

Nach dieser Lernphase bei der Textarbeit gab der Experimentleiter den Versuchspersonen den Texttitel vor und stellte ihnen die Frage: Welche Inhalte werden wahrscheinlich in einem so betitelten Text behandelt? Die Versuchspersonen wurden somit aufgefordert, Hypothesen zum Textinhalt aufzustellen.

In der folgenden Phase bekamen die Studenten den Text, der von uns in einzelne Sinnabschnitte gegliedert worden war. Nach der Lektüre jedes Textabschnitts wurden sie jeweils gebeten, Hypothesen über weitere Textinhalte zu bilden und diese auch im Text zu belegen.

Schon die Lektüre des ersten Abschnittes löste Unsicherheit unter den Versuchspersonen des Sprachlehrerkollegs aus. Die Folge war, dass die Mehrheit von ihnen keine Inhaltshypothese aufstellen konnte und antwortete: *„Ich weiß nicht, ich habe keine Ahnung. "*[8] Auch der Hinweis auf ein Schema des Warenkorbs (s. Anhang 7), das dem Text beigefügt wurde, nützte nicht viel. Dieses Schema präsentierte die Zusammenhänge zwischen der Inflation und der allgemeinen Preisentwicklung. Demgegenüber konnte man eine ganz andere Situation bei den Studenten der Europastudien beobachten. Die Mehrheit der Probanden (d. h. 86%) kam sofort auf die Idee, dass jetzt im Text die Analyse des Preisindexes durchgeführt wird. Das war nichts Neues für diese Untergruppe der Versuchspersonen, denn diese Informationen tauchten schon bei der Anfertigung des Assoziogramms auf.

Die Informationen, die der zweite Abschnitt den Versuchspersonen geliefert hat, brachten die Studenten auf den Gedanken, dass nun die Beschreibung der Inflationsarten kommen wird. Einige von ihnen nannten die Studenten, aber nur die der Europastudien im vorher aufgestellten Assoziogramm.

Ein ähnliches Vorgehen erfolgte bei der weiteren Textarbeit. Den Versuchspersonen stellte der Experimentleiter „nur" eine Aufgabe, d. h. sie sollten die nächst folgenden Textinhalte voraussehen.

Problemlos nannten die Studenten der beiden Untergruppen die Ursachen der Inflation. Sie zählten auf: die Passivität der Regierung, die Funktionsweise des Marktes, die Nichtbeachtung der ökonomischen Grundgesetze.

Keine Schwierigkeiten bereitete den Versuchspersonen auch die Aufgabe, die Inflationsfolgen vorauszusehen. Sie nannten u. a. die Benachteiligten: kleine Sparer / Rentner / Pensionäre (95% der Versuchspersonen). 78% der Versuchspersonen machten aufmerksam auf die so genannten. Gewinner bei der Inflation: d. h. auf die Personen, die Autos, Immobilien etc. kaufen.

Die größte Verunsicherung rief nun der letzte Abschnitt hervor. 96% der Probanden sowohl der Europastudien als auch des Sprachlehrerkollegs haben nie von Deflation und Stagflation gehört. Obwohl der Experimentleiter verschiedene Hilfsfragen stellte, war es ihnen kaum möglich, den Inhalt des nächsten Abschnittes vorauszusehen.

---

[8] Authentische Aussage der Versuchspersonen.

Nach Abschluss der so gestalteten Textarbeit wurden die Versuchspersonen aufgefordert, dieselben Aufgaben zu lösen wie die in der Kontrollgruppe.

Eine Woche nach der Textarbeit wurde sowohl in der Kontroll- als auch in den beiden Experimentellgruppen ein Test durchgeführt, mit dem wir überprüfen wollten, ob die evozierte Antizipation den Wissenserwerb beeinflusst. Zu diesem Ziel stellten wir den Probanden neun Fragen zum Textinhalt (s. Anhang 2), die die Lehrwerkautoren formuliert haben.

Im Folgenden wollen wir die Ergebnisse der Pilotstudien präsentieren.

3.6 Auswertung der Ergebnisse

3.6.1 Auswertung der Assoziogramme

Die Diskussion der Ergebnisse beginnen wir mit der Darstellung der assoziierten Begriffe, die die Versuchspersonen der Experimentellgruppe bei der Arbeit am antizipierenden Schema angefertigt haben.

Zuerst präsentieren wir das antizipierende Schema, das die Studenten des Sprachkollegs angefertigt haben (Abb. 1) und dann das Schema der Europastudenten (Abb. 2) auf den folgenden Seiten.

Wie wir schon früher angedeutet haben, lassen sich gravierende Unterschiede, vor allem in der Zahl der assoziierten Lexeme feststellen. An dieser Stelle erhebt sich die Frage, ob dies einen Einfluss auf den Textverstehensprozess und seine Effizienz haben könnte, denn wie gesagt, ohne Rückgriff auf die im Gedächtnis gespeicherten Informationen funktioniert kein Verstehen. Dies befähigt den Rezipienten, die Bezüge und Relationen zwischen eigenen und eingehenden Informationen herzustellen. Je häufiger das aktivierte Wissen des Lesers mit dem Textinhalt übereinstimmt, umso günstiger kann der Verstehensprozess verlaufen.

Die Beobachtungen des Experimentleiters bestätigen die oben dargestellten Überlegungen. Während des Experiments war zu bemerken, dass die Arbeit am Text mit den Studenten der Europastudien schneller und effektiver verlief. Dies aber war nicht Gegenstand unserer Pilotstudien, denn wir wollten die Frage beantworten, inwiefern die von den Probanden erstellten antizipierenden Schemata den Wissenserwerb eines Fachtextes beeinflusst haben. Zu diesem Zweck betrachteten wir beide Untergruppen als eine Experimentellgruppe.

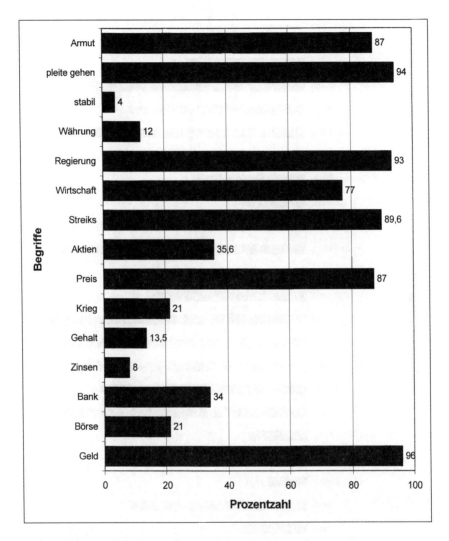

Abb. 1: Assoziierte Begriffe in der Experimentellgruppe der Sprachlehrerkollegsstudenten

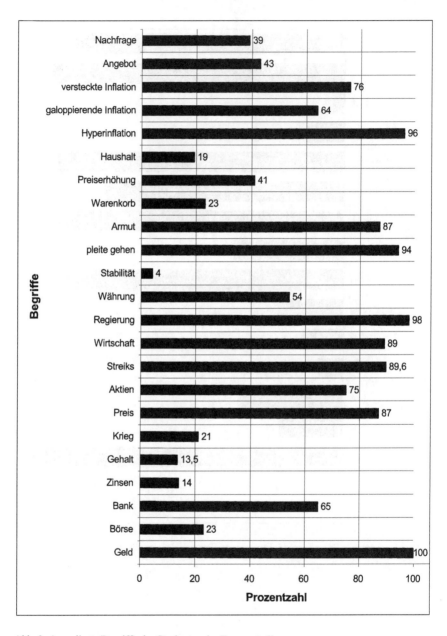

Abb. 2: Assoziierte Begriffe der Studenten der Europastudien

Richten wir also noch einmal den Blick auf die erstellten Assoziogramme, so lässt sich beobachten, dass sie in Form von einzelnen Lexemen angefertigt wurden. An dieser Stelle sei Voigt (1997: 57) zu zitieren, die sagt:

> „... einzelne Lexeme (Substantive) lösen über ihre jeweiligen Bedeutungen einen Frame aus".

Gehen wir auf diese Problematik genauer ein, so kristallisiert sich die Behauptung heraus, dass die aktivierten Frames bei den Textrezipienten eine aktive Erwartungshaltung hervorrufen. Das so beim Leser konstruierte Netz von Erwartungen führt dazu, dass er sog. Anhaltspunkte bekommt, die ihm erleichtern, die entsprechenden Bezugstellen im Text zu finden und dadurch den Textinhalt effizienter und schneller zu behalten. Diese Feststellung resultiert aus der Annahme von Dakowska (2001: 25), die besagt, dass Antizipation einen Einfluss darauf hat, was gesehen und gelesen wird. Dies bedeutet, dass der Rezipient vor allem das wahrnimmt, was mit seinen Schemata im Einklang steht. Wir haben also hier mit einer selektiven Aufmerksamkeit zu tun, die den zielgerichteten Verlauf der Wahrnehmungsprozesse determiniert. Demzufolge wagen wir die Behauptung, dass mit Hilfe dieses Mechanismus die größten Unterschiede bei den Prozentzahlen der richtigen Antworten in beiden Gruppen (d. h. in der Kontroll- und Experimentellgruppe) sich erklären lassen (darauf werden wir später eingehen).

Wir wollen nun zeigen, wie die Versuchspersonen einige assoziierte Begriffe verstanden haben und auf welche Weise ihre Assoziationen einen Einfluss auf den Wissenserwerb haben könnten.

Gehen wir davon aus, dass die überwiegende Mehrheit der Versuchspersonen den Begriff „Inflation" mit Geld in Zusammenhang gebracht hat. Die Studenten erläuterten danach, dass „Geld und Inflation immer in Beziehung stehen".[9] Daraus lässt sich ableiten, dass die aktivierten Lexeme die im Wissensrahmen enthaltenen Konzepte mit aktiviert haben. Diese Feststellung impliziert aber, dass die Versuchspersonen entsprechendes Wissen haben müssen, damit diese Mitaktivierung zustande kommen konnte. Fehlt dieses Wissen, sind die Probanden nicht fähig, weitere Zusammenhänge herzustellen, was wir bei den Studenten des Lehrerkollegs beobachtet haben. Diese haben keinen Ursachen-Folgen-Zusammenhang zwischen Geld und Inflation gesehen.

Unser weiteres Interesse richtet sich auf die Begriffe „Streiks" und „Hyperinflation". Vom soziologischen Gesichtspunkt aus ist dies eine interessante Erscheinung, denn die sich am Experiment beteiligenden Personen haben die Hyperinflation in Polen nicht bewusst erlebt. Trotzdem aber assoziieren sie diese mit

---

[9] Authentische Aussage der Versuchspersonen.

einer Streikswelle und mit der Verzweiflung der Arbeitnehmer, die bereit sind, Risiken einzugehen, um ihren Familien ein stabiles Leben zu sichern.

3.6.2 Auswertung der Anzahl behaltener Textinformationen

Bei der Auswertung der Ergebnisse wenden wir uns nun der wichtigsten Frage zu, die zu erörtern bleibt: „Übte die Antizipationsstrategie einen positiven Einfluss auf die Effizienz des Wissenstransfers aus?"

Den Beleg dafür liefern uns die Ergebnisse des durchgeführten Tests, mit dem die Anzahl der behaltenen Informationen gemessen wurde. Dabei richteten wir uns nach den im Lehrwerk empfohlenen Fragen zum Textverständnis (s. Anhang 2). Nachdem wir die Unterschiede in Prozentzahlen errechnet hatten, ermittelten wir die Werte des Koeffizienten, was sich folgendermaßen präsentiert:

	Fragen	Prozent der richtigen Antworten in der Experimentellgruppe	Prozent der richtigen Antworten in der Kontrollgruppe	Unterschied	Koeffizient des Signifikanztests
1.	Was ist unter Inflation zu verstehen?	90,19	86,95	3,24	0,66
2.	In den letzten Jahren sind die Preise für Kfz um etwa 18% angestiegen. Haben wir es hier mit einer Geldentwertung zu tun?	92,15	78,26	13,89	2
3.	Woran kann der Verbraucher sehen, dass ein inflationäres Klima herrscht?	94,11	76,08	18,03	2,57
4.	Welche Arten von Inflation lassen sich unterscheiden?	74,5	58,69	15,81	1,77
5.	Welche Ursachen liegen dem Phänomen der Inflation zugrunde?	49	21,17	27,26	2,88
6.	Wie kann es zu einer importierten Inflation kommen?	96	76,08	19,92	3,33
7.	Wo liegt der Unterschied zwischen einer Lohn-Preis und einer Preis-Lohn-Spirale?	94,11	71,73	22,37	3,28
8.	Welche Folgen kann eine Inflation nach sich ziehen?	90,19	86,95	3,24	0,66
9.	Was versteht man unter einer Deflation?	92,15	65,21	26,94	3,37

Versuchen wir die Ergebnisse zu interpretieren. Mit gewisser Berechtigung kann gesagt werden, dass die gezielt eingesetzte Antizipationsstrategie einen bedeutenden Einfluss auf den Wissenserwerb hat.

Die Ergebnisse des Experiments führen uns zur Überzeugung, dass unsere zweite Frage der Zielsetzung bestätigt worden ist.

Im Falle der sechs Fragen sind die erreichten Werte des Koeffizienten vom Signifikanztest maßgebend und man kann von einem positiven Einfluss der Antizipation auf den Wissenstransfer sprechen.

Bei der Diskussion der Ergebnisse wollen wir auf die Fragen Nummer 2 und 3 aufmerksam machen. Der Koeffizientenwert zeigte sich dabei signifikant, aber den entscheidenden Grund, dass der Wissenstransfer hier zustande gekommen ist, sehen wir in der Funktionsweise der antizipierenden Schemata. Das Fachwissen wurde bei der Anfertigung des Assoziogramms „ans Licht gebracht", als die Studierenden auf einige Mechanismen der Inflation und ihre Verbindung mit der Marktwirtschaft hingewiesen haben. Diese Inhalte wurden zugleich durch die am Textanfang präsentierte Definition des Inflationsbegriffs in einen logischen Zusammenhang gebracht. Unseres Erachtens ermöglichte dies den Versuchspersonen, richtig auf die formulierten Testfragen zu antworten. Hier könnte also angenommen werden, dass die antizipierenden Schemata ihre erleichternde Funktion erfüllt haben. Diese Annahme kann aber täuschen, denn man könnte auch den Standpunkt vertreten, dass die Studenten (mindestens diejenigen der Europastudien) über ein Fachwissen verfügt haben, das ihnen erlaubte, die Fragen ohne Textlektüre richtig zu beantworten.

Anderseits aber lässt sich hier eine andere Schlussfolgerung ziehen, nämlich die, dass das Fachwissen ein genaueres Assoziogramm zu schaffen erlaubte, was das Antizipieren erleichterte. Somit wäre unsere dritte Frage bestätigt, dass eher das Fachwissen als das Sprachwissen einen entscheidenden Einfluss auf das Zustandekommen der Antizipation hat.

Bei der weiteren Analyse der Ergebnisse wollen wir auf die größten Unterschiede aufmerksam machen, d. h. auf die siebte und neunte Frage: Sie betrafen die unbekannten Begriffe wie Deflation, Lohn-Preis-Spirale oder Preis-Lohn-Spirale (das waren neue Begriffe sowohl für die Studenten der Europastudien als auch für die Lehramtstudenten). Die Koeffizientenwerte würden darauf hinweisen, dass die Antizipation den Wissenstransfer förderte. Diese Annahme scheint aber nicht so überzeugend zu sein, denn:

1. Die Teilnehmer der Experimentellgruppe waren nicht imstande die in diesem Abschnitt vorkommenden Inhalte vorauszusehen;

2. Die dank der antizipierenden Schemata motivierten Erwartungen haben bei den Rezipienten „Leerstellen" (Bezeichnung nach Viogt 1997: 36) eröffnet, die dann durch Textinformationen aufgefüllt wurden;

3. Diese Begriffe erschienen im vorausgehenden Teil des Textes. Hier ist der Meinung von Włodarski (1974: 155) zuzustimmen, der sagt, dass die Informationen, die im ersten oder letzten Teil des Textes auftauchen, am leichtesten verarbeitet und gemerkt werden. Wenn dem so ist, könnte man anneh-

men, dass diese Tatsache entscheidend fürs Behalten war und nicht die Antizipation.

Bemerkenswert ist auch die Frage Nummer 5. Der Koeffizientenwert ist hier groß und es steht außer Zweifel, dass vom statistischen Gesichtpunkt aus dieses Ergebnis maßgebend ist und die Antizipation zum Wissenstransfer beigetragen hat. Anlass zum Nachdenken gibt aber die Frage, warum die Anzahl der korrekten Antworten in der Experimentellgruppe so niedrig war. Eine Erklärung hierfür liefert uns die Analyse des Lehrwerktextes auf seine Verständlichkeit hin:

1. Im Textabschnitt, der die Folgen der Inflation bespricht, überwiegen lange Sätze, d. h. Sätze, in denen die Zahl der einzelnen Wörter größer als 10 ist. (Wir sollten dabei erwähnen, dass ein Satz mit mehr als 16 Wörtern in einem muttersprachlichen Text als schwer verständlich betrachtet wird und dass im Falle eines fremdsprachlichen Textes dieser Wert natürlich noch kleiner wird). In diesem Textabschnitt haben wir 13 Sätze, deren Länge größer als 10 Wörter ist (81,25%), was das Textverstehen und das Behalten neuer Informationen wesentlich beeinträchtigt.

2. Aus dem im ersten Punkt angedeuteten Problem lässt sich noch eine weitere Schlussfolgerung ziehen: Die Lehrwerkautoren zeigen keine antizipatorische Haltung, sowohl in Bezug auf die Adressatenbezogenheit als auch auf die Textelemente, die eine antizipatorische Haltung erzeugen könnten. Sind beide Bedingungen erfüllt, so lässt sich annehmen, dass die antizipatorischen Prozesse leichter und effizienter verlaufen werden.

Damit wollen wir dafür plädieren, dass die Texte so geschrieben werden sollten, dass sie eine gute Informationsbezogenheit im Textinhalt schaffen können. Eine Hilfsrolle könnten Untertitel erfüllen, diese, wie Lerch behauptet (in: Voigt 1997: 47):

„....aktivieren im Empfänger vorhandenes Vorwissen, d. h. ‚passende' Schemata und stimulieren spezielle Erwartungen über die im Text enthaltenen Informationen"

Daraus lässt sich also ableiten, dass sie den Textinhalt aktualisieren, ihn in Kontext verankern und dadurch eine prognostizierende Funktion erfüllen. Diese Tatsache bleibt von Belang, denn die so gesehene Funktion z. B. der Überschriften bzw. Untertitel einen zielgerichteten Verlauf der Antizipationsprozesse sichert und dadurch verständlichkeitsfördernde Wirkung besitzt.

3. Fehlen die oben genannten Textmerkmale in gravierendem Ausmaß, so können wir von mangelhaften Textqualitäten sprechen, was bewirkt, dass die Textrezipienten keine Antizipationsstrategie in Gang bringen können.

Abschließend wollen wir auf zwei Fragen unser Augenmerk lenken. Dies sind die Fragen Nr. 4 und 8. Der Koeffizientenwert zeigte sich dabei nicht signifikant. Somit wäre also unsere Frage nach dem den Wissenserwerb fördernden Einfluss der Antizipation nicht bestätigt. Es sollte also der Versuch unternommen werden, die Frage zu klären, welche Faktoren zur Förderung des Wissenserwerbs beigetragen haben.

Wenden wir uns diesen Fragen zu. Die Antworten auf diese Fragen findet der Leser in Textabschnitten, in denen die unerwünschten Folgen der Inflation und ihre Arten aufgezählt sind. Damit wollen wir das Problem signalisieren, dass das Aufzählen von Informationen wesentlich ihr Behalten beeinträchtigt. Dies steht in engem Zusammenhang mit der Funktion des Gedächtnisses, denn man braucht irgendwelche „Ankerpunkte", um sich etwas zu merken.

Mit diesen die Auswertung der Ergebnisse abschließenden Feststellungen wollen wir also noch einmal dafür plädieren, dass auch die Textautoren einen entscheidenden Einfluss auf das Behalten der Textinformationen ausüben, indem sie:

1. die graphische Seite des Textes gemäß den psychologischen Lernvoraussetzungen gestalten;

2. den Text so strukturieren, dass die Behaltensmöglichkeiten der Leser gesteigert werden können und damit die Fremdsprachenlehrer die Chance haben, nicht nur Bottom-up- sondern auch Top-down-Prozesse in Gang zu setzen.

4   Schlussfolgerungen

Aus unseren bisherigen Überlegungen dürfte bereits deutlich geworden sein, dass die Antizipation im Falle der Fachtexte auch eine entscheidende Rolle beim Verstehen und Behalten der Textinformationen spielt. Diese Feststellung impliziert, dass die aktive Erwartungshaltung der Lesenden im Falle der Fachtexte möglich ist. Dabei muss unterstrichen werden, dass das Fachwissen der Lesenden viel größeren Einfluss auf das Zustandekommen der Antizipation hatte, als das Sprachwissen. Es zeigte sich, dass die Kenntnis der Lexeme nicht ausreichend war, um die im Fachtext vorkommenden Inhalte voraussehen zu können und diese zu verstehen.

Falls die Lernenden über das Fachwissen verfügen, lässt sich bemerken, dass die Antizipation wesentlich das Behalten der neuen Informationen fördert. Mit dieser Feststellung wollen wir dafür plädieren, dass die bewusst evozierte Antizipationsstrategie ihre Anwendung im fachsprachlichen Unterricht findet.

Die genauere Analyse dieses Problems hat aber erwiesen, dass das Gelingen der Antizipation von vielen anderen Aspekten abhängig ist, die einbezogen werden müssen. Dementsprechend wollen wir ein paar Fragen aufwerfen, die sich aus der Auswertung der Ergebnisse ergeben:

1. Wie sind kognitive Schemata aufzubauen, wenn zwischen allgemein sprachlichem Wissen und dem Fachwissen gravierende Diskrepanzen bestehen?

2. Welche Maßnahmen sind zu ergreifen, wenn mit einem nicht adressatengerechten Text gearbeitet werden muss? Diese Frage stellt sich umso dringender, wenn die eingesetzten antizipationsaktivierenden Fragen ihre Funktion nicht erfüllt haben.

3. Kann die mangelhaft erfolgte Antizipation durch andere kognitive Verarbeitungsprozesse kompensiert werden, z. B. durch Inferierungsprozesse?

Diese Fragen bedürfen weiterer Forschungen.

5   Literatur

Bęza, Stanisław / Karl-Hubert Kiefer (2002): Blickpunkt Wirtschaft. Warszawa: Poltext.

Buhlmann, Rosemarie / Anneliese Fearns (2000): Handbuch des Fachsprachenunterrichts. Tübingen: Gunter Narr Verlag.

Czwartos, Barbara (2001): Wpływ antycypacji na efektywność nabywania wybranych sprawności w języku obcym. Dissertation (unpubliziert).

Dakowska, Maria (2001): Psycholingwistyczne podstawy dydaktyki języków obcych. Warszawa: Wydawnictwa Naukowe PWN.

Ehlers, Swantje (1992): Lesen als Verstehen. Zum Verstehen fremdsprachlicher literarischer Texte und zu ihrer Didaktik. Berlin / München / Wien / Zürich / New York: Langenscheidt.

Ferguson, George A. / Yoshio Takane (1997): Analiza statystyczna w psychologii i pedagogice. Warszawa: Wydawnictwa PWN.

Fröhlich, Werner D. (1998): Wörterbuch der Psychologie. München: Deutscher Taschenbuch Verlag.

Grimm, Hannelore / Johannes Engelkamp (1991): Sprachpsychologie. Handbuch und Lexikon der Psycholinguistik. Berlin: E. Schmidt Verlag.

Groeben, Norbert (1988): Leserpsychologie. Textverständnis, Textverständlichkeit. Münster: Aschendorfsche Verlagsbuchhandlung GmbH und Co.

Huber, Oswald (1987): Das psychologische Experiment. Eine Einführung. Bern / Stuttgart / Toronto: Hueber Verlag.

Igl, Peter (1974): Über die Rolle der spontanen Antizipation im Bildungsprozess. Dissertation der Ludwig-Maximilian-Universität in München.

Konorski, Jerzy (1969): Integracyjna działalność mózgu. Warszawa: PWN.

Lutjerharms, Madeline (1988): Lesen in der Fremdsprache. Versuch einer psycholinguistischen Deutung am Beispiel Deutsch als Fremdsprache. Bochum: AKS Verlag.

Rauschenbach, Brigitte (1973): Antizipation und Prognose: über das Erkenntnisvermögen, die repressive Eigendynamik und die emanzipatorische Sprengkraft gesellschaftlicher Antizipationen und Prognosen. Berlin: Universität Berlin. Dissertation.

Rogińska, Wilhelmina (1969): Zależność procesów pamięciowych od emocji. In: Przegląd psychologiczny. Katowice: Uniwersytet Śląski., Nr 17, S. 105- 117.

Rühl, Paul, G. (1984): Tätigkeit. Einstellung. Fremdsprachenunterricht. Tübingen: Gunter Narr Verlag.

Selz, Otto (1991): Wahrnehmungsaufbau und Denkprozess. A. Metraux (Hg.). Bern / Stuttgart / Toronto: Hueber Verlag.

Soo-Youn, Kim (1990): Zur Vertiefung des Textverstehens: Elaborationseffekte von Advance organizers und selbstgestellten Fragen. Dissertation. Heidelberg.

Tichomirow, Oleg K. (1976): Struktura czynności myślenia człowieka. Warszawa: PWN.

Tomaszewski, Tadeusz (1971): Wstęp do psychologii. Warszawa: PWN

Voigt, Siglinde (1997): Framesemantische Strukturen des Textes als Beitrag zur Textverständlichkeit. Untersuchungen an Lehrwerktexten. Berlin: Logos.

Weiner, Bernard (1988): Motivationspsychologie. München: Psychologie- Verlags Union.

Westhoff, Gerard (1987): Didaktik des Leseverstehens. Strategien des voraussagenden Lesens mit Übungsprogrammen. Ismanig: Hueber Verlag.

Widmaier, Heinz (1987): Situative Antizipatzion im Sportspiel. Frankfurt am Main: Verlag Harri Deutsch

Włodarski, Ziemowit (1974): Psychologiczne prawidłowości uczenia się i nauczania. Warszawa: WSiP.

Wolff, Dieter (1984): Lehrbuchtexte und Verstehensprozesse in einer zweiten Sprache. In: Neusprachliche Mitteilungen aus Wissenschaft und Praxis. Berlin: Fachverband Moderne Fremdsprachen, S. 4-11.

Zawadzka, Elżbieta. (1987): Percepcja audialna w kształceniu nauczycieli języków obcych. Warszawa: PWN.

Anhang 1

Störungen der Preisniveaustabilität: Inflation – Deflation – Stagflation
(Bęza, St., Kiefer, K. H. 2002 Blickpunkt Wirtschaft. Poltext: Warszawa, S. 195-200)

Als Inflation wird der anhaltende Prozess der **Geldentwertung** bezeichnet, der sich in einem trendmäßigen Anstieg des allgemeinen Preisniveaus niederschlägt. Das bedeutet also, dass mit dem Auftreten dieses Phänomens das Ziel der Preisniveaustabilität, wie es im Magischen Dreieck festgelegt wird, verfehlt ist. Einmalige, vorübergehende sowie auch durch außergewöhnliche Ereignisse (z. B. Streiks, Missernten) ausgelöste Preiserhöhungen und Preissteigerungen für bestimmte Güter bzw. Produktionsfaktoren gelten nicht als Inflation.

Die **Teuerung** lässt sich am Anstieg eines **Preisindexes** messen, dessen prozentuale Erhöhung in einem bestimmten Zeitraum die so genannte **Inflationsrate** darstellt. Ein bekannter Index wird mit Hilfe des **Warenkorbes** für die Lebenshaltung errechnet: Dem Verbrauchsschema liegen 750 Sachgüter und Dienstleistungen zugrunde, die üblicherweise von den privaten Haushalten nachgefragt werden. Sie werden zu 12 Hauptgruppen zusammengefasst (z. B. Nahrungsmittel, Bekleidung, Bildungswesen etc.). Dann wird dieser Warenkorb zum einen mit den Preisen eines Basisjahres sowie zum anderen mit den Preisen eines Berichtjahres bewertet. Das Verhältnis der in Preisen gleichnamig gemachten Warenkörbe bringt schließlich die **gewichtete Preissteigerungsrate** der einbezogenen Güter und Dienstleistungen zum Ausdruck.

Man unterscheidet im Hinblick auf die **Stärke des Geldentwertungsprozesses** verschiedene Arten der Inflation: Von einer **schleichenden Inflation** wird gesprochen, wenn ein Land eine so niedrige Inflationsrate aufweist, dass sie nicht oder nur kaum von der Bevölkerung wahrgenommen wird (z. B. Inflationsraten unter zwei Prozent). Die schleichende Inflation entwickelt sich zu einer **trabenden** bzw. **galoppierenden** Inflation bei hohen Preissteigerungsraten (bis zu zehn Prozent) und mündet in eine **Hyperinflation** bei höchsten Teuerungsraten von jährlich mehr als 50 Prozent. Hyperinflationen treten häufig nach Kriegen auf. Beispiel hierfür ist etwa die deutsche Hyperinflation von 1922-1923 mit Inflationsraten von über 1000 Prozent im Jahr 1922 über 100 Mio. Prozent 1923. Während es sich bei den hier genannten Inflationsraten, die durch Statistiken und Preisindizes nachgewiesen werden können, um eine so genannte **offene Inflation** handelt, zeigt sich die **versteckte Inflation** darin, dass der Staat z. B. einen **Preis- und Lohnstopp** verhängt, also den Preismechanismus bewusst außer Kraft setzt. Damit werden zwar Steigerungen des Preisindexes verhindert, die Inflationsursachen jedoch nicht beseitigt. Da das im Verhältnis zur Geldmenge zu geringe Angebot an Gütern eine unerwünschte Kassenhaltung bei den Wirtschaftssubjekten nach sich zieht, bezeichnet man die versteckte Inflation auch als **Kassenhaltungsinflation**. Im Verlauf des Zweiten Weltkriegs gab es in Deutschland einen solchen Geldüberhang wegen einer massiven Ausweitung der Staatsverschuldung und der Zentralbankkredite an das Deutsche Reich, während gleichzeitig Preiskontrollen und Rationierungen nach dem Krieg dazu führten, dass das Geld seine Tauschmittelfunktion verlor. „Sichtbar" wird die versteckte Inflation unter anderem durch die Entstehung so genannter **Schwarzmärkte**, die Bildung von **Warteschlangen** vor den Geschäften sowie die Ausgabe von **Zuteilungsmarken**.

Was die **Inflationsursachen** betrifft, so lassen sich grundsätzlich drei Theorien unterscheiden. Beim monetarischen Ansatz wird die Inflation in erster Linie auf eine **Ausdehnung der Geldmenge (Geldmengeninflation)** zurückgeführt. Auf lange Sicht betrachtet, ist die Inflation immer ein monetäres Phänomen: Jede längere oder größere Inflation tritt dann in Erscheinung, wenn die Geldmenge entsprechend stark wächst.

Beim Ansatz der **Nachfrageinflation** werden Preissteigerungen durch einen **Nachfrageüberschuss** nach Gütern und Dienstleistungen erklärt. Eine Zunahme des Konsums, der Nachfrage nach Investitionsgütern, der Nachfrage des Auslands oder Staatsausgaben können höhere auslösen. Übersteigt die Güternachfrage das Angebot, nimmt der Teuerungsdruck zu, insbesondre dann, wenn eine Ausweitung der Produktion infolge ausgelasteter Produktionsfaktoren nicht möglich ist. Da Angebot und Nachfrage im Grunde wieder gleich groß sein müssen, sorgt die Inflation für den Ausgleich. Dieser Inflationsprozess wird allerdings mit der Zeit zusammenbrechen, wenn die Zentral- bzw. Nationalbank die Geldmenge nicht entsprechend ausweitet. Lässt sich die Zunahme der Nachfrage auf eine Steigerung der Exporte zurückführen, so spricht man von einer **importierten Inflation**.

Der Erklärungsansatz der **Angebotsinflation** betrachtet Preiserhöhungen im Zusammenhang mit steigenden Kosten und höheren Gewinnaufschlägen. Beim **Kostendruck-Ansatz** werden erhöhte Produktionskosten auf den Konsumenten abgewälzt. Steigen beispielsweise die Löhne schneller als die Produktivität (die Arbeitsleistung pro Beschäftigten), dann nehmen die Produktionskosten zu. In diesem Fall versuchen die Unternehmer, die Kosten auf die Preise zu übertragen und die Arbeitnehmer verlangen aufgrund der steigenden Preise höhere Löhne. Man spricht hier auch von der so genannten **Lohn-Preis-Spirale**.

Ein anderer wichtiger Kostenfaktor sind die Rohstoffpreise, insbesondere die Rohölpreise sowie die Kapitalkosten (Zinsen). Steigen die Preise für importierte Rohstoffe und Zwischenprodukte, dann haben wir es auch mit einer **importierten Inflation** zu tun.

Ebenfalls von der Angebotsseite ausgehend besteht ein Preisanstieg darin, dass die Unternehmer die Gewinnaufschläge mit dem Ziel steigern, den Gewinnanteil am Volkseinkommen zu erhöhen. Eine solche **Gewinndruckinflation** ist aber nur dann möglich, wenn der Wettbewerb abnimmt und sich dadurch die Marktmacht der Anbieter erhöht oder wenn die Preiselastizität der Nachfrage sinkt. Dann kommt es zur so genannten **Preis-Lohn-Spirale**.

Die unerwünschten **Folgen einer Inflation** sind zunächst in den ungerechten Einkommens- und Vermögensverteilungen zu sehen. Hauptbenachteiligte sind vor allem Gläubiger, da der Wert ihrer Forderungen mit zunehmender Inflationsrate und Zeitdauer abnimmt, z. B. kleine Sparer sowie Rentner, die von den Ersparnissen auf ihrem Sparbuch einen Teil ihres Lebensunterhaltes bestreiten müssen. Gewinner sind all diejenigen, die Geld für eine Immobilie, ein Auto oder sonstige Zwecke aufgenommen haben. Auch der Staat ist hier zu nennen. Seine Schulden verkleinern sich real durch die Inflation.

Zweite grundlegende Wirkung der Inflation ist die **Verzerrung von Preissignalen**, die zu einer **ineffizienten Zuweisung (Allokation) von Ressourcen** führt: Je instabiler der Geldwert, umso mehr leidet auch die Funktion des Geldes als Recheneinheit darunter. Ungewissheit über zukünftige Veränderungen erschweren das effiziente Führen eines Unternehmens, bewirken Fehlverhalten bei den Haushalten und haben Konsequenzen für die Finanzpolitik des Staates. Dies hängt damit zusammen, dass Preisvergleiche für Wirtschatfsakteure häufig die Basis ihrer Entscheidungen sind. Bei schwankenden Preisen geht jedoch die Marktübersicht verloren. In extremen Fällen der Inflation verliert das Geld sogar seine Funktion als Zahlungsmittel. Dann wird entweder auf ausländische Währungen zurückgegriffen, oder reale Güter übernehmen die Funktion des Geldes.

Es besteht auch die Möglichkeit, dass das allgemeine Preisniveau sinkt oder bei steigender Qualität der Güter bzw. höheren Ausstattungsmerkmalen bei Gebrauchsgütern konstant bleibt. In diesem Fall haben wir es mit einer **Deflation** zu tun. Hier ist aber nicht der Preisverfall bei einzelnen Gütern oder Dienstleistungen gemeint. So sind die Preise für Computer oder das Telefonieren in den letzten Jahren in Deutschland stark gesunken, ohne dass dies mit dem Rückgang des Konsumentenpreisindexes insgesamt einhergegangen ist.

Begrifflich muss man die Deflation von der so genannten **Disinflation (Desinflation)** unterscheiden. Sie liegt vor, wenn die Inflationsraten zwar rückläufig sind, jedoch noch im positiven Bereich bleiben. Aus einer Disinflation wird erst dann eine Deflation, wenn die Inflationsrate unter null fällt.

Von einer **Stagflation** wird dann gesprochen, wenn trotz wirtschaftlichen Rückgangs (bei dem die Preise eigentlich sinken müssten), ein Preisanstieg festzustellen ist. Der Begriff Stagflation stellt in der Wirklichkeit auch eine inflationäre Erscheinung dar. Er ist abgeleitet aus den Worten **Stagnation** (Stillstand) sowie **Inflation**.

Anhang 2

I. Beantworten Sie bitte die folgenden Fragen:

1. Was ist unter einer „Inflation" zu verstehen?
2. In den letzten Jahren sind die Preise für Kraftfahrzeuge um 18% angestiegen. Haben wir es hier mit einer Geldentwertung zu tun?
3. Woran kann der Verbraucher sehen, dass ein inflationäres Klima herrrscht
4. Welche Arten von Inflation lassen sich unterscheiden?
5. Welche Ursachen liegen dem Phänomen der Inflation zugrunde?
6. Wie kann es zu einer importierten Inflation kommen?
7. Wo liegt der Unterschied zwischen einer Lohn-Preis- und einer Preis-Lohn-Spirale ?
8. Welche Folgen kann eine Inflation nach sich ziehen?
9. Was versteht man unter einer „Deflation", was unter dem Begriff „Stagflation"?

Anhang 3

II. Wahr oder falsch? Kreuzen Sie an, welche der Aussagen zutreffen.

1. Die Definition von Inflation besagt, dass die Preise steigen, wenn zu viel Geld im Umlauf ist und zu viele Güter auf dem Markt sind.
2. Marktakteure, die in Sachwerte (z. B. Immobilien) investieren, sind besonders stark vom Risiko steigender Preise betroffen.
3. Bei einer Deflation werden die Sachwerte ständig billiger, niemand kauft mehr, als unbedingt nötig ist oder nimmt Geld auf, um zu investieren

Anhang 4

Entscheiden und begründen Sie: Führt ein Ansteigen der Inflation zu

– höheren Tarifforderungen der Gewerkschaften?
– einer Verringerung des Spielraumes der EZB, die Zinsen zu senken?
– einem Anstieg des Schuldenbergs öffentlicher Haushalte?
– einem Anstieg der realen Kaufkraft der Konsumenten?

Anhang 5

III. Ergänzen Sie die folgende Übersicht. Fassen Sie sie anschließend mündlich zusammen

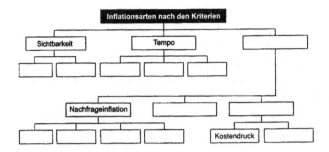

Anhang 6

IV. Preisbewegungen

1. Ordnen Sie zu: Welche Begriffe beschreiben eine Preissteigerung, welche eine Preissenkung? Arbeiten Sie gegebenenfalls mit einem Wörterbuch. Welche Wörter beschreiben eine besonders starke Preisentwicklung?

   – der Preisaufschlag
   – die Preiskonjunktur
   – die Preislawine (ugs.)
   – der Preiseinbruch
   – die Preisschraube
   – die Preisexplosion
   – der Preisabschlag
   – der Preisdruck
   – der Preisauftrieb
   – der Preissturz

2. Welche der folgenden Adjektive beschreiben eine: a) eher starke, b) eher schwache und c) eine gleichmäßige Veränderung?

   Die Preise steigen, sinken ....

   (moderat, stabil, kontinuierlich, erheblich, überproportional, leicht, dramatisch, gleich bleibend, geringfügig, rasant, unbedeutend, konstant, stetig, schwach, dynamisch)

Anhang 7

Lauchpreis steigt stark Die 10 Produkte aus dem Warenkorb mit der höchsten Teuerungsraten (Veränderung März zum Vorjahresmonat in %)	
Lauch	61,7
Gewerblicher Strom	38,4
Betrieb Zentralheizung	33,3
Blumenkohl	25,0
Weintrauben	16,7
Apfelsinen	14,6
Schweinekotelett	13,9
Fernwärme	11,3
Kraftfahrzeugversicherung	10,9
Putenschnitzel	9,9

Organisatorischer Wandel durch gesteuerte Kommunikation. Theorie und Praxis eines ganzheitlichen Controlling-Modells

Helmut Ebert (Bonn), Klaus-Peter Konerding (Heidelberg)

1   „Kommunikations-Controlling" als Anspruch

In der internen und externen Unternehmens- und Organisationskommunikation wächst die Notwendigkeit, die Durchführung und den Erfolg von kommunikativen Maßnahmen besser zu planen und zu kontrollieren, als dies bisher der Fall war. Es ist unbestritten, dass eine systematische Erfolgskontrolle von Unternehmenskommunikation notwendig ist. Es gibt zahlreiche Gründe, die dazu beitragen, dass „das Thema in der wissenschaftlichen Literatur bislang unzulänglich berücksichtigt wurde und auch in der Kommunikationspraxis einen noch relativ geringen Stellenwert besitzt" (Mast 2002: 156). Dass optimierte Kommunikation einen erheblichen Beitrag zur Effizienzsteigerung von Institutionen leistet, ist unumstritten. Umstritten ist aber vor allem, wie dies zu geschehen hat. Unzureichend geklärte Probleme sind beispielsweise auch das Kausalitätsproblem (Wie ordne ich den Befunden Maßnahmen zu?), das Faktorenproblem (Wie bestimme ich die für die Evaluation wichtigen Einflussgrößen?), das Komplexitätsproblem (Was für eine Rolle spielen Wechselwirkungsprozesse und Rückwirkungen vor allem bei länger laufenden Maßnahmen?), das Evaluationsproblem (Wann messe ich und wie operationalisiere ich z. B. Image?) und das Kostenproblem (Welche Kostenarten fallen bei einem Kommunikations-Controlling an, und welchen Nutzen bringt ein Controlling?) (vgl. Mast 2002: 157).

Viele Controlling-Ansätze sind zu allgemein, als dass man sie auf eine bestimmte Situation übertragen könnte. Auch weisen sie Defizite in der kommunikationstheoretischen Fundierung und Begriffsentwicklung auf. Es fehlt ganz allgemein an empirischen Untersuchungen, vor allem auch an solchen, in denen kommunikative wie kostenrelevante Aspekte gleichermaßen im Zentrum des Erkenntnisinteresses stehen. Angesichts der vielen noch ungelösten Probleme konzentrieren wir uns im Folgenden auf die Untersuchung kommunikativer Steuerungsgrößen, hier verstanden als kommunikationssemantische Gelingensbedingungen für den erfolgreichen organisatorischen Wandel. Die spezifische Kommunikationsaufgabe bestand darin, ein Leitbild für die Stadtverwaltung Arnsberg (Westfalen) zu entwickeln und die Mitarbeiterinnen und Mitarbeiter soweit wie möglich zu beteiligen. Die hierbei gewonnenen Erfahrungen sind die Grundlage für die Entwicklung unseres ganzheitlichen Modells eines Kommunikations-Controllings. „Ganzheitlich" meint, dass wir die kommunikative Erfolgskontrolle im Vorfeld und im Nachfeld der eigentlichen kommunikativen Maßnahme berücksichtigen.

2   Fallbeispiel: Leitbildentwicklung

Voraussetzung für die Existenz sozialer Formationen welcher Art auch immer ist eine koordinierte Praxis, in welcher die Mitglieder der Formation als Akteure in ihren Einstellungen, Ansichten und Handlungsweisen im Wesentlichen übereinstimmen und auf dieser Grundlage soziale Beziehungen pflegen und kollektive Zielsetzungen verfolgen. Die zeitgenössischen wissenschaftlichen Modelle des Konstruktivismus und der Systemtheorie deuten diese koordinierte Praxis als Resultat einer fortgesetzten „strukturellen Kopplung", in der die jeweiligen Akteure unter den jeweiligen Bedingungen ökologischer Zwänge und damit einhergehender Verhaltens- und Handlungsmodifikationen zu einer erfolgreichen Anpassung ihrer Interaktionen untereinander und an externe Faktoren gelangen müssen (vgl. z. B. Luhmann 1985, Foley 1996). Das zugehörige koordinierte Verhalten der Akteure untereinander kann *Kommunikation* genannt werden. Besonderen Stellenwert in menschlichen Sozietäten genießt dabei zweifellos das sprachliche Verhalten. Der größte Teil der sozial relevanten Handlungs- und Verhaltenskompetenz der jeweiligen Akteure wird über empraktische Sozialisationsprozesse vermittelt bzw. erworben, rationale Reflexion und Deskription spielt im Rahmen dieser Prozesse in weiten Teilen nur eine neben- bzw. untergeordnete Rolle. Hier geht es darum, auf der Grundlage eines praktischen Sinns kulturell bewährte und tradierte Handlungs- und Verhaltensmuster zu internalisieren bzw. zu habitualisieren und damit den in Koordinationen gründenden Bestand der sozialen Formation weiterhin zu sichern.

Der größere Teil der Kenntnisse, die sich mit dieser praktischen Kompetenz verbindet, ist damit kein deklarativ verfügbares Wissen, d. h. ein Wissen, dass primär in sprachlichen Beschreibungen und Formulierungen von Regeln verfügbar wäre, sondern ein vorbewusstes Wissen („Tacit Knowledge"), das als prozedurales Können in Form von situationsspezifischen Dispositionen zu erfolgreichem oder normativ angemessenem Verhalten oder Handeln (auch in sprachlicher Hinsicht) verfügbar ist. Wissen in diesem Sinn ist vor allem performativer Natur und manifestiert sich in der Dokumentation von Fähigkeiten zu spezifischen Handlungen ausschließlich situationsgebunden, sei es nun eine besondere rhetorische Leistung zur Lösung eines sozialen Problems, sei es die Fähigkeit zur Bearbeitung einer mathematischen Aufgabe oder sei es die Beherrschung einer erfolgreichen Jagdmethode.

Der praktisch kollektive „Sinn" (Bourdieu 1990, Weber 1988), der sich in der Übereinstimmung und Koordination von habituellen Dispositionen, Handlungsmustern, Einstellungen, kognitiven Modellen, Zielsetzungen und Erwartungen der Individuen einer sozialen Formation manifestiert, ist in einer sich ständig verändernden Umwelt zu Modifikationen und Anpassungen herausgefordert, um den Fortbestand der koordinierten Bindung sowie strukturellen Kopplung und damit der sozialen Formation gewährleisten zu können. In einem weiteren Sinn kann man den letztgenannten Prozess als „kulturelles Lernen" bezeichnen. Dieses kann sich kontinuierlich, in Form einer ständigen fortschreitenden Veränderung und Anpassung einer Vielzahl von Elementen der kulturellen Praxis weniger merklich vollziehen. Es können aufgrund radikaler Änderungen des ökologischen Kontexts jedoch auch grundlegende Anpassungen der jeweiligen Praxis erforderlich werden. In der vorliegenden Fallstudie geht es um ein Beispiel, das eher dem letztgenannten Typ entspricht. Eine kommunale Körperschaft soll vor dem Hintergrund wesentlich geänderter Existenzbedingungen in der einbettenden Rahmenkultur einer grundlegenden Neubestimmung von habituellen Dispositionen, Handlungsmustern, Einstellungen, Zielsetzungen und Erwartungen der ihr zugehörenden Akteure unterzogen werden. Zentrales Mittel diese Prozesses ist die partizipative Erarbeitung eines (neuen) Leitbildes. Leitbilder definieren kollektive Identitäten, fixieren konsensuell bestimmte Ziele, formulieren Handlungsappelle und vermitteln Werte und Normen. Medial verfügbar wird ein Leitbild anhand eines Systems sprachlicher Aussagen mit dem Stellenwert von Maximen, die auf der Grundlage (neu-)bestimmter kollektiver Zwecksetzungen, Werte, Ziele, individuelle Identitäten, Einstellungen, Deutungsweisen und Handlungsdispositionen miteinander verträglich machen und koorientieren. Eine erneuerte kollektive Identität, ein neu bestimmtes Rollenverständnis sowie eine Neuorientierung individuell und kollektiv vollzogener Handlungen sind die erwünschten Folgen. Insofern bietet ein Leitbild ein kognitives Modell mit Appellcharakter, das verschiedene Vorstellungen, Wünsche und Erfahrungen zu dem, was die einzelnen Akteure bisher als machbar und möglich erfahren haben, und zu dem, was ihnen unter den gegebenen Umständen als notwendig sowie wünschens- und erstrebenswert erscheint, zusammenführt und in ein übersichtliches und kollektiv akzeptables Gesamtsystem synthetisiert. Insofern bewahrt das Leitbild Anschlussfähigkeit an bisherige Praxen und berücksichtigt zugleich die geforderten handlungsrevidierenden und -orientierenden Entwürfe für die Herausforderungen von Gegenwart und Zukunft sowie die notwendig gewordenen Anpassungen und Modifikationen überkommener Routinen. Mögliche Funktionen von Leitbildern sind (nach Bleicher 1994: 22): 1. Entwurf eines Zukunftsfits, d. h. Passung von Umwelt- und Formationsentwicklung, 2. Orientierungs- und Stabilisierungsfunktion, 3. Beitrag zur Sinnfindung, 4. Verhaltensentwicklung, 5. Motivation und Gemeinschaftsbildung (soziale Kohäsion), 6. Erleichterung der Koordination, 7. Imagebildung und 8. Veränderung der Kultur. Alternativ und stark vereinfacht lassen sich Leitbilder auch als Antworten auf folgende Fragen verstehen: 1. Wer sind wir? Die Antwort bestimmt die Identität einer sozialen Formation. 2. Welche Struktur geben wir uns? Die Antwort bestimmt Verfassung und dem Organisationssystem der Formation. 3. Was wollen wir? Die Antwort bestimmt die kollektiven Erwartungen und Ziele der Formation. 4. Wie sollen wir uns verhalten? Die Antwort bestimmt Verhaltensnormen und Handlungsorientierungen innerhalb der Formation.

Gemäß den vorausgegangenen Feststellungen geht es bei der Erarbeitung von Leitbildern primär darum, das, was in einer sozialen Formation bzw. Organisation an mehr oder weniger bewussten Zielsetzungen und Handlungsmustern vorfindlich ist, sprachlich zu benennen und damit zu klassifizieren und auf grundlegende Verhaltensformen und Einstellungen zurückzuführen. Hierdurch sollen die latent wirksamen und nur partiell bewussten sowie individuell geprägten Motive, Einstellungen und Verhaltensnormen bewusster Reflexion und damit kritischer Evaluation zugänglich gemacht werden, dies insbesondere unter dem Gesichtspunkt erforderlicher Veränderungen. Die Phasen der Erarbeitung des Leitbildes der Stadt Arnsberg, die, wie zuvor bemerkt, für uns Modellcharakter besitzen, sollen nachfolgend skizziert werden.

Das Leitbild wurde im Zeitraum von Mai 2002 bis August 2002 erarbeitet. Beteiligte Akteure waren der Bürgermeister, alle Fachbereichsleiter, die Mitglieder einer zentralen Steuerungsgruppe und – mit unterschiedlichem Beteiligungsgrad – alle Mitarbeiterinnen und Mitarbeiter der Stadtverwaltung. Die Steuerungsgruppe bildeten ein Vertreter aus der Personalabteilung, ein Vertreter aus der Abteilung für Organisation und Projektmanagement, zwei Vertreter des Personalrates, der Leiter des Presseamtes und Helmut Ebert als wissenschaftlicher Leiter des Projektes. Die zentralen Erarbeitungsphasen schlossen mit einer Präsentation auf einem Mitarbeitertag ab. Auf die Phase der Erarbeitung folgte die Phase der offiziellen Einführung. Die weitere Umsetzung und Kontrolle der Umsetzung erfolgt wie die Leitbildevaluierung zukünftig als fortgesetzter adaptiver Prozess in spezifischen institutionalisierten Verfahren, in denen eine regelmäßige Rethematisierung, Vergegenwärtigung und kritische Evaluation des Leitbildes unter Einbeziehung der Mitarbeiterinnen und Mitarbeiter vorgesehen ist. Dies soll dessen Präsenz und Funktionalität sichern und auch die zukünftige Akzeptanz von Identifikationsgrundlagen und Handlungsorientierungen garantieren. Das Leitbild, das in verkürzter Form im Anhang abgedruckt ist, enthält unternehmensphilosophische, normative und strategische Aussagen. Es enthält keine operativen Programme.

3 Die Prozessphasen

Die hier exemplarisch zu charakterisierende kommunikative Maßnahme dient, wie zuvor bereits ausgeführt, der Erarbeitung eines Leitbildes im Rahmen einer Neubestimmung des Selbstverständnisses der kommunalen Behörde (Stadtverwaltung). Ziel ist die konsensuelle Herstellung und Verabschiedung eines von allen akzeptierten Leitbildtextes. Wir unterscheiden Rahmen der Maßnahme sechs strategische Prozessphasen.

Phase 1 dient der Datenerhebung im Vorfeld der eigentlichen Maßnahme. Hierbei geht es um die Klärung von bestehendem Wissen und vorliegenden Einstellungen relativ zur Situation A, dem Ist-Zustand der Stadtverwaltung, und – sofern mehr oder weniger vage vorhanden – zu einer möglichen alternativen Situation B bei den jeweiligen Akteuren. Situation B ist die disparate und durch die unterschiedlichen individuellen Perspektiven der jeweiligen Akteure gebrochene Vorstellung eines noch diffusen Zukunftsbildes von der Stadtverwaltung. Die Gespräche im Rang von Klärungsdialogen sind keinesfalls allein als Medium der Datenerhebung anzusehen, sie dienen zugleich der Bewusstseinsbildung bei den Akteuren über deren latente oder partiell reflektierte und modellierte Einstellungen, Emotionen und Verhaltensmuster relativ zu Situation A und B, dies im Sinne einer progressiven rationalen Rekonstruktion. Diese Rekonstruktion erfolgt zwangsläufig im Medium der Sprache. Mit dem Vollzug der sprachgeleiteten individuellen Modellierungsbestrebungen geht eine Sensibilisierung und ein wachsendes Bewusstsein für sprachliche Ausdrucksweisen einher. Die individuellen Divergenzen und Alternativen in den Benennungen und den damit verbundenen Befindlichkeits- und Einstellungsbekundungen, Bewertungen, Kategorisierungen sowie Perspektivierungen werden Gegenstand sorgfältiger Bestandsaufnahme und Reflexion. Angewandte Methoden waren Einzelinterviews und Workshops.

Phase 2 dient der Datenauswertung sowie der Zusammenführung der individuellen Situationsdeutungen. Aus den in Einzelinterviews und Workshops gewonnenen Daten wird unter Einbezug aller beteiligten Akteure ein Gesamtmodell der mehr oder weniger inkohärenten, disparaten und individuell fragmentierten Situationsdeutungen für Ist- und Sollzustand erstellt, das auch die von den Akteuren vorgeschlagenen Maßnahmen zur Erreichung des Sollzustands enthält. Dabei werden grundlegende Gemeinsamkeiten und Dissonanzen in den individuellen Befindlichkeits- und Einstellungsbekundungen, Bewertungen, Kategorisierungen, Perspektivierungen und Analogiebildungen im Zusammenhang mit den jeweiligen sprachlichen Ausdrucksweisen aufgezeigt.

Phase 3 dient der operativen Kommunikation. Die operative Kommunikation erfolgt im Unterschied zu den klärenden Dialogen in Phase 1 und 2 als konstruktiv orientierter Dialog. Ziel ist es, einen weitgehenden Konsens über den Soll-Zustand der Organisation – die zukünftigen Werte, Normen und strategischen Ziele – zu erarbeiten, dies auf der Grundlage der in Phase 1 und 2 erzielten Resultate. Ausdruck dieses Konsenses ist die Formulierung eines Situation B entsprechenden Leitbildes. Zentrales kommunikatives Mittel dieser Phase der Konstruktion ist der Einsatz einer wohlbestimmten Menge von sprachlich-kommunikativen Operationen, um aus dem partiell varianten und noch unterbestimmten Gesamtmodell der perspektivischen Situationsdeutungen auf dem Wege einer konstruktiven „Transformation" zu einer Synthese der individuellen Vorstellungs- und Begreifenshorizonte und damit zu einem von allen akzeptierten kohärenten Entwurf zur Gestaltung von Situation B zu gelangen. Dies erfolgt vor dem Hintergrund eines Konsenses über die Darstellung und Bewertung des derzeitigen Zustand von Situation A. Langfristiges Ziel ist es, auf der Grundlage einer wohlbestimmten Menge spezieller kommunikativer Operationen eine detaillierte „Transformationsmatrix" zu entwerfen, in der Bündel von kommunikativen Operationen auf jeweils zentrale Faktoren der Situation A und B hin konzipiert sind, so dass eine sachgerecht differenzierte wie auch kohärente und umfassend kontrollierte Entwicklung eines akzeptablen Situationsmodells zu B aus den perspektivengebundenen Entwürfen zu A und B gewährleistet werden kann. Eine derartige Matrix systematisiert das Verfahren weitergehend, verankert es umfassend in den relevanten Wissens- und Einstellungshaushalten der einzelnen Akteure und optimiert damit Erfolgschancen und Überzeugungskraft um ein Weiteres. Es ist beabsichtigt, hier auf weitergehende Ergebnisse aus dem Bereich des Wissens- und Kulturtransfers sowie der Translationswissenschaften zurückzugreifen. Phase 3 als Kernstück der kommunikativen Maßnahme soll im Folgenden noch Gegenstand eingehender Betrachtung sein.

Phase 4 dient der Evaluation des Zielzustandes. Es wird Konsens festgestellt und um Akzeptanz geworben (Mitarbeitertag). Die Formulierung des Leitbildes definiert ein neues, konsensuell bestimmtes und reflexiv sowie sprachlich verfügbares Selbstverständnis der Akteure hinsichtlich ihres Wissens, ihrer Einstellungen und Emotionen sowie ihrer Verhaltens- und Handlungsmuster zu einer anzustrebenden Situation B, dem zukünftigen Zustand der Behörde. Mit der Beendigung von Phase 4 ist die kommunikative Maßnahme abgeschlossen.

Phase 5 dient der Legitimierung und Implementierung des Leitbildes in der gesamten Behörde unter Einbezug aller Mitarbeiter sowie dem Beginn der Überführung der Behörde aus der Situation A in die Situation B.

Phase 6 ist die Phase der Postevaluation oder Nachfeldkommunikation. Hier erfolgt eine ständige adaptive Kontrolle (Nachjustierung) durch wiederholte Klärungs- und Konstruktionsdialoge, um die Aktualität und die Wirkungskraft des Leitbildes zu sichern.

4 Die sprachlich-kommunikativen Operationen als Kernstück des Controlling-Modells

Es geht bei der Leitbildentwicklung um den grundlegenden Entwurf zu einem Konsens über eine Überführung der Ist-Kultur A in die Soll-Kultur B einer Organisation. Dies erfolgt als selbstorganisierte Neuorientierung und Anpassung der Organisation an eine veränderte Umwelt.

Zu den Rahmenbedingungen: Deutschlands Städte stehen derzeit vor großen Herausforderungen. Dazu gehören die Finanzknappheit, die demographische Entwicklung, die gesellschaftlichen Umbrüche mit einer neuen Vielfalt an Lebensstilen, die zunehmende Relativierung der kommunalen Selbstverwaltung, der Strukturwandel von der Industrie- zur Dienstleistungs- und Wissensgesellschaft, die Massenarbeitslosigkeit, die Globalisierung und Europäisierung, die geringer werdende Steuerungsmacht der politischen Vertretungen, der Kompetenz-, Ansehens- und Vertrauensverlust der politischen Parteien. Arnsberg in Westfalen hat sich auf den Weg gemacht und strebt als Modellkommune im Rahmen eines Projektes der Bertelsmann-Stiftung zwei Ziele an: den Aufbau einer strategischen Steuerung zur Verbesserung der Lebensqualität und die Verbesserung der Zusammenarbeit der lokalen Akteure durch eine aktive Einbindung in die Prozesse der strategischen Steuerung Arnsbergs.

Die Bereitschaft, neue Wege zu gehen, führt zur Einsicht in die bedeutende Rolle von Sprache und Wissen für den Aufbau einer „Bürgerkommune". Im Rahmen der Entwicklung einer neuen Kultur kommt neuen Benennungen und damit neubestimmten Befindlichkeiten, Einstellungen, Bewertungen, Perspektivierungen und Kategorisierungen eine wichtige Funktion zu. Spezifische Benennungen fixieren nicht nur die Referenz auf Gegenstände, sie legen ein benennungsspezifisches Wahrnehmungs- und Handlungsprogramm fest, sie ordnen den Gegenstand der Referenz, als einen unter der Benennung bestimmten, in einen speziellen Horizont von Wissen, Einstellungen und Routinen ein, der, ist die Benennung die alltäglich geläufige, den Gegenstand in die unhinterfragte Vertrautheit des Habitualisierten und Stereotypisierten entschwinden lässt (dazu auch Konerding 2001). Soll hingegen der Gegenstand in der reflektierten Präsenz eines neues Verständnisses erscheinen, so dient der Versuch neuer Benennungen der Heuristik metaphorisch-analogischen Denkens, der, erweist sich die Heuristik als erfolgreich, zur Einführung eines neuen Systems („Feldes") von kohärenten Benennungen und eines neuen Befindlichkeits-, Wahrnehmungs-

und Handlungsprogrammes Anlass geben kann (wie im Fall der gesuchten Bestimmung der Situation B). Sprachliche Routinen fixieren mentale und operative Routinen, während die Sensibilisierung für die schöpferische Kraft neuer Benennungen (und Beschreibungen) die Transzendierung des Alltäglichen ermöglichen hilft.

Insofern kommt der Sprache im vorliegenden Modell eine zentrale Rolle zu. Die gemeinsame Arbeit an der Sprache ist Ausdruck und Mittel der Erarbeitung tiefenstrukturell verankerter Wert- und Sinnbezüge. Der Einsatz der sprachlichen Mittel und deren aufmerksame Reflexion muss ein präzises Verstehen eigener und fremder Situationsmodelle des Ist- und Soll-Zustandes ermöglichen, und er muss so flexibel sein, dass eine konsensuelle Verständigung über den Soll-Zustand (Zielkultur B) möglich ist. Wie zuvor ausgeführt, ist das zentrale kommunikative Mittel der Leitbildkonstruktion der Einsatz einer Menge sprachlich-kommunikativer Operationen. Sie sollen dazu dienen, von dem partiell varianten und unterbestimmten Gesamtmodell der individuell perspektivierten Situationsdeutungen unter aktivem Einbezug aller beteiligten Akteure zur Synthese eines kohärenten Entwurf zur Gestaltung von Situation B zu gelangen, der als positiv konnotierter Konsens von allen Beteiligten getragen wird.

Nachfolgend sei das Vorgehen in Kurzform skizziert:

Zunächst wurde in der Steuerungsgruppe ein Konsens darüber erzielt, dass der zu entwerfende Text für das Leitbild primär Identifikationsgrundlage und Orientierungsmedium für die interne Öffentlichkeit sein sollte und keine Imagedarstellung für die Bürgerschaft.

Mit den Fachbereichsleitern wurden umfassende Interviews durchgeführt, die einen großen Freiraum für die Beantwortung und den Ausdruck von Emotionalität zuließen. In den Workshops wurden verschiedene Verfahren eingesetzt, um zu möglichst vielen Perspektiven auf die eigene Organisation zu gelangen und den Möglichkeitsraum des Nachdenkens über das künftige Selbstverständnis zu erweitern. Befragungen („Was ärgert mich?", „Was gefällt mir an meiner Arbeit?") kamen ebenso wie Mind-Mapping zum Einsatz („Arnsberg 2020"). Aphorismen halfen, ein gelöstes Gesprächsklima zu erreichen („Bürokratie: Die Kunst, das Mögliche unmöglich zu machen" etc.). Metaphern, Assoziationsbildungen und der Einsatz von Analogien („Wir sind ein Laden mit Menschen") regten an, die habitualisierten Verhaltens-, Bewertungs- und Deutungsmuster zu überwinden und zu neuen Sichtweisen und alternativen Rollenentwürfen vorzudringen. Konzeptionelle Unterschiede in Sachverhaltskonstitutionen und -bewertungen, die sich hinter speziellen sprachlichen Formulierungen verbargen, wurden als Ausdruck unterschiedlicher gruppenspezifischer Interessen und Situationswahrnehmungen sichtbar. Die Mitarbeiter erfuhren damit zugleich die Sprachgebundenheit ihrer Vorstellungen und Sichtweisen. Sprachliche Formulierungen wurden in ihrer bedeutungskonstituierenden, erkenntnisleitenden und heuristischen Funktion von den Akteuren zunehmend ernst genommen und als konstruktives Instrument erkannt. Mit wachsendem Bewusstsein für die mediale Rolle der Sprache, insbesondere sprachlicher Benennungen, wuchs die Situationsmächtigkeit, der Gestaltungswille und die Zuversicht der Teilnehmerinnen und Teilnehmer, zu einer einvernehmlichen Lösung zu gelangen. Somit wurden die Mitarbeiter tatsächlich zu Akteuren und nicht zu Objekten des organisatorischen und kulturellen Wandels, was ein entscheidendes Moment für die spätere Akzeptanz- und Handlungsbereitschaft darstellte. Entscheidend für die Akzeptanz neuer Benennungen war neben der fachlichen Angemessenheit die diskursive Bereitung eines für die Aufnahme günstigen Vorfeldes und die aufrichtige Bereitschaft der Promotoren, sie dem Urteil des Publikums auszusetzen – gleichsam die neuen Wörter nur auf Bewährung zu entlassen.

Im Rahmen der Klärungs- und Konstruktionsdialoge wurden verschiedene sprachliche Verfahren bzw. Operationen zum Einsatz gebracht, die von den Akteuren sehr erfolgreich verwendet wurden, um den Ist-Zustand zu versprachlichen bzw. um erfolgreich und kooperativ eine gemeinsam akzeptierte Projektion vom Soll-Zustand zu entwickeln. Zentral wirksame sprachlich-kommunikative Operationen waren die folgenden:

▫ Sammlung und Diskussion von „Programmwörtern" als Schlüsselwörtern für die Modellierung von Situation A und Situation B. – Beispiele: Die Stadtverwaltung wird in ihrer Beziehung zur Bürgerschaft als *Dienstleister, Ermöglicherin, Anstoßgeber, Instrument zur Selbsthilfe* etc. bezeichnet. Als „Gegen-Wörter", die einen als überwunden geglaubten Zustand bezeichnen, gelten beispielsweise *Ordnungskommune* und *Obrigkeitsverwaltung*.

▫ Sammlung und Diskussion von Vergleichen und Metaphern und Entwicklung von Bildfeldern. Diese ermöglichen die sukzessive Modellbildung von Situation A und B. – Beispiele: *Der Bürger ist unser Kunde. Wir sind ein Laden mit Menschen.*

▫ Vermittlung zwischen Negationen und Affirmationen. In ihrem Zusammenspiel erfolgt die genauere Spezifikation und Differenzierung erster Modellierungsversuche: *Eine Stadtverwaltung ist kein Industriebetrieb. Wir sind doch kein Laden! Was ist aber an diesen Vergleichen für die vorliegenden Zwecke relevant?*

▫ Reflexion von Bewertungen und die Bewusstmachung und Diskussion latenter Einstellungen und Wünsche: *Merke: Es geht zurück! Der Sachbearbeiter ist am Ende immer der Verlierer. Was soll die Bezeichnung „Mission Statement"? Ich lebe in Deutschland. Meine Muttersprache ist Deutsch. Amtssprache ist Deutsch. Arnsberg 2020: Arbeitslosigkeit gibt es nicht mehr.*

□ Aufbau der Bereitschaft und Fähigkeit, Differenzen individueller Erfahrungen sowie Vorurteile dialogisch zu identifizieren und gemeinsam zu hinterfragen sowie Dissonanzen auf einer abstrakteren Ebene der Beschreibung bzw. der neutraleren Benennung aufzulösen.

Unter den genannten Operationen erfolgen sprachliche Zugriffe auf unterschiedliche Bestandteile bzw. Faktoren von in Frage stehenden Konzeptualisierungen der Situationen A und B, für die jeweils ein Konsens zu erarbeiten war. Spezifische Benennungen situativ-relevanter Faktoren und ihre jeweiligen Bewertungen ließen Rückschlüsse auf relevante konzeptuelle Schemata bzw. Rahmen / Frames zu, die Faktoren der Situationen A und B als Faktoren eines allgemeineren Typs identifizierten und entsprechend detaillierten (Stadtverwaltung als soziale „Gruppe / Institution"; – zu Frames vgl. auch Konerding 1997 u. Konerding ‚im Druck', sowie Klein 1999 und Klein 2002). Zugleich wurde deutlich, dass die jeweiligen typbezogenen Faktoren situationsspezifisch über jeweils konträre Benennungen identifiziert, klassifiziert und bewertet wurden. Die jeweiligen Benennungen involvieren semantisch Gegenstandskategorisierungen sowie Einstellungsbekundungen und konnotieren Verhaltensmuster. Wir skizzieren dies kurz unter Einschränkung auf den Gegenstandsbezug am Beispiel der Programmwörter (vgl. Abb. 1). Das Programmwort „Obrigkeitsverwaltung", das von den Akteuren negativ konnotiert ist, kennzeichnet die Situation A, die wiederum eine lokale institutionenspezifische Kultur impliziert. Im Kontrast dazu wird durch das Programmwort „Dienstleistungsverwaltung" das positiv konnotierte Modell der anzustrebenden Situation B umrissen, die durch die neu zu gestaltende und positiv zu bewertende Kultur B ausgezeichnet ist. Wesentlich ist, dass die Situationen A und B unter den kontrastierenden Komposita der Programmwörter mit dem identischem Determinatum *Verwaltung* als Situationen des gleichen allgemeinen Typs (*Institution*) bestimmt sind und somit als alternative Ausgestaltungen dieses Typs begriffen und bestimmt werden. So werden typspezifische Situationsfaktoren durch neutrale abstrakte Benennungen wie z. B. *Organisationseinheit, Rolle des Mitarbeiters, Tätigkeit des Mitarbeiters, Verhalten des Mitarbeiters, Rolle des Bürgers* etc. verfügbar, die dann durch alternative kontrastierende Benennungen relativ zu Situation A und Situation spezifiziert werden können (*Sozialamt* vs. *Sozialagentur, Sachbearbeiter* vs. *Berater*, Aufgaben *erfüllen* vs. *Probleme lösen, anordnen* vs. *beraten, Bittsteller* vs. *Kunde*). Die betreffenden Benennungen stellen ihrerseits Programmwörter dar. In analoger Weise werden diese und die weiteren Schlüsselbegriffe über allgemeinere Rahmen / Frames faktorisiert und zur fortschreitenden Ausgestaltung des Modells für Situation B genutzt (dies unter Berücksichtigung der zuvor genannten kommunikativen Operationen), bis ein Konsens über ein hinreichend detailliertes und akzeptables Verständnis der Situationen A und B für die Akteure erzielt ist. In diesem Sinn garantiert die Modellierung der Situation B ihre Anschlussfähigkeit an bisherige Praxen der Situation A, zugleich aber auch die geforderten handlungsrevidierenden und -orientierenden Entwürfe für die Herausforderungen und notwendig gewordenen Anpassungen von Gegenwart und Zukunft. Es resultiert die selbstorganisierte, durch kommunikative Prozesse getragene Initiierung einer Transformation der Kultur A in eine neue Kultur B als Neuorientierung und notwendige Anpassung an eine veränderte Umwelt. Einher damit geht der Prozess einer motivationalen Selbststeuerung, einer Bewusstseins- und Meinungsbildung, einer Einstellungsänderung sowie einer umfassenden Wissensgenese bei den beteiligten Akteuren.

Das kommunikative Gesamtmodell, das den zuvor skizzierten Prozess der Selbstorganisation ermöglicht, gesteuert und begleitet hat, ist in der Übersicht nochmals in Abb. 2 dargestellt.

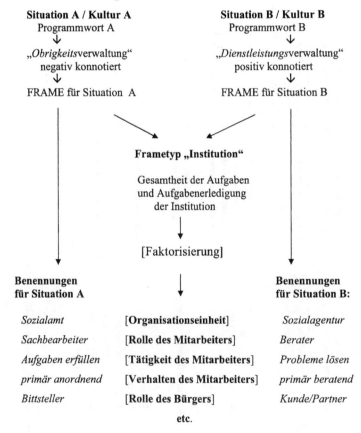

Situation A / Kultur A
Programmwort A
↓
*„Obrigkeits*verwaltung"
negativ konnotiert
↓
FRAME für Situation A

Situation B / Kultur B
Programmwort B
↓
*„Dienstleistungs*verwaltung"
positiv konnotiert
↓
FRAME für Situation B

Frametyp „Institution"

Gesamtheit der Aufgaben
und Aufgabenerledigung
der Institution

↓

[Faktorisierung]

**Benennungen
für Situation A**

↓

**Benennungen
für Situation B:**

Sozialamt	[**Organisationseinheit**]	*Sozialagentur*
Sachbearbeiter	[**Rolle des Mitarbeiters**]	*Berater*
Aufgaben erfüllen	[**Tätigkeit des Mitarbeiters**]	*Probleme lösen*
primär anordnend	[**Verhalten des Mitarbeiters**]	*primär beratend*
Bittsteller	[**Rolle des Bürgers**]	*Kunde/Partner*

etc.

Abb. 1: Faktorengeleitete Situationsmodellierung im Kontrast (alt vs. neu)

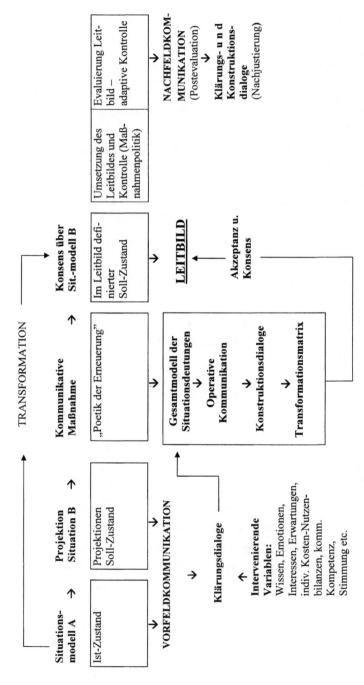

Abb. 2: Das Controlling-Modell in der Übersicht

Wichtige Bedingungen des langfristigen Erfolgs der kommunikativen Maßnahme, darauf sei nochmals hingewiesen, stellen hier gerade auch die Qualität von Vor- und Nachfeldkommunikation dar. Die Qualität und Validität der Resultate der Klärungsdialoge im Vorfeld der Maßnahme ist als Basis und grundlegender Datenbestand die unabdingbare Voraussetzung zur Durchführung der Konstruktionsdialoge im Rahmen der eigentlichen Maßnahme. Die wiederholten Klärungs- und Konstruktionsdialoge im Nachfeld der Maßnahme, die in regelmäßigen Abständen im Anschluss an die Implementierung der neuen Orientierungen erfolgen, ermöglichen deren kontinuierliche Überprüfung und Anpassung und sichern so langfristig eine Kontrolle und Optimierung von Präsenz, Funktionalität und Akzeptanz der Orientierungen und Handlungsmuster. Das Modell, das hier am Beispiel der Leitbildentwicklung exemplifiziert wurde, ist weiter entwicklungsfähig und in seiner Allgemeinheit unter individuellen Anpassungen auf kommunikative Maßnahmen anderen Typs in Organisation zweifellos übertragbar. Es stellt einen wesentlichen Beitrag zur gesteuerten (Selbst-)Kontrolle organisationellen und kulturellen Lernens dar.

Die eingangs gestellte Frage nach dem Problem der Wirkungskontrolle können wir nun vorläufig wie folgt beantworten:

Kausalitätsproblem: Das jeweilige Problem ist genau zu bestimmen. Ist Wissen nötig? Müssen Ängste überwunden werden? Gibt es ein Verstehensproblem? Wieviele Akteure teilen die Problemsicht? Problemart und -relevanz entscheiden über die Maßnahme.

Faktorenproblem: Zielklarheit, Qualitätsstandards und Verfahrensfragen sind im Vorfeld zu definieren. Je klarer den Beteiligten ist, was ein Leitbild leisten kann und was nicht, desto weniger Konflikte und Reibungsverluste im Prozess selbst entstehen. Bei der Auswahl, Verallgemeinerung und Verdichtung von Aussagen dürfen Sprachdaten nicht verloren gehen. Ideal wäre eine fortlaufende Dokumentation aller Äußerungen. Stimmungs- und Emotionsindikatoren sollten zu jeder Zeit Aufschluss über die Prozessdynamik geben. Ein „Fahrplan" hält den Prozess in der Bahn.

Komplexitätsproblem: Ein kontinuierliches Monitoring sorgt dafür, Gerüchte und Stimmungen frühzeitig zu erkennen. Grundsatzentscheidungen und verbindliche Übereinkünfte im Vorfeld müssen den Akteuren Sicherheit geben. Die Schaffung von Sprach- und Kommunikationsbewusstheit schützt vor unerwünschten Nebenwirkungen (z. B. anhaltender Streit um eine bestimmte Formulierung).

Evaluationsproblem: Interne und externe Feedbacksysteme sollten für eine kontinuierliche Auswertung wichtiger Parameter wie Mitarbeiter / Kundenzufriedenheit, Image und Effizienz sorgen. Die Erfolgskontrolle steht und fällt mit der Kontrolle der an das Leitbild anschließenden Maßnahmenpolitik. Kritische

Äußerungen über den Umgang mit dem Leitbild müssen institutionell „verarbeitet" werden und sichtbare „Konsequenzen" haben. Ideal wäre eine Ausgangsbestimmung relevanter Kenngrößen in ausgewählten Bereichen, die man vorrangig behandelt, um die Situation neu zu bestimmen und relativ zu den zu erarbeitenden Zielsetzungen zu optimieren. Wirkungen (messbare Effekte), Wirksamkeit (Grad der Zielerreichung) und Effizienz (Relation zwischen eingesetzten Mitteln und dem Grad der Zielerreichung) sind zu unterscheiden. Die Qualitätsziele des Leitbildtextes sind in der Projektdefinition zu spezifizieren.

Eine risikofreie Veränderungskommunikation gibt es nicht. Umso wichtiger ist es, kontinuierlich dafür Sorge zu tragen, dass der gemeinsame Wille bei allen Betroffenen vorhanden ist, fair und vertrauensvoll miteinander umzugehen.

5   Fazit

Um einen wesentlichen Schritt zur wissenschaftlich gestützten Systematisierung und Operationalisierung kommunikativer Maßnahmen in sozialen Organisationen leisten zu können, wurde ein Rahmenmodell vorgestellt. Dieses Modell zeichnet sich in erster Linie dadurch aus, dass die betroffenen Akteure aktiv an dem Prozess der kommunikativ zu erzielenden Veränderungen beteiligt werden, wodurch Verantwortungs- und Identifikationsbereitschaft, Akzeptanz, Motivation und Engagement der Betroffenen gesichert und mit erheblichem Synergiegewinn für die Gesamtorganisation zusammengeführt werden. Einher damit geht ein Prozess einer sukzessiven Bewusstseinsbildung, Einstellungsänderung und Wissensgenese, der auf Konsensfindung und Problemlösung orientiert ist. Damit erhält das Moment einer geleiteten Selbstorganisation besondere Prominenz: Die Organisationsmitglieder erfahren sich selbst als gestaltende Subjekte des organisatorischen Wandels und nicht als gefährdete Objekte. Eine entscheidende Rolle spielt im vorliegenden Modell der linguistisch bestimmte Zugriff der kommunikativen Verfahren, der die besondere mediale Rolle des sprachlichen Ausdrucks im kulturellen Transformationsprozess an zentraler Stelle berücksichtigt: Spezifische Benennungen und Thematisierungsformen fixieren einerseits die Referenz auf Gegenstände; sie legen aber auch ein benennungstypisches Wahrnehmungs- und Handlungsprogramm fest und betten den Gegenstand der Referenz – als einen unter der Benennung bestimmten – in einen speziellen Horizont von Wissen, Einstellungen und Routinen ein. Der kontrollierte Umgang mit alternativen Benennungen und benennungsgeleiteten Vergleichen – man vergleiche die genannten linguistisch-kommunikativen Operationen, die zukünftig noch weiter zu systematisieren sind – eröffnet den kognitiv reflektierten Zugriff auf habitualisierte Einstellungen, Deutungs- und Handlungsmuster und ermöglicht es, diese zu erkennen, kritisch zu hinterfragen und auf gegebene Problemstellungen und Zielsetzungen hin kreativ zu modifizieren. Konzeptionelle Unterschiede bei Sachverhaltskonstitutionen und -bewertungen, die sich hinter einzelnen Wörtern und Ausdrucksweisen verbergen, werden als Ausdruck unterschiedlicher gruppenspezifischer Interessen und Situationswahrnehmungen sichtbar gemacht und in den Prozess der Konsensbildung eingebracht. Es resultiert ein klares Aufgabenverständnis, ein präzises Verständnis der eigenen und fremden Situationsdeutungen und letztlich eine erfolgreiche Verständigung über die anzustrebende Zielkultur.

Wesentliche Erfolgsbedingungen einer kommunikativen Maßname sind nach dem vorgestellten Modell die systematische Beachtung der Vor- und Nachfeldkommunikation, d. h. die Berücksichtigung, Bestimmung und konstruktive Kontrolle intervenierender Variablen bei der Planung, Durchführung und Nachbetreuung der jeweiligen Maßnahme. Weitere wichtige Bedingungen sind eine präzise Definition der Veränderungsfelder sowie eine angemessen Berücksichtigung des Zusammenspiels von kulturellen, strukturellen und strategischen Parametern, vor allem: das Erzeugen von Sprachbewußtsein und konstruktiver Kooperationsbereitschaft bei den betroffenen Akteuren, wie sie durch den Einsatz der vorgestellten kommunikativen Operationen ermöglicht werden.

Man kann den hier dokumentierten Prozess der Leitbildentwicklung als einen interaktiven Prozess der Identitätsbildung betrachten. Identität und Selbstbild sind eine Folge der Interaktionsqualität, die auch nach außen wirkt. Es ist beabsichtigt, die Differenzierung, Operationalisierung sowie Validierung des Modells im Rahmen zukünftiger Projekte voranzutreiben, um auf diese Weise einen Beitrag dazu zu leisten, die Kooperationseffizienz von Institutionen zu erhöhen. Das vorgestellte Modell stellt letztlich einen Beitrag zur gesteuerten (Selbst-) Kontrolle organisationellen und kulturellen Lernens dar.

6   Anhang

Das Leitbild der Stadtverwaltung Arnsberg[1]

Unser Motto:

Gemeinsam für ein starkes und lebenswertes Arnsberg.

Unser Selbstverständnis:

Wir sind eine Leistungsgemeinschaft von qualifizierten, motivierten und kreativen Mitarbeitern im Dienst für die Bürger und die Stadt Arnsberg.

---

1   Aus Raumgründen wird auf die Wiedergabe der Erläuterungen verzichtet. Vgl. die vollständige Fassung unter www.arnsberg.de.

Im Innen- wie im Außenverhältnis erreichen wir

- Qualität durch Menschlichkeit,

- Begeisterung durch sichtbare Erfolge,

- Zukunft durch Ideen.

Unser Auftrag:

Wir, die Mitarbeiterinnen und Mitarbeiter der Stadtverwaltung Arnsberg, wollen gemeinsam mit der Bürgerschaft die Lebensbedingungen in unserer Stadt gestalten, damit Arnsberg ein guter Ort zum Leben sowie eine moderne und attraktive Bürgerstadt mit Vorbildcharakter und Zukunft ist.

Unsere Leitsätze:

- Die Bürger mit uns.

- Wer nicht voran geht, geht zurück.

- Wir sind ein Unternehmen mit Menschen.

- Hand in Hand.

- Werte schaffen durch Wirtschaftlichkeit, Kreativität und Verbindlichkeit.

- Das Ganze vor Augen.

7   Literatur

Bleicher, Knut (1994): Normatives Management. Politik, Verfassung und Philosophie des Unternehmens. Frankfurt am Main u. a.: Campus.

Bourdieu, Pierre (1990). The Logic of Practice. Stanford: Stanford University Press.

Bourdieu, Pierre (1991): Language and Symbolic Power. Cambridge, MA.: Harvard University Press.

Ebert, Helmut (2003): Höflichkeit und Respekt in der Unternehmenskommunikation. Wege zu einem professionellen Beziehungsmanagement. München: Luchterhand.

Ebert, Helmut (2004): Transferprozesse bei der Erarbeitung und Umsetzung von Unternehmensleitbildern. Skizze eines Problemfeldes. In: Wichter, Sigurd / Oliver Stenschke (Hg.). Theorie, Steuerung und Medien des Wissenstransfers. Frankfurt / M.: Lang, S., 283 - 298.

Foley, William A. (1997): Anthropological Linguistics. Oxford: Blackwell Publishers.

Geideck, Susan / Wolf-Andreas Liebert (Hg.) (2003): Sinnformeln. Linguistische und soziologische Analysen von Leitbildern, Metaphern und anderen kollektiven Orientierungsmustern. Berlin u. a.: de Gruyter.

Jansen, Carel (1998): Pretesten van formulieren. In: Jansen, Carel / M. Steehouder (Hg.). Formulieren als communicatiemiddel. Enschede: Universiteit Twente, S. 43-54.

Jensen, Klaus / Karl Rosengren (1990): Five Traditions in Search of the Audience. In: European Journal of Communications 5. S. 207-238.

Klein, Josef (1999): Frame als semantischer Theoriebegriff und als wissensdiagnostisches Instrumentarium. In: Pohl, Inge (Hg.): Interdisziplinarität und Methodenpluralismus in der Semantikforschung. Frankfurt / M.: Lang, S. 157-183.

Klein, Josef (2002): Metapherntheorie und Frametheorie. In: Pohl, Inge (Hg.): Prozesse der Bedeutungskonstruktion. Frankfurt / M.: Lang, S., 179-186.

Klein, Josef / Iris Meißner (1999): Wirtschaft im Kopf. Begriffskompetenz und Einstellungen junger Erwachsener bei Wirtschaftsthemen im Medienkontext. Frankfurt / M.: Lang.

Konerding, Klaus-Peter (1997) Grundlagen einer linguistischen Schematheorie und ihr Einsatz in der Semantik. In: Pohl, Inge (Hg.): Methodologische Aspekte der Semantikforschung. Frankfurt / M.: Lang, S. 57-84.

Konerding, Klaus-Peter (2001) Sprache im Alltag und kognitive Linguistik: Stereotype und schematisiertes Wissen. In: Lehr, Andrea / Matthias Kammerer / Klaus-Peter Konerding / Angelika Storrer / Caja Thimm / Werner Wolski (Hg.): Sprache im Alltag. Berlin u. a.: de Gruyter, S. 151-172.

Konerding, Klaus-Peter (i. Dr.): Themen, Diskurse und soziale Topik. In: Fraas, Claudia / Michael Klemm (Hg.): Mediendiskurse als Bausteine gesellschaftlicher Wissenskonstruktion. Frankfurt / M.: Lang.

Krämer, Ute (1991): Relevanzsetzungen in der Kommunikation – ein Zugang zu mentalen Prozessen. In: Hartung, Wolfdietrich (Hg.). Kommunikation und Wissen. Berlin. S. 250-195: Akademie Verlag.

Lemke, Jay (1995): Textual Politics. Discourse and Social Dynamics. London: Taylor & Francis.

Luhmann, Niklas (1985): Soziale Systeme. Grundriss einer allgemeinen Theorie. Frankfurt/ M: Suhrkamp.

Mast, Claudia (2002): Unternehmenskommunikation. Ein Leitfaden. Stuttgart: UTB.

Merten, Klaus (1994): Wirkungen von Kommunikation. In: Merten, Klaus / Siegfried J. Schmidt / Siegfried Weischenberg (Hg.). Die Wirklichkeit der Medien. Eine Einführung in die Kommunikationswissenschaft. Opladen: Westdeutscher Verlag, S. 291-328.

Pfannenberg, Jörg (2003): Veränderungskommunikation. Frankfurt: F.A.Z.-Institut.

Piwinger, Manfred / Helmut Ebert (2002): Vorfeldkommunikation. Ein Plädoyer für einen Paradigmenwechsel. Teil 2: Theorie-Bausteine und Anwendungen. In: Bentele, Günter / Manfred Piwinger / Gregor Schönborn (Hg.). Kommunikationsmanagement. Strategien, Wissen, Lösungen. Neuwied: Luchterhand, Art.-Nr. 1.15 (Losebl.).

Piwinger, Manfred / Viktor Porák (Hg.) (2005): Kommunikations-Controlling. Kommunikation und Information quantifizieren und finanziell bewerten. Wiesbaden: Gabler.

Vogel, Hans-Josef (1996): Öffentliche Verwaltung als Lernende Organisation. In: Schatz, R. (Hg.): Netzwerke als Basis der Lernenden Organisation. Bonn: Innovatio, S. 193-219.

Weber, Max (1988): Wirtschaft und Gesellschaft. Grundriss der verstehenden Soziologie. (1. Aufl. 1921), Tübingen: Mohr.

Foreigner talk als Strategie.
Überlegungen zur Fehlergenese in Erpresserschreiben.

Eilika Fobbe (Göttingen)

1 Einleitung
2 *foreigner talk*
3 Textbeispiele und exemplarische Analysen
4 Schlussfolgerung
5 Literatur

1 Einleitung

Erpresserschreiben enthalten Fehler. Sie enthalten so viele Fehler, dass ihrer Anwesenheit allein kaum eine Indikatorfunktion im Sinne einer gewollten Irreführung zugesprochen werden kann.[1] Vielmehr muss berücksichtigt werden, dass ihr Auftreten ganz unterschiedliche Ursachen haben kann und nicht zwingend bewusst herbei geführt sein muss.[2]

Dennoch ist die Fehleranalyse eines inkriminierten Schreibens zentraler Bestandteil seiner linguistischen Analyse, wobei aber nie einzelne Fehler eine Aussagekraft haben, sondern immer nur Fehlerkonstellationen bzw. Gruppen von Fehlern.[3] Dabei geht es nicht nur um Korrelationen auf einer sprachlichen Ebene, beispielsweise der Orthographie, sondern auch um Beziehungen zu den Ebenen der Syntax und Morphosyntax, der Lexik und des Textes.

Fehler auf diesen sprachlichen Ebenen können in unterschiedlichem Grade bewusst gesteuert werden.[4] Daraus kann sich zugleich ein signifikantes Ungleichgewicht in der Fehlerverteilung entwickeln. Bungarten hat darauf verwiesen, dass authentische Texte auch in ihrer Fehlerstreuung weitaus homogener sind als fingierte,[5] da das gewollte Erstellen von stimmigen Fehlergruppen eine kognitive Leistung vom Verfasser erwartet, die derart komplex ist, dass dieser sie auf der Basis seines Alltagswissens kaum erbringen kann.[6]

---

[1] Artmann (1996: 40).

[2] Spillner (1989: 127). Dazu gehören z. B. pathologische Sprachstörungen, Stress, Unsicherheit, Unaufmerksamkeit oder geringe Schreibkompetenz.

[3] Brandt (1990: 479).

[4] Spillner (1990: 102f.).

[5] Bungarten (1996: 192).

[6] Bungarten (1996: 191).

So kommen Fehler immer dann in den Verdacht, fingiert zu sein, wenn eine Diskrepanz zwischen den Fehlervorkommen auf den verschiedenen sprachlichen Ebenen zu beobachten ist und eine höhere Kompetenz des Schreibers vermuten lässt,[7] wenn also beispielsweise die Syntax eines Schreibens komplex ist, die Orthographie aber im Bereich des Grundwortschatzes Fehler aufweist. Damit besitzen solche Fehler eine Indikatorfunktion, die weiterführende Schlüsse hinsichtlich der Kategorisierung des Verfassers zulässt. Auch Fehlerkomplexe und Kombinationen, die ihrer Natur nach auf einen Nicht-Muttersprachler des Deutschen hinweisen, sind hier von Aussagewert. Von Fall zu Fall ist dabei zu entscheiden, ob diese Fehlerkombinationen echte Hinweise auf eine Lernersprache sind, oder ob sie der Verstellung dienen, also eine Lernersprache nur vortäuschen sollen, um so die Identität des Autors zusätzlich zu verschleiern.

Die Beschreibung einer (schriftlichen) Äußerung als Produkt einer individuellen Lernersprache geschieht aus der Position der Fremdsprachendidaktik bzw. Fremdsprachenerwerbsforschung heraus. Lernersprachen – oder auch Interimssprachen – sind Varietäten des Deutschen, die unterschiedlich stark von der zielsprachlichen Norm entfernt sind.[8] Sie sind in ihrer Ausgestaltung geprägt von der Muttersprache des Lerners, einer eventuell bereits gelernten Zweitsprache, durch den Wissensstand des Lerners und seine persönlichen kognitiven Fähigkeiten. Lernersprachen sind individuell und keine stabilen Gebilde, sondern in Abhängigkeit von den Erfordernissen an den Sprecher veränderbar. Sie lassen sich daher auch als sprachliche Strategien beschreiben, die der Lerner anwendet, um mit seinen begrenzten Mitteln in bestimmten Situationen kommunikativ erfolgreich zu sein und sind daher keine einfache Reduktion der Zielsprache, sondern besitzen eine eigene Systematik, die unter Umständen deutlich von der Norm der Zielsprache abweichen und in diesem Sinne auch Falsches enthalten kann.[9] Im Zusammenhang mit Erpresserbriefen kann die Etikettierung eines Textes mit dem Begriff der Lernersprache also dann als gerechtfertigt gelten, wenn die Ermittlungen ergeben, dass es sich bei dem sprachlichen Produkt in der Tat um die Äußerung eines Nichtmuttersprachlers des Deutschen handelt.

Die Imitation einer Lernersprache allerdings ist gänzlich anders geartet. Sie bedeutet für einen Muttersprachler des Deutschen, willentlich Fehler in seine Sprech- bzw. Schreibweise einzubauen. Die Auswahl der Fehlertypen und die Auswahl der sprachlichen Ebenen, auf denen diese Fehler angesiedelt sein sol-

---

[7]   Dern (2003: 48), Artmann (1996: 40f.).

[8]   Henrici (1993: 525).

[9]   Zusammenfassend zu den zentralen Eigenschaften von Lernersprachen siehe Bausch / Kasper (1979: 26).

len, erfolgt aber größtenteils intuitiv, auch wenn sich der Autor im Moment der Texterstellung der eigenen Fehlerproduktion bewusst ist.[10]

Daher ist es von Interesse, der Frage nachzugehen, woher ein Muttersprachler des Deutschen seine Kenntnisse darüber bezieht, welche Fehlertypen eine solche Signifikanz haben, dass sie als typischerweise nicht muttersprachlich gelten können. Eine mögliche Hypothese ist die, dass ein Muttersprachler auf sein Wissen über den *foreigner talk* zurückgreift.

2 *foreigner talk*

Der Begriff *foreigner talk* oder *Xenolekt* (in der Terminologie Roches) beschreibt eine bestimmte Verwendung der eigenen Sprache, die dazu dient,

> „unter den besonderen Bedingungen einer sprachlich ungleichen Kommunikationssituation das Gelingen der Kommunikation sicherzustellen"[11],

und die dann vorliegt, wenn z. B. ein Muttersprachler des Deutschen mit einem Ausländer spricht, der nur über geringe Deutschkenntnisse verfügt. Der *foreigner talk* ist ein konventionalisiertes simplifiziertes Register, dessen konkrete Ausprägung allerdings variieren kann. Es basiert auf der standardsprachlichen Norm und erlaubt unterschiedliche Grade der Abweichung. Roche hat in diesem Sinne vier Äußerungstypen von (a) standardsprachlich – (d) stark simplifiziert festgelegt. Die Abweichungen betreffen dabei alle sprachlichen Ebenen gleichermaßen.[12] Welcher Äußerungstyp mit welcher Häufigkeit in welcher Situation realisiert wird, ist individuell und hängt von der konkreten Situation, der Art der zu vermittelnden Information und den sozialen Komponenten ab, die die Kommunikation beeinflussen, z. B. vom ‚ausländischen' Erscheinungsbild des Gegenübers, der Einschätzung seiner sprachlichen Kompetenz oder der persönlichen Erfahrung mit ausländischen Sprechern. Trotz dieser situativ bedingten Variabilität von *foreigner talk* lässt sich ein Katalog von typischen Abweichungen gegenüber der standardsprachlichen Norm zusammenstellen:

Auf paralinguistischer Ebene ist zunächst die exaktere Sprechweise mit deutlichen Pausen zu nennen, das langsamere Sprechtempo und die unter Umständen lautere Artikulation. Im Bereich der Grammatik sind es Auslassungen oder Tilgungen bestimmter Wortklassen, zum Teil ganzer Satzglieder, die unterschiedlich gehäuft auftreten — prägnant für das Deutsche als Artikelsprache ist hier die überdurchschnittlich häufige Elision des unbestimmten und des bestimmten Artikels (sowohl vor Nomina wie auch als Bestandteil von Präpositionalphra-

---

[10] Bungarten (1996: 189f.).

[11] Roche (1989: 182).

[12] Roche (1989: 36-38).

sen). Im Bereich der Syntax kommen die Umgestaltung der einzelnen Satzglied-positionen, die Vermeidung von Hypotaxe und komplexer analytischer Zeiten- und Modusbildung hinzu, auf der Ebene der Morphosyntax die bevorzugte Verwendung unflektierter, nicht-markierter Formen (Singular, Präsens, Infinitiv) bzw. die Tilgung von Flexionsendungen.[13] Das Lexikon gilt als „verarmt"[14], da komplexere Bedeutungen durch analytische Paraphrasen erklärt werden, auf polymorphemische Komposita verzichtet wird und bestimmte Lexeme gewählt werden, die nur dem xenolektalen Register angehören (*Türkischmann* für ‚Türke‘, *nix* als universeller Negator (*nix arbeit*), *viel* als Mittel der Steigerung des Adjektivs (*viel gut*)) und nicht der standardsprachlichen Norm entsprechen. Dazu zählt auch der charakteristische Gebrauch des *du* als Anredeform. Die knappe Behandlung von Themen, ihre deutliche Markierung bei der Einführung sowie Rückfragen und Wiederholungen sind schließlich Beispiele für Merkmale des *foreigner talk* auf der Ebene des Diskurses.[15]

Art und Umfang der Komplexität der eigenen Muttersprache sowohl auf grammatischer wie auf pragmatischer Ebene werden demnach mit diesem Register abgewandelt, mit dem Ziel einer allgemeinen Vereinfachung der Kommunikation. Auf Ferguson und Ferguson / De Bose geht dabei die Einteilung in vier unterschiedliche, daran beteiligte Prozesse zurück (*simplifying, clarifying, expressive and identifying processes, upgrading processes*).[16] Wenn folglich im Dienste einer besseren Verständigung eine Modifizierung der Artikulation in Richtung einer Standard- bzw. Schriftlautung vorgenommen wird oder der Sprecher Syntax, Lexik oder Grammatik durch Reduktion vereinfacht, wirken *upgrading process* bzw. *simplifying process*. Diskursstrategien, die präferiert werden, weil sie der Verständnissicherung dienen und Störungen vermeiden sollen, reflektieren *clarifying processes*. Hier ist es der Gebrauch von Paraphrasen, Wiederholungen und Fragen, der zwar zusätzliche, aber inhaltlich redundante Informationen liefert, und auf diesem Weg das gemeinsame Absolvieren der einzelnen Gesprächsschritte vereinfacht.

Inwieweit *foreigner talk* und Lernersprache miteinander zusammenhängen und ob und wie sie einander bedingen, wird unterschiedlich bewertet. Sie zeigen zwar Gemeinsamkeiten (zum Beispiel im Bereich formaler und funktionaler Re-

[13] Beispiele Roches, die diese genannten syntaktischen und morphologischen Reduktionen zeigen, sind z. B.: *der Nachtschicht Messer und Schere* (der ist in der Nachtschicht mit Messer und Schere aufgetaucht), *ich jetzt gehen Büro Verbesserung* (ich gehe jetzt ins Büro, um eine Verbesserung zu erreichen); sie zählen zu den d-Äußerungen Roches. Roche (1989: 45, 73).

[14] Hinnenkamp (1982: 24).

[15] Umfangreichere Listen zu den Charakteristika finden sich bei Jakovidou (1993:12-14) und Roche (1998: 119-121).

[16] Ferguson (1977: 29ff.), Ferguson / De Bose (1977: 105).

duktionsstrategien, wie Auslassung des Artikels, oder die Vermeidung inhaltlich zu komplexer Themen),[17] die jedoch bedingt sind durch die generell minimalen Eigenschaften einfacher Register;[18] die Positionen hingegen, von denen aus auf diese Register zugegriffen wird, sind deutlich unterschieden: Eine Lernersprache spiegelt den Sprachstand des Lerners wider, über den dieser nicht beliebig ‚hinaus' kann, während der *foreigner talk* nur eine von mehreren Möglichkeiten der Sprachverwendung für den Muttersprachler ist.[19]

Die Tatsache, dass die von Ferguson definierten Prozesse im *foreigner talk* verschiedener, auch genetisch nicht verwandter Sprachen in vergleichbarer Form realisiert werden, stützt die Annahme, dass es sich beim *foreigner talk* um eine universale Simplifizierungskompetenz handelt,[20] die folglich auch denjenigen Muttersprachlern des Deutschen zur Verfügung steht, die keinen oder nur geringen Kontakt zu Ausländern haben und dementsprechend geringe Kenntnisse der tatsächlichen Ausprägungen von Lernersprachen besitzen. Aber auch Muttersprachler, die durch häufige Kontakte mit Ausländern viel *foreigner talk* sprechen, sind mitunter der Ansicht, ihr Sprachverhalten spiegele die Redeweise der Ausländer bzw. adaptiere diese.[21] Dies erlaubt den Schluss, dass es eine mögliche Strategie zur Verschleierung der muttersprachlichen Kompetenz sein kann, die intuitiven Kenntnisse über die sprachlichen Strukturen des *foreigner talk* zu aktivieren, im Glauben, damit die Sprechweise eines Ausländers mit geringen Deutschkenntnissen zu imitieren. Inwieweit es insbesondere der sogenannte *literarische foreigner talk*[22] ist, der hier Pate steht, wird Gegenstand der folgenden Überlegungen sein.

Foreigner talk ist zunächst eine Sprechweise und dient einer erfolgreichen mündlichen Kommunikation. In schriftlichen Äußerungen, also auch in den vorliegenden Erpresserschreiben, können folglich nur solche Merkmale mündlicher Kommunikation berücksichtigt werden, die sich auch schriftlich in irgendeiner Form fixieren lassen. Zu den allgemeinen Erfordernissen von Schriftlichkeit, pragmatisch relevante Informationen durchgängig verbalisieren, graphisch kennzeichnen oder durch die Textgliederung übermitteln zu müssen, gesellen sich die Eigenschaften der Textsorte *Brief*, so dass ein modifiziertes Erscheinungsbild eines *foreigner talk* zu erwarten ist.

---

[17] Bausch / Kasper (1979: 17f.).
[18] Frischherz (1997: 39) mit Verweis auf Jakovidou (1993: 262, 270).
[19] Jakovidou (1993: 27).
[20] Jakovidou (1993: 24).
[21] Jakovidou (1993: 278f.).
[22] Hinnenkamp beschreibt ihn als *sekundären foreigner talk* (1982: 40f.).

3   Textbeispiele und exemplarische Analysen

Das dem Projekt LiKtORA zur Verfügung gestellte Korpus des BKA enthält
unter seinen 1500 Briefen eine Anzahl von Schreiben, die Abweichungen zeigen, die den strukturellen Merkmalen des *foreigner talk* entsprechen. Aus diesen
Schreiben wurden drei kurze Texte ausgewählt, die in einem einfachen, z. T.
rudimentär wirkenden Deutsch gehalten sind und dementsprechende Fehler zeigen. Anhand einer exemplarischen Textanalyse soll illustriert werden, dass sich
die vorgefundenen Fehler in ihrer Systematik unterscheiden von Fehlern, die ein
Nichtmuttersprachler, der im Zuge eines gesteuerten Fremdspracherwerbs
Deutsch lernt, auf diesem Niveau erwartungsgemäß produziert.[23]

Das erste Schreiben wurde gewählt, weil es durch die Abwendung von der korrekten Formulierung in der zweiten Zeile einen Wandel in der Strategie der
Selbstdarstellung dokumentiert, deren Ziel je nach Adressat unterschiedlich sein
kann. Handelt es sich bei dem Opfer der Erpressung um einen Ausländer, kann
der *foreigner talk* dazu dienen, im Sinne eines „talking down"[24] die einem Ausländer quasi zukommende Sprechweise deutlich zu machen, indem man ihm die
korrekte vorenthält, um so das soziale und kulturelle Ungleichgewicht zwischen
ihm und seinem muttersprachlichen Erpresser noch klarer hervortreten zu lassen.
Ist das Opfer ein Deutscher, hat sich der Schreiber offenbar nach dem ersten
Satz spontan entschieden, eine nicht-muttersprachliche Kompetenz vorzutäuschen.

Text 1

Wir wollen 250 000 Mark alles 100 Mark Scheine Wenn du die Bullen einschal-
test oder nicht zahlst stirbt eine aus Familie wir habe dich 6 Woche beobacht Du
am 23.11. Samstag Zeitung unter Verschieden einsetze „1. FC Köln - Sieg! du
nicht zahle töten wir eine aus Familie. Wir melde uns im Geschäft 24.11. Uhr 8.00
in Straße. Wir mache ernst

Schon bei der ersten Lektüre fällt die häufige Tilgung der verbalen Flexionsendungen (*habe-ø, beobacht-ø, einsetze-ø, zahle-ø, melde-ø, mache-ø*) ins Auge.
Auch beim Substantiv *Woche-ø* und dem substantiviertem Adjektiv *Verschie-
den-ø* fehlt die Flexion. Des Weiteren treten Tilgungen des Artikels in der PP
(*aus-ø-Familie, in-ø-Straße*) sowie der Präposition selbst auf (*ø-Zeitung* statt *in
der Zeitung*); ob *eine* als Maskulinum unter Auslassung der Flexionsendungen
(*-r* bzw. *-n*) zu interpretieren ist oder es sich tatsächlich um ein weibliches Fami-
lienmitglied handelt, muss offen bleiben. Auch eine Umstellung innerhalb der

---

[23]   Eine ausführliche Fehleranalyse eines solchen inkriminierten Schreibens, das einen russi-
schen Muttersprachler vermuten lässt, findet sich in Bickes / Kresic (2000: 124-128). Zum
Spektrum schriftsprachlicher Fehler von beginnenden Deutschlernern vgl. auch Reifarth /
Hoppe (1995).

[24]   Hinnenkamp (1982: 38).

NP (*Uhr 8.00*) und fehlende Inversion beim Imperativ (*du einsetze*) ist belegt, ebenso Vermeidung von Hypotaxe bzw. Auslassung subordinierender Konjunktionen (*wenn*).

Zu diesen Abweichungen stehen im Gegensatz die flexionsmorphologisch korrekten Bildungen der Verben *wollen, einschalten, zahlen, sterben* und die NP *die Bullen*, die sowohl Plural wie Artikel zeigt. Insbesondere *sterben* ist mit seinen e/i-Wechsel im Präsens eine Ausnahme, die von Deutschlernern gelernt werden muss und bei Unkenntnis dieser Regel einer Übergeneralisierung in Form von **sterbt* offen steht. Abgesehen von den getilgten Endungen, der eingeschränkten Interpunktion, den Schwankungen in der Großschreibung und der erratischen Schreibung *Mark Scheine* ist die Orthographie der Wörter selbst korrekt. Auch die Wahl der jeweiligen Präposition ist durchgängig standardsprachlich, wenn auch der Artikel nicht immer realisiert ist. Syntaktisch überwiegen bis auf die starke Verkürzung *Zeitung* für *in die Zeitung* korrekte Bildungen. Insbesondere ist zu erwähnen die realisierte Inversion des Subjekts bei Spitzenstellung eines subordinierten Nebensatzes (*du nicht zahle töten* <u>wir</u>, *wenn du nicht zahlst stirbt* <u>eine</u>). Ebenso korrekt ist die Verbalklammer in *wir* <u>habe</u> *dich 6 Woche* <u>beobacht</u> durchgeführt.

Fehler in inkriminierten Schreiben können dann in den Verdacht kommen, fingiert zu sein, wenn in ein und demselben Text sowohl korrekte wie inkorrekte Formen auftreten.[25] In Text 1 gilt dies für den Bereich der Syntax (*wenn du nicht zahlst – du nicht zahle*) und der Flexionsmorphologie. Der Verfasser zeigt in mehreren Fällen anhand der korrekten Bildung (du zahl*st*, eine st*i*rbt, wir wol*len*, töt*en* wir), dass er die Verbflexion des Deutschen beherrscht, so dass die vorliegende Reduktion nicht auf Unkenntnis beruhen kann und daher eher gegen einen nicht-muttersprachlichen Verfasser spricht.

Die Fehlerhaftigkeit der Verben in dieser speziellen Form mit der Elision der Endungen steht in einem deutlichen Missverhältnis zu den sonstigen Fehlern und den parallel belegten, korrekt flektierten Formen und der überwiegend korrekten Syntax. Angesichts des über den *foreigner talk* Gesagten ist zu vermuten, dass es sich bei dieser Erscheinung in erster Linie nicht um einen flexionsmorphologischen Fehler handelt, sondern um die schriftliche, orthographisch korrekte Fixierung einer artikulatorisch auffälligen Variante.

Ein ähnliches Erscheinungsbild zeigt auch der folgende Text. Anders als in Text 1 ist aber dem ersten Satz zu entnehmen, dass es sich beim Verfasser um einen Ausländer handelt, denn *Heimat* referiert allem Anschein nach nicht auf die Bundesrepublik. Die sprachlichen Abweichungen sind also im Sinne des Verfassers als Elemente seiner Lernersprache zu interpretieren.

---

[25] Dern (2003: 48).

Text 2

Wir sind ein Organisasion von Leut die Kämpfe in Heimat gege Regierung für
arme Leut.
Wir brauche Geld für Heimat.
Wir wolle zusamme 5 Millione von X-Markt.
Zuerst 2 Millione
Ihr wolle nix zahle wir vergifte essen in X-Markt.
Wir spreche über X-Markt-Zeitung Seite 1 obe bei Datum.
j =ja
n =nein
Frage 1
wolle Ihr bezahle oder müße wir auch bei ihre andere Geschäft schade mache
Antwort Woche 1 in ihr Zeitung Wiesental und Neustadt.

Der erste Eindruck vermittelt eine geringe Sprachkompetenz, was zum einen
den kurzen Sätzen geschuldet ist und der damit fehlenden syntaktischen Komplexität, zum anderen der grammatisch und inhaltlich starken Verkürzung bestimmter Sachverhalte, so z. B. *wir spreche über X-Markt-Zeitung Seite 1* oder
Antwort Woche 1, was sich als *wir verhandeln miteinander über die X-Markt-
Zeitung, und zwar auf Seite 1* und *wir erwarten eine Antwort in einer Woche*
ausformulieren ließe. Um den Aufbau der Argumentstruktur trotz fehlender Hypotaxe deutlich zu machen, wählt dieser Schreiber für jeden neu eingeführten
Inhalt eine neue Zeile. Ein näherer Blick auf Syntax, Morphosyntax und Orthographie relativiert jedoch den ersten Eindruck: Die orthographischen Fehler folgen auch hier einer klaren Systematik, die darin besteht, auch bei unflektierba-
ren Wörtern das *–n* zu tilgen. Von den elf Verben folgen zehn diesem Muster,
unabhängig davon, ob es sich um Infinitive handelt: vgl. **kämpfe (kämpfen* oder
*kämpft), *brauche (brauchen), *wir wolle (wir wollen), *Ihr wolle (Ihr wollt),
zahle (zahlen, Inf.). Auch **zusamme* (zusammen), **gege* (gegen) und **obe* (o-
ben) sind davon betroffen. Die fälschliche Setzung des *ß* bei *müße-ø* hat keinen
Aussagewert in Bezug auf eine Lernersprache, weil dieser Fehler auch Deutschen unterläuft, ähnliches gilt für die Kleinschreibung der Anrede.

Korrekte Schreibung liegt vor bei potentiellen Fehlerquellen wie Kennzeichnung
der Vokallänge (<Regierung>, <bezahlen>, <ihr>) und -kürze (<zusammen>,
<wollen>) sowie des Umlauts (<kämpfe>, <über>, <Geschäft>). Auch sind bis
auf *schade* alle Substantive groß geschrieben. Die korrekte Orthographie steht in
einem Missverhältnis zu der vermittelten Sprachkompetenz. Einem Lerner auf
diesem Niveau unterlaufen erfahrungsgemäß gerade bei den genannten Eigenheiten der deutschen Orthographie Fehler.[26] Ein Blick auf die Syntax zeigt, dass
eine korrekte Relativsatzanbindung durch *die* im ersten Satz vorliegt, wobei allerdings das gemeinte Bezugswort (*die Organisation, die Leute*) nicht zweifels-

---

[26] Vgl. Reifarth / Hoppe (1995: 216).

frei bestimmt werden kann.[27] Bei *wolle Ihr bezahle oder müße wir auch bei ihre andere Geschäft schade mache* ist sowohl die Verbalklammer richtig gesetzt wie auch die für Fragen typische Inversion des Verbs richtig durchgeführt; damit entspricht die Position der einzelnen Satzglieder völlig der standardsprachlichen Norm.

Ein Vergleich mit Text 1 zeigt folgende Parallelen.

Text 1	Text 2
wir habe	wir brauche
du nicht zahle	Ihr wolle nix zahle
wir melde	wir spreche
wir mache	wir mache
aus Familie, in Straße	bei Datum, in Heimat
du nicht zahle töten wir	Ihr wolle nix zahle wir vergifte

Dieser Vergleich soll keineswegs implizieren, dass beide Schreiben möglicherweise einen identischen Verfasser besitzen. Hier geht es darum, insbesondere die Fehler im morphosyntaktischen Bereich als Teil eines bestimmten Registers zu klassifizieren.

Die These, dass Strukturen des *foreigner talk* das Vorbild einer lernersprachlichen Imitation sind, erhält eine erste Bestätigung durch zwei weitere Schreiben im Korpus des BKA. Es handelt sich um ein Erstschreiben (ES) und ein Folgeschreiben (FS) mit dem signifikanten Merkmal, dass das Folgeschreiben in weitgehend korrektem Deutsch verfasst ist, das Erstschreiben hingegen eine hohe Fehlerquote, einen eingeschränkten Wortschatz sowie eine sehr einfache Syntax aufweist. Weil Inhalt, Aufbau und Themenentwicklung der beiden Schreiben annähernd identisch sind und die Schreiben in zeitlich großer Nähe entstanden sind, lässt sich die Varietät des Erstschreibens mit einer sehr hohen Wahrscheinlichkeit als *foreigner talk* festlegen und schließt damit eine Lernersprache aus. Es handelt sich um das folgende Schreiben:

Text 3a (Erstschreiben)

du zale 10 milione mark oder wir mache gift bei lebemitel. du mache neu konto bei kreisssparkase ludwigshafen mit ec kart. geld da zale ein. du mache am 12.2.09 anzeige bei sex in bildzeitung mit worte mVorname. mache kontonumer und geeimnumer bei anzeige dabei abar nix mache zal. du mache a fur 1 b fur 2 c

---

[27] Erfahrungsgemäß wäre bei einem Deutschlerner dieses Niveaus bei einem Anschluss an *ein Organisation* das Relativpronomen *das* zu erwarten.

fur 3 usw o fur 0 du nix mache später zale oder polizei wir gift bei lebemitel bei
ale lade bei ganze brd bis du nix mer habe lade. wir neu schreibe fur gebe ec kart

Wie die Texte 1 und 2 zeigt auch dieses Schreiben Abweichungen auf der
grammatischen Ebene, die den Simplifizierungsstrategien entsprechen: Tilgung
des Artikels (*in-ø-bildzeitung, ø-geld*), Abweichungen in der Verbflexion (*zale-
ø, gebe-ø*), Gebrauch der *foreigner talk*-typischen Negation *nix*, fehlende Inversion bei Imperativsätzen bzw. bei uneingeleiteten Bedingungssätzen (*du zale 10
milione mark, du nix mache ... wir gift*) sowie die übergeneralisierende Verwendung von *bei* als Kennzeichnung eines lokalen Bezugs. Im Unterschied zu den
ersten beiden Schreiben finden sich hier orthographische Fehler, die typisch für
Fremdsprachenlerner sind: So unterbleiben zunächst häufig die Kennzeichnung
der Vokallänge wie in **zale, *mer*, die Markierung des Umlauts wie in **fur* oder
die Gemination des Folgekonsonanten wie in **milione, *ale *°mitel* oder
*°numer sowie die Schärfung von /s/ in **°kase*.

Sprachliche Eigenheiten, die sich in den beiden anderen Texten wiederfinden,
sind in der folgenden Tabelle zusammengestellt:

Text 1	Text 2	Text 3
	Millione	milione
wir melde, wir habe	wir spreche, wir brauche	wir schreibe
du nicht zahle	Ihr wolle nix zahle	du zale
wir mache ernst	wir mache schade	wir mache gift du mache neu konto / du mache anzeige
aus Familie, in Straße	bei Datum, in Heimat	bei sex, bei anzeige
du nicht zahle töten wir	Ihr wolle nix zahle	du nix mache
6 Woche	schade	lade
„du"	„ihr"	„du"
	bei Geschäft	bei lebemitel
	ihre / andere	ale / ganze

Liest man nun das Folgeschreiben, entblättert sich gewissermaßen mit einem
Mal der ganze Inhalt des Briefs in seinen Details, die im Erstschreiben wegge-
lassen oder nur sehr komprimiert übermittelt wurden.

Text 3b (Folgeschreiben)

hiermit werde sie gemeinsam erpresst zur zahlung von 10 milionen mark. bei weigerung vergiften wir lebensmittel in ihren märkten bundesweit. eröffnen sie ein neues konto bei der kreissparkasse ludwigshafen mit ec kart und zahlen das geld ein. die kontonummer sowie bankleitzahl und geheimnummer teilen sie uns per anzeige in der bildzeitung am 26.2.09 mit. die anzeige platzieren sie bei den anzeigen für erotische kontakte. als kennwort nehmen sie die anfangsbuchstaben der oben genannten märkte. darunter die bankleitzahl, kontonummer und geheimnummer. keine zahlen schreiben sondern buchstaben: 1 ist a, 2 ist b, 3 ist c usw. 0 ist o.

sollten sie sich weigern, die polizei oder private ermittler usw. einschalten, werden wir die lebensmittel solange und ohne warnung vergiften bis sie keine geschäfte mehr haben. das gleich gilt wenn sie erst abwarten wollen ob wir unsere drohung war machen. sie haben nur diese einzige chance. wenn wir anfangen die lebensmittel zu vergiften hören wir auch wenn sie dann zahlen wollen nicht auf bis sie keine läden mehr haben. [...]

Die folgende Gegenüberstellung macht die Gemeinsamkeiten deutlich und zeigt zugleich die angewandten Simplifizierungsstrategien des *foreigner talk*.

du zale 10 milione mark oder wir ma- che gift bei lebemitel.	*hiermit werde sie gemeinsam erpresst zur zahlung von 10 milionen mark. bei weigerung vergiften wir lebensmittel in ihren märkten bundesweit.*

Morphosyntaktisch typisch ist auch hier die Wiedergabe von *vergiften* im ES als analytische Bildung *gift mache[n]* zur Paraphrasierung des inhaltlich komplexeren Lexems *vergiften*. Die Aufforderung zu Beginn enthält keine für den Imperativ obligatorische Inversion. Es wird Präsens Aktiv gewählt, im FS die komplexere Passivkonstruktion. Die Variante im ES zeigt die für den *foreigner talk* typische „du"-Anrede, während das FS korrektes „Sie" aufweist. Die performative Verwendung des Verbs *erpressen* in *hiermit werden sie erpresst* unterbleibt im ES und wird mit einer äquivalenten Satzstruktur ausgedrückt (*du zale ... oder...*).[28] Im Sinne *foreigner talk*-typischer Diskursstrategien wird das Thema Erpressung und ihre möglichen Folgen im ES vergleichsweise knapp abgehandelt.

du mache neu konto bei kreisssparkase ludwigshafen mit ec kart. geld da zale ein	*eröffnen sie ein neues konto bei der kreissparkasse ludwigshafen mit ec kart und zahlen das geld ein.*

Eine weitere analytische Umschreibung findet sich in *mache neu konto* gegenüber *konto eröffnen*. Dabei ist typisch die flexionslose Verwendung des Adjektivs und der Wegfall des Artikels, die beide im FS korrekt realisiert sind. Der

---

[28] Vgl. Artmann (1996: 94, 101).

Schreibfehler in *ec kart*, der in beiden Fällen die Auslautverhärtung der deutschen Aussprache von engl. /card/ orthographisch umsetzt, verweist möglicherweise auf die wahre Schreibkompetenz des Verfassers. Ähnliches gilt für die Schreibung von *milione* und *milionen* im ersten Absatz. Im Kontext des fehlerbehafteten ES könnte die fehlende Konsonantengemination hier auf eine fremdsprachliche Schreibung deuten – im Vergleich mit dem FS wird aber deutlich, dass es sich um eine individuelle orthographische Abweichung des Verfassers handelt.

du mache am 12.2.09 anzeige bei sex in bildzeitung mit worte mVorname. mache kontonumer und geeimnumer bei anzeige	*die kontonummer sowie bankleitzahl und geheimnummer teilen sie uns per anzeige in der bildzeitung am 26.2.09 mit. die anzeige platzieren sie bei den anzeigen für erotische kontakte. als kennwort nehmen sie die anfangsbuchstaben der oben genannten märkte. darunter die bankleitzahl, kontonummer und geheimnummer.*

Typisch für den *foreigner talk* ist auch die Verwendung einfacherer Lexeme, die semantisch nur einen Teilbereich des gemeinten Lexems abdecken, in diesem Falle *sex* für *anzeigen für erotische kontakte*. Auch der Sachverhalt der Kennwortauswahl wird vereinfacht, indem im ES ein Name vorgegeben wird, im FS aber die gewünscht Namensform nur impliziert ist. Auch die Anordnung der geforderten Information wird durch *bei* im ES gegenüber dem spezifizierenden *darunter* des FS generalisiert. Die orthographische Schreibung von *Geheimnummer* als *geeimnumer* stellt sich durch den Vergleich beider Schreiben als ein fingierter Fehler heraus, der zum einen mit °*numer* die schwierige Handhabung der Kennzeichnung der Vokalkürze reflektiert, zum anderen einer möglichen ausländischen Schreibung von „Nummer" entspricht (also als Interferenz gedeutet werden könnte). Darüber hinaus spiegelt die Schreibung **geeim* die Strategie von Sprechern, deren muttersprachliches Phonemsystem kein behauchtes /h/ kennt, dieses durch Hiatus wiederzugeben.

Dabei abar nix mache zal. du mache a fur 1 b fur 2 c fur 3 usw o fur 0	*keine zahlen schreiben sondern buchstaben: 1 ist a, 2 ist b, 3 ist c usw. 0 ist o.*

Nix mache zal entspricht *keine zahlen schreiben* und ist ein weiteres Beispiel für eine analytischen Ersatzbildung, obwohl *schreiben* zum aktiven Wortschatz des Verfassers gehört. Die Schreibung *fur* reflektiert die Schwierigkeit, Umlaute korrekt zu identifizieren und entsprechend schriftsprachlich umzusetzen. Allerdings bleibt fraglich, ob der Verfasser hier wirklich beabsichtigt, den Verdacht auf den Sprecher einer Sprache hinzulenken, deren Phonemsystem keine Umlaute enthält (Russisch, Italienisch).

wir neu schreibe fur gebe ec kart	

Diese Information fehlt dem FS. Möglicherweise hat dies seine Gründe im Verlauf der (versuchten) Erpressung. Da das korrekte Schreiben das FS ist, liegt die Vermutung nahe, dass das Opfer nichts unternommen hat, um der Forderung nachzukommen, so dass im Zuge einer Verständnissicherung der Erpresser auf korrektes Deutsch zurückgegriffen hat. Der Ausdruck *neu schreibe* zeigt, dass *neu* nicht nur im eigentlichen Sinne, sondern generalisierend auch temporal (*erneut*) verwendet wird.

du nix mache später zale oder polizei wir gift bei lebemitel bei ale lade bei ganze brd bis du nix mer habe lade.	*sollten sie sich weigern, die polizei oder private ermittler usw. einschalten, werden wir die lebensmittel solange und ohne warnung vergiften bis sie keine geschäfte mehr haben. das gleich gilt wenn sie erst abwarten wollen ob wir unsere drohung war machen. sie haben nur diese einzige chance. wenn wir anfangen die lebensmittel zu vergiften hören wir auch wenn sie dann zahlen wollen nicht auf bis sie keine läden mehr haben.*

Dieser letzte Absatz zeigt, wie stark die Verdichtung der Information auf der Seite des ES ist bzw. wie stark auf das Wesentliche reduziert wird. ES wie FS besitzen die fakultative Zusatzfunktion der ‚Beteuerung der Ernsthaftigkeit' (nach Brinker), die sich sowohl in der konkreten Darstellung möglicher Sanktionen ausdrückt wie in der Beschreibung dessen, was der Erpresste unterlassen soll,[29] aber das FS konkretisiert mögliche Varianten dieses Verhaltens: Das *du nix mache* des ES korrespondiert zum einen mit *sollten sie sich weigern* und zum anderen mit *wenn sie erst abwarten wollen, ob wir unsere drohung war machen.* Auch der sehr verkürzte Ausdruck *wir gift bei lebemitel* steht hier sowohl für *werden wir die lebensmittel solange und ohne warnung vergiften* wie auch für *wenn wir anfangen die lebensmittel zu vergiften [...] hören wir nicht auf.* Ähnliches gilt für *bis du nix mer habe lade*, das sich wiederfindet in *bis sie keine geschäfte mehr haben* und *bis sie keine läden mehr haben.* Die Eindrücklichkeit der Drohung, die im FS durch eine detaillierte Beschreibung des sanktionierten Verhaltens erreicht werden soll, versucht der Verfasser im ES möglicherweise durch die universelle Referenz mittels *ale lade bei ganze brd* zu erzie-

---

[29] Vgl. Brinker (2002: 50).

len. Inhaltlich entspricht *ale lade bei ganze brd* dem *ihre märkte bundesweit* im ersten Absatz des FS, ist hier aber als Schluss der Argumentationskette deutlicher exponiert.

4 Schlussfolgerung

Alle drei Texte zeigen Charakteristika des *foreigner talk* wie sie sich auf grammatischer und lexikalischer Ebene finden lassen. Die Abweichung von der standardsprachlichen Norm ist unterschiedlich. Text 1 steht ihr am nächsten, Text 3a zeigt orthographisch, morphosyntaktisch und stellungssyntaktisch die deutlichsten Abweichungen, aber gerade dieser Text stellt sich vor dem Hintergrund des Folgeschreibens 3b als Beispiel einer fingierten Lernersprache heraus. Die anderen beiden Schreiben enthalten neben fehlerhaften auch korrekte Realisierungen, sowohl in Grammatik wie in Orthographie, legen also viel eher die Vermutung fingierter Fehler nahe. Um so markanter ist daher die Systematik aller drei Schreiben, die die morphologische Reduktion von *-n* (in unterschiedlichen Funktionen) betrifft. Legt man zugrunde, dass in allen drei Fällen eine Lernersprache glaubhaft imitiert werden sollte, so wäre dies ein so charakteristischer Fehler, dass er auch in der Fremdsprachendidaktik im Rahmen der Flexionsmorphologie verstärkt behandelt würde. Dies ist jedoch nicht der Fall. Daher ist abschließend zu überlegen, was dann die Grundlage der festzustellenden sprachlichen Abweichungen in den vorliegenden Fällen ist und welchen Aussagewert diese für das Fingieren einer Lernersprache haben.

Roche hat in seiner Studie darauf hingewiesen, dass ‚echter‘ *foreigner talk* (Xenolekt), wie er in der konkreten Kommunikationssituation realisiert wird, nicht gleichgesetzt werden darf mit seiner literarischen Form. Auch wenn der *literarische foreigner talk* die typischen Eigenheiten des *Xenolekts* reflektiert, unterscheiden sich beide Formen deutlich voneinander, da sie unterschiedlichen Funktionen dienen. Ein Kriterium, das nachweislich kein Merkmal von *Xenolekten* ist, ist „eine ‚falsche‘ (bezugssprachlich unübliche Verwendung und xenolektuntypische Realisierung) der Flexion des Verbs oder eine konstante Nichtrealisierung der Infinitivendungen".[30] Genau diese Nichtrealisierung liegt mit der Reduzierung des *-n* – auch bei Infinitiven – in den drei Schreiben vor und darf daher als ein Hinweis auf die Adaption eines *literarischen foreigner talk* gelten, der hier die abweichende Artikulation der unbetonten Nebensilbe im Deutschen mit den Mitteln der Orthographie wiedergibt. Anders als der *Xenolekt* dient diese Variante des *foreigner talk* nicht dem Zweck, mit Ausländern zu kommunizieren, sondern dazu, die vermeintliche Sprechweise eines Ausländers klischee-

---

[30] Roche (1989: 180).

haft zu imitieren, um ihn „gegenüber Dritten (den Lesern) als *fremdartig* zu charakterisieren".[31]

Im Zusammenhang mit einer gewollten Irreführung in Bezug auf die eigene Sprachkompetenz im Rahmen eines Erpresserschreibens dient das Vortäuschen einer lernersprachlichen Kompetenz in erster Linie dazu, von der eigenen Sprachkompetenz abzulenken. Das Erzeugen von Fremdartigkeit, wie sie der *literarische foreigner talk* evoziert, dient genau diesem Zweck: So wie *literarischer foreigner talk* den Ausländer an sich karikiert, der in diesem Sinne keine Herkunft besitzt, so definiert sich der Verfasser mit Hilfe dieser sprachlichen Strategie einfach über die Negation seiner muttersprachlichen Kompetenz, er ist im eigentlichen Sinne ein *Nicht*-Muttersprachler, ohne dass sich dahinter das Konzept einer ausländischen Identität verbergen würde.

5 Literatur

Artmann, Peter (1996): Tätertexte – eine linguistische Analyse der Textsorten *Erpresserbrief* und *Drohbrief*, Würzburg (Diss.).

Bausch, K.-Richard / Gabriele Kasper (1979): Der Zweitsprachenerwerb. Möglichkeiten und Grenzen der „großen" Hypothesen. In: Linguistische Berichte 64, 3-35.

Bickes, Hannes / Marijana Kresic (2000): Fehler, Text und Autor. Zur Identifizierung von Merkmalen der Ausgangssprache bei nicht-muttersprachlichen Schreibern. In: Baldauf, Christa J. (Hg.): 2. Symposium Autorenerkennung des Bundeskriminalamtes vom 03. bis 05. April 2000, Wiesbaden: BKA, 110-132.

BKA-Korpus „Erpresserschreiben" KT 54 Linguistische Textanalyse, BKA Wiesbaden.

Brandt, Wolfgang (1990): Grenzen und Möglichkeiten der forensischen Texturheberschaftsermittlung. In: Kriminalistik 8-9, 478-480.

Brinker, Klaus (2002): Textsortenbeschreibung auf handlungstheoretischer Grundlage (am Beispiel des Erpresserbriefs). In: Adamzik, Kirsten (Hg.): Texte. Diskurse. Interaktionsrollen. Analysen zur Kommunikation im öffentlichen Raum, Tübingen: Stauffenburg (Textsorten; 6), 41-59.

Bungarten, Theo (1996): Anonymität und Urheberschaft. Kommunikationswissenschaftliche, linguistische und informationstheoretische Modellierung möglicher Urheberschaften von anonymen Textdokumenten. In: Kniffka, Hannes (Ed.): Recent developments in forensic linguistics. In cooperation with Susan Blackwell and Malcolm Coulthard, Frankfurt / Main [u. a.]: Lang, 181-201.

Cherubim, Dieter (1980): Fehlerlinguistik: Sprachliche Abweichungen als Gegenstand einer germanistischen Linguistik. In: ZGL 8,1-22.

---

[31] Roche (1989: 181).

Dern, Christa (2003): Sprachwissenschaft und Kriminalistik: zur Praxis der Autorenerkennung. In: ZGL 31, 44-78.

Ferguson, Charles A. (1977): Simplified registers, broken language and Gastarbeiterdeutsch. In: Molony, Carol / Helmut Zobl / Wilfried Stölting (Hgg.): Deutsch im Kontakt mit anderen Sprachen. German in contact with other languages, Kronberg / Ts.: Scriptor (Monographien Linguistik und Kommunikationswissenschaft; 26), 25-39.

Ferguson, Charles A. (1981): ‚Foreigner Talk' as the Name of a Simplified Register. In: International Journal of the Sociology of Language 28: Foreigner Talk, 9-18.

Ferguson, Charles A. / Charles E. De Bose (1977): Simplified registers, broken language, and pidginization. In: Valdman, A. (Ed.): Pidgin and Creole linguistics, Bloomington / Ind.: Indiana Univ. Pr., 99-125.

Fleischer, Wolfgang / Irmhild Barz (1995): Wortbildung der deutschen Gegenwartssprache, 2., durchges. u. erw. Aufl., unter Mitarbeit von Marianne Schröder, Tübingen: Niemeyer.

Frischherz, Bruno (1997): Lernen, um zu sprechen - sprechen, um zu lernen. Diskursanalytische Untersuchungen zum Zweitspracherwerb türkisch-kurdischer Asylbewerber in der Deutschschweiz, Freiburg / Br.: Univ.-Verl. (Germanistica Friburgensia; 16).

Henrici, Gerd (1993): Aspekte der Erforschung des Zweitsprachenerwerbs. In: Ders. / Claudia Riemer (Hgg.): Einführung in die Didaktik des Unterrichts Deutsch als Fremdsprache mit Videobeispielen, [in Zusammenarbeit] mit Arbeitsgruppe Deutsch als Fremdsprache Bielefeld-Jena, Bd. II, 2. Auflage, Baltmannsweiler: Schneider-Verl. Hohengehren (Perspektiven Deutsch als Fremdsprache; 3), 523-527.

Henrici, Gert / Ekkehard Zöfgen (1993): Zur Einführung in den Themenschwerpunkt. In: Fremdsprachen lernen und lehren 22: Themenheft Fehleranalyse und Fehlerkorrektur, 3-14.

Hinnenkamp, Volker (1982): Foreigner Talk und Tarzanisch: eine vergleichende Studie über die Sprechweise gegenüber Ausländern am Beispiel des Deutschen und des Türkischen, Hamburg: Buske.

Jakovidou, Athanasia (1993): Funktion und Variation im ‚Foreigner Talk', Tübingen: Narr (Ergebnisse und Methoden moderner Sprachwissenschaft; 25).

Kämper, Heidrun (1996): Nachweis der Autorenschaft. Methodische Überlegungen zur linguistischen Textidentifizierung und Täterermittlung. In: Kriminalistik 8-9, 561-566.

Kniffka, Hannes (1992): Sprachwissenschaftliche Hilfe bei der Täterermittlung. In: Grewendorf, Günther (Hg.): Rechtskultur als Sprachkultur. Zur forensischen Funktion der Sprachanalyse, Frankfurt / Main: Suhrkamp (stw; 1030), 157-193.

Reifarth, Gert Thomas / Susanne Hoppe (1995): Schriftsprachliche Fehler bei Spätaussiedlern aus der ehemaligen Sowjetunion. In: Zielsprache Deutsch 26/4, 214-220.

Roche, Jörg (1989): Xenolekte. Struktur und Variation im Deutsch gegenüber Ausländern, Berlin, New York: de Gruyter (Soziolinguistik und Sprachkontakt; 5).

Roche, Jörg (1998): Variation in Xenolects (Foreigner Talk). In: Sociolinguistica 12, 117-139.

Selinker, Larry (1972): Interlanguage. In: IRAL X/2, 209-231.

Spillner, Bernd (1989): Forensische Linguistik: Möglichkeiten des Textvergleiches und der Texturheberschaftsermittlung. In: Bundeskriminalamt (Hg.): Symposium: Forensischer linguistischer Textvergleich. Referate und Zusammenfassungen der Diskussionsbeiträge. Am 08. und 09. Dezember 1988 im Bundeskriminalamt, Wiesbaden: BKA (Technische Forschung / BKA; 2), 121-141.

Spillner, Bernd (1990): Status und Erklärungspotential sprachlicher Fehler. In: Kniffka, Hannes (Hg.): Texte zu Theorie und Praxis forensischer Linguistik, Tübingen: Niemeyer (Linguistische Arbeiten; 249), 97-112.

Vogel, Klaus (1990): Lernersprache. Linguistische und psycholinguistische Grundfragen zu ihrer Erforschung, Tübingen: Narr (Tübinger Beiträge zur Linguistik; 341).

Transferwissenschaft:
Eine Subdisziplin der Translationswissenschaft?

Susanne Göpferich (Graz / Österreich)

1   Klärung der Begriffe

Eine Antwort auf die im Titel meines Beitrags – nicht ganz unprovokativ – gestellte Frage setzt zunächst einmal voraus, dass der Gegenstand der beiden Disziplinen – oder besser der Transdisziplin Transferwissenschaft und der Interdisziplin Translationswissenschaft (Snell-Hornby / Pöchhacker / Kaindl 1994) – die
hier in Beziehung zueinander gesetzt werden sollen, definiert wird. Im Falle der
erst vor gut fünf Jahren von Gerd Antos (2001: 5) geforderten und inzwischen,
wie das mittlerweile 5. Kolloquium zu dieser Thematik und eine gleichnamige
Buchreihe belegen, zumindest in Deutschland auch existierenden Transferwissenschaft[1] ist dies deshalb noch relativ einfach, weil die Transferwissenschaft
als Transdisziplin in dieser kurzen Spanne im wissenschaftlichen Diskurs noch
keine definitorische Ausdifferenzierung in verschiedene Varianten erfahren hat.
Anders im Falle der Translationswissenschaft, deren Bezeichnung von dem von
der Leipziger Schule geprägten Begriff ‚Translation' als Oberbegriff für ‚Übersetzen' und ‚Dolmetschen' abgeleitet ist (Kade 1963: 91; 1968: 33) und sich inzwischen als Oberbegriff für die Übersetzungs- und Dolmetschwissenschaft
etabliert hat.

Die Entstehung beider Wissenschaften hat gesellschaftliche Gründe: Die Notwendigkeit für die Transferwissenschaft ergibt sich aus der Wissensexplosion,
die erst ein Phänomen unserer modernen Gesellschaft ist. Im Gegensatz dazu
setzt die Translationswissenschaft an einem Problem an, das schon seit
Menschengedenken besteht, auch wenn man sich mit diesem Problem nicht von
Anfang an auch metareflexiv oder gar wissenschaftlich beschäftigt hat. Die ers-

---

[1]   Die Publikationsreihe trägt den Titel *Transferwissenschaften*. Vermutlich ist *Transferwissenschaft* als Oberbegriff zu verstehen, der die verschiedenen Disziplinen umspannt,
die ihr zuarbeiten und die dann als *Transferwissenschaften* zu bezeichnen wären.

ten Übersetzungen sind über 4500 Jahre alt. Sie wurden in Form von zwei- und dreisprachigen Wortlisten auf Tontafeln gefunden. Die ersten Reflexionen zu Übersetzungsmethoden, etwa dazu, ob wörtlich oder frei, Wort für Wort oder sinngemäß übersetzt werden sollte, finden sich bereits im Altertum, z. B. bei Cicero (106–43 v. Chr.), Horaz (65–8 v. Chr.) und dem heiligen Hieronymus (ca. 331 – ca. 420), dem Schutzheiligen der Übersetzer, und setzen sich dann immer weiter fort. Für die Reformation ist insbesondere Luthers *Sendbrief vom Dolmetschen* anzuführen; für das ausgehende 18. und das 19. Jahrhundert sind z. B. Goethe, Schleiermacher und Humboldt zu nennen (vgl. Woodsworth 1998: 40 ff.). Eine Intensivierung der Reflexion über die Translation – oder vielmehr das Übersetzen, denn das Dolmetschen ist deutlich weniger erforscht – setzt aber erst nach dem Zweiten Weltkrieg ein. Auf diese Zeit geht auch die Gründung der ersten universitären Ausbildungsstätten für Übersetzer und Dolmetscher in Europa zurück und mit ihr auch die Entstehung entsprechender Lehrwerke, die, ich komme hierauf noch zurück, für die Transferwissenschaft einiges zu bieten haben.

In dieser langen Zeitspanne und insbesondere in den letzten 60 Jahren wurden zahlreiche Versuche unternommen, den Gegenstandsbereich dessen abzugrenzen, was man heute *Translationswissenschaft* nennt. Das Spektrum dessen, was als Übersetzung oder Verdolmetschung bezeichnet wird und damit Objekt der Translationswissenschaft wird, nimmt dabei sehr unterschiedliche Ausmaße an. Und je nachdem, welcher Auffassung man sich anschließt, kommt man auch bei der Beantwortung der im Titel gestellten Frage zu ganz unterschiedlichen Ergebnissen.

Es ist daher unverzichtbar, bei der Definition des Gegenstandsbereichs der Translationswissenschaft etwas weiter auszuholen. Zur Verdeutlichung meiner Position kontrastiere ich die beiden extremen Standpunkte unter den Translationswissenschaftlern miteinander, nämlich denjenigen der Äquivalenzanhänger mit demjenigen der Funktionalisten. Dies dürfte gerade auch für diejenigen Philologen aufschlussreich sein, die lange Zweifel daran hegten – und dies z. T. noch immer tun –, ob man denn aus diesem kleinen ,Praxisbereich' des Übersetzens gleich eine Wissenschaft machen müsse – eine Haltung, die offensichtlich dazu geführt hat, dass die Ergebnisse der translationswissenschaftlichen Forschung in den Philologien und vielen anderen Disziplinen, wie beispielsweise auch der Schreibprozessforschung, der Verständlichkeitsforschung und der Technischen Redaktion, um nur einige zu nennen, nur extrem selektiv zur Kenntnis genommen wurden, obwohl die translationswissenschaftliche Forschung sich doch, wie ich aufzeigen werde, mit einem breiten Spektrum von Problemen beschäftigt, für dessen Bearbeitung man nun eigens eine Transferwissenschaft auf den Plan ruft.

Werfen wir also zunächst einen Blick auf die Transferwissenschaft mit ihrem Gegenstandsbereich, ihren Zielen und Methoden, und betrachten wir dann entsprechend die Translationswissenschaft in ihren unterschiedlichen Ausprägungen, insbesondere der funktionalistischen, näher, um anschließend beide miteinander kontrastieren zu können.

1.1   Transferwissenschaft

Gerd Antos (2001: 5) definiert die Transferwissenschaft als eine „den Zugang zu Wissen in umfassender Weise thematisierende Wissenschaft", als

> eine transdisziplinär orientierte Wissenschaft [...], die Prinzipien, Wege und Strategien des selektiven und nachhaltigen Zugangs zu Wissen im Zeitalter der Informationsflut und der Wissensexplosionen erforschen soll.

Sie erforscht, so Antos (2001: 5; vgl. auch 16) weiter,

> die kulturellen, sozialen, kognitiven, sprachlich-medialen und emotionalen Bedingungen, die medialen Wege sowie Prinzipien und Probleme der Wissensproduktion und -rezeption unter dem Gesichtspunkt ihrer strukturellen und sozialen Vernetzung, ihrer Relevanz für Nicht-Experten und den Chancen ihres globalen sowie gruppen- und zielspezifischen Transfers. Kurz: Die Transferwissenschaft erforscht Bedingungen, Prinzipien, Formen, Strategien sowie Probleme und Erfolgschancen des Metawissens über Wissen zum Zwecke einer nicht eingeschränkten Verfügbarkeit von (Sonder-)Wissen für alle potenziell an Wissen Interessierten.

Die Transferwissenschaft zielt also darauf ab, Probleme der Unzugänglichkeit von Wissen auf ihre Ursachen zurückzuführen und sie zu lösen, wobei die Unzugänglichkeit des Wissens unterschiedliche Ursachen haben kann: fehlendes Wissen über seine Existenz, unzureichende Möglichkeiten des selektiven und gezielten Zugriffs oder die Unverständlichkeit seiner Darstellung – alles Ursachen, die wieder auf tiefere Ursachen zurückgeführt werden können, wie etwa das Barrierenbauen, um die Macht oder auch nur die sozialen oder wirtschaftlichen Vorteile, die mit Wissensbesitz einhergehen, nicht mit anderen teilen zu müssen.

Wenn ich Antos richtig verstanden habe, so setzt die Transferwissenschaft auch an diesen tiefer sitzenden, motivationalen Problemen an, was ich u. a. daraus ableite, dass Antos in seiner Definition auch von den „Bedingungen [...] des [sic] Metawissens über Wissen" spricht; dies kann man so verstehen (und ich verstehe es so), dass die Transferwissenschaft auch zu erforschen habe, welche Bedingungen oder Anreize etwa für Wissenschaftler geschaffen werden müssten, damit diese sich motiviert fühlen, neben ihren ‚fachchinesischen' Publikationen auch didaktisierende zu schaffen. Solche didaktisierenden Publikationen stellen nach meiner Interpretation von Antos' Definition der Transferwissenschaft auch Metawissen über Wissen dar, ebenso wie etwa ein Retrieval-Ergebnis in einem Bibliothekskatalog, das mich darüber informiert, dass es zu einer bestimmten Thematik dieses oder jenes Buch in der Bibliothek gibt.

Thematisiert wird in der Transferwissenschaft also das „Etikettieren" (Verschlagworten) von Wissen, seine „Evaluierung" und seine zweck- und adressatenspezifische „Transformation" (Antos 2001: 22 f.) – die Schaffung von „Metawissen über ein bestimmtes Wissen" (Antos 2001: 22). Wie ich noch aufzeigen werde, wird in den funktionalistischen Translationstheorien das Übersetzen und Dolmetschen gerade auch als Schaffung eines solchen Metawissens oder Metainformationsangebots gesehen, als Schaffung eines „Informationsangebots über ein Informationsangebot" (Vermeer 1982) – so viel vorab zur Translationswissenschaft.

Als Ziel der Transferwissenschaft betrachtet es Antos also, wie er an anderer Stelle formuliert, „alle Barrieren des Zugangs zu Wissen und Erfolgsstrategien der Verarbeitung von Wissen zu erforschen" (2001: 7). Sie ziele ab auf „die organisatorische, mediale und sprachliche Optimierung des Wissenstransfers" (2001: 17).

Dabei muss die Transferwissenschaft nach Antos (2001: 12 f.) keine neue „Interdisziplin", keine „multidisziplinäre Aggregatwissenschaft" (Weingart; zit. nach Antos 2001: 13; Fußn. 13) werden. Sie braucht nicht zu einer einheitlichen Theorie zu führen. Sie ist vielmehr

> eine Einladung an verschiedene Disziplinen (Linguistik, Medien- und Kommunikationswissenschaften, Didaktik, Soziologie, Ökonomie, aber auch Philosophie und andere Kulturwissenschaften[2]), sich theoretisch und anwendungsorientiert mit Chancen und Barrieren des Zugangs zu neuem und tradiertem Wissen zu beschäftigen. (Antos 2001: 7)

1.2   Translationswissenschaft

Darüber, was Gegenstand der Translationswissenschaft ist, herrscht keineswegs Einigkeit. Die Geister scheiden sich vor allem über die Frage, welche Relation ein Text, der als *Übersetzung* bezeichnet werden soll, zu seinem Ausgangstext / seinen Ausgangstexten haben muss, damit er überhaupt *Übersetzung* genannt und damit der Prozess, der mit seiner Erstellung verbunden ist, dem Gegenstandsbereich der Translationswissenschaft zugerechnet werden kann. Die verschiedenen Haltungen, die in der Translationswissenschaft zu dieser Frage ein-

---

[2]   Damit ist wohl auch die Translationswissenschaft gemeint, die in dieser Aufzählung leider nicht explizit genannt wird. Antos nennt sie aber einige Seiten später, wo er über Disziplinen spricht, die für einen „transdisziplinären Verbund" (Antos 2001: 15 f.) in Frage kommen; er nennt dort (im Plural!) die „Übersetzungswissenschaften" [sic].

genommen werden, möchte ich exemplarisch an zwei extremen Standpunkten illustrieren, zum einen am Standpunkt derjenigen, die Äquivalenzforderungen aufstellen. Zu dieser Gruppe gehören beispielsweise Catford (1965), Nida / Taber (1969), sehr gemäßigt Pym (1992; 1995) und Koller ([4]1992), auf den ich exemplarisch für diese Gruppe etwas näher eingehen werde. Zum anderen möchte ich den Standpunkt der Funktionalisten darlegen, die die Qualität einer Übersetzung von Äquivalenzforderungen lösen und sie allein oder primär am Grad ihrer Zweckerfüllung, der Erfüllung ihres sog. Skopos (von griech. *skopos* – ‚Ziel‘, ‚Zweck‘), messen. Die Äquivalenzanhänger suchen Qualitätsmaßstäbe also retrospektiv im Ausgangstext; die Funktionalisten suchen sie prospektiv mit Blick auf den Skopos des Zieltextes.

1.2.1 Von der äquivalenzorientierten zur funktionalistischen Translationswissenschaft

Die Haltung der äquivalenzorientierten Translationswissenschaftler dürfte der Haltung der meisten Laien auf dem Gebiet des Übersetzens entsprechen. Sie gehen davon aus, dass eine Übersetzung in einer anderen Sprache abgefasst ist als das Original, diesem aber (idealerweise) ansonsten auf allen Ebenen, also sachlich-inhaltlich und formal-stilistisch, entspricht, ihm also ‚äquivalent‘ ist (vgl. Newman 1994: 4694). Befasst man sich näher mit dem Übersetzen, stellt man aber sehr schnell fest, das es kaum sog. Übersetzungen gibt, die diese strengen Äquivalenzanforderungen erfüllen. Dennoch ist man bei ihnen geneigt, sie als *Übersetzungen* zu bezeichnen.

Betrachten wir hierzu exemplarisch einige Übersetzungsvarianten des Anfangs von Christian Morgensterns Nonsense-Gedicht *Das ästhetische Wiesel* (vgl. hierzu Levý 1967: 219):

Ein Wiesel
saß auf einem Kiesel
inmitten Bachgeriesel.

Wißt ihr,
weshalb?

Das Mondkalb
verriet es mir
im Stillen:

Das raffinier-
te Tier
tat's um des Reimes willen.

A weasel
perched on an easel
within a path of teasel.

A ferret
nibbling a carrot
in a garret.

A mink
sipping a drink
in a kitchen sink.

A hyena
playing a concertina
in an arena.

A lizzard
shaking its gizzard
in a blizzard.

Was hier in den englischen Versionen vom Inhalt der deutschen Version beibehalten wurde, ist lediglich die Auffüllung der drei Positionen mit 1. einem Tiernamen, 2. einer Handlungsbeschreibung und 3. einem Ort, wobei diese innerhalb ihrer Kategorie nur die eine nicht-inhaltliche Anforderung erfüllen, dass sie sich reimen.

Die meisten von Ihnen werden diese englischen Versionen des Gedichtanfangs alle als Übersetzungen der deutschen Version betrachten, obwohl sie inhaltlich ganz verschieden sind; dabei halten viele von Ihnen sie sicher sogar für gute Übersetzungen, und das, obwohl in den drei bereits genannten Positionen keine inhaltliche – oder in Kollers ([4]1992) Terminologie: „denotative" – Äquivalenz herrscht, sondern lediglich „formal-ästhetische". Es dürfte weitgehend Einigkeit darüber herrschen, dass es hier mehr auf die letztere als auf die erstere ankommt, was ja auch aus dem Schluss von Morgensterns Gedicht hervorgeht: „Das raffinier-|te Tier |tat's um des Reimes Willen".

Nun mag man einwenden, dass hier der Sonderfall eines poetischen Textes vorliege, im alltagsprachlichen oder fachsprachlichen Bereich stelle sich das Problem nicht. Dass sich das Problem auch hier stellt, möge das folgende Beispiel illustrieren, bei dem es sich um den Auszug aus einer Werbeanzeige für ein Haarsträhnchenfärbemittel in der französischen Frauenzeitschrift *Elle* handelt („Cristal Mèches" 1991):

[1]   Elle fait elle-même les oeufs en meurette, la peinture des volets et
        l'arrosage quotidien des forsythias, elle s'est fixée comme but de réussir à
        la fois sa vie privée et sa vie professionnelle. Elle y parvient ! mais sans
        stress ... de quoi rendre blêmes les „exécutives" frénétiques des années 80 !
        Bref, c'est une femme multiple !

Als ich diesen Text angehenden Diplom-Übersetzern und -Übersetzerinnen vorlegte und sie bat, ihn für ein Werbeinserat zu dem Haarsträhnchenfärbemittel für eine deutschsprachige Frauenzeitschrift wie *Brigitte* zu übersetzen, konnte ich im Wesentlichen zwei Herangehensweisen beobachten: Die eine Gruppe erspähte unbekannte Ausdrücke, vor allem *oeufs en meurette*, und griff sofort zum Wörterbuch, um genau zu recherchieren, worum es sich dabei handelt. Die andere Gruppe wusste zwar auch nicht genau, was *oeufs en meurette* sind, doch beschloss sie, nicht nachzuschlagen. Sie wusste, dass es sich dabei um „was zum Essen" handelt, „vermutlich was typisch Französisches", so der Kommentar, doch fragte diese Gruppe gleich weiter, ob es denn in der deutschsprachigen Übersetzung überhaupt darauf ankommt, was *oeufs en meurette* nun genau sind, und ob eine – eventuell unvermeidbar lange – genaue Erklärung des Begriffs der Funktion der Werbeanzeige nicht sogar abträglich sei. Diese Fragen führten schließlich zu der Überlegung, was mit dem Absatz in der französischen Anzeige überhaupt bezweckt wird, welche Funktion er in der Anzeige erfüllt. Und dabei kam die Gruppe zu dem folgenden Ergebnis: Es soll das Bild einer vielseitigen Frau gezeichnet werden, einer Frau, die sowohl privat als auch im Beruf erfolgreich ist. Dies soll durch Beispiele aus dem Tätigkeitsspektrum, das sie abdecken kann, illustriert werden. Schaut man sich die beispielhaft genannten Tätigkeiten an, so stellt man fest, dass dies sowohl solche sind, die traditionellerweise ‚Frauensache' sind (z. B. *faire des oeufs en meurette*, wobei dies wiederum exemplarisch für Küchenarbeit im Allgemeinen steht), als auch solche, die eigentlich ‚Männersache' sind (z. B. *la peinture des volets* – das Streichen der Fensterläden). Welche bestimmten Frauentätigkeiten oder Männertätigkeiten hier genannt werden, ist für die Funktion des Absatzes irrelevant; was hier zum Ausdruck gebracht werden soll, ist lediglich, dass die Frau, von der hier die Rede ist, nicht nur die Aufgaben erfüllen kann, die traditionellerweise in die Frauendomäne fallen, sondern dass sie auch ‚Männerarbeiten' beherrscht.

Es kommt also in der deutschsprachigen Übersetzung nicht darauf an, die Tätigkeiten des französischen Originals getreu ins Deutsche zu übertragen, sondern im Deutschen Tätigkeiten zu nennen, die im deutschsprachigen Raum als typische Frauen- bzw. Männerangelegenheiten betrachtet werden. *Oeufs en meurette* (eine spezielle Art pochierter Eier) sind kein typisch deutsches (oder etwa österreichisches) Rezept. Diesen Begriff im Deutschen zu benennen würde eine umständliche und damit für eine Werbeanzeige nicht adäquate Umschreibung erfordern. Die französische Benennung im Deutschen zu übernehmen würde die meisten Leserinnen, die nicht wissen, was *oeufs en meurette* sind, stutzen lassen und damit von der eigentlichen Werbebotschaft ablenken. Ein Markenzeichen für die perfekte deutsche (und sicher auch österreichische) Hausfrau ist es, wenn sie ihre Marmelade nicht kauft, sondern selber macht. Das Streichen der Holzfensterläden ist im deutschsprachigen Raum keine so typische Männeraufgabe. Das gilt hier schon eher für Arbeiten, die etwas mit dem Auto zu tun haben, wie z. B. den Ölwechsel zu machen. *Marmelade* und *Ölwechsel* haben zudem den Vorteil, dass sie mit demselben Verb kollokieren, was eine sprachökonomische und damit elegante Formulierung erlaubt wie in der Übersetzung [1'].

[1'] Sie macht nicht nur ihre Marmelade, sondern auch ihren Ölwechsel selber und hat sich vorgenommen, sowohl privat als auch im Beruf ihren Mann zu stehen. Und sie schafft es auch! Aber ohne Stress ..., so dass die hektischen Karrierefrauen der 80er Jahre vor Neid erblassen würden. Sie ist einfach vielseitig!

Die Formulierung *Sie macht **nicht nur** ihre Marmelade, **sondern auch** ihren Ölwechsel selber* bringt bereits die Idee zum Ausdruck, dass die Frau das ganze Spektrum vom ‚Heimchen am Herd' bis hin zum ‚Heimwerker' beherrscht, und macht das dritte im Französischen angeführte Beispiel sogar überflüssig. Zur Idee des Spektrums vom ‚Weiblichen' bis zum ‚Männlichen' passt dann auch die idiomatische Wendung *seinen Mann stehen* für eine Aussage über eine Frau.

Mit diesen Überlegungen kam die nachschlagefaule Gruppe meiner Studierenden zu einer Übersetzung, die nicht nur akzeptabel ist, sondern ihre Funktion im
deutschsprachigen Raum sogar hervorragend erfüllt, während die nachschlage-
eifrige Gruppe so sehr am Ausgangstext klebte, dass sie die kulturelle Einge-
bundenheit des Textes und die Funktion des Absatzes in der Gesamtwerbean-
zeige nicht erkannte und letztlich einen Text produzierte, der inhaltlich zwar
‚originalgetreu‘ ist, seine Funktion aber verfehlt und sofort als ‚Übersetzung‘
(hier im negativen Sinne) erkannt wird.

Auch in diesem Beispiel wurde auf lexikalischer Ebene auf „denotative Äquivalenz" verzichtet: *Oeufs en meurette* sind keine *Marmelade* und *la peinture des
volets* hat nichts mit *Ölwechsel* zu tun. Diese Abweichungen auf der denotativen
Ebene im Bereich der Lexik waren aber erforderlich, um Wirkungsäquivalenz
zu erzielen, die in diesem Falle darin besteht, dass auch die Übersetzung als
Werbeanzeige funktionieren muss.

Wir sehen an diesem Beispiel sehr deutlich, dass Übersetzen nicht nur ein
sprachlicher Transfer, sondern auch ein kultureller Transfer ist, denn nur mit der
Unterschiedlichkeit der Kulturen, für die der obige Ausgangstext und seine
Übersetzung bestimmt sind, lassen sich die hier beim Übersetzen sinnvollerweise mit vorgenommenen kulturellen Anpassungen rechtfertigen. Mit einem
reinen Sprachtransfer erzielt man hier keine funktionierende Übersetzung.[3]

Aus beiden angeführten Beispielen (viele weitere ließen sich ergänzen) wird
deutlich, dass Äquivalenz oft nicht auf allen Ebenen zugleich zu erreichen ist.
Derartige Fälle haben in der Translationswissenschaft dazu geführt, dass man,
wie bei der Besprechung der o. g. Übersetzungen, verschiedene Formen von
Äquivalenz unterschieden hat. So differenziert beispielsweise Koller ([4]1992:
216) zwischen „denotativer Äquivalenz" als der Äquivalenz auf der Ebene des
bezeichneten außersprachlichen Sachverhalts, „konnotativer Äquivalenz", „text-
normativer Äquivalenz", die sich auf Textsortenkonventionen bezieht, „pragmatischer Äquivalenz" als einer „empfängerbezogenen Äquivalenz" und „for-

---

[3] An diesem Beispiel lässt sich ferner verdeutlichen, dass auch für das Übersetzen verschiedene Arten von Wissen eine Rolle spielen. Das implizite Wissen, dass in dem Beispiel von
typischen Männer- bzw. Frauenaufgaben die Rede ist, muss vom Übersetzer vor dem
Transfer erkannt werden, aber nicht etwa, um es im Zieltext explizit zu verbalisieren (damit würde der Werbeeffekt zerstört), sondern um in der Zielsprache bewusst Zeichen aus-
wählen zu können, die in der Zielkultur ebenfalls wieder mit diesem impliziten Wissen as-
soziiert werden. Vgl. hierzu eine der Fragen, die Antos stellt, um das Problemspektrum zu
konkretisieren, mit dem sich die Transferwissenschaft zu beschäftigen habe: „Welche Arten von Wissen gibt es überhaupt (implizites vs. explizites Wissen, Orientierungs- vs. Ver-
fügungswissen, Fähigkeiten, Fertigkeiten, Weisheit usw.). [sic] Wie spielen sie zusammen
und welche Rolle spielen sie bei der Lösung welcher Probleme?" (Antos 2001: 17)

mal-ästhetischer Äquivalenz", die sich auf „bestimmte ästhetische, formale und individualstilistische Eigenschaften" des Ausgangstextes bezieht.

Sind die verschiedenen Arten der Äquivalenz nicht alle zugleich erreichbar, dann sind sie nach ihrer jeweiligen Bedeutsamkeit in eine Rangfolge zu bringen (s. hierzu z. B. Schreiber 1993: 66 ff.). Das Kriterium, nach dem diese Rangfolge zu bestimmen ist, ist aber nicht mit dem Ausgangstext selbst – quasi automatisch – gegeben. Es kann nur aus dem Skopos, dem Zweck der Übersetzung, abgeleitet werden (s. hierzu u. a. Vermeer 1982; Reiß / Vermeer 1984; Holz-Mänttäri 1984; Hönig / Kußmaul [2]1984; Nord 1993; Hönig 1995; Schmitt 1999). Dieser Skopos kann – zumindest gemäß den Funktionalisten – von demjenigen des Ausgangstextes völlig verschieden sein, so dass es zu seiner Erfüllung notwendig sein kann, auf allen Ebenen vom Ausgangstext abzuweichen und quasi eine Null-Äquivalenz anzustreben. (In solchen Fällen sprechen die Äquivalenzanhänger aber keineswegs mehr von *Übersetzungen*.) Die Funktion kann aber auch identisch sein mit derjenigen des Ausgangstextes (was die Äquivalenzanhänger ja fordern). Das kann aber trotzdem dazu führen, wie unsere beiden Beispiele oben zeigen, dass man auf verschiedenen Ebenen vom Ausgangstext abweichen muss und ein Kriterium braucht, anhand dessen bestimmt wird, auf welcher Ebene die Abweichungen zulässig sind. In letzter Konsequenz bedeutet dies, dass man die Forderung nach Äquivalenz bzw. Invarianz zwischen Ausgangstext und Translat (d. h. Übersetzungs- bzw. Dolmetschergebnis) zugunsten der Forderung nach Adäquatheit für einen bestimmten Zweck, dem sog. Skopos, aufgeben muss (Reiß / Vermeer 1984: 133). Dabei kann der Skopos aber auch darin bestehen, die eine oder andere Form der Äquivalenz zu erreichen, z. B. um dem Adressaten der Übersetzung zu demonstrieren, wie die Ausgangssprache auf bestimmten Ebenen ‚funktioniert' (vgl. Reiß / Vermeer 1984: 140).

In meiner bisherigen Argumentation zur Problematik des Äquivalenzbegriffs habe ich jedoch noch einen entscheidenden Faktor gar nicht berücksichtigt: Wird das Maß für die Qualität der Übersetzung im Ausgangstext gesucht, der ja die Äquivalenzmaßstäbe bereitstellen soll, so setzt dies voraus, dass es diesen Ausgangstext objektivierbar gibt. Nach den konstruktivistischen Verstehenstheorien ist dies jedoch nicht der Fall. Ein Text ist kein Text *per se*, er wird erst zu einem Text durch die Verstehensleistung eines Rezipienten, in die er in *top-down*-Prozessen sein Vorwissen, seine Lesemotivation und -ziele etc. einbringt (vgl. hierzu Reiß / Vermeer 1984: 58, 62, 90; Vermeer 1986: 42). Das bedeutet zugleich, dass es von einem sog. Ausgangstext so viele Varianten gibt, wie es Rezipienten gibt, und damit ist der Äquivalenzforderung (Äquivalenz zu welchem Ausgangstext?) das Fundament entzogen. Auch dieses Argument stützt wieder die Funktionalisten, die den Blick von der Retrospektive auf den Ausgangstext abwenden und Kriterien für die Bewertung von Übersetzungen prospektiv im Skopos des Zieltextes suchen.

In dieser funktionalistischen Ausrichtung weitet sich der Gegenstandsbereich der Translationswissenschaft zwangsläufig aus: Die Translationstheorie wird nun auch für den weiteren Gegenstandsbereich der Transferwissenschaft interessant, da sie auch auf Textadaptationen für andere Adressaten und damit – wenn man ihren Gegenstandsbereich noch weiter auslegt, wie ich es unten tun und auch begründen werde – auch auf Textoptimierungen als einer Art ‚intralinguales Übersetzen' anwendbar wird. Eine völlige Äquivalenz zwischen verschiedenen Textvarianten ist auch innerhalb derselben Sprache kaum zu erreichen und bei Textoptimierungen auch nicht erstrebenswert; der optimierte Text soll ja gerade ‚besser' werden als seine Ausgangsversion und muss folglich von ihr abweichen. Was erreicht werden kann, ist wiederum lediglich eine Optimierung für einen bestimmten Zweck, der vor der Optimierung aber thematisiert werden muss, was in den instruktionspsychologischen Verständlichkeitskonstrukten, beispielsweise dem sog. Hamburger Modell von Langer / Schulz von Thun / Tausch (^{5}1993) oder demjenigen Groebens (1982), nicht (hinreichend) geschieht im Gegensatz zu meinem Karlsruher Verständlichkeitskonzept (Göpferich 2002a: 154 ff.), das zur Operationalisierung der Skopostheorie genutzt werden kann und ihre Anwendung konsequent didaktisiert.

Abgesehen von den begrifflichen Schwierigkeiten, die mit der Forderung nach Äquivalenz einhergehen, ergibt sich aus der äquivalenzorientierten Translationswissenschaft noch ein weiteres Problem: Sie klammert – zumindest theoretisch – alle Formen von Transfer aus ihrem Gegenstandsbereich aus, in denen nicht Äquivalenz angestrebt wird, und nennt sie nicht mehr *Translation*, sondern beispielsweise *Bearbeitung* oder *Adaptation*, mit denen sie sich dann – in der Praxis – inkonsequenterweise aber doch beschäftigt. Gegenstand welcher Wissenschaft, wenn nicht der Translationswissenschaft, sind aber dann streng genommen die *Bearbeitungen* oder *Adaptationen*, die in unserem Leben doch eine große Rolle spielen? – Eine ‚Adaptationswissenschaft' o. Ä. wurde m. W. nicht etabliert; es hat sie nie gegeben. Und selbst, wenn es sie geben würde (vielleicht in Form der Transferwissenschaft?), so würde sich ihr wissenschaftliches und didaktisches Instrumentarium doch wohl kaum von demjenigen der (äquivalenzorientierten) Translationswissenschaft unterscheiden.

Diese Scheuklappenhaltung ist wohl genau das, wogegen sich Mittelstraß (1998: 4) mit seiner Transdisziplinaritätsforderung wendet. Er will keine Wissenschaft, die die Einhaltung disziplinärer Grenzen über die Lösung von (Alltags-)Problemen stellt, sondern stellt die (Alltags-)Probleme in den Mittelpunkt und fordert die verschiedenen Disziplinen, die zur Lösung dieser Probleme einen Beitrag leisten können, auf, diesen Beitrag auch zu leisten: Transdisziplinäre Forschung ist eine Forschung, „die sich aus ihren disziplinären Grenzen löst, die ihre Probleme disziplinenunabhängig definiert und disziplinenunabhängig löst" (1998: 44), wobei er mit „disziplinenunabhängig" eher meint, dass diese Wissenschaft alle Disziplinen, die zur Problemlösung beitragen könnten, dazu einlädt, dies in einer gemeinsamen Kraftanstrengung auch zu tun, ohne im Vorfeld abzugrenzen, in welchem – auch disziplinenübergreifenden – Rahmen man sich dabei zu bewegen habe. Vor diesem Hintergrund macht eine auf Äquivalenzphänomene gerichtete Translationswissenschaft schon insofern keinen Sinn, als sich ihr Gegenstandsbereich nicht aus *real-world*-Problemen ergibt, sondern künstlich eingeschränkt wird. Äquivalenz zu erreichen mag hier das Ideal sein, das aber in der Praxis kaum zu erreichen ist und, wie wir an Beispielen gesehen haben, ja auch gar nicht – oder nur in sehr eingeschränktem Umfang – tatsächlich erstrebenswert ist.

Das Phänomen der Äquivalenz spricht im Übrigen auch Antos, ohne es jedoch beim Namen zu nennen, in seinem programmatischen Aufsatz zur Transferwissenschaft an, wenn er feststellt:

> Angesichts der Wissensakkumulation wäre es in grundsätzlicher Hinsicht verfehlt, Wissenstransfer auf die Frage reduzieren zu wollen, wie vorhandenes Wissen ohne strukturelle Reduktion seiner Komplexität ,optimal umgesetzt' werden kann. Dies würde zu einer nicht leistbaren Vervielfachung des Wissens führen und zudem der Logik der Spezialisierung zuwider laufen. (Antos 2001: 22)

Was er hier ablehnt, ist gerade die Forderung nach denotativer Äquivalenz. Da denotative Äquivalenz z. B. beim Wissenstranfer vom Fachtext in die populärwissenschaftliche Variante nicht das anszustrebende Ziel sein kann, stellt er Alternativforderungen auf. Hierzu gehören erstens die Prinzipien der Adressatenspezifik (Antos 2001: 26) und zweitens die Prinzipien der Selektivität von Wissen, denen die Transferwissenschaft zu folgen habe:

P 6: Wissen ist immer nur perspektivisch repräsentier- und transferierbar!

P 7: Formen der Wissensselektion und damit der Komplexitätsreduktion sollten in angemessener Weise transparent/explizit gemacht werden! (Antos 2001: 25; Kursiv. im Orig.)

Das sind genau die Prinzipien, die die funktionalistische Translationswissenschaft in Form der Skoposregel an die Stelle der Äquivalenzforderungen gesetzt hat: Nach den funktionalistischen Theorien ist eine Übersetzung ohne Übersetzungsauftrag, aus dem Zweck und Adressaten der Übersetzung hervorgehen, nicht möglich. Abweichungen vom Ausgangstext (oder auch Übereinstimmungen) müssen sich stets mit dem Zweck und den Adressaten der Übersetzung begründen lassen.

Zugleich spricht Antos mit diesen Prinzipien auch eine Ethik des Wissenstransfers an, die mir sehr wichtig erscheint und auf die ich in Abschnitt 1.2.2.2 noch zurückkommen werde.

1.2.2 Varianten der funktionalistischen Translationswissenschaft

Innerhalb der funktionalistischen Translationswissenschaft gibt es nun aber auch wieder unterschiedliche Theorieausprägungen, die für den Vergleich der Translationswissenschaft mit der Transferwissenschaft relevant sind. Betrachten wir diese Ausprägungen in ihren wesentlichen Unterschieden also näher, und leiten wir daraus Schlussfolgerungen für ihren Beitrag zur Transferwissenschaft ab.

1.2.2.1 Die Skopostheorie Vermeers

In seiner Skopostheorie, die als allgemeine Translationstheorie konzipiert ist, in die sich verschiedene Teilübersetzungstheorien integrieren lassen, degradiert Vermeer den Ausgangstext als ehemals ‚heiliges Original' zu einem bloßen „Informationsangebot", über das der Zieltext seinerseits wieder ein „Informationsangebot" macht (Reiss / Vermeer 1984: 67, 76): „Translation ist ein Informationsangebot in einer Zielkultur und deren Sprache über ein Informationsangebot aus einer Ausgangskultur und deren Sprache." (Reiß / Vermeer 1984: 105) Die Betonung liegt hier auch auf dem *kulturellen Transfer* (vgl. Vermeer 1986). Den Ausgangstext als bloßes Informationsangebot zu betrachten ist die logische Konsequenz aus konstruktivistischen Verstehenstheorien, nach denen ein Text nicht *per se* Text ist, sondern erst durch die Rezeption des Empfängers, in die dieser sein Vorwissen, seine spezifischen Rezeptionsinteressen, seine Motivation etc. in *top-down*-Prozessen einbringt, zum jeweils individuell verschiedenen Text wird. Entsprechend kann auch der Übersetzer seinen Ausgangstext nur aus seiner jeweiligen Perspektive selektiv wahrnehmen. Da er oftmals kein Eigeninteresse an der Rezeption hat, muss seine Lektüre des Ausgangstextes durch seinen Übersetzungsauftrag gelenkt werden. Ohne Übersetzungsauftrag, den in manchen Fällen der Ausgangstext schon nahe legen kann, ist nach der Skopostheorie eine Übersetzung nicht möglich. Entsprechend seinen Adressaten in der Zielkultur und dem Zweck (die Adressaten betrachtet Vermeer [Reiß / Vermeer 1984: 101] als „Sondersorte [Untermenge] des Skopos"), den die Übersetzung haben soll, also prospektiv, und nicht mehr retrospektiv auf das im Ausgangstext ‚Gegebene' gerichtet, trifft der Übersetzer dann seine translatorischen Entscheidungen, wobei gilt: „Der Zweck heiligt die Mittel." (Reiß / Vermeer 1984: 101). Bedingung ist dabei bei Vermeer noch, dass es einen Ausgangstext gibt, dass der Transfer beim Übersetzen für eine andere Kultur erfolgt und dass dieser Transfer in irgendeiner Form „imitierend", „simulierend" oder „abbildend" ist (Reiß / Vermeer 1984: 19, 24, 80, 89), also einen intertextuellen Bezug herstellt.

1.2.2.2 Die funktionalistische Übersetzungstheorie Nords

Christiane Nord ist grundsätzlich eine Anhängerin der Skopostheorie, relativiert sie jedoch unter ethisch-moralischen Gesichtspunkten. Neben die Forderung nach Skopos- oder Funktionsgerechtigkeit stellt sie die Forderung nach „Loyalität" (Nord 1993: 18):

> Die Verpflichtung zur ‚Loyalität' bedeutet, daß Übersetzer und Übersetzerinnen gegenüber ihren Haupthandlungspartnern, also sowohl gegenüber den Auftraggebern und den Zieltextempfängern als auch gegenüber dem Autor / der Autorin des Ausgangstexts, in der Verantwortung stehen. Diese haben eine auf kulturspezifische Konventionen begründete Erwartung an die Übersetzung, können aber nicht beurteilen, ob die Übersetzung diesen Erwartungen wirklich entspricht. Es liegt daher in der Verantwortung der Übersetzer, ihre Handlungspartner nicht bewußt zu täuschen, sondern eventuelle Abweichungen vom konventionellen Übersetzungsverständnis offenzulegen und zu begründen.

Hierbei handelt es sich m. E. um eine wesentliche Zusatzbedingung, die Translate erfüllen müssen, zu denen ich, wie ich noch darlegen werde, auch intralinguale Übersetzungen wie die Aufbereitung von Forschungsberichten für ein Laienpublikum rechne, wenn man sicherstellen will, dass bei der Erzeugung von Metainformationen aller Art der Manipulation und / oder der Täuschung der Adressaten und der Verleumdung der Urheber der Primärinformationen nicht Tür und Tor geöffnet werden.

1.2.2.3 Die Theorie des translatorischen Handelns Holz-Mänttäris

Eine noch radikalere Entthronung als bei Vermeer erfährt der Ausgangstext in der Theorie des translatorischen Handelns von Justa Holz-Mänttäri (1984) – sie geht sogar so weit, dass der Übersetzungsvorgang gar keinen bestimmten Ausgangstext mehr voraussetzt. Daher vermeidet sie auch den Begriff des Übersetzens mit der Begründung, dieser setze ein Akkusativobjekt zur Bezeichnung dessen voraus, was übersetzt werde, wobei es diesen Ausgangstext oftmals gar nicht gebe, sondern der translatorisch Handelnde vielmehr auf eine Vielzahl von Quellen zurückgreifen müsse, um den bei ihm bestellten ‚Botschaftsträger' – so die Terminologie von Holz-Mänttäri – produzieren zu können. Translatorisches Handeln ist für Holz-Mänttäri ein Oberbegriff für verschiedene Formen der vermittelten interkulturellen Kommunikation und kann auch ganz ohne Ausgangstext erfolgen, womit die Forderung nach einem in irgendeiner Weise „imitierenden" Transfer, wie sie Vermeer noch aufstellt, aufgegeben wird (vgl. auch Nord 1998: 142).

Damit wird die Grenze zwischen dem Übersetzen als interkulturellem (und meist auch, aber nicht unbedingt interlingualem) Transfer und Formen des intralingualen Adaptierens von Informationen, wie sie etwa beim *Technical*

Writing, bei Textoptimierungen oder Popularisierungen stattfinden, noch ver-
schwommener, denn auch bei diesen Formen des intralingualen Transfers brauchen keine konkreten Ausgangstexte vorzuliegen. Der Unterschied zwischen
beiden, dem Übersetzen oder translatorischen Handeln einerseits und den intralingualen Texttransfers andererseits, scheint so gesehen also nur noch darin zu
bestehen, dass im ersten Fall Kulturgrenzen überwunden werden und im letzteren Falle nicht.[4] Auch diese letzte Grenze kann jedoch fallen, wenn man den
Kulturbegriff entsprechend umfassend versteht. Hierauf gehe ich im nächsten
Abschnitt bei der Vorstellung meiner eigenen Definition des Translations-
begriffs ein.

1.2.2.4 Vom interlingualen zum intralingualen Übersetzen

Wenn im Translationsbegriff jedes zweck- und adressatengerechte Informationsangebot über ein Informationsangebot aus einer anderen Kultur enthalten ist,
dann macht es weder theoretisch noch didaktisch noch praktisch einen Sinn, solche Informationsangebote über andere Informationsangebote aus ihm auszu-
grenzen, bei deren Anfertigung keine Kulturgrenzen zu überwinden sind. Durch
den Wegfall der kulturellen Adaptation ist die Anfertigung der letzteren Informationsangebote nämlich weniger komplex und erfordert damit nur einen Teil
der Kompetenzen, die zum Übersetzen im Sinne Vermeers oder Nords oder zum
translatorischen Handeln im Sinne Holz-Mänttäris erforderlich sind. Die für den
intrakulturellen Transfer erforderliche Theorie sowie die entsprechenden Kompetenzen und didaktischen Maßnahmen zu ihrer Vermittlung sind zwangsläufig
in denjenigen für das interkulturelle Übersetzen inbegriffen. Allein dies spricht
schon dafür, auch intralinguale Texttransformationen dem Gegenstandsbereich
der Translationswissenschaft zuzurechnen.

Sie wären dem Gegenstandsbereich der Translationswissenschaft aber auch
schon nach der Definition Vermeers zuzurechnen, wenn man den Kulturbegriff
nicht ethnologisch definierte, was Vermeer in Anlehnung an Göhring (1978)
noch tut (vgl. Reiß / Vermeer 1984: 26), sondern unter ‚Kultur' auch Mikrokul-
turen fasste, wie beispielsweise Unternehmenskulturen, Familienkulturen oder
Kulturen in *scientific communities* etc. Diesen Schritt unternimmt Schmitt
(1999: 157). Er geht von der ohnehin weiten Kulturdefinition Göhrings aus, auf
die auch Vermeer zurückgreift:

> Kultur ist all das, was man wissen, beherrschen und empfinden können muß, um
> beurteilen zu können, wo sich Einheimische in ihren verschiedenen Rollen er-

---

[4] Die Durchführung von Anpassungen, die eine Abweichung vom Ausgangstext erfordern
(hierzu gehört neben kulturellen Adaptationen auch das ‚Reparieren' von Defekten im
Ausgangstext [s. hierzu ausführlich Schmitt 1999: 59 ff.]), kann ohnehin bereits als
(punktuelles) *Technical Writing* bezeichnet werden.

wartungskonform oder abweichend verhalten, und um sich selbst in der betreffenden Gesellschaft erwartungskonform verhalten zu können, sofern man dies will und nicht etwa bereit ist, die jeweils aus erwartungswidrigem Verhalten entstehenden Konsequenzen zu tragen. [...] Zur Kultur gehört auch all das, was man wissen und empfinden können muß, um in der Lage zu sein, die natürliche und die vom Menschen geprägte oder geschaffene Welt wie ein Einheimischer wahrzunehmen. (Göhring 2002 [1978]: 108)[5]

Schmitt ersetzt dann aber im ersten Teil der Göhringschen Definition den Ausdruck *Einheimische* durch eine allgemeinere Formulierung und definiert den Kulturbegriff, wie er selbst feststellt, „zugegebener Maßen etwas simplifizierend und plakativer" wie folgt: „Kultur umfaßt all das, was man wissen, empfinden und können muß, um sich in einem Umfeld unauffällig wie ein Angehöriger dieses Umfelds aufhalten zu können", wobei für ihn mit dem Begriff ‚aufhalten' „sowohl das (unbewußte) Verhalten als auch das (bewußte) Handeln [sc. und damit auch das sprachliche Handeln] abgedeckt werden" soll (Schmitt 1999: 157).

Geht man von dieser Kulturdefinition aus, so agiert auch ein Technischer Redakteur dann interkulturell, wenn er Informationen für die fachinterne Kommunikation etwa aus einer Entwicklungsableitung als Ausgangsmaterial nutzt, um eine Bedienungsanleitung für Laien zu erstellen. Er vermittelt dann zwischen der Mikrokultur der Entwickler und derjenigen der Benutzer des entsprechenden Gerätes.

In diesem umfassenden Sinne verstehe ich die Translationswissenschaft. Ich definiere sie als die Wissenschaft vom *vermittelnden* funktions- und adressatengerechten Aufbereiten von Informationsangeboten, bei dem nicht gegen Loyalitätsforderungen im Sinne Nords verstoßen wird. Dieses Aufbereiten von Informationen schließt nach meiner Definition auch intersemiotische Transformationen ein, wie etwa die Übertragung einer verbalen Bedienungsanleitung in eine Bildanleitung für Analphabeten in einem Land der Dritten Welt (vgl. hierzu das

---

[5] Vgl. hierzu auch Schmitt (1999: 157): „Unter Verwendung eines nicht-feuilletonistischen Kulturbegriffs ist Technical Writing aber auch bei intralingualer Textproduktion stets dann ‚interkulturell', wenn ein Text an Adressaten angepaßt werden muß, die nicht zur (sozialen) Gruppe des Textproduzenten oder zu dem Umfeld gehören, in dem der Text oder der darin behandelte Gegenstand angesiedelt ist. Da sich Technical Writing in der Regel auf Benutzerinformationen bezieht, ist Technical Writing dann interkulturell, wenn es sich um fachexterne Kommunikation (z. B. Gebrauchs- und Betriebsanleitungen für Konsumgüter) handelt, jedoch intrakulturell, wenn es sich um fachinterne Kommunikation (z. B. um Werkstattanweisungen oder Betriebshandbücher für Investitionsgüter) handelt. Wenn also beispielsweise ein Programmierer einen Text verfaßt, dessen Zielgruppe wiederum Programmierer sind (z. B. ein Handbuch über Delphi), dann ist das *Intrakulturelles Technical Writing*. Schreibt er einen Text für Laien (z. B. einen Hilfetext für Word), dann ist es *Interkulturelles Technical Writing*." Ich stimme ihm hier nicht ganz zu, weil mir in seinen Beispielen der Mittler fehlt.

Beispiel der Übersetzung einer Waschmaschinen-Bedienungsanleitung für Indonesien in Kußmaul 1995: 75).[6]

2 Transferwissenschaft und Translationswissenschaft im Vergleich

Setzen wir nun diese funktionalistische Variante der Translationswissenschaft, wie ich sie definiere, in Relation zur Tranferwissenschaft.

Geht man von meinem Begriff der Translationswissenschaft aus, so fallen in deren Gegenstandsbereich schon einmal zwei der drei von Antos (2001: 22 f.) genannten Aufgaben der Transferwissenschaft bei der Schaffung von Metawissen: nämlich das „Evaluieren" von Wissen und seine zweck- und adressatenspezifische „Transformation". Die dritte von ihm genannte Aufgabe der Transferwissenschaft bei der Schaffung von Metawissen, das „Etikettieren" (Verschlagworten) von Wissen, wiederum spielt eine wesentliche Rolle in der Terminologiewissenschaft und Terminographie, die in der Ausbildung und Praxis von Übersetzern und Übersetzerinnen ebenfalls eine zentrale Rolle spielen und als Disziplinen betrachtet werden können, die in die Interdisziplin Translationswissenschaft mit eingehen. Dieses „Etikettieren" von Wissen im Sinne der Transferwissenschaft ist aber in einem umfassenderen Sinne zu verstehen, soll es doch generell zur Lösung der Probleme des selektiven und gezielten Zugriffs auf Wissen beitragen.

Hierbei handelt es sich um ein Problem, mit dem Translatoren (wiederum in meinem umfassenden Sinne verstanden) unentwegt konfrontiert sind. Wer immer die zweck- und adressatengerechte Textproduktion ernst nimmt und realistische Vorstellungen von der Qualität von (Ausgangs-)Texten hat, stellt bei sich selbst immer wieder Wissenslücken fest, die, wenn sie vor der Zieltextproduktion nicht geschlossen werden, kein optimales Transferergebnis zulassen. Das Internet mit seinen diversen Suchmöglichkeiten ist hier eine wahre Fundgrube. Wünschenswert sind aber noch bessere Suchmöglichkeiten mit Chancen auf noch gezielteres Finden. Diese zu schaffen ist aber sicher eher Aufgabe der Computerlinguistik und Informationswissenschaften, auf die die Interdisziplin Translationswissenschaft hier ebenso angewiesen ist wie die Transferwissenschaft.

---

[6] Vgl. hierzu auch bereits Roman Jakobson, der den Begriff der „intersemiotic translation" oder „transmutation" prägte für die „interpretation of verbal signs by means of signs of nonverbal sign systems", wobei in meinem Begriff der intersemiotischen Transformation auch der umgekehrte Prozess eingeschlossen ist sowie die lediglich teilweise Transformation eines Textes in ein anderes Zeichensystem (vgl. hierzu auch Göpferich 1998: 325 ff.; sowie Göpferich 2002a: 406). Auch dieser Bereich ist also kein ‚Hoheitsgebiet' der Transferwissenschaft.

Allerdings beschäftigt sich auch die Translationswissenschaft in einem eng um-grenzten Rahmen selbst mit diesem Problem, nämlich wenn es darum geht, se-lektiv und gezielt auf Terminologie- und Altübersetzungsbestände in Termi-nologiedatenbanken bzw. Übersetzungsspeichern, sog. Translation Memories, zugreifen zu können.

Wir hatten eingangs festgestellt, dass sich die Transferwissenschaft auch mit den tieferen, z. B. motivationalen Ursachen für die Schwerverständlichkeit von Wis-sen befassen sollte. Diesen Ursachen auf den Grund gehen sollte sie allemal; und ihnen auf den Grund zu gehen ist sicher Gegenstand der Transferwissen-schaft und der Translationswissenschaft gleichermaßen, die sich ja auch dafür interessieren muss und sich dafür interessiert, warum beispielsweise etwas in einem Ausgangstext (z. B. einer Patentschrift) so verblümt ausgedrückt wurde oder bestimmte Texte gar nicht übersetzt wurden, wodurch Menschen aus den betroffenen Kulturen Wissen vorenthalten wird. Ich glaube aber kaum, dass Wissenschaft, gleich welche, einen Beitrag dazu leisten kann, diese Ursachen abzustellen, etwa indem sie Anreize für Wissenschaftler schaffen könnte, ihre Forschungsergebnisse auch laienverständlich zu präsentieren. Sie kann erfor-schen, wie man am besten popularisiert und didaktisiert und wie man diese Kompetenzen vermittelt. Die Wissenschaftler dazu zu bewegen, dies auch zu tun, ist aber wohl eher eine politische Aufgabe. Dabei trägt die Politik aber heu-te schon einiges dazu bei, diese Anreize zu schaffen, beispielsweise, wenn För-dermittel nur dann gewährt werden, wenn der beantragende Wissenschaftler das, was er tut oder zu tun beabsichtigt, zumindest in seinem Antrag auch über-zeugend und laienverständlich darlegt. – Streng genommen hat unsere Gesell-schaft ja auch ein Anrecht darauf, zu erfahren, was in den Hochschulen mit ih-ren Steuergeldern geschieht!

3   Fazit und Ausblick

Summa summarum: In dem aus meiner Sicht zentralen Bereich der Transferwis-senschaft, in dem es um die funktions- und adressatengerechte Transformation von Wissen geht – und nur dort – sind die Transdisziplin Transferwissenschaft und die Interdisziplin Translationswissenschaft also deckungsgleich. Dieser zentrale Bereich ist auch derjenige, zu dem die Sprach- und Kulturwissenschaf-ten den größten Beitrag leisten können.

Daneben gibt es in dem von Antos umrissenen Gegenstandsbereich der Trans-ferwissenschaft aber durchaus auch Bereiche, denen sich die Translationswis-senschaft nicht oder nur in sehr beschränktem Ausmaße widmet. Umgekehrt dürfte es wohl aber keine Gebiete geben, die Gegenstand der Translationswis-senschaft sind, aber nicht auch in den Gegenstandsbereich der Transferwissen-schaft fielen. Daher betrachte ich die Transferwissenschaft nicht als Subdisziplin der Translationswissenschaft, wie mein provokativer Titel vermuten lassen könnte, sondern eher die Translationswissenschaft als Subdisziplin der Transferwissenschaft – was ja auch zu erwarten war!

Ich habe aber den Titel dieses Beitrags bewusst so provokativ gewählt: Wie deutlich geworden sein dürfte, stellt die Translationswissenschaft in Relation zur Transferwissenschaft zugleich eine Art ‚Mikrokosmos' dar, in dem fast alle Fragen, mit denen sich die Transferwissenschaft befassen soll, auch thematisiert werden, wenn auch mit einer weniger offenen Perspektive: Es geht beim Übersetzen (zumindest in dem Sinne, in dem ich es verstehe) auch um die Schaffung von Metawissen über Wissen, das in anderen Texten steckt, wobei es in vielen Fällen durchaus so getarnt werden kann und muss, dass man ihm seinen ‚Meta-Charakter' nicht anmerkt. In der Translationswissenschaft wird auch erforscht, unter welchen gesellschaftlichen, politischen, sozialen etc. Bedingungen Übersetzungen welcher Art entstehen. Und in den letzten Jahren werden auch informationswissenschaftliche Fragen diskutiert, z. B. Fragen des Verfügbarmachens von für Übersetzungen förderlichen Wissens zu Terminologie, zu Vorgängertexten etc., z. B. in Terminologiedatenbanken und Translation-Memory-Systemen, neuerdings auch mit entsprechenden Web-Interfaces. Zu all diesen Fragen gibt es in der Translationswissenschaft auch didaktisierende Werke, z. B. von Hönig / Kußmaul ([2]1984), Nord (1993, [3]1995), Stolze (1994), Kußmaul (1995), Prunč (2002), Schmitt (1999), Austermühl (2001) und mir selbst (Göpferich 1998; 2002a).

Wenn es mir mit diesem Beitrag gelungen sein sollte, die Transferwissenschaftler neugierig auf die Translationswissenschaft mit ihren theoretisch-wissenschaftlichen und praktisch-didaktischen Ergebnissen zu machen und in ihnen die Hoffnung zu wecken, bei den Translationswissenschaftlern Lösungsansätze für ‚transferwissenschaftliche' Probleme zu finden, und wenn es mir damit auch gelungen ist, einen Beitrag dazu zu leisten, der Translationswissenschaft innerhalb der Transferwissenschaft einen prominenteren Platz zu verschaffen, als sie ihn bisher eingenommen hat, dann habe ich mein Transferziel erreicht.

4   Literatur

Antos, Gerd (2001): Transferwissenschaft. Chancen und Barrieren des Zugangs zu Wissen in Zeiten der Informationsflut und der Wissensexplosion. (unter Mitarbeit von Stefan Pfänder). In: Wichter / Antos (2001): 3–33.

Austermühl, Frank (2001): Electronic Tools for Translators. Manchester: St. Jermone. (= Translation Practices Explained.)

Baker, Mona (Hg.) (1998 / 2001): Routledge Encyclopedia of Translation Studies. London, New York: Routledge.

Catford, J. C. (1965): A Linguistic Theory of Translation: An Essay in Applied Linguistics. London: Oxford Univ. Press.

„Cristal Mèches." [Werbeanzeige] Elle No. 2363, 22. April 1991.

Göhring, Heinz (1978 / 2002): Interkulturelle Kommunikation: Die Überwindung der Trennung von Fremdsprachen- und Landeskundeunterricht durch einen integrierten Fremdverhaltensunterricht. In: Kelletat, Andreas F., Holger Siever (Hgg.). Interkulturelle Kommunikation: Anregungen für Sprach- und Kulturmittler. Tübingen: Stauffenburg. S. 107–111. (= Studien zur Translation 13.) Erstmals erschienen in: Kühlwein, Wolfgang, Albert Raasch (Hgg.) (1978): Kongreßberichte der 8. Jahrestagung der Gesellschaft für Angewandte Linguistik GAL e. V., Mainz 1977. Stuttgart: Hochschulverlag. S. 9–14.

Göpferich, Susanne (1996): Zum Begriff des Technical Writing als Intertextualität schaffendem Prozeß. In: Fachsprache / International Journal of LSP 18.3–4 (1996): 98–117.

Göpferich, Susanne (1998): Interkulturelles Technical Writing: Fachliches adressatengerecht vermitteln. Ein Lehr- und Arbeitsbuch. Tübingen: Narr. (= Forum für Fachsprachen-Forschung 40.) (2. Aufl. in Vorbereitung)

Göpferich, Susanne (2002a): Textproduktion im Zeitalter der Globalisierung: Entwicklung einer Didaktik des Wissenstransfers. Tübingen: Stauffenburg. (= Studien zur Translation 15.)

Groeben, Norbert (1982): Leserpsychologie: Textverständnis – Textverständlichkeit. Münster: Aschendorff.

Hönig, Hans G. (1995): Konstruktives Übersetzen. Tübingen: Stauffenburg. (= Studien zur Translation 1.)

Hönig, Hans G., Paul Kußmaul ([2]1984): Strategie der Übersetzung. Ein Lehr- und Arbeitsbuch. 2. Aufl. Tübingen: Narr. (= Tübinger Beiträge zur Linguistik 205.)

Holz-Mänttäri, Justa (1984): Translatorisches Handeln – Theorie und Methode. Helsinki: Suomalainen Tiedeaketemia

Jakobson, Roman (1966): On Linguistic Aspects of Translation. In: Brower, Reuben (Hg.). On Translation. New York: Oxford Univ. Press. S. 232–238.

Kade, Otto (1963): Aufgaben der Übersetzungswissenschaft. Zur Frage der Gesetzmäßigkeit im Übersetzungsprozeß. In: Fremdsprachen 7.2 (1963): 83–94.

Kade, Otto (1968): Zufall und Gesetzmäßigkeit in der Übersetzung. Leipzig. (= Beihefte zur Zeitschrift Fremdprachen 1.)

Koller, Werner ([4]1992): Einführung in die Übersetzungswissenschaft. 4., völlig neu bearb. Aufl. Heidelberg, Wiesbaden: Quelle & Meyer. (= UTB 819.)

Kußmaul, Paul (1995): Training the Translator. Amsterdam, Philadelphia: John Benjamins. (= Benjamins Translation Library 10.)

Langer, Inghard, Friedemann Schulz von Thun, Reinhard Tausch ([5]1993): Sich verständlich ausdrücken. 5., verb. Aufl. München, Basel: Ernst Reinhardt.

Levý, Jiří (1967): Translation as a Decision Process. In: To Honor Roman Jokobson. Essays on the Occasion of his Seventieth Birthday. Vol. II 1171–1182. (zit. nach Prunč 2002)

Mittelstraß, Jürgen (1998): Die Häuser des Wissens. Wissenschaftstheoretische Studien. Frankfurt / M.: Suhrkamp.

Newman, Aryeh (1994): Translation Equivalence: Nature. In: Asher, R. E., J. M. Y. Simpson (Hgg.). The Encyclopedia of Language and Linguistics. Oxford, New York.: Pergamon Press.

Nida, E. A.,C. R. Taber (1969): The Theory and Practice of Translation. Leiden: E. J. Brill.

Nord, Christiane (1993): Einführung in das funktionale Übersetzen – am Beispiel von Titeln und Überschriften. Tübingen, Basel: Francke.

Nord, Christiane ([3]1995): Textanalyse und Übersetzen: Theoretische Grundlagen, Methode und didaktische Anwendung einer übersetzungsrelevanten Textanalyse. 3. Aufl. Heidelberg: Groos.

Nord, Christiane (1998): Das Verhältnis des Zieltexts zum Ausgangstext. In: Snell-Hornby / Hönig / Kußmaul / Schmitt (1998): 141–144.

Prunč, Erich (2002): Einführurng in die Translationswisenschaft. Bd. 1 Orientierungsrahmen. 2., erw. und verb. Aufl. Graz: ITAT. (= Graz Translation Studies.)

Pym, Anthony (1992): Translation and Text Transfer. Frankfurt / M.: Lang.

Pym, Anthony (1995): European Translation Studies, une science qui dérange, and Why Equivalence Needn't be a Dirty Word. In: TRR: Traduction, Terminologie, Rédaction 8.1 (1995): 153–176.

Reiß, Katharina, Hans J. Vermeer (1984): Grundlegung einer allgemeinen Translationstheorie. Tübingen: Niemeyer. (= Linguistische Arbeiten 147.)

Schmitt, Peter A. (1999): Translation und Technik. Tübingen. (= Studien zur Translation 6.)

Schreiber, Michael (1993): Übersetzung und Bearbeitung: Zur Differenzierung und Abgrenzung des Übersetzungsbegriffs. Tübingen: Narr. (= Tübinger Beiträge zur Linguistik 389.)

Snell-Hornby, Mary, Hans G. Hönig, Paul Kußmaul, Peter A. Schmitt (Hgg.) (1998): Handbuch Translation. Tübingen: Stauffenburg.

Snell-Hornby, Mary, Franz Pöchhacker, Klaus Kaindl (Hgg.) (1994): Translation Studies – An Interdiscipline: Selected papers from the Translation Studies Congress, Vienna, 9– 12 September 1992. Amsterdam, Philadelphia: John Benjamins. (= Benjamins Translation Library 2.)

Snell-Hornby, Mary, Franz Pöchhacker, Klaus Kaindl (1994): Preface. In: Snell-Hornby / Pöchhacker / Kaindl (1994): IX–XI.

Stolze, Radegundis (1994): Übersetzungstheorien. Eine Einführung. Tübingen: Narr. (= Narr Studienbücher.)

Vermeer, Hans J. (1978): Ein Rahmen für eine allgemeine Translationstheorie. In: Lebende Sprachen 3 (1978): 99–102.

Vermeer, Hans J. (1982): Translation als ‚Informationsangebot'. In: Lebende Sprachen 27.3 (1982): 97–100.

Vermeer, Hans J. (1986): Übersetzen als kultureller Transfer. In: Snell-Hornby, Mary (Hg.). Übersetzungswissenschaft – eine Neuorientierung. Tübingen: Francke. S. 30–53. (= UTB 1415.)

Weingart, P. (1999): Aufklärung ‚von oben' oder Pflege des Dialogs. Die plötzliche Entdeckung von ‚Public Understanding of Science' in Deutschland. In: Gegenworte. Berlin: Brandenburgische Akademie der Wissenschaften. S. 64–67. (zit. nach Antos 2001)

Wichter, Sigurd, Gerd Antos (Hgg.) (2001): Wissenstransfer zwischen Experten und Laien. Umriss einer Transferwissenschaft. Frankfurt / M. etc.: Lang. (= Transferwissenschaften 1)

Woodsworth, Judith (1998): Geschichte des Übersetzens. In: Snell-Hornby / Hönig / Kußmaul / Schmitt (1998): 39–43.

Erfahrungswissen in Unternehmen

Edith Haugk (Göttingen)

„Wenn ein alter Mann stirbt, ist es, als würde eine ganze Bibliothek verbrennen."
afrikanisches Sprichwort

1 Einleitung und Definition

Erfahrungswissen soll hier definiert werden als „implizites Wissen", das im Allgemeinen überwiegend als erlernt aufgefasst wird. „Implizites Gedächtnis" soll definiert werden als Wissen, das Lernerfahrungen aus der Vergangenheit funktional wirksam werden lässt, indem perzeptuelle, motorische oder kognitive Leistungen zu einem späteren Zeitpunkt beeinflusst werden, ohne dass sich bewusst erinnert wird oder erinnert werden kann.[1] Das hat zur Folge, dass Erfahrungswissen oder „implizites Wissen" nicht oder nicht unmittelbar verbalisierbar ist – es ist das Ergebnis verarbeiteter oder unverarbeiteter Erfahrungen –,[2] sondern *nur* durch Demonstration weitergegeben werden kann. Es ist also Wissen, das durch Vorbilder oder Musterbeispiele – durch vorbildliches Handeln, wie etwa in der Meister-Lehrling-Beziehung – weitergegeben und Wissen, das durch persönliche praktische und konkrete Erfahrungen erworben wird.

---

[1] Neuweg (1999: 14ff.).
[2] Wiater (2002: 84).

Erfahrungswissen kann auch als übergeordnetes Konzept von Wissen verstanden werden.[3] Im Unterschied zum theoretischen Fachwissen ist das Erfahrungswissen an bestimmte Situationen gebunden; es umfasst bewusste oder unbewusste Erinnerungen an diese Situationen, die in ähnlichen Situationen aktiviert werden können.[4] Damit wird implizites Wissen zu einem Synonym für intuitives Können: Der Mensch nimmt etwas wahr, trifft eine Entscheidung, erwartet etwas, gelangt zu einer Schlussfolgerung, hat eine Idee, löst ein Problem, erreicht sein Ziel usw. Implizites Wissen im Sinne intuitiven Handelns wird häufig als typischer Handlungsmodus des Könners im Allgemeinen und des Experten im Besonderen aufgefasst.[5]

> „Wenn keine außergewöhnlichen Schwierigkeiten auftauchen, lösen Experten weder Probleme noch treffen sie Entscheidungen; sie machen einfach das, was normalerweise funktioniert."[6]

Ursprünglich explizites Wissen kann prozeduralisiert oder verinnerlicht werden, womit es zum impliziten Wissen wird.[7] Wird implizites oder Erfahrungswissen bewusst weitergegeben, wird es zu explizitem Wissen.[8]

2   Die Notwendigkeit erfahrungsgeleiteten Wissens im Produktionsprozess

Wissen erhält eine hohe Bedeutung für die Erhaltung und den Ausbau der Wettbewerbsfähigkeit von Unternehmen und wird somit zu einem entscheidenden Produktionsfaktor.[9] Weitreichendes Erfahrungswissen befähigt dazu, in bestimmten Situationen und in einem entsprechenden Gebiet rasch, sicher und umsichtig zu handeln und sein Tun den spezifischen Gegebenheiten mit richtigem Handeln und angemessener Problemlösung anzupassen. Menschen mit ausgeprägtem Erfahrungswissen können in komplexen Situationen eine einfache Ordnung erkennen. Damit kann sowohl kontextorientiert gehandelt werden und allgemeine Gesetzmäßigkeiten können erkannt werden.[10]

---

[3]   Reichert / Fry / Heid / Steinemann (2000: 241).

[4]   Fleig / Schneider (1995: 8).

[5]   Neuweg (1999: 12ff.).

[6]   Neuweg, S. 14, zitiert nach Dreyfus, Hubert: Mind over Machine. The Power of Human Intuition and Expertise in the Era of Computer. New York: the Free Press. (Künstliche Intelligenz. Von den Grenzen der Denkmaschine und dem Wert der Intuition. Reinbek b. Hamburg, 1987).

[7]   Neuweg (1999: 17).

[8]   vgl. Neuweg (1999: 20).

[9]   Howaldt (2002: 46).

[10] Reichert / Fry / Heid / Steinemann (2000: 246f.).

Erfahrungsgeleitete Handlungen sind zur Regulation von Produktionsprozessen notwendig, besonders wenn äußere Einflüsse wie schwankende Nachfrage oder kundenspezifische Wünsche kurzfristig die Produktionssituation modifizieren oder schwer voraussehbare Veränderungen eintreten.[11] Der Produktionsprozess ist auf ständiges regulierendes Eingreifen des Menschen angewiesen. Durch autonome Aktionen kann dieses auch auf die Zwecksetzung des Produktionssystems verändernd eingreifen. Gleichzeitig kann er durch sein Handeln im Produktionsprozess weitere Erkenntnisse und Erfahrungen sammeln – ein Prozess des lebenslangen Lernens während der Arbeit. Die Nutzung von Erfahrungen eingearbeiteter Mitarbeiter in einem Unternehmen trägt zur schnelleren Einarbeitung und Orientierung neuer unerfahrener Mitarbeiter bei. Bezüglich Methoden und Umgang mit Werkzeugen können beispielsweise ältere Mitarbeiter von jüngeren konsultiert und um Rat gefragt werden.[12]

In Unternehmen ohne einen adäquaten Wissenstransfer besteht die Gefahr, dass das Erfahrungswissen älterer erfahrener Mitarbeiter unwiederbringlich verloren geht. Weiterhin können viele Techniken nur durch die Lehre weitergegeben werden, weil eine verbale Beschreibung nicht existent ist. So kann das Beispiel des Geigenbauers Stradivari genannt werden, dessen handwerkliche Kunst einzigartig war. Mit komplizierten Verfahren wird heute erfolglos versucht, eine Geige mit der Klangstärke und Tragweite des Tons Stradivaris zu bauen, die Stradivari als „halbgebildeter" vor 300 Jahren routinemäßig produziert hat. Tradierte Techniken, die nicht mehr genutzt werden, gehen damit unwiderruflich verloren, weil kein Rezept, keine verbale Anleitung besteht, sondern sie nur durch beispielhaftes Zeigen weitergegeben werden können.[13]

3 Entstehung von Erfahrungswissen

Fleig und Schneider beschreiben den Prozess des Erwerbs von Erfahrungswissen sehr zutreffend wie folgt:

> „Die Wahrnehmung des Resultats einer Aktion (wobei auch „beteiligtes Zusehen" eine Aktion darstellt) führt zum Neuerwerb, zur Modifikation oder zu einer Verfestigung von Erfahrungswissen. Erfahrungsnutzung und Erfahrungsaufbau sind somit voneinander abhängig. Erfahrungsaufbau setzt eine gewisse „spontane" Variabilität und Transformation der Situation zu einem neuen Zustand voraus, der aber in hinreichender Ähnlichkeit zum schon erlebten stehen muss.[14]

---

[11] Fleig / Schneider (1995: 6).

[12] Penschke (1998: 133).

[13] Neuweg (1999: 247f.).

[14] Fleig / Schneider (1995: 9)

Einmal mit einer Sache, einer Situation oder einem Umstand konfrontiert, ist der Mensch also in der Lage, die Erlebnisse und daraus gemachten Erfahrungen in identischen oder ähnlichen Situationen wieder abzurufen und entsprechend zu handeln. Wichtig dabei ist jedoch, dass der Mensch als eigenständiges Subjekt handeln kann, eigenverantwortlich, selbstorganisiert und selbstbestimmt. Einer Person, die als Objekt fremdgesteuert belehrt wird, fehlt die intrinsische Motivation für das Lernen wollen.[15] Erfolgsfaktoren für betriebliches Lernen sind deshalb:

a) Eine positive Unternehmenskultur. Der Mitarbeiter kann sich mit dem Unternehmen identifizieren. Es besteht eine gemeinsame Orientierung und Zielsetzung innerhalb des Unternehmens.

b) In einem offenen Dialog kommuniziert, entsteht eine gemeinsame Ebene, die dem einzelnen Mitarbeiter eine Identifikation mit dem Unternehmen ermöglicht und eine Athmosphäre, in der neue Ideen und Konzepte im Unternehmen gefunden und umgesetzt werden können.

c) Eine wesentliche Voraussetzung ist, dass Führungskräfte eine Vorbildfunktion bei der Einführung eines Wissensmanagements übernehmen. Die Kommunikationskultur im Unternehmen beeinflusst wesentlich die Bereitschaft zum lebenslangen Lernen, aber auch das vorhandene Erfahrungswissen den Kollegen zu offenbaren. Mit der Umsetzung der Bereitschaft zum lebenslangen Lernen werden Normen und Werte, Verhaltensmodelle und Rollenerwartungen einen wesentlichen Aspekt beim Teilen von Wissen einnehmen.

d) Vertrauensbildende Maßnahmen. Das Erleben von Selbstorganisation und Autonomie schafft Selbstbewusstsein und Vertrauen bei den Mitarbeitern. Das Verantwortungsgefühl für den eigenen Arbeitsbereich wird gefördert und somit auch das Entstehen neuen Wissens.

e) Existenzängste lähmen und blockieren. Ist die Sicherheit des Arbeitsplatzes garantiert, besteht eine höhere Lernbereitschaft als unter dem permanenten Druck des möglichen Verlustes des Arbeitsplatzes. Mitarbeiter mit einem gesicherten Arbeitsplatz sind eher bereit, ihr Erfahrungswissen Kollegen mitzuteilen als Mitarbeiter, die unter dem Druck einer möglichen Entlassung stehen.

f) Dabei ist der Zufriedenheitsgrad der Mitarbeiter ein wesentlicher Faktor, die Lernmotivation zu erhöhen. Der Zufriedenheitsgrad der Mitarbeiter ist abhängig von den zuvor genannten Kriterien, insbesondere aber, inwieweit der Mitarbeiter in das Unternehmen eingebunden ist und als Persönlichkeit akzeptiert wird.

---

[15] Fischer (2002: 7f.).

Gründe für die Entstehung von Demotivatoren sind u. a.:

- „Das deutliche Abweichen der Situation im Unternehmen von den Erwartungen der Person.

- Der Mitarbeiter schätzt das Verhältnis zwischen Arbeitsbelastung und dem sich daraus ergebenden Ertrag als unverhältnismäßig ein.

- Der Mitarbeiter wird stark kontrolliert und erlebt nur wenig Autonomie.

- Das vom Unternehmen verlangte Verhalten stimmt nicht mit den Einstellungen und Gefühlen des Mitarbeiters überein."[16]

- Daraus ergibt sich, dass auch hier der Faktor Zufriedenheit der Mitarbeiter eine wesentliche Rolle spielt. Je geringer der Zufriedenheitsgrad der Mitarbeiter, je höher die Gefahr der „inneren Kündigung", desto geringer ist die Lern- und Lehrbereitschaft einer Person.

Fleig und Schneider (1995) geben einen tabellarischen Überblick über erfahrungsförderliche und nicht erfahrungsförderliche Determinanten:

Merkmale	Tendenziell erfahrungsförderlich	Tendenziell nicht erfahrungsförderlich
Aufgaben- und Arbeitsteilung	Individuell angepasste Aufgabenintegration	Zu kleine / große Aufgabenintegration
Kommunikation und Kooperation	Formal und informell über Arbeitsbereiche hinaus	Starr, formal, nur im Arbeitsbereich
Zuständigkeit und Verantwortung	Spielraum gewährt und gewollt übernommen	Spielraum nicht angepasst und ungewollt übernommen
Räumliche Aspekte	Guter Überblick, räumliche Nähe	Schlechter Überblick, weite Entfernung
Persönliche Zuordnung von Arbeitsmitteln	Individuelle Zuordnung, teilw. Wechsel (Absprache)	Ständige Wechsel (keine Absprache)
Arbeitsteilung Mensch-Maschine	Angepasste, teilweise aufgehobene Automatisierung	Rein funktionale Automatisierung
Datenverarbeitungs-Funktionalitäten	Teilweise, überschaubar, ergänzend	Viele, nicht überschaubar, ersetzend
Benutzungsoberflächen	Eindeutig, überschaubar, multimedial	Unterschiedlich, nicht überschaubar
Datenhaltung / -zugriff	Individuell, angepasste Zugriffe	Vermittelt über Instanzen, keine Zugriffe

---

[16] Behrendt (2002: 51f.).

4   Möglichkeiten des Wissenstransfers in einem Unternehmen

In ihrer Dokumentation über die Zusammenarbeit von Beratern und Technikern mit lateinamerikanischen Bauern im Bereich Bodenfruchtbarkeit haben Reichert u. a. die wesentlichen Kriterien für einen nachhaltigen Wissenstransfer zwischen Fachberatern und der bäuerlichen Bevölkerung aufgezeigt:

> „Es geht also nicht so sehr um die Erforschung und Dokumentation des lokalen Wissens über Bodenfruchtbarkeit, als vielmehr um die Sensibilisierung der Techniker und Berater, dieses Wissen in sich und bei den Bauern mehr zu beachten und zur Entwicklung kommen zu lassen.
>
> Um lokales Wissen zu teilen, braucht es einen vertrauensvollen Raum für Austausch und Kennenlernen. Die Outsider (Berater, Forscher usw.) können sich nicht nur auf ihre vielfältigen, partizipativen Methoden-Werkzeuge verlassen, sondern brauchen eine andere Haltung und Achtung vor dem Gegenüber: große Affinität für das Landleben, Offenheit, Interesse und Respekt für die bäuerliche Lebenswelt, mehr Sozial- als Fachkompetenz, vor allem die Fähigkeit, zuhören zu können, und die Bereitschaft, von Bauern zu lernen und gegebenenfalls sowohl fachlich als auch menschlich sich durch Begegnungen und den dadurch ausgelösten Prozess zu verändern." [17]

Diese hier genannten Bedingungen sind transferierbar auf alle Bereiche, in denen ein Wissenstransfer zwischen Experten und Nichtexperten angestrebt wird. Das „lokale Wissen" soll gleichgesetzt werden mit Erfahrungswissen, denn lokales Wissen ist nichts anderes als Erfahrungswissen, das Wissen über Bodenfruchtbarkeit soll als Beispiel gesehen werden. Nicht neue Techniken allein sind das ausschlaggebende Kriterium, Verbesserungen in der Produktion zu erreichen, sondern ebenso das Erfahrungswissen der lokalen Bevölkerung oder der Unternehmensangehörigen. Dazu ist ein vertrauensvolles (Unternehmens-) Klima notwendig, das nicht nur Austausch und Kennenlernen ermöglicht, sondern durch eine positive Haltung und Achtung vor dem Gegenüber einen Wissenstransfer erst realisierbar ist. In einem Unternehmen muss der einzelne Mitarbeiter mit all seinen Erfahrungen und seinem Wissen im Mittelpunkt stehen. Damit Mitarbeiter in Unternehmen ihr Wissen teilen können, müssen ihre Fähigkeiten geschult werden, Wissen zu teilen; sinnvoll erscheint dabei eine Schulung der Sozialkompetenz der Mitarbeiter mit den Parametern Kommunikations-, Konflikt-, Kooperations- und Koordinationsfähigkeit. Motivatoren und Demotivatoren für eine Wissensteilung wurden oben schon genannt.

Jedes Unternehmen ist individuell, deshalb kann kein Erfolgsrezept für die Einführung von Wissensweitergabestationen in einem Unternehmen gegeben werden. Behrendt berichtet von dem Scheitern bei der Implementierung eines Wissensmanagementkonzeptes in einem Montageunternehmen mit

---

[17]   Reichert / Fry / Heid / Steinemann (2000: 338f.).

- einem Schulungsprogramm zur internen Qualifizierung der Mitarbeiter zur Förderung von Fachwissen, Sozialkompetenz und interner Kommunikation

- einem Coachingkonzept, in dem neuen Mitarbeitern ein erfahrener zur Seite gestellt werden sollte, um die Einarbeitung zu erleichtern

- einer Wissensträgerlandkarte in Form eines digitalen „Know-how–Telefonbuches", die den Austausch von Erfahrungs- und Fachwissen zwischen den Projektleitern sowie Spezialisten der zentralen Einheiten fördern sollte. Die entsprechenden Wissenselemente sollten als Erfahrungswissen von den Baustellen kommen und von den Projektleitern in die Wissensträgerlandkarte eingesetzt werden

- und einem Projektleitfaden, der entwickelt wurde, um ein gezieltes Qualitäts- und Fehlermanagement zu fördern und zur Standardisierung der Projektabwicklung beizutragen.

Nach zwei Jahren wurde in diesem Unternehmen das Projekt Wissensmanagement eingestellt, nur das Schulungsprogramm ist ausgebaut worden, weil es eine hohe Akzeptanz bei den Mitarbeitern findet.[18]

Welches Konzept in welchem Unternehmen das Richtige ist, um Erfahrungswissen weiterzugeben und ein Programm für einen Wissenstransfer zu entwickeln, kann an dieser Stelle nicht gesagt werden. Ein Forschungsprojekt mit dem Schwerpunkt „lebenslanges Lernen", insbesondere Wissenstransfer von Erfahrungswissen oder implizitem Wissen, kann nähere Aufschlüsse geben.

5   Praxisbericht aus einem IT-Unternehmen in der Versicherungsbranche

Die Weitergabe von Wissen an neue Mitarbeiter im Bereich Software-Entwicklung findet üblicherweise auf verschiedenen Wegen und in einer Reihe von Teilschritten statt.

Am Beginn der Tätigkeit stehen in der Regel Schulungen durch den neuen Arbeitgeber in verschieden Bereichen. Zunächst wird Wissen über die im Unternehmen eingesetzten Entwicklungswerkzeuge, Betriebssystemumgebungen und ggf. Programmiersprachen von Fremdherstellern durch gezielte Kurse vermittelt. Je nach Vorkenntnissen des Mitarbeiters und Anzahl der Teilnehmer werden Kurse bei Schulungsunternehmen, den Softwareherstellern oder im eigenen Hause durchgeführt.

---

[18] Behrendt (2002: 49ff).

Dann beginnt die Einarbeitung in die individuellen Anwendungen des Arbeitgebers. Je nach Einsatzgebiet des Mitarbeiters erfolgen praktische Einsätze sowohl in technischen als auch fachlichen Bereichen des Unternehmens.

Dies bedeutet z. B. für einen Anwendungsentwickler im Bereich Kraftfahrtversicherung, dass ein praktischer Einsatz in den verschiedenen Bereichen der Sachbearbeitung vom Neuantrag, über die Schadensbearbeitung, bis zur Vertragsabrechnung erfolgt. Dies ist vor allem für Anwendungsentwickler wichtig, die aus versicherungsfremden Branchen ins Unternehmen wechseln. In der Regel werden für diesen Abschnitt zwei bis vier Wochen aufgewendet.

Danach beginnt die praktische Arbeit im jeweiligen Entwicklungsbereich. Das notwendige Wissen über bestehende Funktionalitäten, vorhandene Funktionsmodule und deren Schnittstellen, Datenmodelle und Vorgangsabläufe sollte idealerweise in den Systemdokumentationen niedergeschrieben sein.

In der Praxis ist dies jedoch meist nicht der Fall. Hier liegen in aller Regel veraltete Dokumentationen oder mehr oder weniger umfangreiche fachliche Beschreibungen vor. Viele Detailinformationen sind oft gar nicht niedergeschrieben.

An dieser Stelle wandelt sich meist die Vermittlung von Wissen von der Bringschuld des Unternehmens zur Holschuld des Mitarbeiters. Für die Erlangung der notwendigen Informationen muss er meist selbst durch Befragung der verschiedenen Kollegen die Verantwortung übernehmen. Sehr viele Bereiche dieses betrieblichen Wissens befinden sich in unterschiedlicher Quantität und Qualität ausschließlich in den Köpfen der bereits länger tätigen Mitarbeiter.

Hier kommt es darauf an, die richtige Quelle des Wissens zu ermitteln und eine Fähigkeit zur Einschätzung der Informationsqualität zu entwickeln. Dies erfordert weitreichende Kommunikationsfähigkeit, Beharrlichkeit und oft auch Erfahrung. Die Entwicklung dieser Fähigkeit ist also für den neuen Mitarbeiter wichtig, um die Qualität und Quantität der eigenen Arbeit kurzfristig auf ein angemessenes Niveau zu heben und damit seinen Wert für den Arbeitgeber und damit den eigenen Arbeitsplatz sicherzustellen.

Ein weiterer Schritt hierzu ist die Entwicklung eines eigenen firmeninternen informellen Netzwerkes von Informationslieferanten und Unterstützern in den angrenzenden fachlichen und technischen Bereichen. Ohne die Schaffung von persönlichen Kontakten sind Aufgaben oft nicht mit vernünftigen Mitteln zu lösen oder sogar unlösbar. Auch hier spielt die eigene Kommunikationsfähigkeit eine entscheidende Rolle.

Die Erfahrungswerte zeigen, dass ein neuer Mitarbeiter, je nach vorhandenen technischen Kenntnissen und Kommunikationsfähigkeit, zwischen drei und neun

Monate benötigt, um die vollwertige Einsetzbarkeit für die Anwendungsentwicklung zu erreichen.

6 Interview mit einer Beamtin, die von den Erfahrungen älterer Kollegen partizipiert

6.1 Welche Voraussetzung muss bei einem älteren Kollegen gegeben sein, damit Sie ihn auf seine vorhandenen Erfahrungen ansprechen?

– Der ältere Kollege muss seine Erfahrungen gerne weitergeben.

– Er sollte etwas über den Dingen stehen: Vor- und Nachteile bei der Lösung eines Problems offen ansprechen und mit mir diskutieren können.

– Er sollte seine alten Erfahrungen einbringen, aber auch meine neuen Ideen und Gedanken akzeptieren und sich damit auseinander setzen.

– Der Kollege sollte verschwiegen sein – keine Verbreitung im Hause über Gespräche unter vier Augen und Ohren. Meine Erfahrung: Je älter und erfahrener Kollegen sind, desto besser können sie vertrauliche Worte auch wirklich für sich behalten.

– Irgendwie müssen väterliche bzw. mütterliche Instinkte bei mir auch geweckt werden, ich muss das Gefühl haben: Dem oder der kann ich persönlich vertrauen.

– Der ältere Kollege muss das Gefühl vermitteln, dass er bei Problemgesprächen in erster Linie hinter der Sache steht und persönliche Belange nur eine sekundäre Rolle spielen.

6.2 In welchen Situationen sind Sie auf das Wissen erfahrener Kollegen angewiesen?

– In Personalangelegenheiten: Wenn es um die Umsetzung innerhalb des Hauses und den Einsatz bestimmter Personen in anderen Arbeitsbereichen geht, hat der ältere Kollege oft die längere und bessere Menschenkenntnis, wen man wo einsetzen sollte oder nicht.

– In Organisationsangelegenheiten: Der ältere Kollege hat oft den besseren Überblick über das gesamte Haus: Wenn ich an einer Stelle etwas entscheide, neu regle, Informationen weitergeben will: Wie wirkt sich das auf andere Abteilungen aus, wer sollte informiert sein, wo überschneiden sich Arbeitsbereiche bzw. greifen ineinander?

- Umgang mit dem Chef im Hause: Wie habe ich nicht nur Recht, sondern wie bereite ich Dinge so vor und wie bringe ich sie psychologisch so vor, dass ich mit meinem Problem auch durchdringe?

- Umgang mit übergeordneten Behörden: Wo ist es hilfreich, wo wird es erwartet, wo ist es absolut schädlich, eine höhere Instanz einzuschalten!

6.3   In welcher Weise nutzen Sie das Wissen Ihrer Kollegen?

Ich kombiniere häufig die alten Erfahrungen mit meinen neuen Ideen – das ist oft eine wirklich fruchtbare Mixtur zur Lösung von juristischen, organisatorischen und menschlichen Problemen. Als Chefin von jüngeren und auch älteren Mitarbeitern und Mitarbeiterinnen versuche ich so, älteren und jüngeren Bedürfnissen und Vorstellungen möglichst ausgleichend gerecht zu werden. Mein Denken und Handeln soll Vorbildfunktion für meine Mitarbeiter sein: Die jungen Mitarbeiter können lernen, wie man einen möglichst breiten Blickwinkel bekommt, wenn man zu dem neu und abstrakt Gelernten die praktische Erfahrung der älteren Kollegen hinzufügt. Ziel: nicht nur Paragraphen anwenden, nicht nur den Tatbestand eines Gesetzes abklappern und Spitzfindigkeiten herausarbeiten, sondern auch Fingerspitzengefühl bekommen, ausgewogen urteilen, im Auge behalten, wie eine theoretisch getroffene Entscheidung sich in der Praxis auswirkt, – vor allem aber auch das menschliche Schicksal hinter jeder zu treffenden Entscheidung nicht zu vergessen.

Für die älteren Mitarbeiter bedeutet das Einbringen von jungen, aber auch alten Erfahrungen, dass sie sich immer noch gebraucht und ernst genommen fühlen. Das gilt sowohl für die älteren Kollegen, die ich um Rat bitte, als auch für ältere Mitarbeiter, denen ich als Chefin übergeordnet bin. Manch älterer Kollege oder Mitarbeiter ist aufgerüttelt worden, war in einen Entscheidungsprozess einbezogen und interessiert, fühlte sich gebraucht, – hat sich von seinem Weg zur "inneren Kündigung" abgewendet und mit Freude wieder viel Leistung gezeigt.

6.4   Gibt es bestimmte Situationen, in denen Sie erfahrene Kollegen konsultieren?

Bei fachlichen, organisatorischen und personellen Problemen immer dann, wenn ich das Gefühl habe, der erfahrenere Kollege könnte durch sein Wissen und seine praktischen Erfahrungen hilfreich bzw. bereichernd bei der Entscheidungsfindung sein.

6.5 Nennen Sie mir bitte ein Beispiel:

Ich benötigte personelle Verstärkung in meiner Rechtsabteilung. Dies ging nur, wenn aus anderen Abteilungen jemand abgegeben wurde. Dies stößt natürlich auf internen Widerstand. Wie überzeuge ich trotzdem den Chef, die anderen Abteilungsleiter und wie finde ich den für meine Abteilung geeigneten Mitarbeiter. Auch hier haben mir besonders die vertraulichen Gespräche mit einzelnen erfahreneren Kollegen weitergeholfen.

7 Resümee

Unter Beachtung des demographischen Wandels in der industriellen Welt wird die Hinwendung zur Nutzung des Erfahrungs- oder impliziten Wissens immer größere Bedeutung erlangen. In ein Unternehmen eintretende Jüngere müssen innerhalb kürzester Zeit den Wissensstand und die Produktivität Älterer erreichen, ganz einfach deshalb, weil es zukünftig weniger Jüngere gibt, mit ihren Leistungen jedoch weiterhin gesamtgesellschaftliches Wachstum erreicht werden soll, um die soziale Versorgung der Bevölkerung zu gewährleisten.

„In Deutschland haben wir ein Konzept von Arbeit, das mit den wissenschaftlichen Erkenntnissen des Altwerdens nichts zu tun hat: Ältere Menschen haben andere Interessen, andere Motive, andere Stärken. Außerdem fällt es ihnen schwerer, Neues zu lernen. Aber sie sind gut, wenn es um sozial-emotionale Intelligenz geht."[19]

Ältere Mitarbeiter und die Nutzbarmachung ihres Erfahrungswissens müssen in einem neuen Konzept von Arbeit, das in Folge des demographischen Wandels erarbeitet werden muss, unbedingt beachtet werden. Unternehmen werden mittelfristig nicht mehr auf die älteren Arbeitnehmer und ihr Wissen verzichten können. Wichtig dabei scheint die Unternehmenskultur insgesamt respektive die Kommunikationsfähigkeit jedes Einzelnen, wie in dem geführten Interview und dem Praxisbericht ersichtlich wird. Wissenschaftler sind deshalb aufgerufen, einen Weg zu finden, wie die Weitergabe des vorhandenen Wissens an jüngere nachfolgende Generationen am effektivsten und effizientesten stattfinden kann; viele Unternehmen müssen an ihrer Unternehmenskultur und der Kommunikationsfähigkeit ihrer Mitarbeiter arbeiten.

8 Literatur

Baltes, Paul (2003): Wiedergeburt am Arbeitsplatz. Mit 65 von vorn beginnen? Die Vergreisung Deutschlands erfordert neue Bildungs- und Karrierekonzepte. In: DIE ZEIT Nr. 27, 26. Juni 2003.

---

[19] Baltes (2003: 31).

Behrendt, Susanne (2002): Die Bedeutung des Lernens im Kontext des Wissensmanagements. In: Stöckel, Markus / Gerald A. Straka (Hrsg.): Lebenslanges Lernen in der Arbeitswelt. Bremen: Universität, S. 45-55.

Fischer, Andreas (2002): Gesellschaftliche Individualisierung und lebenslanges Lernen. Lüneburg: Universität.

Fleig, Jürgen / Robert Schneider (1995): Erfahrungen und Technik in der Produktion. Berlin: Springer.

Howaldt, Jürgen (2002): Lernen in Netzwerken – ein Zukunftsszenario für die Wissensgesellschaft. In: Heinz, Walter R. / Hermann Kotthoff / Gerd Peter (Hrsg.): Lernen in der Wissensgesellschaft. Münster: Lit-Verlag , S. 45-63.

Neuweg, Georg Hans (1999): Könnerschaft und implizites Wissen. Zur lehr-lerntheoretischen Bedeutung der Erkenntnis- und Wissenstheorie Michael Polanyis. Münster: Waxmann.

Penschke, Steffen (1998): Erfahrungswissen in der Produktentwicklung. Erfassung und Aufbereitung prozeßorientierter Informationen in Konstruktionsprojekten. Düsseldorf: VDI.

Reichert, Dagmar / Patricia Fry / Claudia Heid / Ursina Steinemann (2000): Wissenschaft als Erfahrungswissen. Wiesbaden: Dt. Univ.-Verlag.

Wiater, Werner (2002): Wissen managen als Aufgabe des lebensbegleitenden Lernens. In: Paape, Björn / Karl Pütz (Hrsg.) (2002): Die Zukunft des lebenslangen Lernens. Festschrift zum 75. Geburtstag Franz Pögels. Frankfurt a. M.: Lang, S. 83-97.

Qualitätsmerkmale von Texten im Wissenstransfer. Theoretische und empirische Perspektiven

Nina Janich (Darmstadt)

Dieser Beitrag verdankt sich einer Umfrage bei Studierenden zur Qualität sprachwissenschaftlicher Einführungen. Im Vordergrund steht im Folgenden die theoretische Auseinandersetzung mit möglichen Kriterien der Textbewertung (1). Die Bewertungen und Bewertungskriterien der Studierenden werden im Anschluss in knapper Form dargestellt (2), um eine Art Evaluation der theoretischen Überlegungen zu bieten. Ausführlicher lassen sich die Ergebnisse der Umfrage bei Janich 2004a nachlesen. Das Ziel des Beitrags, der sich als eine Art Werkstattbericht versteht, liegt darin, die mit der Qualität von Texten als Instrumenten des Wissenstransfers zusammenhängenden Problemkreise und Fragestellungen zu erfassen und anhand des gewählten Beispiels „sprachwissenschaftliche Einführung" zu veranschaulichen (3).

1   Die theoretische Perspektive: Textbeschreibung und Textbewertung

Ein Gegenstand der Textlinguistik ist die Beschreibung sprachlicher, formaler und inhaltlicher Merkmale von Texten. Sie dient beispielsweise der Unterscheidung verschiedener Textsorten oder auch der Analyse von Funktion und Eigenheit einzelner Texte. Seltener werden Merkmalslisten dagegen zur Textbewertung genutzt – in diesem Zusammenhang beschäftigen sich eher Verständlichkeitsforschung und Angewandte Linguistik mit Texten und ihrer Form und Struktur.

Die Frage nach der Qualität von Wissenstransfer, Thema dieser Tagung, fordert einen Blick auch auf die Texte, die Mittel und Werkzeug des Transfers sind. Welche Eigenschaften sollten solche Texte haben, wie sollten sie aufgebaut sein, welche sprachliche Form ist für welchen fachlichen Inhalt angemessen usw.?

Fragen dieser Art zeigen bereits, dass sie nicht generell beantwortet werden können: Welcher Text ein „guter" Transfertext ist, welcher Text also die Funktion, Wissen zu vermitteln, erfolgreich erfüllt, hängt von vielerlei Faktoren ab: dem zu vermittelnden Wissen (von seiner Komplexität, seiner Theorie- bzw. Praxisbezogenheit, seiner angestrebten Umsetzbarkeit), den Rezipienten und ihrem Vorwissen, den Erwartungen und Ansprüchen an den Wissenstransfer sowohl bei den Lehrenden wie bei den Lernenden, der Verwendungssituation der Transfertexte (z. B. Selbststudium vs. Unterricht). Auch bleibt zu bedenken, dass die inhaltlich-strukturell-formale Bewertung von Texten grundsätzlich abhängig ist von fachlichen Textmusternormen und unterschiedlichen Fachgepflogenheiten (vgl. zum Beispiel Natur- vs. Geisteswissenschaften) ebenso wie von kulturspezifischen Gewohnheiten und Erwartungshaltungen (vgl. Adamzik 2001: 266, Clyne 1991).

Doch können Erkenntnisse über Textmerkmale zumindest ein Instrumentarium liefern, mit dem solche Fragen angegangen werden können: Welche Merkmale wie ausgeprägt sein sollten, wird dem Einzelfall überlassen – welche Merkmale es jedoch zu prüfen gilt, kann weitgehend kultur-, fach- und leserübergreifend zusammengetragen werden. Die Facetten der Textbeschreibung werden damit zu möglichen Kriterien der Textbewertung.

Der folgende, von mir bereits systematisierte Überblick (vgl. Abb. 1) über mögliche Bewertungskriterien bedient sich der Erkenntnisse der angewandten und über Bewertung reflektierenden Textproduktions- und -rezeptionsforschung (Ballstaedt u. a. 1981, Ballstaedt 1997, Göpferich 2002, Nussbaumer 1991, Strohner / Brose 2002), der kulturvergleichenden Textsortenforschung (Clyne 1991), der Transferwissenschaften (z. B. Iluk im Druck) sowie der Verständlichkeitsforschung (z. B. Groeben / Christmann 1989). Es handelt sich um eine prinzipiell offene, aber doch bereits sehr umfassende Liste, die wahrscheinlich vor allem um Bewertungsaspekte ergänzt werden könnte, die sich aus spezifischen Kommunikationssituationen und Textanforderungen ergeben.

Zu unterscheiden sind drei bzw. vier Gruppen von Merkmalen: die Textanlage betreffend, den Textinhalt betreffend, die Textform betreffend und – speziell der Frage nach der Qualität wissensvermittelnder Texte geschuldet – die Didaxe betreffend.

Zur Textanlage:

Abhängig von Thema und Transferzielen lässt sich die Textanlage nach unterschiedlichen Aspekten beschreiben. Gerade in diesem Bereich sind nicht selten große kultur- und fachspezifische Unterschiede festzustellen (vgl. Clyne 1991), die Textanlage hängt aber natürlich ebenfalls ganz entscheidend vom didaktischen Ziel des Autors und der Funktion des Textes ab.

Ob das Wissen systemvermittelnd oder systementdeckend dargestellt wird, beeinflusst vor allem die Anforderungen an den Leser und Lerner. Eher mit den zu vermittelnden Inhalten hängt dagegen zusammen, ob die Darstellung sinnvoller induktiv oder deduktiv angelegt werden sollte. Wie die Sequenzierung der Teilthemen erfolgen sollte, ob begriffs-, lern- oder gebrauchsorientiert, ist ebenfalls vom Textinhalt, stärker aber noch von der Textfunktion und den Transferzielen abhängig. Insgesamt decken sich diese drei Aspekte teilweise mit dem, was die Textlinguistik als thematische Entfaltung beschreibt (argumentativ, explikativ, deskriptiv, narrativ, unterhaltend), nur dass damit eine detailliertere Differen-

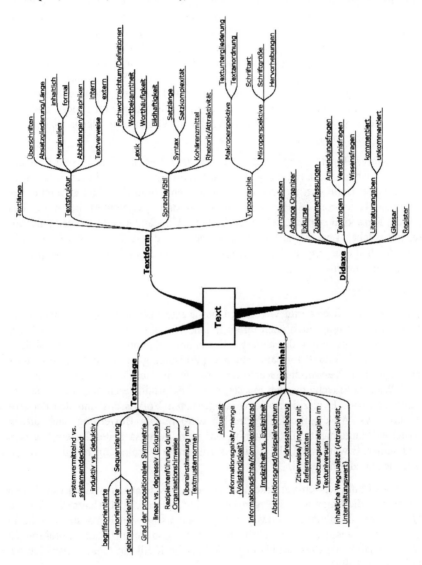

Abb. 1

zierung angestrebt und zugleich auf Transfertexte fokussiert wird – in erster Linie erzählende oder unterhaltende Texte bleiben ausgeklammert.

Im Zusammenhang mit Wissenstransfer sind besonders der Grad der propositionalen Symmetrie, die Anzahl und Einbindung von Exkursen sowie die Rezipientenführung durch Organisationshinweise von Bedeutung. Exkursreichtum und die Nachvollziehbarkeit der Positionierung und Zuordnung von Exkursen zum eigentlichen Text beeinflussen ebenso die Verständlichkeit wie die Frage, ob sich die Relevanz und Komplexität der Teilthemen auch in der Ausführlichkeit ihrer Behandlung widerspiegelt (= propositionale Symmetrie). Organisationshinweise sind dagegen ein zusätzliches Mittel, die Rezeption zu steuern und zu erleichtern, und stellen daher bereits eine Verbindung zum Block „Didaxe" her, da sie beispielsweise in Form von Advance Organizern oder Lernzielangaben vorkommen können.

Ein weiterer Aspekt beeinflusst Rezeption und Verständlichkeit, nämlich der Grad der Übereinstimmung mit Textmusternormen. Werden Lesererwartungen an einen Text, die sich aufgrund einer intuitiven Vorab-Zuordnung zu einer bestimmten Textsorte / Textfunktion ergeben, bestätigt, erleichtert dies in der Regel die Rezeption. Andererseits kann es unter Umständen sinnvoll sein, als Autor mit solchen Lesererwartungen zu brechen, um die Aufmerksamkeit zu erhöhen. Auch dieser Aspekt hängt demnach eng mit Funktion und Anliegen des Textes zusammen.

Zum Textinhalt:

Beschrieben und bewertet werden können Texte insbesondere im Kontext der Wissensvermittlung auch nach ihrem Inhalt: Wie aktuell (z. B. hinsichtlich der zitierten Forschung und der neuesten Forschungserkenntnisse) ist die inhaltliche Aufbereitung? Sind Informationsmenge (Vollständigkeit?!) und Informationsdichte je nach Verwendungssituation, Transferziel und Textfunktion angemessen? Weitere Entscheidungen müssen beim Textproduzieren über den Grad der Implizitheit vs. Explizitheit des vorausgesetzten Vorwissens und den der Abstraktion vs. Anschaulichkeit getroffen werden. Die Bewertung nach diesen Kriterien hängt nicht zuletzt unmittelbar vom Vorwissen des Lesers / Lerners und seinen Erwartungen ab, so dass sie in enger Verbindung mit dem Adressatenbezug zu sehen sind.

Ein Spezifikum wissensvermittelnder Texte insbesondere im wissenschaftlichen Bereich ist die Frage nach Belegsorgfalt und Zitattreue, ja überhaupt die Art und Qualität der Einbindung in das jeweilige Universum von Bezugstexten, die in Texten wie beispielsweise Lehrbüchern und wissenschaftlichen Einführungen Vorbildcharakter haben sollten (vgl. die harsche Kritik an Gegenbeispielen bei Grießhaber 1999).

Zu wenig berücksichtigt wird gerade bei wissensvermittelnden Texten der Aspekt der inhaltlichen „Wegqualität" und Attraktivität eines Textes (Nussbaumer 1991: 32, bes. auch Kap. 9), der für die Lese- und Lernmotivation jedoch entscheidend ist.

Zur Textform:

Die Textverständlichkeit ist bekanntermaßen nicht zuletzt von Aspekten wie Textlänge, Textstruktur und gewähltem Sprachstil abhängig. Hier zeigt sich wiederum ein enger Zusammenhang mit Aspekten des Textinhalts: Abstraktionsgrad und Informationsdichte, Explizitheit und Einbindung von Exkursen können beispielsweise über Textstrukturierungsmittel wie Marginalien, Verweise und Abbildungen oder durch die Wahl der Lexik und der Kohärenzmittel, durch Satzkomplexität und Satzlänge gesteuert werden. Auch die inhaltliche Attraktivität korreliert eng mit der sprachlichen Attraktivität.

Die typographische Gestaltung (Textuntergliederung und -anordnung ebenso wie Schriftwahl, Schriftgröße und Menge und Art der Hervorhebungen) ist zwar in vielerlei Hinsicht Geschmacksache, beeinflusst jedoch die Lesbarkeit eines Textes und die Rezeptionsbereitschaft des Lesers ebenso wie sinnvolle, sprechende Überschriften oder angemessene Absatzgliederung und -länge.

Zur Didaxe:

Der hier gewählten Perspektive geschuldet ist die Liste didaktischer Zusatz- und Teiltexte, die einen komplexen Text mit Transferfunktion wie zum Beispiel eine sprachwissenschaftliche Einführung auszeichnen können. Bekannte und unterschiedlich beliebte Hilfsmittel in Studien- und Arbeitsbüchern sind Zusammenfassungen am Kapitelanfang oder -ende (z. B. bei Pörings / Schmitz [2]2003; in Form von Definitionen bei Bergmann u .a. [3]2001), Textfragen (mit und ohne Lösungen; z. B. bei Lühr [6]2000), (un)kommentierte Literaturangaben zu einzelnen Aspekten / Kapiteln (z. B. bei Bergmann u. a. [3]2001, Volmert [3]1999), Glossar (z. B. bei Adamzik 2001) und Register (z. B. bei Lühr [6]2000, Volmert [3]1999). Im deutschen Sprachraum seltener kommen so genannte Advance Organizer vor, die explizite Rezeptionsanweisungen geben. Mit Lernzielangaben sind dagegen eher Hinweise im Verlauf des Textes gemeint, die deutlich machen, wie das dargebotene Wissen genutzt werden soll. Exkurse, die schon bei der Textanlage thematisiert wurden, können beispielsweise als ausdrücklich markierte Teiltexte aus dem Gesamttext herausgehoben sein und sind damit in ihrer thematischen Sonderstellung erkennbar (und gegebenenfalls überspringbar) (z. B. bei Lühr [6]2000).

Wie gesagt soll dieser Überblick als eine offene Liste verstanden werden, die beispielsweise als Kriterienliste für empirische Befragungen zu Textqualitäten genutzt werden kann.

2   Die empirische Perspektive: Rückmeldungen aus der Praxis

Das folgende Kapitel stellt eine knappe Zusammenfassung eines Beitrages über die Evaluation sprachwissenschaftlicher Einführungen dar und kann dort ausführlicher nachgelesen werden (Janich 2004a).

In einer kleinen Umfrage mit 13 Duisburger Studierenden (Hauptstudium, Seminar „Fachsprachen") im Wintersemester 2002/2003 wurden erstens Kriterien gesammelt, die aus studentischer Sicht für die Qualität einer sprachwissenschaftlichen Einführung eine Rolle spielen, diese dann zweitens per Fragebogen in ihrer relativen Wichtigkeit bewertet und schließlich drittens vier derzeit auf dem Markt befindliche Einführungen[1] anhand eines ausgewählten Kapitels (Morphemdefinition und -klassifikation) mit Hilfe der erarbeiteten Kriterienliste relativ zueinander bewertet.

Im Wintersemester 2003/2004 wurde eine solche Umfrage in etwas anderer Form an der Technischen Universität Darmstadt wiederholt: Eine Arbeitsgruppe von sechs Studierenden (Hauptstudium, Seminar „Textlinguistik") bekam drei Einführungen[2] als Buchexemplare in die Hand und sollte ohne weitere Vorgaben selbst Bewertungskriterien entwickeln, um die Einführungen auf dieser Grundlage zu vergleichen.

Ziel dieser Erhebungen war nicht, statistisch relevante Daten zu erhalten, sondern die Rezipienten von Einführungen überhaupt erst einmal zu Wort kommen zu lassen und zu prüfen, inwieweit Studierende Bewertungsmaßstäbe gegenüber der von ihnen verwendeten Fachliteratur entwickelt haben. Daher wurden die Umfragen auch mit Studierenden des Hauptstudiums durchgeführt, da Studienanfänger noch keine oder kaum Erfahrungen mit der Fachliteratur gesammelt haben und sich erfahrungsgemäß bewertende Äußerungen selbst noch nicht zutrauen.

Die von den Duisburger Studierenden vorgenommenen Bewertungen ergeben folgende Tendenzen:

– Als sehr wichtig gelten: die typographische Hervorhebung wichtiger Begriffe, die thematisch-inhaltliche Durchsichtigkeit von Überschriften, erklärende und angewandte Beispiele, die explizite Definition von Fachwörtern, Zusammenfassungen am (Teil-)Kapitelende, Register und Glossar.

– Als immer noch relativ wichtig wurden eingeschätzt: Binnengliederung von Kapiteln, Beifügung illustrativer Beispiele / Texte, Einbindung der Beispiele in die Argumentation, einfacher Satzbau, nicht zu viele Fachwörter und Übungsaufgaben mit Lösungen.

---

[1]   Adamzik 2001, Bergmann / Pauly / Stricker ³2001, Lühr ⁶2000, Volmert ³1999.
[2]   Adamzik 2001, Pörings / Schmitz ²2003, Volmert ³1999.

- Am wenigsten wichtig scheinen bei einer Einführung zu sein: eine detaillierte Darstellung (laut Kommentaren eher verwirrend, weil für eine Einführung nicht angemessen), kommentierte Literaturangaben, Marginalien, Übungsaufgaben und Arbeitstexte ohne Lösungsangebote („frustrierend", „nicht sinnvoll" wegen fehlender Kontrollmöglichkeit).

Die Darmstädter Studierenden nannten als positive Merkmale von Einführungen (in der angegebenen Reihenfolge): klare Strukturierung, Erklärung und Hervorhebung wichtiger Fachbegriffe im Text, Zusammenfassungen, Beispiele, Literaturempfehlungen sowie Aufgaben und Lösungen. Sie wiesen allerdings auf mögliche Bewertungsunterschiede hin, je nachdem ob eine Einführung für Studienanfänger oder zur Vorbereitung für die Zwischenprüfung geeignet sein solle.

Dass die Bewertungsmaßstäbe durchaus sehr unterschiedlich sein können, zeigen kontroverse Kommentare der Studierenden (z. B. zu Querverweisen zu anderen Kapiteln oder zu kapitelspezifischen und kommentierten Literaturangaben). Hieran zeigen sich ganz unterschiedliche Leserbedürfnisse. Dennoch sind durchaus Grundtendenzen in den Bewertungsmaßstäben nachweisbar (wie Verständlichkeit, Übersichtlichkeit, Anschaulichkeit). Dies spiegelt sich auch in der Evaluation der Bücher (im Folgenden noch ergänzt durch die Bewertungen Regensburger Studienanfänger, die im Rahmen regelmäßiger Seminarevaluationen der vergangenen Jahre zu den dort als Seminarlektüre verwendeten Einführungen[3] geäußert wurden):

Adamzik 2001, die in allen Gruppen am kontroversesten beurteilte Einführung, wurde als zwar interessant und in verständlichem Stil geschrieben beurteilt (positiv wurden auch Marginalien, Glossar und Register angemerkt), gilt den meisten aber als zu voraussetzungsreich für eine Einführung und vom ungewöhnlichen und im Inhaltsverzeichnis nicht nach den klassischen Themenkomplexen (Morphologie, Phonologie, Syntax o. Ä.) strukturierten Aufbau her als zu wenig geeignet als Seminarbuch.[4] Das Fazit der Darmstädter Arbeitsgruppe kann daher als typisch gelten: „Die Einführung von Adamzik ist unter den o. g. Kriterien nicht unbedingt die erste Wahl der Gruppe, empfiehlt sich aber als Lesebuch." (aus dem Protokoll zur Gruppenarbeit).

Bergmann u. a. [3]2001, nur von der Duisburger Gruppe evaluiert, bekam gute Noten vor allem wegen der Übersichtlichkeit (relativ große Schrift, Fettdruck zur Hervorhebung) und dem Zusatzservice (z. B. Definitionen zentraler Begriffe

---

[3] Adamzik 2001, Lühr [6]2000, Volmert [3]1999.

[4] Hier ist zu erwähnen, dass das Buch von der Autorin auch nicht als solches konzipiert wurde, so dass diese Kritik eher auf die auswählende Dozentin zurückfällt: Das Buch sei „eigentlich [...] als eines gedacht, das man von vorn nach hinten lesen soll, es ist kein Arbeitsbuch" (Adamzik 2001: VII).

als Zusammenfassung am Kapitelende), die Beispieldichte wurde jedoch eher als überladen und als zum Teil zu wenig inhaltlich eingebunden empfunden.

Lühr [6]2000 wurde wegen des Fachwortreichtums (teilweise fehlende Definitionen) und einer gewissen Unübersichtlichkeit durch sprunghafte, teilweise auch zu detaillierte Darstellung und unklare Typographie kritisiert. Geschätzt wurden dagegen die ausführlichen Beispielanalysen zu Syntax und Wortbildung.

Pörings / Schmitz [2]2003 lag nur der Darmstädter Gruppe zur Bewertung vor und rangierte dort an Platz 1 wegen seiner Themenstrukturierung, der systematischen Hervorhebung zentraler Begriffe sowie der Zusammenfassungen und Lesehinweise am Kapitelende. Kritisch gesehen wurde, dass Lösungen und weitere Hinweise zu den Aufgaben nicht im Buch selbst zu finden sind, sondern dass hierzu auf das Internet verwiesen wird.

Volmert [3]1999 wurde dagegen weitgehend eine präzise, gut strukturierte und relativ knappe Darstellung mit Zusammenfassungen und Lesehinweisen am Kapitelende zugute gehalten. Kritisiert wurden allerdings das Fehlen von Übungsaufgaben und der geringe Anteil an Beispielanalysen, die typographische Dichte sowie die Undurchsichtigkeit des Systems der typographischen Hervorhebung.

Letztendlich haben Diskussionen, Gruppenarbeit und Fragebögen gezeigt, dass Studierende sehr differenzierte und auch gut begründete Ansichten darüber haben, was sie von einer guten Einführung erwarten und was nicht. Ein weiterer Schritt wäre eine intensivere *inhaltliche* Auseinandersetzung mit diesen und weiteren Einführungen, die ihr Augenmerk nicht nur auf Textstrukturierung, didaktische Angebote und Formalia richtet, sondern Aspekte wie Forschungsstand / Aktualität, Vollständigkeit bzw. inhaltliche Auswahl und Verständlichkeit in der Darstellung vs. notwendige Komplexität in den Blick nimmt. Und auch die hier gezeigten Tendenzen zur Relevanz einzelner Textbewertungskriterien könnten und sollten empirisch weiter abgesichert werden (zu einigen diesbezüglichen Ergebnissen der Textverständlichkeitsforschung vgl. z. B. den knappen Überblick bei Janich 2004a).

3   Synthese und Ausblick: Konsequenzen für Produktion und Rezeption

Für die Textsorte *(Sprach-)Wissenschaftliche Einführung* ergeben sich aus dem Bisherigen durchaus Anregungen zur Textgestaltung. Die zentrale Erkenntnis aus den allgemeinen Bewertungstendenzen sowie den speziellen unterschiedlichen Leserbedürfnissen scheint mir jedoch vor allem zu sein, dass der Stellenwert der jeweiligen Einführung im wissenschaftlichen Textuniversum und ihr didaktischer wie wissenschaftlicher Anspruch sowohl vom Autor (z. B. im Vorwort und ansatzweise am besten auch schon im Klappentext) als auch von denjenigen, die sie für die Lehre verwenden, klarer umrissen werden sollte (z. B. durch Metakommunikation im Kurs über die Grenzen einer Einführung und die Folgen für den Umfang und die Darstellungstiefe des aufbereiteten Wissens).

Autoren wissenschaftlicher Einführungen müssen sich bei der Textgestaltung ihrer Schnittstellenfunktion zwischen Wissenschaft und ‚Noch-Laien' bewusst sein – bei ihnen ist, wie im Übrigen bei allen Experten, Verständigungskompetenz als selbstverständlich vorauszusetzen bzw. einzufordern (vgl. Jäger 1996, Janich 2004b).

Verständigungskompetenz bedeutet beispielsweise, das zu präsentierende Wissen adressatengerecht aufzubereiten und implizites, erst einmal nur den Experten gemeinsames Wissen im Transferprozess explizit zu machen. Sie bedeutet selbstverständlich auch, in neueren Auflagen einer Einführung Fehler zu bereinigen und aktuelle Forschungsergebnisse und -revisionen nach Möglichkeit zu berücksichtigen, auch wenn dies Arbeit macht und den Verlagen Kosten bereitet. Idealerweise befähigt sie dazu, Wissenschaft lebendig und anschaulich vorzuführen, auf Wissensvernetzung und Nachvollziehbarkeit zu achten und die Kriterien wissenschaftlichen Arbeitens zu vermitteln sowie selbst vorbildhaft vorzuführen (vgl. Grießhaber 1999).

Lehrende, die Einführungen als verpflichtende oder begleitende Seminarlektüre einsetzen, müssten den Studierenden stärker dabei helfen, sich in Bezug auf Textsortenfunktion, sinnvolle Rezeptionsweisen und Grenzen der inhaltlichen und methodischen Reichweite von wissenschaftlichen Einführungen zu orientieren. Denn letztlich geht es nicht nur um den wissenschaftlichen Anspruch und die inhaltliche Qualität von Einführungen, sondern auch um die Kritikfähigkeit und vor allem die Kritikbereitschaft ihrer Leser und Benutzer – diese zu schulen, ist eine Aufgabe der Lehrenden, die Einführungen in ihren Kursen benützen.

Denn es kann nach aller Erfahrung besonders bei Studienanfängern nicht davon ausgegangen werden, dass sie von selbst wissen (und entsprechend handeln), dass es durchaus Qualitätsunterschiede und unterschiedliche didaktische Ansätze bei Einführungen gibt; dass man sich wegen seines individuellen Lese- und Lernverhaltens auch selbst einen Überblick über das Angebot verschaffen sollte, statt sich nur nach der Empfehlung der / des Lehrenden zu richten; dass man sich prinzipiell nicht auf ein einziges Buch verlassen sollte; und dass Einführungen auch trotz ihrer inzwischen meist stattlichen Preise in ein Thema *einführen* sollen und daher keinesfalls etwa den Ansprüchen einer ‚Gesamtstudiumsbegleitung' oder gar Examensvorbereitung genügen bzw. genügen sollen und können.

Bemühen sich Autoren und Lehrende jedoch um eine entsprechende Bewusstseinsbildung, Kritikfähigkeit und Selbständigkeit der Studierenden, dann werden auch studentische Bequemlichkeit und zelebrierte Hilflosigkeit[5] langfristig unentschuldbar.

Abschließend seien im Sinne eines Ausblicks Fragestellungen und Themenkreise zusammengefasst, die sich aus den theoretischen Überlegungen und der empirischen Befragung für die Transferwissenschaften ergeben:

1 *Der Aspekt der Textproduktion – die Perspektive des Autors:* adressaten- und situationsgerechte Darstellung von Inhalten; inhaltliche Qualität / wissenschaftliches Niveau / Vorbildcharakter; Verständlichkeit, Ästhetik und Attraktivität von Texten des Wissenstransfers; Verständigungskompetenz von Fachleuten und Konsequenzen für die fachliche Ausbildung sowie das Image verständlicher Texte; Metakommunikation über Textfunktion, didaktische Ziele, Benutzungshinweise; Vermarktung von Transfertexten (z. B. Titel, Klappentexte, Vorworte).

2 *Der Aspekt der Textrezeption – die Perspektive des Lesers und Lerners:* Leserbedürfnisse, Nutzungssituation und Bewertungskriterien; Erwartungen an den Wissenstransfer; Wissen vs. Fähigkeit / Typen von Wissen; Verstehen vs. Erinnern von Textinhalten; Sprachkompetenz und Aufnahmemechanismen (Lernpsychologie).

3 *Der Aspekt der Wissensvermittlung – die Perspektive des Lehrers:* Möglichkeiten und Grenzen von wissenschaftlicher Einführungsliteratur; Metakommunikation über die Funktion und Rolle von Fachliteratur im Wissenstransfer, über Lernziele und Anwendungsmöglichkeiten; didaktische Einbindung und Weiterführung von Fachliteratur / Einführungsbüchern.

Verständlichkeitsforschung, Textlinguistik und Angewandte Linguistik bieten hierzu bereits erste Lösungsansätze (vgl. z. B. Göpferich 2002 mit Forschungsüberblick und weiterführender Literatur oder die Beiträge in Strohner / Brose 2002).

4   Literatur

4.1   Evaluierte Einführungen

Adamzik, Kirsten (2001): Sprache: Wege zum Verstehen, Tübingen / Basel: Francke (= UTB 2172).

Bergmann, Rolf / Peter Pauly / Stefanie Stricker (2001): Einführung in die deutsche Sprachwissenschaft, 3., überarb. und erw. Aufl., Heidelberg: Winter.

---

[5] Damit meine ich (durchaus reale) Fälle, die sich ihr ganzes Studium lang nur auf Einführungen berufen mit der Begründung, dort sei alles so gut zusammengefasst und aufbereitet bzw. andere Texte seien ihnen zu schwierig.

Lühr, Rosemarie (2000): Neuhochdeutsch. Eine Einführung in die Sprachwissenschaft, 6., durchges. Aufl., München: Fink (= UTB 1349).

Pörings, Ralf / Ulrich Schmitz (2003): Sprache und Sprachwissenschaft. Eine kognitiv orientierte Einführung, 2., überarb. und aktual. Aufl., Tübingen: Gunter Narr (= narr studienbücher).

Volmert, Johannes (Hrsg.) (1999): Grundkurs Sprachwissenschaft. Eine Einführung für Studierende der Lehramtsstudiengänge, 3., korrig. Aufl., München: Fink (= UTB 1879).

4.2 Sekundärliteratur

Adamzik, Kirsten (2001): Sprache: Wege zum Verstehen, Tübingen / Basel: Francke (= UTB 2172).

Ballstaedt, Steffen-Peter (1997): Wissensvermittlung. Die Gestaltung von Lernmaterial, Weinheim: Psychologie Verlags-Union.

Ballstaedt, Steffen-Peter u. a. (1981): Texte verstehen, Texte gestalten, München / Wien / Baltimore: Urban & Schwarzenberg.

Clyne, Michael (1991): Zu kulturellen Unterschieden in der Produktion und Wahrnehmung englischer und deutscher wissenschaftlicher Texte. In: Informationen Deutsch als Fremdsprache (Info DaF) 18, Heft 4, 376-383.

Göpferich, Susanne (2002): Textproduktion im Zeitalter der Globalisierung. Entwicklung einer Didaktik des Wissenstransfers. Tübingen: Stauffenburg.

Grießhaber, Wilhelm (1999): Linguistik light. Argumentative Wissenschaftsprosa in Einführungen. In: Osnabrücker Beiträge zur Sprachtheorie (OBST) 59, 71-91.

Groeben, Norbert / Ursula Christmann (1989): Textoptimierung unter Verständlichkeitsperspektive. In: Antos, Gerd / Hans P. Krings (Hrsg.): Textproduktion. Ein interdisziplinärer Forschungsüberblick. Tübingen: Niemeyer (= Konzepte der Sprach- und Literaturwissenschaft 48), 165-196.

Iluk, Jan (im Druck): Lehrwerktexte und ihr lexikalischer Schwierigkeitsgrad. Erscheint in: Antos, Gerd / Sigurd Wichter (Hrsg.): Transferwissenschaft. Wissenstransfer durch Sprache als gesellschaftliches Problem. Internationales Kolloquium Naumburg 4.-6. Oktober 2000, Frankfurt am Main u. a.: Peter Lang (= Transferwissenschaften 3).

Jäger, Ludwig (1996): Expertenkultur und Sprachkultur. „Innersprachliche Mehrsprachigkeit" und das Problem der Transparenz des Expertenwissens. In: Böke, Karin / Matthias Jung / Martin Wengeler (Hrsg.): Öffentlicher Sprachgebrauch. Praktische, theoretische und historische Perspektiven. Georg Stötzel zum 60. Geburtstag, Opladen: Westdeutscher Verlag, 68-76.

Janich, Nina (2004a): Sprachwissenschaftliche Einführungen – und was Studierende von ihnen halten. In: Göpferich, Susanne / Jan Engberg (Hrsg.): Qualität fachsprachlicher Kommunikation, Tübingen: Gunter Narr (= Forum für Fachsprachen-Forschung 66), 83-101.

Janich, Nina (2004b): Sprachkultiviertheit und Verständigungskompetenz. Die gesellschaftliche Verpflichtung der Experten. In: Busch, Albert / Oliver Stenschke (Hrsg.): Wissenstransfer und gesellschaftliche Kommunikation. Festschrift Sigurd Wichter, Frankfurt am Main u. a.: Peter Lang, 279-293.

Nussbaumer, Markus (1991): Was Texte sind und wie sie sein sollen. Ansätze zu einer sprachwissenschaftlichen Begründung eines Kriterienrasters zur Beurteilung von schriftlichen Schülertexten, Tübingen: Niemeyer (= Reihe Germanistische Linguistik 119).

Strohner, Hans / Roselore Brose (Hrsg.) (2002): Kommunikationsoptimierung: verständlicher – instruktiver – überzeugender, Tübingen: Stauffenburg.

Text und Textverstehen in der PISA-Studie am Beispiel ausgewählter Aufgaben. Anmerkungen aus fachdidaktischer und unterrichtspraktischer Sicht.

Ina Karg (Göttingen)

1 Allgemeine Grundlagen der PISA-Aufgabenkonstruktion

Eine Frau sieht sich einer höchst gefährlichen Situation ausgesetzt: Regenfälle haben den Fluss, an dem sie wohnt, ansteigen lassen, ihr Haus ist von Wasser umgeben, ein anderes ist bereits flussabwärts getrieben. Auf einem Baumstamm wird ein Panther angeschwemmt, der sich auf der Terrasse vor dem Haus der Frau niederlässt. Nach einem vergeblichen Versuch, das Tier zu erschießen, isst die Frau etwas von einem Schinken, den sie noch hat, und wirft den Rest davon hinaus zu dem Tier. Dann schläft sie ein. Als sie aufwacht, hat der Regen aufgehört. Auf der Terrasse finden sich lediglich die Spuren des Tieres und der abgenagte Schinkenknochen.

Der Erzähltext, der mit diesen wenigen Zeilen zusammengefasst ist, führt seine Leser in das Mississippi-Delta. Sein Autor heißt Louis Dollarhide, ist 1918 geboren, im Januar 2004 gestorben und war Professor für Literaturwissenschaft an der „Ole Miss", d. h. der University of Mississippi.[1] Was man an Forschungsliteratur zu diesem Text findet, ist nicht viel, ja reduziert sich, soweit ich sehe, auf Gordon Weavers Einleitung zum Sammelband *Mississippi Writers: Reflections of childhood and youth*, in dem die Geschichte mit dem Titel „The Gift" 1985 veröffentlicht wurde. Weaver schreibt dazu:

> In Louis Dollarhide′s „The Gift", nature threatens in the shape of a devastating flood. An old woman, marooned in her house, suddenly finds herself confronted with a panther that has sought refuge on her porch. She placates the beast - and

---

[1] http://www.dollarhide.org/page_louis.htm. An dieser Stelle sei Frank Kelleter, Göttingen, für Unterstützung und Hinweise gedankt.

thus survives the threat of nature - with the „gift" of a cured ham. (Weaver 1985:
XXV)

Wenig beachtet ist demnach diese Geschichte, und dennoch ist sie um die Welt
gegangen. Als sog. „Aufgabenstamm" wurde sie mit sieben Verständnisfragen
versehen und von OECD und nationalen Gremien den Kindern dieser Welt bzw.
den 15-jährigen Jugendlichen in 32 Nationen im Rahmen des Leseverstehens-
tests der PISA-2000-Erhebungen vorgelegt. Allerdings hat man ihnen möglicherweise von Autor, Ort und Zeit der Entstehung des Textes nichts gesagt. Ob
in den Testheften der Schüler und Schülerinnen die Quellen der Aufgabentexte
genannt sind, lässt sich nicht nachprüfen, da der Öffentlichkeit – auch der wissenschaftlichen – nur zugänglich ist, was die PISA-Konsortien „freigegeben"
haben. Der ursprünglich veröffentlichte deutsche Bericht (Baumert u. a. 2001;
http://www.mpib-berlin.mpg.de/pisa/Beispielaufgaben) zumindest enthält keine
Hinweise auf die Herkunft dieses Erzähltextes,[2] die den Aufgabenkonstrukteu-
ren für das Verständnis offenbar wenig beizutragen schien. Angesichts der
Musterlösungen (ebd.) stellt man außerdem fest, dass Gordon Weaver mit seiner
eben zitierten Aussage als PISA-Proband nicht gepunktet hätte. Es wird darauf
zurückzukommen sein.

Das Textverstehenskonzept der PISA-Erhebungen heißt bekanntlich „literacy".
Es versteht sich als pragmatisch und anwendungsbezogen. Im Einzelnen heißt
dies:

–   Texte werden grundsätzlich in Situationen ihrer – von den Aufgabenkon-
    strukteuren angenommenen – Verwendung angesiedelt. Das PISA-Konzept
    sieht vier solcher Lesesituationen vor, nämlich die Öffentlichkeit, die Privat-
    sphäre, die Ausbildung und den beruflichen Kontext.

–   Es soll *nicht* getestet werden, was die Schüler und Schülerinnen *gelernt* ha-
    ben oder wie weit sie die Forderungen eines nationalen Curriculums erfül-
    len, sondern was sie *können*, um im Leben zurechtzukommen. Dies ist der
    Grund, warum sog. „Anwendungssituationen" konzipiert sind, in denen
    Texte eine Rolle spielen und in denen mit ihnen in effektiver Weise umzu-
    gehen ist.

–   Die den Schülern und Schülerinnen vorgelegten Aufgabenkomplexe beste-
    hen jeweils aus Text („Aufgabenstamm") und dazugehörigen Fragen. Für
    die elf „freigegebenen" Aufgabenkomplexe des Leseverstehenstests sind

---

[2]   Seit kurzem gibt es die OECD-Version auf Deutsch:
      http://www1.oecd.org/publications/e-book/9602015E.PDF; dort findet sich die Angabe
      wie im englischen Bericht der OECD; es wird im Folgenden als englische Quelle die
      OECD-Webseite verwendet: www.pisa.oecd.org, als deutsche Quelle:
      http://www.mpib-berlin.mpg.de/pisa/ mit Verweis auf die deutsche OECD-Version, wenn
      erforderlich. Zu einzelnen Dokumenten siehe Quellenverzeichnis.

dies zwischen zwei und sieben Fragen pro Text. Man legt besonderen Wert darauf zu betonen, dass es sich sowohl um kontinuierliche und diskontinuierliche Texte, d. h. Diagramme, Tabellen u. Ä. handelt. Unter den „freigegebenen" Aufgaben haben die literarischen einen Anteil von ca. 27 %.[3]

– Das Können wird nach fünf Kompetenzstufen gemessen. Jede Frage zu einem Text hat einen bestimmten Punktwert, der sie zugleich auf einer dieser fünf Stufen ansiedelt. Im Prinzip bedeutet dies, dass ein Proband diesen Punktwert in seiner Testbilanz verbucht bekommt und damit die entsprechende Kompetenzstufe erreicht, wenn er eine bestimmte Aufgabe löst. Vergleichbar ist das Verfahren mit der Leistungsmessung in der sportlichen Disziplin des Hochsprungs: wenn die Latte fällt, ist diese Höhe gerade nicht mehr erreicht.[4] In der Wirklichkeit des Testvorgehens wird allerdings, da nicht alle Probanden dieselben Aufgaben lösen, mit Wahrscheinlichkeiten gearbeitet. Dies soll hier jedoch nicht interessieren (kritisch: Collani 2001).

– Das Textverstehen wird nicht nur hinsichtlich Schwierigkeit der Frage und der Qualität der Lösung in fünf Kompetenzstufen, sondern bezüglich der Art der Fragestellung in drei verschiedenen Skalen gemessen. Sie beziehen sich auf die Fähigkeit zur Informationsentnahme, zur Interpretation und zum Reflektieren über Inhalt und Form eines Textes. Eine bestimmte Aufgabe beispielsweise testet, ob ein Proband Information aus einem Text entnehmen kann, etwa nach dem Schwierigkeitsgrad bzw. der Kompetenzstufe fünf.

Dass in der Testkonstruktion Texte in bestimmten Anwendungssituationen angesiedelt und dazu Fragen gestellt werden, die auf Informationsentnahme, Interpretation und Reflexion von Texten abzielen, muss Fachdidaktik und Deutschunterricht interessieren. Doch wer immer sich mit Text, Textverstehen und Fragen der Interpretation befasst hat, weiß, dass dies und diese Begrifflichkeit, vor allem aber die Arbeit damit im Unterricht alles andere als selbstverständlich ist. Daher scheinen zunächst einige Bemerkungen grundsätzlicher Art angebracht. Denn die Konstruktion der PISA-Aufgaben beruht auf Voraussetzungen, die

---

[3] Für die gesamte Domäne kann der Anteil nicht festgestellt werden, da zwar die Titel der „Units" angegeben sind (Adams/Wu 2002: 262ff.), der Textcharakter sich daraus jedoch nicht erschließen lässt. Der OECD-Bericht (OECD 2002) listet 45 freigegebene Aufgaben zum Leseverstehen auf, der deutsche 46 (http://www.mpib-berlin.mpg.de/pisa/beispielaufgaben.html); jeweils 12 davon beziehen sich auf literarische Texte, d. h. 7 Aufgaben in der Einheit GESCHENK und 5 Aufgaben in der Einheit AMANDA, das sind 26,66 % (OECD) bzw. 26,08 (deutsch, Max-Planck-Institut). Vermutlich wurde eine Aufgabe in den deutschen Bericht aufgenommen, obwohl sie von der OECD bereits gestrichen war. Die Zählung folgt weiterhin der des Max-Planck-Instituts, Berlin.

[4] Der Vergleich findet sich zur Erklärung beim Vorgehen der Leistungsmessung im Rahmen der Studie *Adult Literacy in America*, die 1992 durchgeführt wurde (Kirsch u. a. 1993: 72).

sich bis in die Lösungskonzeptionen ziehen und sich daher auch auf die Auswertung der Antworten der Probanden auswirken. Bislang scheint die Tragweite dessen in der öffentlichen und wissenschaftlichen Diskussion jedoch noch wenig bedacht.

2 Anwendungssituationen und sprachliche Qualität der Texte

Dazu gehört zum Ersten die sog. Anwendungssituation, die für jeden Text genannt wird. Im Falle des Aufgabenkomplexes GESCHENK ist sie als *„personal / privat"* bezeichnet. Für alle „freigegebenen" Fragen der Studie, die sich auf literarische Texte beziehen, trifft dies zu, wie umgekehrt keine andere Lesesituation, zumindest in den freigegebenen Aufgaben des Haupttests (und mit nur einer Ausnahme im Feldtest), als *„personal / privat"* eingestuft ist. Das bedeutet, dass man Literatur, und wiederum fast nur sie, zu etwas erklärt, das ausschließlich für den persönlichen Gebrauch bestimmt ist. Ob Louis Dollarhide seine Geschichte von der Frau und dem Panther im Mississippi-Überschwemmungsgebiet *da*für verfasst hat, dürfte allerdings sehr die Frage sein; es ist anzunehmen, dass dies, wenn überhaupt, sicher nicht der einzige Grund gewesen ist, geschweige denn, dass sich die Funktion des Textes darauf reduzieren lässt. Allein die Tatsache, dass der Text in einer Sammlung mit dem Titel *Mississippi Writers* erschienen ist, verweist auf – zumindest auch – weitere und andere Ansprüche dieses Textes und von Literatur überhaupt. Ohne an dieser Stelle ins Detail gehen zu können, sei nur daran erinnert, dass sich Status und Funktion von Texten, auch solchen, die gemeinhin als Literatur gelten, kaum ohne die sie umgebende Sprecheröffentlichkeit bestimmen lassen. Auch Literatur hat und hatte schon immer Repräsentationsfunktion, war Zeugnis und Kommentierung ihrer historischen Situation und diente auch als gesellschaftlich-kulturelles Verständigungsinstrument. Gordon Weavers Einleitung zum Sammelband der *Mississippi Writers*, dem Publikationsort von Dollarhides *„The Gift"*, ist überschrieben mit: *A sense of place and time: Common experience, common values.* Die Funktion von Literatur reduziert sich nicht auf persönliche Erbauung und private Nutzung durch Leserindividuen. Sie tut dies schon gar nicht im Falle eines Dramas, das schließlich für öffentliche Aufführungen gedacht ist, das aber die PISA-Konsortien ihrerseits nun im Falle eines Ausschnitts aus Jean Anouilhs *Léocadia* den Kindern dieser Welt ebenfalls in der Annahme einer privaten Lesesituation vorlegen. Die betreffende Aufgabe trägt den Titel AMANDA AND THE DUCHESS / AMANDA UND DIE HERZOGIN. Dass unter diesen Voraussetzungen nur bestimmte Möglichkeiten des Verständnisses in Betracht gezogen werden, andere hingegen von vornherein ausgeschlossen sind, zeigt sich in den Lösungskonstruktionen der Aufgabensteller sehr deutlich und wirkt sich somit auch auf die Entscheidung aus, welche Antworten der Testpersonen als korrekt akzeptiert werden.

Zum Zweiten bedarf die Aussage: „Alle in PISA verwendeten Texte sind authentisch" (Baumert u. a. 2001: 24) genauerer Betrachtung und Überprüfung. Konkret wurde so verfahren, dass für die weltweiten Erhebungen verschiedene Länder Aufgaben eingereicht haben, deren Textgrundlagen aus ihrer öffentlichen Kommunikation – einschließlich Literatur – stammen. Das bedeutet, dass jede Aufgabe zunächst in einer bestimmten Ausgangssprache vorlag und einem einschlägigen spezifischen Kontext entnommen war. Für die endgültige Testversion mussten demnach Übersetzungen angefertigt werden, wobei man in mehreren Schritten vorging. Zunächst wurden die in verschiedenen Herkunftssprachen eingereichten Aufgaben jeweils in eine englische und eine französische Fassung übersetzt. Diese Versionen wurden zu „Quellentexten" erklärt.[5] Anschließend erfolgte die Übersetzung *dieser* Texte mit den dazugehörigen Testfragen in die jeweiligen Nationalsprachen der teilnehmenden Länder.

> The assessment instruments were prepared in both English and French, and then translated into the languages of participating countries using procedures that ensured the linguistic integrity and equivalence of the instruments. (OECD 2002: 17)

Deutschen Testpersonen lagen demnach ausschließlich Übersetzungen von englischen oder französischen Texten vor, die ihrerseits z. T. bereits einen Übersetzungsprozess durchlaufen hatten. Das Verfahren der Übersetzung wird genau dargelegt (Baumert u. a. 2001: 41; Adams / Wu 2002: 57 ff.), wobei man seitens der OECD besonders die Vorteile der „double translation from two source languages" betont, und versucht, sich wissenschaftlich abzusichern (McQueen / Mendelovits 2003; Grisay 2003). Ein Vergleich der Versionen lässt jedoch bereits an wenigen Beispielen erkennen, dass die deutschen Texte diesem Anspruch kaum genügen. „One year warranty" ist kein "einjähriger Garantieschein" [sic!],[6] „recommendations" sind keine „Entscheidungen", und die

---

[5]   Von „Quellentext" spricht der deutsche Bericht (Baumert u. a. 2001: 41), wo jedoch nur das anschließende Procedere der Übersetzung in die Sprachen der teilnehmenden Nationen beschrieben wird. Der *Technical Report* verwendet den Ausdruck „source versions" und gibt dazu an: „Translations were made from English to French and *vice versa* to provide the national translation teams with two source versions of all materials" (Adams / Wu 2002: 24); Frankreich war 1995 aus der von der OECD seinerzeit durchgeführten internationalen Untersuchung zur Lesefähigkeit von Erwachsenen ausgestiegen, „citing concerns over comparability" (OECD 2000: IX.). Das Vorgehen bei PISA kann als Reaktion darauf verstanden werden.

[6]   Aufgaben:
WARRANTY / GARANTIE; LICHEN / FLECHTEN; NEW RULES / TECHNOLOGIE; BULLYING / SCHIKANEN http://www.mpib-berlin.mpg.de/ pisa/beispielaufgaben.html und www.pisa.oecd.org; eine ausführliche linguistische Analyse der Testinstrumente wäre dringend erforderlich! Dabei würde auch der Frage nachzugehen sein, wann im Übersetzungsprocedere und warum aus Dollarhides *panther* ein *puma* wurde, wie etwa in der französischen Version von GIFT / LE CADEAU, die in der Schweiz verwendet wurde

Erscheinung des *„global warming"* bezeichnet man im Deutschen nicht als „die weltweite Erwärmung". Eine Gesellschaft erlässt keine Gesetze – das ist Sache des Gesetzgebers –, auch oder schon gar nicht als Äquivalent zum englischen Text: *„Our society has failed so far to come up with enforceable rules [...]."* Mehrfach wird die in englischen Texten der OECD verwendete indirekte Rede in den deutschen Übersetzungen unterschlagen oder mit inkorrekten oder wechselnden Konjunktivformen wiedergegeben, was nicht nur zu einem völlig anderen Verständnis, sondern auch zu Irritationen führt.[7] Die wenigen Beispiele müssen an dieser Stelle genügen, um zu zeigen, dass mehrfache Kontrollen des Übersetzungsvorgangs nicht nur keine den Ausgangstexten adäquaten deutschen Texte hervorgebracht haben, sondern nicht unerhebliche Bedenken bezüglich der sprachlichen Korrektheit aufkommen lassen. Ein Zusammenhang zwischen Institutionenwissen, Fachwissen und Sprachverwendung wird ohnehin nicht bedacht. Der Anspruch, authentische Texte vorzulegen, wird angesichts dessen zumindest fragwürdig, wenn nicht überhaupt die Notwendigkeit zur Operationalisierung dem Text in seinem Einsatz als Testinstrument entscheidende Dimensionen nimmt und damit zweierlei vernachlässigt: zum einen die kulturellen Bedingungen von Produktion und Rezeption menschlicher Äußerungen und zum anderen die daraus sich ergebende pädagogisch-didaktische Arbeit, vor allem angesichts zunehmender Multikulturalität und Inhomogenität in Schulklassen. Gerade das Lesen unterschiedlicher „Texte" wäre zu lehren. Der Einheitstext ist jedoch nicht herstellbar, noch wäre er authentisch, und ob er erstrebenswert ist, wäre erst noch die Frage.

3   Leseverstehen als „interaktiver" Prozess

Mit dieser Kritik an der Textkonstitution und Textqualität sind zugleich Facetten der Modellierung von Textverstehen aufgerufen, auf die sich auch die Berichte immer wieder berufen. Im *Technical Report* der PISA-Studie heißt es:

> The PISA definition of reading literacy builds, in part, on the IEA Reading Literacy Study (Elley, 1992), but also on IALS. [...] **It was also influenced by current theories which emphasise the interactive nature of reading** (Dechant, 1991; McCormick, 1988; Rumelhart, 1985), on models of discourse comprehension (Graesser, Millis and Zwaan, 1997; Kintsch and van Dijk, 1978;

(http://www.statistik.admin.ch/stat_ch/ber15/pisa/download/items_lecture_f.pdf) oder in der finnischen Testaufgabe (http://www.jyu.fi/ktl/pisa/).

7   Im Falle von GESCHENK ist die über die OECD aufzurufende deutsche Version des Textes nicht identisch mit der des Max-Planck-Instituts. Einige stilistische Unterschiede mögen unerheblich sein, doch lautet der erste Satz: „Wie viele Tage, fragte sie sich, hatte sie wohl so dagesessen und dem kalten braunen Wasser zugesehen, dass [sic!] das Ufer Zentimeter um Zentimeter verschlang." (http://www1.oecd.org/publications/e-book/9602015E.PDF: 67)

Van Dijk and Kintsch, 1983), and on theories of performance in solving reading tasks (Kirsch and Mosenthal, 1990). (Adams / Wu 2002: 200; Hervorhebung I.K.)

In Übereinstimmung mit diesen Aussagen wird von Mitgliedern des deutschen Konsortiums betont, „dass der Prozess des Textverstehens als Konstruktionsleistung des Individuums zu verstehen ist. Lesen ist demnach keine passive Rezeption dessen, was im jeweiligen Text enthalten ist." (Artelt u. a. 2002: 7)

Damit ist der Kern der Problematik der PISA-Leseverstehensaufgaben berührt. Tatsächlich kann der Verstehensprozess anhand des Beispiels GESCHENK auf der Grundlage eines entsprechenden Modells, auf das sich die Konstrukteure berufen, *beschrieben* werden. Vor allem jedoch kann und muss der Verstehensprozess, der der Aufgabenkonstruktion *selbst* zugrunde liegt, über das aufgerufene Modell in den Blick kommen. Da dieses Modell, das insbesondere mit den Namen von Walter Kintsch und Teun van Dijk verbunden und in dieser Hinsicht schrittweise Ergebnis ihrer Zusammenarbeit ist (van Dijk 1995), hinreichend bekannt sein dürfte, mag es hier genügen, an die wesentlichen Komponenten zu erinnern (vgl. auch Graesser u. a. 1997):

Propositionen, deren Prädikate und Argumente bilden die semantische Struktur eines Textes. Durch die Beziehung von Propositionen (van Dijk & Kintsch 1983) oder durch Überlappen von Argumenten (so noch Kintsch & van Dijk 1978) wird eine kohärente Textbasis hergestellt. Allerdings ist dies nicht lediglich eine Sache des Textes, denn Kohärenz muss nicht unbedingt explizit gemacht sein. Ein Autor kann beispielsweise annehmen, dass seine Leser Kohärenz stiftende Verbindungen erst schaffen, d. h. es gibt implizite Aufnahmen von vorab im Text Genanntem, die der Leser als solche wahrnimmt – oder eben nicht. Dabei tragen beide, Autor und Leser, Verantwortung dafür, ob solche Zusammenhänge erkannt werden und in welchem Grad dies der Fall ist. Ein Leser nimmt Folgerungen („inferences") vor, um zu überbrücken, was der Text nicht oder für ihn nicht explizit macht, und versucht, auf jeden Fall Kohärenz herzustellen. Die Bandbreite kann sich dabei zwischen extremer Redundanz und Unmöglichkeit erstrecken und lässt alle Abstufungen zu, sowohl auf Seiten des Autors als auch auf Seiten des Lesers. Für das Verstehen und die dabei ablaufenden Prozesse spielen steuernde Ordnungsmuster eine Rolle, denn Leser verstehen Texte, indem sie Vorwissen aktivieren, wenn sie glauben, auf entsprechende Signale in oder bei einem Text zu stoßen. Dazu gehören Textsorten, vor allem aber mentale Ordungsmodelle, die mit Weltwissen zu tun haben, ja dieses Weltwissen organisieren. Sie dienen als Grundlage für Sinnstiftung, Orientierung und Verstehensleistung.

In der Arbeit an der Entwicklung des Verstehensmodells für die Lektüre von Texten war es insbesondere eine Herausforderung (so Kintsch & van Dijk 1978), theoretisch die Rolle von „Wissen" oder „Vorwissen" zu bestimmen. Man hat immer schon angenommen – und es ist eigentlich trivial zu sagen –, dass derjenige, der mehr – bzw. auf einem bestimmten Gebiet mehr – weiß, zu einem besseren Verständnis von Gegenständen, Sachverhalten und auch Texten kommen kann. Im Rahmen der aufgerufenen Theorie des Textverstehens ist jedoch von Bedeutung, dass Leser ein „Situationsmodell" kreieren, indem sie Textinhalt und eigenes (Vor-)Wissen miteinander verbinden. Der Text wird in bestehende Kenntnisse und Vorstellungen eingearbeitet und diese bieten – aus der umgekehrten Perspektive formuliert – ihrerseits aber auch erst die Voraussetzung für das Verstehen.

Die Notwendigkeit, das Modell hier in Schritten darzustellen, darf nicht verdecken, dass man von einem komplexen Zusammenspiel der einzelnen Elemente ausgehen muss. Bei Durchgang durch einen Text werden demnach auch Revisionen in der Konstruktion der zunächst angenommenen Bedeutung vorgenommen, ein Vorgang, der sich bei mehrmaligem Lesen wiederholen kann. Auch gehört es zu den grundsätzlichen Erfahrungen eines jeden Rezipienten, dass derselbe Text zu verschiedenen Zeiten, in verschiedenen (Lebens-) Situationen und für verschiedene Zwecke gelesen, jeweils unterschiedlich „verstanden" werden kann. Sinn ist ein Konstrukt.

Das heißt, dass hiermit ein Modell zur Beschreibung von Verstehensvorgängen vorliegt. Da die Konstrukteure der PISA-Aufgaben für die „freigegebenen" Fragestellungen die von ihnen anvisierten Musterlösungen veröffentlicht haben, kann man auch *ihre* Verstehensleistung auf der Grundlage des Modells erläutern. Wenn man dies tut, zeigt sich, worin ihre Verstehensleistung und *ihre* Sinnkonstruktion bestanden hat. Gleichzeitig wird aber deutlich, dass ein Modell, das das Zustandekommen von Bedeutungskonstruktion beschreibt, als Grundlage für *Test*konstruktionen ungeeignet ist. Es mag zwar Fragestellungen geben, die sich auf Textdetails beziehen und dabei kaum Anlass zu unterschiedlichen Interpretationen geben. Doch sieht der Sachverhalt in anderen Fällen ganz anders aus.

Zunächst sei ein Beispiel einer Aufgabenstellung herangezogen, das zu einem unstrittigen Ergebnis führen kann. Der Anfang der Erzählung GESCHENK lautet:

> Wie viele Tage, fragte sie sich, hatte sie wohl so dagesessen und dem kalten braunen Wasser zugesehen, das das Ufer Zentimeter um Zentimeter verschlang. Sie konnte sich nur schwach an den Beginn des Regens erinnern, der durch den Sumpf vom Süden her kam und gegen die Außenschale ihres Hauses peitschte. (http://www.mpib-berlin.mpg.de/pisa/Beispielaufgaben_Lesen.PDF: 30)

Dies lässt sich folgendermaßen darstellen:

weibliche Person

- o fragen (sich)
  - wie lange: sitzen und zusehen
    - Wasser steigen

weibliche Person

- o erinnern
  - Regen
    - anfangen,
    - vom Sumpf kommen,
    - gegen Haus peitschen

Der Leseprozess lässt sich damit entsprechend verfolgen: Die zweimal erwähnte weibliche Person dürfte jeder Leser als dieselbe annehmen. Wasser und Regen bringt man als jemand, der einschlägige Wetterverhältnisse einigermaßen kennt, in einen Zusammenhang, der jedoch als solcher im Text nicht explizit gemacht ist. Im nächsten Satz bekommt der Leser, ist er so verfahren, dafür die Bestätigung. Wenn demnach in Frage 32 der Aufgabe GESCHENK nach der Situation der Frau zu Beginn der Erzählung gefragt wird, so dürfte die Antwort unproblematisch sein.

Für eine andere Stelle und Fragestellung ist dies weit schwieriger und alles andere als selbstverständlich. In Aufgabe 33 zum Text GESCHENK werden einige Sätze aus der Erzählung zitiert, in denen von Schreien die Rede ist.

> „weckte sie der Schrei, ein Laut so qualvoll ..."
> „Die Antwort war ein neuerlicher Schrei, doch dieses Mal weniger gellend, eher müde klingend, ..."
> „... sie hatte ihre klagenden Schreie in der Ferne gehört."
>
> (http://www.mpib-berlin.mpg.de/pisa/Beispielaufgaben_Lesen.PDF: 34)

Die Leser sollen angesichts dieser Zitate die Frage beantworten:

> Wenn du bedenkst, wie die Geschichte weitergeht, weshalb hat deiner Meinung nach der Autor diese Beschreibungen zur Einführung des Panters gewählt? (ebd.)

Für die Beurteilung dieser Aufgabe erscheint es unabdingbar, den gesamten Kontext der zitierten Sätze und Phrasen zu betrachten. Die relevante Passage wird im Folgenden vollständig zitiert. Die in der Fragestellung verwendeten Zitate sind markiert (fett), eine weitere Markierung ist vorgenommen (fett und kursiv). Es handelt sich um den Beginn der Erzählung GESCHENK:

> Wie viele Tage, fragte sie sich, hatte sie wohl so dagesessen und dem kalten braunen Wasser zugesehen, das das Ufer Zentimeter um Zentimeter verschlang. Sie konnte sich nur schwach an den Beginn des Regens erinnern, der durch den

Sumpf vom Süden her kam und gegen die Außenschale ihres Hauses peitschte. Dann begann der Fluss selbst langsam zu steigen, stoppte endlich, nur um noch stärker anzusteigen. Stunde um Stunde füllte er Buchten und Gräben und ergoss sich in tiefer gelegene Stellen. In der Nacht, während sie schlief, bemächtigte er sich der Straße und umzingelte sie, so dass sie allein dasaß: Ihr Boot war verschwunden, das Haus lag wie ein Stück Treibholz auf dem Steilufer. Jetzt leckten die Wassermassen bereits an den geteerten Planken der Stützpfeiler. Und noch immer stiegen sie.

So weit sie blicken konnte, bis zu den Baumkronen, wo das andere Ufer gewesen war, war der Sumpf nur noch eine leere, regenverschleierte See, in deren Weite sich der Fluss irgendwo verlor. Ihr Haus war mit seinem schiffsähnlichen Unterbau eigens gebaut worden, um einer solchen Flut standzuhalten, falls je eine käme, doch jetzt war es alt. Vielleicht waren die unteren Planken teilweise vermodert. Möglicherweise würde das Tau, mit dem das Haus an der großen immergrünen Eiche festgemacht war, reißen und sie stromabwärts schießen lassen, wohin bereits ihr Boot verschwunden war.

Niemand konnte jetzt noch kommen. Sie könnte schreien, aber es wäre sinnlos, niemand würde sie hören. In der Weite des Sumpfes kämpften andere um das wenige, was zu retten war, vielleicht sogar um ihr Leben. Sie hatte ein ganzes Haus vorbeitreiben sehen, so still, dass sie an eine Begräbnisfeier erinnert wurde. Als sie es sah, glaubte sie zu wissen, wessen Haus es war. Es war schmerzlich, es treiben zu sehen, doch seine Besitzer hatten sich wohl an einen höher gelegenen Ort gerettet. Später, als der Regen und die Dunkelheit stärker wurden, *hatte sie flussaufwärts einen Panter brüllen gehört.*[8]

Plötzlich schien das Haus um sie herum wie ein lebendiges Wesen zu erzittern. Sie griff nach einer Lampe, um sie aufzufangen, als sie von dem Tisch neben ihrem Bett glitt, und stellte sie zwischen ihre Füße, um sie aufrecht zu halten. Dann, knarrend und ächzend vor Anstrengung, kämpfte sich das Haus vom Lehm frei, bewegte sich schwimmend, tanzte wie ein Korken auf und ab und wurde langsam von der Strömung des Flusses erfasst. Sie klammerte sich an die Bettkante. Hin und her schwankend bewegte sich das Haus bis zur vollen Länge seiner Vertäuung. Es gab einen Ruck, dann einen Klagelaut des alten Holzes und schließlich ein Innehalten. Langsam gab die Strömung es frei und ließ es zurückschaukeln und über seinen alten Ruheplatz schleifen. Sie hielt den Atem an und saß lange Zeit still und fühlte die langsamen, pendelartigen Schwingungen. Die Dunkelheit durchdrang den unaufhörlichen Regen, und mit dem Kopf auf dem Arm und sich an der Bettkante festhaltend, schlief sie ein.

Irgendwann in der Nacht **weckte sie der Schrei, ein Laut so qualvoll,** dass sie auf den Beinen war, noch bevor sie wach war. In der Dunkelheit stolperte sie gegen das Bett. Er kam von dort draußen, vom Fluss. Sie konnte hören, wie sich etwas bewegte, etwas Großes, das ein kratzendes, streichendes Geräusch machte. Vielleicht war es ein anderes Haus. Dann stieß es an, nicht frontal, sondern längs-

---

8   Nebenbei sei auf die unterschiedliche Verwendung von Verben der Wahrnehmung in
     komplexen Prädikaten hingewiesen: „Sie hatte ein ganzes Haus vorbeitreiben sehen" und
     „hatte sie flussaufwärts einen Panter brüllen gehört" [sic!].

seits streifend und gleitend. Es war ein Baum. Sie lauschte, wie die Äste und Blätter freikamen und weiter stromabwärts trieben, so dass nur noch der Regen und das Schwappen der Flut zurückblieben, ein so beständiges Geräusch, dass es Teil der Stille zu sein schien. Zusammengekauert auf dem Bett war sie fast wieder eingeschlafen, als ein weiterer Schrei ertönte, diesmal so nah, dass es im Zimmer hätte sein können. Sie starrte in die Dunkelheit und bewegte sich vorsichtig auf ihrem Bett nach hinten, bis ihre Hand die kalte Form des Gewehres ergriff. Sie kauerte auf dem Kissen und hielt das Gewehr auf ihren Knien. „Wer ist da?" rief sie.

Die Antwort war ein neuerlicher Schrei, doch dieses Mal weniger gellend, eher müde klingend, dann brach wieder leere Stille herein. Sie wich auf dem Bett weiter zurück. Was immer dort war, sie konnte hören, wie es sich auf der Veranda bewegte. Planken knarrten, und sie konnte Geräusche von umfallenden Gegenständen ausmachen. Da war ein Kratzen an der Wand, als ob es sich hereinscharre wollte. Jetzt wusste sie, was es war, eine große Katze, die der entwurzelte Baum, der vorbeigetrieben war, hier abgesetzt hatte. Sie war mit der Flut gekommen – ein Geschenk.

Unbewusst presste sie ihre Hand an das Gesicht und an ihren zugeschnürten Hals. Das Gewehr schaukelte auf ihren Knien. Sie hatte noch nie in ihrem Leben einen Panter gesehen. Man hatte ihr von Pantern erzählt, und **sie hatte ihre klagenden Schreie in der Ferne gehört.** Die Katze kratzte wieder an der Wand und rüttelte am Fenster neben der Tür. Solange sie das Fenster bewachte und die Katze zwischen Wand und Wasser eingeschlossen war, wie in einem Käfig, brauchte sie sich keine Sorgen zu machen. Draußen verharrte das Tier, um dann mit seinen Krallen über das verrostete Fliegengitter zu kratzen. Ab und zu wimmerte und knurrte es.
(http://www.mpib-berlin.mpg.de/pisa/Beispielaufgaben_Lesen.PDF: 30 ff.)

Man erkennt, dass der Panther nicht etwa, wie es die Frage impliziert, mit den zitierten Sätzen „eingeführt" wird, sondern bereits an früherer Stelle im Text genannt ist („... hatte sie flussaufwärts einen Panter brüllen gehört"). Allerdings ist alles andere als klar, ob es sich dabei – erstens – um dasselbe Tier handelt, das sich später auf der Terrasse einfindet, und ob – zweitens – sämtliche Schreie von diesem Tier stammen. Für den Satz „Man hatte ihr von Pantern erzählt, und sie hatte ihre klagenden Schreie in der Ferne gehört." ist dies definitiv nicht der Fall. Die angegebene Lösung jedoch impliziert genau dies – und die einzig eigentlich richtige Antwort, nämlich auf die Spannungsqualität des Textes zu verweisen, gilt als nur teilweise gelöst.[9] Dieses bei Frage 33 an den Tag gelegte Verfahren ist symptomatisch. Betrachtet man nämlich die sieben Fragen und deren anvisierte Lösungen zum Text GESCHENK, so wird deutlich, warum dies so ist. Die Aufgabenstellung zielt auf eine Interpretation ab, die ein ganz bestimmtes „mentales Modell" zur Voraussetzung hat, in das dieser Text einge-

---

[9]   Damit erreichen Probanden mit 539 Punkten die Kompetenzstufe 3, während die „vollständige" Lösung mit 645 Punkten auf Kompetenzstufe 5 angesiedelt wird (Adams / Wu 2002: 264). Von deutscher Seite ist mir bislang kein Gesamtüberblick über die den Aufgaben zugewiesenen Punktzahlen bekannt.

passt wird. Der Frau wird Mitleid mit dem Tier unterstellt, auf dieser Basis der gesamte Textsinn konstruiert und ein entsprechendes „Situationsmodell" kreiert. Eine Zusammenfassung der Erzählung, die auf dieser Grundlage beruht, müsste demnach einen ganz bestimmten Akzent bekommen. Der Unterschied zur anfänglich in diesem Beitrag vorgestellten Wiedergabe wird deutlich, wenn man versucht, die anvisierten „richtigen" Lösungen einzubeziehen. Sie könnte etwa folgendermaßen lauten, wobei die Neuerungen, die die Lesart „Mitleid" erforderlich macht, markiert sind (fett):

Durch tagelange Regenfälle ist ein Fluss so angestiegen, dass die gesamte Umgebung überflutet ist. In dieser **desolaten** Situation nimmt eine Frau, die **einsam** in ihrem Haus umgeben von den Wassermassen sitzt und **bereits das Haus von Bekannten den Fluss hinuntertreiben sah**, Schreie wahr. Wenig später stellt sie fest, dass ein Panther sich auf die Terrasse ihres Hauses gerettet hat. Zunächst unternimmt sie einen Versuch, das Tier zu erschießen, dann **füttert** sie es mit einem Stück Schinken. Am nächsten Tag hat der Regen aufgehört, der Panther ist verschwunden und hat den abgenagten Schinkenknochen auf der Terrasse zurückgelassen.

Kohärenz wird je nach vom Leser wahrgenommenen Grad der Explizitheit durch Verbindungen hergestellt. Dies ist mehr oder weniger leichte oder schwierige Arbeit eines Lesers. Und je nach Leser und Vorwissen, Aktivierung mentaler Ordnungsraster, Einstellungen, Haltungen, ja Weltanschauungen bestehen unterschiedliche Möglichkeiten, dies zu tun. Auch in der ursprünglichen Zusammenfassung ist die Bedeutungskonstruktion über ein solches mentales Modell erfolgt. Dort war es eher die Vorstellung von „Angst vor dem gefährlichen Tier", die der Text aufgerufen hat, während die Musterlösungen „Überwindung der Einsamkeit", „Kreatürlichkeit als Gemeinsamkeit von Mensch und Tier", vor allem aber „Mitleid" als globales Verständnis verlangen.

Nun kann zwar menschliches Handeln einem Tier gegenüber von Mitleid, es kann aber auch von Angst oder auch ganz anderen Einstellungen geprägt sein. Wenn nach der *Meinung* des Lesers gefragt wird und ein Textverstehensmodell zugrundegelegt wird, das von – siehe oben: *„current theories which emphasise the interactive nature of reading"* ausgeht – so kann nur wundern, wenn am Ende eine eindeutige und nur eine Lösung gelten soll und die „gefährliche Situation" als Situationsmodell falsch sein soll, obwohl mehrfach von der Angst der Frau die Rede ist. Richtig verstanden hat laut Musterlösungen jemand den Text, der hier einen Menschen auf seine Kreatürlichkeit zurückgeworfen sieht, dem das Glück beschert ist – und darin liegt das „Geschenk" –, wenigstens ein Tier in der Nähe zu haben, mit dem er das Essen teilt und das dann seinerseits den Knochen als Geschenk zurücklässt. Bemerkenswert ist dabei jedoch vor allem, dass einer literarischen Figur „Motivation" unterstellt wird, wie man sie aus der Alltagslogik menschlichen Verhaltens kennt, dabei aber nun weder eine alltäglich-naheliegende (ein hungriger Panther ist ja wohl nicht ganz ungefährlich) noch die vom Text nahegelegte Begründung heranzieht: Der Text selbst sagt, dass die Frau nicht wusste, was sie tat, und über ihr eigenes Tun verblüfft war.[10] Nur nebenbei sei bemerkt, dass das Verb „füttern" in der Frage 35 zentrales Zeichen ist, im Text aber nicht ein einziges Mal vorkommt. Auch könnte bedacht werden, dass das englische „feed" weder dieselbe Denotation (vgl. *feed a family*), geschweige denn dieselbe Konnotation wie deutsch „füttern" hat.

> Die Katze war noch dort, miaute und begann, auf der Veranda umherzulaufen. Die Frau starrte sie lange Zeit furchtlos an. Dann, ohne zu überlegen, was sie da tat, legte sie das Gewehr beiseite und ging um die Bettkante herum zur Küche. Sie nahm den restlichen Schinken herunter, bewegte sich über den schwankenden Boden zurück zum Fenster und schob das Fleisch durch die zerbrochene Scheibe. Auf der anderen Seite ertönte ein hungriges Knurren, und eine Art Schockwelle übertrug sich von dem Tier auf sie. Verblüfft über ihr Tun, zog sie sich zum Bett zurück. Sie konnte hören, wie der Panter das Fleisch zerriss. Das Haus schaukelte um sie herum.
>
> (http://www.mpib-berlin.mpg.de/pisa/beispielaufgaben.html: 32)

Gordon Weaver hätte also mit seinem Satz: „she placates the beast and thus survives the threat of nature" als PISA-Proband keinen Punkt bekommen, denn Angst als Motivation ist keine zugelassene Lösung.[11] Aber Weaver geht weiter: „It is as if, in this story, a necessary reciprocity between man and nature is posited; each owes the other something in a natural system of symbiosis." Damit kommt er der verlangten Antwort auf die Testfrage schon näher, wenn er auch an keiner Stelle von Mitleid spricht. Aber Gordon Weaver *weiß* etwas über die *Mississippi Writers* und steht in einer bestimmten Tradition sowohl der Naturauffassung als auch der Literaturwissenschaft. Dort wäre nach den Quellen und Ursprüngen seines mentalen Modells zu suchen. Weder ist jedoch romantische Naturmystifizierung ein solches von allgemeiner Gültigkeit, noch kann man bekanntlich Literaturwissenschaft auf nur *eine* Art betreiben. Wer jedoch die dort zur Verfügung gestellten Modelle (literarischen) Verstehens erst gar nicht für relevant hält und literarische Texte, ja ihre Figuren und deren Verhalten ausschließlich in die Privatsphäre verlegt, der mag die Begegnung zwischen Panther und Frau gar nicht mehr im Textganzen einer Erzählung und diese erst recht nicht in einem weiteren Kontext sehen. Es verwundert, so besehen, dann auch

---

[10] Vgl. Frage 35 zum GESCHENK; im deutschen Bericht des Max-Planck-Instituts (http://www.mpib-berlin.mpg.de/pisa/Loesungen_Lesen.PDF: 48) wird ausschließlich Mitleid, im OECD-Bericht immerhin der Hinweis auf die Verwunderung der Frau über ihr eigenes Tun akzeptiert (http://www.pisa.oecd.org/Docs/Download/PISA-sampleitems ↩ _L.pdf: 66).

[11] Im *Technical Report* wird berichtet, dass hinsichtlich der Wirkung der Schreie und der Motivation der Frau von den auswertenden Personen unterschiedliche Antworten akzeptiert wurden. Dies wird auf kulturelle Unterschiede zurückgeführt und als marginales Problem dargestellt (Adams / Wu 2002: 174f.).

nicht, wenn er in zoophilen und anthropomorphisierenden Assoziationen stecken bleibt. Von den Anwendungssituationen, in denen PISA die Texte ansiedelt, und von der Übersetzungsqualität war bereits die Rede.

Aus fachdidaktischer und unterrichtspraktischer Sicht würden sich daraus andere Konsequenzen ergeben. Das linguistisch-psychologische Modell, das über die PISA-Aufgaben in den Blick gekommen ist, erweist sich als ein Verstehensmodell, mit dem man das Zustandekommen von Schülerleistungen erklären, sie aber nicht unbedingt testen kann. Es ist für Lehrpersonen ein Instrument zur Diagnose, wenn es im Unterricht um Textarbeit geht, und kann zur Klärung und Erläuterung der Prozesse dienen, die sich beim Umgang mit Texten abspielen. Lehrer und Lehrerinnen können sich über die Verstehensleistungen ihrer Schüler und Schülerinnen verständigen und sie können ihnen darlegen, worin die Voraussetzungen bestehen, die ihre Aussagen über Texte steuern. Die Tatsache, dass verschiedene Leser unterschiedliche Lesarten vornehmen, ist in einer Lerngruppe nicht Mangel, sondern Chance, die Verstehenswege im Einzelnen nachzuvollziehen und im Austausch miteinander zu reflektieren, wie das folgende Beispiel zeigt:

4   Lesarten einer Lerngruppe

Die Schüler und Schülerinnen einer 8. Klasse hatten im Rahmen ihres regulären Deutschunterrichts den Auftrag bekommen, den Text GESCHENK zusammenzufassen, und zwar ohne dass ihnen dazu Fragen gestellt worden wären.[12] Die Auswertung nimmt drei der in der PISA-Erhebung gestellten Fragen in den Blick und untersucht die Zusammenfassungen der Schüler und Schülerinnen daraufhin, was sie bezüglich der Schreie, bezüglich der Motivation der Frau und hinsichtlich der Frage – es ist Aufgabe 37 zum GESCHENK – nach dem Sinn des letzten Satzes der Erzählung aufweisen. Diese abschließende Frage zum GESCHENK zeigt noch einmal deutlich, wie nach Wunsch der Aufgabenkonzeption jedes Detail des Textes in die Gesamtinterpretation „Mitleid" eingepasst werden muss – ein Mitleid, für das sich nun auch, laut Musterlösung, das Tier bei der Frau mit dem Knochen bedanken muss.

> Findest du, dass der letzte Satz der Erzählung „Das Geschenk" ein passendes Ende ist? Erkläre deine Antwort und mache dabei deutlich, wie nach deinem Verständnis der letzte Satz mit dem Sinn der Geschichte zusammenhängt.[13]

---

[12] An dieser Stelle sei der Lehrperson gedankt, die sich zur Kooperation bereit erklärt hat.

[13] Der letzte Satz heißt: „Und dort auf der Veranda lag, weißgenagt, was von dem Schinken übrig war." http://www.mpib-berlin.mpg.de/pisa/Beispielaufgaben_Lesen.PDF: 32 bzw. 35.

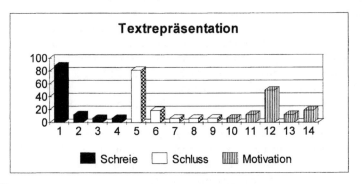

Erklärung

Schreie	Schluss	Motivation
1 = nicht erwähnt	5 = nicht erwähnt	10 = Mitleid
2 = erwähnt	6 = erwähnt	11 = Mitleid / Angst / Vorsicht
3 = Panik	7 = Rest vom Schinken	12 = ohne Wissen
4 = Angst	8 = Fußspuren	13 = Beruhigung des Panthers
	9 = Knochen	14 = keine Aussage über Motivation

Die Arbeiten der Schüler und Schülerinnen sind unterschiedlich lang und unterschiedlich ausführlich, was verständlich ist, da ein Text selbst nicht sagt, was das Wichtigste an ihm ist. Die Schreie haben sie offenbar als ein weniger wichtiges Detail gesehen, das nicht unbedingt in eine Zusammenfassung gehört; von einer Mitleid erregenden Wirkung haben sie nichts gemerkt. Auch die im letzten Satz erwähnten Einzelheiten sind für die meisten von ihnen vernachlässigenswert, und die Motivation der Frau lesen sie so, wie sie im Text steht. Interessant sind dennoch die verschiedenen Akzentuierungen, die innerhalb dieser Lerngruppe bei den in der PISA-Fragestellung problematischen Aufgaben vorgenommen wurden. Sie würden im Unterricht Anlass zu Gesprächen geben.

– Man würde Gründe für die Unterschiede erfragen.

– Man würde die Frage der Wichtigkeit von Details besprechen.

– Man würde zusammen mit den Schülern und Schülerinnen das jeweilige „Situationsmodell", das ihren Verstehensleistungen zugrunde liegt, eruieren und diskutieren.

Wenn man so arbeitet, macht man deutlich, dass das Verstehen Voraussetzungen hat. Dies wiederum bedeutet, dass man sich um ebendiese Voraussetzungen für

Verstehensmöglichkeiten kümmern kann, ja kümmern muss und damit Schule ihrem genuinen Auftrag zuführt. Erst dann wird sie nämlich ihrer Aufgabe gerecht, wenn sie Wissensbestände, die Schüler und Schülerinnen aktivieren, nicht einfach abruft, sondern dazu beiträgt, dass solche nicht zufällig entstehen, sondern systematisch und in wissenschaftlicher Verantwortung gegenüber den Gegenständen und Sachverhalten aufgebaut werden können. Dazu gehört ein einschlägiges literaturwissenschaftliches und linguistisches Repertoire von Kenntnissen und Begrifflichkeiten, was nicht heißen muss, dass Wissenschaft im Sinne einer Abbilddidaktik in die Schule getragen oder Schüler und Schülerinnen mit einem Ballast von Theorie als solcher überfrachtet werden. Doch wie man im Unterricht mit Texten umgeht, sollte nicht dem diametral widersprechen, wie es wissenschaftlich erfolgt – und ein Test sollte nicht die Voraussetzungen verletzen, auf die er sich explizit beruft.

5   Testmanagement und Textverstehenskompetenz

Man könnte nun einwenden, die aufgezeigte Problematik der Aufgabe GE-SCHENK bestehe nur für literarische Texte. Dem ist aber nicht so. Die Konfliktträchtigkeit der Aufgabenstellungen der PISA-Studie tritt auch an anderen Beispielen zu Tage: Die Aufgabe mit dem Titel PERSONAL (http://www.mpib-berlin.mpg.de/pisa/ beispielaufgaben.html: 42 ff.) enthält einen Text, in dem die Arbeit eines „Zentrums für interne und externe Mobilität", eine „Initiative der Personalabteilung einer Firma", kurz „ZIEM", vorgestellt wird. Eine Frage, die man den Probanden stellt, verlangt, „zwei Arten" zu nennen, „wie das ZIEM Leuten hilft, die auf Grund der Umstrukturierung einer Abteilung ihre Stelle verlieren werden". Nun kann man als Leser auf die Idee kommen – und das wäre auch das Natürlichste –, tatsächlich nach solchen Hilfestellungen in der im Text beschriebenen Arbeit des Zentrums zu suchen und zwei davon auszuwählen. In der Tat beinhaltet der Text eine ganze Reihe davon. Doch wenn man so verfährt, ist man einer Fangfrage aufgesessen. Es muss nämlich, so wird gefordert, genau *die* Stelle gefunden werden, an der die Formulierung der Frage *wörtlich* vorkommt. Diese Stelle lautet im deutschen Text der Testaufgabe:

> ZIEM übernimmt die Rolle eines Vermittlers für Angestellte, die auf Grund von Umstrukturierungen von Entlassung bedroht sind. ZIEM hilft ihnen, wenn nötig, eine neue Stelle zu finden.
> (http://www.mpib-berlin.mpg.de/pisa/Beispielaufgaben_Lesen.PDF: 42)

Dass hier zwei Arten der Hilfe versteckt sein sollen, kann kaum nachvollzogen werden. Denn helfen, eine neue Stelle zu finden, ist Veranschaulichung des Inhaltes des ersten Satzes. Anders, und auf die Konstitution des Textes bezogen ausgedrückt, ist dies eine implizite Wiederaufnahme von „Vermittlung", ja im Grunde genommen redundant. Wer die logische Struktur dieser Stelle und den inhaltlich-logischen Zusammenhang der beiden Sätze aber so – und das heißt richtig – versteht, wird darin nicht zwei Arten der Hilfestellung sehen können. Er wird also im Text nach einer weiteren Hilfe des ZIEM suchen und wird damit, wenn er das Pech hat, Testperson zu sein, mit diesem seinem Wissen von Logik und dessen Anwendung auf die Lektüre des Textes nicht punkten können.

Die Aufgabe gehört zu denjenigen einer ganzen Serie, die ursprünglich nicht für PISA konzipiert, sondern in anderen Studien bereits verwendet wurden. PERSONAL stammt aus dem IALS *(International Literacy Survey)* und wird im entsprechenden Bericht der OECD kommentiert (OECD 1995). Es gehe darum, so heißt es dort, als Lösung einen bestimmten Satz zu identifizieren, der in Konkurrenz mit anderen Sätzen, Aussagen, Informationen und Textstellen steht.

> Thus, while the correct information is located in a single sentence, this information is embedded under a list of headings describing CIEM's activities for employees looking for other work. This list of headings serves as an excellent set of distractors for the reader who does not search for or locate the phrase containing the conditional information stated in the directive; that is, those who lose their jobs because of a departmental reorganization. (OECD 1995: 36)

Wer hier erfolgreich ist, der hat jedoch nicht den Text verstanden, sondern allenfalls Geschick beim Testverhalten bewiesen.

Dass dieses Geschick beim Testverhalten, nämlich nach dem wörtlichen Detail zu suchen, jedoch auch nicht immer die richtige Strategie ist, die zum Erfolg führt, zeigt nun wiederum ein Blick zurück zum GESCHENK: Dort waren es gerade *nicht* die einzelnen Textstellen, die aufgesucht werden mussten, und die explizit etwas über die Schreie des Tieres oder die Motivation der Frau, dem Panther das Stück Schinken auf die Terrasse hinauszuwerfen, enthielten. Alle Einzelheiten des Textes waren vielmehr in das globale Verständnis „Mitleid mit dem Tier" einzuordnen. Und so liegt die Problematik der Aufgabeneinheit GESCHENK nicht nur darin, dass dieses globale Verständnis nicht das einzig mögliche ist, wie gezeigt wurde, sondern dass sich Fragen auf Details beziehen und dennoch das globale Verständnis – und noch dazu ein bestimmtes – voraussetzen, ohne zu bedenken, dass Details für sich betrachtet und global betrachtet unterschiedlich sein und überdies im Laufe des Leseprozesses ihren Stellenwert ändern können. Und mitunter ist gerade die Unmöglichkeit, diesen Prozess je zu einem definitiven Ende zu bringen, für einen literarischen Text konstitutiv.

Angesichts der Befunde fällt es schwer, zwischen Anspruch und Wirklichkeit der PISA-Testinstrumente eine Deckungsgleichheit festzustellen. Mehr Sorgfalt beim Übersetzungsvorgang hätte immerhin bessere, aber dennoch nicht unbedingt authentische Texte hervorgebracht. Der Zwang zur Operationalisierung hat es ferner vermutlich schwer, wenn nicht gar unmöglich gemacht, der Komplexität von Texten, vor allem aber den tatsächlich sich abspielenden Prozessen beim Lesen gerecht zu werden. Und so ist fraglich, ob Leseverstehen in diesem Sinne überhaupt – und mit dem Anspruch, es weltweit in derselben Weise zu tun

– getestet werden kann. Auf jeden Fall haben sich für didaktische Entscheidungen und unterrichtliches Handeln andere Perspektiven ergeben: Sie liegen gerade nicht in einem Einheitsverständnis eines Einheitstextes, der ohnehin nicht herzustellen ist, sondern müssen Verstehensweisen und Verstehensmodalitäten sowie deren Voraussetzungen thematisieren. Erst dann wären sie Entscheidungen, die in Verantwortung nicht nur gegenüber den Adressaten, d. h. den Schülern und Schülerinnen als Lesern, sondern auch gegenüber den Gegenständen und Sachverhalten und ihrem wissenschaftlichen Diskurs getragen sind. Damit ist eine Didaktik gefordert, die einen Beitrag zur wissenschaftlichen Gegenstandskonstitution leistet und in sie einbezogen wird. Dies wiederum gibt ihr eine Stellung als genuine Vermittlungswissenschaft in dem Sinne, dass sie nicht Ergebnisse des fachwissenschaftlichen Diskurses nur weitergibt, sondern sich aus der Vermittlungsperspektive an der Erarbeitung solcher beteiligt. Das heißt jedoch umgekehrt, dass sich Fachwissenschaft ebenfalls darum kümmert, was außerhalb ihrer Tore mit ihren Gegenständen geschieht.

6   Quellen

Biographie Dollarhide: http://www.dollarhide.org/page_louis.htm (23.3.2004)

OECD-Bericht, Eingangsseite: http://www.pisa.oecd.org (23.3.2004)

Deutscher Bericht des Max-Planck-Instituts für Bildungsforschung, Berlin: http://www.mpib-berlin.mpg.de (23.3.2004)

Feldtest Englisch, Beispielaufgaben mit Lösungen, OECD-Bericht: Measuring Student Knowledge and Skills. The PISA 2000 Assessment of Reading, Mathematical and Scientific Knowledge. http://oecdpublications.gfi-nb.com/cgi-bin/OECDBookShop. ↳ storefront/EN/product/ 962000051P1 (23.3.2004)

Haupttest Englisch, Beispielaufgaben mit Lösungen, OECD-Bericht: OECD (2002): Sample Tasks from the PISA 2000 Assessment. Reproduced by Permission of the OECD. http://www1.oecd.org/publications/e-book/9602011E.PDF   http://www.pisa.oecd.org/ ↳ Docs/Download/PISA-sampleitems_L.pdf (23.3.2004)

Feldtest Deutsch, Beispielaufgaben, Max-Planck-Institut, Berlin: http://www.mpib-berlin. ↳ mpg.de/pisa/Beispielaufgaben_Feldtest.pdf (23.3.2004)

Feldtest Deutsch, Beispielaufgaben (Lösungen), Max-Planck-Institut, Berlin:http://www. ↳ mpib-berlin.mpg.de/pisa/Loesungen_Feldtest.pdf (23.3.2004)

Haupttest Deutsch, Beispielaufgaben Lesen, Max-Planck-Institut, Berlin:http://www.mpib-berlin.mpg.de/pisa/Beispielaufgaben_Lesen.PDF (23.3.2004)

Haupttest Deutsch, Beispielaufgaben Lesen (Lösungen), Max-Planck-Institut, Berlin: http://www.mpib-berlin.mpg.de/pisa/Loesungen_Lesen.PDF (23.3.2004)

Haupttest Deutsch, Beispielaufgaben mit Lösungen, OECD-Bericht: http://www1.↴
oecd.org/publications/e-book/9602015E.PDF (23.3.2004)

Aufgaben   Schweiz: http://www.statistik.admin.ch/stat_ch/ber15/pisa/download/items_↴
lecture_f.pdf (3.12.2003)

Aufgaben Finnland: http://www.jyu.fi/ktl/pisa/ (3.12.2003)

Adams, Ray, Margaret Wu (Hrsg.) (2002): PISA 2000 Technical Report: http://
www.pisa.oecd.org/Docs/Download/PISA_TechnicalReport_L.pdf (23.3.2004)

Baumert, Jürgen u. a. (Deutsches PISA-Konsortium) (Hrsg.) (2001): PISA 2000. Basiskom-
petenzen von Schülerinnen und Schülern im internationalen Vergleich. Opladen.

Dollarhide, Louis: The Gift. In: Abbott, Dorothy (ed.): Mississippi Writers. Reflections on
childhood and youth, Volume I: Fiction, University Press of Mississippi 1985. p. 119-
122.

Kirsch, Irwin S., Ann Jungeblut, Lynn Jenkins, Andrew Kolstad (1993): Adult literacy in
America. National Center for Education Statistics (Educational testing Service: ETS).

Kirsch, Irwin S. (1995): Literacy performance on three scales: Definitions and results. In::
Literacy, economy and society. Results of the first International Adult Literacy Survey.
OECD. Statistics Canada. p. 27-53.

OECD (1995): Literacy, economy and society. Results of the first International Adult Literacy
Survey. Statistics Canada.

OECD (2000): Literacy in the information age. Final report of the International Adult
Literacy Survey. Published on the responsibility of the Secretary-General of the Organi-
sation for Economic Co-Operation and Development, and the Minister responsible for
Statistics Canada.

7   Literatur

Artelt, Cordula / Ulrich Schiefele / Wolfgang Schneider / Petra Stanat (2002): Leseleistungen
deutscher Schülerinnen und Schüler im internationalen Vergleich. Ergebnisse und Er-
klärungsansätze. In: Zeitschrift für Erziehungswissenschaft 5, Heft 1. S. 6-27.

Collani, Elart (2001): OECD PISA – An Example of Stochastic Illiteracy? In: Economic
Quality Control, Vol. 16, No. 2. p. 227-253. http://ordinarius.mathematik.uni-wuerz-
burg.de/~collani/pisa.pdf (3.8.2003)

Dechant, Emerald (1991): Understanding and Teaching Reading. An interactive model,
Hillsdale, NJ: Lawrence Erlbaum.

Elley, Warwick B. (1992): *How in the World do Students Read*. International Association for
the Evaluation of Educational Achievement: The Hague.

Graesser, Arthur C. / Keith K. Millis / Rolf A. Zwaan (1997): Discourse comprehension, Annual Review of Psychology 48. p. 163-189.

Grisay, Aletta (2003): Translation procedures in OECD/PISA 2000 international assessment. In: Language Testing 20. p. 225-240.

Kintsch, Walter / Teun A. van Dijk (1978): Toward a model of discourse comprehension and production. In: Psychological Review 85. p. 363-394.

McCormick, Thomas W. (1988): Theories of reading in dialogue: An interdisciplinary study. New York: University Press of America.

McQueen, Joy / Juliette Mendelovits (Australian Council for Educational research) (2003): PISA reading: cultural equivalence in a cross-cultural study. In: Language Testing 20. p. 208-224.

Rumelhart, David E. (1985): Toward an interactive model of reading. In: Singer, Harry, Robert B. Ruddell (eds.): Theoretical models and processes of reading (3rd edition). Newark, DE: International Reading Association, p. 722-750.

Van Dijk, Teun A. / Walter Kintsch (1983): Strategies of discourse comprehension, Orlando: Academic Press.

Van Dijk, Teun A. (1995): On macrostructures, mental models, and other inventions: A brief personal history of the Kintsch-van Dijk Theory. In: Discourse comprehension: Essays in honor of Walter Kintsch, ed. by Charles A. Weaver, III et.al. Hillsdale, NJ: Lawrence Erlbaum. p. 383-410.

Weaver, Gordon (1985): A sense of place and time: Common experience, common values. In: Abbott, Dorothy (ed.): Mississippi Writers. Reflections on childhood and youth, Volume I: Fiction. Mississippi: University Press. p. XIX-XXXVII.

Wissenstransfer und wissenschaftliches Schreiben: Was man schreibend über Textqualitäten lernen und wie man Lernerfolge beobachten kann – zur Konzeption einer lehrgangsmäßigen Anleitung

Ulrike Pospiech (Essen)

> „[E]s gibt für uns alle Situationen, in denen das Problem des Augenblicks, die Aufgabe aus der Lebenslage redend gelöst wird: Sprechhandlungen. Und es gibt andere Gelegenheiten, wo wir schaffend an der adäquaten Fassung eines Stoffes arbeiten und ein Sprachwerk hervorbringen." (Bühler 1982: 53)

1 Warum eine Schreibanleitung?
2 Warum ein Lehrgang?
3 Wie lässt sich in einem Lehrgang Textwissen vermitteln?
4 Wie unterstützt eine lehrgangsmäßige Anleitung die Schreibentwicklung?
5 Literatur

Schriftliche Hausarbeiten gehören zum Universitätsalltag. Sie zu verfassen ist für Studierende, sie zu beurteilen ist für Lehrende eine immer wieder neue Herausforderung. Das jeweilige Ergebnis der Mühen ist nicht selten für beide Seiten nicht so erfreulich, wie es sein könnte – wenn auch die Verfasser von Hausarbeiten einen kritisch-distanzierten Blick auf ihre Texte würfen. Eine solche Betrachtung der Textqualität, die Texte nicht auf ihre Wissensdokumentationsfunktion reduziert, sondern sie auch als Kommunikationsinstrumente, als Sprachwerke begreift, soll im Folgenden skizziert und begründet werden. Der Begriff Sprachwerk geht zurück auf Karl Bühler, der in seiner „Sprachtheorie" zwischen spontanen Sprechhandlungen, die das Problem des Augenblicks sprachlich lösen, und reflektierten Sprachwerken differenziert, die bewusst konstruiert und insofern Ergebnis von Reflexion, Urteil und bewussten Entscheidungen sind:

> „Das Sprachwerk als solches will entbunden aus dem Standort im individuellen Leben und betrachtbar und betrachtet sein." (Bühler 1982 [1934]: 53 f.)

Um Studierenden die Betrachtung ihrer Texte als Sprachwerke zu ermöglichen, bedarf es einer Form der Schreibbegleitung, die Textqualitäten im Allgemeinen wie im Speziellen bewusst macht und erläutert und so implizites Textwissen expliziert.

1   Warum eine Schreibanleitung?

Studentische Hausarbeiten haben transitorische Qualität (vgl. Ehlich 2003: 25). Die Seminararbeit gilt als „eine zentrale Aneignungs- und Trainingsform schriftlicher wissenschaftlicher Kommunikation" bzw. als „didaktische Paralleltextart zum **Wissenschaftlichen Artikel**" (Ehlich 2003: 20, Hervorh. im Original). Sie ist Prüfungsleistung und Lernform zugleich. Anders als Referat und Protokoll, die in den Seminardiskurs eingebunden sind, ist die Hausarbeit eine selbstständige schriftliche Arbeit, die eine „Textraffinerie" (Ehlich 2003: 25) auf mehreren Ebenen verlangt – und so die Arbeit am Text als Sprachwerk ermöglicht und erfordert.

Dennoch gehört die auf Schreibprozesse und Textprodukte gerichtete systematische Unterstützung des Erwerbs von Schreibkompetenz an deutschen Universitäten nicht zum Stundenplan.

> „An deutschen Hochschulen sucht man vergebens nach curricularen Vorgaben für die Entwicklung von akademischer *Literacy*. Schreiben, Lesen und Sprechen sind zwar allgegenwärtige Formen des akademischen Diskurses und des akademischen Lernens. Aber sie werden einfach vorausgesetzt und nur implizit – als Nebenprodukt des Austauschs von Ideen – trainiert." (Kruse 2003: 95, Hervorh. im Original)

In der Regel ist es ein Training mit verschiedenen Trainern in mehreren Disziplinen, das der Einzelne im Verlauf des in Fächer gegliederten Studiums zu absolvieren hat. In einem solchen Kontext erwirbt jeder auf sich gestellt in unterschiedlichen Zusammenhängen ein diffuses Textwissen über vornehmlich diejenigen Textqualitäten, die durch Korrekturen und Anmerkungen negativ sanktioniert wurden. Diese Form des Lernens aus den Irrtümern mehrerer Versuche auf unterschiedlichen Gebieten lässt oft im Unklaren, was Textqualität ausmacht – es bleibt offen, welche Art von Textkompetenz angeeignet wird.

Anmerkungen und Textkorrekturen betreffen zum einen formale und zum anderen inhaltliche Aspekte; Darstellungs- und Gestaltungsqualitäten werden selten thematisiert. Für das hierfür erforderliche Gespräch findet sich zu selten Raum. Wo, ob und inwiefern Schreibprodukte gelungene Passagen aufweisen, ob und warum Texte wie gestaltet werden, ist in der Regel nicht Gegenstand der Rückmeldungen. Und so bleibt der Erwerb von Textkompetenz für wissenschaftliche Texte impliziten Aneignungswegen überlassen. Schreibanleitungen gibt es in Buchform, Praxistipps werden, wenn überhaupt, meist aus der regulären universitären Lehre ausgegliedert in Schreibwerkstätten oder -zentren und damit zumeist losgelöst von Fachinhalten angeboten. So wichtig und sinnvoll Einführungsseminare und Workshops zum wissenschaftlichen Schreiben sind – das hier vermittelte Wissen über den Verlauf von Schreibprozessen und Merkmale wissenschaftlicher Texte kann eigene Schreiberfahrungen nicht ersetzen, punktuelle Schreiberlebnisse in der Gruppe können nur Bruchteile der komplexen Anforderungen, die eine Hausarbeit im Studium mit sich bringt, simulieren. Die Schreiberfahrungen, mit denen Studierende an schriftliche(s) Arbeiten an der Universität herantreten, müssen der neuen Schreibsituation angepasst werden:

> „Die Normalform schulischen Schreibens besteht darin, daß die Schreibenden zu einem Thema gleichzeitig mit dem Text auch die Inhaltselemente erzeugen, die in den Text eingehen; vielfach sind sie durch zeitliche Beschränkungen zu einem solchen Vorgehen fast gezwungen. In einem solchen Schreiben wird ein guter Teil der Energie der Suche nach Ideen zur Sache gewidmet. Dabei kommen zwei textuelle Momente zu kurz: die inhaltliche Planung und die Durcharbeitung mikrostruktureller Zusammenhänge (nachvollziehbare Gedankenführung und klare Formulierung der einzelnen Aussagen). Natürlich kann auch diese ‚Schreiben-was-in-den-Sinn-kommt'-Strategie durchaus gute Ergebnisse zeitigen; sie läßt diese allerdings allzu leicht als Resultat von Talent oder von nicht weiter analysierbarer Kunstfertigkeit erscheinen." (Portmann 1993: 107)

Das Schreiben im Studium dient aber nicht der Abfrage von aktuell verfügbarem, sondern von recherchiertem und miteinander verwobenem Inhaltswissen – und darüber hinaus auch der Darstellung von Wissenserwerbswegen: Der wissenschaftliche Text soll als expositorischer Text zeigen, woher welches Wissen stammt – er hat insofern nicht nur eine Sach-, sondern auch eine Theorieebene, eines seiner Kennzeichen ist Intertextualität. Somit ist die ‚Schreiben-was-in-den-Sinn-kommt'-Strategie weiterzuentwickeln in eine ‚Schreiben-um-Zusammenhänge-herzustellen'-Strategie. Die Praxis sieht jedoch nicht selten anders aus – was viele der sich aus ihr ergebenden Texte belegen: Wissenschaftliches Schreiben erfordert Vorbereitungstätigkeiten (ein Thema finden, eine Fragestellung entwickeln, Material recherchieren und exzerpieren, den Weg der Argumentation / die Gliederung bestimmen). Diese sind für Studienanfänger, denen die Textsorte wissenschaftliche (Haus-)Arbeit neu ist, so zahl- und umfangreich, dass das eigentliche Schreiben, das Formulieren des Textes, nicht selten aus dem Blick verloren wird, unterschätzt wird, zu kurz kommt. Viele entwickeln eine Strategie des Schreibens, bei der die Vorbereitung des Textes derart ins Bewusstsein tritt, dass sie als das Eigentliche der Textproduktion angesehen wird – zu Ungunsten des Formulierens, das als ‚Alles-dann-noch-Zusammenschreiben' an den Rand gedrängt und auf diese Weise verdrängt wird. Nicht zuletzt wird wissenschaftliches Schreiben vielfach „wenig gratifizierend erlebt, so daß es nur gezwungenermaßen ausgeübt wird" (Kruse / Jakobs 1999: 25). Dass nicht wenige das Schreiben von Hausarbeiten meiden oder sogar abbrechen – Dittmann / Geneuss / Nennstiel / Quast (2003: 168) beziffern auf der Basis einer Umfrage an der Albert-Ludwigs-Universität-Freiburg die Zahl von Abbrechern auf 21 %. –, ist nicht verwunderlich:

> „Die Unsicherheit der Lernenden in bezug auf die Seminararbeit markiert einen zentralen Aspekt der hochschuldidaktischen Aufgabe insgesamt. Um so erstaunlicher ist der noch immer geringe Umfang zur Erforschung dieser Textarten und

die nur in wenigen Beispielen bisher realisierte Thematisierung – sofern diese sich auf mehr bezieht als auf die bloße Angabe von formalen Anforderungen im äußerlichen Sinne einerseits und alltagsrhetorischer und -argumentativer Gemeinplätze andererseits." (Ehlich 2003: 22)

Wie aber lässt sich das Wissen über die Gestaltung wissenschaftlicher Texte vermitteln? Auf welche Weise lassen sich Textqualitäten jenseits von Rechtschreibung, Zeichensetzung und pauschalen Hinweisen zum sprachlichen Ausdruck für die Schreibenden beobachtbar und damit zugänglich machen? Wie lässt sich ein Textwissen auf- und ausbauen, das es erlaubt, einen Text als Sprachwerk zu betrachten? Mit Blick auf Anleitungen zum wissenschaftlichen Schreiben formuliert Püschel 1997 folgende Thesen:

„Schreib-Anleitungen sind, was konkrete Probleme der Textherstellung angeht, noch immer lückenhaft und zu wenig handfest." (S. 193)

„Eine Schreib-Anleitung muß konkrete Vorschläge anbieten, wie Probleme der Textgestaltung bis hin zu einzelnen Formulierungen zu lösen sind." (S. 195)

„Eine Schreib-Anleitung muss sich ausführlich den organisatorischen Aufgaben widmen." (S. 197)

„Eine Schreib-Anleitung muß sich auf einen relevanten Ausschnitt von Problemen beschränken." (S. 198)

„Ziel einer Schreib-Anleitung kann nicht die bloße Vermittlung von Rezepten sein, sondern die Förderung eines sprachreflexiven Bewußtseins." (S. 199)

Eine Schreibanleitung in Form eines Buches oder einer Handreichung ist mit diesen verschiedenartigen Anforderungen überfordert, ist ihr Erfolg doch auch davon abhängig, wie ein Leser sie liest und wie er die jeweils gebotenen Tipps und Hinweise auf sein Schreiben und seinen Text bezieht. Auch wäre zu überprüfen, wie die Ratschläge in einen Text umgesetzt werden. Eine Anleitung, die den Einzelnen nicht informierend, sondern beratend an das wissenschaftliche Schreiben heranführen will, braucht ein Gespräch über den Text. Ein solches Gespräch über Dimensionen der Textqualität, das den Text als Ergebnis einer Schreibarbeit ansieht, die ein Schreibender auf der Basis seines Wissens über einen Gegenstand einerseits und über die Machart von Texten andererseits angefertigt hat, kann auf konkrete Probleme der Textproduktion eingehen, auf den gegebenen Schreibanlass bezogene Textgestaltungs- und Formulierungshinweise geben und dabei die domänenspezifischen Schwierigkeiten behandeln. Die Umsetzung von Hinweisen in eine Überarbeitung einer Textversion, erst recht die selbstständige Anwendung der Anregungen in neue Texte müsste begleitet werden. Eine solche weiterführende Schreibbegleitung, aber auch das ausführliche Gespräch über einen Text ist an einer Massenuniversität schwer zu bewerkstelligen. Nicht nur wird der Einzelne in der Regel seine Seminararbeiten zu verschiedenen Seminaren (bei verschiedenen Dozenten und in verschiedenen Fächern!) anfertigen – anfertigen müssen, um die Anforderungen des fachorganisierten Studiums zu erfüllen. Auch die Zeit für ein Gespräch über den Text ist begrenzt (und erscheint um so unzureichender, als immer wieder auszuhandeln ist, welche Textqualitäten in welcher Sprache beschrieben werden können).

2 Warum ein Lehrgang?

Um nicht nur Einzelnen, sondern vielen eine Schreibpraxis zu ermöglichen, die es ihnen erlaubt, Verfahren der Herstellung von Texten zu erproben, ihre Schreibfähigkeiten einzuschätzen und ihr Schreiben weiterzuentwickeln, bietet sich der Weg eines Lehrgangs an. Durch eine lehrgangsmäßige Schreibanleitung und -begleitung lässt sich das Textwissen der Schreibenden differenzieren und in ein auf den Text als Sprachwerk bezogenes explizites Schreibhandlungswissen überführen. Indem im Rahmen eines mehrschrittigen Lehrgangs verschiedene Dimensionen der Machart wissenschaftlicher Texte in konkretem Bezug zu den von einer Gruppe geschriebenen Texten zur Sprache gebracht werden, wird nicht ein Kopfwissen über die Besonderheiten wissenschaftlicher Texte und die Verfahren ihrer Vorbereitung vermittelt, sondern ein praktisches Schreibhandlungswissen begründet, gemäß der Devise „Lehren und lernen sollte man aber nicht gute Texte, sondern gutes Schreiben, das möglichst leicht von der Hand geht und doch auf gute Texte führt." (Nussbaumer 1994: 57).

Im Rahmen eines Lehrgangs können mehrere – schriftliche – Gespräche über die in den von der Gruppe zu einer Fragestellung verfassten Texte geführt werden. So wird eine Sprache für die Beschreibung der sprachlichen Gestaltung von Texten etabliert, die das sprachreflexive Bewusstsein nicht nur als ein Wissen über Texte fördern, sondern auch als ein Wissen für Texte in praktisches Schreibhandeln überführen will. Ziel ist es, jedem Lehrgangsteilnehmer nachvollziehbar zu machen, wie er (s)einen Text als Sprachwerk betrachten kann. Dazu muss den Schreibenden verdeutlicht werden, wie wissenschaftliche Texte entstehen, dass und wie Wissen aktiviert wird, wenn Texte entstehen. Um zu verdeutlichen, worum es dabei geht, soll das von Feilke / Augst entwickelte Modell der Organisation schreibbezogenen Wissens im kognitiven System herangezogen werden. Es differenziert in Anlehnung an das Handlungsmodell A. Leontews zwischen Konzept-, Realisierungs- und Routinewissen:

> „Die erste Ebene, das Wozu-Wissen oder Konzeptwissen, umfaßt Wissen darüber, wozu im Blick worauf gehandelt wird. Die zweite Ebene beschreibt Wissen über konkrete Handlungsformen und deren Elemente, d. h. Wissen über die [sprachlichen] Mittel zur Realisierung des Sinns der Handlung. Die dritte Ebene umfaßt das bereits weitgehend unbewußte, routinisierte Wissen des Handelnden." (Feilke / Augst 1989, S. 392)

Das Schreibhandeln als Produktion von Texten läuft nicht zufällig und strukturlos ab, sondern ist wie jedes Alltagshandeln – und dies muss der Schreiblehrgang berücksichtigen und geeignete Anknüpfungspunkte finden – durch Ordnungsprinzipien, Regeln, Deutungsprozeduren, Pläne und Zwecke strukturiert. Es beruht als Routine „auf der Prämisse, dass nicht alles gesagt oder gefragt werden muß" (Soeffner 1983: 19).

Und genau hier liegt die Krux, wenn es um die Anleitung zum wissenschaftlichen Schreiben geht: Wissensvorräte bestehen aus impliziten Grundelementen, Routinewissen (Fertigkeiten, Gewohnheitswissen, Rezeptwissen) und explizitem Wissen. Diese müssen in zielführender Weise in Interaktion gebracht werden. Ein domänenspezifisches Textsortenwissen muss aufgebaut werden – um den oft verschlungenen und langen Weg der Aneignung abzukürzen zu einem Lehrpfad der Anleitung.

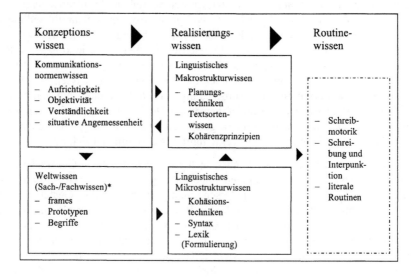

Kognitives Modell der Schreibkompetenz (Feilke / August 1989, S. 302, *Ergänzung up)

Konzeptions-, Realisierungs- und Routinewissen stehen in Interaktion und bilden die Basis für die Textformulierung. Im Modell ist Textwissen als Textsortenwissen auf der Ebene des Realisierungswissens angeordnet – als eine Facette eines weder völlig bewussten noch zur Gänze unbewussten Wissens, das die Wahl der Darstellungsart bestimmt. Es ist somit ein bewusstseinsfähiges Wissen.

Hier setzt der Schreiblehrgang an, indem er Textsorten und ihre Textmuster veranschaulicht und Formulierungsprinzipien begründet und auf diese Weise Textwissen auf der Makro- wie auf der Mikroebene sichert. Dadurch dass er an Alltagswissen und an vorhandene Routinen anknüpft, ein implizites Textwissen in seinem Zusammenspiel mit textsortenspezifischem Wissen expliziert, kann er dazu beitragen, dass die Schreibenden ein Bewusstsein für nützliche und weniger hilfreiche Strategien des Schreibens und des Formulierens entwickeln. Denn routinisiertes Alltagswissen über Texte kann sich als hilfreich oder aber auch als kontraproduktiv erweisen, Letzteres dann, wenn es intuitiv und ohne Anleitung auf neue Schreibsituationen und unbekannte Textsorten übertragen wird: Der kognitive Stil der Praxis strebt danach, Ungewöhnliches zu beseitigen bzw. zu minimieren, und typisiert unbekannte Situationen so, als seien sie bekannt (Soeffner 1983). Textsortenwissen bildet die Basis für Routinen der Textproduktion und -rezeption, es ist ein Wissen der Handlungsebene und tritt an der Schnittstelle von Konzeptions- und Realisierungswissen in Aktion. Textwissen ist ein Alltagswissen, das in einem Kommunikationsbereich – unausgesprochen – funktioniert. Wechselt der Kommunikationsbereich, ist es nicht nur deshalb schwierig, das Textwissen anzupassen, weil die Textsorten des neuen Bereichs in ihren Funktionen und Gestaltungsqualitäten neu sind, sondern auch deshalb, weil Funktionen und Gestaltungsqualitäten zum Common-sense (Feilke 1993) gehören und damit ohne Aufforderung nicht expliziert werden. Die Bildung von Routinen entlastet den Schreibenden zwar, kann aber auch dazu führen, dass in die Darstellungsart unangemessene Formen einfließen.

Ziel der lehrgangsmäßigen Anleitung ist es daher, zunächst zwischen Routine- und Realisierungswissen zu vermitteln, Text- bzw. Textsortenwissen bewusst zu machen, um daran anknüpfend Textsortencharakteristika wissenschaftlicher Texte nachvollziehbar zu machen. Das vorhandene Textwissen muss veranschaulicht werden, so wird deutlich: Schreiben an der Hochschule fängt nicht bei null an, es braucht nur bestimmte, neue Strategien. Diese sind als domänenspezifische Aspekte des Ineinanders von Konzeptions- und Realisierungswissen zu veranschaulichen:

- Konzeptionswissen ist zu sichern: Dies kann einerseits durch den Bezug zu einer Vorlesung und durch die Vorgabe von Materialien, andererseits durch die Erläuterung domänenspezifischer Kommunikationsnormen geleistet werden.

- Realisierungswissen ist zu explizieren und so in die Aufmerksamkeit der Schreibenden zu rücken: Makrostrukturwissen und Mikrostrukturwissen lassen sich im Bezug zum konkreten Beispiel veranschaulichen und in seiner Beziehung zum Konzeptionswissen verdeutlichen.

- Das In- und Miteinander von Konzeptions- und Realisierungswissen, das die Arbeit am Text als Sprachwerk ermöglicht, ist nachvollziehbar zu machen: Indem im Hinblick auf die Textstrukturierung alternative Möglichkeiten veranschaulicht und dabei Bezüge zwischen Ich, Sache, Text und Leser aufgezeigt werden, können Unterschiede zwischen Darstellungsarten erläutert werden.

3   Wie lässt sich in einem Lehrgang Textwissen vermitteln?

Dem Lehrgang geht es darum, aus dem Bezug zu bekannten Themen heraus
schrittweise die Arbeit am Sprachwerk zu trainieren: Es wird nicht verlangt,
wissenschaftlich schreiben zu können, sondern ermöglicht, wissenschaftlich
schreiben zu lernen. Ein aus der Perspektive des Faches gestelltes, anhand vorgegebener Quellen zu bearbeitendes Thema samt einer diesem und dem Sachwissen der Schreibenden angemessenen Fragestellung wird vorgegeben. Diese
Schreibaufgabe greift das Thema der jeweils aktuellen Sitzung auf. Binnen einer
Woche ist ein 800-1000 Wörter umfassender Text zu verfassen, der drei Quellen
in nachvollziehbarer Weise einbindet. Der überschaubare Umfang der Texte sowie die Rahmenbedingungen (vorgegebene Fragestellung mit Bezug zum
Thema der Vorlesung, vorgegebene Quellen, begrenzte Bearbeitungszeit) soll
das gestaltende Arbeiten am Text als Sprachwerk erlauben und so auf zwei bis
drei DIN-A-4-Seiten die Umsetzung von Text- und Textsortencharakteristika
ermöglichen.

Die Schreibaufgaben nehmen Themen der Vorlesung als Anknüpfungspunkte
für weiterführende Fragestellungen, die eine schriftliche Bearbeitung auf der
Grundlage von zusätzlichem Textmaterial ermöglichen. So werden in den
Schreibaufgaben nicht Inhalte der Vorlesung abgefragt, sondern eine argumentative Auseinandersetzung auf der Basis von Lektüre verlangt. Die Verbindung
zu Inhalten der Sitzung entspricht dem Stellenwert der Schreibaufgaben: Sie
sollen Schreibanlässe und eine weitergehende Auseinandersetzung mit ver-
wandten oder vertiefenden Aspekten bieten, das Schreiben und die Arbeit am
Text sollen im Vordergrund stehen. Dennoch stehen die Schreibaufgaben im
Bezug zur Vorlesung – und werden daher im Rahmen des Vorlesungsvortrags
gestellt, dort, wo sich ein Anknüpfungspunkt bietet. Das die Basis für das Verständnis der Quellen bildende Fachwissen ist auf diese Weise gesichert: Die
Lektüre der zusätzlichen Texte ist nicht alleinige Grundlage für den zu schreibenden Text, das in der Vorlesung Vermittelte kann einbezogen werden. Diese
Vernetzung von Vorlesung und Schreibaufgabe verändert die Schreibhaltung
und Funktion des zu schreibenden Textes: Dadurch dass das Thema bereits bekannt und die Fragestellung bereits entwickelt ist, wird der Schwerpunkt von der
Ermittlung und eigenständigen Erarbeitung neuen Sach- bzw. Fachwissens auf
die Verarbeitung vorhandenen Wissens verlagert. Es geht um den Text als Text
und nicht primär um den Text als Beleg von (neu) erworbenem Fachwissen –
dies wird nicht zuletzt auch daran deutlich, dass alle Texte unter denselben Bedingungen entstehen, was allen Lehrgangsteilnehmern bewusst ist. Mit diesem
Perspektivwechsel, der die Schreibarbeit am Text (und nicht die Bibliotheks-
arbeiten für den Text) in den Vordergrund rückt, wird der Blick auf Texte als
Sprachwerke eröffnet.

Nachdem und da die Machbarkeit der Schreibaufgabe durch entsprechende Vorgaben sichergestellt ist, kann sich jeder Schreibende auf die Machart des Textes konzentrieren. Portioniert wird ihm dabei Wissen über Texte in Form von Merkblättern und Feedbackbögen zur Verfügung gestellt, das jeweils aus dem Bezug zu den Schreibaufgaben und deren Lösungswegen heraus entwickelt wird und allgemeine Text- und domänenspezifische Textsortencharakteristika veranschaulicht. Das sich schrittweise differenzierende In- und Miteinander von Schreibaufgabe, Merkblatt und Feedback soll den Schreibenden ein Handlungswissen vermitteln, bei dessen Umsetzung sie für die Zeit des Lehrgangs begleitet werden. Wissen über Textsortencharakteristika wird nicht unausgesprochen vorausgesetzt, sondern durch die Formulierung der Schreibaufgaben und die Feedback- und Merkblätter, die jeweils zusammen mit der begutachteten vorherigen Aufgabe ausgegeben werden, aktiviert, veranschaulicht und begründet. Nicht ein von Anfang an möglichst perfekter Text ist das Ziel, sondern die Weiterentwicklung der Textproduktionsstrategie, die sich auf der Grundlage der Feedbacks (den allgemeinen und individuellen Kommentaren zu den Texten) auf dem Weg des Lehrgangs erkennen, benennen und somit fassen lässt. Dabei ist allen von Vornherein klar, dass a) alle Lehrgangsteilnehmer die gleiche Schreibaufgabe bearbeiten und b) es Ziel des Lehrgangs ist, Aspekte des Schreibens anhand der selbst verfassten Texte kennen zu lernen.

Jede Schreibaufgabe soll en miniature die Problemkonstellation einer Hausarbeit abbilden. Entsprechend ist Bedingung, dass bei der Erarbeitung des eigenen Textes zu vorgegebener Fragestellung drei Quellen berücksichtigt werden. Dies macht – trotz überschaubarer Information – gestaltende Vorarbeiten für den eigenen Text erforderlich, in der Regel konnten die drei Texte nicht so einfach in einem reihenden Pro-Contra-Schema abgearbeitet werden, nicht Addition, sondern Integration sollte stattfinden. Somit sind auf kleinstem Raum die domänentypischen Probleme „des kategorialen Erfassens und Bearbeitens von Wissen und Informationen" (Ortner 2003: 203) zu lösen. Diese ergeben sich durch die Herkunft und die Art des in einen Text zu integrierenden Wissens. Ortner beschreibt drei Bedingungen, die charakteristisch für wissenschaftliches Schreiben sind:

„Die Quellen für die Informationsentnahme sind mehrere (unterschiedliche) Texte – die nicht autobiographisch-episodisches Wissen enthalten." (Ortner 2003: 203)

„Das Wissen ist **heterogen** heißt: es stammt aus verschiedenen Quellen oder es stammt aus einer Quelle, gehört aber verschiedenen Ebenen an." (Ortner 2003: 203, Hervorh. im Original)

„Das Wissen ist **heteronom** heißt vor allem, dass in den Quellen / Beschreibungssprachen unterschiedliche Termini gebraucht und damit – meist – unterschiedliche sachliche Bestimmungen notwendig werden." (Ortner 2003: 204, Hervorh. im Original)

Gerade hier liegen Ursachen dafür, dass in vielen studentischen Hausarbeiten „Synkretismus statt Gestaltung" (Ortner 2003: 186) zu beobachten ist. Der Lehrgang zur Einführung in das wissenschaftliche Schreiben will Gestaltung, die Arbeit am Sprachwerk, ermöglichen. Indem er Textwissen aufgreift und fach- und domänenspezifische Anforderungen an die Textgestaltung durch den Bezug zum eigenen Text nicht nur transparent, sondern nachvollziehbar macht, will er schrittweise Strukturen des Textwissens ausbauen und in Beziehung zu Sprachwissen setzen. Die lehrgangsmäßige Anleitung will eine grundsätzliche Schreibhandlungsbewusstheit im Sinne einer *text awareness* als Form der *language awareness* (Knapp-Potthoff 1997) für die Produktion von Texten fördern. Angeleitet werden soll die Fähigkeit, Formulierungen in ihren Fachzusammenhängen und in ihrer Funktion im Text als Elemente eines Sprachwerks erkennen, planen und produzieren zu können. Ziel des Lehrgangs ist es, Schreibpraxis zu ermöglichen und Facetten des Textwissens in ihrer Vielfalt bewusst und so für die Textproduktion verfügbar zu machen:

- Er will Schreiberfahrungen als Schreiberfolge ermöglichen. In einem mehrschrittigen Verfahren, dessen Ziel nicht darin besteht, wissenschaftlich schreiben zu können, sondern wissenschaftliches Schreiben zu lernen, kann Textwissen im Bezug auf den eigenen Text expliziert werden.

- Er will nachvollziehbar machen, dass Schreibenkönnen nicht nur heißt, explizit Gelerntes (Rechtschreibung, Zeichensetzung, Grammatik und Ausdruck) in Bezug auf Richtigkeit zu beherrschen, sondern vor allem auch implizit Erforderliches (die inhaltliche und sprachliche Gestaltung adäquater Texte bestimmter Textsorten) zu berücksichtigen und Schreiben zu verändern.

- Er will erfahrbar machen, dass Schreiben nicht gleichbedeutend mit der Wiedergabe von Wissen ist, sondern dass und wie in der Arbeit am Text als Sprachwerk Wissen verarbeitet wird – unter Rückgriff auf domänen- und textsortenspezifisches Schreib- und Gestaltungswissen.

4   Wie unterstützt eine lehrgangsmäßige Anleitung die Schreibentwicklung?

Der hier skizzierte Lehrgang (genauer s. Pospiech 2005) will Schreiberfahrungen und deren Reflexion ermöglichen, indem er acht aufeinander aufbauende Schreibprozesse anleitet und durch Rahmenvorgaben die Arbeit am Text als Sprachwerk betont und begünstigt. Merkmale der Darstellungsart werden auf der Basis der geschriebenen Texte ermittelt und schrittweise unter Rückgriff auf Erkenntnisse der Textlinguistik und im Bezug zum Textwissen in Kriterien zur Beurteilung wissenschaftlicher Texte überführt. Um Schwerpunkt, Aufmerksamkeit und Energie auf die Textproduktion im engeren Sinne zu richten, wird ein zeitlich-organisatorischer Rahmen vorgegeben. So will der Lehrgang einen geschützten Raum und einen Rahmen bieten, der es erlaubt, die Textkompetenz für wissenschaftliche Texte zu erwerben, die Steinhoff (2003: 42) im Anschluss an die Analyse studentischer Hausarbeiten anhand der vier Phasen **Imitation / Transposition, Transformation, Erkennen der Spezifik** und **Kontextuelle Passung** beschreibt.

Im Lehrgang wird die Textproduktion von einem System aus schriftlichen Feedbacks, Merkblättern und Textkommentaren begleitet, Dies erlaubt es, die Schreibentwicklung der Lehrgangsteilnehmer zu beobachten. Anmerkungen zu Texten im Allgemeinen, zu den von der Gruppe verfassten Texten und zum eigenen Text ermöglichen es auch den Schreibenden selbst, das Vorgehen der Gruppe in Tendenzen, aber auch die eigenen individuellen Fortschritte (oder Rückschritte) zu erkennen und nachzuvollziehen. Auf diese Weise will der Lehrgang die Schreibenden in ihrer Schreibentwicklung unterstützen und dazu anleiten, das eigene Schreiben bzw. die persönlichen Textproduktionsverfahren zu beobachten, zu erkennen und ggf. weiterzuentwickeln, Textwissen auf- und auszubauen, Schreibsicherheit zu gewinnen, am Text als Sprachwerk zu arbeiten – und dabei domänenspezifische Determinanten des Schreibens in den Wissenschaften nachzuvollziehen. Die lehrgangsmäßige Anleitung will die Aneignung durch eine induktive und auf das eigene Schreiben bezogene Explikation von Text- bzw. Textsortencharakteristika begleiten. Ein durch die Form des Lehrgangs bewussteres Schreiben und der Fokus auf den Text als Sprachwerk sollen eine bloß imitative Anpassung an einen Habitus unterbinden und so eine Form der Aneignung unterstützen, die Feilke / Steinhoff 2003 als problemlösendes Handeln beschreiben. Der Lehrgang will nicht nur Schreiberfahrungen ermöglichen, die die Entwicklung von Textkompetenz mit Blick auf wissenschaftliche Texte begünstigen, sondern auch eine grundsätzliche Schreibbewusstheit fördern und ein explizites Textwissen vermitteln, das mit Blick auf künftige Schreibprozesse Schreibsicherheit – auch in anderen Domänen – bieten kann. Er versteht sich als ein Weg der Anleitung zum wissenschaftlichen Schreiben – für einen anderen, der die Möglichkeiten des Computers nutzt, siehe Proske / Körndle / Pospiech (2004).

5   Literatur

Bühler, Karl (1982 [1934]): Sprachtheorie. Mit einem Geleitwort von Friedrich Kainz. Ungekürzter Neudruck der Ausgabe Jena, Stuttgart, New York. Fischer

Dittmann, Jürgen / Katrin A. Geneuss / Christoph Nennstiel / Nora A. Quast (2003): Schreibprobleme im Studium – Eine empirische Untersuchung. In: Ehlich, Konrad / Angelika Steets (Hg.): Wissenschaftlich schreiben – lehren und lernen. Berlin, New York: de Gruyter, S. 155-185.

Ehlich, Konrad (2003): Universitäre Textarten, universitäre Strukturen. In: Ehlich, Konrad / Angelika Steets (Hg.): Wissenschaftlich schreiben – lehren und lernen. Berlin, New York: de Gruyter, S. 13-28.

Feilke, Helmuth (1993): Sprachlicher Common sense und Kommunikation. Über den ‚gesunden Menschenverstand‘, die Prägung der Kompetenz und die idiomatische Ordnung des Verstehens. In: Der Deutschunterricht 45/1993, H. 6, S. 6-21.

Feilke, Helmuth (1996): Die Entwicklung der Schreibfähigkeiten. In: Günther, Hartmut / Otto Ludwig (Hg.): Schrift und Schriftlichkeit. Ein interdisziplinäres Handbuch. Berlin, New York: de Gruyter, S. 1178-1191.

Feilke, Helmuth / Gerhard Augst (1989): Zur Ontogenese der Schreibkompetenz. In: Antos, Gerd / Hans P. Krings (1989): Textproduktion. Ein inter-disziplinärer Forschungsüberblick. Tübingen: Niemeyer, S. 297-327.

Feilke, Helmuth / Torsten Steinhoff (2003): Zur Modellierung der Entwicklung wissenschaftlicher Schreibfähigkeit. In: Ehlich, Konrad / Angelika Steets (Hg.): Wissenschaftlich schreiben – lehren und lernen. Berlin, New York: de Gruyter, S. 112-128.

Knapp-Potthoff, Annelie (1997): Sprach(lern)bewußtheit im Kontext. In: Fremdsprachen lehren und lernen 27/1997, S. 9-23.

Kruse, Otto (2003): Schreiben lehren an der Hochschule, Aufgaben, Konzepte, Perspektiven. In: Ehlich, Konrad / Angelika Steets (Hrsg.): Wissenschaftlich schreiben – lehren und lernen. Berlin, New York: de Gruyter, S. 95-111.

Kruse, Otto / Eva-Maria Jakobs (1999): Schreiben lehren an der Hochschule. Ein Überblick. In: Kruse, Otto / Eva-Maria Jakobs / Gabriela Ruhmann (Hg.): Schlüsselkompetenz Schreiben. Konzepte, Methoden, Projekte für die Schreibdidaktiken der Hochschule. Neuwied, Kriftel, Berlin: Luchterhand, S. 19-34.

Nussbaumer, Markus (1994): Ein Blick und eine Sprache für die Sprache. Von der Rolle des Textwissens im Schreibunterricht. In: Der Deutschunterricht 46/1994, S. 48-71.

Ortner, Hanspeter (2003): Synkretismus und Gestaltung – ein Problem beim wissenschaftlichen Schreiben. In: Ehlich, Konrad / Angelika Steets (Hg.) (2003): Wissenschaftlich schreiben – lehren und lernen. Berlin, New York: de Gruyter, S. 186-210.

Pospiech, Ulrike (2005): Schreibend schreiben lernen. Über die Schreibhandlung zum Text als Sprachwerk. Frankfurt / M. u. a.: Lang.

Proske, Antje / Hermann Körndle / Ulrike Pospiech (2004): Wissenschaftliches Schreiben üben mit digitalen Medien. In: Carstensen, Doris / Beate Barrios (Hg.), Campus 2004. Kommen die digitalen Medien an den Hochschulen in die Jahre? Münster: Waxmann, S. 225-234.

Püschel, Ulrich (1997): Überlegungen zu einer Anleitung zum Schreiben von Hausarbeiten. In: Jakobs, Eva-Maria / Dagmar Knorr (Hg.): Schreiben in den Wissenschaften. Frankfurt / M. u. a.: Lang, S. 193-200.

Soeffner, Hans-Georg (1983): Alltagsverstand und Wissenschaft. Anmerkungen zu einem alltäglichen Mißverständnis von Wissenschaft. In: Zedler, Peter / Heinz Moser (1983): Aspekte qualitativer Sozialforschung. Opladen: Leske und Budrich, S. 13-50.

Steinhoff, Torsten (2003): Wie entwickelt sich die wissenschaftliche Textkompetenz? In: Der Deutschunterricht 55/2003, Heft 3, S. 38-47.

‚Besser machen, nicht nur meckern!' – Möglichkeiten politischer Sprachberatung durch eine kooperativ-kritische Sprachwissenschaft

Kersten Sven Roth (Greifswald)

Nicht wenige KollegInnen beanspruchen für sich das Recht und die Verpflichtung zu scharfer und grundsätzlicher Kritik an politischer oder medialer Sprache, ohne überhaupt auf die Idee zu kommen, sich Alternativen auszudenken [...] (Hier darf man daran erinnern, was wir bereits als Kinder immer wieder gehört haben: „Besser machen, nicht nur meckern!"). (Januschek 1996: 134)

1 Politische Sprache – notorisch mangelhaft

Wohl kaum ein anderes Phänomen des Sprachgebrauchs gerät so oft in die öffentliche Kritik wie die politische Sprache, genauer: die Sprache der Politiker. Wann immer ein Feuilletonist ins Sommerloch zu fallen droht oder einem Kabarettisten der Stoff ausgeht, ist sie ein wohlfeiles Objekt für besorgte Anmerkungen und sichere Pointen. Nicht immer führen diese zu Kabinettstücken, wie dem legendären und zeitlosen Sketch Loriots, in dem der fiktive Bundestagsabgeordnete Werner Bornheim für diesen – im Folgenden zur Vermeidung allzu großer Redundanz stark gekürzten – Debattenbeitrag ans Rednerpult des Parlaments tritt:

> Meine Damen und Herren! Politik bedeutet, und davon sollte man ausgehen, das ist doch, ohne darum herum zu reden, in Anbetracht der Situation, in der wir uns befinden. Ich kann meinen politischen Standpunkt in wenigen Worten zusammenfassen: Erstens das Selbstverständnis unter der Voraussetzung, zweitens und das ist es was wir unseren Wählern schuldig sind, und drittens die konzentrierte Bein-

haltung als Kernstück eines zukunftsweisenden Parteiprogramms. [...] Ich danke Ihnen. (Loriot: Die Bundestagsrede[1])

Das „Drumherumreden", die mit größtem Pathos formulierte leere Phrase als Kennzeichen der Politikersprache sind im Alltagswissen tief verankert, und die kritische Anspielung auf sie hat sich längst zum Topos verfestigt. Als der Entertainer Harald Schmidt Ende 2003 überraschend die Einstellung seiner erfolgreichen Late-Night-Show verkündete, und er von einem seiner Gäste, dem politischen Journalisten Claus Kleber, nach den Hintergründen für diese Entscheidung gefragt wurde, über die in den Medien viel spekuliert wurde, genügte Schmidt ein einziger Satz, um aus eben diesem Topos eine gelungene Pointe zu gewinnen:

> Das ist jetzt nicht der Ort, darüber zu vermuten. Die Partei steht hinter mir. Unser Land braucht jetzt den Aufbruch und nähere Auskünfte gibt Olaf Scholz.[2] (ddp, 10.12.2003)

Zum Vorwurf des Sprechens in ‚Luftblasen' – der im Übrigen auch von politischen Profis selbst durchaus geteilt wird (vgl. Roth 2002: 84-85) – kommt in der Regel der Verdacht des permanenten Manipulationsversuchs durch Sprache hinzu. Schließlich findet sich in der populären Sprachkritik häufig auch beides miteinander verbunden, indem unterstellt wird, dass die Politiker nur deshalb ‚leere Phrasen dreschen', weil sie so von ihren Verfehlungen und schwachen politischen Leistungen ablenken können.

So unvermeidbar und dringend notwendig eine solche kritische Beobachtung der politischen Sprache für eine Demokratie auch ist, so gefährlich kann sie werden, wenn ihr ein konstruktives Element fehlt. Wenn Sprachkritik so zu einer generellen Abwertung politisch-demokratischer Kommunikation insgesamt gerät, stellt sie in ungerechtfertigter Form eine der wichtigsten Grundlagen der Demokratie und damit diese selbst in Frage. Auf die unselige Tradition, in die sich eine solch destruktive Kritik außerdem einreiht, hat Bundestagspräsident Wolfgang Thierse kürzlich eindringlich hingewiesen:

> Wenn wir heute wieder so weit sind, das Parlament als „Schwatzbude" abzutun, obwohl es keine ist, befinden wir uns auf einem Weg, auf dem schon 1848 und 1933 alle demokratischen Hoffnungen und individuellen Freiheiten geopfert worden sind. (AP, 05.11. 2003)

Wenn nun also der Verzicht auf Kritik am Sprachgebrauch und am kommunikativen Handeln der Politiker für die Demokratie ebenso verheerend wäre wie eine

---

[1] Zitiert nach: http://www.jusos.org/modules.php?name=News&file=article&sid=97 (28. 03. 2004)

[2] Der SPD-Politiker amtierte zu dieser Zeit als Generalsekretär der Regierungspartei und bekleidete so eine politische Funktion, für die abwiegelnde und diplomatisch ausweichende Kommunikationsakte nicht untypisch sind.

ausschließlich pauschalisierende und destruktive Verurteilung der Politikersprache im Geiste der Stammtische, dann folgt daraus die Forderung nach einer konstruktiven, und das heißt zunächst einmal nach einer sachlich fundierten Sprachkritik. Damit aber sind jene Wissenschaften in die Pflicht genommen, die die
nötige Expertise besitzen, die Grundlagen und Funktionen von Kommunikation
– unter anderem im politischen Kontext – zu beschreiben und zu erklären: Die
Kommunikationswissenschaft, und – solange politische Kommunikation in erster Linie sprachliche Kommunikation ist – gerade auch die Sprachwissenschaft.

2 Die Beratungsabstinzenz der Politolinguistik – ein Fall verhinderten Wissenstransfers

Die politische Sprache ist ein geradezu traditioneller Gegenstand sprachwissenschaftlicher Untersuchungen. Nachdem es in der bundesrepublikanischen Linguistik zunächst vor allen Dingen die Sprache diktatorischer Regime – primär
des nationalsozialistischen und desjenigen in der DDR – war, die auf Interesse
stieß, sorgte spätestens Murray Edelmans berühmte Studie „Politik als Ritual"
(Edelman 1976) dafür, dass seit den 1970er Jahren auch die Rolle der Sprache in
der demokratischen Gesellschaftsordnung zum Objekt der Sprachwissenschaft
wurde. In den letzten drei Jahrzehnten hat sich diese Forschung sehr weit differenziert und in beachtlichem Maße methodische und sachliche Grundlagen geschaffen, auf denen sich das komplexe Funktionieren der politischen Kommunikation im Einzelnen sehr genau erläutern und weiter beschreiben lässt. Für die
Subdisziplin der modernen Sprachwissenschaft, die sich hieraus inzwischen
entwickelt hat, hat Armin Burkhardt zur Vermeidung terminologischer Missverständnisse die Bezeichnung ‚Politolinguistik' vorgeschlagen (Burkhardt 1996),
die sich mehr und mehr durchsetzt.

In gleichem Maße jedoch, wie sich der stattliche Erkenntnisgewinn der Politolinguistik seit dem Beginn ihrer mehr oder minder systematischen Entwicklung
nicht bezweifeln lässt, muss man ihre praktische Folgenlosigkeit konstatieren.
Das Wissen der Disziplin ist rein akademisch geblieben, wurde von der Öffentlichkeit kaum, von den politischen Praktikern bis auf ganz wenige Ausnahmen
gar nicht wahrgenommen.[3] Dies wäre nicht weiter beklagenswert, würde die
politolinguistische Forschung nicht immer wieder auf strukturelle Probleme
politischer Kommunikation stoßen, die eine, gemessen am demokratischen
Ideal, defizitäre Realität sichtbar machen. Ein Beispiel – das nahezu willkürlich

---

[3] Zu diesen Ausnahmen gehört es, dass es dem wichtigsten Forum der Politolinguistik, der
Vereinigung ‚Sprache in der Politik' immer wieder gelingt, profilierte Politiker zur Teil-
nahme an ihren Jahrestagungen zu gewinnen. Allerdings handelte es sich dabei – etwa mit
Heiner Geißler oder Erhard Eppler – stets um solche Politiker, denen man das Interesse an
Sprachfragen nicht erst eigens nahe bringen musste.

gewählt ist – mag dies verdeutlichen: In einem faktenreichen Überblick zur „politischen Kommunikation als Sprachstrategie" (Klein 1998) listet Josef Klein exemplarisch eine ganze Reihe von ‚Kaschierstrategien' auf, mit denen Politiker Verstöße gegen demokratie-ethisch begründete Kommunikationsmaximen zu überspielen pflegen. Er nennt das Kaschieren von Wahrheits-, Informations-, Relevanz- und Eindeutigkeitsdefiziten und erläutert auch die strukturellen Eigenarten moderner politischer Kommunikation, die diese Defizite begründen. Die Frage danach, ob die Politiker denn überhaupt die Möglichkeit hätten, den demokratietheoretischen Ansprüchen besser gerecht zu werden, behandelt der Aufsatz nicht. Dies mag guter wissenschaftlicher Stil sein, indem normative Fragen strikt ausgeklammert bleiben, macht die politolinguistisch fundierten Fakten für den Praktiker jedoch vollkommen irrelevant.

Das Dilemma also ist: Wer politische Sprache in der Demokratie untersucht und beschreibt, wird immer zumindest implizit Kritikwürdiges beschreiben müssen, eben weil Demokratie kein Fakt, sondern eine normative Forderung ist. Wer diese Kritik ‚zwischen den Zeilen' belässt, sie also nicht systematisch expliziert, muss sich selbst den Vorwurf gefallen lassen, den Walther Dieckmann in diesem Zusammenhang schon vor längerem formuliert hat:

> Wie kann jemand etwas offensichtlich Kritikwürdiges beschreiben und dann sagen, Kritik läge ihm fern? [...] Es schützt, so mein unliebsamer Verdacht, nur vor dem wissenschaftlichen Kollegen, der Werturteile in wissenschaftlichen Veröffentlichungen auch dann nicht akzeptiert, wenn sie ausdrücklich sind und ihre Grundlage explizit angegeben ist. (Dieckmann 1985: 228-229)

Es scheint in der Tat so zu sein, dass ein allzu streng deskriptiv-empirischer Wissenschaftsbegriff, den sich die Linguistik als Ganzes lange Zeit selbst auferlegt hatte,[4] gerade für die Politolinguistik besonders hemmende Auswirkungen hatte. Wie kaum eine andere linguistische Teildisziplin liegt bei ihr die Notwendigkeit kritischer Stellungnahme in der Natur der Sache. Inzwischen haben wichtige Vertreter des Fachs dies erkannt und formuliert:

> Politolinguistik ist Sprachkritik. (Burkhardt 2002: 100)

Es geht jedoch um noch mehr: Eine Sprachkritik, wie die Politolinguistik sie aufgrund ihrer einzigartigen sachlichen Expertise betreiben könnte und müsste, dürfte keine Kritik um der Kritik Willen sein, sondern eine, die auf praktische Wirksamkeit ausgerichtet ist. Sie darf Defizite nicht nur benennen und erklären, sondern muss fundierte Wege zu ihrer zumindest partiellen Überwindung aufzeigen. Eine in diesem konkret-praktischen Sinne konstruktive Kritik soll hier

---

[4] Zu nötigen Differenzierungen dieses Befunds und Auswegen vgl. die wichtigen Anmerkungen von Jochen Bär (2002), der verschiedene neuere Ansätze zu einer linguistisch vertretbaren Sprachkritik und Sprachpflege (‚Spracharbeit') in seine Überlegungen einbezieht.

als ‚Beratung' bezeichnet werden. Gemeint ist ein Modus des Wissenstranfers aus der Sprachwissenschaft in die politische Praxis, den ein allzu deskriptiv ausgerichteter Wissenschaftsbegriff der Politolinguistik bislang verwehrt hat. Dabei soll keineswegs suggeriert werden, dass allein das sprachwissenschaftliche Wissen über politische Kommunikation Expertenwissen auf diesem Gebiet darstellt. Selbstverständlich sind nicht zuletzt auch die zu beratenden politischen Praktiker selbst in gewissem Sinne ‚Experten' für politische Kommunikation. Im Sinne der von Gerd Antos formulierten Typologie des Wissenstransfers handelt es sich damit um eine Form der Experten-Experten-Kommunikation (Antos 2001, 20).

Die Herausforderung der Beratungsaufgabe ist jedoch mit einem geänderten wissenschaftlichen Selbstverständnis und der prinzipiellen Bereitschaft zur eigenen Wirksamwerdung allein nicht zu bewältigen. Vielmehr stellt sich der Politolinguistik mit ihr ein ganz grundlegendes methodisches Problem: Sie wird gezwungen sein, eine normative Basis, einen angenommen Soll-Zustand also, für ihren Beratungsbeitrag explizit auszuarbeiten und zu formulieren. Anders als im Hinblick auf die Erforschung und Beschreibung des Ist-Zustands hat sie ein hierfür geeignetes Instrumentarium bislang nicht entwickelt. Streng genommen ist es auch gar nicht möglich, einen solchen sprachkritischen Anforderungsrahmen mit originär sprachwissenschaftlichen Methoden zu generieren. Auch wenn also die Einsicht kaum zu bezweifeln ist, dass wer etwas zur Optimierung politischer Kommunikation beitragen will, auch in der Lage sein muss, diesen optimaleren Zustand a priori zu beschreiben, erscheint es weiterhin sinnvoll, den grundsätzlichen Unterschied zwischen der sprachkritisch-normativen und der linguistisch-deskriptiven Perspektive auf Sprache und Sprachhandeln nicht zu verwischen. Schließlich ergibt sich gerade aus diesem Unterschied die Möglichkeit zur fruchtbaren Verbindung, zur Symbiose der beiden Betrachtungsweisen, bei der die jeweiligen Schwächen jeder der Perspektiven durch die Stärken der anderen zu ergänzen sind.

3   Ein Modell...[5]

Ein für den Transfer politolinguistischer Expertise in die politische Praxis geeignetes Modell muss also von eben jener analytischen Unterscheidung zwischen normativer und deskriptiver Perspektive ausgehen, für die hier die Ausdrücke ‚*Linguistik*' (im Sinne deskriptiv-empirischer Sprachbeschreibung)

---

[5]   Das hier vorgeschlagene Modell und Verfahren wurde vom Verfasser an anderer Stelle entwickelt, ausführlich erläutert sowie in der praktischen Anwendung erprobt (Roth 2004). Im Rahmen dieser Darstellung kann es unter dem gebotenen Verzicht auf eine Reihe von Differenzierungen und Begründungen nur in seinen Grundzügen und im Hinblick auf die Problematik des Wissenstransfers vorgestellt werden.

einerseits und ‚*Sprachkritik*' (im Sinne normativer Sprachbetrachtung) andererseits als Termini gesetzt werden. Nur der Beitrag der deskriptiven Linguistik kann und sollte dabei an den strengen Maßstäben wissenschaftlicher Objektivität und Beweisbarkeit gemessen werden. Die normativen Aussagen der Sprachkritik dagegen können an sich eben nicht wissenschaftlich generiert werden und sind damit, wie alle ethisch begründeten Stellungnahmen, prinzipiell bezweifelbar und strittig. Benötigt werden sie als Element der Beratung deshalb, weil das Wissen der Linguistik ohne sie völlig kontextlos bleibt. Mit anderen Worten: Erst wenn die Politolinguistik im ethischen Meinungsstreit eine Position bezieht (die sie nicht aus den eigenen Grundlagen ableiten kann!) wird ihre Expertise für den politischen Praktiker und die Öffentlichkeit relevant. Diese Einsicht wiederum bringt eine wichtige Konsequenz mit sich: Obwohl prinzipiell eine Art ‚geistiger Personalunion' zwischen Linguist[6] und Sprachkritiker durchaus vorstellbar wäre, der Politolinguist also die normativen Elemente in der Erfüllung seiner Beratungsaufgabe auch selbst formulieren und begründen könnte, liegt es doch nahe, auf die außer- und vorwissenschaftlichen Konzepte von Sprachkritik zurückzugreifen, die im öffentlichen Diskurs bereits vorliegen und eine Rolle spielen. Auf diese Weise ist außerdem die Chance auf Wirksamkeit für den politolinguistischen Beratungsbeitrag am größten.

Die Konstruktion des Modells wird weiter auf der Annahme basieren, dass eine konkrete Beratungsaufgabe im Sinne dieser analytischen Konzeption in verschiedene Teilaufgaben zerlegbar ist, deren Erfüllung jeweils primär in den Kompetenzbereich einer der beiden Sprachbetrachtungsweisen – Linguistik oder Sprachkritik – fällt. Das Bestimmungskriterium für diese Zuweisung hat jeweils zu sein, ob für die entsprechende Teilaufgabe eher eine beschreibende Leistung nötig ist, das heißt die möglichst präzise Erfassung des Ist-Zustands, oder eher eine auf einen angestrebten Optimal- oder Idealzustand gerichtete Sollensaussage erforderlich ist.

Vier solcher Teilaufgaben lassen sich als universal annehmen: Erstens ist (normativ) ein Ideal politischer Sprache und Kommunikation zu konzipieren, zweitens ist (deskriptiv) der Ist-Zustand des jeweiligen Aspekts politischer Kommunikation zu analysieren und zu beschreiben. Lässt sich so eine Differenz zwischen Ideal und Realität konstatieren, ist das Problem in einem ersten Ergebnisschritt genau benannt und eingegrenzt. Drittens sind (normativ) Empfehlungen zu formulieren, die zur Überwindung des Problems geeignet erscheinen und viertens ist (empirisch-deskriptiv) zu überprüfen, ob die in diesen Empfehlungen implizierten Annahmen bezüglich des Funktionierens von Sprache und Kommunikation zutreffend sind. Lassen diese sich so bestätigen,

---

[6] Wo sich aus dem Kontext nichts Gegenteiliges ergibt, ist in diesem Text die maskuline Form im Sinne des so genannten ‚generischen Maskulin' zu verstehen und impliziert die jeweilige feminine Form.

liegt in einem zweiten und abschließenden Ergebnisschritt der endgültige Beratungsbeitrag vor.

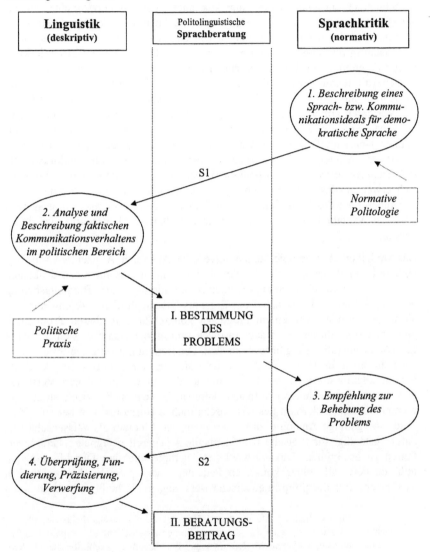

Abb. 1: Modell zur Symbiose linguistischer und sprachkritischer Erkenntnisse

Das Modell wird, da es sich als Grundlage für den *sprachwissenschaftlichen* Wissenstransfer versteht,[7] trotz der prinzipiellen Gleichrangigkeit der beiden Sprachbetrachtungsebenen, der Linguistik einen gewissen Vorrang einzuräumen haben. Dies ergibt sich auch daraus, dass die Positionen der Sprachkritik als ethische und damit strittige Aussagen von der Warte der Linguistik aus nicht zwangsläufig plausibel sein und geteilt werden müssen. Die empirisch-deskriptiven Erkenntnisse der Linguistik jedoch können aus der ‚Laien'-Perspektive der Sprachkritik heraus im Grunde nicht in Frage gestellt werden. Dieser wichtigen Einschränkung tragen im Modell zwei ‚Sollbruchstellen' Rechnung, an denen das Verfahren auf Seite des linguistischen Beitrags abgebrochen werden kann: Die erste Sollbruchstelle (S1) befindet sich nach dem *Arbeitsschritt 1* und kommt dann zum Tragen, wenn das Ideal der herangezogenen sprachkritischen Theorie nicht übernommen werden soll oder kann. Die zweite Sollbruchstelle (S2) nach *Arbeitsschritt 3* ist gewissermaßen ohnehin modellinhärent: Sollte es sich erweisen, dass alle Empfehlungen der Sprachkritik von falschen Grundannahmen über das Funktionieren von Sprache und Kommunikation ausgehen, wird das Verfahren automatisch auf einen früheren Arbeitsschritt zurückverwiesen.

Das Modell erhebt prinzipiell einen universalen Anspruch. Auf seiner Grundlage lässt sich ein standardisiertes Verfahren durchführen, das für jeden denkbaren Problemfall politischer Sprache einen politolinguistischen Beratungsbeitrag generiert.[8] Angestrebt ist dabei ein Ergebnis-Niveau mittlerer Reichweite: Die Verfahren sollten zwar einem möglichst konkret beschreibbaren Problemfall gewidmet sein, dieser muss aber insoweit typisch sein, dass er sich mit einer gewissen Generalisierung bearbeiten lässt. Die Beratung im engsten Sinne – also etwa die eines einzelnen Politikers, dem sich in seiner Praxis eine konkrete Kommunikationsaufgabe stellt – wird auf den in einem solchen Verfahren gewonnene Empfehlungen aufbauen können, bewegt sich jedoch streng genommen bereits außerhalb des wissenschaftlichen Horizonts. Um bei aller Vorsicht eine gängige Analogie zu strapazieren: Die Medizin als Wissenschaft ist dafür zuständig, für typische Krankheitsbilder generell geeignete Therapieverfahren zu bestimmen. Die Auswahl der Therapie und ihre Durchführung im individuellen Falle eines konkreten Patienten aber ist Sache des praktischen Mediziners. Für die politolinguistische Beratungspraxis heißt das: Auch wenn

---

[7] Indem ‚Linguistik' hier für die strikt deskriptive sprachwissenschaftliche Grundlagenforschung reserviert ist, wird der Terminus ‚Sprachwissenschaft' als Hyperonym frei. Auch das hier vorgeschlagene Modell mit seiner Einbeziehung sprachkritischen Denkens versteht sich in diesem Sinne als sprachwissenschaftliches Modell.

[8] Erprobt wurde das Modell bislang nur für die politolinguistische Beratungspraxis, wo es sicherlich auch besondere Relevanz besitzt. Strukturell spricht jedoch nichts gegen die Annahme, dass es sich auch auf andere Beratungskontexte, in denen normativ-ethische Gesichtspunkte eine Rolle spielen, anwenden lässt.

sich die Tauglichkeit ihrer Empfehlung erst in ihrer individuellen Relevanz beweisen lässt, wird deren allgemeine Formulierung das vordringliche Ziel einer sprach- und kommunikationsbezogenen Beratungswissenschaft bleiben müssen.

4   ... im Praxistest

Wie die Anwendung des vorgeschlagenen Modells in der Praxis eines politolinguistischen Beratungsverfahrens aussehen könnte, soll im Folgenden exemplarisch angedeutet werden. Das gewählte Beispiel ist dabei insofern realistisch, als es eine Äußerungssequenz zum Gegenstand hat, die von einer routinierten Spitzenpolitikerin in genau dieser Form in der öffentlichen Kommunikation gemacht wurde: Es handelt sich um einen Redebeitrag der damaligen Bundesvorsitzenden von Bündnis 90/Die Grünen, Claudia Roth, im Rahmen der politischen Talkshow „Sabine Christiansen" vom 22.4.2001 (siehe 4.2). Das Thema der Sendung – „Ausländer rein! Sterben wir Deutschen sonst aus?" – nahm Bezug auf die in jener Zeit gerade einsetzende Diskussion um ein so genanntes „Zuwanderungsgesetz" und geladen waren, den Gepflogenheiten der Sendung entsprechend, neben den Vertretern der großen Parteien auch andere Gäste wie etwa der in Deutschland lebende ukrainische Boxprofi Vitali Klitschko. Die öffentliche Debatte zu diesem Thema, die ein Jahr später von allen Parteien einvernehmlich dem Wahlkampf geopfert wurde und in einem von beiden Seiten kunstvoll inszenierten Eklat vorerst endete (vgl. Roth 2003), wurde zu diesem frühen Zeitpunkt noch relativ sachlich geführt. Von diesem Klima war auch die Sendung geprägt.

Soweit also ist das gewählte Beispiel realistisch. Fiktiv wird es nun, indem hier einmal angenommen werden soll, die Grünen-Chefin oder ihre Mitarbeiter hätten anhand dieses relativ kohärenten Talkshow-Beitrags die Beratung durch die Politolinguistik gesucht und von dieser eine gutachterliche Stellungnahme zu folgender Frage erbeten: Entspricht das kommunikative Handeln im Allgemeinen und der Sprachgebrauch im Besonderen in diesem Statement dem darin vertretenen Anliegen, humanitäre Gesichtspunkte in der Zuwanderungs-Debatte zu stärken?

Die Beantwortung dieser Frage ließe sich nun mit Hilfe des hier vorgeschlagenen Modells systematisch bearbeiten. Durchzuführen wäre zunächst ein Verfahren in den vier Arbeitsschritten und daraufhin die Analyse des konkreten Materials anhand der im Verfahren gewonnenen Empfehlungen. Für beides müssen hier Andeutungen genügen.[9]

---

[9]   Der hier zu Grunde gelegte Beispieltext wird an anderer Stelle (Roth 2004) im Zusammenhang mit einer anderen Beratungsaufgabe analysiert. Zur Frage der sozialen

4.1 Durchführung der vier Arbeitsschritte

Im *ersten Arbeitsschritt* wäre eine sprachkritische Theorie zu ermitteln, deren
Ideal mit dem humanitären Gedanken der Menschenwürde in Zusammenhang
steht, wie er dem Asylrecht zu Grunde liegt. Hierfür läge der Rückgriff auf jene
(auch) sprachreflektive Tradition nahe, die unter der Bezeichnung „Political
Correctness" (‚PC') aus den USA nach Europa kam, dort jedoch weitaus weniger als im Falle ihres amerikanischen Vorbilds eine institutionalisierte Form gefunden hat.[10] ‚PC' ist im öffentlichen Sprachgebrauch sehr schnell zu einem
Stigmawort geworden, so dass ein positiv-aufwertender Gebrauch des Etiketts
heute kaum noch möglich scheint. Hinter diesem Schicksal in der öffentlichen
Begriffsgeschichte steht ein Sieg konservativer (bis rechter) Kreise in einem
semantischen Kampf (vgl. Frank 1996; Wengeler 2002), der aus politolinguistischer Warte jedoch nicht den Blick darauf verstellen sollte, welches Konzept
'PC' eigentlich zu Grunde liegt. Kondensiert und etwas verkürzt lässt es sich
nahtlos in die lange europäisch-amerikanische Tradition emanzipatorischer
Sprachkritik einordnen, die prinzipiell davon ausgeht, dass sich soziale Macht-
verhältnisse in der Sprache ausdrücken. Darauf aufbauend entwirft ‚PC' das
Ideal einer Sprache, in der alle sozialen Gruppen gleichwertig erscheinen und
jede soziale Stigmatisierung durch einen gedankenlosen Sprachgebrauch vermieden wird. Ein solches Ideal ist nicht nur, so bleibt zu hoffen, für die Mehrheit der Politolinguisten und Politolinguistinnen vertretbar, es macht ‚PC' vor
allem auch zur prädestinierten sprachkritischen Theorie für die Erfüllung der
gestellten Aufgabe.

Im *zweiten Arbeitsschritt* wäre empirisch zu ermitteln, ob und wodurch dieses
sprachliche Diskriminierungsverbot, auf das sich das ‚PC'-Ideal konzentrieren
lässt, in der Realität politischer Kommunikation typischerweise verletzt wird.[11]
Hierfür bietet nun die vorliegende linguistische Forschung ausreichend Material
und Erkenntnisse.[12] Das beginnt mit einer deskriptiv ausgerichteten Definition
von ‚Diskriminierung', die sich nicht ohne Grund aus eher sprechaktheore-
tischen Überlegungen sehr ähnlich ergibt wie aus den Grundlagen der kritischen
Diskursanalyse (Diskriminierung = Kategorisierung + [negative] Bewertung).

Diskriminierung durch Sprache, auf die hier abgehoben wird, finden sich dort ebenfalls
einige ausführlichere Hinweise (Teil IV - „Skizze eines weiteren Verfahrens").

[10] Aus der mittlerweile sehr umfangreichen Literatur zu PC seien hier nur stellvertretend
erwähnt: Hoffmann 1996 und Kapitzky 2000.

[11] Von Interesse ist dabei im Beratungskontext nur das Sprachhandeln solcher Politiker und
Politikerinnen, denen von ihrem sonstigen politischen Handeln her eine demokratische
und an der Ordnung des Grundgesetzes orientierte Absicht unterstellt werden kann.

[12] Für das folgende, insbesondere auch für die Literaturhinweise zur entsprechenden Forschung, die hier den Rahmen sprengen würden, vergleiche die Ausführungen in Roth 2004
(244-250).

Auf dieser Setzung aufbauend lassen sich nun unter anderem folgende Befunde der empirischen Linguistik fraglos als Mittel der sozialen Diskriminierung einordnen: Die negative ‚Aufladung' ursprünglich neutraler Begriffe durch regelmäßige Verwendung in pejorativen Kontexten (Co-Occurence) (vgl. u. a. Galliker u. a. 1997); das Verstecken individueller Schicksale in Ausdrücken für scheinbar abstrakte Phänomene, die sich dann in enstprechenden Komposita oder der Kombination mit wertenden Adjektiven als negativ, insbesondere als bedrohlich darstellen lassen (‚Asylantenströme', ‚massenhafte Überfremdung' usw.) (vgl. u. a. Niehr 2000a und 2000b); die stereotype Verwendung bestimmter Argumentationsmuster oder Topoi, die wie im Falle des ‚Nutzentopos' (vgl. u. a. Wengeler 2000 und 2003) Menschen unter Gesichtspunkten des ökonomischen, politischen oder individuellen Nutzens beurteilen; die Artikulation bestimmter Attitüden, die Ungleichheit betonen und vom ‚Mitleidsdiskurs' über den ‚Bevormundungsdiskurs' bishin zum aus geschürter Angst folgenden ‚Rechtfertigungsdiskurs' reichen (vgl. Matouschek u. a. 1995). Die Liste ließe sich noch weit fortführen.

Im *dritten Arbeitsschritt* läge nun nahe, erneut ‚PC' als sprachkritische Theorie danach zu befragen, wie diese Diskriminierungen zu vermeiden wären. Dabei würde sich schnell erweisen, was in der Linguistik natürlich ohnehin schon seit langem klar ist und oftmals zu ihrer prinzipiellen Ablehnung geführt hat: Das eingleisige Konzept des Wortersatzes oder des Wortverzichts ist in mehrfacher Hinsicht unzulänglich. Zum einen, weil mit dem Verschwinden von Signifikanten noch lange nicht die Signifikate untergehen, sondern diese unter Umständen unverändert mit neuen Ausdrücken verbunden werden. Zum anderen, weil eine derartig ausdrucksseitige Sprachbetrachtung die Bedeutung des Kontexts für die pragmatische Dimension des Sprechens ignoriert. Keine der Formen sozialer Diskriminierung durch Sprachhandeln in der Politik, die in *Arbeitsschritt 2* angedeutet wurden, lässt sich durch die Eliminierung von Ausdrücken überwinden. An dieser Stelle wird also unweigerlich die zweite 'Sollbruchstelle' greifen müssen, die dazu zwingt, eine andere sprachkritische Theorie für diesen Schritt heranzuziehen.

Hier wäre unter anderem vorstellbar, auf die klassische Rhetorik zurückzugreifen, die als eine Theorie optimierten Sprachhandelns durchaus auch als sprachkritische Denktradition gefasst werden kann. Aus dem reichen Fundus von Techniken, die sich aus der Rhetorik als ‚Gegenmittel' zur sprachlichen Diskriminierung im oben angedeuteten Sinne ableiten ließen, sollen hier wiederum nur einige genannt werden: Die in der rhetorischen Statuslehre beheimatete ‚Definitionsfrage', die es erlaubt, einen semantisch negativ aufgeladenen, aber für die eigene Argumentation unverzichtbaren Ausdruck durch explizite Begriffsklärung umzudeuten, und dabei unter Umständen sogar noch einen gewissen wirkungstheoretisch bedeutsamen Überraschungseffekt für sich zu nutzen; die

Verwendung origineller Metaphern und anderer Tropen zur Illuminierung eines positiven Aspekts an einem Gegenstand, der im Allgemeinen nur als negativ oder bedrohlich wahrgenommen wird; das Mittel des ‚Exemplums', das durch Einführung einer konkret-individuellen Ebene gegen die anonymisierende Abstraktion hilft, mit der soziale Diskriminierung so oft verpackt wird; die rhetorische Affektenlehre, die solche sprachlichen Mittel in sich versammelt, mit denen sich etwa im Zusammenhang mit den diskriminierenden Sprachhandlungsattitüden erwünschte Emotionen erregen oder andere neutralisieren lassen; schließlich die Widerlegung eingeübter Topoi durch gegenläufige, wie es fester Bestandteil der klassischen Topik war.

Die linguistische Überprüfung dieser rhetorischen Empfehlungen im *vierten Arbeitsschritt* wird ohne Frage die eine oder andere Unstimmigkeit zu Tage fördern und notwendige Korrekturen vornehmen müssen. Eine ganze Reihe von Vorzügen gegenüber der Wortverzicht-Programmatik der ‚PC' haben die Hinweise der Rhetorik jedoch in jedem Fall. Sie lassen erwarten, dass sich viele von ihnen in linguistisch approbierte Empfehlungen und damit in den endgültigen Beratungsbeitrag übernehmen lassen: Der prinzipiell pragmatische Charakter der rhetorischen Techniken gehört zu diesen Vorzügen ebenso wie ihr demokratischen Gepflogenheiten eher angemessener dialogisch-diskursiver Charakter, der dogmatische richtig/falsch-Entscheidungen nicht kennt. Schließlich erhöht die große Bandbreite der aus der kommunikativen Praxis abgeleiteten Empfehlungen die Chance auf ihre Realisierbarkeit im alltäglichen politischen Geschäft.

4.2   Die beratende Analyse

Auf der Basis des nun angedeuteten, in der denkbaren Realität natürlich weitaus gründlicher durchzuführenden Verfahrens, müsste es nun also möglich sein, eine politolinguistisch begründete Stellungnahme zu dem besagten Talkshow-Statement der grünen Parteivorsitzenden abzugeben und konkrete Optimierungsvorschläge für das künftige Sprachhandeln zu machen:[13]

> „Also, erstmal ist es wirklich gut, da hat Herr Müntefering Recht, dass auch die
> CSU jetzt davon spricht, dass wir ein Einwanderungsland sind. Das heißt die CSU
> nähert sich der Realität der Bundesrepublik Deutschland, in der wir ja seit vielen

---

[13]   Dem erwartbaren Hinweis, es handle sich bei einem Talkshow-Statement um spontane Rede, die nicht nach dem Vorbild schriftlicher Texte optimiert werden könne, ist entgegenzuhalten, dass die institutionell verpflichtete Kommunikation einer Spitzenpolitikerin im Rahmen einer solchen Sendung natürlich stets nur scheinbar spontan sein kann. So zeigt etwa der Vergleich mit einem Redebeitrag von Claudia Roth in einer anderen Talkshow zum selben Thema gut zwei Monate später aufgrund signifikanter Parallelen in der Formulierung, dass wichtige sprachliche Elemente durch die Routine und die parteiinterne Absprache natürlich sehr wohl durch einen erheblichen Planungsgrad gekennzeichnet sind (vgl. Roth 2004: 265-279).

Jahrzehnten schon leben. Es war ja wirklich eine klassische Lüge zu behaupten, wir sind es nicht. Das ist schon mal wichtig. Und ich glaube, jetzt geht's darum, klar zu machen, in einer sehr offenen Debatte in die Gesellschaft rein, wer zu uns kommt: Menschen, die wir brauchen, ein Einwanderungskonzept, das durchaus egoistische Motive des Einwanderungslandes Bundesrepublik Deutschland zu Grunde legen kann, aber auch Menschen, die uns brauchen. Das gehört auch dazu. Ich finde den Satz von Herrn Beckstein, Sie haben ihn eingespielt, ehrlich gesagt, sehr gefährlich. Sie sagen, wir brauchen Menschen, die uns nützen, und nicht, die uns ausnützen, weil suggeriert wird, dass Menschen, die zum Beispiel Hilfe und Zuflucht suchen, zu uns kommen, um uns auszunutzen. Nein, wir müssen klar machen: Wer wandert in unser Land ein, wer kommt zu uns und was ist der Anspruch? Einwanderung zum Beispiel auf Grund ökonomischer Bedürfnisse, Arbeitsmigration. Die muss gestaltet werden. Dann Einwanderung auf Grund politischer oder humanitärer Verpflichtungen. Menschen, die zum Beispiel aktiv von außerhalb zu uns geholt werden. Umwelt – bei Umweltkatastrophen, Bürgerkriegsflüchtlinge oder zum Beispiel die ganze Frage der Spätaussiedler. Dann gibt es den dritten Bereich, das sind die individuellen Rechtsansprüche, da gehört zum Beispiel das Recht auf Familienzusammenführung dazu, weil das Recht auf Familie müssen auch Flüchtlinge, müssen auch Migranten haben. Da gehört dazu die Freizügigkeit innerhalb der Europäischen Union, und da gehört das Asylrecht dazu. Die Kontroverse war ja die ganze Zeit – und ich hoffe, es gibt einen Konsens, dass man aufhört, aufzurechnen und zu sagen, mehr Menschen, die wir aus ökonomischen Gründen brauchen und nicht die, die uns brauchen. Und da kann man nicht aufrechnen. Das Asylrecht macht unsere Demokratie sehr reich. Es ist für mich eine der zentralen Säulen unseres Rechtsstaates, und da ist es richtig und ich finde und hoffe sehr, dass sich unter Vorsitz von Frau Süßmuth die Kommission mit der Frage beschäftigt: Gibt es nicht auch Schutzlücken? Müssen wir nicht weg von der Behauptung, es gibt den Missbrauch, sondern wir müssen sehen: Wo gibt es Schutzlücken? Insofern ist es richtig, auch im europäischen Vergleich zum Beispiel zu gucken: nicht-staatliche Verfolgung, geschlechtsspezifische Verfolgung. Frauen aus Afghanistan werden bei uns weniger geschützt als in allen anderen europäischen Ländern, und wenn man da ein offene Debatte führt, über ein egoistisches Konzept Einwanderungsland Deutschland, Arbeitsmigration, aber das altruistische Konzept, das Grundrecht auf Asyl als etwas, das unserer Demokratie sehr reich macht, dann nähern wir uns wirklich einem Konsens."[14]

Die politolinguistische Beratung könnte nun zunächst einmal, einer bewährten Regel konstruktiver Kritik folgend, am Positiven ansetzen: Das Statement enthält eine originelle und starke Metapher: *„Das Asylrecht macht unsere Demokratie reich"*. Ihre argumentative Kraft liegt nicht allein darin, dass sie das zunehmend als Fehlkonstruktion des Grundgesetzes stigmatisierte Asylrecht ganz im Gegenteil zu einem seiner Vorzüge erklärt und so eine wichtige Umwertung

---

[14] Das Textbeispiel ist die Abschrift des Videobandes. Bis auf wenige Glättungen (offenkundige Versprecher, Vernuscheltes usw.) wurde auf Korrekturen verzichtet. Insbesondere hinsichtlich seiner gesprochensprachlichen Syntax ist das Statement im Original wiedergegeben.

der Aspekte leistet. Vielmehr erlaubt sie es darüber hinaus auf sehr elegante Weise, einen wichtigen Topos der Asylrechtsgegner aufzulösen, den Claudia Roth mit Hilfe des indirekten Zitats des bayerischen Innenministers Beckstein („...*Menschen, die uns nützen, und nicht, die uns ausnützen...* ") auch explizit nennt. Es handelt sich dabei um den oben erwähnten Nutzentopos, der tatsächlich ein wichtiges Element sozialer Diskriminierung hilfesuchender Menschen darstellt. Insofern stellt diese – eindeutig in gemeinsamer interner Spracharbeit zwischen der Politikerin und ihren Mitstreitern entwickelten – Metapher ein sinnvolles Versprachlichungsmittel für das vertretene Anliegen dar.

Seine Wirkung wird jedoch auf mehrfache Weise wieder verstellt und geschwächt. So wird die Metapher, die im Übrigen an einer früheren Stelle des Beitrags unter Umständen wirkungsvoller gewesen wäre, kaum ausgebaut oder variiert. Stattdessen folgt ihr im unmittelbar nächsten Satz eine andere und zudem hochgradig konventionalisierte Metapher aus einem anderen Bildbereich („... *Säule unseres Rechtsstaats...* "), die die überraschende Wirkung der Reichtums-Metapher sofort zurücknimmt. Auch an anderer Stelle wird das Bild nicht konsequent durchgeführt, etwa wenn eingangs der Einwanderung im Rahmen des Asylrechts die Zuwanderung im Interesse der deutschen Wirtschaft explizit als ,*egoistisch*' bezeichnet wird und dies gar zum Ende nochmals wiederholt wird. Soll die Metapher vom Wert eines funktionierenden Asylrechts für die Demokratie und ihre Bürger selbst wirkungsvoll sein, wäre der damit aufgemachte Gegensatz widersinnig – gerade um seine Aufhebung geht es ja. Vermutlich wäre der Politikerin dieser ,Versprachlichungsfehler' nicht passiert, wenn sie die bedeutende Reichtumsmetapher mehr ins Zentrum, das heißt von der Redeorganisation her betrachtet als These an den Anfang des Beitrags gestellt hätte, an dem sie statt dessen wertvolle Zeit für das reflexhafte ,Abwatschen' des politischen Gegners verbraucht. Diese auf der Metapher gegründete These wäre ihrer Logik nach die Antwort auf eine implizit gestellte rhetorische Definitionsfrage gewesen: ,*Was ist das Asylrecht? – Ein Stück demokratischen Reichtums* '.

Ein anderer Aspekt, der auf Grund der im Verfahren gewonnenen Empfehlungen, konstruktiv zu kritisieren wäre, bewegt sich auf der eher lexikalisch-semantischen Ebene und betrifft das gleich zweimal verwendete Wort ,*Schutzlücken*'. Dieses Wort aus der juristischen Terminologie, das der Fachpolitikerin natürlich vertraut und geläufig ist, ist zum einen für den Laien angesichts des Zwangs zur schnellen Rezeption recht schwer zu verstehen und absorbiert Aufmerksamkeit, die für die Verarbeitung der inhaltlichen Position benötigt würde. Viel bedeutsamer ist jedoch, dass es sich um eine typische Form jener anonymisierenden Abstraktion handelt, die sozialer Diskriminierung durch Sprache so oft zu Grunde liegt: Der Ausdruck ,*Schutzlücke*' erweckt den Eindruck, es handle sich hier um ein abstraktes Phänomen, eine mit ein wenig juristischhandwerklicher Kunst zu behebende Schwäche der Gesetzeslage, deren mehr oder minder entschlossene Beseitigung guten Gewissens zur politischen Verhandlungsmasse zwischen den Parteien geschlagen werden kann. Dass es dabei um Leben und Gesundheit konkreter Menschen geht, die es in der Perspektive der Politikerin zu schützen gilt, wird nicht sichtbar und damit werden ganz gegen ihre Intention auch die betroffenen Menschen selbst unsichtbar gemacht und als individuell eher unerheblicher sozialpolitischer Problemfall abgewertet. Ein ,Exemplum', die Illustration mit dem konkreten Fall wird aufgrund des Zeitmangels – die Moderatorin hebt schon an dieser Stelle zur nächsten Frage an und das Sprechtempo der Politikerin erhöht sich merklich – mit dem Hinweis auf die Frauen in Afghanistan nur noch halbherzig angedeutet. Angesichts der im Verfahren gewonnen Empfehlungen dagegen wären geradezu umgekehrte Proportionen durchaus denkbar gewesen: Das Anliegen, den inhumanen Charakter des Aufrechnens von ökonomisch und humanitär bedingter Zuwanderung deutlich zu machen, hätte ein Satz von exemplarischer Konkretion emotional eindringlich deutlich machen können, der zudem den Betroffenen ihre Würde gelassen hätte:

> *Ich frage mich, ob es richtig ist, der jungen Frau, die in Afghanistan gefoltert wurde und um unsere Hilfe bittet, zu antworten, wir müssten sie leider zurück in menschenunwürdige Lebensumstände oder den Tod schicken, weil IBM gerade einen Programmierer braucht.[15]

5   Fazit: Politolinguistischer Wissenstransfer

Der Ausblick in eine denkbare politolinguistische Beratungspraxis, der hier versucht wurde, konnte an dieser Stelle nicht allein nur exemplarisch, sondern darüber hinaus auch in vielfacher Hinsicht nur rudimentär erfolgen. Er sollte lediglich dazu dienen, eine Vorstellung davon zu vermitteln, inwiefern das in diesem Beitrag vorgestellte Modell zur Symbiose von Linguistik und Sprachkritik konkret dazu beitragen könnte, linguistische Expertise in eine Form zu bringen, die als Antwort auf eine Art von Fragen relevant werden kann, wie sie sich in der (politischen) Kommunikationspraxis tatsächlich stellen. Dabei geht es, darauf wurde im Zusammenhang mit der Konzeption des Modells bereits hingewiesen, nicht einmal primär um die konkrete Beratung von Politikern im hier zuletzt kurz skizzierten Sinne. Diese liegt bereits im Bereich der Anwendung wissenschaftlicher Erkenntnis. Deren systematische Aufbereitung im Hinblick auf den praxisrelevanten Wissenstransfer jedoch sollte keine Wissenschaft aus den Händen geben, wenn sie nicht Gefahr laufen will, irrelevant oder aber

---

[15] Der Asterisk soll einerseits den fiktiven Charakter des Satzes andeuten und zum anderen darauf hinweisen, dass es hier nicht um eine konkrete Formulierung gehen kann, die als ,optimal' gedacht wird, sondern nur um die erläuternde Illustration der Empfehlung. Die Formulierung ,korrekter' Texte ist und bleibt sprachwissenschaftlich widersinnig.

für beliebigen Missbrauch anfällig zu sein. Im Falle der Politolinguistik heißt das, dass sie einen Weg finden muss, das kooperativ-kritische Element selbst systematisch zu einem Teil ihrer Zuständigkeit zu machen und sich zumindest partiell zu einer Beratungswissenschaft zu entwickeln. Eine Politolinguistik, die letztlich immer wieder nur die ohnehin allseits beklagte notorische Mangelhaftigkeit politischer Kommunikation belegt, ist weder für die Öffentlichkeit noch für die politischen Praktiker selbst interessant. Insofern gilt in etwas bescheidenerer Abwandlung des vorangestellten Zitats: Mit Recht meckert nur der, der weiß, dass es auch besser ginge. Und vor allem: wie.

6   Literatur

Antos, Gerd (2001): Transferwissenschaft. Chancen und Barrieren des Zugangs zu Wissen in Zeiten der Informationsflut und der Wissensexplosion. In: Wichter, Sigurd / Gerd Antos (Hg.): Wissenstransfer zwischen Experten und Laien. Umriss einer Transferwissenschaft. Frankfurt / Main u. a.: Lang, S. 3-33

Bär, Jochen A. (2002): Darf man als Sprachwissenschaftler die Sprache pflegen wollen? Anmerkungen zu Theorie und Praxis der Arbeit mit der Sprache, an der Sprache, für die Sprache. In: Zeitschrift für germanistische Linguistik, 30. Jg. (2002), H. 2. S. 222-251.

Burkhardt, Armin (1996): Politolinguistik. Versuch einer Ortsbestimmung. In: Klein, Josef, Hajo Dieckmannshenke (Hg.): Sprachstrategien und Dialogblockaden. Linguistische und politikwissenschaftliche Studien zur politischen Kommunikation. Berlin – New York: de Gruyter, S. 75-100.

Burkhardt, Armin (2002): Politische Sprache. Ansätze und Methoden ihrer Analyse und Kritik. In: Spitzmüller, Jürgen / Kersten Sven Roth / Beate Leweling / Dagmar Frohning (Hg.): Streitfall Sprache. Sprachkritik als angewandte Linguistik? Bremen: Hempen, S. 76-114.

Dieckmann, Walther (1985): Das Reden der Politiker und das Problem der Glaubwürdigkeit. In: Wimmer, Rainer (Hg.): Sprachkultur. (Jahrbuch des Instituts für deutsche Sprache) Düsseldorf: Schwann, S. 223-229.

Edelman, Murray (1976): Politik als Ritual. Die symbolische Funktion staatlicher Institutionen und politischen Handelns. Frankfurt / Main – New York: Campus.

Frank, Karsta (1996): Political Correctness. Ein Stigmawort. In: Dieckmannshenke, Hajo / Josef Klein (Hg.): Wörter in der Politik. Analysen zur Lexemverwendung in der politischen Kommunikation. Opladen: Westdeutscher Verlag, S. 185-218.

Galliker, Mark / Jan Herman / Franc Wagner u. a. (1997): Co-Occurence-Analysis von Medientexten. Verschiebung von Schuldzuweisungen im öffentlichen Diskurs. In: Jung, Matthias / Martin Wengeler / Karin Böke (Hg.): Die Sprache des Migrationsdiskurses.

Das Reden über ‚Ausländer' in Medien, Politik und Alltag. Opladen: Westdeutscher Verlag, S. 214-229.

Hoffmann, Arne (1996): Political Correctness. Zwischen Sprachzensur und Minderheitenschutz. Marburg: Tectum.

Januschek, Franz (1996): Sich verstricken oder sich raushalten? Einflußnahme auf rechte Diskurse in Politik und Medien – Ein Erfahrungsbericht. In: Cölfen, Hermann / Franz Januschek (Hg.): Linguistische Beratung im Spiegel der Praxisfelder. (Osnabrücker Beiträge zur Sprachtheorie. 53) Oldenburg: Red. OBST, S. 133-147

Kapitzky, Jens (2000): Sprachkritik und Political Correctness in der Bundesrepublik Deutschland. Aachen: Shaker.

Klein, Josef (1998): Politische Sprache als Sprachstrategie. In: Jarren, Otfried / Ulrich Sarcinelli / Ulrich Saxer (Hg.): Politische Kommunikation in der demokratischen Gesellschaft. Ein Handbuch mit Lexikonteil. Opladen: Westdeutscher Verlag, S. 376-395.

Matouschek, Bernd / Ruth Wodak / Franz Januschek (1995): Notwendige Maßnahmen gegen Fremde? Genese und Formen von rassistischen Diskursen der Differenz. Wien: Passagen.

Niehr, Thomas (2000a): Die Asyldebatte im Deutschen Bundestag – eine „Sternstunde" des Parlaments? Untersuchungen zur Debattenkultur im Deutschen Bundestag. In: Burkhardt, Armin / Kornelia Pape (Hg.): Sprache des deutschen Parlamentarismus. Wiesbaden:Westdeutscher Verlag, S. 241-260.

Niehr, Thomas (2000b): Parlamentarische Diskurse im internationalen Vergleich. Eine Fallstudie zu den jüngsten Asylrechtsänderungen in Deutschland und der Schweiz. In: Niehr, Thomas / Karin Böke (Hg.): Einwanderungsdiskurse. Vergleichende diskurslinguistische Studien. Wiesbaden: Westdeutscher Verlag, S. 109-134.

Roth, Kersten Sven (2002): „Man nimmt Sprache immer nur dann wahr, wenn man ein Problem hat..." Thesen zum Sprachbewusstsein von Politikern. In: Zeitschrift für germanistische Linguistik. Jg. 30 (2002), H.1. S. 73-99.

Roth, Kersten Sven (2003): „Vorschuß-Rhetorik". Wie man einen politischen Skandal diskutiert, ehe es ihn gibt. In: Burkhardt, Armin / Kornelia Pape (Hg.): Politik, Sprache und Glaubwürdigkeit. Linguistik des politischen Skandals. Wiesbaden: Westdeutscher Verlag, S. 163-180.

Roth, Kersten Sven (2004): Politische Sprachberatung als Symbiose von Linguistik und Sprachkritik. Zu Theorie und Praxis einer kooperativ-kritischen Sprachwissenschaft. Tübingen: Niemeyer.

Wengeler, Martin (2000): Von ‚Belastungen', ‚wirtschaftlichem Nutzen' und ‚politischen Zielen'. Die öffentliche Einwanderungsdiskussion in Deutschland, Österreich und der

Schweiz Anfang der 70er Jahre. In: Niehr, Thomas / Karin Böke (Hg.): Einwanderungsdiskurse. Vergleichende diskurslinguistische Studien. Wiesbaden: Westdeutscher Verlag, S. 135-157.

Wengeler, Martin (2002): „1968", öffentliche Sprachsensibilität und political correctness.
Sprachgeschichtliche und sprachkritische Anmerkungen. In: Muttersprache, Jg. 2002,
H. 1. S. 1-14.

Wengeler, Martin (2003): Topos und Diskurs. Begründung einer argumentationsanalytischen
Methode und ihrer Anwendung auf den Migrationsdiskurs (1960-1985). Tübingen:
Niemeyer.

Kommunikative Verständigung oder Interpretation? Der Rezipient im Fokus einer linguistisch fundierten Hermeneutik

Gesine Lenore Schiewer (Bern)

1 Zum Problem der Erfolgskontrolle

Die Frage nach den Möglichkeiten der Erfolgskontrolle im Zusammenhang von Prozessen des Wissenstransfers ist intrikat. Eine Reihe von Problemen stellt sich bei der Kontrolle des Erfolgs, die implizit schon solche Vorentscheidungen beinhalten, welche letztlich das Funktionieren des Wissenstransfers selbst betreffen. Schon die Frage nach dem Erfolg als solche problematisiert diesen Prozess – denn: wenn Erfolg nicht selbstverständlich ist, sondern kontrolliert werden muss, dann werden Schwachstellen vermutet. Sollten diese Schwachpunkte womöglich nicht nur einen einzelnen Faktor betreffen – wie beispielsweise den verwendeten Code, der zu optimieren wäre – sondern das gesamte Übermittlungsgefüge in seinen Grundbedingungen, dann hat dies wiederum Konsequenzen: Es ist in dem Fall davon auszugehen, dass diese Schwierigkeit auch die Kontrolle des Erfolgs als solche betreffen wird. Schließlich basiert diese ja letztlich ebenfalls auf einem kommunikativen Austausch. Es sei denn, das Feld des ausschließlich verbalen Handelns wird verlassen und das *Controlling* kann sich darauf beziehen, ob der Rezipient einer Äußerung etwa bestimmte beobachtbare Handlungen ausführt und beispielsweise einen bestellten Kaffee serviert oder aufgrund entsprechender warnender Informationen konkrete Aktivitäten vornimmt und Vorkehrungen trifft, beispielsweise Schutzmaßnahmen irgendeiner Art ergreift. In diesem Fall sind Erfolgskontrollen wesentlich problemloser durchzuführen als bei dem rein sprachlich ausgerichteten Wissenstransfer.

Auf welcher Ebene haben also Kontrollen anzusetzen? Auf der Emittentenseite, die im Allgemeinen dafür zuständig ist, dass Wissen adressatengerecht aufbereitet und vermittelt wird? Welche also für die Wahl der den Transfer leistenden technisch-medialen Instrumente verantwortlich ist und die Inhalte sprachlich, bildlich, schematisch oder mithilfe von Modellen adäquat aufbereitet?

Oder aber, so ist weiterhin zu fragen, können und sollen die Kontrollen an eine übergeordnete, unabhängige Instanz irgendeiner Art delegiert werden, die den gesamten Ablauf des Transfers überwacht?

Und welche Rolle spielt ferner beispielsweise die Selbsteinschätzung auf Seiten des Rezipienten? Ist ein Transfer erfolgreich, wenn der empfangende Transferpartner sich gut beraten, informiert, bestätigt oder zum eigenen Weiterdenken angeregt fühlt? Ist also der Rezipient die maßgebliche Kontrollinstanz gelungenen Wissenstransfers?

Prekär ist schließlich im Hinblick auf das Gelingen der Vermittlung von Wissen, dass Transfer dynamisch-veränderlichen Rahmenbedingungen unterworfen ist und also in den unterschiedlichsten Kontexten stattfindet, die vom alltäglichen Rahmen über pragmatisch beeinflusste Gegebenheiten bis zum fachlich-wissenschaftlichen Umfeld reichen. Vielfach handelt es sich auch um Abläufe, die auf internationaler Ebene vonstatten gehen und unter Verwendung einer *lingua franca* wie dem Englischen oder in mehrsprachigem Kontext bewältigt werden müssen. Wie können vor diesem Hintergrund die Instrumente der Kontrolle spezifiziert und gegebenenfalls variabel eingesetzt werden?

2   Die natürliche Sprache als Basis des Wissenstransfers

In der Reflexion des umrissenen Fragenkomplexes ist von der natürlichen Sprache als letztlich unverzichtbarem Code in der menschlichen Verständigung auszugehen. Prägnant hat Carl Friedrich von Weizsäcker bereits 1959 in seinem Vortrag *Sprache als Information* danach gefragt, ob Sprache vollständig in Information überführt und damit auf als „Mitteilung von Tatbeständen" verstandene Information reduziert werden könne (vgl. Weizsäcker 1959). Er geht davon aus, dass dies nicht möglich ist, da jeder Versuch, einen Teil der Sprache eindeutig zu machen, schon den Gebrauch der natürlichen Sprache voraussetzt, auch soweit sie nicht eindeutig ist. Sprache als Information sei nur möglich auf dem Hintergrund einer Sprache, die nicht in eindeutige Information verwandelt ist, da eine formalisierte Kalkülsprache in ihrer Eindeutigkeit beschrieben, festgelegt werden müsse. Diese Festlegung erfolgt in einer Meta-Sprache, die eben die natürliche Sprache ist. Soll diese wiederum kalkülisiert werden, müsse eine Meta-Meta-Ebene eingenommen werden. Und so fort.

Daher setzt der Begriff der Information Carl Friedrich von Weizsäcker zufolge selbst eine Art der Sprache voraus, die ihrerseits nicht in Information übertragen werden kann: Jeder Kalkül und jedes künstliche Zeichensystem sei letztlich auf die natürliche Sprache als Ausgangspunkt angewiesen. Dies gilt trotz aller der Sprache eigenen Vagheiten und Mehrdeutigkeiten.[1]

Sprache soll also, ausschließlich um diesen Aspekt geht es hier, als Verständigungsmittel betrachtet werden, dass nicht reine Information ist im Sinne der Informationstechnik und der hieran anschließenden Kommunikationsmodelle. Das bedeutet, dass der angestrebte Transfererfolg sich ebenfalls nicht ausschließlich auf die übermittelte Information beziehen kann, sondern pragmatische Faktoren bis hin zur Frage des Verstehens einbezogen werden müssen. Wenn Sprache als letztlich unverzichtbarer Code zu betrachten ist, heißt das allerdings keineswegs, dass andere Darstellungsformen wie Zahlen, Bilder, Schemata nicht wichtige Funktionen für Transferprozesse und ihren Erfolg hätten. Darauf ist später zurückzukommen.

Wenn die natürliche Sprache als grundlegendes Verständigungsmittel im Rahmen des Wissenstransfers zu betrachten ist, liegt es nahe, auf vorliegende Kommunikationstheorien und linguistisch-pragmatische Konzepte zu rekurrieren und diese hinsichtlich ihrer Lösungsangebote für die Erfolgssicherung und die Erfolgskontrolle von Verständigung zu befragen. Viele Kommunikationsmodelle und linguistische Konzepte sind nun aber entweder, wie beispielsweise sprechakttheoretische Orientierungen, in erster Linie auf die Sprecherseite hin ausgerichtet (anders jedoch die Konversationstheorie von Herbert Paul Grice) oder aber mit Bezug auf eventuelle Störungen reibungsloser Verständigung bewusst entproblematisierend angelegt. Daher wird mit dem Thema der Erfolgskontrolle gewissermaßen eine „Achillesverse" dieser Ansätze berührt.

Beispielsweise wird durchaus erkannt, dass sich im Rahmen der Abschätzung von Technikfolgen – so hat etwa die Satzung der Akademie für Technikfolgenabschätzung in Baden-Württemberg festgelegt – die Aufgabe stellt, adressatengerechte Formen der Kommunikation und diskursive Verständigung zu finden. Der Einsatz von Mediatoren zu diesem Zweck wird als Hinweis auf das Bestehen eines gesellschaftlichen Bedarfs „an professionalisierten Formen der Lösung von Verständigungsproblemen" (Kindt 1998) gewertet. Dabei wird – in Orientierung an den Konzepten Jürgen Habermas' und Niklas Luhmanns – unter dem Stichwort der „kommunikativen Verständigung" insbesondere von einem konsensorientiertem Konzept und der Auffassung von Kommunikation als eines im Kern rationalen Diskurses ausgegangen. Hier wird auf metakommunika-

---

[1] Die Diskussion der Möglichkeiten und Grenzen künstlicher Zeichensysteme und Kalküle ist aber sehr viel älter und wurde schon im achtzehnten Jahrhundert insbesondere durch den Philosophen Johann Heinrich Lambert, Zeitgenosse und Briefpartner Kants, dahingehend entschieden, dass deren Anwendungsfelder begrenzt sind und die natürliche Sprache letztlich für den Wissensgewinn und -transfer unverzichtbar ist. Vgl. hierzu Schiewer 1996 und Schiewer 2005.

tiver Ebene ein Reparaturmechanismus angesetzt, der einer Klärung und Lösung von eventuellen Missverständnissen dienen soll.

Dieser Ansatz ließe die Frage nach Erfolgskontrollen im Grunde genommen als obsolet erscheinen, da das Gelingen der Verständigung bei Beachtung einiger kommunikativer Grundgebote ja zu garantieren sein soll. Allerdings bleiben die Prämissen der „idealen Sprechsituation" wie beispielsweise die Annahme der verständigungsorientierten, objektivierenden Darstellung von Sachverhalten und der symmetrischen Gesprächssituation mit vollständiger Gleichberechtigung der Sprecheranteile und -bedingungen aller Beteiligten für die Praxis überaus problematisch.

Denn Missverständnisse sind keineswegs als seltene Kommunikationsunfälle zu betrachten, sondern – graduell abgestuft vom akustischen Fehlverstehen über unbemerkte Differenzen im konnotativen Feld bis zum offenen Eklat – konstitutive Gegebenheit sprachlicher Äußerungen. Mit linguistischen und kommunikationstheoretischen Konzepten, die dem potentiellen Misslingen von Kommunikation in Auseinandersetzung mit den Ursachen, die zu Missverständnissen verschiedener Art und Erheblichkeit führen können, Rechnung zu tragen suchen, rückt indes das Interpretationsproblem beim Sprachverstehen in den Blick. Während in der Literaturwissenschaft die Problematik des Hermeneutischen sowie des Interpretations-Begriffs seit langem und mehr oder weniger erfolgreich diskutiert wird – wobei das Spektrum der unterschiedlichen Positionen auch die Ablehnung der Interpretation als sinnvoller Aufgabe der Literaturwissenschaft überhaupt einschließt –, ist eine eigenständige linguistische Hermeneutik bisher zumeist Desiderat (vgl. Hermanns 2003). Dies hat Sigurd Wichter schon 1994 betont (vgl. Wichter 1994). Dennoch wird unter anderem in der Gesprächsforschung die Frage des Sinnverstehens schon seit längerem berücksichtigt. Insbesondere die Orientierung der Gesprächsanalyse an Alfred Schütz' Begriffen des Sinn- und Fremdverstehens schließt wissenssoziologische Konzepte ein, die in der jüngeren wissenssoziologischen Hermeneutik engere Bezüge unter anderem zu der Kommunikationstheorie Gerold Ungeheuers erkennen lassen (vgl. Hitzler / Reichertz / Schröer 1999).

Welche Perspektiven ergeben sich also, wenn man davon ausgeht, dass die Verwendung natürlicher Sprache weder im Alltag noch im Kontext von Wissen und Wissenstransferprozessen rein informativ und daher in vielen Fällen mit einem Deutungsbedarf verbunden ist?

Es ist hier selbstverständlich zunächst zu berücksichtigen, dass gesprochene ebenso wie geschriebene Sprache und entsprechende Transferprozesse sowohl aus der Perspektive des Sprechers oder Schreibers zu betrachten sind als auch der Hörer oder Leser einzubeziehen ist. Am Vorgang der Verständigung sind Emittent und Rezipient mit unterschiedlichen aber in gleicher Weise wichtigen Funktionen beteiligt. Während Sprecher und Schreiber darum bemüht sind, in ihren Formulierungen Sinn zu setzen, versucht der Hörer oder Leser zum Verständnis zu gelangen, indem er ebenfalls Sinnkonstruktionen auf der Basis der rezipierten Wörter und Sätze vornimmt. Er ist dann grundsätzlich als ein verstehender, deutender, interpretierender und somit aktiver Empfänger aufzufassen.

Somit muss sich der Kommunikationserfolg sowohl an diesen Deutungsbemühungen bemessen als auch an der Selbsteinschätzung von Emittent und Rezipient, ob gegenseitige Verständigung erzielt wurde. Erfolgskontrollen, in die nicht Emittent und Rezipient selbst involviert sind, sondern von einer unabhängigen dritten Instanz vorgenommen werden – dies betrifft besonders schriftliche Transferprozesse ohne persönliche Anwesenheit der Beteiligten – sind dann nur sehr bedingt als übergeordnet und perspektivisch neutral zu betrachten. In der Gesprächsanalyse ist dies als methodische Problematik etwa hinsichtlich des Beobachterparadoxons auch durchaus geläufig.

Es fragt sich daher mit einer gewissen Dringlichkeit, welche Instrumente für die Einschätzung und Beurteilung der hermeneutischen Arbeit des Rezipienten bereitstehen.

3   Zu dem Programm einer Linguistischen Hermeneutik

Fritz Hermanns hat jüngst in einem optimistischen Vorgriff auf das Heranreifen einer eigenen Hermeneutik als Teilfach der Linguistik eine provisorische Einteilung des Gesamtbereichs der linguistischen Hermeneutik in vier Teilbereiche vorgeschlagen. Er nennt einen theoretischen, einen empirischen, einen didaktischen und einen praktischen Bereich der Hermeneutik, die er im einzelnen umreißt. Die Reflexion konkreter Probleme der Interpretationsbemühungen auf Rezipientenseite fällt nach diesem Raster insbesondere in den zweiten Bereich.

Dieser zweite Bereich, die empirische Hermeneutik, soll sich die Beobachtung von Verstehensvorgängen und -resultaten sowie die Analyse und Beschreibung von Interpretationen zur Aufgabe machen. Hermanns gibt dabei zu bedenken:

> Da Verstehen etwas Innerliches ist, kann es grundsätzlich niemals beobachtet werden, sondern nur erschlossen. Deshalb sind die Darstellungen sprachlichen Verstehens immer selbst auch Interpretationen (von beobachtbaren Reaktionen auf Sprechakte und auf Texte). Andererseits sind die Interpretationen, die den zweiten Gegenstandsbereich der empirischen Hermeneutik bilden, als Sprechakte oder Texte der Beobachtung direkt zugänglich, müssen aber ihrerseits verstanden werden, so daß Analysen und Beschreibungen von Interpretationen ebenfalls als

Interpretationen (Metainterpretationen oder Interpretationen zweiten Grades) anzusehen sind.[2]

Hermanns beschreibt hier mit anderen Worten die eingangs genannte Schwierigkeit: Das Interpretationsproblem von Sprache kann auch auf der Ebene der
Erfolgskontrolle nicht hintergangen werden. Hermanns skizziert weiterhin vier
exemplarische Bereiche, in denen die Linguistik Ansätze einer empirischen
Hermeneutik entwickelt habe.

Zunächst wird hier verwiesen auf den Bereich einer lexikalischen Semantik mit
der empirischen Erforschung des Wortverstehens und insbesondere der Untersuchung von Experten- und Laienwortschätzen (vgl. hierzu Wichter 1994).

Ein weiteres Feld der empirischen Hermeneutik stellt die psychologisch beeinflusste Verständlichkeitsforschung dar, die sich beispielsweise auf die sogenannte „nicht-kruziale" (Gerold Ungeheuer) – oder mit Karl Bühler „empraktische", das heißt in den konkreten, situativen Verwendungskontext eingebun-
dene – Kommunikation bezieht, indem sie etwa prüft, ob Gebrauchsanweisun-
gen so gestaltet sind, dass der Käufer seinen IKEA-Schrank auch glücklich aufzubauen vermag. In diesem Feld ist das bereits erwähnte Ausweichen auf andere
Darstellungsformen wie Zahlen, Bilder, Modelle etc. natürlich von besonderer
Nützlichkeit. Für den Bereich der „kruzialen" Kommunikation hingegen, die
wie oftmals im Fall wissenschaftlicher Kontexte ohne situative Einbindung ausschließlich sprachlich basiert ist, hat Bernd Ulrich Biere die hier ansetzenden
Bemühungen um eine Textoptimierung kritisiert: Optimierungen, die sich etwa
an der Wortlänge und der Satzstruktur orientieren, verändern Biere zufolge un-
hintergehbar und zwangsläufig den Inhalt. Eine Optimierung bei definitiv gleichem Inhalt hält Biere mit guten Gründen für unmöglich. Die Isolation einzelner
Faktoren, welche wie etwa die Verwendung komplexer Satzkonstruktionen
Texte schwierig machen, könne das Problem des Verstehens daher nicht lösen
(vgl. Biere 1989). Es kann hier weiterhin auch auf die Frage der Explizitheit von
Texen als Verständigungshilfe verwiesen werden: Eine Garantie des Kommuni-
kationserfolgs kann Explizitheit dann ebenfalls nicht darstellen, wenn sie mit
einer übermäßigen Erweiterung des Textumfangs verbunden ist. Denn mit zunehmender Länge werden sowohl die Rezeptionswahrscheinlichkeit als solche
verringert als auch die Quellen möglicher Missverständnisse immer stärker vermehrt (vgl. Ungeheuer 1987, 328).

An dritter Stelle nennt Hermanns hier die Gesprächslinguistik und hebt hervor,
dass sie – wie auch Gerold Ungeheuer betont hat – zur Sicherung der Verständlichkeit insbesondere die Funktion von Paraphrasen schon früh erkannt habe.
Symptomatisch ist hierbei, dass mit der Gesprächsanalyse die Praxis der Ein-

---

[2] Hermanns 2003, 154 f.

zelinterpretationen erheblich zugenommen hat und damit die Bereitschaft, sich auf die Bemühung um den einzelnen Text einzulassen.

Schließlich verweist Hermanns auf die Rezeptionsforschung, welche in Bezug auf das Medium Fernsehen in der Linguistik Berücksichtigung gefunden habe. Hinzuweisen ist hier ergänzend zu Hermanns auf die Erforschung der Sprachwahrnehmung, die nicht nur die Worterkennung einbezieht, sondern auch die Phase der Sinnrepräsentation. Damit deutet sich hier an, dass das Potential einer linguistischen Hermeneutik noch keineswegs ausgeschöpft ist. Vielmehr kann eine ganze Reihe konzeptioneller Fragen mit Gewinn diskutiert werden.

4 Linguistische Verstehensforschung im Horizont von hermeneutischer Rezeptionsforschung und Kognitionswissenschaft: Die Konzeption Oswald Wieners

Hierbei ist in Erinnerung zu rufen, dass die Untersuchung von Textverstehen und Textverständlichkeit sich durch ganz unterschiedliche Orientierungen interdisziplinärer Prägung auszeichnet. Besondere Bedeutung kommt dabei den hermeneutischen Traditionen einerseits, den kognitionswissenschaftlichen Modellen und Ansätzen der Künstlichen Intelligenz andererseits zu (vgl. Biere 1991). Diese Ausrichtungen verweisen darüber hinaus auf divergierende methodische und disziplingeschichtliche Traditionen – verstehende und erklärende Wissenschaftskonzeptionen – und werden nach wie vor als voneinander weitgehend unabhängig betrachtet.

Mit Blick auf den zuletzt in den neunziger Jahren mit besonderer Heftigkeit zwischen Ludwig Jäger einerseits und Manfred Bierwisch, Günter Grewendorf und Christopher Habel andererseits (vgl. Jäger 1993, 1993a, Bierwisch 1993, Grewendorf 1993, Habel 1993) ausgetragenen interdisziplinären Methodenstreit der Linguistik – in dem es wesentlich um das methodische Selbstverständnis des Faches aus der Sicht historisch-pragmatischer Orientierung gegenüber kognitiv-systematischer ging –, jedoch auch mit Blick auf die Sache sollte hier jedoch an die Stelle des methodischen Neben- und womöglich sogar Gegeneinanders eine Integration der verschiedenen Konzeptionen treten. Anzustreben ist eine komplementäre Ergänzung kognitionswissenschaftlicher und hermeneutischer Aspekte, die hinsichtlich ihrer jeweiligen Funktionen im Verstehensprozess fundiert werden. Es ist daher danach zu fragen, wie weit mit kognitionswissenschaftlichen Ansätzen und solchen der Künstlichen Intelligenz die Prozesse des Sprachverstehens zu erfassen sind und inwiefern hermeneutische Konzepte dabei ebenfalls zum Tragen kommen müssen.

Allerdings handelt es sich hier um ein nur schwer überschaubares Feld; zumal auch in der literaturwissenschaftlichen Reflexion interpretatorisch-hermeneutischer Fragen eine Kluft besteht zwischen hermeneutisch ausgerichteter Rezeptionsästhetik und kognitionswissenschaftlich-empirischen Ansätzen. Eine profunde Auseinandersetzung sowohl mit den Möglichkeiten und Grenzen von Konzepten, welche „aus dem Denken ein Abbild der Logik" machen wollen (Piaget 2000[1947], 31 f.) und für das kognitionswissenschaftliche Paradigma stehen, als auch mit Fragen der Individualität von Verstehensprozessen und hermeneutischen Perspektiven findet sich hingegen an ganz anderer Stelle: in den Schriften des Kunst- und Erkenntnistheoretikers sowie literarischen Autors Oswald Wiener. Dieser Ansatz kann hier mit Gewinn herangezogen werden.

Wiener, in den sechziger Jahren Exponent der „Konkreten Poesie" der Wiener Gruppe und sehr viel später – seit den neunziger Jahren – Lehrstuhlinhaber für Poetik und künstlerische Ästhetik an der Freien Akademie für Künste in Düsseldorf, hat sich im Ausgang von seiner Auseinandersetzung mit den Möglichkeiten experimenteller Sprachverwendung in der Literatur intensiv mit Fragen des Verstehens befasst. In den neunziger Jahren hat er seine bereits seit den sechziger Jahren andauernde Beschäftigung mit Konzepten der Künstlichen Intelligenz und der Automatentheorie in der Sammlung seiner *Schriften zur Erkenntnistheorie* zusammengefasst.

Hier geht Wiener davon aus, dass die Ansätze der Künstlichen Intelligenz, denen zufolge kognitive Prozesse als solche der Informationsverarbeitung und damit als Berechnungsvorgänge verstanden werden (vgl. Strube et al. 2000, 20), zur Erklärung menschlicher Verstandes- und Verstehenstätigkeit prinzipiell geeignet sind. Mit der Turing-Maschine, dem informationstheoretischen Grundmodell, könne das „klare und deutliche" Denken des Menschen sehr wohl adäquat erfasst werden. Der Mensch operiert dabei Wiener zufolge mit Zeichen und Sprachzeichen oftmals in einer Art und Weise, die es ihm erlaubt, Gegenstände, Vorgänge, Problemkomplexe etc. eindeutig zu bezeichnen. Dies ist insbesondere dann der Fall, wenn es sich um Regelmäßigkeiten in der Erscheinung von Gegenständen oder gewohnheitsmäßig gehandhabte Inhalte handelt. Diese Einschätzung entspricht im Übrigen dem generellen Anspruch der Künstlichen Intelligenzforschung, welche sich versteht als Disziplin der „Untersuchung von Berechnungsverfahren, die es ermöglichen, wahrzunehmen, zu schlussfolgern und zu handeln." (Winston 1992).

Diesem Ansatzpunkt Wieners korrespondiert der Idee nach das oben skizzierte Programm einer „kommunikativen" oder „rationalen Verständigung", welches die Frage der Verständlichkeit des symbolischen Ausdrucks – die Kommunikativa nach Habermas – weitgehend außer Acht lässt. Erhebliche Verbreitung hat es in der Praxis gesellschaftlicher, politischer und institutioneller Kommunikation gefunden. Auch als Modell eines „Dialogs der Kulturen" wird es in einem vom Generalsekretär der Vereinten Nationen Kofi Annan initiierten Projekt herangezogen (vgl. Annan 2001 und Schiewer 2005). Verständigung basiert dem skizzierten Konzept rationaler Verständigung zufolge prinzipiell auf intersubjektiver sprachlicher Wohlgeformtheit, welche Verständlichkeit garantieren soll, auf sachlicher und wertnormativer Richtigkeit sowie auf der Wahrhaftigkeit seitens des Emittenten. Es gründet sich insbesondere auf argumentative Strukturen und Rationalitätsannahmen, das heißt mit anderen Worten: auf gemeinschaftlich anerkannte Regelmäßigkeiten respektive das „klare und deutliche" Denken.

Jedoch fokussieren die erkenntnistheoretischen Überlegungen Wieners in einem umfassenderen Sinn die Vorgänge des Verstehens. Sein ursprüngliches Interesse für den Aspekt der Kommunikationsmedien an sich und die durch sie gegebenen Bedingungen des Denkens tritt demgegenüber zurück. Sprach- und Kommunikationstheorien auf letztlich behavioristischer Basis – er nennt zum Beispiel die Ansätze Burrhus Frederic Skinners, Claude Shannons und Marshall McLuhans – verwirft Wiener, da sie die dem Verstand überhaupt gegebenen Möglichkeiten seiner Ansicht nach nicht unabhängig diskutieren (vgl. Wiener 1996, XI f. 6, 293 und Schiewer 2001).

Wenn Wiener auch der Ansicht ist, dass die Turing-Maschine geeignet sei, das klare und deutliche Denken des Menschen adäquat zu beschreiben, so lässt er keineswegs außer Acht, dass es mathematische Funktionen gibt, die nicht mit einer Turing-Maschine berechenbar sind, weil sie nicht in einem effektiven Verfahren erfasst werden können. Es wird davon ausgegangen, dass solche Funktionen überhaupt nicht berechenbar sind.

Wiener beobachtet jedoch beim Menschen eine „unerklärliche Effektivität" sogenannter nicht-effektiver Verfahren, das heißt solcher Vorgehensweisen und Denkprozesse, die nicht in der Turing-Maschine abgebildet werden können und somit auch nicht vollständig durchschaut werden. Denn Zeichen und Sprache erlauben es, abkürzende Operationen vorzunehmen, die den Bereich der expliziten und deutlichen Erkenntnis des Menschen überschreiten. Leibniz – auf dessen Werk Wiener hier rekurriert – sprach schon im 17. Jahrhundert von einer *cognitio symbolica*, die er von der anschaulichen *cognitio intuitiva* abgrenzte (vgl. Schiewer 1996). Die Verwendung ausgerechnet solcher Sprachformen, die sich nicht durch erschöpfende Definitionen auszeichnen und daher üblicherweise gerade nicht als wissenschaftlich-exakt betrachtet werden, im Bereich der Künstlichen Intelligenz heben überraschenderweise Günther Götz und Ipke Wachsmuth in der *Einleitung* zu dem *Handbuch der Künstlichen Intelligenz* hervor: „Da die KI eine junge Disziplin ist, zeichnet sich ihre Grundlagendiskussion zudem durch eine metaphernreiche und aufgrund ihres Gegenstandes stark anthropomorphe Sprache aus." (Götz / Wachsmuth 2000, 1). Besonders die Metapher gilt als geradezu paradigmatisches Beispiel für die Unabgeschlossenheit der Bedeutung von Äußerungen (vgl. Christmann / Schreier 2003, 261 f.). Hier werden Wiener zufolge Sprachzeichen oftmals verwendet, bevor die durch das Zeichen erfassten Vorgänge, Phänomene oder Gegenstände vollständig erklärt werden. Intelligenz sei jedoch nicht nur als oberflächliche Zeichenmanipulation zu betrachten. Vielmehr sei das Verstehen als zentrale Aufgabe der Intelligenz ein Prozess, der auf mehreren und insbesondere auch tieferliegenden Schichten stattfindet, die zunächst nicht durchschaut werden (vgl. Wiener 1996, 182):

> Routinemäßiges Sprachverstehen scheint in erster Linie ein reibungsloses Laufen des die Bilder potentiell erzeugenden Apparats zu sein. Wenn Bilder überhaupt erscheinen, dann bleiben sie meist „halbbewußt". Sie signalisieren sozusagen nur das jeweilige Einklinken eines bestimmten „Gesichtspunkts" oder einer bestimmten Entscheidung. Sie wirken epiphänomenal, doch sind es offenbar genau diese Bilder, an denen eine gelegentlich notwendig werdende spätere Überprüfung einhakt.
> [...]
> Dieses Verhältnis ändert sich jedoch schlagartig in dem Moment, in dem der routinemäßige Lauf die einlangenden Steuerungssignale nicht mehr akzeptiert. Ich habe dann das Gefühl, nur mehr die globalsten Züge des Kommunizierten zu verstehen; ich kann es dabei bewenden lassen, oder ich muß den inneren Bildern wieder mehr Beachtung zuwenden. (Wiener 1996, 210).

Zentrales Kennzeichen der Intelligenz ist daher Wiener zufolge die Konstruktion neuer Strukturen respektive die Aktivierung tiefliegender Schichten des Verstehens. Explizit wird dabei von Wiener hervorgehoben, dass Sinn und Bedeutung keineswegs „irgendwie in den Zeichenketten (z. B. Worten) liegen, dass mit der Übermittlung von Zeichenketten auch schon Bedeutung mitgeteilt werde" (Wiener 1996, 293). Diese Auffassung entspräche allerdings einer von Wiener abgelehnten behavioristischen Einstellung dem menschlichen Denken gegenüber. Daher geht Wiener davon aus, „daß überhaupt alle Zerlegungen von Maschinen und alle Strukturierungen von Zeichenketten ‚im Kopf' stattfinden: der Metapher gemäß sind sie Strukturen in einem beobachtenden Organismus." (Wiener 1996, 231). Diese getrennte Betrachtung von Zeichenkette und Beobachter ist als Grundlage der Überlegungen Wieners zur Unabhängigkeit individuellen Verstehens einzuschätzen. Trotz der zentralen Rolle „genormter Zeichensysteme", insbesondere der Sprache, kann Wiener daher von einem „gemäßigten Solipsismus" sprechen (vgl. Wiener 1998, 18 f.).

Individuelles Verstehen, das genormte Zeichensysteme überwindet, betrifft insbesondere das Feld von Kunst und Literatur. Sprachliche Abweichungen, beispielsweise im Rahmen des Sprachexperiments und des unkonventionellen Schreibens, bieten die Grundlage für solche Verstehensprozesse, die zugleich als Herausforderung für die individuelle Intelligenz gelten. In Orientierung an gestalttheoretischen und denkpsychologischen Grundlagen sowie unter Einbeziehung automatentheoretischer Annahmen umreißt Wiener hier die entsprechenden Abläufe.

Und zwar schlägt Wiener eine vorsichtige Erweiterung des mechanistischen Standpunktes vor, so dass der Verlust an Erklärungskraft des automatentheoretischen Modells möglichst gering gehalten werden kann. Eine solche Erweiterung sei denkbar durch die Annahme eines „evolutionsartigen Mechanismus", den er mit Ernst Machs Theorie von der *Anpassung der Gedanken an die Tatsachen und aneinander* in Verbindung bringt (Wiener 1996, 114). Das bedeutet, dass Wiener in der Anpassungsmöglichkeit von Modellen deren grundsätzliche allmähliche Ausdehnbarkeit gegeben sieht, nämlich in tiefere Bereiche von zunächst nur an der „Oberfläche" erkennbaren Vorstellungen sowie deren Adaptionsfähigkeit an neu auftretende Faktoren.

Die beiden Typen des Verstehens, die Oswald Wiener als routinemäßiges Verstehen auf höheren Schichten und neues, individuelles Verstehen auf tieferen Schichten beschreibt, werden auch in sprachphilosophischem Zugriff voneinander geschieden. Oliver Robert Scholz differenziert hierbei zwischen Äußerungsbedeutungen mit konventionellen Vorbedingungen und Folgen einerseits und bestimmten Äußerungsbedeutungen im spezifischen Handlungskontext andererseits (Scholz 1999, 308 f.). Ansätze einer aktuellen Kognitionspsychologie der Textverarbeitung bestätigen ebenfalls, dass das Verstehen eines Textes nicht als passiver Rezeptionsvorgang aufzufassen sei, sondern als aktiver Prozess, der in der Bildung „elaborativer Inferenzen" über die unmittelbar vorgegebene Information hinausgeht (vgl. Christmann / Schreier 2003, 254). Dabei besteht auch dieser Position zufolge wiederum die Möglichkeit, einen Text eher oberflächlich oder tiefer zu verarbeiten und dementsprechend mehr oder weniger weite Inferenzen zu ziehen. Unterschieden wird in den psycholinguistischen Untersuchungen von Prozessen der Sprachrezeption zwischen zwei großen Denkschulen der semantischen Inferenzforschung, einer minimalistischen und einer maximalistischen Position. Sie weichen insbesondere hinsichtlich ihrer Einschätzung der Bedeutung von Inferenzbildungen voneinander ab: während minimalistische Ansätze den Inferenzen eine Reparaturfunktion zuweisen, die dazu dient, Lücken der Textbasis zu überbrücken, werden die Inferenzbildungen in maximalistischen Konzeptionen als Voraussetzung für das Textverstehen betrachtet. Eine dritte Variante, die sogenannte situierte Inferenztheorie geht von einer durchgängigen Situationsabhängigkeit der Inferenzbildungen aus und bestimmt Inferenzen variabel in Abhängigkeit von der kognitiven und kommunikativen Situation des Textverstehens (vgl. Rickheit / Strohner 1999, 288 ff.).

Die Stellungnahmen zu den konkreten Prozeduren und Abläufen sind dabei vor dem Hintergrund der aktuellen Forschungslage jedoch relativ vage. Vermutet wird, dass Inferenzbildungen, die der Verbindung des kohärenten Textsinns mit dem Vorwissen dienen sowie bei komplexen Metapherninterpretationen, Ironie- und Witzverstehen erforderlich sind, „weitgehend bewusst sein dürften" (Christmann / Schreier 2003, 255 ff.). Zugleich wird jedoch auch die „grundsätzliche Unabgeschlossenheit" von Prozessen der Bedeutungskonstitution betont, welche mit „emotionaler Spannung" verbunden seien und als besonders ästhetisch erlebt würden (Christmann / Schreier 2003, 263). Individuell-subjektives Wissen werde bei der Generierung persönlicher Textdeutungen mit Sicherheit eingebracht. Dass eine „rezeptionsseitige kreative Leistung bei der Bedeutungskonstitution" erforderlich ist, steht offenkundig ebenfalls außer Zweifel (Christmann / Schreier 2003, 271).

Mit der Aufgabe eines „essentialistischen Textbegriffs", der vor diesem Hintergrund als unhaltbar erklärt wird, wird Bedeutung als Begriff erkannt, der „mehrere Lehrstellen aufweist". Neben der Textstruktur, die im Allgemeinen – mit Wiener gesprochen – zumindest der Tendenz nach dem „klaren und deutlichen" Denken zugänglich ist, kommen Aspekte des Vorwissens, der Rezeptionseinstellung und Werthaltungen zum Tragen, die zu äußerst komplexen Verstehens- und Textdeutungsprozessen führen können. Vieles deutet somit darauf hin, dass Prozesse des Sprach- und Textverstehens tatsächlich sowohl strikt methodisch ablaufen und dementsprechend mathematisch-rational erklärt werden können als auch individuell in teilweise schwer durchschaubaren Schritten der Bedeutungskonstruktion, die mit dem Begriff des hermeneutischen „Verstehens" verbunden werden können.

5   Perspektiven des Wissenstransfers

Deutlich wird mit einer solchen differenzierenden Auffassung des Verstehens, dass Kontrollinstrumente tatsächlich variabel eingesetzt werden müssen, und zwar zunächst in Abhängigkeit von der Abstraktheit des Gegenstandes oder dem Maß, in dem der Rezipient allein auf die sprachliche Dimension angewiesen ist. Konkret-anschauliche Gegenstände, solche, die veranschaulicht werden können und alle Arten von konkreten Handlungsanweisungen, lassen als „nicht-kruziale" Kommunikationsgegenstände die Kontrolle des Verstehenserfolgs wesentlich eher zu als abstrakte, wissenschaftlich-unanschauliche Gegenstände. Die Frage, ob schematische Darstellungen hier in den Bereich der erwähnten Kritik Bernd Ulrich Bieres fallen, den Inhalt also verändern, wäre noch zu reflektieren. Auszuschließen ist dies allerdings nicht.

Erfolgskontrollen sind insbesondere im Fall des ausschließlich sprachlich basierten Transfers aufgrund der „Lehrstellen von Bedeutung", der Gegebenheit vielfacher Deutungsmöglichkeiten, die zu Schwachstellen im Prozess des Wissenstransfers führen können, erforderlich. Die Möglichkeiten einer Erfolgsgarantie dürfen dabei jedoch nicht überschätzt werden, da hier jede Art der Kontrolle wiederum auf die natürliche Sprache zurückgreifen muss.

Die Prozesse des Verstehens und der Interpretation werden sich daher verstehen müssen als eine „Form eines Dialogs Gleichberechtigter" und zwar in dem Sinn, dass beide Seiten, sowohl die des Emittenten als auch die des Rezipienten, Sinn herstellen; die idealisierte Situation symmetrischer Ausgewogenheit unter den Teilnehmern im Sinne Habermas' ist hingegen auf reale Transferprozesse nur sehr bedingt übertragbar. Diese Grundgegebenheit sprachlich vermittelten Wissenstransfers wird auch durch das Konzept der konsensorientierten Mediation nicht aufgehoben. Daher wird anzuerkennen sein, dass eine „Kontinuität von Sinn" auf Seiten aller am Transfer Beteiligten letztlich nur mehr oder weniger unterstellt (vgl. Böhler 1998) und eben nur bedingt als ein kybernetisch zu regelnder und abzusichernder Prozess modelliert werden kann. Technikanalogien, die für den Begriff und Anspruch der Erfolgskontrolle von Prozessen des Wissenstransfers in hohem Maß leitend sind, müssen hinsichtlich ihrer Tragfähigkeit und auch ihrer Suggestivität hinterfragbar bleiben. Die bestehenden Unterschiede zwischen kybernetischen Steuerungsabläufen und menschlicher Verständigung dürfen daher in den Bereichen, in denen sie nicht einlösbar sind, auch nicht verwischt werden. Vielmehr müssen Kontrollen und auch das große Feld des betriebswirtschaftlichen *Controlling*, sofern es sich auf das sogenannte Humankapital – die *Human ressources* – bezieht, unter realistischen Bedingungen bewertet werden. Es ergeben sich damit im Zusammenhang des Wissenstransfers für das Feld der linguistischen Hermeneutik und Verstehensforschung vielfältige Aufgaben. Im interdisziplinären Zugriff ist hier mit Gewinn von den skizzierten Ansätzen in Kommunikationstheorie, Kognitionsforschung sowie Hermeneutik auszugehen.

6 Literatur

Annan, Kofi (2001): *Brücken in die Zukunft. Ein Manifest für den Dialog der Kulturen*. Mit einem Geleitwort von Joschka Fischer. Frankfurt am Main: Fischer.

Biere, Bernd Ulrich (1989): Verständlich-Machen. Hermeneutische Tradition – Historische Praxis – Sprachtheoretische Begründung. Tübingen: Niemeyer.

Biere, Bernd Ulrich (1991): Textverstehen und Textverständlichkeit. Heidelberg: Groos. (Studienbibliographien Sprachwissenschaft, Bd. 2).

Bierwisch, Manfred (1993): Ludwig Jägers Kampf mit den Windmühlen – Anmerkungen zu einer merkwürdigen Sprach(wissenschafts)verwirrung. In: Zeitschrift für Sprachwissenschaft. Organ der Deutschen Gesellschaft für Sprachwissenschaft. Bd. 12, Heft 1. Göttingen: Vandenhoeck & Ruprecht, 107-112.

Böhler, Dietrich (1998): Dialogbezogene (Unternehmens-)Ethik versus kulturalistische (Unternehmens-)Strategik. Besteht eine Pflicht zur universalen Dialogverantwortung? In: Steinmann, Horst / Andreas Georg Scherer (Hg.): Zwischen Universalismus und Realismus. Philosophische Grundlagenprobleme des interkulturellen Managements. Frankfurt am Main: Suhrkamp, 126-178.

Christmann, Ursula / Margrit Schreier (2003): Kognitionspsychologie der Textverarbeitung und Konsequenzen für die Bedeutungskonstitution literarischer Texte. In: Jannidis, Fotis / Gerhard Lauer / Matías Martínez / Simone Winko (Hg.): Regeln der Bedeutung. Zur Theorie der Bedeutung literarischer Texte. Berlin / New York: de Gruyter, 246-285.

Götz, Günther / Ipke Wachsmuth (2000): Einleitung. In: Götz, Günther / Claus-Rainer Rollinge / Josef Schneeberger (Hg.): Handbuch der Künstlichen Intelligenz. 3., vollst. überarb. Aufl. München / Wien: Odenburg, 1-16.

Grewendorf, Günther (1993): Der Sprache auf der Spur: Anmerkungen zu einer Linguistik nach Jäger Art. In: Zeitschrift für Sprachwissenschaft. Organ der Deutschen Gesellschaft für Sprachwissenschaft. Bd. 12, Heft 1. Göttingen: Vandenhoeck & Ruprecht, 113-132.

Habel, Christopher (1993): Sprachwissenschaft und Kognitionswissenschaft: Kaninchen und Schlange? In: Zeitschrift für Sprachwissenschaft. Organ der Deutschen Gesellschaft für Sprachwissenschaft. Bd. 12, Heft 1. Göttingen: Vandenhoeck & Ruprecht, 261-266.

Hermanns, Fritz (2003): Linguistische Hermeneutik. Überlegungen zur überfälligen Einrichtung eines in der Linguistik bislang fehlenden Teilfaches. In: Linke, Angelika / Hanspeter Ortner / Paul R. Portmann (Hg.): Perspektiven einer zukünftigen Linguistik. Tübingen: Niemeyer. 125-163.

Hitzler, Ronald / Jo Reichertz / Norbert Schröer (Hg.) (1999): Hermeneutische Wissenssoziologie. Standpunkte zur Theorie der Interpretation. Konstanz: Universitätsverlag.

Jäger, Ludwig (1993): „Language, what ever that may be." – Die Geschichte der Sprachwissenschaft als Erosionsgeschichte ihres Gegenstandes. In: Zeitschrift für Sprachwissenschaft. Organ der Deutschen Gesellschaft für Sprachwissenschaft. Bd. 12, Heft 1. Göttingen: Vandenhoeck & Ruprecht, 77-106.

Jäger, Ludwig (1993a): „Chomsky's problem" – Eine Antwort auf Bierwisch, Gewendorf und Habel. In: Zeitschrift für Sprachwissenschaft. Organ der Deutschen Gesellschaft für Sprachwissenschaft. Bd. 12, Heft 1. Göttingen: Vandenhoeck & Ruprecht, 235-260.

Kindt, Walther (1998): Konzeptuelle Grundlagen einer Theorie der Verständigungsprobleme: In: Reinhard Fiehler: Verständigungsprobleme und gestörte Kommunikation. Opladen / Wiesbaden: Westdeutscher Verlag, 17-43.

Piaget, Jean (2000[1947]): Psychologie der Intelligenz. Mit einer Einführung von Hans Aebli. Stuttgart: Klett-Cotta.

Rickheit, Gert / Strohner, Hans (1999): Textverarbeitung: Von der Proposition zur Situation. In: Friederici, Angela D. (Hg.): Sprachrezeption. Göttingen / Bern / Toronto / Seattle: Hogrefe, 271-306.

Schiewer, Gesine Lenore (1996): Cognitio symbolica. Lamberts semiotische Wissenschaft und ihre Diskussion bei Herder, Jean Paul und Novalis. Tübingen: Niemeyer.

Schiewer, Gesine Lenore (2001): Oswald Wieners experimentelle Kunst als Kritik formaler Kommunikationstheorien In: Hess-Lüttich, Ernest W.B. (Hg.): Autoren, Automaten, Audiovisionen. Neue Ansätze der Medienästhetik und Tele-Semiotik. Wiesbaden: Westdeutscher Verlag, 57-74.

Schiewer, Gesine Lenore (2004): Poetische Gestaltkonzepte und Automatentheorie. Arno Holz / Robert Musil / Oswald Wiener. Würzburg: Königshausen & Neumann.

Schiewer, Gesine Lenore (2005): Der „Dialog der Kulturen" als Problem einer interkulturellen Kommunikationskultur. Anmerkungen zur Initiative der Vereinten Nationen. In: Hess-Lüttich, Ernest W. B. (Hg.): Umwelt- und Entwicklungskommunikation. Würzburg: Narr (i. E.).

Schiewer, Gesine Lenore (2005): Die Bedeutung von *ars inveniendi* und System-Begriff für die Ausbildung einer historisch-genetischen Sprachbetrachtung im 18. Jahrhundert. In: Deutsche Vierteljahresschrift für Literaturwissenschaft und Geistesgeschichte, 1/2005, 29-63.

Scholz, Oliver Robert (1999): Verstehen und Rationalität. Untersuchungen zu den Grundlagen von Hermeneutik und Sprachphilosophie. Frankfurt am Main: Klostermann.

Strube, Gerhard / Christopher Habel / Lars Konieczny / Barbara Hemforth (2000): Kognition. In: Götz, Günther / Claus-Rainer Rollinge / Josef Schneeberger (Hg.): Handbuch der Künstlichen Intelligenz. 3., vollst. überarb. Aufl. München / Wien: Odenburg, 19-72.

Ungeheuer, Gerold (1972): Sprache und Kommunikation. 2. erw. Auflage. Hamburg: Buske.

Ungeheuer, Gerold (1987): Kommunikationstheoretische Schriften In: Juchem, Johannes G. (Hg.): Sprechen, Mitteilen, Verstehen. Mit einem Nachwort von Hans-Georg Soeffner und Thomas Luckmann. Aachen: Rader.

Weizsäcker, Carl Friedrich von (1963[1959]): Sprache als Information. In: Bayerischen Akademie der Schönen Künste (Hg.): Die Sprache. Darmstadt: Wissenschaftliche Buchgesellschaft, 45-65.

Wichter, Sigurd (1994): Experten- und Laienwortschätze. Umriß einer Lexikologie der Vertikalität. Tübingen: Niemeyer.

Wiener, Oswald (1996): Schriften zur Erkenntnistheorie. Wien / New York: Springer.

Wiener, Oswald (1998): Literarische Aufsätze. Wien: Löcker.

Winston, Patrick Henry (1992): Artificial Intelligence. 3rd edition. Reading, MA: Addison-Wesley.

Risikokommunikation in der Praxis: Qualitätskriterien für eine funktionale Risikoberatung

Carsten Schultze, Erhard Kühnle

1 Einführung: Aus der Praxis des Sachverständigen

Es besteht die Auffassung, daß naturwissenschaftliche und technische Experten in Laboren, Ingenieurbüros, Behörden wie Einsiedler auf den Umgang mit Stoffen beschränkt sind. Die Alltagsbeobachtung zeigt aber, daß der Praxisalltag z. B. von Sachverständigen für Innenraumschadstoffe zu 70 % aus mündlicher und schriftlicher Kommunikation *über* Stoffe und Risiken besteht. Die direkte Kommunikation, wie z. B. bei Gebäudeinspektionen, Beratungen und auch die indirekte, wie z. B. in Gerichtsgutachten hat dabei für alle Betroffenen und Institutionen immer weitreichende Konsequenzen. Dies zeigen bereits die Alltagsbeispiele aus Anfragen an die Sachverständigenpraxis:

„Unsere Firmenmieter bekommen Kopfschmerzen, immer, wenn das Gebäude vor einem Transfer renoviert wurde".

„Meine Tochter hat Leukämie, sollten wir unser Haus mal messen lassen?"

„Unser Vermieter hat Insektizide versprühen lassen. Nachdem unser kleiner Sohn neurologische Ausfälle kriegte, sind wir sofort ausgezogen. Jetzt will der Vermieter die Nachzahlung für die volle Kündigungsfrist."

„In unserer Stadtbibliothek hatten wir einen riesigen Feuchteschaden und alles starrt vor Schimmel. Uns geht irgendwie die Puste aus, der arbeitsmedizinische Dienst sagt aber, wir sind eben psychologisch sensibel und es ist ungefährlich."

Der Sachverständige ist jeweils aufgefordert zur Risikoabschätzung, Risikobewertung und Maßnahmenempfehlung. Hierfür verfügt er schließlich, soweit er z. B. von der IHK vereidigt ist, über „persönliche Eignung, besondere Sachkunde und bietet die Gewähr für Unparteilichkeit und Unabhängigkeit". In seiner Aufgabenerfüllung ist er allerdings nicht nur abhängig vom aktuellen Stand der Technik und des Wissens in Bezug auf sein Sachgebiet. Er ist ebenso abhängig vom Transfererfolg seiner Experten-Laien-Kommunikation, der Expertenkommunikation innerhalb seines Fachgebietes und der interdisziplinären Expertenkommunikation.

Die Reduzierung auf den isolierten Umgang mit Stoffen findet im Praxisalltag von Sachverständigen nicht statt. Darüber hinaus übt Sachverständigenpraxis begrenzt und fallbezogen eine steuernde Funktion für Gesundheitsorgane, Rechtsorgane, Verwaltungsorgane aus. Damit ist sie selbst Teil des übergeordneten Zusammenhangs, in dem sie steht: der Risikokommunikation.

Als Risikokommunikation wird aktuell die wirkmächtige Kommunikation zwischen allen Rezipienten, Akteuren und Institutionen über Gefährdungen im stofflichen Bereich bezeichnet. Der gegenwärtige Status der Risikokommunikation gilt als nicht zufriedenstellend, ohne daß ihre besonderen Erscheinungsformen genauer betrachtet werden. Veränderungansätze stehen deshalb eher unverbunden den besonderen Merkmalen der Risikokommunikation gegenüber.

Im folgenden werden deshalb ausgewählte Eigenschaften und Merkmale dargestellt, mit denen dieser übergeordnete Zusammenhang Risikokommunikation gegenwärtig ausgestattet ist.

Wir beziehen uns in diesem Feld der Risikokommunikation auf ein eingegrenztes Stofffeld, das für AGÖF-Institute prominent ist: biologische und chemische Schadstoffe in Innenräumen. Die Anlässe, auf die wir Bezug nehmen schränken wir auf Schadens- und Schadensverdachtssituationen ein.

Die strukturellen Merkmale von Risikokommunikation wiederholen sich in konkreten Praxisanforderungen. Ein Teilprozess ist die allgegenwärtige Experten – Laien-Beratung in der Praxis zwischen dem Sachverständigen und seinen Kunden oder Klienten. Die Darstellung der „Risikoberatung" zeigt, daß auch diese Aufgabe der Risikokommunikation spezifische Qualitätsanforderungen beinhaltet. Eine überblicksorientierte Bestandsaufnahme bildet zunächst den Ist-Zustand ab. Aus der Perspektive der Qualitätssicherung bieten sich aber auch konkrete Ansatzpunkte für Regulierungen und Verfahrensweisen an, die den Status verbessern können.

2 Feldmerkmale der Risikokommunikation

2.1 Zum Begriff der Risikokommunikation

Als Risikokommunikation bezeichnet die naturwissenschaftlich-technische Domäne die Kommunikation über umweltbedingte Gesundheitsrisiken. Sie ist inzwischen terminologisch konventionalisiert und zugehörig zum „gesundheitlichen Umweltschutz" (Risikokommission 2003: 11). Die Relevanz der Risikokommunikation liegt im Bedrohungsausmaß der Risikostoffe für die drei Schutzgüter 1) menschliches Leben, Gesundheit 2) Vielfalt der Arten und Formen und 3) wirtschaftliche und soziale Entwicklung.

Unmittelbare Gegenstände der Kommunikation sind „Risikostoffe", nämlich verschiedenartige Einflüsse aus der Umwelt auf den Menschen. Physikalischer Art (Lärm, Strahlung), chemischer Art (Partikel und Gase, z. B. aus Asbest, PCB), biologischer Art (z. B. Schimmel, Bakterien).

Kommunikatoren sind Experten unterschiedlicher Disziplinen und vor allem unterschiedlicher Funktionen: normierend, exekutiv, judikativ, legislativ, gewerblich. Kommunikatoren sind ebenso Geschädigte und von Schäden Bedrohte: Einzelpersonen, Kollektive und Haushalte als Nutzer und Eigentümer im öffentlichen und privaten Raum.

Zweck der Kommunikation ist es, ein mögliches Risiko von Strahlen, Stoffen, Organismen für Schutzgüter abzuschätzen und zu bewerten. Ziel der Kommunikation ist es schließlich, daß Risiken effizient reguliert werden.

Zur Qualität der Risikokommunikation liegen bisher kaum Ergebnisse vor. Der Prozess der Kommunikation über Risikostoffe verläuft nicht transparent und auch nicht gesteuert. Die Ziele der Risikokommunikation sind nicht festgelegt und können nicht kontrolliert werden. Dies beeinflusst unmittelbar den Zustand unserer Schutzgüter.

Selbst auf Bundesebene wird festgestellt, es sei der „widersprüchliche und häufig nicht nachvollziehbare Umgang mit umweltbezogenen Gesundheitsrisiken" zu beklagen (Pressemitteilung 2003: 1). Die Widersprüche bleiben aber derzeit noch unbenannt. Ansätze zur Regulierung von Risiken sind derzeit Einzellösungen oder generalisierende Empfehlungen.

So kann Risikokommunikation zur Zeit ungeschützt im Stil von Katastrophierung bis Bagatellisierung stattfinden. So sind auch medial jeweils die betroffenen Schutzgüter einer tendenziösen Beschreibung ausgesetzt.

2.2   Risiken für das Schutzgut wirtschaftliche Entwicklung

Chemische und biologische Risikostoffe wirken gleich auf alle drei Schutzgüter ein. Ein weitgehend unbeachteter Zusammenhang im Schadstoffbereich ist bisher die Kopplung der Schutzgüter Menschliches Leben / Gesundheit einerseits und Wirtschaftliche und Soziale Entwicklung andererseits. Zu letzterem zählt auch die Versorgungssituation, Ertragssituation, wirtschaftlicher Erfolg und soziale Sicherheit (Leitfaden 2003: 3; Abb.1).

Das Schutzgut Menschliches Leben / Gesundheit wird bei der Kommunikation über Schadstoffe zweifelsfrei als das am stärksten bedrohte angesehen. Entsprechend liegen auch Klassifizierungen von Risikostoffen wie „krebserzeugend, erbgutschädigend" oder „toxisch" vor. Das Schutzgut Wirtschaftliche Entwicklung wird z. B. durch volkswirtschaftliche Bilanzen und ihre Kostenarten beschrieben. Unbeschrieben ist gegenwärtig das kostenverursachende Ausmaß von Schadstoffen und seine Abbildung in der Bilanzierung.

Schadstoffe sind ein hohes Kosten- und damit Risikopotenzial für die wirtschaftliche Entwicklung. Wenn auch eine systematische Bilanzierung fehlt, können für die volkswirtschaftliche Kostenbelastung von Schadstoffen Anhaltspunkte gegeben werden.

Am Beispiel Asbest (Nentwig 1995: 387) liegen für die BRD die Schadenskosten im Bereich Gesundheit und Bauen bei ca. 2,5 Mio € pro Todesfall. Stellt man diesen Kosten Vermeidungskosten gegenüber, können sie z. B. bei einer Produktprüfung nach EU-Norm bei ca. 85.000 € pro Stoff liegen. (Rühl / Kluger 2003: 3). Welche kompensatorischen Preise anfallen, die sich in Bezug setzen zu einer Vermeidung von gesundheitlichen Schäden und Kosten, läßt sich nicht beschreiben, da Daten über Schäden am Menschen nicht umfassend systematisch erhoben werden.

Ein Risikopotenzial für den wirtschaftlichen Status von privaten und öffentlichen Haushalten, verursacht durch Schadstoffe, kann gegenwärtig weder beziffert noch ausgeschlossen werden. Die Kommunikation über das Risiko wird nicht prozessiert.

Die Kommunikationsabbrüche werden u. a. durch eine Besonderheit der Risikostoffe ermöglicht. Da diese Stoffe an Produkte und Materialien gebunden sind, besteht eine jeweils unterschiedliche Kostenbelastung für unterschiedliche Akteure, je nach Phase im Produktlebenszyklus von Risikostoffen. Deren Risiko für ihren wirtschaftlichen Status fällt perspektivisch jeweils anders aus.

In der Entwicklung von neuen Produkteigenschaften unter Zuhilfenahme chemischer Verbindungen sind die Kosten für die Produzenten eher hoch, in der technischen Serienproduktion jedoch vergleichsweise niedrig. In der Phase der Nutzung, in der die Schadensfälle auftreten, ist die Kostenbelastung für Nutzer und Solidargemeinschaft jedoch als eher hoch einzuschätzen.

Auffällig ist die Delegation der Kostenbelastung des gesundheitlichen Risikos an den Abschnitt der Nutzung. Sowohl private wie auch öffentliche Nutzer sind hier für das entstehende Kostenvolumen selbst verantwortlich. Hohe Kosten entstehen im Bereich Gesundheit durch z. B. Verrentung, Fehlbehandlungen, Chronifizierungen und im Bereich Bauen durch z. B. Sanierung.

Eine Vermeidung der Kostenbelastung in der Nutzungsphase stellt allerdings Anforderungen an verbesserte Verfahren der Risikokommunikation von beteiligten Akteuren und Institutionen.

2.3 Verinselung von Institutionen

Risikokommunikation setzt sich aus Teilprozessen zusammen. Wiederkehrende Anforderungen im vermuteten Schadensfall sind Beratung, Risikoformulierung, Verfahren der Risikofeststellung, Bewertung des Risikos und angemessenes Maßnahmenmanagement. Ihre erfolgreiche Prozessierung hängt von den Leistungen verschiedener Akteure ab. Allein die Phase der Hypothesenbildung im Bereich der Risikofeststellung zeichnet sich durch eine hohe Informationsdichte aus. Die Kette beginnt bei der Anamnese von Gebäudeteilen und stofflichen Inhaltsangaben im Sicherheitsdatenblatt vorhandener Produkte, sie wird fortgesetzt in zu ermittelnden Informationen handwerklicher Verarbeitung und reicht weiter bis hin zu Informationen subjektiven Nutzungsverhaltens. Damit sind jedoch nur annähernd die direkten Beteiligten im Schadensfall erwähnt.

Mit der Einschätzung eines im Schadensfall erhobenen Wertes als „Risiko" stehen weitere Akteure und Institutionen in relevantem, aber indirektem Zusammenhang. Gegenwärtig sind diese Institutionen breit gestreut und verinselt.

Im Feld biologischer und chemischer Schadstoffe arbeiten auf normsetzender Expertenebene Kommissionen und Gremien zu Fragen der Risikobewertung. Ihre Kompetenzen und Zuständigkeiten sind beschränkt. Nur in wenigen Ausnahmefällen, wie z. B. im Umgang mit Perchlorethylen existieren justiziable Grenzwerte. Ansonsten werden Empfehlungen z. B. von der Innenraumkommission IRK erarbeitet, die jedoch keinen bindenden Charakter in der Anwendung vor Ort haben. Die bisherigen Empfehlungen beruhen ihrerseits auf einem eigenen geschlossenen Bewertungsmodell und betreffen nur Einzelstoffe, Stoffklassen aber nicht das Stoffspektrum der Praxis.

Schadstoffe unterscheiden zwar selbst nicht zwischen privaten und öffentlichen oder arbeitsplatzbezogenen Aufenthaltsorten. Die Zuständigkeit von Experten der Exekutive, z. B. in Landesgesundheitsämtern, ist jedoch hinsichtlich der Abschätzung und Bewertung von Risiken begrenzt. Sie beurteilen öffentliche Einrichtungen, nicht das Risiko privater Haushalte; und sie beurteilen in den landespolitischen Grenzen.

MVOC-Messwerte werden z. B. von Landesgesundheitsämtern unterschiedlicher Bundesländer unterschiedlich interpretiert. So wird letztlich der Gefährdungsstatus des Schutzgutes Gesundheit und des Schutzgutes Wirtschaftliche Entwicklung landesabhängig bestimmt.

Die bundesweit bestehenden Gremien zur Risikobewertung von normbildenden Experten, Experten der Exekutive und Praktikern sind nicht systematisch erfasst, nicht untereinander bekannt und nicht vernetzt (Protokoll 2003).

Weitere Gruppen, die sich initiativ an Teilprozessen der Risikokommunikation beteiligen, sind weniger fachwissenschaftlich als interessensgeleitet motiviert. Interessensverbände wie Berufsgenossenschaften, Verbraucherverbände, Selbsthilfeorganisationen beurteilen jeweils aus eigener Perspektive Quellen, Risiken und Maßnahmen. Feuchtigkeitsbildung und Schimmel können z. B. von Eigentümern, Architekten, Mietern, Schadstoffsachverständigen in einem Fall durchaus unterschiedlich begründet werden.

Charakterisierende Merkmale sind somit die bestehende Dereguliertheit, Dezentralisierung und Partikularisierung der Institutionen, die im Feld der Risikokommunikation engagiert sind. Sie ermöglichen, daß die Teilprozesse der Risikokommunikation nicht an einen übergeordneten Konsens gebunden sind, sondern unverbunden und uneinheitlich durchgeführt werden. Begrenzte Einflußmöglichkeiten und reduzierte wechselseitige Bezugnahmen der Institutionen aufeinander führen zu gesundheitspolitischem, wirtschaftspolitischem und schließlich rechtspolitischem Spielraum für den konkreten Belastungsfall vor Ort.

Über Regulierungs- und Harmonisierungsverfahren läßt sich derzeit kaum ein Konsens zwischen allen Akteuren und Institutionen erzielen. Aus unserer Sicht besteht aber zumindest für Teilprozesse die Möglichkeit der Regulierung. Im folgenden gehen wir näher auf einen relevanten Teilprozess ein, die Risikoberatung.

3   Qualitätsmerkmale der Risikoberatung

Für die Risikoberatung zwischen Experten und Laien lassen sich spezifische Merkmale beschreiben. Der Ist-Zustand der Risikoberatung bildet nicht nur Phänomene des Ist-Zustandes ab, er bietet ebenso einen Ansatzpunkt zur sukzessiven Regulierung von feststellbaren Schwächen und Defiziten.

3.1 Zuständigkeit und Verfügbarkeit von Risikoberatung

Sensibler Ort im Feld der Risikokommunikation ist die Beratung zu Risikostoffen zwischen Experten und Laien. Er ist Austragungsort von übergeordneten Bewertungs- und Regulierungsproblemen und konkreten risikobelasteten Ausgangssituationen von Ratsuchenden.

Es existieren institutionell unterschiedlich angebundene Beratungseinrichtungen, in denen Laien von Experten unterschiedlicher Herkunft zu Risiken beraten werden können.

Aus der Perspektive des lokalen privaten Ratsuchenden stellt sich die Lage der Beratungsanbieter im Verdachtsfall von Schadstoffen als Spektrum unterschiedlicher Einrichtungen mit unterschiedlichen Funktionen und Zielen dar (Internationales Transferwissenschaftliches Kolloquium 2003).

Wendet er sich mit seinem Schadstoffverdacht an länderübergreifende Informationszentralen, z. B. die Giftinformationszentralen, erfährt er eine medizinische Versorgung im Akutzustand. In den Landesgesundheitsämtern ist das Thema Gebäudeschadstoffe zwar in Bezug auf öffentliche Gebäude angesiedelt, die Mitarbeiter beraten jedoch selbst nicht explizit zu Schadstoffen in privaten Innenräumen. Kommunale Behörden, wie Gesundheits- Umwelt- und auch Bauämter, erfüllen zwar ihre Schutz- und Sicherheitsfunktion durch Umsetzung in Verordnungen, ausgenommen davon sind jedoch die privaten Innenräume. So behindert das Merkmal der Privatheit den gefährdeten Verbraucher in seiner Problemlösung.

Weitere Beratungskonzepte bestehen bei Interessensverbänden, wie Mieter- oder Eigentümerverbänden. In ihrer Beratung werden jedoch vorwiegend juristische Motive behandelt und Mitgliedsrechte durchgesetzt. Gewerbliche Dienstleister der Branche Wohnen, Gesundheit beraten eher zu ihren Produkten und stellen den Akquisenutzen in das Zentrum. Ärztliche Beratung beschränkt sich zumeist auf die Verarbeitung von Stoffen im Organismus und die Behandlung der Symptome. Eine Ursachenklärung unter Einbeziehung der relevanten Innenraumanalytik findet selten statt. Auffällig ist das Fehlen von Güterproduzenten unter den Beratungsanbietern. Im Einzelfall sind Hot-Line-Beratungen dort im Marketing angesiedelt. Letztlich beraten zum Schadstoffrisiko lediglich unabhängige Forschungsinstitute, z. B. bundesweit die der AGÖF, die im Anwendungsbereich arbeiten. Hier beraten Experten stoffzentriert zu Risikostoffen. Ihre lokale Nähe ist jedoch nicht sichergestellt.

Offensichtliches Merkmal der Risikoberatung ist die plurale Ausgestaltung der Beratungseinrichtungen. Ihr hervorragendes Merkmal ist die Professionalisierung, die thematische Beschränkung auf einen Risikoaspekt, die begrenzte Zuständigkeit, die begrenzte Verfügbarkeit und vor allem die jeweils „intakte" interinstitutionelle Grenze.

Die weitere Einschätzung der Qualität der Risikoberatung ist unvollständig ohne die Situationsanalyse der Ratsuchenden. Sie gibt Aufschluß über die *spezifische* Beratungsnachfrage, die den Bereich der Risikostoffe betrifft.

3.2 Klientenbedürfnisse in der Risikoberatung

Die Datenlage über diese Komponente der Beratungskommunikation ist für den Bereich der Risikokommunikation weitgehend unbekannt. In der AGÖF führen ca. 60 Mitgliedsinstitute bundesweit jährlich ca. 65.000 Beratungskontakte durch. Im Rahmen des Projektes zur Qualitätssicherung der Beratung wurden Telefonberatungen eines kostenfreien Bürgertelefons ausgewertet (Schultze/Kühnle 2001). Mit der Auswertung können zum ersten Mal charakteristische Merkmale der Beratungssituation im Setting der Schadstoffberatung ermittelt werden (Internationales Transferwissenschaftliches Kolloquium 2003). Unbenannt blieben bisher die Beratungsbedürfnisse der Ratsuchenden. Sie lassen sich nun in Motive, Anlässe und Beratungsaufträge unterteilen.

Charakteristisch für Klienten der Schadstoffberatung ist die ausgesprochen heterogene Art von Motiven, Anlässen und Aufträgen, die in Kombinationen auftreten. Zunächst ist von einer komplexen Motivlage bei Ratsuchenden auszugehen. In der Beratungssituation schildern sie gesundheitliche Beeinträchtigungen, deren Ursachenermittlung für sie in der Orientierung auf das Umfeld wichtig ist. Damit ist häufig ein ökonomisches Motiv kombiniert. Ratsuchende stellen gesundheitliche Störungen in den Zusammenhang mit Produktqualität und Preis. Das betrifft sowohl hochwertige Ausstattungs- und Einrichtungsgegenstände, wie auch Immobilienpreise in Verkauf, Kauf und Vermietung.

Je nach Risikopotenzial der Schutzgüter Gesundheit und Wirtschaftliche Entwicklung im Haushalt der Ratsuchenden sind mit der Beratung auch juristische Motive verknüpft. Klassisch sind die Vermieter-Mieterkonflikte im „Stoffbereich" Schimmel und Mietminderungsfragen oder Schadensersatzansprüche bei Pestiziden.

In jedem Fall ist die informationsbezogene Beratungsanfrage begleitet von der Unsicherheit über das vorhandene Risikopotenzial. Ratsuchende suchen daher immer auch eine Stabilisierung in ihrem akuten Unsicherheitsempfinden nach.

Erstaunlicherweise ist die Kontaktaufnahme bedingt durch einen konkreten Anlass, die Situation der Ratsuchenden ist fast immer „akut". Die Anlässe sind jedoch hinsichtlich ihrer Bezüge unterschiedlich und werden in Kombination geschildert. Einen großen Umfang nimmt die Schilderung von medizinischen Symptomen ein. In Kombination hiermit werden Sachverhalte des Gebäudewechsels, der Produktnutzung, der Sanierung und / oder unmittelbarer Schäden z. B. durch Brand oder Feuchte geschildert.

Die Beratungsaufträge sind aus Expertensicht wenig eingegrenzt und wenig differenziert. Ratsuchende sind als vollständig uninformierte Laien auf die Explorationskompetenz des Experten angewiesen. Erst durch das Suchverhalten und Frageverhalten der BeraterInnen kann der Beratungsauftrag erarbeitet werden. Demnach wird der Experte in der Beratung beauftragt, eine Risikoabschätzung der Ausgangssituation vorzunehmen, ein bestehendes Risiko zu bewerten und / oder eine Maßnahme zu empfehlen. Dabei soll er prüfen, inwieweit beide Schutzgüter bedroht sind: die Gesundheit und die wirtschaftliche Situation des Ratsuchenden.

Somit sind charakteristische Merkmale des Klienten in der Schadstoffberatung: seine akute und komplexe Ausgangssituation, sein Laienstatus und seine kombinierte Gefährdungssituation.

3.3 Expertenprobleme in der Risikoberatung

Die gegenwärtige Risikoberatung wird von beratenden Experten selbst ebenfalls als nicht zufriedenstellend eingeschätzt. Die Perspektive der Experten deckt zahlreiche Schwierigkeiten in der Risikoberatung auf. Die Experten der AGÖF richten ihre Leistungen nach Qualitätskriterien aus. Das Qualitätssicherungshandbuch der AGÖF enthält Qualitätsrichtlinien für die Beratung zu Innenraumschadstoffen (www.agoef.de). In einem Workshop für AGÖF-Institute im Rahmen eines Projektes zur Qualitätssicherung der Schadstoffberatung explorierten Experten ihre Probleme in der Risikoberatung (Workshop 2003, statements in Anführungszeichen).

Sie thematisieren das klassische Experten-Laien-Problem, nämlich „die fachliche Vermittlung der Schadstoffbedeutung". Die Asymmetrie der Beratungssituation, das geringe „Vorwissen der Klienten", das eine Anpassungsleistung der Experten erfordert, wird als ein weiteres Problem angesehen. Charakteristisch dafür sind die laienhaften „Klientenhypothesen" über die Schadensursache oder das Schadstoffrisiko, die wiederum korrigierende und aufklärende Beratungsprozeduren erfordern. Das Domänenwissen über chemische und biologische Schadstoffe stellt sich im Vergleich zu den Laien als exklusiv heraus. Die Integration des Spezialwissens in den Wissenshorizont des Laien ist eine regelmäßig wiederkehrende Anforderung. Ohne diese Leistung können Klienten nicht selbständig verschiedene Maßnahmen für ihr Risikomanagement beurteilen und entscheiden.

Da Experten fachlich nicht auf ihre Beraterrolle vorbereitet sind, empfinden sie das Beraterverhalten als schwierig, z. B. „Durchschauen, was der Klient will", und auch „Kompetenzen abgeben". Hierin findet sich die Anforderung an eine professionelle Gesprächsführung wieder. Die Explorationsphase ist auch in der Schadstoffberatung bedeutsam, da sich Risikokombinationen im Dialog entfalten. Für eine erfolgreiche und kontrollierte Beratung müssen gesprächssteuernde Instrumente verwendet werden.

In der Analyse ihrer eigenen Beratungen beschreiben Experten auch spezifische Klientenmerkmale, z. B. „hohe Erwartungshaltung" der Klienten, mit der Experten professionell umgehen müssen. Da gegenwärtig kein Beratungsnetz öffentlich installiert ist, erleiden Klienten zahlreiche Fehl- oder Minderberatungen. Während die Ausgangssituation sich verschärft, wächst der Leidensdruck der Klienten. Eine professionelle Schadstoffberatung wird relativ spät in Anspruch genommen. Die zugespitzte und gleichermaßen ungelöste problematische Ausgangssituation forciert dann den Erfolgswunsch des Klienten.

Problembehaftet ist für die Experten ebenso die organisatorische Seite der Risikoberatung: die Gestaltung der „Beratungsdauer" erscheint dem Experten unkalkulierbar. Institute der AGÖF verfügen über klientenorientierte Beratungsansprüche, für die jedoch kein etabliertes Beratungsmodell verwendet werden kann. Der besondere Beratungstyp der Schadstoffberatung liegt gegenwärtig noch außerhalb der Fachdiskurse über Beratung.

Die Schadstoffberatung der AGÖF-Institute kompensiert ein öffentliches Defizit. Die angesprochenen Probleme der Kostenbelastung schlagen sich jedoch auch in der Abrechenbarkeit von Beratungsleistungen zu Schadstoffen nieder. Eine Kostenerstattung der Schadstoffberatung z. B. über Leistungsverträge ist gegenwärtig nicht durchsetzbar. Entsprechend problematisieren Experten die „Zeit" für die Beratung im Hinblick auf die „Finanzierung" der Beratungsleistung.

Zusammenfassend zeichnet sich Risikoberatung auch aus der Perspektive der Experten durch besondere Merkmale aus. Risikoberatung besteht aus einer mündlichen Expertise. In der Beratung steht der Experte unter einer hohen Transferanforderung, da er das Risiko aus Experten- *und* Laienperspektive einschätzen und vermitteln muß. Im Gegensatz zu anderen Beratungstypen können Experten die Verantwortung für die Einschätzung nicht delegieren, weil das Spezialwissen notwendiger und exklusiver Bestandteil für das Maßnahmenmanagement des Klienten ist.

Aufgrund der potenziellen Gefährdungssituation besteht zwar für die Experten die Anforderung, die themenzentrierte Beratung klientenorientiert zu steuern. Hierfür bestehen jedoch keine spezifischen Beratungsdesigns, die Experten bleiben auf ihr subjektives Erfahrungswissen angewiesen.

Schließlich werden Experten verunsichert durch das instabile Beratungssetting. Beratungskonzeption, Kontinuität und Qualifizierung sind gekoppelt an ihre Finanzierung. Ein finanzieller Transfer zur Risikovermeidung, Risikominimierung oder zum Risikoausgleich ist gegenwärtig zwischen Leistungs- und Kostenträgern kaum verhandelbar. Schadstoffberatung ist in Leistungskatalogen von Kostenträgern nicht vertreten.

3.4 Resümee: Qualitätskriterien der Risikoberatung im Feld der Risikokommunikation

Das Feld der Risikokommunikation besteht gegenwärtig aus erheblichen „weißen Flecken", die durch einen Zirkelschlag verbunden werden können: Defizite der Bilanzierung von Gesundheitsschäden, wirtschaftlichen Schäden stehen in Verbindung mit unvernetzten Institutionen der Risikobewertung und instabilen Maßnahmen der Prävention, Minimierung und Vermeidung.

Ein Teilprozess der Risikokommunikation ist die Risikoberatung. Sie soll der Aufklärung, Minimierung oder Vermeidung von gesundheitlichen und / oder wirtschaftlichen Risiken im Schadensfall dienen.

Risikoberatung im Setting der Telefonberatung zwischen Experten und Ratsuchenden ist der Austragungsort von strukturellen Problemen der Risikokommunikation, spezifischer akuter Klientenbelastungen und Expertenkompetenz. Bisher konnten charakterisierende Merkmale aus unterschiedlichen Perspektiven für die Risikoberatung zusammengetragen werden. Diese Merkmale zeigten hinreichend bestehende Defizite der Risikoberatung.

Die Überschaubarkeit dieses Teilprozesses ermöglicht jedoch auch am ehesten seine Organisierung. Die weitreichendsten Ergebnisse der Überblicksdarstellung werden nachfolgend zu drei relevanten Merkmalskomplexen zusammengefasst. Abschließend dienen sie dazu, Qualitätskriterien für die Risikoberatung abzuleiten. Diese Qualitätskriterien stellen unsere Hypothesen dar, welche Richtung Regulierungsansätze für den Teilprozess „Risikoberatung" im Feld der Risikokommunikation nehmen sollten.

Merkmalskomplex Klientenbedürfnisse und Beratungsangebote

Offensichtliches Merkmal einer Gegenüberstellung ist die Nichtübereinstimmung der Gesamtheit der Beratungsbedürfnisse und der Beratungsangebote. Auf Seiten der Ratsuchenden besteht das Problem der Risikokombination, und auf Seiten der Beratenden besteht das Angebot zur Klärung des Problems eines Einzelrisikos. Dabei entspricht die Splittung von medizinischem Fokus, rechtlichem Fokus, stoffwissenschaftlichem Fokus, betriebswirtschaftlichem Fokus in seiner Gesamtheit gerade der Bedrohung durch Risikostoffe. Die bestehende Risikosituation ist jedoch für den Ratsuchenden qualitativ durch die Verkettung mehrerer Risiken gekennzeichnet, die ihm eine spezifische Gefährdungssituation verursachen. Die gegenwärtig vorherrschende institutionell zersplitterte Risikoberatung bildet dies in keiner Weise ab.

Qualitätskriterium I: In der Riskoberatung sollten Klientenbedürfnisse und Beratungsangebote übereinstimmen.

Merkmalskomplex Beratungsleistung der Experten

Die institutionellen Grenzen in der Risikokommunikation wirken sich bis in die Beratungsleistung vor Ort aus. Auch zwischen normsetzenden Experten und anwendenden Experten existiert eine Kommunikationsgrenze. Beratende Experten werden selten an Prozessen der Risikobewertung beteiligt. Empfehlungen und Richtlinien werden nicht für die Beratung mit Klienten aufbereitet. Gleichwohl werden anwendende Experten mit komplexen Klientenproblemen konfrontiert. Die Relevanz des aktuellen Wissens vor Ort ist zweifelhaft aufgrund der lokal unterschiedlichen Rezeption von übergeordneten Empfehlungen.

Qualitätskriterium II: In der Risikoberatung sollte die Beratungsleistung auf einer konsensualisierten Referenzqualität beruhen.

Merkmalskomplex Beratungskommunikation

Bis auf wenige Ausnahmen bestehen in den unterschiedlichen Beratungseinrichtungen keine spezifischen Qualitätsziele der Beratung und Instrumente für ihre Umsetzung. Dabei erfordert gerade Risikoberatung die Formulierung von Beratungszielen, darauf abgestimmte und festgelegte Verfahren der Beratungskommunikation, eine Dokumentation der Ergebnisse im Sinne einer Risikokontrolle. Ansätze hierzu leisten bereits AGÖF - Institute. Sie orientieren sich in ihren Qualitätsrichtlinien der Beratung am Ziel der Risikomündigkeit der Ratsuchenden. Zur Aufrechterhaltung der Beratungsleistung ist gleichwohl die Finanzierung unabdingbar. Eine Qualitätssicherung der Beratung bietet eine Kontinuität, die aus Schutzgüterperspektive sichergestellt.sein muß.

Qualitätskriterium III: In der Risikoberatung sollten die eingesetzten Verfahren der Beratungskommunikation reproduzierbar sein.

4   Literatur

5. Internationales Transferwissenschaftliches Kolloquium der Universitäten Göttingen und Halle 2003: Vortragsmanuskript Göttinger Umwelt-Labor e. V. Zur Qualität der Risikokommunikation in der Praxis: Kosten, Konzepte, Kompetenzen.

Leitfaden zum Risikomanagement (2003): In: Risikokommission Geschäftsstelle. Abschlußbericht der Risikokommission. Anhang 5.

Nentwig (1995): Humanökologie. Bern.

Pressemitteilung (2003): Pressemitteilung der Risikokommission Geschäftsstelle vom 6. Juni 2003.

Protokoll des Workshop Risikokommunikation mit Vertretern der Landesgesundheitsämter, präsentiert auf der Tagung zum Abschlussbericht der Risikokommission, Berlin 2003.

Risikokommission Geschäftsstelle (2003): Abschlußbericht der Risikokommission. Ad hoc-Kommission „Neuordnung der Verfahren und Strukturen zur Risikobewertung und Standardsetzung im gesundheitlichen Umweltschutz der Bundesrepublik Deutschland. Salzgitter.

Rühl / Kluger (2003): Handbuch der Bau-Chemikalien – 26. Erg.Lfg. 3/03:II – 2.7.

Schultze / Kühnle (2001): Qualitätssicherung in der Umweltberatung am Beispiel der Schadstoffberatung. In: AGÖF Arbeitsgemeinschaft Ökologischer Forschungsinstitute: Umwelt, Gebäude & Gesundheit: von Energieeffizienz zur Raumlufthygiene. Springe, S. 414-430.

Schultze / Kühnle (2004): Qualitätssicherung für die Beratungspraxis im naturwissenschaftlich-technischen Arbeitsfeld. In: Antos / Weber: Transferqualität. Frankfurt/Main. (i. Dr.)

Teufel et al. (1991): Ökologische und soziale Kosten der Umweltbelastung in der Bundesrepublik Deutschland im Jahr 1998. UPI Bericht 20. Heidelberg.

Workshop (2003): Workshop für AGÖF Institute im Rahmen eines QS-Projekts zur Schadstoffberatung. Protokoll Göttinger Umwelt-Labor e. V.

www.agoef.de , Homepage der Arbeitsgemeinschaft ökologischer Forschungsinstitute AGÖF e. V.

Bedingungen, Möglichkeiten und Barrieren des Wissenstransfers zwischen sozialwissenschaftlicher Begleitforschung und ihren Praxispartnern:

Ergebnisse einer transferwissenschaftlichen Begleitstudie[1]

Philipp Steuer (Leipzig)

1   Einleitung

Der vorliegende Beitrag trägt die Ergebnisse aus einem Wissenstransfer-Teil-projekt eines UFZ-Begleitforschungsprojekts im Rahmen des InnoRegio-Pro-gramms in kurzer und prägnanter Form zusammen. Der Titel des gesamten Pro-jekts lautete: „Zur Akzeptanz von gentechnisch veränderten Pflanzen: Be-standsaufnahme, Orientierungsmuster und strategische Optionen". Das For-schungsprojekt wurde zwischen Dezember 2001 und Juni 2004 am UFZ-Um-weltforschungszentrum Leipzig-Halle GmbH unter der Leitung von Prof. Dr. Bernd Hansjürgens durchgeführt.

Neben der Analyse der Rahmenbedingungen, Orientierungsmuster und strategi-schen Optionen des Netzwerks (Aufgabe des ersten Teilprojekts) sollte in einem

---

1   Das Vorhaben wurde vom Bundesministerium für Bildung und Forschung (BMBF) im Förderschwerpunkt „InnoRegio-Initiative" unter der FKZ 03i0620 gefördert, vom Projektträger Jülich (PtJ) als Projektträger betreut und am Umweltforschungszentrum Leipzig-Halle durchgeführt. Die Verantwortung für den Inhalt dieser Veröffentlichung liegt beim Autor.

zweiten Teilprojekt der Wissensvermittlungsprozess aus dem Begleitforschungsprojekt an die Netzwerkpartner analysiert werden. Der genaue Auftrag für das zweite Teilprojekt ist im Projektantrag vom 30.7.2001 folgendermaßen definiert (vgl. Conrad 2001: 16f):

- „Systematische Untersuchung" und „theoretische Konzeptualisierung" des Wissenstransferprozesses;

- Herausarbeiten der „Bedingungen und Möglichkeiten solch kooperativ und diskursiv angelegter Verfahren des Wissenstransfers sozialwissenschaftlichen Wissens";

- „Monitoring der Effektivität von Kooperations- und Transferaktivitäten".[2]

- Diese Analysen sollen abschließend in die Erarbeitung von Empfehlungen für die zukünftige Gestaltung solcher Prozesse münden.

Zunächst wird das Thema in den transferwissenschaftlichen Zugang eingeordnet. Im zweiten Abschnitt werden dann aus der Literatur heraus die Analyseebenen der Untersuchung entwickelt, der Untersuchungsprozess zusammengefasst dargestellt und die verwendeten Erhebungs- und Auswertungsmethoden vorgestellt (Kap. 2). Daran schließt sich die Auswertung des gewonnenen Materials an. Dazu werden kurz die Ergebnisse der Analysen auf den drei Ebenen zusammengetragen und jeweils nach einer förderlichen oder hemmenden Ausprägung gefragt (3.1). Abschließend werden auf den drei zuvor identifizierten Analyseebenen jeweils Bedingungen bzw. Probleme des untersuchten Wissenstransferprozesses analysiert und eine Schematisierung der Bedingungen und Barrieren erarbeitet (3.2) sowie nach dem Erfolg des Prozesses gefragt (3.3).

Im letzten Abschnitt (Kap. 4) werden abschließend Empfehlungen für die zukünftige Gestaltung solcher Wissenstransferprozesse abgegeben. Dazu wird in erster Linie auf die von den Befragten geäußerten Empfehlungen Bezug genommen, sowie weitere eigene Empfehlungen entwickelt.

Mit diesem Beitrag werden verschiedene Fragestellungen der Transferwissenschaft – die sich auf Grund ihres Interesses für Prozesse des Wissenstransfers und ihre sozialen Bedingungen als eine Weiterentwicklung der Kommunikationssoziologie verstehen lässt[3] – verfolgt, nämlich (vgl. Antos 2001: 18ff):

---

[2] Eine „harte" Erfolgsmessung anhand von direkt feststellbaren praktischen Auswirkungen bzw. messbaren Ergebnissen erwies sich erwartungsgemäß als relativ problematisch (Kap. 2.3).

[3] Tatsächlich tauchen die von der Kommunikationssoziologie formulierten Fragestellungen erst in den 1990er-Jahren in verschiedenen Disziplinen wieder auf, nachdem mit Hund / Kirchhoff-Hund 1980 die letzte explizit kommunikationssoziologische Publikation auf dem deutschen Markt erschien.

- „die Strukturen und Implikationen von Vermittlungsbarrieren ... zu *erklären*" (Antos 2001: 18; Hervorh. i. O.; vgl. 3.2)

- „Welche Rolle spielen die Instrumentarien, Wege, Barrieren und Erfolge der aufgaben- und adressatenspezifischen Produktion und Rezeption von Wissen?" (Antos 2001: 20; vgl. 3.1)

- „Welchen Einfluss haben die semiotisch-kommunikativen Präsentationsformen und -strukturen des Wissens (d. h. Medien, Inhalte und Präsentationen) auf den Zugang zu bzw. auf die Vermittlung von Wissen." (Antos 2001: 19; vgl. 3.1 (Prozessanalyse))

- „Fragen der Umsetzung der Forschung" (vgl. Antos 2001: 20) zu erforschen.

Auch die Erarbeitung von Empfehlungen dient einem Ziel der Transferwissenschaft: der „organisatorische(n), mediale(n) und sprachliche(n) Optimierung des Wissenstransfers", und damit insgesamt der Schaffung von Metawissen über Wissenstransferprozesse und ihre Gestaltung (Antos 2001: 6, 13, 17).

Daneben liefert der Artikel einen Beitrag zur Beantwortung der Forschungsfragen des Transferwissenschaftlichen Kolloquiums 2003, das sich mit dem Thema „Wissenstransfer: Erfolgskontrolle und Rückmeldungen aus der Praxis" befasste, nämlich:

a) zum Problem der Erfolgsmessung von Wissenstransferprozessen (methodische Zugänge und Probleme);

b) zur Frage, wie Rückmeldungen aus der Praxis (in diesem Fall: Befragungen und spontanes Feedback) für die Analyse und Erfolgsmessung von Wissenstransferprozessen genutzt werden bzw. nutzbar gemacht werden können.

c) Des Weiteren wird hier ein Ansatz einer „qualitativen" Erfolgsmessung („immaterieller" Erfolge) entwickelt und umgesetzt.

Bei den ersten beiden Fragestellungen handelt es sich um methodische Fragestellungen, auf die in Abschnitt 2 eingegangen wird; der Erfolgsmessung ist der Abschnitt 4.3 gewidmet.

2   Untersuchung und Methode

2.1   Untersuchungsprozess

Die Untersuchung bestand aus einem Erhebungsteil und einem Analyseteil. Die Erhebungen wurden zwischen Mai 2002 und Mai 2004 durchgeführt, die Auswertungen teilweise direkt im Anschluss an die Erhebungen, v. a. aber im Zeitraum April bis Oktober 2004. Hier werden nun das Erhebungsdesign sowie das Auswertungsverfahren dargestellt.

Der Untersuchungsprozess bestand aus folgenden Arbeitsschritten:

(a) Vorarbeit (Literaturrecherche, Kontakte) und Sekundäranalyse;

(b) Dokumentenrecherche und -analyse;

(c) teilnehmende Beobachtungen und

(d) ausführliche Befragungen von ausgewählten Schlüsselpersonen.

Daran schloss sich (e) die Auswertung des gewonnenen Materials und das Verfassen des Abschlussberichts an.

Zunächst (2002-2003 sowie fortlaufend) wurden die Pakete (a) und (b) bearbeitet. Für die Bearbeitung der Pakete (c) und (d) musste auf den zeitlichen Ablauf bzw. den Abschluss des Vermittlungsprozesses Rücksicht genommen werden. Deswegen mussten die entsprechenden Erhebungen dem Zeitverlauf des Projekts bzw. des Wissenstransferprozesses angepasst werden. Die teilnehmenden Beobachtungen wurden im Verlauf des Begleitforschungsprojektes 2002-2004 vorgenommen, die Interviews konnten jedoch erst nach Abschluss des Wissenstransferprozesses (ab Frühjahr 2004) durchgeführt werden.

2.2   Entwicklung der Analyseebenen und des Analyserasters

Mit Rückgriff auf die kommunikationssoziologische und transferwissenschaftliche Literatur werden nun zunächst die Ebenen der Analyse identifiziert und das Analyseraster für die Untersuchung entwickelt.

Bernhard Badura (1971) hat das erste integrierende Kommunikationsmodell vorgestellt. Badura greift schematisch – wie die meisten kommunikationswissenschaftlichen Autoren (vgl. z. B. Kunczik 1979, Maletzke 1988, Mierswa 1999) – auf das Modell von Shannon und Weaver zurück. Er macht jedoch weit reichende Ergänzungen, die hier deshalb noch einmal genauer vorgestellt und analytisch nutzbar gemacht werden sollen.

Badura ergänzte das „mathematische Modell" Shannons / Weavers um einen sozialen, organisatorischen Rahmen, der für den Kontext bzw. die Einbettung des Prozesses steht. Badura nannte folgende – sehr allgemein gehaltene, kaum differenzierte und keinesfalls erschöpfende – Aufzählung von gesellschaftlichen Randbedingungen von Kommunikation, die neben dem Prozess Thema der Analyse sein müssen. Sein „Forschungsprogramm" zielt deshalb auf folgende Gegenstände der Analyse:

- Situation („Kontext" i. w. S.);

- Informationsniveau (der beteiligten Akteure);

- emotiver Erlebnishorizont (der beteiligten Akteure);

- Interessen (der beteiligten Akteure).

Seine „neuen" Analysekategorien beziehen sich also zum größten Teil auf die beteiligten *Akteure* und erfordern eine möglichst weit reichende Akteursanalyse (wie sie heute auch in der Soziologie oder der Politikwissenschaft u. a. Disziplinen angewendet wird).[4] Aber auch die „Situation", also der Kontext des Prozesses, liegt im Erkenntnisinteresse des kommunikationssoziologischen Zugangs.

Sein Modell bezieht analytisch sowohl den Prozess (der Ver- und Entschlüsselung) als auch den Kontext (die „Situation") als auch verschiedene akteursspezifische Voraussetzungen (Vorwissen, Emotionen, Interessen) ein. Badura selbst spricht deshalb von seiner Disziplin als der Kommunikationssoziologie. Badura hat damit das analytische Programm der Kommunikationswissenschaft enorm erweitert: War bislang meist nur der Prozess von Interesse (und der Kontext höchstens Ursache von „Störungen" des Prozesses; vgl. Shannon / Weaver 1949), so gerieten nun der Kontext und die Akteure in den Blick der Analyse.

Auch die Analyseansätze der „Transferwissenschaft" zielen auf eine „Mehrebenenanalyse" von Wissenstransfer- bzw. Kommunikationsprozessen. Wie Badura messen die wichtigsten Vertreter dieser (zumindest unter dem Namen) relativ jungen Forschungsrichtung den Rahmen- und Randbedingungen dieser Prozesse einen wichtigen Stellenwert bei. Das Anliegen der Transferwissenschaft besteht ebenfalls in einer analytischen Einbeziehung der akteursspezifischen und sozialen (u. a.) Einflussfaktoren: „Die Transferwissenschaft erforscht die kulturellen, sozialen, kognitiven, sprachlichmedialen und emotionalen Bedingungen, die medialen Wege sowie Prinzipien und Probleme der Wissensproduktion und -rezeption (Antos 2001: 18). Hiermit sind kontextspezifische Rahmenbedingungen (kulturell, sozial), akteursspezifische Voraussetzungen (kognitiv, emotional) sowie prozessspezifische (sprachlich-mediale Vermittlung) Fragestellungen angesprochen.[5]

Die in der Literatur vertretenen neueren Analyseansätze setzen insgesamt auf drei verschiedenen Ebenen der Analyse an, vermischen diese aber bzw. lassen sie etwas undifferenziert.[6] Zuvor nahmen die Forscher den eigentlichen Prozess

---

[4] Vgl. insb. Scharpf 2000 und die anschließende Debatte.

[5] Diese hohen Ansprüche werden in den einzelnen Beiträgen jedoch nicht erfüllt. Leider beschränken sich die empirischen Untersuchungen der Transferwissenschaftler bislang auf sehr detaillierte Beschreibungen einzelner, meist linguistisch angelegter Fallbeispiele.

[6] Sie wurden auch nie umfassend analytisch umgesetzt, sondern nur theoretisch konzeptualisiert und durch einzelne Beispiele „angereichert".

unter die analytische Lupe und entwickelten ein einfaches, „mathematisches"
Modell (ausschließlich) dieses Prozesses. Dann wurde das Modell (seitens der
Kommunikationspsychologie) um ein erstes akteursspezifisches Element er-
gänzt: Die verfügbaren Codes (Sprache, Konventionen), die den Akteuren zur
Verfügung stehen, und deren Schnittmenge – so ihre These – muss ausreichend
groß sein, damit Kommunikation bzw. Verstehen gelingen kann (vgl. Schramm
1961). Andere Autoren wandten ihren Blick (auch) auf die gesellschaftlichen
Rahmenbedingungen, denen sie ebenfalls einen besonderen Einfluss auf das
Gelingen der in ihnen eingebetteten Prozesse zuschrieben (Badura, Riley/Riley,
Hund). Dabei blieben sie aber – wie z. B. Badura – ebenfalls undifferenziert und
vermengten (unbeeinflussbare) Rahmen- mit (beeinflussbaren) Randbedingungen. Badura blieb zudem eine genauere Definition der „Situation" schuldig.
Detaillierter ist sein Analyseraster der akteursspezifischen Bedingungen: Er
nennt die drei akteursspezifischen Kategorien Informationsniveau, Erlebnishorizont und Interessen, die z. T. auch die hier angestellte Untersuchung leiten.[7]
Auch die sprachlichen und kognitiven Fähigkeiten der Akteure bezieht er im
Rahmen der Ver- und Entschlüsselungsprozesse mit ein. Aber er fragt nicht genauer nach den materiellen Vorbedingungen, beispielsweise den den Akteuren
zur Verfügung stehenden Ressourcen, so dass hier ebenfalls Ergänzungen vorgenommen werden.

Im Prinzip zielt Baduras Forschungsprogramm also auf eine umfassende, integrative Analyse aller Einflussfaktoren, und kann deshalb zum analytischen Ausgangspunkt der vorliegenden Studie gemacht werden. Seine Ungenauigkeiten
sollen im Rahmen der vorliegenden Arbeit durch die konsequente Differenzierung der drei Analyseebenen und einer detaillierteren Definition und Explora-
tion der akteursspezifischen Bedingungen und der „Situation" (Kontext) beseitigt werden.

Überträgt, systematisiert und ergänzt man das Forschungsprogramm Baduras, so
ergibt sich das im Folgenden abzuarbeitende Analyseraster (Struktur-
/Kontextanalyse – Akteursanalyse – Prozessanalyse). Die hier vorgenommene
Analyse setzt entsprechend auf allen drei Analyseebenen an, die in der Literatur
(vermengt) untersucht wurden:

- (1.) Der Ebene der allgemeinen, von außen bzw. durch frühere Handlungen
  gesetzten *Rahmen- und Randbedingungen*, die sowohl die Akteure als auch
  den Prozess vorstrukturieren und nur (noch) sehr begrenzt beeinflussbar
  sind, aber wichtige Bedingungen für das Gelingen oder Scheitern bereits gesetzt haben;

---

[7] Auf eine genauere Analyse des „emotionalen Erlebnishorizonts" wurde verzichtet, da es
     sich hierbei explizit nicht um eine kommunikationspsychologische Studie handelt bzw.
     handeln kann, und seine Untersuchung sehr zeitaufwändig wäre.

- (2.) der Ebene der *Akteure*, die den konkreten Prozess gestalten, strukturieren, realisieren und rezipieren, die teilweise seine Randbedingungen (mit) gesetzt haben, und deren Handeln wiederum im Kontext der Rahmen- und Randbedingungen steht und durch diese vorstrukturiert wird;

- (3.) der Ebene der einzelnen *Vermittlungsprozesse*, deren konkrete Ausgestaltung und Verlauf von den Rahmen- und Randbedingungen und dem Handeln der individuellen Akteure abhängig ist, und wo letztlich Verständigung erzielt wird.

Dabei ist insgesamt festzuhalten:

Eine Analyse des Wissenstransferprozesses darf sich nicht auf eine reine Prozessanalyse beschränken, sondern muss den Rahmen bzw. Kontext und die beteiligten Akteure mit einbeziehen, denn:

- Prozesse sind immer durch den Kontext vorstrukturiert.

- „Ort" des Akteurshandelns sind Prozesse.

- Akteure „machen" den Prozess und bringen Voraussetzungen mit ein.

- Strukturen strukturieren die Prozesse; Prozesse (Akteurshandeln) ist von seinen Kontexten und Strukturen beeinflusst.

- Prozesse / Handeln wirken zurück auf die Strukturen und die Akteure.

Eine Analyse, die nicht die Kontexte des prozesshaften Handelns der beteiligten Akteure einbezieht, ist nicht systematisch genug und vernachlässigt u. U. entscheidende Einflussfaktoren – eben diejenigen, die nicht im Prozess selbst gesetzt werden.

Insgesamt lässt sich die Kontextuierung des Wissenstransferprozesses mit dem Bild einer Zwiebel illustrieren: Der Kern der Analyse, der eigentliche Vermittlungsprozess, ist eingebettet in die Analyse der spezifischen Voraussetzungen und Kompetenzen und des Handelns der beteiligten Akteure, dann seiner konkrete Situation(en), seiner Randbedingungen und schließlich seiner Rahmenbedingungen.

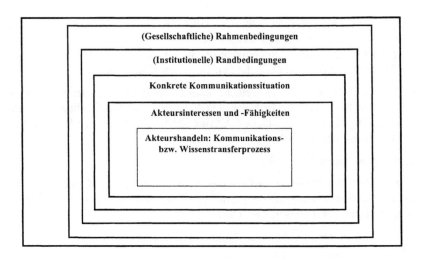

Abb. 1: Kontextuierung von Kommunikations- bzw. Wissenstransferprozessen. (Eigene Darstellung)

Diese „Rahmung" ist – wie angedeutet – auf das Akteurshandeln im Allgemeinen übertragbar: Jede menschliche Handlung ist letztlich von den Interessen und Fähigkeiten der Handelnden abhängig und wird gerahmt von (und maßgeblich beeinflusst durch) die jeweiligen Kontexte und Rahmenbedingungen.

2.3   Erhebungsmethoden und -Instrumente

Insgesamt baute der Erhebungsprozess auf vier Erhebungsmethoden: (a) Literaturanalyse, (b) Dokumentenanalyse; (c) teilnehmende Beobachtungen und (d) Befragungen. Hier wird auch ausführlicher auf zwei spezifische, „innovative" Instrumente der Erfolgsmessung von Wissenstransferprozessen eingegangen: die „Problemprotokolle" sowie leitfadenorientierte Befragungen als ein mögliches Instrument, um Rückmeldungen aus der Praxis in die Analyse einzubeziehen.

Zu (a): Literaturanalyse

Zunächst wurde die Literatur zum Thema Kommunikations- und Transferprozesse analysiert. Einbezogen und analysiert wurden Beiträge aus den Forschungsfeldern Kommunikationswissenschaft, Kommunikationssoziologie und Transferwissenschaft. Daneben wurde die sozialwissenschaftliche Methodenliteratur (qualitative Sozialforschung) sowie die „weiße" und „graue Literatur" (Projektberichte) aus den Bereichen Risikokommunikationsforschung, Gentechnikforschung und Transferevaluation rezipiert.

Die Analyse der kommunikationssoziologischen und transferwissenschaftlichen Literatur diente der Identifizierung zum einen der relevanten Analyseebenen (s. o.), zum anderen der Bedingungen und Barrieren von Kommunikations- und Wissenstransferprozessen für die Gestaltung der Erfolgsfaktoren-Checkliste bzw. die systematische Untersuchung der Bedingungen und Barrieren des untersuchten konkreten Prozesses. Daneben sollte auf in der Literatur entwickelte Empfehlungen für die Gestaltung von Kommunikations- und Wissenstransferprozessen zurückgegriffen werden. Die Analyse der sozialwissenschaftlichen Gentechnikliteratur diente der Analyse der gesellschaftlichen Rahmenbedingungen des untersuchten Prozesses.

Zu (b): Dokumentenanalyse

Im Rahmen der daran anschließenden Dokumentenrecherche und -analyse wurden die vom Netzwerk zur Verfügung gestellten und selbst beschafften Dokumente ausgewertet. Hier wurden insbes. auf die Forschungsanträge, Satzung, Sitzungsprotokolle, Selbstdarstellungen, Geschäftsberichte etc. zurückgegriffen. Aber auch die an das Netzwerk übergebenen Projektberichte wurden als Teil der zu analysierenden Dokumente in die Analyse einbezogen, da sie letztlich Medien des Wissenstransfers darstellen; sie werden im Rahmen der Prozessanalyse ausgewertet. Auch der Antrag des hier untersuchten Projekts (UFZ 2001) wird als eigenständiges Dokument ausgewertet, da es sich hierbei um eine maßgeblich durch den Sender geprägte Projektdarstellung handelt, und hiermit bereits Rahmenbedingungen sowie Erwartungen und Interessen (seitens des UFZ) gesetzt und z. T. sogar schon reflektiert wurden. Daneben wurde der regelmäßig vom „PR-Projekt" herausgegebene Pressespiegel in die Analyse der Randbedingungen des Netzwerks einbezogen.

Die Dokumentenanalyse diente also in erster Linie der Untersuchung der Randbedingungen des Netzwerks und des Transferprozesses, z. T. aber auch der Prozessevaluation.

Zu (c): Teilnehmende Beobachtungen

Im gesamten Verlauf des Begleitforschungsprojektes wurden transferrelevante Veranstaltungen (Statusseminare, Arbeitstreffen, Vereinssitzungen sowie originäre „Transferveranstaltungen" im Rahmen des Begleitforschungsprojektes) besucht und die ablaufenden Kommunikations- und Wissensvermittlungsprozesse teilnehmend beobachtet.

Insgesamt gab es sieben Beobachtungsphasen: zwei Statusseminare, zwei Vorstandssitzungen, eine Sitzung der „Interdisziplinären AG", ein Arbeitstreffen im kleinen Kreis sowie die Abschlusspräsentation.

Bei der teilnehmenden Beobachtung wurde auf zwei Erhebungsverfahren zurückgegriffen: Zum einen wurden die jeweiligen Diskussionen protokolliert sowie Anmerkungen, Nachfragen, Zwischenrufe während der einzelnen Vorträge, aber auch persönliche Pausen- und Randgespräche wurden, soweit relevant, anonymisiert festgehalten.

Daneben wurde ein zuvor entwickelter Leitfaden für die Beobachtung („problemzentriertes Beobachtungsprotokoll") entwickelt und herangezogen, der den Zweck hatte, vor dem Hintergrund begrenzter zeitlicher und personeller Ressourcen sowie relativ geringer „Interaktionsdichte" (Treffen zwischen Begleitforscher und Praxispartnern) eine Fokussierung der Beobachtungen auf zuvor in der Literatur identifizierte eventuelle Probleme von Wissenstransferprozessen zu lenken. Hier wurden in der Literatur identifizierte mögliche Probleme des Wissenstransfers protokolliert. Das verwendete „problemzentrierte Beobachtungsprotokoll" diente der Erfassung problematischer Charakteristika der Vermittlung. Protokolliert wurden die „Fachwortdichte" der jeweiligen Vorträge, Satzlängen und stilistische Gestaltung, frei gesprochene bzw. abgelesene Passagen, Zugänglichkeit des Vortragsstils u. a.

Daneben wurden – ergänzend zu den als Dokumente verstandenen einzelnen Kurzberichten (s. o.) – die Vorträge im Rahmen des Netzwerks ausgewertet und im Hinblick auf ihre möglichen Probleme (s. o.) analysiert.

Die teilnehmenden Beobachtungen dienten in erster Linie der Analyse des Prozesses sowie – soweit möglich – einiger akteursspezifischer Voraussetzungen (z. B. sprachliche Kompetenzen, zur Verfügung stehende und tatsächlich eingesetzte Ressourcen u. a.). Aber auch die tatsächlich erzielten Vermittlungserfolge waren Gegenstand der teilnehmenden Beobachtungen.

Zu (d): Befragungen

Anhand von abschließenden Befragungen sollten die Rückmeldungen aus der Praxis in die Analyse einbezogen und für die Formulierung der Empfehlungen nutzbar gemacht werden. Nach Abschluss des Transferprozesses – also nach dem (leicht verzögerten) Abschluss des ersten Teilprojekts – wurden deshalb ausführliche Befragungen von ausgewählten Mitgliedern des Netzwerks sowie den beteiligten Vertretern des Forschungsinstituts durchgeführt. Dazu wurden leicht unterschiedliche Leitfäden für die einzelnen Akteursgruppen (Sender, Adressaten, Netzwerk-/Forschungsmanagement) erstellt, die die Interviews mit den Akteuren strukturierten.

Prinzipiell kommen für eine Befragung zwei verschiedene Instrumente in Frage: eine quantitative Befragung anhand geschlossener Fragebögen oder eine qualitative Befragung mit offenen Frageleitfäden. Vor dem Hintergrund der gegebenen Fragestellungen des Projekts erschien eine Leitfadenbefragung ausgewählter Schlüsselakteure nach ihrer subjektiven Einschätzung des Prozesses aussichtsreicher als die Durchführung einer quantitativen Befragung.[8] Und tatsächlich zeigte es sich, dass ihre „Rückmeldungen" so sehr viel reflektierter und differenzierter waren, als mit Hilfe geschlossener Fragebögen hätte erfasst werden können. Und nicht zuletzt konnten so die Befragten selbst im Interview über Bedingungen und Grenzen solcher Vermittlungsprozesse reflektieren und differenzierte Gestaltungsvorschläge entwickeln. Gerade dieser letzte Punkt ist im Hinblick auf die Aufgabenstellung des Teilprojekts hervorzuheben: Die Beteiligten können selbst am besten einschätzen, was den Prozess gefördert hat bzw. woran es aus ihrer Sicht gemangelt hat. Über eine solche Rückmeldung kann auch die „Praxisexpertise" der Adressaten für die zukünftige Gestaltung solcher Vermittlungsprozesse nutzbar gemacht werden.

Die zu befragenden Schlüsselakteure wurden nach bestimmten Kriterien und mit Hilfe verschiedener Methoden ausgewählt. Kriterien für die Charakterisierung als Schlüsselakteure waren ihre Sichtbarkeit, ihre Einflussmöglichkeiten bzw. Beeinflussungschancen sowie ihre faktische Funktion und ihre Rolle im Netzwerk und im Wissenstransferprozess. Als Schlüsselakteure werden dementsprechend diejenigen Akteure bezeichnet, die (a) eine besondere (formelle) Funktion im Netzwerk erfüllen bzw. innehaben; (b) gut sichtbar in Erscheinung treten und eigene Standpunkte und Forderungen einbringen (konnten), und die (c) sich an den Kommunikationsprozessen (insbes. an der Kommunikation mit dem sozialwissenschaftlichen Begleitforschungsprojekt) beteiligten. Im Vorlauf wurden das Netzwerk- und Forschungsmanagement sowie der Wissensanbieter gebeten, anhand dieser Kriterien „ihre" Schlüsselakteure zu nennen. Ergänzt wurde diese Auswahl um die Beobachtungen des Autors. Insgesamt wurden so ca. 20 Schlüsselakteure identifiziert.

Insgesamt wurden im Zeitraum von März bis Juni 2004 Interviews mit 15 der ca. 20 zuvor identifizierten Schlüsselakteure geführt, wobei die Gruppe der Unternehmer bzw. Wirtschaftsvertreter stark unterrepräsentiert war.

Die in den Interviews thematisierten Fragekomplexe waren:

• die „Herkunft" und Ausbildung, der Beruf und die Kooperationserfahrungen;

• die Erwartungen an das Begleitforschungsprojekt bzw. den Wissenstransfer;

• die Rekonstruktion des Begleitforschungsprojekts und des Wissenstransferprozesses und der eigenen Beteiligung;

• positive oder negative Eindrücke aus dem Wissenstransfer, Lob und Kritik;

• die Verwendung, Verwendbarkeit und Nützlichkeit des Wissens;

---

[8] Wie sie z. B. Czarnitzki, Winter, Zimmer etc. angewendet haben.

- die tatsächliche Erfüllung der Erwartungen; und zuletzt

- die Empfehlungen der „Praxisexperten".

Die Befragungen dienten v. a. dazu, die akteursspezifischen Bedingungen zu untersuchen; daneben wurden hiermit die persönlichen Wahrnehmungen und Deutungen der Beteiligten erforscht und der Erfolg des Prozesses analysiert.

Für die Analyse der Rahmenbedingungen werden in erster Linie wissenschaftliche Publikationen herangezogen, für die Analyse der Randbedingungen insbes. auf die Dokumente sowie die Beobachtungen und Befragungen zurückgegriffen, für die Akteurs- und Prozessanalyse in erster Linie auf die Beobachtungen und Befragungen.

e) Überblick über das Erhebungsdesign und die Analyseebenen

Zusammengefasst lässt sich der Untersuchungsprozess, das Erhebungsdesign und die jeweils untersuchte Ebene in Form folgender Matrix darstellen:

Ebene / Methode	Literaturanalyse (2002f)	Dokumenten-analyse (2002-04)	Teilnehmende Beobachtung (2002-04)	Befragung (2004)
Kontext: Rahmenbedingungen	X	(X)		
Kontext: Randbedingungen		X	(X)	(X)
Akteursanalyse		(X)	X	X
Prozessanalyse			X	X

Tab. 1: Matrix Erhebungsmethode – Analyseebene

Legende: X = wichtigstes Erhebungsinstrument; (X) = weitere Erhebungsinstrumente.

2.4 Auswertungs- und Analyseverfahren

An den Erhebungsprozess schloss sich die systematische Auswertung des gewonnenen Materials an. Diese erfolgte entlang der oben entwickelten Analyseebenen (Kontext, Akteure, Prozess) und entsprechend den o. g. Aufgaben des Teilprojekts (systematische Untersuchung und Systematisierung des Prozesses, Analyse der Bedingungen und Barrieren bzw. der fördernden und hemmenden Faktoren, Erfolgsanalyse, Erarbeitung von Empfehlungen).

Bei der Analyse wird verbal-argumentativ vorgegangen: Orientiert an den Schlüsselkategorien werden „dicht beschreibend" die Ergebnisse auf den einzelnen Analyseebenen präsentiert. Dabei wird entsprechend der oben entwickelten Analysematrix vorgegangen: Den in der Literatur entdeckten und weiter spezifizierten drei Analyseebenen folgend, wurde jeweils nach den Ausprägungen der einzelnen Bedingungen und Voraussetzungen auf diesen Ebenen gefragt. Dazu wurde die Checkliste der Erfolgsfaktoren herangezogen, und jeweils nach der Erfüllung oder Nicht-Erfüllung der einzelnen Faktoren gefragt. Daran anschließend wurden die Ergebnisse entsprechend den Fragestellungen zusammengetragen und ausgewertet. Die Auswertung wurde mit dem Verfassen des Abschlussberichts abgeschlossen. Hierzu wurde das gewonnene Material in Bezug auf die drei grundlegenden Fragestellungen des Projekts ausgewertet.

(1.) Kontextanalyse

Folgende relevante politische und gesellschaftliche *Rahmenbedingungen* werden anhand der Literatur überblicksweise zusammengetragen:

- die nationale und regionale Wirtschafts- und Förderpolitik,

- der nationale und regionale technologiespezifische Diskurs sowie

- die grundsätzlichen Chancen und Grenzen sozialwissenschaftlicher (Begleit-) Forschung und die „systemimmanenten Rahmenbedingungen" von Wissenschaft und unternehmerischer Praxis.

Dabei soll jeweils beantwortet werden, ob der Faktor einen für das Begleitforschungsprojekt und den Vermittlungsprozess fördernden oder hemmenden Einfluss darstellte.

Die *Randbedingungen* wurden insbesondere anhand der zur Verfügung gestellten Dokumente und der Interviews untersucht. Folgende Randbedingungen wurden in die Analyse einbezogen:

- Die Entstehungsgeschichte und die weitere Entwicklung des Begleitforschungsprojektes mit dem Ziel, Anlass und Erwartungen an das Projekt zu eruieren und problematische Entwicklungen zu identifizieren.

- Die Ressourcenausstattung des Begleitforschungsprojektes und des Wissenstransferprozesses.

- Die Akzeptanz und die institutionelle Einbettung des Begleitforschungsprojektes bzw. des Wissenstransfers, um zu untersuchen, ob das untersuchte Projekt im Netzwerk akzeptiert wurde und wo der Wissenstransfer stattfand, wer Multiplikatorfunktionen erfüllte und ob es Foren und Adressaten / Ansprechpartner für den Wissenstransfer gab.

Bzgl. der *Kommunikationssituation* wurden mit Hilfe der Dokumentenanalyse und Beobachtungen folgende Aspekte untersucht:

- Transferveranstaltungen, Anlässe

- Akteure und faktische Beteiligung

- angestrebter Nutzen der Kommunikation.

Abschließend wurde die Einordnung der untersuchten Kommunikationssituation entsprechend der kommunikations- und transferwissenschaftlichen Kategorien vorgenommen.

(2.) Akteursanalyse

Im Hinblick auf die Bedingungen und Barrieren des Transfers zielte die Analyse auf:

- die subsystemische Zugehörigkeit und die sprachlichen Kompetenzen der Einzelakteure sowie die sprachliche Schnittmenge zwischen Anbieter und Adressaten;

- die individuelle Ressourcenausstattung (Zeit!) für den Wissenstransfer;

- die übergeordneten sowie die mit dem eigenen Handeln und dem Netzwerk verbundenen Interessen, um deren Vereinbarkeit zu analysieren;

- die Erwartungen der Akteure an den Wissenstransferprozess, seinen Nutzen und Inhalte;

- die Rollen- bzw. Beziehungsdefinitionen der beteiligten Akteure.

Während bei den meisten dieser Voraussetzungen die Kompatibilität der jeweiligen Definition eine fördernde Wirkung haben sollte, ist die Frage nach den (ausreichenden) individuellen Ressourcen eine direkte Frage nach den zu erfüllenden Bedingungen.

(3.) Prozessanalyse

Anhand der Interviews und teilnehmenden Beobachtungen wurden folgende Aspekte des *Kommunikationsprozesses* analysiert:

- Gestaltung des Kommunikationsprozesses (Medienwahl und Prozessgestaltung allgemein; Elemente des Prozesses: „Transferveranstaltungen" und „Transferprodukte");

- sprachliche Gestaltung des Prozesses (Zielgruppenorientierung);

- Medienwahl und -nutzung (Zielgruppenorientierung);

- die in den Vermittlungsprozess eingebrachten Ressourcen bzw. die „Eigenleistungen" der Beteiligten;

- die Adressaten- bzw. Problemorientierung bei der Themenauswahl (bzw. die Bereitschaft, beiderseits aufeinander zuzugehen).

Insgesamt soll damit die Frage beantwortet werden, ob und wie weit sich der Wissensanbieter bei der Gestaltung des Transferprozesses sprachlich, „medial" und inhaltlich auf die Probleme seiner Zielgruppe bzw. wie weit sich die Adressaten auf Sprache und Anliegen sozialwissenschaftlicher Forschung eingelassen haben.

(4.) Erfolgsanalyse

Zuletzt wurde auftragsgemäß der *Erfolg* des untersuchten Prozesses analysiert. Dabei ist voranzuschicken, dass ein wirkliches „Monitoring der Effektivität" solcher Prozesse vor dem Hintergrund eines zu engen Zeithorizontes nicht (mehr) durchgeführt werden konnte, da es erfahrungsgemäß einige Zeit braucht, bis messbare Effekte in der Praxis feststellbar sind. Zudem ist eine „direkte" Umsetzung der Ergebnisse sozialwissenschaftlicher Begleitforschung – ebenso wenig wie in der Politikimplementation – nicht zu erwarten (sondern vielmehr – maximal – eine problemgeleitete Übersetzung und Interpretation neuen Wissens im Sinne eines *„mind framing"*-Prozesses; vgl. Beck / Bonß 1986, Dewe 1991). Auf dieses Problem wurde bereits im Antrag hingewiesen (vgl. UFZ 2001: 18).

Es bestand also nicht die Möglichkeit, den Effekt anhand der Messung der neuen Wissensbestände bei den Adressaten „richtig" zu messen. Neben dem bereits im Antrag genannten „Implementations- oder Retardierungsproblem", das eine „zeitnahe" Effektmessung unmöglich macht (hierfür wäre eine Folgeuntersuchung in ca. 5-10 Jahren notwendig), gibt es weitere, diesmal methodische, Probleme der Messung des Effekts von Wissenstransferprozessen an Praxispartnern. Dazu gehört insbes. die Unmöglichkeit einer direkten Wissensabfrage oder -Messung, die die Adressaten nicht nur zeitlich überfordern, sondern auch zu „Schülern" degradieren und entsprechend Widerstände hervorrufen würde. Anders gesagt: Adressaten, die mittlerweile mit beiden Beinen im Leben stehen, werden sich kaum dazu herablassen, „Leistungskontrollen" wie zu Schulzeiten zu absolvieren. Nur diese Technik würde es aber ermöglichen, jenseits der subjektiv gefärbten Einschätzungen der Adressaten den tatsächlichen „Lern"-Effekt solcher Wissenstransferprozesse zu analysieren. Mehr noch als bei der Befragung von Studenten und interessierten Bürgern scheidet eine solche Methode in diesem Fall aus.

Stattdessen bietet sich auch für diese Untersuchung eine Operationalisierung des Effekts und Erfolgs des Prozesses zum einen „über" die subjektiven Wahrnehmungen und Einschätzungen der Adressaten, zum anderen über die Analyse der bereits beobachtbaren Effekte des Prozesses – d. h. darüber, wie das Netzwerk (bislang) mit den Empfehlungen umgegangen ist – an. Deswegen wurden die Befragten im Interview abschließend gebeten, subjektiv den Erfolg, den konkreten (potenziellen) Nutzen des Wissenstransferprozesses einzuschätzen sowie die erwarteten „Langzeitwirkungen" abzuschätzen (Leitfaden-Komplexe 5, 7 und 8). Die Ergebnisse dieser Einschätzung werden in Kap. 4.3 zusammengetragen und analysiert.

3   Ergebnisse, Zusammenfassung und Systematisierung

Hier werden zunächst die Ergebnisse der systematischen Untersuchung des Wissenstransferprozesses auf den drei Ebenen zusammengetragen. Abschließend sollen dann die Forschungsfragen des Projektes wieder aufgenommen und beantwortet werden. Darauf aufbauend werden im folgenden Kapitel dann die Empfehlungen für die zukünftige Gestaltung solcher Wissenstransferprozesse zwischen sozialwissenschaftlicher Begleitforschung und ihren Praxispartnern formuliert.

3.1   Systematische Analyse und Konzeptualisierung

Hier werden nun die Ergebnisse der im Rahmen des Projekts durchgeführten systematischen Analyse des Prozesses, seiner Bedingungen und Erfolgs- bzw. Einflussfaktoren sowie seiner Erfolge und Effekte vorgestellt.

(1.) Kontextanalyse: Rahmenbedingungen

Die Analyse der Rahmenbedingungen kam zu folgenden Ergebnissen:[9]

Der nationale Kontext ist förderlich, denn die nationale Förderpolitik fördert Projekte und Netzwerke der „grünen Gentechnik" und fordert mittlerweile verstärkt eine „kommunikative Verwertung" sozialwissenschaftlicher Begleitforschung ein.[10] Auch die regionale Förderpolitik fördert Projekte aus der „grünen Gentechnik", aber explizit keine sozialwissenschaftlichen Projekte und keine Wissenstransfers.

Gleichzeitig schafft die Akzeptanzproblematik einen Problemdruck für Projekte aus der „grünen Gentechnik", denn die „Akzeptanzfrage" entscheidet letztlich – und das ist den Akteuren des Netzwerks durchaus bewusst – über die Durchführung von Projekten, Erprobungsanbau und Marktdurchsetzung. Regional besteht jedoch (zumindest bis Frühjahr 2004) kein Akzeptanzproblem.

Die Kontextbedingungen sind also insgesamt als für den Transferprozess sehr förderlich einzuschätzen.

(2.) Kontextanalyse: Projekt- und transferspezifische Randbedingungen

Die (begleitforschungs-) projektspezifischen Randbedingungen stellen sich folgendermaßen dar:

---

[9]   Vgl. dazu sowie zu (2.) insb. Conrad 2005.

[10]   Damit wurde das seit Jahren geltende Prinzip, Aktivitäten des Technologietransfers zu fordern und zu fördern, auf die Sozialwissenschaften übertragen, deren Produkt eben ausschließlich Wissen und keine Artefakte sind. (Ausnahmen: Modelle, Simulationen, Entscheidungsunterstützung.)

Die Einbeziehung des Projekts geht auf eine Initiative des Projektträgers sowie des wissenschaftlichen Beirats und einiger Vorstandsmitglieder zurück. Vornehmliches Ziel dieser Einbeziehung war die Erhöhung der Antragschancen und die Erarbeitung eines Kommunikationsmanagements. Die weitere Entwicklung (thematische Neuausrichtung: Mehrebenenanalyse statt Umfrage) entsprach jedoch nicht mehr den Erwartungen der Adressaten. Aus diesem Grund ist die Akzeptanz des Projekts im Netzwerk z. T. nicht gesichert.

Die Ressourcenausstattung des Projekts ist im Vergleich mit den anderen (v. a. technischen) Projekten des Netzwerks eher gering, aber gemessen an den „neuen" analytischen Aufgaben (s. o.) des Projekts als ausreichend zu bezeichnen. Für einen tiefgehenden Wissenstransfer standen jedoch weder auf der Sender- noch auf der Adressatenseite ausreichend Ressourcen zur Verfügung.

Damit sind die projektspezifischen Randbedingungen als insgesamt nur teilweise förderlich einzuschätzen, nämlich insofern, als dass zwar ein „übergeordnetes" Interesse am Projekt bestand, aber kein wirkliches inhaltliches. Für die Analyse standen jedoch ausreichend Ressourcen zur Verfügung.

Bzgl. der transferspezifischen Randbedingungen ist festzuhalten:

Foren für den Wissenstransfer wurden zur Verfügung gestellt. Es wurden jedoch keine speziellen Ansprechpartner definiert bzw. die ursprünglich definierten Ansprechpartner (Kommunikationsmanagement; „Interdisziplinäre AG Kommunikation und Öffentlichkeitsarbeit") verstanden sich nicht als Ansprechpartner und „Anwender" des neuen Wissens. Damit ist die Einbettung des Wissenstransferprozesses als nur teilweise befriedigend zu charakterisieren.

Die Ressourcenausstattung des Wissenstransfers selbst war akzeptabel; Transfer und Kooperation wurden als eigenes Arbeitspaket konzipiert und es wurden dafür zweckgebundene Ressourcen bereitgestellt.[11] Auf der Adressatenseite waren jedoch massive zeitliche Restriktionen festzustellen.

Insgesamt sind damit – trotz Restriktionen auf der Adressatenseite – die netzwerk-, projekt- und transferspezifischen Kontextbedingungen ebenfalls als insgesamt förderlich einzuschätzen.

(3.) Akteursanalyse

Bezüglich der beteiligten Akteure ist aufbauend auf der Analyse festzuhalten:

Die beteiligten Akteure stammen aus unterschiedlichen gesellschaftlichen Subsystemen und sprechen unterschiedliche „Sprachen" (vgl. Prozess). Die Vertreter des Netzwerks haben – bis auf zwei Ausnahmen - naturwissenschaftliche oder betriebswirtschaftliche Ausbildungen absolviert, während die Wissensan-

---

[11] Für einen wirklich kontinuierlichen Austausch reichten die Mittel jedoch nicht aus.

bieter und auch das Forschungsmanagement (Institut und Projektträger) dem sozialwissenschaftlichen Kontext entstammen. Erschwerend kommt hinzu, dass beide Seiten bislang kaum Erfahrungen in der Kooperation mit Vertretern anderer gesellschaftlicher Subsysteme oder Disziplinen gesammelt haben. Dennoch ist auf beiden Seiten Vorwissen zum Thema (insbes. zu den Themenkomplexen Akzeptanzproblematik und Regulierungspolitik) vorhanden.

Die Ressourcenausstattung der Akteure (Zeit für den Wissenstransfer) ist unterschiedlich gut; insbesondere die Adressatenseite unterliegt strengen Restriktionen. Vielleicht auch deshalb differieren die Interessen und Erwartungen der beteiligten Akteursgruppen an das Projekt und den Prozess sowie ihre Aufgaben-, Situations- und Rollendefinitionen z. T. erheblich, da die Adressaten „mundgerecht" aufbereitete und ansprechend vermittelte Informationen erwarteten, der Sender hingegen ein aufgeschlossenes Publikum, das bereit ist, mitzudenken.

Die akteursspezifischen Bedingungen sind damit insgesamt als für den Transferprozess eher hemmend einzuschätzen, da „Sprachprobleme" vorprogrammiert und Interessen und Erwartungen nicht kompatibel sind.

(4.) Prozessanalyse

Zum Prozess selbst ist festzuhalten:

Er bestand aus verschiedenen „Transferveranstaltungen", die in der Form (Vorträge) den Erwartungen der Adressaten entsprachen. Die sprachliche Gestaltung durch den Sender war nicht zielgruppengerecht; die Problemprotokollierung ergab eine sehr hohe Fachwortdichte. Zudem wurden nur wenige Vokabeln und Ausdrücke expliziert. Die inhaltliche Gestaltung (Themenauswahl) entsprach meist den Wünschen und Problemen der Adressaten (Problemorientierung). Die Mediengestaltung (Präsentationen, Berichte) entsprach nicht den Lese- und Lerngewohnheiten der Adressaten. Es ist jedoch auch darauf hinzuweisen, dass die Eigenleistungen der Beteiligten und die Bereitschaft, sich auf den jeweils Anderen einzulassen, oft nicht ausreichend vorhanden waren.

Die Ausgestaltung des Transferprozesses war insgesamt nicht immer zielgruppengerecht und problemorientiert, und wirkte deshalb hemmend auf den Transfer (Ausnahme 2004).

3.2   Bedingungen und Barrieren (Fördernde und hemmende Faktoren)

Hier sollen nun die in den Interviews von Seiten der Befragten formulierten sowie die beobachteten Bedingungen und Barrieren des Wissenstransferprozesses systematisch herausgearbeitet werden. Dazu werden zunächst (1.) die Wahrnehmungen der Befragten bzw. die von den Befragten in den Interviews formulierten Bedingungen und Barrieren zusammengefasst dargestellt, (2.) diese Aufzählung durch die im Rahmen der Untersuchung beobachteten Bedingungen und ihre Ausprägung im Netzwerk ergänzt[12], und darauf aufbauend (3.) eine schematische Übersicht der im untersuchten Fall festzustellenden faktischen Ausprägungen entlang der Checkliste der Einflussfaktoren erstellt. Abschließend werden (4.) mit Rückbezug zur untersuchten Literatur übertragbare Schlussfolgerungen gezogen, die auch in die in Kap. 6. formulierten Empfehlungen eingehen.

(1.) Wahrnehmungen der Befragten

Insgesamt war festzustellen, dass die Problemwahrnehmungen der Beteiligten – und damit auch die im Interview formulierten Gestaltungsempfehlungen – in ihrer Wahrnehmung und Gewichtung z. T. erheblich differieren. Das erklärt sich aus der mangelnden Bereitschaft oder Fähigkeit zur Selbstreflexion bei allen Beteiligten: Jeder sucht und sieht die Fehler und Probleme bei dem Anderen. Die Adressaten kritisierten in erster Linie den Vortragsstil des Wissensanbieters und thematisierten ihre eigenen zeitlichen Restriktionen; der Wissensanbieter monierte die mangelnde Bereitschaft seitens seiner Adressaten, sich auf seine Sprache und Inhalte einzulassen.

Als besonders *förderlich* für den Wissenstransfer erlebten die befragten *Adressaten*:

a) die Bereitschaft des Begleitforschers, den abschließenden Vortrag (2004) auf die Interessen und Probleme des Netzwerks zuzuschneiden (Fokus: strategische Optionen des Netzwerks, Entwicklungsprognosen und Szenarien) und auf ausführliche Entscheidungsbegründungen und Abwägungen zu verzichten;

b) die Klarstellung der im Antrag niedergelegten konkreten Projektaufgaben und -ziele des Begleitforschungsprojekts auf der Präsentation 2004;

c) der Versuch, auf sozialwissenschaftliches Vokabular möglichst zu verzichten bzw. dieses zu explizieren (Präsentation 2004);

d) Vorträge und Diskussionen als wichtigstes Medium des Transfers.

Als besonders *hemmende Einflussfaktoren* des konkreten Wissenstransferprozesses nannten die *Adressaten* selbst in den Interviews:

a) Die persönlichen Zeitrestriktionen bzw. die Belastung durch die eigene tägliche Arbeit (B1 – B13[13]);

---

[12] Vgl. dazu auch Conrad 2004b.

[13] Die Interviewpartner wurden mit den Kürzeln B1 bis B15 verschlüsselt. B1 bis B13 waren die Interviewpartner aus wissenschaftlichen und wirtschaftlichen Institutionen – es beklagten sich also alle Adressaten über mangelnde Zeit für den Transfer.

b) den hohen Fachsprachlichkeitsgrad, die abstrakte Sprache und die zu langen Sätze bzw. zu sehr an der geschriebenen Sprache (Skripte) orientierten Vorträge (B1 – B13; Ausnahmen B5 und B10); also sprachlich bedingte Vermittlungsprobleme (Fachsprachenverwendung und Satzlängen) wegen zu geringer Schnittmengen sozialwissenschaftlicher Codes;

c) die „falsche" Schwerpunktsetzung zwischen Analyse und „Beratung" (vgl. B1, B3, B13); zu geringer Zeitaufwand für zielgruppengerechte „Übersetzung" und Aufbereitung des Wissens (Problemorientierung);

d) eine nicht immer an den Problemen der Adressaten orientierte Auswahl der zu vermittelnden Wissensinhalte / Projektergebnisse bzw. zu weite Ausführungen zu Begründungen, Einschränkungen, Herleitung und Abwägungen;

e) eine nicht zielgruppengerechte Verwendung von Vortrags- / Präsentationstechniken bedingte Vermittlungsprobleme (Mediengestaltung).

Im Interview nannte der *Begleitforscher bzw. „Wissensanbieter"* selbst folgende *förderliche Faktoren* für den konkreten Wissenstransfer:

• „Hilfe bei Vorbereitung und Durchführung [des Wissenstransferprozesses] seitens des Netzwerk- und Projektmanagements".

Als wichtigste *Barriere* identifizierte er:

• „Massive unterschiedliche Restriktionen, wenig Ertrag; echter Transfer benötigt weit mehr Interesse, Zeit und Engagement. " (B14)

Insgesamt zog er folgendes *Fazit* aus seinen Erfahrungen mit dem Vermittlungsprozess:

„Echter Transfer ist noch aufwändiger und schwieriger als bereits vermutet und sehr von Einstellungen und Arbeitskontext der Rezipienten abhängig." (B14)

Die Formulierung der Bedingungen bzw. die Problemdefinitionen der Befragten zielen also v. a. auf zwei Charakteristika des Prozesses: Seine Ressourcenausstattung und seine sprachliche Gestaltung.

(2.) Ergebnisse der Beobachtungen und weiterer Analysen

Die von den Befragten formulierten Bedingungen und Barrieren eines erfolgreichen Wissenstransferprozesses sind hier nun noch durch die in den teilnehmenden Beobachtungen erkannten Ausprägungen zu ergänzen.

Folgende konkret beobachtbare Ausprägungen der *Erfolgsfaktoren*, die von den Befragten selbst nicht genannt wurden, waren besonders förderlich:

• Die auf „kommunikative Verwertung" der Ergebnisse sozialwissenschaftlicher Begleitforschung zielende Förderpolitik des BMBF, die vom Projektträger und dem Vorsitzendem des wissenschaftlichen Beirats auch eingefordert wurde.

- Die Einführung und Dotierung eines eigenen Arbeitspakets „Kooperation und Wissenstransfer" im Werkvertrag. Es ist davon auszugehen, dass ohne eine solche eigenständige und zweckgebundene Finanzierung weitaus weniger Ressourcen in den Transfer der Forschungsergebnisse geflossen wären.

Daneben ließen sich folgende *Problemfelder* beobachten:

- fehlende bzw. unklare Definition von Ansprechpartnern und Anschlussstellen für das neue Wissen (wer soll was damit anfangen?);

- die Dominanz legitimatorischer und übergeordneter Interessen bei der Einbeziehung und Durchführung des Projekts (Erhöhung Antragschancen, Durchsetzung „grüne Gentechnik");

- damit begründet eine „interessengeleitete" Rezeption des Wissens (d. h. lediglich einiger „ausgewählter Wissensbausteine");

- Lernblockaden auf Seiten der Adressaten auf Grund von Infragestellung der Grundüberzeugungen bzw. Widersprüchen zu den übergeordneten strategischen Interessen der Adressaten bzw. ungenügendem „Commitment" zum Netzwerk und zur „grünen Gentechnik";

- eine zu starre Sprache der Vorträge, da Skripte meist abgelesen wurden;

- eine unübersichtliche Mediengestaltung (Folien);

- ungenügende Eigenleistungen der Adressaten;

- unklare bzw. zu weite Aufgabendefinition des Projekts.

(3.) Schematische Übersicht der faktischen Ausprägungen der Einflussfaktoren

In der folgenden Tabelle werden die Bedingungen bzw. Einflussfaktoren aus der Literatur und ihre (fördernde oder hemmende) Ausprägung im untersuchten Wissenstransferprozess zusammengetragen. Dabei stellt die Erfüllung einer Bedingung einen fördernden Faktor für das Gelingen des Wissenstransferprozesses dar. Dies wird mit einem „+" symbolisiert. Im „Umkehrschluss" ist die Nicht-Erfüllung der genannten Bedingungen natürlich eine Barriere für den Wissenstransfer. In der Tabelle sind diese hemmenden Faktoren mit einem „–" gekennzeichnet.

Bedingung	Ausprägung im analysierten Fall / Netzwerk	Wirkung *
Rahmen- und Randbedingungen		
Bundespolitik allg.	Aktuelle Probleme werden als „Kommunikationsprobleme" definiert.	+
(Den Wissenstransfer) unterstützende	Nationale Förderpolitik unterstützt Kommunikationsprozesse zwischen Projektnehmern und Projektpartnern.	+

nationale Förderpolitik		
Unterstützende regionale Förderpolitik	Regionale Förderpolitik konzentriert (seit 2002) ihre Mittel auf bestimmte (gentechnologische) Projekte; keine Förderung sozialwissenschaftlicher Arbeiten, keine Förderung von Wissenstransfers.	O
(Förderlicher) nationaler Diskurs	Auf nationaler Ebene: Akzeptanz und Regulierung offen bzw. problematisch. → Thema ist relevant.	+
(Förderlicher) Regionaler Diskurs	Regional kein Akzeptanz- oder Regulierungsproblem.	O
Ausreichende Ressourcenausstattung des Wissenstransfers	Wissenstransfer als eigenes Arbeitspaket mit ausreichendem Umfang. → Auf Anbieterseite: ausreichende finanzielle Ausstattung aber zeitliche Restriktionen; auf Nachfragerseite starke zeitliche Restriktionen.	+ / −
Vorhandensein von Gelegenheitsfenstern für den Wissenstransfer	Gelegenheitsfenster für Wissen über Akzeptanzproblematik und (Neu-) Regulierung waren vorhanden, da Akzeptanz und Regulierung auf nationaler Ebene problematisch während des Prozesses; regional jedoch kein Problem.	O / −
Klare Aufgabendefinition des Projektes	Es wurden zu viele Aufgabendefinitionen formuliert; Diskrepanz zwischen „Auswahl" des Senders und der Adressaten; Neuausrichtung nicht offensiv genug kommuniziert.	−
Akzeptiertes Forschungsprojekt	Projekt wurde als „aufoktroyiert" verstanden, deshalb kein wirklicher Rückhalt. Zweifel am Nutzen sozialwissenschaftlicher Forschung.	−
Gute Einbettung	Foren für den Wissenstransfer waren vorhanden bzw. wurden geschaffen, wurden aber nicht besonders umfänglich genutzt; weitere persönliche Kontakte nur sporadisch; kein stetiger Austausch.	O
Definierte „Ansprechpartner" für das neue Wissen	„Anschlussstellen" wurden nicht eindeutig definiert (Varianten: Akteure im Netzwerk, „Interdisz. AG"; PR, Geschäftsführung, Ansprechpartner beim Vorstand, Kommunikationsmanagement); schlechte Einbindung, da kein expliziter Ansprechpartner.	−
Förderliche Kommunikationskultur im Netzwerk	Kommunikationskultur im Netzwerk ist gut und offen; Netzwerk lässt sich jedoch als eines mit sternförmigen / zentralisierten Kommunikationsstrukturen kennzeichnen (IÖR), d. h. Kommunikation läuft meist über die Geschäftsführung, die natürlich filtert und zeitlich stark belastet ist, was die Kommunikation erschwert. (Geschäftsführung als Multiplikator überlastet.)	O
Akteursspezifische Bedingungen		
Klarheit über Chancen und Grenzen sozialwissenschaftlicher (Begleit-) Forschung	Kaum Erfahrungen in der Zusammenarbeit mit Sozialwissenschaft; keine Klarheit über Chancen und Grenzen, Aufgaben und Ziele von Sozialwissenschaft.	−
Kompatibilität der Situationsdefinitionen	Große Differenzen zwischen Anbieter und Nachfragern: Freie Forschung vs. klare Auftraggeber-Auftragnehmer-Beziehung; Analyse der Kontextfaktoren vs. Kommunikationsmanagement;	−
Kompatibilität der Aufgabendefinitionen	Differenz: wissenschaftliche Analyse vs. praktische Empfehlungen / Weiterentwicklung Kommunikationsmanagement. Problem: Aufgabendefinition wurde im Laufe des Antragsverfahrens auf Anraten des Projektträgers und in Absprache mit einigen Schlüsselakteuren überarbeitet, diese Neuausrichtung aber nicht offensiv genug kommuniziert.	−
Adressaten: ausreichend Vorwissen (inhaltlich)	Vorwissen fehlte in Bezug auf Forschungsfragen und methodische Aspekte sozialwissenschaftlicher Forschung; hingegen „zu viel" Vorwissen bzgl. Akzeptanz und Regulierung → „Lernblockaden".	−
(„Aktives") Interesse an den Ergebnissen	Interesse teilweise gegeben, d. h. an Einzelergebnissen z. B. zu Akzeptanz, Regulierungspraxis, Perspektiven der Technologiepolitik; aber weniger Interesse an weiteren Einflussfaktoren und ihrem Zusammenspiel. Legitimationsinteresse, Forderung nach Commitment.	−

Kompatible Interessen und Erwartungen	Insgesamt vertraten die Adressaten in erster Linie strategische Interessen (Antragschancen, Durchsetzung Technologie), der Begleitforscher hingegen inhaltliche Interessen. Erwartungen differierten sowohl inhaltlich (Akzeptanz vs. Mehrebenenanalyse) als auch bzgl. des zu erwartenden Nutzens sowie der Anpassung an Probleme und Sprache der Adressaten. Auch die „strategischen" Interessen differierten, sind aber am ehesten miteinander zu vereinbaren: Adressaten wünschten Erhöhung der Antragchancen (und langfristig insgesamt: Durchsetzung der „grünen Gentechnik"), Anbieter suchte bezahltes (interessantes) Drittmittelprojekt.	–
Prozessgestaltung		
Gemeinsame Sprache / Schnittmenge der Codes	Viel sozialwissenschaftliche Fachsprache und schwer zugänglicher Rede- und Schreibstil (Kritik von Netzwerk). Insgesamt zu viel Fachsprache, zu wenig Übersetzung und Aufbereitung. Keine Kooperationserfahrungen mit dem jeweils Anderen; keine sozialwissenschaftlichen Vorkenntnisse bei den Adressaten.	–
(Weitere) ZG-Orientierung (medial, Problemauswahl)	Kaum an Präsentations-, Schreib-, Lernstile angepasst; gängige Lerntechniken kaum genutzt; eigenen Codes und Konventionen verhaftet. Problemauswahl meist orientiert an Problemen der Adressaten.	–
Eigenleistungen	Starke zeitliche Restriktionen auf Seiten der Adressaten, zeitliche Restriktionen auf Anbieterseite. Unwille beiderseits, sich in Sprache und Präsentation „zu sehr" auf den Gegenüber einzulassen.	–

Tab. 2: Fördernde und hemmende Faktoren des Wissenstransfers im Netzwerk

Insgesamt sind also viele der genannten Bedingungen nicht erfüllt gewesen und haben deshalb auf den Wissenstransfer einen hemmenden Einfluss gehabt. Dennoch verstanden die befragten Adressaten den Prozess rückblickend als erfolgreich, wenn auch meist ohne direkten Nutzen (vgl. nächstes Kap.). Dies erklärt sich aus der im Projektverlauf zunehmenden inhaltlichen Orientierung an den Problemen und Wünschen der Adressaten durch den Begleitforscher (Lerneffekt). Entsprechend wurde von den meisten Befragten (auch dem Wissensanbieter) explizit die – gemeinsam mit der Geschäftsführung und zwei weiteren Schlüsselakteuren vorbereiteten – Abschlusspräsentation 2004 als erfolgreichste Transferveranstaltung genannt. Trotz dieser Wahrnehmung sind aber zahlreiche, z. T. gerechtfertigte, Verbesserungsvorschläge von Seiten der Mitglieder bzw. Adressaten formuliert worden, was einen Hinweis darauf gibt, dass der Prozess dennoch als suboptimal erlebt wurde (vgl. 4.).

Zusammenfassend ist festzustellen, dass die Einflussfaktoren mit zunehmender Spezifik (Randbedingungen → akteursspezifische → Prozessbedingungen) weniger förderlich ausgeprägt sind. D. h.: Auf der „höchsten" Ebene waren die Weichenstellungen für den Wissenstransfer am günstigsten und förderlichsten,[14] während die konkrete (sprachliche) Ausgestaltung des Prozesses – zumindest von den meisten Adressaten – als am hinderlichsten wahrgenommen wurde.

---

[14] Und letztlich waren diese übergeordneten Rahmensetzungen ja auch der Grund, warum es überhaupt ein solches Begleitforschungsprojekt im Rahmen des Innovationsnetzwerkes gegeben hat (vgl. Förderpolitik).

(4.) Fazit: Bedingungen gelingenden Wissenstransfers

Insgesamt sind folgende kontext- und akteursspezifische sowie prozessimmanente *Bedingungen* für die Gestaltung eines glückenden Wissenstransferprozesses festzuhalten:

- Wissenstransferprozesse müssen ausreichend mit Ressourcen ausgestattet werden, und das heißt: Nicht nur dem Sender, auch den Adressaten müssen (insbes. zeitliche) Ressourcen zur Aneignung des „neuen" Wissens zur Verfügung gestellt werden. Auf Senderseite empfiehlt sich die eigenständige, zweckgebundene Finanzierung des Wissenstransfers im Arbeits- oder Werkvertrag.

- Wissenstransferprozesse müssen auch rhetorisch gefördert werden, d. h. sie müssen von den entscheidenden Schlüsselakteuren als richtig und sinnvoll angekündigt und „verteidigt" werden. Ohne ein solches „Commitment" ist davon auszugehen, dass auch die „einfachen" Mitglieder eines solchen Netzwerks den Prozess nicht ernst nehmen und ihn nicht nutzen. Aber auch das Einfordern einer „kommunikativen Verwertung" seitens der Finanzierungsinstitutionen fördert den Wissenstransfer.

- Die Beteiligten müssen gemeinsam eine klare, angemessene Situations- und Aufgabendefinition entwickeln.

- Die Beteiligten sollten ein Verständnis für (das jeweilige Gegenüber) bzw. Kompetenzen im „interkulturellen" Austausch in den Prozess einbringen sowie bereit sein, aufeinander zuzugehen, sowohl sprachlich als auch in der Art der Präsentation.

- Eine gute wissenschaftliche Analyse darf keine Ergebnisse vorwegnehmen oder einfach bestätigen; deshalb müssen sich die Nachfrager darauf einstellen, dass „ihre" Überzeugungen nicht einfach bestätigt werden (können).

- Die Adressaten müssen offen sein für neues und eben auch „unpassendes" oder „unerwünschtes" Wissen, wenn sie wirklich an Inhalten und nicht an Legitimation oder anderen übergeordneten Strategien interessiert sind. Auch „Praxisexpertentum" kann eine Lernblockade darstellen, insofern als Praxisexperten ihr „intuitives" empirisches Wissen höher bewerten als die Ergebnisse einer theoretischen Auseinandersetzung mit „ihren" Praxisproblemen.

- Wissenstransferprozesse müssen sich sprachlich und in der Wahl und Gestaltung der verwendeten Medien an den Hör-, Lese- und Lerngewohnheiten der Adressaten orientieren bzw. die Sender zumindest ernsthaft versuchen, auf diese Gewohnheiten einzugehen. Gleichzeitig müssen die Adressaten bereit sein, sich auf die Sprache und den „Stil" von Sozialwissenschaft einzulassen.

- Eine Infragestellung der Grundüberzeugungen oder strategischen Interessen der Adressaten kann zu Blockadehaltungen führen; auch Empfehlungen (strategische Optionen), die mit den grundlegenden Interessen der Adressaten im Widerspruch stehen, erschweren bzw. verhindern die Wissensvermittlung. Dennoch sollte die Aufgabe wissenschaftlicher Begleitforschung immer auch in dem Anstoßen kritischer (Selbst-) Reflexion bestehen.

Der *Begleitforscher* selbst nannte folgende *Bedingungen* für einen gelingenden Wissenstransfer:

- Wissenstransfer funktioniert, „wenn er von beiden Seiten gewollt ist, und bei geeignetem Kontext und der Verfügbarkeit von ausreichend Ressourcen [Zeit, Geld]" (B14).

- Wissenstransfer funktioniert, „wenn sich die Adressaten auf die Sprache und das Anliegen von Sozialwissenschaft einlassen und sich ausreichend Zeit nehmen für den Transfer" (B14).

3.3 Erfolgsmessung: Erfolg und Nutzen des untersuchten Wissenstransfers

Eine weitere Fragestellung des zweiten Teilprojekts (und des Kolloquiums 2003) bestand in der Erfolgsmessung bzw. dem „Monitoring der Effektivität solcher Prozesse". Diese wurde – wie oben ausgeführt – methodisch mit Rückgriff auf die Wahrnehmungen der Befragten sowie die eigenen Beobachtungen (Umsetzung der Empfehlungen) analysiert. Dabei wird auf (1.) die Einschätzung des Gesamtprozesses (und den Vergleich mit den ursprünglichen Erwartungen) durch die Akteure eingegangen. In (2.) wird gefragt, wie denn – soweit das zu diesem frühen Zeitpunkt bereits feststellbar ist – das Netzwerk mit diesen Empfehlungen umgegangen ist, und welche Folgen evtl. bereits erkennbar sind. Zuletzt wird (3.) nach den überhaupt „möglichen" Effekten bzw. dem möglichen Nutzen des Wissenstransfers zwischen Sozialwissenschaft und Praxis gefragt.

(1.) Erfolg in der Wahrnehmung der Befragten

In der Befragung erklärten alle befragten Adressaten den Vermittlungsprozess letztlich (d. h. explizit mit Blick auf die Abschlusspräsentation 2004) als „erfolgreich" bzw. geglückt.[15] Dies scheint im Widerspruch zu der in den Inter-

---

[15] Es blieb unklar, ob es sich hierbei um eine „sozial erwünschte" oder eine ehrliche Antwort handelte, da der tatsächliche Erfolg aus methodischen und zeitlichen Gründen nicht gemessen werden konnte (s. o.). Für die These einer „sozial erwünschten" Antwort spricht die Tatsache, dass der Transferforscher / Autor von den Adressaten als Mitarbeiter des *ersten* Teilprojekts gesehen wurde, auch wenn nie die Rolle des „unbeteiligten" Beobachters aufgegeben wurde.

views formulierten, z. T. massiven Kritik bzw. den zahlreichen, oben untersuchten negativen Ausprägungen der Erfolgsfaktoren sowie dem (vermuteten) fehlenden Nutzen zu stehen.

Hierfür gibt es zwei Erklärungsmöglichkeiten: Zum einen misst sich ein Erfolg immer (auch) an den eingebrachten Erwartungen (und zwar inhaltlicher wie strategischer Art); zum anderen ist nicht unbedingt die Erfüllung der inhaltlichen Interessen das Erfolgskriterium, sondern auch die Erfüllung übergeordneter strategischer Interessen.

Bei den meisten der Befragten (Anbieter und Adressaten) waren die inhaltlichen Erwartungen von Beginn an relativ gering. Und trotz des prinzipiell als erfolgreich erlebten Prozesses vermuteten die wenigsten befragten Adressaten, dass der Wissenstransfer auch einen konkreten, praktischen Nutzen für sie habe. In den Interviews betonten die befragten Adressaten, dass sie für ihre persönliche, tägliche Arbeit von Beginn an keinen wirklichen Nutzen erwartet hatten. Zudem verwiesen sie wiederholt darauf, dass sie das für ihre tägliche Arbeit benötigte Wissen aus anderen, meist persönlichen Quellen (Gespräche mit Projekpartnern, Kollegen und anderen „Gleichgesinnten" sowie im Bedarfsfall professionelle Beratung) bezogen.

Aber auch strategische Erwartungen und Interessen wurden von Seiten des Netzwerks mit dem Begleitforschungsprojekt verfolgt. Diese sind vermutlich sogar wichtiger als die inhaltlichen Interessen. Hier ist an erster Linie das Interesse an einer Erhöhung der Antragschancen bzw. der Erfüllung der (informellen) Vorgaben des Projektträgers zu erwähnen, das ja als ursächlich für die Aufnahme des Begleitforschungsprojekts in das Projektportfolio gelten kann (s. o.). Die Erwartung, mit Hilfe dieses Projekts beim InnoRegio-Wettbewerb besser abzuschneiden, wurde offensichtlich erfüllt, schließlich ging das untersuchte Netzwerk als einer der „Sieger" aus dem Wettbewerb hervor. Insofern war die Einbeziehung des Begleitforschungsprojektes (und nicht unbedingt des Wissenstransfers) aus Sicht der Adressaten ein Erfolg.

Das strategische oder übergeordnete Interesse an einer Durchsetzung der „grünen Gentechnik" ist als ein langfristiges Projekt zu bezeichnen, dessen Erfolg oder Misserfolg (sowie der Anteil des Transferprozesses daran) im Augenblick nicht abschätzbar ist. Diesem Zweck diente auch das anfangs formulierte „Zwischenziel" eines verbesserten Kommunikationsmanagements. Dazu kommen

---

Nur der Wissensanbieter sah sich in seiner anfänglichen Skepsis gegenüber dem tatsächlichen Effekt eines solchen Vermittlungsprozesses bestätigt. Er selbst bewertete den Erfolg des Wissenstransferprozesses in seiner Wahrnehmung relativ zurückhaltend: Im Interview um seine Einschätzung gebeten, wie viel bei seinen Adressaten „angekommen" sei, äußerte er: „Der Prozess schien mir nur begrenzt erfolgreich, am besten in der Abschlusspräsentation." (B14)

„legitimatorische" Interessen des Vorstands und der Geschäftsführung, die sich durch die Begleitforschung in ihrer Strategie im Großen bestätigt sehen können.

Zwei der befragten Akteure – interessanterweise ohne leitende Funktion im Netzwerk – nannten in erster Linie ein inhaltliches Interesse, nämlich die Überprüfung des eigenen Handelns anhand einer neutralen, differenzierten Außensicht auf ihr Netzwerk. Dieses Interesse wurde auch voll befriedigt, weshalb aus ihrer Sicht der Prozess eindeutig als erfolgreich zu bezeichnen sei.[16] Diese Akteure waren zudem die einzigen, die die Sprache der Vorträge nicht als Zumutung, sondern als willkommene Herausforderung und Abwechselung sahen.

(2.) Erfolgsmessung anhand des Umgangs mit den Empfehlungen

Eine weitere Möglichkeit, den („tatsächlichen") Effekt oder Nutzen von Transferprozessen zu messen, besteht in der Analyse des Umgangs mit den abgegebenen Empfehlungen. Hier ist selbstverständlich wieder das Mess- und Retardierungsproblem in Rechnung zu stellen. Nichtsdestotrotz konnte im konkreten Fall bereits eine exemplarische Analyse durchgeführt werden. Hier werden zunächst einige der Handlungsempfehlungen aus dem Schlussbericht an das Netzwerk zitiert und dann nach dem Umgang mit ihnen gefragt.

Folgende exemplarische Empfehlungen werden hier kurz analysiert (vgl. Conrad 2004b: 28):

a) „Einbettung in allgemeine Entwicklungsprogramme und -prozesse der Pflanzenbiotechnologie in Sachsen-Anhalt";

b) „überregionale Allianzbildung mit global Playern in der Biotechnologie";

c) „Fokus auf moderne Pflanzenbiotechnologie generell und nicht auf grüne Gentechnik", „breit angelegtes Projekt-Portfolio"

d) „differenziertere Haltung zur Nutzung der grünen Gentechnik", „geringes Engagement im Gentechnik-Diskurs"

Zu (a): Diese Empfehlung liegt sehr nahe und lag auch (schon vorher) im Interesse des Netzwerks. Deswegen wurde diese Empfehlung bereits umgesetzt: Das Netzwerk hat einen bedeutenden Anteil an der Konzipierung und Umsetzung der aktuellen „Biotechnologieinitiative" des Landes eingenommen. Das erklärt sich nicht zuletzt aus den personellen Überschneidungen zwischen dem Netzwerk und den technologie- und wirtschaftspolitisch Aktiven in Landesregierung und Landesparlament.

---

[16] An diesem Beispiel zeigt sich sehr deutlich, dass Wissenstransfer erfolgreich ist, wenn er auf gerechtfertigte Erwartungen trifft: Ein solches Ziel – der Anstoß zur Selbstreflexion zwecks Erhöhung der Handlungsrationalität – ist erreichbar und nützlich, erfordert aber eigene „Denkarbeit".

Zu (b): Die Allianzbildung mit *global playern* erwies sich im gesamten Verlauf als problematisch. Insgesamt konnte nur ein *global player* für das Netzwerk gewonnen werden, und dieser beendete sein Engagement noch im Projektverlauf. Besser funktioniert die Zusammenarbeit mit der mitteldeutschen Organisation der gen-/biotechnologischen Unternehmen, die sogar die Geschäftsstellenarbeit finanziell unterstützt (z. T. mit kontraproduktiven Ergebnissen; vgl. (d).

Zu (c): Das Projektportfolio des Netzwerks war von Anfang an recht breit gestreut. Reine Gentechnikprojekte stellen eher die Ausnahme dar; es dominieren Projekte, die auf die Anwendung der Gentechnik in der Züchtung, aber nicht auf die Produktion gentechnisch veränderter Pflanzen zielen. Auch die im Jahre 2004 bewilligten Fachprojekte, für die die restlichen Fördergelder verausgabt werden, setzen diese „Tradition" fort.

Zu (d): Das Projektportfolio spiegelt eine solch differenzierte Haltung wider, nicht aber die öffentliche Positionierung des Netzwerks. Tatsächlich engagierte sich das Netzwerk 2004 – gerade nach Abschluss des Vermittlungsprozesses – im Rahmen der Diskussion um den „Erprobungsanbau" eindeutig und gut sichtbar für einen Anbau von gentechnisch veränderten Pflanzen der „1. Generation". Dies hat bereits zu massiven Protesten und Kritik geführt, sowohl national (seitens Greenpeace, *natur+kosmos*) wie regional („Keine Gentechnik auf Sachsen-Anhalts Äckern e. V.").

(3.) (Mögliche) Effekte und Nutzen

Der tatsächlich erzielte Nutzen eines Wissenstransferprozesses aus der Sozialwissenschaft heraus ist immer auch beschränkt durch den überhaupt möglichen Nutzen, den Sozialwissenschaft bewirken kann. Anders gesagt: Er ist prinzipiell beschränkt auf Grund der „systemimmanenten" Grenzen sozialwissenschaftlicher Forschung.

Wie bereits im Antrag 2001 aufgezeigt wurde, ist von Wissenstransferprozessen aus der Sozialwissenschaft heraus ein „direkter", kurzfristig feststellbarer bzw. messbarer Nutzen nicht zu erwarten. Die möglichen bzw. „angepeilten" Effekte eines solchen Prozesses liegen eher, wie es der Wissensanbieter formuliert hat, in „mind framing", d. i. die „Rahmung ... und die Initiierung von Umdenkprozessen", und der „Bereitstellung sozialen Wissens" (B14). Entsprechend ist von dem Wissenstransfer „nur" folgender Nutzen zu erwarten:

> Das Anliegen des UFZ ist es ..., situationsangemessene differenzierte Interpretationsfolien zu vermitteln, die zukünftig *handlungsrelevante Perspektivenerweiterungen* anbieten und daraus sich ergebende *Lern- und Reflexionsprozesse anregen*. (B14, Vortrag im UFZ; Herv. PS.)

Tatsächlich wurde seitens des Forschungsinstituts und des Begleitforschers von Beginn an, d. h. schon in der Formulierung des Projektantrags, auf das Selbstverständnis und die Grenzen des Projekts hingewiesen, und so Erwartungen eines kurzfristigen Effekts des Wissenstransfers (und damit auch der Annahme, es würden sich sofort messbare Ergebnisse zeigen) „widersprochen": „Insofern würde eine rein kurzfristige Beurteilung von Nutzen und Verwertung der Projektergebnisse diese eher indirekten langfristigen, letztendlich zumeist bedeutsamen Effekte systematisch ausblenden." (UFZ 2001: 18.)

So verwahrte man sich seitens der Begleitforschung von Beginn an dagegen, man würde ein „Kommunikationsmanagement" anbieten (können) bzw. „legitimatorische" Interessen befriedigen. (Vgl. UFZ 2001: 1.)

3.4 Fazit

Als die wichtigsten *Bedingungen*, die erfüllt sein müssen, damit ein solcher Prozess erfolgreich sein kann, wurden erkannt: (1.) Die ausreichende Ressourcenausstattung auf beiden Seiten; (2.) eine klare, angemessene Situations- und Aufgabendefinition; (3.) Kompetenzen im „interkulturellen" Austausch; (4.) ein Aufeinanderzugehen, sowohl sprachlich als auch in der Art der Präsentation.

Als die wohl größten *Probleme* erwiesen sich auf der Seite des Senders eine zu geringe Bereitschaft, auf Sprach- und „Lerngewohnheiten" seines Publikums einzugehen, auf der Adressatenseite – auf Grund der persönlichen beruflichen Belastung – ein viel zu knapp bemessenes Zeitbudget für den Wissenstransfer, so dass aufwändige Rezeptions- und Übertragungsleistungen (trotz prinzipiellem Interesse) kaum erbracht werden konnten („Zeitrestriktionen"). Weitere Probleme waren eine ungeklärte Funktionszuschreibung, Rezeptions- bzw. Lernbarrieren auf Grund „unerwünschter" Information oder Infragestellung der Grundüberzeugungen bzw. eine interessengeleitete Rezeption von Wissensinhalten bei Dominanz von übergeordneten strategischen Interessen.

Entsprechend konnten verschiedene, verallgemeinerbare Bedingungen eines gelingenden Wissenstransfers identifiziert werden. Dies sind insbes. eine zielgruppengerechte Aufbereitung des zu vermittelnden Wissens, eine Klärung der „Beziehung" und der Möglichkeiten und Grenzen sozialwissenschaftlicher Forschung, eine hinreichend große Schnittmenge in den Bedeutungsvorräten und Codes der Akteure, ein hinreichendes Interesse und ausreichend Zeit für Rezeption und Übertragung bzw. Anwendung des neuen Wissens seitens der Adressaten, und natürlich eine ausreichende Mittelausstattung. Dies impliziert die Empfehlung, genau diese Rahmen- und Randbedingungen positiv zu setzen, also insgesamt für „günstige" Kontextbedingungen zu sorgen sowie gleich zu Beginn eine Klärung der kritischen Fragen herbeizuführen.

Im Ergebnis war festzustellen, dass die Adressaten den Wissenstransferprozess durchweg als prinzipiell erfolgreich erlebten, aber bei genauerem Nachfragen

immer auch gerechtfertigte Kritik und nachvollziehbare Verbesserungsvorschläge formulierten. Auch die genannten Bedingungen wurden nur teilweise
erfüllt. Dennoch wurden die – zum Teil sehr geringen – Erwartungen fast bei
allen Befragten erfüllt.

4   Empfehlungen für die Gestaltung von Wissenstransferprozessen

Hier werden nun abschließend Empfehlungen an die Akteure formuliert, wie
Wissenstransferprozesse gestaltet werden sollten, damit sie „erfolgreich" sind.
Nicht alle beteiligten Akteure können auf allen Ebenen Einfluss auf die Gestaltung des Wissenstransferprozesses nehmen. Je nach Position im Netzwerk differieren die Einflusschancen z. T. erheblich, kann auf verschiedene Bedingungen
und Entwicklungen (Prozesse) Einfluss genommen werden, während andere außerhalb des Wirkungskreises des jeweiligen Akteurs liegen. So z. B. die Rahmenbedingungen außerhalb des Einflusskreises der Netzwerkakteure, während
sich die Randbedingungen nur bedingt und z. T. auch nur zu bestimmten Zeit-
punkten („Gelegenheitsfenster") beeinflussen lassen. Die akteursspezifischen
und prozessimmanenten Bedingungen jedoch liegen meist im Einflussbereich
der einzelnen Akteure.[17]

Deswegen richten sich die im Folgenden formulierten Empfehlungen für die
Gestaltung von Kommunikationsprozessen zwischen sozialwissenschaftlicher
Begleitforschung und ihren Praxispartnern z. T. an unterschiedliche Stellen, je
nachdem, wer auf welcher Ebene Einfluss nehmen kann.[18] Die Empfehlungen
zielen zum einen auf die Gestaltung der Randbedingungen und richten sich in
erster Linie an das beteiligte Netzwerk- und Forschungsmanagement, zum anderen auf die Gestaltung des konkreten Prozesses und richten sich damit an alle
den Prozess gestaltenden und rezipierenden Akteure, insbes. aber den „Wissensanbieter".

1)   Für den Prozess ausreichend Ressourcen zur Verfügung stellen!

Damit ein Wissenstransferprozess erfolgreich sein kann, müssen Anbieter- und
Adressatenseite ausreichend Ressourcen, insbes. zeitliche, zur Verfügung ste-

---

[17]   Ausnahmen sind hier die (im Prozess der Sozialisation erworbenen) „Sprachkompeten-
       zen", die von der (Sub-) Systemzugehörigkeit und den Erfahrungen im Umgang mit Ver-
       tretern anderer gesellschaftlicher Subsysteme abhängen.

[18]   An dieser Stelle ist zunächst nochmals festzuhalten, dass die Beeinflussungschancen
       bezüglich der extern und ex ante gesetzten Rahmenbedingungen nicht bzw. nur zu be-
       stimmten (meist bereits zurückliegenden) Gelegenheiten und nur sehr mittelbar beein-
       flussbar sind. Die hier formulierten Empfehlungen beziehen sich deshalb ausschließlich
       auf die Gestaltung der Randbedingungen.

hen, damit aufwändige „Übersetzungs"-, Aufbereitungs-, Rezeptions- und Umsetzungsleistungen erbracht werden können.

2) Den Prozess von Seiten des Managements auch rhetorisch unterstützen („Commitment", Akzeptanz des Projektes)!

Damit Anbieter und Adressaten bereit sind, ihre Zeit für den Transfer einzusetzen, muss dieser Transfer auch von Seiten des Managements beider Seiten unterstützt und gewürdigt werden.

3) Den Wissenstransferprozess möglichst gut einbetten! (Foren schaffen! Die Adressaten und Ansprechpartner (Verantwortlichen) klar definieren!)

Damit neues Wissen auch nutzbar und wirksam werden kann, muss auf Adressatenseite festgelegt werden, wer das Wissen rezipieren und wer mit dem Wissen etwas anfangen kann und soll.

4) Klarheit über die Rollenverteilung schaffen!

Damit es nicht zu Fehlinterpretationen der Situation und der Beziehung der Beteiligten zueinander kommt, müssen die Rollen und die Beziehung der Beteiligten geklärt sein. Versteht hingegen die Adressatenseite die Begleitforschung als reinen Dienstleister und Berater und stellt damit die Unabhängigkeit des Projekts in Frage, so sind Konflikte vorprogrammiert.

5) Die Aufgaben des konkreten Projektes klar definieren und kommunizieren!

Auch die Aufgaben des konkreten Projekts sollten gleich zu Anfang klar definiert und v. a. diese Festlegungen auch offensiv kommuniziert werden, um so Missverständnisse zu vermeiden und für „angemessene" Erwartungen zu sorgen. Auch hier muss vermieden werden, dass zu hohe Erwartungen geweckt werden.

6) (Sprachliche) Kompetenzen und (interdisziplinäre bzw. Kooperations-) Erfahrungen einbringen / mitbringen.

Es ist für einen Vermittlungsprozess sehr förderlich, wenn die beteiligten Akteure bereits über Erfahrungen in der Kooperation und Kommunikation mit Vertretern anderer gesellschaftlicher Subsysteme verfügen. Dies erleichtert den sprachlichen Austausch zwischen den Partnern. De facto lassen sich solche Erfahrungen nicht einfach „nachholen", da sie Teil eines langwierigen Sozialisationsprozesses sind; es ist jedoch von Vorteil, wenn zumindest einige Akteure, am besten der Wissensanbieter bzw. der/die Ansprechpartner auf Seiten der Adressaten, über solcher Erfahrungen verfügen, und diese auch im Prozess gestärkt werden.

7) Die Möglichkeiten und Grenzen sozialwissenschaftlicher Forschung aufzeigen und die entsprechenden Festlegungen und Restriktionen von Anfang an deutlich kommunizieren! (Keine „Legitimationsleistungen", kein unreflek-

tiertes Commitment zum Netzwerk bzw. der zu entwickelnden Technologie erwarten!)

Damit es nicht zu Missverständnissen darüber kommt, was ein konkretes Begleitforschungsprojekt leisten kann und will, muss Klarheit darüber hergestellt werden, was Sozialwissenschaft als solche leisten kann und soll. Eine Reduzierung auf „sozialtechnologische" Aufgaben (Verbesserung des Kommunikationsmanagements, Erarbeitung (verlässlicher) Handlungsempfehlungen) sorgt für Verstimmung seitens der Forscher. Das impliziert auch, das letztere gleich zu Beginn die Grenzen der Forschung aufzeigen, und keine zu hohen Erwartungen wecken.

8) Realistische Interessen und Erwartungen mitbringen, offen legen und offen diskutieren! Keine zu hohen Erwartungen wecken!

Damit ein Wissenstransfer auch in der Wahrnehmung der Akteure erfolgreich sein kann, muss er auf realistische Erwartungen – sowohl daran, was Sozialwissenschaft kann und will (s. o.), als auch was das konkrete Projekt leisten soll und kann – stoßen. Diese sollten deshalb vor Beginn des Prozesses offen gelegt werden und realistisch sein.

9) Gelegenheitsfenster für die Definition der Aufgaben und Gestaltung der Randbedingungen nutzen! (Insbes. Antragsphase)

Wollen die Adressaten Einfluss auf die Aufgaben des Begleitforschungsprojektes oder die Gestaltung des Wissenstransferprozesses nehmen, so müssen sie die sich dafür bietenden „Gelegenheitsfenster" nutzen. Es ist nicht möglich, nach Ablauf bspw. der halben Laufzeit eines Forschungsprojektes neue Aufgaben zu setzen. Bzgl. des Transferprozesses zeigte sich jedoch, dass bei Kooperationsbereitschaft seitens der Anbieter durchaus noch Verhandlungsspielraum für die konkrete Gestaltung (Themenauswahl) besteht, ohne dass damit das Projekt substanziell verändert werden müsste.

10) Grundüberzeugungen nicht in Frage stellen! „Unpassendes" oder „ungewünschtes" Wissen nicht blockieren, sondern reflektieren!

Im Zuge der Beobachtungen und Befragungen zeigte sich, dass gerade die Präsentation unerwünschten Wissens – z. B. über die Nicht-Rückholbarkeit und Auskreuzungsgefahr gentechnisch veränderter Pflanzen und andere ökologische Risiken – bei den Adressaten zu „Abwehrreaktionen" führten, und sich diese in der Folge mit dem eigentlichen Argument nicht auseinandersetzten. Unerwünschtes Wissen sollte deshalb „geschickt verpackt" oder von den Adressaten im Diskurs selbst erarbeitet werden, nicht jedoch im Namen eines „harmonischen" Wissenstransfers unterdrückt werden – schließlich zeigt die Erfahrung, dass gerade dieses unerwünschte Wissen auf zukünftige praktische Probleme hinweist.

11) Die inhaltliche, thematische Auswahl des zu transferierenden Wissens sollte sich an den Interessen und Problemen der Adressaten orientieren (Problemorientierung).

Damit die Adressaten motiviert sind, sich die für einen solchen Prozess notwendige Zeit zu nehmen, sollte sich die Auswahl (nicht aber die Wertung bzw. Einschätzung!) des zu transferierenden Wissens an den Problemen und Interessen der Adressaten orientieren.

12) Die sprachliche Gestaltung des Prozesses sollte sich an den Adressaten orientieren, das Wissen verständlich präsentiert werden.

Damit der Prozess erleichtert wird, sollte der Wissensanbieter versuchen, sich dem Vokabular seiner Adressaten so weit wie möglich anzunähern (was durch die – in diesem Fall originär sozialwissenschaftlichen – Inhalte beschränkt ist) bzw. ein allgemeinverständliches Vokabular zu verwenden bzw. Fachausdrücke etc. zu explizieren.

13) Die Gestaltung der verwendeten Medien sollte sich an den Lern- und Lesegewohnheiten der Adressaten orientieren.

Auch die Gestaltung der verwendeten Medien sollte sich an den Lern- und Lesegewohnheiten der Adressaten orientieren. Das betrifft sowohl die Art und Gliederung der Präsentation (Vorträge) als auch die Gestaltung des Präsentationsmaterials (Folien). Hier gelten in den beteiligten Disziplinen / Domänen (noch) unterschiedliche Standards.

14) Die Adressaten sollten ausreichend „Eigenleistungen" einbringen, sich ausreichend Zeit für den Wissenstransfer nehmen.

Damit ein Wissenstransfer erfolgreich sein kann, müssen die Adressaten nicht nur über ausreichend Zeit verfügen (s. o.), sondern diese auch für den Transfer einsetzen. Das werden sie natürlich nur tun, wenn sie ihre Probleme und Fragen thematisiert sehen.

5 Literatur

Antos, Gerd (2001): Transferwissenschaft. Chancen und Barrieren des Zugangs zu Wissen in Zeiten der Informationsflut und der Wissensexplosion. In: Wichter / Antos 2001, S. 6-31.

Badura, Bernhard (1971): Sprachbarrieren. Zur Soziologie der Kommunikation. Stuttgart-Bad Canstatt: Friedrich Frommann Verlag.

Badura, Bernhard / Klaus Gloy (1972): Kommunikationssoziologie. Stuttgart-Bad Canstatt: Friedrich Frommann Verlag.

Badura, Bernhard (Hg.) (1976): Seminar: Angewandte Sozialforschung: Studien über Voraussetzungen und Bedingungen der Produktion, Diffusion und Verwertung sozialwissenschaftlichen Wissens. Frankfurt / Main: Suhrkamp Verlag.

Beck, Ulrich / Wolfgang Bonß (1986): Sozialtechnologie oder Aufklärung? Frankfurt / Main: Suhrkamp Verlag.

Conrad, Jobst (2001): Zur Akzeptanz von gentechnisch veränderten Pflanzen: Bestandsaufnahme, Orientierungsmuster und strategische Optionen. Antrag zum BMBF-Projekt, Berlin/Leipzig: Umweltforschungszentrum (UFZ).

Conrad, Jobst (2004a): Ergebnisse sozialwissenschaftlicher Gentechnikforschung und erste Schlussfolgerungen für die Region Nordharz / Börde (Langfassung). UFZ-Bericht 19/2004, Leipzig: Umweltforschungszentrum (UFZ).

Conrad, Jobst (2004b): Stellen Mentalitäten und Denkmuster die entscheidenden Hürden für die Wirksamkeit sozialwissenschaftlicher Begleitforschung dar? Vortragsskript, Leipzig: Umweltforschungszentrum (UFZ).

Conrad, Jobst (2005): Grüne Gentechnik – Gestaltungschance und Entwicklungsrisiko. Perspektiven eines regionalen Netzwerks. Wiesbaden: Deutscher Universitätsverlag.

Czarnitzki, Dirk (2000): Interaktion zwischen Wissenschaft und Wirtschaft. ZEW-Arbeitspapier, Mannheim: Zentrum für Europäische Wirtschaftsforschung (ZEW).

Dewe, Bernd (1991): Beratende Wissenschaft. Göttingen: Schwartz.

Flick, Uwe (1995): Qualitative Forschung. Theorie, Methoden, Anwendung in Psychologie und Sozialwissenschaften. Reinbek: Rowohlt

Flick, Uwe / Ernst von Kardoff / Ines Steinke (2000): Qualitative Sozialforschung: Ein Handbuch. Reinbek: Rowohlt

Flick, Uwe (2002): Qualitative Sozialforschung: Eine Einführung. Reinbek: Rowohlt .

Hampel, Jürgen / Ortwin Renn (Hg.) (1999): Gentechnik in der Öffentlichkeit. Wahrnehmung und Bewertung einer umstrittenen Technologie. Frankfurt / Main: Campus

Hauff, Volker (1979): Wie läßt sich die Verständigung zwischen Wissenschaftlern und Politikern verbessern? In: Greiffenhagen / Prätorius (Hg.): Ein mühsamer Dialog. Beiträge zum Verhältnis von Politik und Wissenschaft. Köln: Europäische Verlagsanstalt, S. 182 - 192.

Hullmann, Angela (2001): Internationaler Wissenstransfer und technologischer Wandel. Bedeutung, Einflussfaktoren und Ausblick auf technologiepolitische Implikationen. Heidelberg: Springer / Physica Verlag.

Hund, Wulf / Bärbel Kirchhoff-Hund (1980): Soziologie der Kommunikation. Reinbek: Rowohlt.

Karmanski, Andreas (2003): Integration des sozialwissenschaftlichen Wissens in die Umweltkommunikation. UBA-Forschungsbericht Nr. 299 11 133, Berlin: Umweltbundesamt.

Kunczik, Michael (1979): Massenkommunikation: Eine Einführung. Köln / Wien: Böhlau

Kunczik, Michael / Astrid Zipfel (2001): Publizistik: Ein Studienhandbuch, Köln / Weimar / Wien: UTB.

Maletzke, Gerhard (1988): Massenkommunikationstheorien. Tübingen: Niemeyer Verlag.

Martinsen, Renate (Hg.) (1997): Politik und Biotechnologie. Die Zumutung der Zukunft. Baden-Baden: Nomos Verlag.

Menrad, Klaus (1996): Kommunikation in der Gentechnik im Landwirtschafts- und Lebensmittelsektor. Broschüre zum EU-Projekt. Karlsruhe: ISI-Arbeitspapier, Fraunhofer Institut für System- und Innovationsforschung (FhG-ISI).

Mierswa, Susanne (1999): Kommunikation als Zeichenübertragung. Internetquelle, Arbeitspapier, Freiburg 1999: Internetpublikation.

Müller, Bernhard / Thorsten Wiechmann (2002): Kommunikation in regionalen Innovationsnetzwerken. München: Rainer Hampp Verlag.

Peters, Hans Peter (Hg) (1994): Kontakte zwischen Experten und Journalisten bei der Risikoberichterstattung. Arbeitspapier, Münster: Universität Münster, Institut für Publizistik.

Peters, Hans Peter (1999): Rezeption und Wirkung der Gentechnik-Berichterstattung. In: Arbeiten zur Risikokommunikation, Heft 71, Jülich: Forschungszentrum Jülich (FZJ).

Riley, John / Riley, Matilda (1959): Mass Communication and the Social System. In: Merton, Robert K. (Hg.): Sociology Today. New York: Basic Books, S. 573-595.

Scharpf, Fritz W. (2000): Interaktionsformen. Akteurszentrierter Institutionalismus in der Politikforschung. Opladen: Leske + Budrich..

Scholderer, Joachim (1998): Gentechnik und Risikokommunikation. In: Vortragsreihe Nr. 8 / 1998, Potsdam: Universität Potsdam.

Schramm, Wilbur (1961): How Communication Works. In ders.: The Process and Effects of Mass Communication. Urbana: University of Illinois Press, S. 18ff.

Schulz von Thun, Friedemann (1981): Miteinander reden 1: Störungen und Klärungen. Allgemeine Psychologie der Kommunikation. Reinbek: Rowohlt

Shannon, Claude / Warren Weaver (1949): The Mathematical Theory of Communication. Urbana: University of Illinois Press. (Dt.: Mathematische Grundlagen der Informationstheorie. München 1976.)

Wichter, Sigurd / Gerd Antos (Hg.) (2001): Wissenstransfer zwischen Experten und Laien: Umriss einer Transferwissenschaft. Frankfurt u. a.: Peter Lang Verlag.

Wiedemann, Peter (1999): Risikokommunikation: Ansätze, Probleme und Verbesserungsmöglichkeiten. In: Arbeiten zur Risikokommunikation, Heft 70, Jülich, Forschungszentrum (FZJ).

Wiedemann, Peter (2003): VDI-Leitfaden zur Risikokommunikation. Internetpublikation, Jülich, Forschungszentrum (FZJ).

Winter, Martin (2004): Evaluation von Forschung und Lehre an der Universität Halle-Wittenberg. Internetpublikation, Halle, Universität Halle-Wittenberg.

Zimmer, René (2002): Begleitende Evaluation der Bürgerkonferenz ‚Streitfall Gendiagnostik'. Karlsruhe, Fraunhofer Institut für System- und Innovationsforschung (FhG-ISI).

Transferwissenschaft als „Übersetzungswissenschaft" für die Übersetzung zwischen verschiedenen gesellschaftlichen Subsystemen?

Philipp Steuer, Charlotte Voermanek (Leipzig)

1 Hintergrund und Problemdiagnose

Auf dem Kolloquium stellte Susanne Göpferich etwas provokativ die These zur Diskussion, die Transferwissenschaft sei eine Subdisziplin der Translationswissenschaft. Schon in ihrem Vortrag widerlegte sie jedoch diese Zuordnung und kam zu dem Schluss, dass das disziplinäre Verhältnis der beiden Wissenschaften zueinander sich eher umgekehrt verhält: Wenn, dann sei die Translationswissenschaft eine Subdisziplin der Transferwissenschaft; schließlich beschäftige sie sich nur mit einem ganz speziellen Ausschnitt der letzteren, nämlich dem Transfer von einer Sprache in eine andere, und zwar in der Regel bei Aufrechterhaltung der Textfunktionen.

Versteht man „Sprache" im Sinne einer (fachlichen) Subsprache und ihren spezifischen Codes, wird deutlich, dass viele Aspekte der interlingualen Translation auf eine „intralinguale Translation" übertragbar sind: Schließlich verfügen auch die verschiedenen wissenschaftlichen Disziplinen oder auch andere soziale Subsysteme über jeweils eigene Codierungssysteme und Konventionen (und grenzen sich über sie ab). Natürlich ist hier der „Fremdsprachencharakter" meist nicht so offensichtlich, da der Rezipient zumindest meint zu verstehen – immerhin bedient sich die für ihn zwar fremde Fachsprache ja des bekannten allgemeinsprachlichen Gerüsts (Grammatik, Grundvokabular).

Genau hier liegt jedoch auch eine der Tücken: Die Verwendung gemeinsamer Grundkonstrukte vermittelt dem fachfremden Rezipienten eine Illusion der Verständlichkeit – tatsächlich versteht er aber aufgrund der ihm unbekannten Sprachstrukturen, Konventionen und Konnotationen schlimmstenfalls (fast) nichts. Das Gleiche gilt für soziale Subsysteme im Allgemeinen: Kommunikatoren aus demselben Sprach-/Kulturkreis verfügen zwar über ein gemeinsames allgemeinkulturelles Gerüst, doch schon durch die generelle Sozialisierung und spätestens durch die berufliche Spezialisierung differiert der kulturelle und damit auch sprachliche Hintergrund verschiedener Milieus erheblich.

Insofern besteht schon aus theoretischer Sicht der Bedarf einer „innersprachlichen Übersetzung" sowohl in der Kommunikation zwischen verschiedenen Wissenschaftsdisziplinen als auch zwischen gesellschaftlichen Subsystemen, auch wenn diese anscheinend „dieselbe Sprache sprechen".

Die Transferwissenschaft widmet sich diesem Aspekt in empirischen Untersuchungen durchaus, was auch ihrem Auftrag entspricht: Versteht man mit Antos (2001a) die Transferwissenschaft als eine Wissenschaft, die sich mit dem Zugang zum Wissen und mit Vermittlungsbarrieren beschäftigt, die „Prinzipien, Wege und Strategien des ... Zugangs zu Wissen ... erforschen" und entsprechend den eigenen Ansprüchen auch zugänglich machen will[1], nimmt sie für sich durchaus in Anspruch, für den Bereich der interdisziplinären, intersystemaren bzw. interkulturellen Kommunikation diese Funktion zu erfüllen. Unsere These ist jedoch: Obwohl sie dieses Wissen auch als „Metawissen" für den Zugang zu Wissen für Praktiker nutzbar machen will[2], mangelt es noch an einer systematischen, konzentrierten, „transferfreundlichen" Aufbereitung der bislang noch verteilt vorliegenden Erkenntnisse (vgl. Kap. 4.2).

Verschiedene Aspekte der theoretischen, aber auch praktischen Überlegungen zu diesem interkulturellen Übersetzungsproblem lassen sich jedoch eventuell aus der traditionellen Übersetzungswissenschaft sowie der Fachsprachenforschung übernehmen, auch wenn zumindest die Übersetzungswissenschaft „interkulturell" weitgehend als Problem der nationalen Sprachkulturen versteht.

Vor dem Hintergrund vermehrter Bemühungen um und steigender Anforderungen an den Wissenstransfer aus der Wissenschaft in die Praxis und Öffentlichkeit stellt sich die Frage, ob der Bedarf besteht, (auch unter Übernahme von Elementen aus anderen Wissenschaften) eine systematische „Übersetzungswissenschaft" für die Übersetzung zwischen verschiedenen Disziplinen oder gesellschaftlichen Subsystemen als Teil der Transferwissenschaft zu begründen und ihre Ergebnisse in die Transfer- oder Übersetzungspraxis einfließen

---

[1] Vgl. Antos (2001a: 5).

[2] Vgl. Antos (2001a: 17) „Ziel ist die organisatorische, mediale und sprachliche Optimierung des Wissenstransfers".

zu lassen und ob die Transferwissenschaft geeignet ist, verstärkt übertragbares und leicht zugängliches „Übersetzungswissen" für die intralinguale, interkulturelle Übersetzung zu sammeln und anzubieten.

2   Allgemeine Grundlagen

Grundlegende Arbeit zum Verständnis verschiedener gesellschaftlicher Funktionseinheiten und ihrer Interaktion hat Niklas Luhmann geleistet. Seine Interpretation von Funktionseinheiten als „Subsysteme" eines (Meta-) Systems, seine theoretischen Darlegungen zu den Interaktionen zwischen Systemen und ihrer Umwelt sowie den dabei „zwangsläufig" auftretenden Problemen haben sich mittlerweile in fast allen wissenschaftlichen Disziplinen durchgesetzt.[3]

Das wesentliche Problem einer Kommunikation zwischen den verschiedenen gesellschaftlichen Subsystemen besteht in den sich zwangsläufig – auf Grund der Selbstreferentialität von Systemen – einstellenden Eigendynamiken und Eigengesetzlichkeiten der jeweiligen Systeme. Hierzu ist auch die Etablierung eigener sprachlicher und sozialer Konventionen und Normen zu zählen. Diese werden, je weiter sich ein Subsystem ausdifferenziert, umso spezifischer – und damit umso schwerer verständlich und übertragbar bzw. übersetzbar.

Auch Charles Snow spricht in seinem vielbeachteten Aufsatz von Natur- und Sozialwissenschaft von zwei unterschiedlichen Kulturen[4]. In diesem Sinne verstehen wir hier diese gesellschaftlichen Subsysteme ebenfalls als eigenständige „Kulturen" und sprechen folglich von „intralingualer, interkultureller Übersetzung" als Voraussetzung für einen erfolgreichen Wissenstransfer.

Für den Wissenstransfer zwischen verschiedenen Kulturen oder gesellschaftlichen Subsystemen innerhalb einer Kultur bedeutet diese jeweilige Spezifik, dass ein Autor oder eben ein Übersetzer mit beiden Kulturen bzw. Subsystemen vertraut sein muss, um seine Aufgabe erfüllen zu können. Davon gehen auch translatologische Theorien aus, die sich mit der kulturellen Dimension der Problematik befassen: „Neuere translationstheoretische Überlegungen [definieren] Translation als *kulturelle* Transferhandlung und unterstreichen die Rolle des Translators als eines *Kultur*mittlers."[5] Hierzu gehört auch die „Kompetenz-zwischen-Kulturen", also das Wissen des Translators über Selbst- und Fremdbilder der betreffenden Kulturen in Bezug aufeinander[6].

---

[3]   Vgl. Luhmann (1987, 1990).

[4]   Vgl. Snow (1959).

[5]   Vgl. Witte (1998: 345).

[6]   Ebd.

3 Intralinguale, interkulturelle Translation in der Praxis

3.1 Notwendigkeit intralingualer, interkultureller Translation

Eine innersprachliche Übersetzung oder zumindest Adaptation ist immer dann erforderlich, wenn wir von einer fachlich asymmetrischen Beziehung zwischen den Kommunikationspartnern ausgehen müssen.

Insbesondere ist dies der Fall, wenn Wissen in Form von Lehrbüchern, populärwissenschaftlichen Zeitschriftenartikeln oder anderen vermittelnden Texten an Laien weitergegeben wird, wobei in diesem Fall in der Regel aufgrund des didaktischen Auftrags auf eine Anpassung an das zu erwartende Vorwissen und eine verständliche Vermittlung geachtet wird.

Die Arbeit von Pressereferenten, Öffentlichkeitsabteilungen u. a. „Multiplikatoren", die in direktem Kontakt mit der (medial verfassten) Öffentlichkeit stehen, zählt ebenfalls zu der Übersetzungsarbeit zwischen verschiedenen gesellschaftlichen Subsystemen.[7] Auch Rechts-, Politik- oder sonstige Berater nehmen im Prinzip Vermittlerrollen ein, indem sie Orientierungs- und Entscheidungswissen für die Entscheider aus der Praxis aufbereiten und transferieren.[8]

Schwieriger ist die Situation dann – und das sind auch die für unsere Überlegungen relevanten Fälle –, wenn die Inhalte nicht von Pädagogen oder anderen dafür sensibilisierten Experten vermittelt, sondern von „reinen" Fachleuten weitergegeben werden, die keinerlei Erfahrung mit der Vermittlung von Wissen haben. Dies ist der häufigste Fall, wenn es um die Vermittlung wissenschaftlichen Spezialwissens an Laien geht. Ein solches Transfersetting liegt zum Beispiel dann vor, wenn Forschungsinstitute Wissen an eine breitere Öffentlichkeit oder auch einzelne Wissenschaftler, oder Begleitforscher ihre Ergebnisse an Laien oder Experten aus anderen Fachgebieten (die dann ebenfalls als Laien zu verstehen sind) weitergeben wollen.

Im Fall der Wissenschaftsübersetzung sind Vermittler also oft diejenigen, die selbst den Ausgangstext (nach wissenschaftlichen Kriterien) produziert haben. Nur in den seltensten Fällen handelt es sich hierbei um Personen, die den anderen Kulturkreis wirklich kennen gelernt haben – und noch seltener scheinen diese bereit zu sein, sich tatsächlich auf die (Sprach-) Kultur des Adressatenkreises

---

[7] Hier ist jedoch festzuhalten, dass es etablierte Kriterien und Konventionen für deren Arbeit gibt, die auch in der Ausbildung vermittelt werden. Insofern handelt es sich hierbei um einen teilprofessionalisierten Bereich, in dem die Kulturspezifika des Empfängers präsent sind und eine wichtige Rolle spielen.

[8] Die wissenschaftliche Auseinandersetzung mit diesem Aspekt der innersprachlichen Übersetzungsarbeit ist bislang Aufgabe der sogenannten Beratungsforschung (vgl. insbesondere Dewe 1991).

einzustellen. Auch deshalb scheint es notwendig, hier professionelle Übersetzer (s. u.) einzusetzen – oder zumindest die wissenschaftlichen Textproduzenten verstärkt auf die Notwendigkeit einer Kulturanpassung hinzuweisen.

Handelt es sich aber um einzelne Wissenschaftler oder Begleitforscher, die ihre Forschungsergebnisse und Studien an ihre Auftraggeber aus der Praxis vermitteln wollen und die dafür nicht über die Fähigkeiten der ÖA- oder PR-Abteilung einer größeren Einrichtung verfügen können, hängt die erfolgreiche Vermittlung um so mehr von der Fähigkeit oder der Bereitschaft des Wissenschaftlers ab, sich an die fachlichen und sprachlichen Vorkenntnisse seiner Rezipienten anzupassen, bzw. davon, ob ein qualifizierter Übersetzer für diese Arbeit eingesetzt wird. Dies wird aber gerade im Bereich des „Berichtswesens", der wissenschaftlichen Präsentation von Ergebnissen vor einem fachfremden Publikum oder der „Stakeholder-Beteiligung" bislang nur sehr eingeschränkt beherzigt. Diese Arbeit wird oft als ein quasi-automatischer „Spill-Over-Effekt" der wissenschaftlichen Arbeit verstanden und der Verantwortlichkeit des Forschers überlassen, ohne dass hier nach besonderen Qualifikationen gefragt oder verbindliche Kriterien aufgestellt würden. Entsprechend hapert der Wissenstransfer meist genau an diesem Punkt. Leider wird diese Arbeit bisher aber auch nicht angemessen gewürdigt (weder finanziell noch fachlich / wissenschaftsintern), so dass die wenigsten Wissenschaftler einen Grund sehen, die Mühen einer saubereren Adaptation oder Übersetzungsarbeit auf sich zu nehmen.

3.2 Wie (gut) läuft der interkulturelle Wissenstransfer in der Praxis?

In diesem Abschnitt soll anhand der Auswertung eines konkreten Forschungsprojekts gezeigt werden, dass der Wissenstransfer de facto weiterhin suboptimal funktioniert, und an welchen Unzulänglichkeiten der Transfer nach Ansicht der Adressaten leidet (bzw. welche Verbesserungsvorschläge sie machen).[9]

Der Vermittlungsprozess im Rahmen des Projektes wurde durch den Forscher selbst gestaltet, wobei er ausschließlich auf die „klassischen" Formen der Vermittlung (Vorträge und Berichte) zurückgriff und dabei sozialwissenschaftlichen Textproduktionskonventionen verhaftet blieb. Tipps und Anregungen zur verständlicheren Gestaltung der Präsentationen und Texte lehnte er mit dem Verweis auf das vorauszusetzende Interesse bei den Adressaten und den Hinweis, dass man von diesen „auch etwas verlangen" könne, ab. Auch „Praktikerhilfen"

---

[9] Mittels Befragung ausgewählter Beteiligter zu ihrer Wahrnehmung des Vermittlungsprozesses durch Philipp Steuer erfolgte eine transferorientierte Auswertung des Vermittlungsprozesses zwischen einer sozialwissenschaftlichen Begleitstudie und seinen Praxispartnern. Die Ergebnisse wurden von dem Begleitforscher selbst an die Mitglieder des Netzwerkes vermittelt.

wie Checklisten, Empfehlungen zur Kommunikationsgestaltung o. Ä. nahm er nicht zum Anlass, seine Kommunikationsstrategie zu überarbeiten.

Die anschließenden Befragungen zeigen sehr deutlich, dass die Adressaten große Probleme mit dem Sprachstil, dem Fachvokabular, aber auch allgemein der Art der Präsentation der Informationen hatten und deshalb bei den Treffen kaum brauchbares Wissen gewinnen konnten, auch wenn sie im Nachhinein oft feststellen mussten, dass das angebotene Wissen durchaus ihren Interessen und Problemen entsprach.

Ihre Forderungen an zukünftige Vermittlungsprozesse zielten in erster Linie auf ein verständlicheres Angebot und bessere Präsentation des Wissens, die den Konventionen der (durchweg naturwissenschaftlich ausgebildeteten) Adressaten entsprechen.[10] Dies wurde explizit auch auf die Präsentations- und Textstrukturierungs- bzw. Lesegewohnheiten des Befragtenkreises bezogen. Die Explizierung von Fachausdrücken war die dritte große Forderung an die Gestaltung solcher Vermittlungsprozesse.[11]

Mit Blick auf die Untersuchungen des Autors lässt sich die Behauptung Warnkes, dass „Experten ... über die Fähigkeit der Kondensation von komplexen Zusammenhängen zu einfachen Erklärungsmodellen"[12] verfügen, nicht bestätigen. Vielmehr scheint – zumindest im untersuchten Fall – diese Fähigkeit sehr offensichtlich zu fehlen – und der Transfer eben daran zu scheitern. Tatsächlich ergab sich nämlich bei der Befragung des die Studie durchführenden Begleitforschers, dass Transferwissen nicht nur – mit dem Verweis auf die vorauszusetzenden kognitiven Fähigkeiten der Adressaten (s. o.) – ignoriert wird, sondern dass es auch gar nicht vorhanden ist. Das betrifft sowohl praktische Gestaltungsempfehlungen als auch die dafür benötigten technischen und rhetorischen Fähigkeiten (verständliches Sprechen und Umgang mit Präsentationssoftware).

Auch Antos (2004) konstatiert die Probleme beim Wissenstransfer: Der „intrakulturelle und interkulturelle Wissenstransfer [scheint] bei uns nicht optimal zu sein", und spricht von „eingeschränktem Wissenstransfer".[13]

Es stellt sich daher u. E. die Frage, ob es vor dem Hintergrund dieser (verallgemeinerbaren?) Erfahrungen sinnvoll ist, die Forschenden selbst auch mit dem Transfer zu beauftragen – insbesondere ohne eine entsprechende Weiterbildung

---

[10] Nur einer der Adressaten empfand es als „willkommene Abwechslung" und „Herausforderung", sich mit der komplexen sozialwissenschaftlichen Sprache des Wissensanbieters auseinanderzusetzen.

[11] Vgl. Steuer (2005 i. Vorb.)

[12] Warnke (2001: 194).

[13] Antos (2004: 1). Vgl. für das Beispiel der Kommunikation von Umweltwissen Kuckartz / Schack (2002: 83 und 95).

der Forscher und ohne das Setzen deutlicher Anreize für einen wirksamen Transfer.

Eine Lösung des Problems könnte im systematischen und leicht zugänglichen Angebot von Gestaltungs- und Kommunikationsempfehlungen für den Transfer von wissenschaftlichem Spezialwissen in andere gesellschaftliche Subsysteme liegen, wie sie – wenn auch verteilt – die Übersetzungswissenschaft, die Fachsprachenforschung, aber eben auch die Transferwissenschaft bereits anbieten.

3.3   Mögliche Praktikerhilfen für den Wissenstransfer

Es stellt sich vor dem Hintergrund des oben konstatierten Kommunikations- und Vermittlungsdefizits die Frage, welche Formen des Angebots an Transferwissen – unter Beachtung der von der Wissenschaft formulierten Probleme beim Transfer solchen Wissens – sinnvoll erscheinen, um den Praktikern ihre Arbeit zu erleichtern und damit gesellschaftliche Wissenstransferprozesse zu optimieren.

Da die Forscher, die auch als Vermittler fungieren sollen, meist hauptsächlich mit ihrer „eigentlichen" Arbeit befasst sind (und für den Wissenstransfer nur selten eigene Mittel bereitgestellt und davon professionelle „Übersetzer" engagiert werden), gilt auch hier das Gebot, das für die Vermittlung an Praktiker aufgestellt werden kann: Nämlich dass das bereitgestellte Wissen in leicht zugänglicher und umsetzungsfreundlicher Form zur Verfügung gestellt werden sollte. Hierzu eignet sich insbesondere eine systematisch aufbereitete Ergebnispräsentation der Transferwissenschaft in Form von explizit für Praktiker formulierten Gestaltungs- und Kommunikationsempfehlungen für den Transfer von wissenschaftlichem Spezialwissen, evtl. in Form von Checklisten, die in letzter Zeit vermehrt z. B. im Internet zugänglich gemacht werden.[14] Bislang greifen diese Checklisten aber nicht auf das wissenschaftlich fundierte Wissen der Transferwissenschaft zurück, sondern bauen auf die Erfahrungen der Praktiker, z. B. professioneller Unternehmensberater. Dementsprechend sind sie oft stark vereinfacht und bedürfen durchaus einer stärkeren wissenschaftlichen Fundierung, ohne dass damit das einfließende Praxiswissen abgewertet werden soll oder darf.

4   Vorhandene wissenschaftliche Ansätze

In diesem Abschnitt soll darauf eingegangen werden, in welcher Weise sich Elemente der Sprach- und Übersetzungswissenschaften sowie der noch re-

---

[14]   Vgl. insbesondere www.checkliste.de oder www.projektmagazin.de u. a. In Printform z.B. Menrad et al. 1997 oder Kuckartz/Schack 2002. Vgl. auch den Beitrag von Philipp Steuer in diesem Band.

lativ jungen Transferwissenschaft für den hier vorliegenden besonderen Fall der intralingualen und interkulturellen Übersetzung verwenden lassen.

4.1 Sprach- und Übersetzungswissenschaft

Es ist offensichtlich, dass sich die Untersuchungen zur interkulturellen Kommunikation, die sich mit dem Transfer von einer Sprache in die andere befassende Translatologie sowie die verschiedenen Fachsprachen innerhalb einer Sprachgemeinschaft untersuchende Fachsprachenforschung jeweils mit bestimmten Teilaspekten der hier untersuchten Kommunikationssituation beschäftigen.

4.1.1 Theoretische Beiträge

Die Forschungen zur interkulturellen Kommunikation stützen „die Hypothese, daß nicht primär sprachliche Verständigungsschwierigkeiten, sondern vor allem kulturelle Unterschiede, das heißt unterschiedliche Denk- und Einstellungsmuster, Wertorientierungen und daraus resultierende Wahrnehmungs-, Interpretations- und Verhaltensweisen, die interkulturelle Kommunikation erschweren"[15]. Weitere auf die innersprachliche Übersetzung übertragbare Ansätze finden sich insbesondere auch in der Theorie zum Translatorischen Handeln von Holz-Mänttäri: Sie geht davon aus, dass der entscheidende Punkt für die Translation das Ziel der interkulturellen Kooperation ist. Es geht also „nicht primär um Kommunikation, sondern um die Herstellung eines Produktes für andere und für einen bestimmten Zweck." Und da in einer arbeitsteiligen Gesellschaft die Bedarfsträger in der Regel ihren Bedarf nicht selbst zu verbalisieren wissen, verlangt auch sie nach Experten (Übersetzern), die die Bedarfsträger beraten und die Verantwortung für ihre Produkte übernehmen.[16]

Auch verschiedene Beiträge aus der (translationsorientierten) Fachsprachenforschung lassen sich für eine Übertragung auf die hier behandelte Problematik anführen: Gerzymisch-Arbogast analysiert die verschiedenen Voraussetzungen für die Übersetzung fachsprachlicher Texte und kommt zu dem Ergebnis, dass ein Übersetzer sowohl über fachliches (zur inhaltlichen Deutung), sprachliches (zum Verständnis der spezifischen Syntax und Terminologie), textuelles (zur richtigen Einordnung der Textkonventionen und Produktionskontexte) als auch über übersetzungsbezogenes Wissen (Kenntnis beider Codes in Bezug auf die drei anderen Komponenten) verfügen muss.[17] In diesem Zusammenhang lässt sich auch auf die Ausführungen Baumanns zu dem „Fachdenken" oder dem spe-

---

[15] Witte (1998: 346), mit Bezug auf Bochner 1982.
[16] Vgl. Risku (1998: 109). Vgl. auch Holz-Mänttäri (1996: 306-332).
[17] Vgl. Gerzymisch-Arbogast (1999: 3-20).

zifischen „Denkstil" einer wissenschaftlichen Disziplin verweisen.[18] Je nach Situation ist hier auch abzuwägen, wieviel „Übersetzungsarbeit" vom Sender oder Übersetzer zu leisten ist und wieviel „Rezeptionsarbeit" von dem Empfänger erwartet werden kann.

Baumann beschäftigt sich mit den invarianten Problemfeldern in Texten zwischen Kommunikationspartnern mit ungleichen Voraussetzungen. Als Charakteristikum auf der sozialen Ebene nennt er die fachlich asymmetrische Beziehung zwischen den Kommunikationspartnern, bei der der Autor einen interaktionalen Kompetenzvorsprung gegenüber der heterogenen Rezipientengruppe aus Laien hat. Auf einer kognitiven Ebene stellt er den sachkompetenten Autor dem erwartbaren Vorwissen des fachexternen Adressatenkreises gegenüber und geht davon aus, dass Fachmann und Laie Sachverhalte kognitiv und emotional unterschiedlich verarbeiten, was eine große „kommunikativ-kognitive Umstrukturierungsleistung des Fachautors in Richtung auf eine verständliche, rezeptionsfördernde Vertextung wissenschaftlicher Sachverhalte" oder eben den Einsatz eines Übersetzers erfordert. Auf der inhaltlich-gegenständlichen Ebene sind seines Erachtens eine Anpassung der Informationsdichte sowie eine Auswahl und Anordnung des Inhalts nach didaktischen Prinzipien erforderlich; und auf sprachlicher Ebene ist in dieser Kommunikationssituation die Bemühung um Verständlichkeit (logische Gliederung, verständliche Stilistik, Syntax und Lexik) äußerst wichtig.[19]

4.1.2 Übersetzungswissenschaftliche und fachsprachliche Überlegungen zum Wissenstransfer

Wie eben gesehen, haben Übersetzungswissenschaft und Fachsprachenforschung wegweisende Beiträge für das Problemverständnis der Transferwissenschaft und Lösungsansätze geleistet. Insbesondere das Problemverständnis bzw. die Problemdefinition – Kulturspezifik, Experten-Laien-Problematik – ist immer noch und gerade für die Transferwissenschaft aktuell und sollte als grundlegendes Wissen in die Transferwissenschaft einfließen. Aus diesem Grund nennt Antos (2001) in seinem Einführungsartikel die Übersetzungswissenschaft, die interkulturelle Kommunikation und die Fachsprachenforschung als zu berücksichtigende linguistische Ansätze.[20]

Aus der speziellen Situation dieser Art der intralingualen Translation ergeben sich zwei grundlegende „übersetzungswissenschaftliche" Fragen zum Wissens-

---

[18] Vgl. u. a. Baumann (1994: 47f.) oder auch die Zusammenfassung seiner Überlegungen in Stolze (1999: 26ff.).

[19] Vgl. Baumann (1998: 730-732, Zitat S. 731).

[20] Vgl. Antos (2001a: 16).

transfer: Welche Funktionen erfüllen Text und Übersetzung? Und daraus resultierend: Wie viel Äquivalenz ist notwendig?

Welche Funktion die Übersetzungsarbeit erfüllen und welchen Ansprüchen sie in dem spezifischen Fall gerecht werden muss, hängt von den Funktionsdifferenzen zwischen Ausgangs- und Zieltext ab. Zunächst ist diesbezüglich festzustellen, dass ein Text im Kontext der Wissenschaft grundsätzlich eine andere, viel weiter gehende Funktion hat als ein vermittelnder Text für die Praxis. In der Wissenschaft ist ein Text immer gleichzeitig auch eine „Qualifikation", ein Produkt, mit dem man seine Arbeitsleistung und Fähigkeiten nachweist. In der Praxis geht es hingegen nur um den Informationsgehalt (und in einigen Fällen eine wissenschaftliche Legitimation), und auch das nur im Hinblick auf die Untermauerung von Entscheidungen bzw. idealiter als Entscheidungshilfe für gerade anstehende Fragen. Viele der wissenschaftlichen Textkonventionen sind deshalb fehl am Platze, da sie z. T. gerade die Erreichung des Ziels, den Praktiker zu informieren, erschweren. Hierzu zählen z. B. das Kriterium einer „elaborierten Diktion"[21] oder auch eine ausführliche Quellenarbeit oder Theoriediskussion.

Problematisch ist es, unter den Bedingungen der Nutzung einer einfachen, praxisadäquaten Sprache den Informationsgehalt in vollem Umfang zu erhalten. Oft werden bei der Übersetzung für Praktiker wissenschaftliche Informationsangebote auf Kerninformationen zusammengekürzt, um so die Laien bei der Rezeption nicht zu überfordern. Dies geht natürlich zu Lasten der Informationsdichte eines Textes. In Maßen ist diese inhaltliche Anpassung durchaus vertretbar, sie darf jedoch nicht so weit gehen, dass der Text allen wissenschaftlichen Charakter verliert, oder – im Extremfall – nur noch aus einer Aneinanderreihung provokativer Thesen besteht.[22] Loyalität gegenüber dem Rezipienten heißt in diesem Fall insbesondere: Seine Fähigkeiten zu respektieren, also seine Sprachkompetenz sowie seine Mehrfachbelastungen, die eine Konzentration auf Wesentliches erfordern.[23]

Neben der logischerweise vorrangigen inhaltlichen Komponente sollten jedoch auch weitere Äquivalenzen berücksichtigt werden, damit bei dem Transfer keine wesentlichen Aspekte verloren gehen: Differenziert man zwischen den von Koller[24] unterschiedenen (Teil-)Äquivalenzen, so ist abschließend festzuhalten, dass bei einer intralingualen und interkulturellen Übersetzung die denotative (inhalt-

---

[21] Wobei darauf hinzuweisen ist, dass es hier mittlerweile eine lautstarke Gegenbewegung bzw. „Opposition" gibt, die – zu Recht – „verständliches Schreiben" fordert.

[22] Sozialwissenschaft liefert keine „absoluten" Lösungen, sondern Differenzierungen und „Abwägungswissen". Dem Adressaten gegenüber seine Ergebnisse zu „verabsolutieren" hieße ihn über den Charakter der Forschung zu täuschen.

[23] Vgl. Nord (1998: 143). Vgl. auch Nord (1993).

[24] Vgl. Koller (1979 / 1992: 216).

liche), die konnotative (Assoziationen) und die pragmatische Äquivalenz erhalten bleiben müssen, wohingegen sowohl die „textnormative" als auch die „formal-ästhetische" Äquivalenz zugunsten einer besseren Verständlichkeit beim Zielleser aufgegeben werden können (und müssen).

4.2 Transferwissenschaft als „Übersetzungswissenschaft"?

Es stellen sich nun die Fragen, ob sich die Transferwissenschaft aufgrund ihres Aufgabenverständnisses als „Übersetzungswissenschaft" für die intralinguale, interkulturelle Übersetzung von Wissen verstehen lässt, welche (neuen) Beiträge sie für die Thematik geliefert hat und liefern kann sowie, ob sie hinsichtlich der Systematik und Zugänglichkeit des angebotenen Wissens ihren eigenen Maßstäben bereits gerecht wird oder welche Formen der Vermittlung des von ihr erarbeiteten „Metawissens" sinnvoll wären und genutzt werden sollten.

4.2.1 Aufgabendefinition und Themenfelder der Transferwissenschaft

Transferwissenschaft als „Übersetzungswissenschaft" ist nur ein Ausschnitt des Aufgabenfeldes der Transferwissenschaft. Ihr Programm ist sehr viel weiter gefasst[25], beinhaltet aber auch die theoretische Bearbeitung des Themenfelds Wissenstransfer zwischen Wissenschaft und Praxis. Im Prinzip liegt aber die Übersetzung von Wissen unter den Bedingungen der Übersetzung zwischen gesellschaftlichen Subsystemen mit verschiedenen Codes und Konventionen genau im Fokus der Transferwissenschaft.

Eines der expliziten Ziele der Transferwissenschaft ist die „organisatorische, mediale und sprachliche Optimierung des Wissenstransfers" (s. o.) bzw. die „Erforschung von Prinzipien, Wegen und Strategien [für einen] allgemeinen, freien, schnellen und selektiven Zugang zu kollektivem Wissen".[26] Dazu gehört, dass das erarbeitete analytische Wissen auch für die Praxis zugänglich und nutzbar gemacht wird.

Intersystemare Kommunikation gehört ebenfalls explizit zum Forschungsprogramm, wie es Antos formuliert hat: Die „Kommunikation zwischen Experten und Laien" und „zwischen Experten unterschiedlicher Fächer" (in unserer Lesart also auch alle „Systemfremden") bzw. „zwischen Experten und professionellen Praktikern" fällt in die Forschungsmatrix.[27] Da die Adressaten aus anderen Disziplinen aus Sicht der jeweils transferierenden Disziplin immer Laien sind (s. o.), ist hier gerechtfertigter Weise von Experten-Laien-Kommunikation zu

---

[25] „(D)as Programm dieses Ansatzes [ist] umfassend angelegt." (Antos 2001a, S. 17.)
[26] Antos (2001b: 8).
[27] Vgl. ebd.

sprechen.[28] Deshalb kann auch hier ein realistisches Ziel am ehesten sein, den Fachfremden „Kenntnis von der Existenz eines bestimmten wissenschaftlichen Wissens"[29] zu vermitteln.

Das hier thematisierte Problem findet auch in dem von Antos formulierten Forschungsprogramm in folgenden Untersuchungsleitfragen ausdrücklich Beachtung:

- „Wie können wir vorhandenes Wissen ziel- und adressatenspezifisch vermitteln?" (Antos 2003: 2)

- „Wie kann Wissen mit Chance auf Erfolg kommuniziert ... werden?" (Antos 2001b: 7.)

- „Wie können Informationen als Wissensangebote idealiter für alle kommunizierbar gemacht und gehalten werden?" (Antos 2003: 1)

- „Welche Sachverhalte können so kommuniziert werden, dass sie für möglichst viele, zumindest für alle Interessierten als Wissensangebote erkennbar, zugänglich, akzeptierbar, verständlich und verarbeitbar werden?" (Antos 2003: 1f.)

4.2.2 Praktische Beiträge und der Stellenwert von „Praktikerhilfen"

De facto ist die Transferwissenschaft bislang aber eher analytisch angelegt: Zwar erarbeitet die Transferwissenschaft anhand einiger brauchbarer Fallbeispiele bereits Beiträge zum Problem, aber Lösungsvorschläge im Sinne von Gestaltungsoptionen/-empfehlungen für „Transferprodukte" werden bislang eher vernachlässigt, so z. B. in den Beiträgen von Janich, Jung, Palm, Takayama-Wichter, Warnke, Wichter oder Wiese (in Antos / Wichter 2001) (wobei immer im weitesten Sinne die Experten-Laien-Problematik thematisiert wird). Gleiches gilt für die meisten Beiträge auf dem Kolloquium 2003, z. B. von Stenschke und Unger.

Nur die wenigsten Autoren formulieren aufbauend auf ihren Untersuchungsergebnissen Verallgemeinerungen der Probleme und Empfehlungen zu ihrer Überwindung. Ihr Anliegen besteht bislang in erster Linie in der Analyse der Wissenstransfer-Prozesse – womit ein wesentliches Ziel der Transferwissenschaft, wie es Antos (2001a) formuliert hat – noch nicht erreicht wurde. Und: Bislang gibt es auch kaum Ansätze einer systematischen Aufbereitung dieses Metawissens in Form von (praxisorientierten) „Übersetzungshilfen" für Praktiker.

---

[28] Vgl. auch Antos (2001a: 21).

[29] Ebd.

Als Gegenbeispiel ist hier Silke Jahr zu nennen, die sich in ihrem Beitrag 2001[30] auch mit dem Spezialfall der Vermittlung wissenschaftlichen Wissens befasste. Sie stellt die besondere – inhaltlich determinierte – Problematik des Transfers wissenschaftlichen Wissens heraus, um dann systematisch „Faktoren des Adressatenbezuges" und „Faktoren, die den Verstehensprozeß von Texten [positiv] beeinflussen" herauszuarbeiten. In ihren sehr weitreichenden Überlegungen sehe ich den ersten pragmatischen Ansatz einer solchen stärker praxisorientierten Transferwissenschaft.

4.3 Übersetzungshilfen und Beiträge aus der Praxis

Weiter oben wurde bereits auf Checklisten als „Übersetzungshilfen" aus der Praxis Bezug genommen. Neben den erwähnten, im Internet publizierten Angeboten an „Metawissen für die Übersetzung" bzw. die „Optimierung des Wissenstransfers" ist an dieser Stelle auch auf weitere, wissenschaftlich stärker fundierte Beiträge hinzuweisen.

So erarbeiten z. B. Kuckartz / Schack aufbauend auf ihre eigene empirische Untersuchung (Experteninterviews im Bereich der Umweltkommunikation) „Checklisten für die praktische Arbeit". Daneben existieren zahlreiche „Kommunikationsempfehlungen" aus dem Bereich der Risiko- bzw. Gentechnikkommunikation oder der Politikberatung.[31]

5 Fazit

Kommen wir nun noch einmal auf die anfänglich gestellte Frage zurück, ob der Bedarf an einer systematischen „Übersetzungswissenschaft" für die intralinguale Übersetzung zwischen verschiedenen Disziplinen oder gesellschaftlichen Subsystemen als Teil der Transferwissenschaft besteht. Diese Frage lässt sich anhand von Erfahrungen und wissenschaftlicher Auseinandersetzung mit der Transferpraxis eindeutig bestätigen: Der Transfer verläuft weiterhin oft suboptimal, insbesondere in den Fällen, in denen keine professionellen „Übersetzer" eingesetzt werden, sondern die nicht transferwissenschaftlich geschulten Wissensproduzenten gleichzeitig mit dem Wissenstransfer beauftragt werden. Hier

---

[30] Vgl. Jahr (2001: 239-255).

[31] Es existieren daneben bereits einige (wissenschaftliche) Publikationen, die entsprechende Kommunikationsempfehlungen für einen bestimmten Bereich anbieten, z.B. in der Risiko- bzw. Gentechnikkommunikation, so u.a. der „Leitfaden zur Risikokommunikation" (Wiedemann et al. 2003) oder die „Handlungsempfehlungen für Unternehmen – Kommunikation der Gentechnik im Landwirtschafts- und Lebensmittelsektor" (Menrad et al. 1997). Zur Politikberatung vgl. z.B. Hauff (1979), Dewe (1991) oder Mai (1994).

ist oft eine systematische Vernachlässigung der Transferproblematik zu beobachten.

Tatsächlich versteht die Transferwissenschaft diese Art der Übersetzung als eines ihrer Aufgabenfelder. Zudem bietet sie Wissen und Werkzeuge für diese Form des Transfers an, ebenso wie auch verschiedene Ansätze aus der Translationswissenschaft sich auf diese Kommunikationssituation übertragen lassen. Jedoch besteht ein dringender Bedarf an adressatenspezifischer Aufbereitung des erarbeiteten Metawissens.

Für eine entsprechende Sensibilisierung und Ausbildung der wissenschaftlichen Autoren oder der Übersetzer für die spezifischen Probleme dieser Art der Übersetzung ist es zwar vielleicht nicht unbedingt erforderlich, eine eigene Wissenschaft zu entwickeln, wir halten es jedoch in jedem Fall für sinnvoll, eine systematische Verbindung der Beiträge aus der Transferwissenschaft und der Ergebnisse und Theorien aus Translationswissenschaft und Fachsprachenforschung zu schaffen und diese an die spezielle Situation anzupassen.

Der Wissenstransfer zwischen verschiedenen Disziplinen oder gesellschaftlichen Subsystemen scheitert im Wesentlichen an der mangelnden Fähigkeit oder Bereitschaft der Kommunikationspartner, sich aufeinander einzustellen und das zu vermittelnde Wissen in einer Form anzubieten, die auch für fach- oder systemfremde Rezipienten verständlich ist. Es ist demnach dringend erforderlich – ganz unabhängig von einer wissenschaftlichen oder theoretischen Diskussion – die betroffenen Fachleute und Institutionen für die Problematik zu sensibilisieren, ihnen Hilfen anzubieten und insgesamt für eine bessere wissenschaftliche und vielleicht sogar finanzielle Anerkennung dieser Arbeit zu sorgen.

Als Fazit ist also festzuhalten: Die Transferwissenschaft stellt sowohl von ihrem Anspruch als auch von ihren bereits geleisteten Beiträgen her durchaus die Disziplin dar, die geeignet ist, das benötigte Übersetzungswissen für die Übersetzung zwischen gesellschaftlichen Subsystemen zu sammeln und bereitzustellen. Dabei sollte sie auf die Beiträge der Translatologie und Fachsprachenforschung zurückgreifen, insbesondere was die Äquivalenzproblematik, die Kulturspezifik sowie die Überwindung von Barrieren zwischen verschiedenen Denkstilen betrifft. Sie sollte außerdem auf die bereits erarbeiteten praktisch verwendbaren Instrumente und Kriterien für den Übersetzungsprozess aufbauen und diese für den speziellen Fall anpassen.

An der „zielgruppenadäquaten" Bereitstellung dieses Wissens mangelt es in der jungen Disziplin bislang noch; hierbei handelt es sich um ein Desiderat der weiteren Forschung, das auch von Antos so formuliert wird.

6   Literatur

Antos, Gerd, unter Mitarbeit von Stefan Pfänder (2001a): Transferwissenschaft. Chancen und Barrieren des Zugangs zu Wissen in Zeiten der Informationsflut und der Wissensexplosion. In: Wichter, Sigurd / Gerd Antos (2001) (Hg.), S. 3-34.

Antos, Gerd (2001b): „Wissen": Positionen einer Debatte, Beitrag zum 3. Transferwissenschaftlichen Kolloquium 2001, Halle: Handout, Universität Halle-Wittenberg.

Antos, Gerd (2003): Wissenskommunikation. Skript zum Vortrag auf dem 5. Transferwissenschaftlichen Kolloquium 2003, Halle: Handout, Universität Halle-Wittenberg.

Antos, Gerd (2004): Typen von Wissen – ihre begriffliche Unterscheidung und Ausprägungen in der Praxis des Wissenstransfers. Begründung zum 6. Transferwissenschaftlichen Kolloquium 2004, Halle: Handout, Universität Halle-Wittenberg.

Badura, Bernhard (1971): Sprachbarrieren. Zur Soziologie der Kommunikation, Stuttgart: Friedrich Frommann Verlag.

Baumann, Klaus-Dieter (1994): Fachlichkeit von Texten, Egelsbach / Frankfurt a.M.: Hänsel-Hohenhausen Verlag.

Baumann, Klaus-Dieter (1998): Fachsprachliche Phänomene in den verschiedenen Sorten von populärwissenschaftlichen Vermittlungstexten. In: Hoffmann, Lothar / Hartwig Kalverkämper / Herbert Ernst Wiegand: Fachsprachen. Ein internationales Handbuch zur Fachsprachenforschung und Teminologiewissenschaft, Berlin / New York: de Gruyter, S. 728-735.

Busch, Albert (2001): Wissenstransfer und Kommunikation in Gesundheitszirkeln. In: Wichter, Sigurd / Gerd Antos (2001) (Hg.), S. 85-104.

Dewe, Bernd (1991): Beratende Wissenschaft, Göttingen: Schwartz.

Gerzymisch-Arbogast, Heidrun (1999): Fach-Text-Übersetzen. In: Buhl, Silke / Heidrun Gerzymisch-Arbogast: Fach-Text-Übersetzen: Theorie. Praxis. Didaktik., St. Ingbert: Röhrig, S. 3-20.

Göpferich, Susanne (2003): Transferwissenschaft: Eine Subdisziplin der Translationswissenschaft? Handout zum Vortrag auf dem 5. Transferwissenschaftlichen Kolloquium 2003. Göttingen / Graz.

Hauff, Volker (1979): Wie läßt sich die Verständigung zwischen Wissenschaftlern und Politikern verbessern? In: Greiffenhagen, Martin / Rainer Prätorius (Hg.): Ein mühsamer Dialog. Köln: Europäische Verlagsanstalt.

Holz-Mänttäri, Justa (1996): Evolutionäre Translationstheorie. In: Riedl, Rupert / Manuela Delpos (Hg.): Die Evolutionäre Erkenntnistheorie im Spiegel der Wissenschaften. Wien: WUV Universitätsverlag, S. 306-332.

Jahr, Silke (2001): Adressatenspezifische Aspekte des Transfers von Wissen im wissenschaftlichen Bereich. In: Wichter, Sigurd / Gerd Antos (2001) (Hg.), S. 239-255.

Janich, Nina (2001): Fachliches in der Werbung. Formen des Wort- und Wissenstransfers. In: Wichter, Sigurd / Gerd Antos (2001) (Hg.), S. 257-274.

Jung, Matthias (2001): Unsystematischer Wissenstransfer über die Medien. In: Wichter, Sigurd / Gerd Antos (2001) (Hg.), S. 275-286.

Koller, Werner (1979 / 1992): Einführung in die Übersetzungswissenschaft, Heidelberg: Uni-Taschenbücher 819.

Kuckartz, Udo / Corinna Schack (2002): Umweltkommunikation gestalten, Opladen: Leske&Budrich.

Luhmann, Niklas (1987 / 2002): Soziale Systeme, Frankfurt a. M.: Suhrkamp.

Luhmann, Niklas (1990): Die Wissenschaft der Gesellschaft. Frankfurt a. M.: Suhrkamp.

Luhmann, Niklas (1992 / 2002): Die Wissenschaft der Gesellschaft, Frankfurt a. M.: Suhrkamp.

Mai, Manfred (1994): Neue Anforderungen an die wissenschaftliche Politikberatung In: Hoffmann, Nicole et al.: Vom Expertenwissen zum Orientierungswissen. Berlin: Institut für Regionalentwicklung und Strukturforschung („graue Reihe" des IRS).

Menrad, Klaus (1997): Kommunikation der Gentechnik im Landwirtschafts- und Lebensmittelsektor. Karlsruhe: Arbeitspapier, Fraunhofer Institut für System- und Innovationsforschung (FhG-ISI).

Nord, Christiane (1993): Einführung in das funktionale Übersetzen – Am Beispiel von Titeln und Überschriften, Tübingen: Francke (UTB).

Nord, Christiane (1998): Das Verhältnis des Zieltexts zum Ausgangstext. In: Snell-Hornby, Mary et al. (1998), S. 141-144.

Palm, Jörg (2001): Wissenstransfer zwischen Experten und Laien in Beratungsgesprächen. In: Wichter, Sigurd / Gerd Antos (2001) (Hg.), S. 347-364.

Risku, Hanna (1998): Translatorisches Handeln. In: Snell-Hornby, Mary et al. (1998), S. 107-112.

Snell-Hornby, Mary / Hans G. Hönig / Paul Kußmaul (Hg.) (1998): Handbuch Translation, Tübingen: Stauffenburg.

Snow, Charles P. (1959): The Two Cultures and the Scientific Revolution, New York: Cambridge University Press.

Steuer, Philipp (i. Vorb.): Wissenstransferprozesse zwischen Sozialwissenschaft und Praxispartnern am Beispiel eines Innovationsnetzwerkes der „grünen Gentechnik", Leipzig:
UFZ-Bericht, Umweltforschungszentrum (UFZ).

Stolze, Radegundis (1999): Die Fachübersetzung: Eine Einführung. Tübingen: Narr – Studienbücher.

Takayama-Wichter, Taeko (2001): Kulturspezifik des Wissenstransfers: Experten und ihre
Laieneinschätzung im deutsch-japanischen Vergleich am Beispiel der Textsorte Bei-
packzetteln. In: Wichter, Sigurd / Gerd Antos (2001) (Hg.), S. 159-192.

Warnke, Ingo (2001): Transferwissenschaftliche Aspekte der Schwerverständlichkeit deutscher Gesetzestexte. In: Wichter, Sigurd / Gerd Antos (2001) (Hg.), S. 193-208.

Wichter, Sigurd / Antos, Gerd (2001) (Hg.): Wissenstransfer zwischen Experten und Laien,
Frankfurt a. M.: Peter Lang Verlag.

Wiedemann, Peter et al. (2003): VDI-Leitfaden zur Risikokommunikation. Jülich (Internet-
veröffentlichung: www.fz-juelich.de/mut/vdi/vdi_bericht; letzter Abruf 17.2.2003).

Wiese, Ingrid (2001): Aspekte des Wissenstransfers im Bereich der Institution Gesundheits-
wesen. In: Wichter, Sigurd / Gerd Antos (2001) (Hg.), S. 227-238.

Witte, Heidrun (1998): Die Rolle der Kulturkompetenz. In: Snell-Hornby, Mary et al. (1998),
S. 345-348.

Technologietransfer an einer klassischen Universität
– Erfahrungen am Beispiel der Universität Göttingen –

Harald Süssenberger (Göttingen)

1   Geschichte der Transferstelle

Die Technologietransferstelle an der Universität Göttingen wurde zeitgleich mit entsprechenden Einrichtungen an den anderen großen niedersächsischen Universitäten bzw. Technischen Universitäten eingerichtet. Grundlage war ein Kabinettsbeschluss aus dem Jahr 1984 zur Einrichtung von Technologiekontaktstellen und der Ernennung von Transferbeauftragten. In Göttingen wurde von der Hochschulleitung zunächst 1986 ein Beirat für Fragen des Technologietransfers eingerichtet und 1987 erfolgte die Besetzung einer Stelle im neu gegründeten Büro für Öffentlichkeitsarbeit und Technologietransfer. Es handelte sich dabei um eine Stabsstelle des Präsidenten, in der die beiden nach außen gerichteten Funktionen der Pressearbeit und des Technologietransfers vereint waren. Diese organisatorische Einordnung änderte sich mit der Neuordnung der Universitätsverwaltung im Jahr 2000. Seitdem ist Technologietransfer ein Bereich innerhalb der Abteilung Forschung. Im Rahmen der Matrixorganisation gehört der Technologietransfer zu den Aufgaben eines Vizepräsidenten.

Die Politik wollte mit dieser Initiative das Potential an Wissen, das an den Hochschulen durch die Wissenschaftler im Rahmen von Forschungsprojekten und auch durch die Ausbildung von Studenten vorhanden ist, der Industrie zur Steigerung der Wirtschaftskraft und der Innovationsfähigkeit zugänglich machen. Dahinter stand zum Teil auch die Vorstellung, dass an den Hochschulen bestimmte Technologien und Innovationen „auf Halde" liegen und nur abgerufen werden müssten. Mit der Einrichtung von Transferstellen war nun beabsichtigt, an den Hochschulen einen ersten Ansprechpartner für Anfragen insbesondere von Klein- und Mittelbetrieben (KMU) aus der Region zu installieren. Hintergrund war die Überlegung, dass Großbetriebe eigene Forschungsabteilungen haben und darüber auch funktionierende Kontakte zu Hochschulen und Forschungseinrichtungen besitzen. KMU dagegen haben Probleme, an den Hochschulen den für ihre Fragestellung richtigen Wissenschaftler zu finden, da sie die Organisation, die Schwerpunkte und die Arbeitsweise von Universitäten nicht kennen. Diese Aufgabe sollen nun Transferstellen übernehmen, indem sie die Problemstellung aufnehmen und in ihrer eigenen Einrichtung, aber auch darüber hinaus, z. B. an benachbarten Hochschulen, den für dieses Problem kompetenten Wissenschaftler finden.

2   Aufgaben der Transferstelle

Technologietransfer ist eine Maklertätigkeit mit der Intention, eine zielgerichtete Zusammenarbeit zwischen Wissenschaft und Praxis herzustellen. Das gemeinsame Ziel besteht darin, Know-how, spezielle Erkenntnisse sowie Verfahren und Produkte aus dem Wissenschaftsbereich in die Praxis zu übertragen. Um dieses Ziel zu erreichen, müssen folgende Aufgabenfelder von Transferbeauftragten von Hochschulen oder Forschungseinrichtungen bearbeitet werden:

2.1   Information

Um mit den potentiellen Partnern für Transferprojekte ins Gespräch zu kommen, muss zunächst das Angebot und das Potential der Universität nach außen transparent gemacht werden. Die Beschreibung des Forschungspotentials der Universität geschieht in Form einer jährlich aktualisierten Datenbank, in die Angaben aller niedersächsischer Forschungseinrichtungen eingespeist werden.

In der Datenbank *Forschung und Entwicklung* werden die Wissenschaftlerinnen und Wissenschaftler der Universitäten, Fachhochschulen und außeruniversitärer Forschungseinrichtungen in Niedersachsen mit ihren Forschungsgebieten aufgenommen. Auf die Darstellung einzelner Forschungsprojekte wird verzichtet, da die Aktualisierung der Datenbank durch unterschiedliche Laufzeiten und häufige Wechsel in andere Projekte erschwert würde. Neben den Forschungsschwerpunkten sind auch die Geräteausstattung der Institute sowie evtl. Angebote wie Schulungen oder Gutachten aufgenommen worden.

Diese Datenbank wurde zunächst als Diskettenversion an Interessenten verschickt, ist aber seit einiger Zeit im Internet unter http://www.forschung-in-niedersachsen.de einzusehen. Am besten erschließt sich der Datenbestand über die Volltextrecherche. Daneben ist aber auch eine Suche über die Liste der Hochschulen oder der Standorte möglich. Insgesamt enthält die Datenbank 1800 Datensätze, davon etwa 200 aus Göttingen. Die Aktualisierung erfolgt einmal im Jahr. In etwas längeren Abständen wird eine Broschüre mit den Einträgen in der Datenbank gedruckt und als „Göttinger Forschungskatalog" an Unternehmen und Multiplikatoren in der Region verteilt.

Ein weiteres Instrument zur Information über anwendungsnahe Entwicklungen aus der Hochschule ist die Schriftenreihe „Technologie-Informationen". Sie erscheint viermal im Jahr mit themenbezogenen Angeboten aus den Hochschulen und wird gezielt an Unternehmen und andere Interessenten verschickt.

2.2 Messen und Ausstellungen

Die Universität Göttingen ist eine traditionelle Universität mit einem breiten Fächerspektrum, allerdings gibt es keine ingenieurwissenschaftlichen Fakultäten. Die naturwissenschaftlichen Fakultäten betreiben hauptsächlich Grundlagenforschung. Dennoch gibt es in den Naturwissenschaften, den Land- und Forstwissenschaften sowie in der Medizin Forschungsvorhaben, die zu anwendungsnahen Entwicklungen führen. Solche Entwicklungen, die für Kooperationen mit industriellen Partnern interessant sind oder für die Anwender gesucht werden, eignen sich für Präsentationen auf Messen. Oft gibt es auf Messen besondere Hallen für Exponate aus Forschungseinrichtungen (z. B. Halle "Forschung und Entwicklung" auf der Hannover Messe). Dort werden dann von den Bundesländern Gemeinschaftsstände organisiert, auf denen Hochschulen ihre anwendungsnahen Exponate präsentieren können. Die Auswahl der Exponate, die Organisation der Messestände und die Vertretung der Hochschule auf der Messe ist eine weitere Aufgabe der Transferstellen. Für die Universität Göttingen bedeutet dies, dass wir jedes Jahr mit mindestens einem Institut auf den Gemeinschaftsständen der niedersächsischen Hochschulen auf der CeBIT und der Hannover Messe vertreten sind. Daneben beteiligen sich einzelne Institute an verschiedenen Fachmessen, wie der ITB (Internationale Tourismus Börse), der LIGNA (Holztechnik), der Agritechnica, der LearnTec (Bildung, e-learning) und der EuroTier, um nur einige zu nennen. Die Messeteilnahmen bringen für die Institute verschiedene Vorteile: neben der Chance, einer großen Zahl von Interessenten ihre Technologie vorzustellen, ergeben sich häufig Hinweise auf Einsatzmöglichkeiten, an die ursprünglich gar nicht gedacht wurde. Bei einer internen Evaluation hat sich herausgestellt, dass die Messebeteiligungen für die meisten Teilnehmer sehr erfolgreich waren und viele neue Kontakte gebracht haben.

2.3   Vermittlung / Akquisition

Vermittlung von Kontakten und Kooperationen zwischen Instituten, Arbeitsgruppen, Wissenschaftlern einerseits und Unternehmen und öffentlichen Einrichtungen andererseits ist eine der wichtigsten Aufgaben im Technologietransfer und erfordert den größten personellen Aufwand. Deswegen sind auch die TT-Stellen an einigen großen Hochschulen mit mehreren hauptamtlichen wissenschaftlichen Mitarbeitern besetzt.

Bei dieser Tätigkeit, die manchmal an „Klinkenputzen" erinnert, ist die Akzeptanz des TT-Mitarbeiters sowohl innerhalb der Hochschule als auch bei den Firmen von großer Bedeutung.

Bei der Vermittlungstätigkeit spielt das Netzwerk der niedersächsischen Transferstellen eine große Rolle. Wenn für die Anfrage an der eigenen Hochschule kein geeigneter Ansprechpartner zu finden ist, wird man aber fast immer innerhalb des Netzwerks einen kompetenten Wissenschaftler finden. Bei technischen Anfragen waren dies meist die Technischen Universitäten Clausthal oder Braunschweig.

Zu dem Bereich der Vermittlung zählt auch die Beratung über Fördermöglichkeiten im Wissens- und Technologietransfer. Dies betrifft besonders die Programme zur Förderung von Verbundprojekten (BMBF, AIF), das FuE-Programm des Landes oder den europäischen Strukturfonds EFRE.

3   Schutzrechte

Bisher wurde trotz des großen know-how-Potentials an den deutschen Hochschulen nur ein kleiner Teil der dort getätigten Erfindungen zum Patent angemeldet und wirtschaftlich verwertet. Die Forschungsergebnisse wurden veröffentlicht oder standen bei Verbundvorhaben den Partnern zur Verfügung.

„Spitzenforschung verdient spitzenmäßige Verwertung": mit diesem Anspruch will der BMBF verstärkt die Ergebnisse der Hochschulforschung zur Anwendung bringen und die Hochschulen an den Erträgen beteiligen. Dazu ist aber erforderlich, dass sich die Hochschulen die entsprechenden Schutzrechte sichern. Seit Anfang 2002 gibt es auch die gesetzlichen Voraussetzungen, dass Hochschulen die Erfindungen ihrer Professoren selbst zum Patent anmelden und verwerten. Operativ umgesetzt wird dieses Vorhaben des BMBF durch ein flächendeckendes Netz von Patentverwertungsagenturen (PVA), die sich insbesondere um die Anmeldung und Verwertung von Hochschulpatenten kümmern sollen. Die für das Land Niedersachsen zuständige PVA ist die N-transfer GmbH in Hannover.

Durch diese geänderten Rahmenbedingungen ist für den Technologietransfer ein neues Aufgabenfeld hinzugekommen. Es beginnt mit der Erstberatung von Hochschulerfindern, geht über den Kontakt zur zuständigen PVA und umfasst die Beratung der Hochschulleitung bei der Frage, welche Erfindungen für die Universität in Anspruch genommen werden sollen. Da die Universität 50% der Anmeldekosten selber tragen muss (die andere Hälfte wird von der BMBF-Patentoffensive getragen), sollte hinter jedem Engagement auch ein schlüssiges Verwertungskonzept stehen. Die Beratung der Hochschulleitung bei der Frage, welche Erfindungen in Anspruch genommen werden sollen, ist die eigentliche Herausforderung der Transferstelle.

Ohne den Bereich der Medizin, der als Modellversuch eine eigene Verwertungseinrichtung betreibt, kann man an der Universität Göttingen pro Jahr mit etwa 10 Erfindungen, die sich auch für eine Anmeldung lohnen, rechnen. Bei einigen dieser Erfindungen gibt es auch schon bei der Anmeldung einen potentiellen Verwerter, z. B. ein kooperierendes Unternehmen in einem Verbundprojekt. In diesen Fällen wird es gelingen, schnell zu einer Verwertung zu kommen und auch Folgekosten, insbesondere durch Auslandsanmeldungen, zu vermeiden. Diese Kosten übernimmt dann im Allgemeinen der Lizenznehmer.

4 Unterstützung von Existenzgründern

Eine Form der Verwertung von in der Hochschule erzielten Forschungsergebnissen ist, die Vermarktung der entwickelten Produkte oder Verfahren selbst in die Hand zu nehmen. Darüber hinaus ist es natürlich auch Technologietransfer, nämlich die Übertragung von know-how aus der Wissenschaft in die Praxis, diesmal nicht zu einem bereits bestehenden Unternehmen, sondern der Transfer „über Köpfe" in Unternehmensgründungen, sog. Spin-off-Gründungen. Auf verschiedenen Ebenen wird von der Politik inzwischen das Gründungsgeschehen an Hochschulen gefördert. Vom BMBF werden mit dem Förderprogramm EXIST regionale Hochschulverbünde gefördert mit dem Ziel, in den Hochschulen eine Kultur der unternehmerischen Selbstständigkeit zu etablieren und das große Potential an Geschäftsideen zu fördern. Das Land Niedersachsen fördert sowohl mit Personalstellen als auch mit Sachmitteln (u. a. zur professionellen Beratung von Gründern) mit dem Programm ‚Die gründerfreundliche Hochschule' Hochschulverbünde zur Motivation, Beratung und Ausbildung von Gründern. Das übergeordnete Ziel all dieser Programme ist natürlich eine deutliche Steigerung der Anzahl innovativer Unternehmensgründungen und damit die Schaffung neuer und sicherer Arbeitsplätze.

Die Universität Göttingen ist seit 2001 über einen an der Transferstelle angesiedelten sog. Regionalcoach (Dr. Kai Blanck) in das Netzwerk der ‚gründerfreundlichen Hochschule' eingebunden. Seit 2003 ist die Universität darüber hinaus Mitglied in dem vom BMBF im Rahmen des EXIST-Programms geförderten START-Netwerk, in dem länderübergreifend die Universitäten Kassel, Göttingen und Marburg sowie die Fachhochschule Fulda zusammenarbeiten.

Die konkreten Maßnahmen bei der Gründerförderung umfassen ein umfangreiches Semesterprogramm mit Vorlesungen und Seminaren mit auf die Zielgruppe der Wissenschaftler und Studenten abgestimmten Inhalten. Beispiele sind ein Businessplan-Projektseminar, Veranstaltungen zum Verhandlungstraining oder zu Finanzierungsfragen, z. B. Venture Capital.

Als Ergebnis dieser Aktivitäten haben wir seit Beginn der Fördermaßnahmen 7 innovative Gründungen pro Jahr. Gründungen aus dem Bereich der Biotechnologie sowie aus dem Bereich Medien/IT sind dabei am häufigsten vertreten.

5   Mitarbeit in Netzwerken

In einem Geschäft wie dem Technologietransfer ist die Einbindung in informelle Netze von großer Bedeutung. Daneben arbeitet die Technologietransferstelle für die Universität in verschiedenen Arbeitskreisen und Gremien mit. Hier sind u. a. zu nennen:

– Arbeitskreis Wissens- und Technologietransfer niedersächsischer Hochschulen. In diesem Arbeitskreis sind alle Transferstellen der niedersächsischen Hochschulen vertreten. Zweimal im Jahr findet eine Klausurtagung statt, in der mit Vertretern des MWK die gemeinsame Arbeit besprochen wird.

– In dem Innovationsnetzwerk Niedersachsen sind die Mittler aller Institutionen vertreten, die sich mit Innovationsförderung, Technologievermittlung und –beratung befassen.

– Regionalverband Südniedersachsen. Hier wird z. Zt. ein Standortmarketingkonzept erstellt.

– Arbeitsgemeinschaft Weiterbildung und Berufsqualifikation (AWB). Hier arbeiten verschiedene andere Einrichtungen der Universität (zfw, ZSB) mit lokalen Partnern wie Arbeitsamt, IHK, GWG usw. zusammen.

– Der Verein Measurement Valley ist ein Zusammenschluss von Göttinger Unternehmen aus dem Bereich Messtechnik, in dem die Universität neben anderen Forschungseinrichtungen Mitglied ist. Über die Mitarbeit im Measurement Valley ergeben sich vielfältige Kontakte zu Unternehmen, die für das Herstellen von Forschungskooperationen wertvoll sind. Ein Ergebnis dieser Zusammenarbeit war die Kooperationsmesse am 5. Juni 2003.

6 Hochschulbezogene Aufgaben

Neben den Tätigkeiten mit direktem Transferbezug ergeben sich an der Hochschule viele Aufgaben mit geringem oder nur indirektem Bezug zum Technologietransfer. Hierzu zählen die Organisation von Besuchsprogrammen für ausländische Delegationen in der Universität, in außeruniversitären Forschungseinrichtungen oder in Wirtschaftsunternehmen, aber auch die Beteiligung an der Antragstellung bei Ausschreibungen von BMBF oder EU. Beispiele sind die Mitarbeit bei der Antragstellung zum BMBF-Wettbewerb „Kompetenzzentren in der Medizintechnik" 1999 oder die Betreuung von Projekten im Rahmen der Europäischen Strukturfonds ESF und EFRE.

Ebenso zu den hochschulbezogenen Aufgaben gehören die Mitarbeit bei der Organisation von Veranstaltungen oder die Beantwortung von Anfragen aus Ministerien oder Institutionen.

7 Evaluierungen

Seit 20 Jahren wird in Deutschland aber auch in anderen Ländern darüber diskutiert, wie ein effizienter Technologietransfer von öffentlichen Forschungseinrichtungen zu privaten Unternehmen erreicht werden kann. Dementsprechend gibt es auch viele Untersuchungen, in denen die Arbeitsweisen und die Leistungsfähigkeit von Transferstellen untersucht wurden. Für die Universität Göttingen sind drei Untersuchungen von Interesse, die die Situation in Niedersachsen bzw. in Deutschland analysiert haben und als Ergebnis Handlungsempfehlungen geben.

7.1 Diplomarbeit „Entwicklung einer Marketingstrategie für die Technologietransferstellen in Niedersachsen"

Im Rahmen einer Diplomarbeit wurde 1993 vom Institut für Marketing und Handel eine Marketingstrategie für die niedersächsischen Transferstellen entwickelt. Dazu wurden zunächst die Arbeitsweisen und die Ist-Situation an den verschiedenen Hochschulstandorten und den unterschiedlichen Hochschultypen untersucht. Als Empfehlung für eine bessere Zielerreichung wurde insbesondere ein Marketing-Mix genannt. Die Transferstellen wurden aufgefordert, durch fortgesetzte Strategiekontrolle ihre Akzeptanz sowohl in der Hochschule als auch bei den Unternehmern zu erhalten.

7.2   IES-Projektbericht „Status- und Entwicklungsoptionen der Einrichtungen für den Wissens- und Technologietransfer an niedersächsischen Hochschulen"

Im Auftrag des Ministeriums für Wissenschaft und Kultur (MWK) wurde 1998 eine Studie über den Entwicklungsstatus der durch das Land Niedersachsen finanzierten Beratungseinrichtungen für den Wissens- und Technologietransfer in Auftrag gegeben. Ausgeführt hat diese Studie das Institut für Entwicklungsplanung und Strukturforschung (ies) in Hannover. Ziel dieser Studie war, Entwicklungsoptionen für die Zukunft zu erarbeiten und Handlungsoptionen für die politisch und administrativ Verantwortlichen zu eröffnen.

Bei einer Stärken-Schwächenanalyse wurde festgestellt, dass Hemmnisse sowohl auf der Arbeitsebene als auch insbesondere auf der organisatorischen Ebene bestehen.

Als Empfehlung auf der Organisationsebene wurden zwei Varianten vorgeschlagen. Die erste Variante war die Bildung einer Regionalstruktur mit der Konzentration auf sechs hochschulübergreifende Standorte. Damit würden größere und schlagkräftigere Einheiten geschaffen, mit besserer personeller und Sachausstattung sowie der Möglichkeit, arbeitsteilig thematische Schwerpunkte zu entwickeln. Die zweite vorgeschlagene Variante war eine hochschulinterne Konzentration mit anderen Einheiten, z. B. gemeinsam mit EU-Büros und Weiterbildungseinrichtungen. Diese Variante enthielt auch den Vorschlag, die Transferstelle als GmbH zu organisieren, um wie in dem erfolgreichen Steinbeismodell flexibler und unabhängiger zu arbeiten.

Das MWK entschied sich bei der Umsetzung der Handlungsempfehlungen für das GmbH-Modell, allerdings wurde es nicht an allen Standorten umgesetzt. Nur in Hannover, Oldenburg und Osnabrück wurden entsprechende Innovationsgesellschaften gegründet.

7.3   ISI-Studie „Wissens- und Technologietransfer in Deutschland"

Im Auftrag des BMBF wurde im Jahr 2000 vom Fraunhofer Institut für Systemtechnik und Innovationsforschung (ISI), dem Zentrum für Europäische Wirtschaftsforschung (ZEW) und dem ifo Institut für Wirtschaftsforschung eine Studie zum „Wissens- und Technologietransfer in Deutschland" durchgeführt. In dieser bisher umfangreichsten Untersuchung über die Arbeit und die Effizienz des Technologietransfers wurden Transfereinrichtungen von Universitäten, Fachhochschulen und den verschiedenen außeruniversitären Forschungseinrichtungen (FhG, MPG, HGF, WGL) untersucht.

Für die Transferstelle der Universität Göttingen von besonderem Interesse sind die Ergebnisse und Empfehlungen, die den Transfer von Universitäten betreffen. Hier wird von den Autoren ein Missverhältnis von Ressourcen und Kompetenzen auf der einen Seite und den zugewiesenen Aufgaben auf der anderen Seite gesehen. Als Handlungsempfehlung werden eine Spezialisierung auf bestimmte Aufgabenbereiche durch den Aufbau von Kernkompetenzen und eine stärkere Arbeitsteilung und verstärkte Kooperation in (regionalen) Netzen vorgeschlagen. Als ein Feld, das im Aufgabenspektrum der Transferstellen an Bedeutung gewinnt, wird die Patentberatung und Patentverwertung genannt (diese Entwicklung ist inzwischen auch eingetreten!).

Als organisatorische Maßnahme zur Verbesserung des Transfers werden die Flexibilisierung des Dienstrechts, eine leistungsorientierte Bezahlung sowie eine Erleichterung des Wechsels zwischen Hochschule und Unternehmen genannt.

Insgesamt wird von der Studie bestätigt, dass der Technologietransfer in Deutschland in den letzten 20 Jahren ein hohes Niveau erreicht hat. Allerdings ist die Bewertung der Aktivitäten von Transferstellen, um z. B. Best-Practice-Ansätze zu identifizieren oder die Evaluierung des Technologietransfers noch ein ungelöstes Problem.

8   Literatur

Meyer, Claus-Martin (1993): Entwicklung einer Marketingstrategie für die Technologietransferstellen Niedersachsens. Göttingen.

Schmoch, Ulrich / Georg Licht / Michael Reinhard (Hrsg.) (2000): Wissens- und Technologietransfer in Deutschland. Stuttgart: Fraunhofer-IRB-Verlag.

Wiegmann, Christiane / Karl Ermert (1998): Status und Entwicklungsoptionen der Einrichtungen für den Wissens- und Technologietransfer an niedersächsischen Hochschulen. Hannover.

Zur Kontrolle der Wissenstransferqualität beim Übersetzen am Beispiel des Sprachentrios Japanisch / Englisch / Deutsch[1]

Taeko Takayama-Wichter (Göttingen)

1   Zugangsbarriere beim Wissenstransfer

In der Schlussdiskussion des 4. Internationalen Kolloquiums zum Wissenstransfer mit dem Thema „Transferqualität" in Halle (7. - 9. Oktober 2002) wurde von einem Übersetzungswissenschaftler Bedauern darüber geäußert, dass die Beschäftigung mit der Translationswissenschaft auf dem Kolloquium zu kurz gekommen sei. Auch gibt es keinen Beitrag zum Themenkreis Translation bzw.

---

[1] Anmerkungen zur Notation: Der japanische Textauszug (Doi 1971: 154) in Abschnitt 2 wird in Transkription mit der Hepburn-Umschrift und kursiv angegeben; auch für vereinzelte japanische oder englische Begriffe und Wörter wird die Kursivschrift verwendet. Für die Dehnung wird das Dehnungszeichen ^ angewandt. Die Übersetzungen der Verfasserin T. T.-W. werden - sowohl im Text als auch in der Literaturliste - ohne Anführungszeichen und lediglich durch Setzung in eckigen Klammern [   ] gekennzeichnet wiedergegeben, einschließlich der Übersetzung des japanischen Titels (Doi 1971) zur Unterscheidung zum durch die Übersetzerin H. Herborth übersetzten Titel (Doi 1982). Demgegenüber sind eine von der Verfasserin vorgenommene Auslassung im Zitat mit [...] sowie die Worterklärung durch die Verfasserin mit [T. T.-W.:] gekennzeichnet. Die englische Übersetzung in Klammern gleich nach dem Originaltitel in der Literaturliste stammt vom jeweiligen Autor bzw. von der jeweiligen Autorin selbst.

Translationswissenschaft in den bereits erschienenen drei Tagungsbänden der Reihe „Transferwissenschaften" (Wichter / Antos 2001; Wichter / Stenschke 2004; Antos / Wichter 2005). Dabei kann der Stellenwert der Translation bzw. der Translationswissenschaft in der Frage des Wissenstransfers gerade im interkulturellen Kontext nicht hoch genug eingeschätzt werden.

Dass ein translatorischer Fehlgriff „Zugangsbarrieren zu Wissen" (Antos 2001: 7ff) verursachen kann, ist auch vorwissenschaftlich vorstellbar. Eine genauere Kenntnis darüber, wie es beim Transfersprachenpaar Japanisch / Deutsch bzw. beim Übersetzungssprachentrio Japanisch / Englisch[2] / Deutsch zum „verhinderten Wissenstransfer" (ebd.: 8) kommen kann, ist jedoch m. W. nicht vorhanden. Zur Untersuchung dieser Frage werden im vorliegenden Beitrag in einem Fallbeispiel exemplarisch eine englisch-amerikanische Übersetzung aus einem japanischen pragmatischen Text und eine aus dieser Übersetzung entstandene deutsche Übertragung als Analysegegenstand ausgewählt (vgl. Abschnitt 2. [3] u. [5]).[3] Diese beiden Transferprozesse enthalten zwei translatorisch typische Probleme, die nicht auf ein einzelnes Sprachentrio wie das Trio Japanisch / Englisch / Deutsch beschränkt sein dürften. Es handelt sich dabei um die indirekte Übersetzung (Abschnitt 1. 2) und die Nicht-Übersetzung einzelsprachspezifischer Erscheinungen (Abschnitt 1. 3). Diese beiden Themen hängen in unserem Fallbeispiel miteinander zusammen, und beeinträchtigen durch ihre Verknüpfung umso empfindlicher den dort erwartbaren Wissenstransfer, nämlich den Transfer eines japanischen Inhalts ins Deutsche.

Es gibt nur wenig Diskussion über die jeweilige Rolle der dort beteiligten Kontrollinstanzen, die für Versäumnisse und Verfehlungen im Wissenstransfer durchaus zur Mitverantwortung gezogen werden können, und ebenso wenig Diskussion über ihre Kontrollleistungen.

---

[2] Was die Unterscheidung zwischen englisch, englisch-amerikanisch und amerikanisch angeht, so wird im Folgenden die Übersetzung bzw. der Übersetzer der Ausgangsübersetzung in unserem konkreten Fallbeispiel - der Angabe des Verlags Suhrkamp folgend - als „amerikanisch" bezeichnet, während bei der Sprache selbst und im allgemeinen die Bezeichnung „englisch" oder ggf. „englisch-amerikanisch" verwendet wird.

[3] Das Verständnis des „pragmatischen Textes" im vorliegende Beitrag lehnt sich an die Übersetzungsdichotomie von Apel (1983) an, die besagt: „Die linguistischen Ansätze machen zumeist eine grundsätzliche Unterscheidung zwischen Übersetzungen von literarischen und pragmatischen Texten, zu denen technische, wissenschaftliche, [...] zählen" (ebd.: 8)

1.1 Kontrollinstanzen

Bei der vorliegenden Übersetzungsproblematik im Fall der drei Sprachen Japanisch, Englisch und Deutsch sind theoretisch die im folgenden mit (1) - (5) gekennzeichneten Kontrollinstanzen denkbar.[4]

* Kontrollinstanz (1): ein Übersetzer bzw. eine Übersetzerin für die Übersetzung aus dem Japanischen ins Englische.

* Kontrollinstanz (2): ein Übersetzer bzw. eine Übersetzerin ins Deutsche aus der bei (1) erwähnten englischen Übersetzung.

* Kontrollinstanz (3): ein Verlag als Auftraggeber der bei (2) erwähnten deutschsprachigen Übersetzung und als Herausgeber einschließlich seines Lektorats.

* Kontrollinstanz (4): Der Autor bzw. die Autorin des japanischen Originaltextes.

* Kontrollinstanz (5): ‚Kritiker', die die bei (1), (2) und (4) erwähnten drei Texte vergleichen und analysieren, wie z. B. japanologische Linguisten oder Übersetzer des Sprachenpaares Japanisch / Deutsch o. ä.

Demnach sind bei unserem Fallbeispiel konkret fünf Akteure (Wichter 2003: 77-93) beteiligt, die im folgenden – jeweils den o. g. Kontrollinstanzen (1) bis (5) entsprechend – mit (1′) bis (5′) gekennzeichnet sind.

Akteur (1′) in unserem Fallbeispiel: der amerikanische Übersetzer J. Bester.
Akteur (2′) in unserem Fallbeispiel: die deutsche Übersetzerin H. Herborth.
Akteur (3′) in unserem Fallbeispiel: Verlag Suhrkamp.
Akteur (4′) in unserem Fallbeispiel: der Autor Doi.
Akteur (5′) im Zusammenhang mit unserem Fallbeispiel: die Verf. T. T.-W.

Die Rolle der jeweiligen Kontrollinstanzen von (1) bis (5) im Allgemeinen wird in Abschnitt 1. 2 und 1. 3 mitdiskutiert. Anschließend werden in Abschnitt 3 u. 4 konkret die Leistungen[5] bzw. Kontrollleistungen der Akteure (1′) und (2′) analysiert, und die Kontrollleistungen von (3′) diskutiert. Dass gerade die bei (1), (2) und (3), evtl. auch bei (4), genannten potenziellen Kontrollinstanzen, wenn auch nicht einzeln und allein, für einen misslungenen Wissenstransfer verantwortlich sein können: auch davon handeln unsere folgenden Ausführungen.

---

4   Hierbei wird ein amerikanischer Verlag ausgeklammert, da er als Kontrollinstanz nicht im Fokus unserer Analyse steht. Das gleiche gilt hier für einen Leser bzw. eine Leserin.

5   Die hier gemeinte „Leistung" bezieht sich, sowohl bei der amerikanischen Übersetzung als auch bei der deutschen Übertragung, lediglich nur auf die zu untersuchende Passage.

1.2   Indirekte Übersetzungen

Für das Transfersprachenpaar Japanisch / Deutsch, und zwar spezifisch in der
Richtung vom Japanischen ins Deutsche, gibt es das Problem der indirekten
Übersetzung: Japanische Texte werden nicht direkt aus dem Originaljapanischen
ins Deutsche übersetzt, sondern erst auf dem Umweg über den bereits übersetz-
ten englischen bzw. englisch-amerikanischen Text.
Bei den Praktiken einer derartigen indirekten Übersetzung sind zunächst drei der
o. g. Kontrollinstanzen direkt und indirekt mit im Spiel, nämlich: die Kontrollin-
stanz (3) des Verlags, die Kontrollinstanz (4) des Autors / der Autorin sowie die
Kontrollinstanz (5) der ‚Kritiker'. Das folgende Zitat gibt einen Einblick in die
Konstellation, in der zwei dieser Kontrollinstanzen, (3) und (4), beteiligt sind:

> „Übrigens begründet manch ein Verlag die immer noch geübte Praxis, ein japani-
> sches Werk aus der englischsprachigen Übersetzung übertragen zu lassen, mit der
> angeblichen Ambiguität des Originals. Da sei eine autorisierte englischsprachige
> Fassung doch schon ein wesentlicher Markstein, an dem nun - wenn auch in
> Wirklichkeit aus praktischen Gründen - offenbar kein Weg mehr vorbeiführt."
> (Hijiya-Kirschnereit 1993: 75)

Das Verhalten eines Verlags, der auf dieser Weise eine indirekte Übertragung
favorisiert, ist aus ökonomischen Gründen leicht erklärbar. Erstens gibt eine bereits vorhandene englische Übersetzung eine gewisse Garantie für eine ‚markt-
orientiert' übersetzungswürdige Qualität des Werkes. Zweitens ist es ‚günstiger',
aus einer bereits vorhandenen Übersetzung eine deutsche Version anzufertigen zu
lassen. (Dabei spielt gewiss eine Rolle, dass der Transfer vom Englischen ins
Deutsche - mindestens in sprachstrukturellen Hinsichten - in der Tat etwas einfacher ist. Auch speziell im Medium schriftlicher Texte ist er gewiss nicht so
zeitraubend wie der direkte Transfer vom Japanischen ins Deutsche). Und es
gibt darüber hinaus für das Sprachenpaar Englisch / Deutsch qualifizierte Übersetzer, vermutlich mehr als für das Sprachenpaar Japanisch / Deutsch. Insgesamt
ist dieser indirekte Übertragungsweg also einfacher und schneller, und folglich
ökonomischer als die erneute Veranlassung einer direkten Übersetzung aus dem
Japanischen. Dass „ökonomisch" aber nicht unbedingt ein Qualitätsmerkmal
bedeutet, wird die Analyse zeigen.

Was die Kontrollinstanz (4) anbelangt, muss aber - im Fall eines japanischen
Autors bzw. einer japanischen Autorin - das Folgende zur Kenntnis genommen
werden. Die im obigen Zitat erwähnte Favorisierung einer „autorisierte[n] eng-
lischsprachige[n] Fassung" (ebd.) beruht auf der Kontrollierbarkeit durch den
Autor / die Autorin. Englisch ist nämlich in Japan die erste (und meist die einzige) Fremdsprache, die in der Schule als Pflichtfach gelernt wird. Auch im Hochschulbereich dominiert im Allgemeinen die englische Sprache. Es gibt daher -
ausgenommen die Germanisten - verhältnismäßig wenig Japaner, die der deutschen Sprache mächtig sind, zumindest nicht in dem Maße wie der englischen

Sprache. Das heißt, dass wenigstens bei einer englischen Übersetzung die bei (4) genannte Kontrollinstanz Autor / Autorin aktiviert werden kann, was bei einer deutschen Übersetzung nicht ohne weiteres der Fall sein wird. So verkennt die Frage „(aber wie nahe?)" des folgenden Zitats eine durchaus legitime Positionierung einer Kontrollinstanz durch einen Autor / eine Autorin.

> „[Was] die Dinge [...] aus japanischer Perspektive [angeht], so liegt die Forderung auf der Hand, daß sich Autoren wie Agenturen eher ein Urteil zur englischsprachigen Fassung zutrauen, denn das Englische liegt ihnen eben näher (aber wie nahe?) als das Deutsche [...]" (Hijiya-Kirschnereit 1993: 75f).

Sollte die ironische Frage auf die (im Allgemeinen bekannte) wenig ausgeprägte Fremdsprachenfähigkeit der Japaner (nicht nur) in der englischen Sprache anspielen, so ist sie aber irrelevant, solange der japanische Autor / die japanische Autorin gerade in dieser Sprache sein / ihr Kontrollinstrument sieht, und nicht in der deutschen, auch wenn diese Nähe noch so gering sein mag.[6]

Kommen wir zum Problem der Verkennung des Übersetzungswesens hinsichtlich der Beteiligung des Verlags, das das folgende Zitat verdeutlicht:

> „Bisweilen greift man [...] auf eine englische Übersetzung zurück, an der z. B. auch die Verlagslektorate die ‚Korrektheit' und Angemessenheit einer Übersetzung zu prüfen versuchen. Auf welch fataler Verkennung des Wesens einer literarischen Übersetzung ein solches Verfahren beruht, braucht in diesem Zusammenhang wohl nicht eigens ausgeführt zu werden." (Hijiya-Kirschnereit 1996: 709).

Das hier angesprochene, schwerwiegende Problem besteht nicht allein beim Übersetzen literarischer Texte, sondern ohne Frage auch beim Übersetzen pragmatischer Texte wie in unserem Fall. Zu fragen ist, ob vielleicht die engere Verwandtschaft der beiden Sprachen Englisch und Deutsch zur Verkennung verleitet. Und ob dabei ignoriert wird, dass selbst der Inhalt des so ins Deutsche übersetzten japanischen Texts nach wie vor „japanisch" ist, obwohl der deutschsprachige Übersetzer / die deutschsprachige Übersetzerin des Englischen naturgemäß nicht (in erster Linie) für die japanische Kultur zuständig ist.

Das Problem sollte sehr wohl „eigens ausgeführt [...] werden" (ebd.), da es sinnvoll ist, durch linguistische Analyse genau zu zeigen, warum und vor allem wie sehr eine indirekte Übertragung für den Wissenstransfer problematisch sein kann.

Schließlich ist die Kontrollinstanz (5), sind die Kritiker zu erwähnen. Eine fehlende kritische Auseinandersetzung mit den problematischen Praktiken der indirekten Übertragung kann womöglich am Mangel an solchen Personen liegen, die „Original und deutsche Fassung kompetent zu vergleichen in der Lage sind",

---

[6] Hierzu und zum ungünstigen Status des Deutschen als Fremdsprache in Japan vgl. Takayama-Wichter (1990: 2f bzw. 24 - 69).

wie Hijiya-Kirschnereit (1996: 709) im Hinblick auf die Rezensenten der literarischen Übersetzung feststellt.[7] In den vorliegenden Ausführungen wird - als
Akteur (5´) - die Kontrollinstanz (5) angesetzt.

1.3   Nicht-Übersetzung einzelsprachspezifischer Erscheinungen

Ein weiteres, nicht minder problematisches Thema ist die Nicht-Übersetzung. In
unserem Fall geht es spezifisch um eine Auslassung sog. einzelsprachspezifischer Erscheinungen.[8] Was das Übersetzen des ‚Einzelsprachspezifischen‘ in
pragmatischen Texten angeht, so weist Ueki (1993) anhand eines Japanisch-
Englisch-Deutsch-kontrastierenden Beispiels mit Recht darauf hin, dass „auch
bei der Übersetzung von Fachtexten trotz ihrer, im Gegensatz zu literarischen
Texten, stärkeren Inhaltsorientiertheit, sprachspezifische Erscheinungen auf
pragmatischer Ebene einen entscheidenden Einfluss ausüben" (ebd. 229). Diese
Feststellung trifft auch auf unser Fallbeispiel genau zu.

Als eine der markantesten Erscheinungen des Japanischen kann das Hilfsverb-
system der benefaktiven Geben-Nehmen-Ausdrücke gesehen werden (vgl. etwa
Loveday 1982; Nitta 1999).

Als Beispiel für das Vorkommnis dieser Ausdrücke wird für unsere Analyse eine Passage des japanischen Buchs „Amae[9] no kôzô" [Struktur von amae] des
Autors T. Doi ausgewählt (Doi 1971). Die Passage (ebd.: 154) befindet sich im
Abschnitt über „higaikan" [Empfindung des Geschädigtseins] (ebd.: 153-160)
und enthält dort vier Grundformen der besagten Ausdrücke, nämlich: -te kureru,
- te morau, -te yaru und -te ageru (vgl. Takayama-Wichter (2000b): 103)).

Exkurs: ‚Hilfsverbsystem' der Geben-Nehmen-Ausdrücke des Japanischen

Das Prinzip des s. g. Geben-Nehmen-Hilfsverb-Ausdruckssystems liegt in der
Möglichkeit der „Sprecher-Stellungnahme". Die Ebene des Redeinhalts und die
der Sprechakte werden dabei an der einzigen Verbstelle morphologisch durch
die Bildung der -te-Form des Finitums verbunden, zuzüglich eines Geben-

---

[7]   Auf die Frage der japanischen Übersetzungskompetenz von Sprechern des Deutschen ge-
      hen wir hier nicht weiter ein; vgl. jedoch hierzu Takayama-Wichter (1996: 186f) u.
      Sekiguchi (1995).

[8]   Das hier thematisierte ‚Sprachspezifische' ist vor allem im Hinblick auf den Kontrast zum
      Englischen bzw. Deutschen gemeint.

[9]   Zum Begriff „amae" vgl. Heise (1990), der ihn wie folgt interpretiert: „Wunsch nach An-
      lehnung; in der Kulturtheorie Dois psychische Form, für die starke emotionale Bindung
      und verpflichtende Wechselseitigkeit kennzeichnend sind" (ebd.: 148); zur Worterklärung
      von amae vgl. auch Kakinuma (1997: 277-282), der das grundlegende Adjektiv amai [süß]
      (von dem das betreffende Substantiv „amae" abgeleitet wird) erläutert, vor allem in seiner
      pragmatischen Funktion bzw. in seinem übertragenen Sinn, einschließlich des Vergleichs
      mit dem deutschen Adjektiv „süß".

Nehmen-Verbs (in der quasi-Hilfsverbfunktion) oder mehrerer. Die Motivationen der Hinzufügung solcher Geben-Nehmen-Verben sind vielfältig wie z. B. Freude, Dankbarkeit, aber auch Ironie etc. Der Gebrauch ist obligatorisch.

Ein Beispiel mit dem Verb *oshieru* [unterrichten; beibringen; lehren] in zwei korrekten Sätzen soll den Sachverhalt veranschaulichen: Der erste ist ohne das Geben-Nehmen-Verb *kureru* (1) formuliert, der zweite mit ihm (in der Hilfsverbfunktion) (2).

(1) Honda-san ga gakusei ni nihongo o **oshie**-mashita. [Herr / Frau Honda hat den Studierenden Japanischunterricht gegeben].

(2) Honda-san ga gakusei ni nihongo o **oshiete-kure**-mashita. [Herr / Frau Honda hat freundlicherweise den Studierenden Japanischunterricht gegeben].

Die Formulierung (1) beschreibt bloß die Handlung allein. Hier ist nur das Verhältnis der Handlungsbeteiligten von Belang, während in der Formulierung (2) das Gesamtverhältnis, nämlich das der Handlungsbeteiligten und Sprechaktteilnehmer, von Bedeutung ist. Die Hinzufügung des Verbs *kureru* (in der Hilfsverbfunktion) bei (2) ermöglicht den Ausdruck der Sprecherbezugnahme (wie z. B. die Bewertung in unserem Beispiel mit „freundlicherweise") auf die Handlung. Die erste ‚neutral' anmutende Formulierung (1) ist nun in einem Kontext, der aus welcher Motivation auch immer eigentlich die zweite (2) verlangt, falsch, da das Fehlen des Geben-Nehmen-Ausdrucks die Auslassung der erwartbaren Stellungnahme des Sprechers bedeutet. Sie ist dann nicht mehr ‚neutral', wie man annehmen mag, sondern vielmehr unvollständig, und gilt als F e h l -formulierung schlechthin.[10]

---

[10] Exkurs zu obligatorischen und expliziten Anwendung und impliziten kontextbedingten Anwendungsvielfalt der Ausdrücke im Japanischen: Das folgende deutsch-japanische Übersetzungsbeispiel (vgl. May 1982) soll das kontextabhängige Bedürfnis nach Gebrauch der Ausdrücke im Japanischen verdeutlichen. Der deutsche Satz „ich [...] kraulte ihm flüchtig das eiskalte Kinn" (zitiert aus May 1982: 190) wird durch einen japanischen Übersetzer ins Japanische mit dem folgenden Satz übersetzt: „boku wa [...] hin'yari tsumetai ago wo tsururi to nadete yatta". Die Rückübersetzung dieser japanischen Übersetzung durch Mai (ebd.) wiederum ins Deutsche lautet: „[...] ich [...] streichelte glatt sein schrecklich kaltes Kinn" (ebd.: 190). (Alle Hervorhebungen durch die Verfasserin T. T.-W.). In der japanischen Übersetzung wird - statt einfaches, aber grammatisch korrektes *nadeta* [streichelte] - die mit dem Geben-Nehmen-Verb *yaru* versehene, ebenso korrekte Form „*nadete yatta*" [streichelte + (...)] angewandt. Die Entscheidung für die Anwendung einer solcher Form liegt allein beim Übersetzer, der sich lediglich nur nach dem Kontext, nicht nach der Syntax entscheiden muss, so wie in diesem Fall z. B. wegen der „Vermittlung des Humorigen" (May 1982: 190). Die Rückübersetzung gibt aber die so nach der japanischen Gepflogenheit modifizierte Ausdrucksweise „*nadete yatta*" [streichelte + (...)] lediglich nur mit „streichelte" wieder. (Anmerkung: Es gibt keine lexikalische ein-zu-eins-

Die - gesamten - Ausdrücke im o. g. System stellen mit ihren verschiedenen Varianten und wegen ihrer Komplexität[11] bekanntlich bereits als solche eine missverständliche sprachliche Einheit in der japanischen Grammatik dar, und dies natürlich vor allem für Japanischlerner. Ihr Gebrauch wird darüber hinaus auch von psychologischen und soziologischen Faktoren begleitet, die mit der japanischen Kommunikationskultur verbunden sind.

Was die Vergleichbarkeit mit anderen Sprachen angeht, so gibt es Unterschiede erstens in der syntaktischen und lexikalischen Systemhaftigkeit der Ausdrücke im Vergleich des Japanischen zum Englischen bzw. zum Deutschen; und zweitens aus dem zum Teil konventionalisierten ‚Zwang' zur Anwendung im Japanischen, anders als in den beiden anderen Sprachen, und drittens in der unterschiedlichen Auffassungen der Geben-Nehmen-Konstellation selbst.

Die genannten Faktoren können das Übersetzen erschweren. Es gibt für das sogenannte ‚Geben-Nehmen-Hilfsverbsystem' auch keine systematische lexikalische Übersetzungsentsprechung in der Übersetzungszielsprache Englisch (vgl. Yamamoto et al. 1984) oder Deutsch (Takayama-Wichter 2000b: 77).[12] Dabei tangiert gerade ihre übersetzerische Behandlung im Übersetzungstext sehr das Gelingen des Wissenstransfers.

Für das übersetzungsnotwendige Textverständnis sind darüber hinaus Kenntnisse über den Zusammenhang mit der benachbarten so genannten „meiwaku-

---

Entsprechung für das deutsche Verb „kraulen" in diesem Kontext, da die für „kraulen" typische Fingerbewegung im Japanischen nicht auf Anhieb ausgedrückt werden kann. Daher erscheint als Alternative dafür *karuku naderu* [(leicht) streicheln] wie im obigen Beispiel). Die Formbildung von *nadete yatta* ist die folgende: {*naderu* (Verb-Grundform) + -*te* -> *nadete* (sog. *te*-Form)} + { *yaru* (Geben-Verb-Verb in der Hilfsverbfunktion) -> *yatta* (kurze Vergangenheitsform von *yaru*)}.

[11] In der Passage wird allerdings lediglich nur ein Bruchteil der Funktionen der Ausdrücke thematisiert.

[12] Exkurs zur Übersetzbarkeit der Ausdrücke ins Deutsche: Eine maschinelle japanisch-deutsche Übersetzungsmöglichkeit für die betreffenden Ausdrücke scheint, zumindest dem Forschungsstand bei Siegel (1996) nach zu urteilen, trotz des verheißungsvollen Untertitels: „Lösungen für Translation Mismatches" noch nicht realisierbar zu sein. Statt einer im Titel versprochenen „Lösung" werden dort lediglich zwei Varianten der o. g. Ausdrücke, nämlich „kudasai" (ebd.: 17) und „[...] itadakemasen [...]" (ebd.: 18) vorgestellt. Und dies nur mit einer kurzen Bemerkung bzw. Übersetzung mit: „-te itadaku - Höflichkeitsform" (ebd. 162) sowie „-te kudasai - Bitte" (ebd.: 162). Die dazugehörige einzige Erläuterung fällt sehr knapp aus, ohne jegliche Systematik und ohne jeglichen Bezug auf einen Gesamtzusammenhang, nämlich als: „durch ‚shite itadakemasen ka' bekommt sie [T. T.-W.: die Bitte] einen hohen Formalitätsgrad" (ebd. 18). Sie zielt dadurch missverständlich und gar fälschlich nur auf die Höflichkeitsebene ab, und gibt somit den eigentlichen Sinn des dort ausgedrückten ‚Geben-Nehmen-Verhältnisses' überhaupt nicht wieder, vgl. hierzu Takayama-Wichter (2000b: 98-103).

Passivform" (Passivform zum Ausdruck für das Gefühl des Belästigtseins / Geschädigtseins; vgl. Fußnote 14) mehr als nützlich, was auch in unserem Übersetzungsfallbeispiel deutlich wird.

Angesichts der Wichtigkeit der Ausdrücke ist ihre gänzliche Auslassung ohne Ersatzmittel bei der amerikanischen Übersetzung (Doi 1973) - trotz Verständnis für die Übersetzungsschwierigkeiten - problematisch. (Die Analyse hierfür erfolgt in Abschnitt 3.2).

2   Gegenstand der Analyse und der Diskussion

Zum Gegenstand:

Der Gegenstand der vorliegenden Analyse sind zwei Übersetzungstexte: Der Text der amerikanischen Übersetzung (Doi 1973: 128) des japanischen Originals (die o. g. Passage Doi 1971: 154) und der Text der aus dieser amerikanischen Übersetzung weiter übersetzten deutschen Übertragung (Doi 1982: 151).

Hinzugefügt in der Diskussion wird die Übersetzungsversion der Verfasserin des japanischen Originals, da der japanische Übersetzungsausgangstext (Doi 1971: 154) - trotz der Kürze der Passage - einige formulierungsbedingte Hindernisse für das richtige Textverständnis birgt.

Die in die Diskussion einbezogenen Texte ergeben sich damit wie folgt:

[1] Der japanische Text in lateinischer Umschrift des japanischen Originals (Doi 1971: 154)

[2] Eine deutsche Übersetzungsversion der Verfasserin T. T.-W. des bei [1] genannten japanischen Originals.

[3] Die amerikanische Übersetzung des japanischen Originals von J. Bester (Doi 1973: 128).

[4] Eine deutsche Übersetzungsversion der Verfasserin T. T.-W. der bei [3] genannten amerikanischen Übersetzung.

[5] Die deutsche Übertragung der bei [3] genannten amerikanischen Übersetzung von H. Herborth (Doi 1982: 151).

Texte:

Zum besseren Vergleich und auch zum raschen Auffinden werden die Texte nicht erst im Anhang, sondern sogleich in diesem Abschnitt (ohne Anführungszeichen) vorgestellt:[13]

[1] Der japanische Text in lateinischer Umschrift des japanischen Originals (Doi 1971: 154):[14]

> *Kono yô ni nihongo de wa, (a) gai o uketa toki ni ukemi o tsukau koto ga toku-chôteki de aru ga, (b) kono koto to heikô shite, (c) „...shitekureru" toka, „...shitemorau", mata „...shiteyaru" toka, „...shiteageru" to yû rieki no juju o shimesu hyôgen ga (d) kencho de aru koto (e) mo chûmoku sarete yoi. (i) Sore wa akiraka ni (f) rieki o ukerare nakatta baai no shinri, (g) sunawachi (h) higaiteki-shinri no sonzai o an'ji shiteiru to (j) yû koto ga dekiru no de aru.*

[2] Eine deutsche Übersetzungsversion der Verfasserin T. T.-W. des bei [1] genannten japanischen Originals:[15]

---

[13] Die komparativ zu analysierenden Stellen werden - trotz der offensichtlich vorhandenen syntaktischen Verschiedenheiten der drei Sprachen und trotz der übersetzungsbedingten Modifizierungen - im jeweiligen Text in der gleichen Weise mit (a), (b) usw. gekennzeichnet, um das rasche Auffinden zu ermöglichen. Die bei der Kennzeichnung entstehende geringfügige Nichtübereinstimmung der Texte an der jeweiligen Stelle oder die Spaltung der Nummerierung (wie f1 u. f2) ist aus Gründen der erwähnten und Modifizierungen unvermeidlich. (e)* / (i)* zeigt an, dass die Übersetzung an der Stelle so nicht ohne weiteres dem japanischen Ausgangstext entspricht (vgl. Abschnitt 3. 3 u. 4. 2).

[14] Anmerkungen zum richtigen Verständnis des japanischen Texts: Der Originaltext der Passage weist in seiner Textkonstruktion, in seiner Formulierung und vor allem in seinem lexikalischen Gebrauch ein paar Probleme auf, die wie folgt erklärt werden sollen: 1) *ukemi* [Passiv; Passivform]: Der Autor meint mit *„ukemi"* lediglich die o. g. besondere Passivform, die Lewin (1996) als „konkretes, indirektes Passiv (Subjekt belebtes Wesen, wird vom Geschehen in Mitleidenschaft gezogen [...])" (ebd.: 151) definiert. Der Fokus dieser Passivform liegt allerdings in der subjektiven Empfindung des Sprechers. Sie kann - anders als die normale Passivform - auch beim subjektiv empfundenen ,Opfergefühl' gebraucht werden. Normalerweise wird diese Passivform in der japanischen Grammatik - zur Unterscheidung von der sonstigen, d. h. von der mit den europäischen Sprachen vergleichbaren Passivform - gängigerweise mit der Bezeichnung *„meiwaku no ukemi"* [*meiwaku*-Passivform] benannt. 2) *gai o uketa toki* [im Fall des erlittenen Schadens]: Damit wird durch den Autor - in eigensinnig verkürzter Weise - der „Fall des erlitten geglaubten Schadens" gemeint. Das heißt: die Formulierung *„gai o uketa toki"* [im Fall des erlittenen Schadens] ist falsch, und zwar aus dem bei 1) erklärten Grund (vgl. hierzu Abschnitt 4. 1. 1)). 3) Übrigens wird mit *kono yôni* [wie gesagt; wie wir gesehen haben; auf diese Weise] am Anfang der Passage das kurz vorher Besprochene gemeint, nämlich, dass es eben für den erlitten geglaubten Fall die besagte *meiwaku*-Passivform gibt.

[15] Die Übersetzungsversion [2] soll durch eine der japanischen Syntax nähere Formulierungsweise dem der japanischen Sprache unkundigen Leser ermöglichen, die Darstellung des Sachverhalts syntaktisch nachzuvollziehen. Eine in dieser Anmerkung nun folgende

Auf diese Weise ist für die japanische Sprache eigentümlich, dass die Passivform zum Ausdruck fürs (a) erlittenen Schaden gebraucht wird. (b) Parallel dazu darf jedoch (e) noch darauf aufmerksam gemacht werden, dass (c) die Geben-Nehmen-Ausdrücke des Vorteils wie ‚...*shitekureru*' und ‚...*shitemorau*' oder ‚...*shiteyaru*' bzw. ‚...*shiteageru*' (d) auffällig sind. (i) Dies, (j) so kann man sagen, deutet deutlich das Vorhandensein eines (f) Empfindens an, das beim Fall, dass man keinen Vorteil hat empfangen können, entsteht, (g) nämlich (h) die Empfindung des Geschädigtseins.

[3] Die amerikanische Übersetzung des japanischen Originals von J. Bester (Doi 1973: 128):

(b) Paralleling this use of the passive to indicate (a) the receipt of harm or injury, the use of (c) expressions showing the receipt or conferring of some benefit is also (d) a conspicuous feature of the Japanese language, and (j) one might see (e)* (i)* this too as hinting at (f1) the state of mind evoked (g) - (h) the sense of grievance or injury - (f2) where one has failed to receive some benefit.

[4] Eine deutsche Übersetzungsversion der Verfasserin T. T.-W. der bei [3] genannten amerikanischen Übersetzung:[16]

(b) In Parallelität zu diesem Gebrauch des Passivs zur Anzeige (a) des Erleidens von Schaden oder Kränkung, ist der Gebrauch von (c) Ausdrücken, die den Empfang oder die Weitergabe gewisser Vorteile anzeigen, ebenfalls (d) ein auffälliges Merkmal der japanischen Sprache, und (j) man könnte (e)* (i)* auch dies sehen als Hinweis auf (f1) den hervorgerufenen Bewusstseinszustand (g) - (h) das Gefühl von Verletztheit oder Gekränktheit - (f2) in dem Fall, in dem einem nicht zuteil wird, gewisse Vorteile zu empfangen.

[5] Die deutsche Übertragung der bei [3] genannten amerikanischen Übersetzung von H. Herborth (Doi 1982: 151):

(b) Nicht nur diese Verwendung des Passivs - um (a) erlittenen Schaden oder Kränkungen anzuzeigen - ist ein auffallender Zug der japanischen Sprache, sondern ebenso die Tatsache, daß es (d) ungemein viele (c) Ausdrücke gibt, mit denen man besonders darauf hinweist, daß einem etwas Gutes getan wurde. (e)* (i)*

---

weitere Übersetzungsversion bemüht sich dagegen um eine eher freiere und erläuternde Formulierung, da man sonst den Sinn der ersten Zeile nicht verstehen wird. Die beiden Versionen stellen indes keinen Übersetzungsvorschlag dar. Hier nun die weitere deutsche Übersetzungsversion der Verfasserin T. T.-W., (ebenfalls) aus dem bei [1] genannten japanischen Original: [Wie erwähnt, ist im Japanischen (a) beim erlitten geglaubten Schaden der Gebrauch der *meiwaku*-Passivform charakteristisch. (b) Parallel dazu ist (e) noch darauf hinzuweisen, dass auch (c) der Gebrauch der benefaktiven Geben-Nehmen-Ausdrücke wie ‚...*shitekureru*' und ‚...*shitemorau*' oder ‚...*shiteyaru*' bzw. ‚...*shiteageru*' (d) auffällig ist. Dies deutet zweifellos auf (f) das Gefühl des Leerausgehens, (g) also (h) den psychischen Zustand des Geschädigtseins, hin].

[16] Die Übersetzungsversion aus dem Amerikanischen durch die Verfasserin T. T.-W. [4] fungiert lediglich als eine Alternative zur deutschen Übertragung von H. Herborth [5], da diese viele Fehler aufweist.

Beides scheint auf (h) ein grundlegendes Gekränktheits- und Verletztheitsgefühl
hinzuweisen, (g) d. h., (f1) daß man zunächst davon ausgeht, (f2) daß einem Gutes
verweigert wird.

Zur Analyse und Diskussion:

Im nachfolgenden Abschnitt 3 wird die Übersetzungsleistung des amerikanischen Übersetzers analysiert und anschließend in Abschnitt 4 die der deutschen
Übersetzerin. Bei der jeweiligen Analyse wird auch die Frage nach der Kontrollleistung gestellt, oder überhaupt nach der Kontrollierbarkeit, da ein Teil der
Leistung bzw. Fehlleistung womöglich auf eine vorhandene bzw. fehlende
‚Selbstkontrolle' des Übersetzers bzw. der Übersetzerin zurückzuführen ist. Gezeigt wird in der Analyse auch, wie (gravierende) Fehlleistungen bzw. fehlerhaf-
te Ergebnisse aus solchen ‚Umweg-Übersetzungspraktiken' u. a. beim Übersetzungssprachentrio Japanisch / Englisch / Deutsch entstehen können, Praktiken,
die schließlich eine Transferbarriere entstehen lassen können.

Das Bewertungskriterium für die gesamte Analyse richtet sich ausschließlich
danach, ob der vom Autor Doi (1971) intendierte Erläuterungsinhalt der betreffenden Passage im Zusammenhang mit den besagten benefaktiven Geben-
Nehmen-Ausdrücken korrekt im Englischen bzw. im Deutschen wiedergegeben
worden ist, was wir als eine einzufordernde „Transferqualität" verstehen. Die
Frage lautet, ob der der Sachlage adäquate Wissenstransfer hierbei unmissver-
ständlich stattfindet.

3   Kontrollinstanz Übersetzer: Leistung der amerikanischen Über-
setzung von J. Bester

In der folgenden Analyse werden die Übersetzungsprobleme dargelegt, die der
amerikanische Übersetzer offensichtlich zu überwinden versucht, vielleicht auch
zu ignorieren, wie es uns erscheint. Hierbei wird auch die Frage nach der
Selbstkontrolle gestellt, da die Möglichkeit der Selbstkontrolle hier – anders als
bei der deutschen Sekundärübersetzung – im vollen Umfang gegeben ist. Analyse und Diskussion dienen auch dazu, die nachfolgende deutsche Leistung in der
Frage des Fehltransfers korrekt beurteilen zu können.

Die Übersetzungsleistungen sind wie folgt in drei Gruppen eingeteilt:

1) Verhängnisvolle Übersetzung: Hier liegen zwei Leistungen vor, die an sich
   nicht oder nicht unbedingt als „fehlerhaft" einzustufen sind, sich jedoch für
   die nachfolgende deutsche Übertragung als „verhängnisvoll" herausstellen
   sollen (Abschnitt 3.1).

2) Fatale Auslassung: Bei dieser Leistung werden die Praktiken der Auslassung im Allgemeinen und der Auslassung der o. g. „Geben-Nehmen-Ausdrücke" im Besonderen problematisiert (Abschnitt 3.2).

3) Fehlleistung: Zwei in der betreffenden Passage vorkommende Fehlleistungen beeinträchtigen schon allein den richtigen Transfer des Inhalts und der Sachlage (Abschnitt 3.3).

3.1 Verhängnisvolle Übersetzung

1) Problematische Alternativstellung

Es geht hier um die übersetzungsbezogene Behandlung des japanischen Begriffs *gai* [Schaden; Schäden] an der mit *(a)* gekennzeichneten Stelle *gai o uketa toki ni* [beim erlittenen Schaden] sowie um den mit *(h)* gekennzeichneten Begriff *higaiteki-shinri* [Psychischer Zustand des Geschädigtseins] (vgl. Abschnitt 2. [1], [2] u. Fußnote 15).

Was das japanische Lexem *gai* angeht, so ist es an sich von sehr allgemeiner und neutraler Bedeutung, die am besten mit dem deutschen „Schaden / Schäden" wiedergegeben werden kann. Das Lexem *gai* betrifft semantisch alle Sorten von Schäden, und bezeichnet das Resultat einer Schädigung, sowohl physischer als auch psychischer Art, aber unabhängig vom Vorhandensein einer Täterschaft oder einer Kausalität, also auch von Ursachen.

In der amerikanischen Übersetzung (vgl. Abschnitt 2 [3]) wird dieses eine japanische Lexem als *„harm or injury"* wiedergegeben; [17] es werden also zwei englische Lexeme in alternativer Verbindung in den Text gestellt.

Diese Übersetzungsmaßnahme mag sehr wahrscheinlich vom sprachsystembezogenen Fehlen eines dem japanischen *gai* entsprechenden englischen (Ober)Begriffs herrühren. Zur Abdeckung gibt es zwei oder drei semantisch benachbarte Lexeme: *harm* und *injury*, vielleicht auch *damage*. Die drei Lexeme sind jeweils semantisch spezifisch und pragmatisch so eingeschränkt zu gebrauchen, dass keines der drei, vor allem allein, dem sehr allgemeinen *gai* entsprechen kann. Die Maßnahme des Übersetzers in unserem Fall besteht, wie wir sehen, erstens in der Wahl der zwei erstgenannten Lexeme und zweitens in der Alternativstellung durch *„or"*. Antworten auf Fragen wie z. B., warum *„injury"*

---

[17] An dieser Stelle möchte sich die Verfasserin bei Herrn Prof. Th. Shannon, Ph. D., von der Berkeley University sehr herzlich bedanken, nicht nur für seine wertvollen Informationen als native speaker des Amerikanisch-Englischen, sondern auch für seine Hinweise, die keine der von der Verfasserin konsultierten Wörterbucheintragungen zu geben im Stande sind.

allein, oder „*injury etc.*", oder aber „*harm and injury*" nicht genommen wurde, müssen dahin gestellt bleiben.

Problematisiert wird an dieser Stelle vor allem die Verwendung von „*or*", für die zunächst rein theoretisch vier Gründe denkbar sind, die sich beziehen können auf eine inhaltlich begründete Interpretation, auf stilistische Überlegungen, auch auf Unsicherheit sowie auf Ignoranz des Übersetzers.

Zum ersten gibt es im ganzen Kontext keinen übersetzungsausgangssprachlich bedingten Zwang zu einer derartigen Alternative in der Übersetzungszielsprache, um den vollen Bedeutungumfang des übersetzungsausgangssprachlichen Begriffs zu umfassen. Die Alternative ist auf keinen Fall zwingend. Zum zweiten gibt es im Fall unseres Beispiels keine stilistischen Indizien für eine derartige Alternative. Zum dritten ist eine Unsicherheit des Übersetzers zu vermuten, die durch „*or*" zum Vorschein zu kommen scheint. Die Entscheidung für ein einziges Lexem wollte der Übersetzer offensichtlich nicht wagen. Zum vierten ist das Wissen des Übersetzers zu prüfen. Eine inhaltliche Auseinandersetzung mit dem Text hätte sehr wohl zu einer Entscheidung für ein einziges Lexem kommen können, auch wenn es keine hundertprozentige Entsprechung ist. Die Zuordnungsschwierigkeit im Hinblick auf die Übersetzungszielsprache muss vielmehr daran liegen, dass der Übersetzer, bedingt durch das fehlende inhaltliche Verständnis des japanischen Textes, zu einer differenzierten Interpretation von *gai* übersetzungsausgangssprachlich nicht im Stande war. Denn das Wissen der Bedeutung von *gai* allein erlaubt keine Rückschlüsse, da diese Bedeutung, wie bereits erwähnt, zu allgemein ist. Der Schlüssel liegt vielmehr in dem Wissen, dass die kurz vor der Passage erwähnte *meiwaku*-Passivform in erster Linie dafür da ist, auch ein rein subjektives Gefühl des Betroffenen auszudrücken. (Der Sprecher muss dabei nicht einmal ins Geschehen oder in die Handlung involviert sein). Versteht man in dieser Weise den (breiteren) Kontext, vor allem im Zusammenhang, richtig, so wäre das Lexem „*injury*" allein ein kleineres Übel gewesen als die Alternative „*harm or injury*" (oder auch als die Alternative „*harm*" allein, da dieses noch spezifischer wäre).

Hier ist eine strengere Selbstkontrolle vonnöten, statt die Unsicherheit durch eine Alternative in der Übersetzung fortzusetzen.

Mithilfe des doppelten Einsatzes von „*harm*" und „*injury*" scheint zwar das semantische Problem umgangen zu sein, aber nur oberflächlich und vorläufig. Oberflächlich deshalb, weil die Alternative mit „*or*" an und für sich, eben als „eine Alternative", einen zu spezifischen Eindruck macht, der nicht intendiert ist; und nur vorläufig, weil an einer späteren Stelle zusätzlich zu „*injury*" noch ein Lexem, das Lexem „*grievance*", hinzukommen soll.

Das mit *(h)* gekennzeichnete japanische Wort „*higaiteki-shinri*" [Psychischer Zustand des Geschädigtseins] - es handelt sich hier um eine einzige, zusammenhängende japanische Wortbildung - wird mit *„the sense of grievance or injury"* übersetzt. Das Problem wird auch hier in der gleichen Weise wie beim ersten Beispiel umgangen. Es wird wieder eine sachlich nicht vertretbare semantische Zunahme in Kauf genommen. (Vorzuziehen wäre *„grievance"* allein).

Somit gilt für die beiden Stellen: die Kontrollleistung ist unbefriedigend und die Übersetzungsleistung, auch wenn sie nicht als „Fehler" zu bewerten ist, nur ausreichend.

Sehr problematisch wird die o. g. Übersetzungsmaßnahme der Alternativstellung jedoch dann, wenn sie weiter in eine andere Sprache, in unserem Fall ins Deutsche, übertragen wird. Darauf wird in Abschnitt 4.1. noch eingegangen.

2) Unterinterpretation

Die japanische Stelle *(j) to yû koto ga dekiru no de aru* [(dies,) so kann man sagen] ist mit einem Potenzialverb *dekiru* [können] versehen zuzüglich eines Syntagmas *no de aru* mit der stilistischen Funktion des Urteilfällens, so dass eine feste Schlussfolgerung des Autors zum Ausdruck kommt wie etwa: [(dies,) so kann man (mit Sicherheit) sagen]. Dafür ist die amerikanische Übersetzung (j) „one might see" m. E. zu schwach. (Vgl. 4.2.2)).

3.2 Fatale Auslassung

Es geht um die mit *(c)* markierte Stelle in der Passage des japanischen Texts: *„...shitekureru' toka, ,...shitemorau', mata ,...shiteyaru' toka, ,...shiteageru "*[18] [wie ,...shitekureru' und ,...shitemorau' oder ,...shiteyaru' bzw. ,...shiteageru'] (vgl. Abschnitt 2. [1] u. [2]).
An dieser mit *(c)* markierten Stelle werden stellvertretend vier der Geben-Nehmen-Ausdrücke (in der Hilfsverbfunktion) aufgezählt. Wie erwähnt stellen die Geben-Nehmen-Ausdrücke nun eine der grundlegenden Komponenten der japanischen Kommunikation dar, so dass „es sich um ein übersetzungsrelevantes Merkmal handelt, das in der Hierarchie der Werte, die in der Übersetzung zu bewahren sind, weit oben anzusiedeln ist" (Koller 1998: 126). Die ausdrückliche Erwähnung durch den Autor Doi (1971: 154) in der besagten Passage ist also nicht ohne Grund. Die o. g. Stelle wird aber in der amerikanischen Übersetzung (Abschnitt 2. [3]) gänzlich und ohne ein Ersatzmittel ausgelassen.

---

[18] Das hier angegebene Verb *suru* [tun] in der s. g. *-te* Form „*shite*" wird vom Autor Doi stellvertretend für alle Verben benutzt.

3.2.1 Denkbare Gründe für die Auslassung

Für diese Nicht-Übersetzung sind zwei Gründe denkbar: 1) (Fehl)Einschätzung der Leserschaft durch den Übersetzer und / oder 2) Unwissen des Übersetzers.

1) (Fehl)Einschätzung der Leserschaft durch den Übersetzer

Der Transfererfolg des Übersetzens ist im Allgemeinen auch von der adäquaten Einschätzung der Leserschaft durch den Übersetzer abhängig, denn auf die Leserschaft hin sollen ja das Übersetzungstextniveau und die Transferdichte bestimmt werden.

Die ersatzlose Eliminierung der nicht ins Englische lexikalisch übersetzbaren Ausdrücke als solche kann eventuell aus der Unterschätzung des Zugangsniveaus der Leserschaft durch den amerikanischen Übersetzer herrühren. Hier liegt womöglich die Unterstellung der Interessenlosigkeit zugrunde oder die Unterstellung von Zugangsschwierigkeiten der Leserschaft im Falle eines Ersatzmittels, mit oder ohne Belassung der Originalausdrücke. Das Niveau der hier interessierten (amerikanischen) Leserschaft kann aber aus den unten zu nennenden Gründen nicht als niedrig eingeschätzt werden, auch wenn das Original populärwissenschaftlich ausgeprägt ist.

Allgemein ist zunächst festzustellen: Das Buch ist in der Tat für ein breites Spektrum der japanischen Leserschaft konzipiert. Der Text ist deswegen - trotz manch umständlicher Formulierungen wie auch in unserer Passage - allgemein verständlich. Für die japanische Leserschaft ist der leichtere Textzugang auch dadurch gegeben, dass das Thema die eigene Gesellschaft betrifft. (Das große Interesse machte aus dem Buch, das nun als ein ‚Klassiker' gilt, zu seiner Zeit in Japan einen Bestseller). Erleichtert wird die Rezeption des Textes darüber hinaus gewiss auch durch die Alltagsbezogenheit der Ausführung und nicht zuletzt durch eine größere psychologische Nachvollziehbarkeit sozusagen in eigener Sache. Aber all diese Bedingungen sind naturgemäß für die amerikanische Leserschaft nicht gegeben. Das Buch ist immerhin eine - wenn auch populärwissenschaftlich konzipierte - Zusammenfassung der bereits veröffentlichten zahlreichen wissenschaftlichen Aufsätze des Autors. Insofern dürfte die amerikanische Leserschaft eingeschränkt sein in etwa auf die allgemein Kulturinteressierten oder Fachinteressierten (z. B. Psychologen, Soziologen, Ethnologen, Sprachwissenschaftler und nicht zuletzt Japanologen). Gerade bei den Fachinteressierten ist aber durchaus eine offene Zugangsbereitschaft zu erwarten (zu Modellierung von Wissensexpansion vgl. Wichter (1994: 136 - 139)). Vor allem den drei letztgenannten Disziplinen sind japanische Ausdrücke ohne weiteres zuzumuten (vgl. Abschnitt 3.2.3).

2) Unwissen des Übersetzers

Eine Ignoranz des Übersetzers ist angesichts der bereits genannten lexikalischen Unübersetzbarkeit der betreffenden Ausdrücke (als solche) im Hinblick auf das Englische (Shimozaki 1989: 220ff) sehr wohl denkbar, oder aber das Unwissen des Übersetzers, was die Tragweite dieser Auslassungsmaßnahme angeht. Im letzteren Fall kann keine Selbstkontrolle erfolgen. Somit gilt die folgende Feststellung über eine Tilgung auch hier: „Es handelt sich [...] um ein Weglassen oder Zusammenstreichen von Stellen, mit denen der Übersetzer offenbar nichts anfangen konnte, sei es, weil er sie nicht verstand oder weil ihm ihre Bedeutung nicht einleuchten wollte". (Hijiya-Kirschnereit 1993: 78).

3.2.2 Gründe für die Inakzeptanz von Auslassung und Ersatzlosigkeit

Beim Übersetzen pragmatischer Texte ist eine Modifizierung - einschließlich der Auslassung - je nach dem Zweck des Übersetzens, je nach der Textsorte und auch je nach der Zielgruppenleserschaft etc. grundsätzlich zulässig und ggf. durchaus sinnvoll. Es kann auch keine rigorose Ablehnung der Auslassung als solcher geben, auch nicht die Ablehnung, die Hijiya-Kirschnereit (1993) für das literarische Übersetzen vehement vertritt, nämlich: „Mit solchen Eingriffen aber überschreitet der Übersetzer ganz eindeutig seine Kompetenz! Er verschiebt Gewichtungen und, was vielleicht das Schlimmste ist, er verrät das Original wie auch den Leser gleichermaßen, dem er nichts von seiner Kürzung oder Modifikation andeutet." (ebd.: 78).[19]

Die Eliminierung der besagten Ausdrücke ohne ein Ersatzmittel in unserem Fall ist aber aus zwei Gründen kaum zu akzeptieren: Es gibt 1) die Inakzeptanz aus Gründen der inhaltlichen Äquivalenz und 2) die Inakzeptanz aus autorenstilbezogenen Gründen. Dabei gilt die Maxime von Nakamura, japanischem Zielsprache-Englisch-Übersetzer, nämlich: „[Man darf nicht auslassen bis auf den Fall, dass ein vom Autor gemeinter Sinn ausgerechnet durch das Übersetzen verloren gehen wird]" (Nakamura 1973: 78).

1) Inakzeptanz aus Gründen der inhaltlichen Äquivalenz

Wir stimmen prinzipiell Koller (1998) zu, wenn er wie folgt feststellt: „Übersetzungen kommen in der Regel nicht ohne kommentierende, interpretierende, bearbeitende, kürzende und erweiternde Verfahren aus, wenn sie bestimmte *Werte des ausgangssprachlichen Textes* dem zielsprachlichen Leser vermitteln, bzw. wenn sie versteh- und lesbar sein sollen."[20] (ebd.: 128). In unserem Fall aber

---

[19] Beim Sprachenpaar Japanisch / Deutsch gibt es auch in der umgekehrten Richtung, d. h. bei der Auslassung im japanischen Text, oft Übersetzungsprobleme; hierzu vgl. exemplarisch Takayama-Wichter (2002).

[20] Hervorhebung durch Kursivschrift im Original.

vermittelt das „kürzende [...] Verfahren" (ebd.) keinesfalls „ bestimmte *Werte des ausgangssprachlichen Textes"* (ebd.). Ganz im Gegenteil. Es gehen vielmehr dadurch nicht nur die Ausdrücke selbst verloren, sondern der eigentliche Sinn der Stelle, der in der Hervorhebung dieser Ausdrücke liegt.

Es geht doch um einige Beispiele jener Ausdrücke ,besonderer' Art, die der Autor Doi ja eigens zur Erläuterung des Themas „Empfindung des Geschädigtseins" und damit indirekt zur Verdeutlichung seiner *amae*-These erwähnt, da sie als solche (nach Ansicht von Doi) typisch japanisch sind. Semantische Pendants dieser systemhaften Ausdrücke sind in anderen Sprachen nur partiell vorhanden oder unsystematisch ausgeprägt (wie z. B. im Chinesischen, Koreanischen oder Thailändischen) oder lexikalisch gar nicht anzutreffen (wie z. B. im Englischen und Deutschen).[21]

Auch nach König / Kußmaul (1982) ist die Übersetzungsleistung „an der Wirkung zu messen, die der Übersetzer mit seinem ZS-Text bei seinen Adressaten erzielt" (ebd.: 12). Durch das Weglassen wird die vom Autor Doi intendierte Wirkung bei der Leserschaft aber verfehlt. Schon allein aus diesem Grund ist die gänzliche Auslassung der besagten Ausdrücke problematisch. Ohne Zweifel ist diese ersatzlose Eliminierung eine „Verstümmelung, die nur im Vergleich mit dem Original aufgedeckt werden kann." (Hijiya-Kirschnereit 1993: 78).

Für unseren Fall, in dem tatsächlich eine lexikalische Wiedergabe in der Übersetzungszielsprache Englisch blockiert ist, muss es für den Wissenstransfer mindestens „um die Wiedergabe eines Sinns" gehen, „der in einer Sprache auf eine bestimmte Weise artikuliert ist, und für den eine Verbalisierung unter Verwendung anderer Mittel gefunden werden muß." (Haßler 2001: 155)

2) Inakzeptanz aus autorenstilbezogenen Gründen

Als ein weiterer Grund für die Inakzeptanz der vorliegenden Weglassung ist die Verletzung des von uns so genannten ,Ausführungsstils' des Autors zu nennen. Zugleich geht es hier auch um die Aspekte der Argumentationsmethode des Autors Doi, die wir eine „Methode der Wörterdarbietung" nennen möchten.

In Dois Buch (Doi 1971) wird eine Reihe japanischer Wörter (darunter auch Verben) verwendet, die bis auf einige Ausnahmen eigentlich keine Fachtermini sind. Sie fungieren in Dois Ausführung jedoch quasi als ,Termini', und ihre Gebrauchsweise wird zugleich als konkretes Beispiel für seine jeweilige Argu-

---

[21]   Zu Verben des Gebens und Nehmens und ihren möglichen Entsprechungen in nichtjapanischen Sprachen vgl. Ohye (1975) und Okutsu (1979) jeweils mit einer japanischenglisch kontrastiven Untersuchung; Okutsu (1983) mit einer japanisch-koreanischchinesisch-englisch vergleichenden Untersuchung; Gôda (1983) mit einem japanischthailändischen Vergleich der betreffenden Ausdrücke. Zu japanisch-deutschen Kontrastivität vgl. Bourstin et al. (1987). Weiterhin vgl. Ohno (1991).

mentation eingesetzt, indem der Autor sie - zugunsten seiner These - erläutert, und nicht nur dies: Der Miteinbezug solcher Wörter geht dabei weit über das Erläutern hinaus: Die Wörter werden zum Untermauern seiner Behauptung als Indizien, sogar auch als ‚Beweis' eingesetzt.[22]

Diese Vorgehensweise liegt auch bei der konkreten Aufführung der Geben-Nehmen-Ausdrücke in der betreffenden Passage vor. Die Eliminierung dieser Ausdrücke in diesem Fall bedeutet somit die Reduzierung der vom Autor intendierten ‚Beweiskraft' und schwächt folglich seine Argumentation, was beim Übersetzen mitzubedenken ist.

Außerdem sollte eine solche ‚methodische' Vorgehensweise des Autors, die das ganze Buch durchzieht, unabhängig von ihrer Richtigkeit als sein ‚Stil' zur Kenntnis genommen und bei der Übersetzung mitberücksichtigt werden[23], denn Apel (1983) weist mit Recht darauf hin, dass „die Inhalte wissenschaftlicher Texte in vielen Fällen an die spezifische Form gebunden" (ebd.: 9) sind. Vgl. auch Takayama-Wichter (2000a: 9) mit dem Hinweis, dass auch in pragmatischen Texten die Symbiose von Inhalt und Form von Bedeutung ist.

Die vorliegende Auslassung ohne Ersatzmittel ist für den Wissenstransfer eine Fehlentscheidung. Denn die Wiedergabe der Stelle ist - in irgendeiner Form - für das Textverständnis von Bedeutung (vgl. hierzu Takayama-Wichter 2000b: 78). Was unseren Fall betrifft, geben wir Koller (1998) Recht, wenn er wie folgt konstatiert: „Lücken in der Übersetzbarkeit werden als Verständnislücken aufgefaßt, d. h. als Lücken im Sachverhalts- und im kulturellen Wissen der Leser, die im zielsprachlichen Text auf die eine oder andere Weise geschlossen werden müssen." (ebd.: 128).

3.2.3 Lösungsvorschlag

Für das Lückenschließen in unserem Fall sind - zunächst rein theoretisch - die folgenden Maßnahmen denkbar:

(1) Eins-zu-Eins-Übersetzung
(2) Eine zusammenfassende Nennung in der Übersetzungszielsprache

---

[22] Diese Methode hat Doi bereits in einem früheren (nicht populärwissenschaftlichen) Aufsatz angewandt: „Japanese Language as an Expression of Japanese Psychology" (In: Western Speech 20. 1956, 90 - 96).

[23] Vgl. hierzu Kôno (1975), japanischer Übersetzer des Englischen, der auf „[ein gewisses Etwas]" (ebd. 20) bei der Übersetzung hinweist. Dabei greift er auf R. P. Dorr zurück, der vom (möglichen) Vorhandensein und von der Wichtigkeit der ‚persönlichen Note' des jeweiligen Autors / der Autorin - anhand eines inhaltlich komplizierten Wirtschaftsfachtexts (ebd. 21) - spricht.

(3) Wiedergabe der übersetzungsausgangssprachlichen Formulierung mit Zusatzerläuterung im Text

(4) Wiedergabe der übersetzungsausgangssprachlichen Formulierung mit Zusatzerläuterung in der Fußnote

(5) Wiedergabe der übersetzungsausgangssprachlichen Formulierung ohne Erläuterung

(6) Eine Mischlösung (in der Kombination von (1) bis (5))

(7) Auslassen der betreffenden Passage ohne jegliches Ersatzmittel

Für unseren Fall scheiden aber, wie bereits erwähnt, die Möglichkeiten (1) und (2) aus. Die amerikanische Übersetzung hat sich für die Maßnahme (7) entschieden, die wir wie oben erläutert ablehnen. Übrig bleiben nun (3), (4), (5) und (6).

Wir stimmen Koller (1998) grundsätzlich zu, wenn er sagt: „falls Lücken im lexikalischen System auftreten, können diese mittels unterschiedlicher Verfahren geschlossen werden: durch Lehnwörter oder Lehnübersetzungen, durch Neologismen oder Bedeutungsverschiebungen und schließlich durch Umschreibungen" (ebd.: 120). Die Anwendung der von Koller vorgeschlagenen Mittel erscheint uns jedoch für unseren Fall (auch wegen des begrenzten Rahmens der kurzen Passage, aber nicht nur deswegen) kaum möglich bzw. nicht angebracht. Realistisch dagegen erscheint der Einsatz eines Kommentars, was Koller (1998) wie folgt erläutert:

„Herstellung von Übersetzbarkeit durch Übersetzung *qua* Übersetzung ist etwas anderes als Herstellung von Verstehbarkeit durch zielsprachliche Texte. Verstehbarkeit wird […] nicht durch die Übersetzung, sondern durch einen zielsprachlichen Text in der Form eines Kommentars hergestellt" (ebd.: 126f).

Wir favorisieren schließlich die Möglichkeit (4). Das heißt, dass neben einem Kommentar (in der Fußnote) die japanischen Ausdrücke (in lateinischer Umschrift) im Haupttext wiedergegeben werden sollen. Dadurch soll dem Stellenwert der Sache ein besonderer Ausdruck verliehen werden, dahingehend, dass solche (lexikalisch systematisch geregelten) Ausdrücke spezifisch eingesetzt werden müssen, um der betreffenden Kommunikationskonstellation gerecht zu werden. Denn: „Die referentielle Bedeutung einzelner Lexeme oder auch einzelne grammatische Funktionen können dabei in den Hintergrund treten. Sie bilden aber dennoch die Voraussetzungen, das Bedingungsgefüge, mit dem die Übersetzung zu rechnen hat." (Haßler 2001: 155). Trotz unseres Lösungsvorschlags ist uns dennoch das Folgende wohl bewusst:

„Jede Übersetzung reduziert Unübersetzbarkeit - und macht doch immer wieder bewußt, daß es sprachliche, textuelle und kulturelle Andersheit und Fremdheit gibt, bei der nur Annäherungen möglich sind" (Koller 1998: 134).

3.3 Fehlleistung

Im Folgenden werden nur diejenigen Fehlleistungen analysiert, die im Hinblick auf die deutsche Übertragung, im Hinblick auf ihre weiter unten folgende Analyse, und nicht zuletzt im Hinblick auf den korrekten Wissenstransfer von Bedeutung sind. Dabei handelt es sich um: 1) falsche Interpretationen und 2) textlinguistisch als nicht ausreichend einzustufende Maßnahmen.

1) Falsche Interpretationen

Die folgenden drei Stellen im japanischen Text werden im Zusammenhang falsch interpretiert: *(b) kono koto to heikô shite* [parallel (dazu), *(e) mo* [das auch; auch das; das auch noch] sowie *(i) sore* [das, dies].

Zu *(b) kono koto to heikô shite* [parallel (dazu)]:

Die Fehlleistung betrifft die mit (b) markierte Stelle im amerikanischen Text „Paralleling to this use of the passive", die in doppelter Hinsicht falsche Interpretationen aufweist: (1) die Annahme einer falschen Referenz von *kono koto* [dies; diese Tatsache] mit „this use of the passive" und (2) die falsche Zuordnung von „Paralleling to".

Zu *kono koto* [dies; diese Tatsache]:

kono koto bezieht sich darauf, dass für die japanische Sprache eigentümlich ist, dass die *meiwaku*-Passivform zum Ausdruck für erlittenen [T. T.-W.: richtigerweise ‚erlitten geglaubten'] Schaden gebraucht wird. *Kono koto* bezieht sich also auf eine gewisse Eigentümlichkeit der japanischen Sprache. Die Eigentümlichkeit ist das Thema. *Kono koto* bezieht sich nicht auf ein spezielles Form-Ausdruck-Verhältnis, also nicht darauf, dass die *meiwaku*-Passivform zum Ausdruck für erlittenen [T. T.-W.: richtigerweise ‚erlitten geglaubten'] Schaden gebraucht wird, worauf aber die amerikanische Übersetzung fälschlich abzielt: „this use of the passive". (Was die Analyse kompliziert macht, und die amerikanische Übersetzung ‚korrekt' erscheinen lässt, liegt daran, dass der Sachverhalt, dass die *meiwaku*-Passivform zum Ausdruck fürs erlittenen Schaden [T. T.-W.: richtigerweise ‚erlitten geglaubten Schaden'] gebraucht wird, an sich korrekt ist).

Dieser Fehler wird aber dann problematisch, wenn er mit *to heikô shite* [parallel (da)zu] angeschlossen wird, was beides zusammen als *(b) kono koto to heikô shite* die nächsten Missverständnisse in Form einer Kettenreaktion provoziert bei *(e) mo* [das auch; auch das; dass auch noch] und ferner *(i) sore* [das; dies].

Zu *to heikô shite* [parallel (da)zu]:

Syntaktisch gesehen ist die Frage möglich, welcher Verbalphrase *(to) heikô shite* [parallel (da)zu] zuzuordnen ist. (1) Entweder zu *hyôgen ga kencho de aru* [die Ausdrücke sind auffällig] oder zu (2) *(koto mo) chûmoku sarete yoi* [darf [...] (auch noch darauf) aufmerksam gemacht werden]. Semantisch betrachtet aber muss die Frage lauten, **was eigentlich dazu, also zu der Tatsache,** dass für die japanische Sprache eigentümlich ist, dass die Passivform zum Ausdruck für erlittenen [T. T.-W.: richtigerweise ,erlitten geglaubten'] Schaden gebraucht wird, **parallel sein soll.** Dabei ist die bereits o. g. Feststellung wichtig, dass *kono koto,* diese Tatsache, sich darauf bezieht, dass für die japanische Sprache eigentümlich ist, dass [...], aber nicht darauf, dass die Passivform zum Ausdruck für erlittenen [T. T.-W.: richtigerweise ,erlitten geglaubten'] Schaden gebraucht wird. Aus der Zuordnung (1) wird demnach resultieren: Parallel zu der Tatsache, dass für die japanische Sprache eigentümlich ist, dass [...], sind die Geben-Nehmen-Ausdrücke der Vorteile wie [...] auffällig. Aus der Zuordnung (2) wird resultieren: Parallel zu der Tatsache, dass für die japanische Sprache eigentümlich ist, dass [...], darf [...] auch noch darauf aufmerksam gemacht werden, dass die Geben-Nehmen-Ausdrücke der Vorteile auffällig sind. Die letztere Interpretation ist richtig, da mit *to heikô shite* [parallel (da)zu] die beiden Formen, die *meiwaku*-Passivform und die Ausdrücke, nicht zusammen aufgezählt werden, auch wenn ein oberflächliches Syntaxverständnis leicht zu diesem trügerischen Schluss verleiten mag.

Zu *(i) sore* [dies; das] und *(e) mo* [das auch; auch das; das auch noch]:

Die falsche Stelle im amerikanischen Text ist: „this too".

Sore [dies; das] bezieht sich **lediglich** darauf, dass die Geben-Nehmen-Ausdrücke der Vorteile auffällig sind. Zur falschen Interpretation wird wahrscheinlich durch *(e) mo* [das auch; auch das; das auch noch] verleitet.

Auffällig ist bei der o. g. Kette der Fehlleistungen die jeweilige falsche Interpretation der deiktischen Referenz bei *kono* [dies] (mit dem - schwierigen - Substantiv *koto*) und *sore* [das]. (Die Referenzschwierigkeiten in einem japanischen Text sind im Allgemeinen bekannt). Eine richtige Interpretation hier ist durch die gedanklich sprunghafte und umständliche Formulierung des Autors umso mehr erschwert; sie muss regelrecht ,entziffert' werden.[24] Sie kann nicht allein durch Syntaxkenntnisse gewonnen werden, sondern vielmehr vor allem durch

---

[24] Die Gedankenführung des Autors Doi ist die folgende: Der auffällige Gebrauch der Ausdrücke für das „Geben / Nehmen der Vorteile" bedeutet, dass es ein dafür entsprechendes Gefühl gibt. Dann müsste es für die Konstellation des ,Nichtvorhandenseins' des „Gebens / Nehmens der Vorteile" ebenso ein entsprechendes Gefühl, also die „[Empfindung im Falle des Leerausgehens]", geben.

profunde zusammenhängende Kenntnisse des Sachverhalts.[25] Das wäre gewiss ein Anlass zur Selbstkontrolle gewesen.

Die Zuordnungsschwierigkeit bei den eben analysierten Demonstrativa *kono* und *sore* ist ein gutes Beispiel für die im Zitat in Abschnitt 1.2. erwähnte Ambiguität eines Originals. Eine solche Ambiguität war ja die Begründung für die problematische Praxis der Umweg-Übersetzung. Die Analyse zeigt aber, dass selbst die englische Übersetzung gegen das Problem der Ambiguität nicht gefeit ist.

2) Textlinguistisch als nicht ausreichend einzustufende Maßnahmen

Es geht um die mit (g) gekennzeichnete Stelle im amerikanischen Text im Zusammenhang mit den Stellen (f) und (h) (vgl. Text [3] in Abschnitt 2).

Wir halten zunächst das folgende fest: Unter expliziter Kennzeichnung durch das Substantiv *(g) sunawachi* [das heißt; in anderen Worten] nimmt der Autor Doi die Stelle *(f) rieki o ukerare nakatta baai no shinri* [Empfindung im Fall des Leerausgehens] noch einmal auf mit einer Umschreibung durch die Nominalphrase *(h) higaiteki-shinri* [Empfindung des Geschädigtseins]. Die Umschreibung verläuft im japanischen Text dabei vom Konkreten *(f)* zum Allgemeinen *(h)* und dient somit zur Verallgemeinerung seiner Argumente; sie stellt zugleich eine Art von Schlussfolgerung (innerhalb der betreffenden Passage) dar.

Die amerikanische Übersetzung begnügt sich aber an der Stelle *(g) sunawachi* [das heißt; in anderen Worten] mit dem nach unserer Einschätzung nicht ausreichenden Gedankenstrich „-", der als Zeichen für ein Resümee ungeeignet erscheint.

Allein dieser kurze Einblick in unsere amerikanische Übersetzung legt uns nahe, Hijiya-Kirschnereit (1996) zuzustimmen, wenn sie wie folgt konstatiert:

> „Die Orientierung am Englischen, die insgeheim voraussetzt, die englische Fassung wäre die im Zweifelsfall bessere und gültigere, perpetuiert eine Hegemonie in einem Bereich, in dem von sozusagen „natürlichen" Hegemonien weder aus praktischen Gründen - das Englische ist mitnichten automatisch „richtig" - noch in theoretischer Hinsicht die Rede sein kann." (Hijiya-Kirschnereit 1996: 710).

Insgesamt gibt es aber in der amerikanischen Übersetzung trotz einiger Fehlleistungen keinen allzu großen, vor allem keinen wesentlichen Unterschied zum japanischen Text. Allerdings gilt: Die kleinen Abweichungen provozieren zusammen in der nachfolgenden deutschen Übertragung folgenschwer noch weitere Missverständnisse und Fehlleistungen.

---

[25] Die besagte Ausdrücke selbst sind für die Konstellation: [Empfindung im Fall des Leerausgehens] (korrekterweise: Empfindung im Fall des geglaubten Leerausgehens) nicht zu gebrauchen. Das heißt: der Autor gibt zur Beweisführung des Vorhandenseins der [Empfindung des Leerausgehens] ein direktes Beispiel mit der meiwaku-Passivform und ein indirektes Beispiel mit den Geben-Nehmen-Ausdrücken.

4   Kontrollinstanz Übersetzer: Leistung der deutschen Übertragung von H. Herborth

Die insgesamt sieben Untersuchungseinheiten werden im Folgenden in zwei Gruppen eingeteilt und analysiert:

1) Korrekte Übertragung, die dennoch falsch ist: Diese Gruppe besteht aus den Leistungen, bei denen die Ursache des jeweiligen Fehlers eindeutig auf das Verfahren der indirekten Übersetzung zurückzuführen ist (Abschnitt 4.1).

2) Fehlleistungen: Diese Gruppe beinhaltet die Fehlleistungen, deren Ursachen nicht im Verfahren der indirekten Übersetzung liegen, sondern vielmehr auf die Übersetzungsfehler der Übersetzerin zurückzuführen sind (Abschnitt 4.2). Daher muss in der Diskussion die Frage der Kontrollmöglichkeit bei dieser Kontrollinstanz anders gestellt werden als bei der amerikanischen Übersetzung.

Den beiden Leistungsgruppen ist jedoch gemeinsam, dass die Fehlleistungen allesamt die Qualität des Wissenstransfers beeinträchtigen.

4.1   Korrekte Übertragung, die dennoch falsch ist

„In toll-dreister Unterschätzung der Differenzen zwischen dem Englischen und dem Deutschen hält man diese zweite Transformation für einen kleinen, überschaubaren Schritt." (Hijiya-Kirschnereit 1993: 76).

Dass der „kleine, überschaubare Schritt" in der Tat einen großen Schaden anrichten kann, zeigt die folgende Analyse.

Die fehlerhaften Ergebnisse, die aus dem Verfahren der indirekten Übersetzung resultieren, sind zwei Typen zuzuordnen: 1) Die Ausgangsübersetzung enthält keinen Fehler. Das heißt: Die amerikanische Übersetzung ist nicht als Fehlleistung zu bewerten; aber in der weiteren, indirekten Übertragung ins Deutsche resultiert eine im Endeffekt unzulängliche Leistung; 2) Die Ausgangsübersetzung ist fehlerhaft. Das heißt: die amerikanische Übersetzung weist selbst eine Fehlleistung auf, die zwangsläufig, vielleicht unbemerkt oder vielleicht unkritisch, weiter ins Deutsche übertragen wird. (vgl. [1], [3] und [5] in Abschnitt 2 bei allen nachfolgenden Analysen im vorliegenden Abschnitt).

1) Die Ausgangsübersetzung enthält keinen Fehler

Es geht um die Stelle (a):

- jap.: „gai o uketa toki ni […] o tsukau" [[…] beim erlittenen Schaden der Gebrauch […]]
- engl.: „to indicate the receipt of harm or injury"
- deutsch: „um erlittenen Schaden oder Kränkung anzuzeigen".

In der auf den ersten Blick akzeptablen Übertragung: „um erlittenen Schaden oder Kränkung anzuzeigen" sind zwei Unzulänglichkeiten enthalten, die miteinander zusammenhängen: „oder" und „Kränkung".

Das Problem der Hinzufügung von „or" in der amerikanischen Übersetzung ist bereits in Abschnitt 3.1.1 besprochen worden. In dieser Übersetzung dient diese Alternative mit „or" zur semantischen ‚Abdeckung' des Begriffs *gai*. Das deutsche „oder" bringt aber eine andere Funktion mit sich, nämlich die (inkorrekte) Bedeutungsexpansion, da *gai* durch das erste Lexem „Schaden" völlig abgedeckt wird. Die so vorgenommene lexikalische Doppelbesetzung mit Spaltung gewinnt - unberechtigter Weise und unbemerkt - an Gewicht und verursacht somit eine zusätzliche, im Original nicht intendierte Bedeutungserweiterung im Sinne der Alternative. Das so hinzugefügte Lexem „Kränkung" ist aber nicht nur überflüssig, sondern führt den Leser in die Irre. Denn „Kränkung" setzt eine Täterschaft voraus, die mit der Funktion der o. g. *meiwaku*-Passivform nicht zu vereinbaren ist. Für den Fall einer tatsächlichen Täterschaft gibt es im Übrigen auch im Japanischen eine mit den indo-europäischen Sprachen vergleichbare Passivform. Die betreffende *meiwaku*-Passivform zielt dagegen auf eine vom Sprecher subjektiv interpretierte - daher lediglich nur als möglich zu bezeichnende - Täter-Opfer-Konstellation ab, in der er sich als ‚Opfer' eines Geschehens oder einer Handlung versteht oder empfindet, und zwar unabhängig von einer objektiv feststellbaren Sachlage einer Täterschaft. Der Sprecher muss bei der Anwendung dieser *meiwaku*-Passivform noch nicht einmal ins Geschehen oder in die Handlung involviert sein.

Aus diesem Grund verzerrt ein Zusatz wie der durch die Bezeichnung „oder Kränkung", die ja eine intendierte Zufügung eines Schadens voraussetzt, den Sachverhalt.

2) Die Ausgangsübersetzung ist fehlerhaft

Betroffen sind hier im japanischen Text die Stellen *(e) mo* und *(i) sore*.

Im amerikanischen Text wird die jeweilige Referenz bzw. Zuordnung falsch interpretiert, so dass daraus falsch zusammengelegtes (e)* „this too" entsteht (vgl. die Analyse in Abschnitt 3.3). Diese falsche Zusammenlegung animiert die deutsche Übersetzerin zu einem eigensinnigen (e)* „beides". Nach dieser Übersetzung soll „beides", sollen also die *meiwaku*-Passivform und die Ausdrücke „auf ein grundlegendes Gekränktheits- und Verletzungsgefühl hinweisen"! Das entspricht keinesfalls dem Sachverhalt. Die Geben-Nehmen-Ausdrücke selbst fungieren, wie bereits erläutert, nicht als Hinweise auf einen solchen Zustand.[26]

---

[26] [Exkurs] Der Zusammenhang der Passage (b) und (e) in Hinblick auf Passage (h): Die ‚Parallelität' (b) zwischen den beiden Ausdrucksweisen, also zwischen der *meiwaku*-Passivform und den „benefaktiven Geben-Nehmen-Ausdrücken", liegt darin, dass Doi

In den o. g. Leistungen nun wäre zwar die Selbstkontrolle der deutschen Übersetzerin theoretisch erwartbar, wenn sie das Original zur Rate ziehen würde; das läge aber sicher nicht primär in ihrem Verantwortungsbereich.

4.2 Fehlleistung

Die folgenden Fehlleistungen rühren nicht aus irgendwelchen fehlerhaften amerikanischen Übersetzungsleistungen her, sondern sind der deutschen Übersetzerin selbst zuzuschreiben. Die Fehlleistungen sind im Folgenden drei Typen zugeordnet; diese sind: 1) fälschlich partielle Wiedergabe des Sachverhalts, 2) falsche Semantik und 3) Überinterpretation. Ihnen ist gemeinsam, dass sie den Wissenstransfer tangieren.

1) Fälschlich partielle Wiedergabe des Sachverhalts

Bei der Stelle (c) wird der Sachverhalt nur partiell, d. h. nur einseitig wiedergegeben:

- jap: *„ (rieki no) juju "*
- engl.: „receipt or conferring"
- deutsch: „einem etwas Gutes getan wurde"

„Juju" [Geben und Nehmen] betrifft die beiden Richtungen, nämlich: die des „Gebens" und die des „Nehmens", die in der amerikanischen Übersetzung korrekterweise mit „receipt or conferring" wiedergegeben sind. In der deutschen Übertragung aus dem Amerikanischen dagegen fehlt einfach die eine Richtung des „Gebens". Dies ist ein schwerwiegender Fehler, der den Wissenstransfer stört.

2) Falsche Semantik

-   Die Stelle (d):

- jap.: *„ kencho de aru "*
- engl.: „conspicuous"
- deutsch: „ungemein viel"

„kencho de aru" bedeutet auf Deutsch „auffallend sein, auffällig sein, hervortretend sein", was mit dem englischen „conspicuous" richtig übersetzt wurde. Charakterisiert wird damit lediglich die auffällige Gebrauchshäufigkeit der Geben-

---

sowohl (e1) die besagte *meiwaku*-Passivform als direkten Hinweis als auch (e2) die Tatsache des auffälligen Gebrauchs der Ausdrücke des Geben-Nehmens als (lediglich) indirekten Hinweis versteht darauf, dass *(h) higaiteki-shinri* [Gefühl des Geschädigtseins] existiert.

Nehmen-Ausdrücke[27], nicht aber der zahlenmäßige Reichtum der Ausdrücke (auch wenn es verhältnismäßig viele Ausdrucksvarianten gibt). Auch hier ist der Wissenstransfer mangelhaft.

- Die Stelle *(f)* bzw. (f1 u. f2):

Es geht um die japanische Stelle *(f)* „*rieki o ukerare nakatta baai no shinr"i* [psychischer Zustand im Fall, dass man keinen Vorteil bekommen hat].
Die Stelle wird zwar in zwei Teile getrennt, aber korrekt ins Englische übersetzt mit (f1) „the state of mind evoked" und (f2) „where one has failed to receive some benefit".
Die deutsche Stelle (f2) „dass einem Gutes verweigert wird" kann als die Entsprechung der amerikanischen Stelle (f2) „where one has failed to receive some benefit" identifiziert werden. Dagegen ist die Identifizierung der deutschen Stelle (f1) „daß man zunächst davon ausgeht" schwierig. Soll sie die Entsprechung der amerikanischen Stelle (f1) „the state of mind evoked" sein, dann ist die Übersetzung überhaupt nicht nachvollziehbar bzw. falsch.

- Die Stelle (j):

Es handelt sich um die amerikanische Stelle (j) „one might see". Dass „one might see" für die japanische Stelle *(j)* „*to yû koto ga dekiru no de aru"* [(dies,) so kann man (sicherlich) sagen] nicht stark genug ist, haben wir bereits in Abschnitt 3.1. festgestellt. Die deutsche Übersetzung „scheint [...] hinzuweisen" für „one might see" ist nicht nur schwach (d. h. schwächer als die amerikanische Übersetzung), sondern semantisch nicht treffend im Sinne von kategorial falsch („see" könnte zu diesem Fehler verleitet haben). Daher geht diese Fehlleistung auf das Konto der deutschen Übersetzerin.

3) Überinterpretation

Die Stelle (f) ist überinterpretiert:

- jap.: *(rieki o) "ukerare nakatta" (baai no shinri)*
- engl.: „one has failed"
- deutsch: „einem etwas Gutes verweigert wird"

Das Problem liegt in der Verbalphrase „verweigert wird", insofern, als das Verb „verweigern" eine den Sachverhalt verzerrende Überinterpretation mit sich bringt. Die deutsche Formulierung stellt - trotz des Passivs - eine zu stark angedeutete Täterschaft (also das Vorhandensein jemandes, der verweigert) in den Vordergrund. (Auch im Originaljapanischen ist von einer intendierten ‚Verwei-

---

[27] Zur Anwendungshäufigkeit der benefaktiven Ausdrücke vgl. Takayama-Wichter (2000b: 75); zu dem als ‚unbedingt' geltenden Gebrauch der Ausdrücke beim Bitten und Anfragen vgl. Himeno (1991: 74); vgl. auch Schilling (1991), die die Thematik im deutsch-japanischen Vergleich untersucht.

gerung' nicht der Rede). Eine deutlich weniger auf die Täterschaft hinweisende Formulierung wie etwa „einem etwas Gutes nicht zuteil wird" wäre, wenn überhaupt, eher angebracht.

Insgesamt enthält die deutsche Übersetzung 7 Fehlergebnisse, was für eine kurze Passage erstaunlich viel ist. Darunter gibt es 2, die unmittelbar auf Grund der indirekten Übersetzung entstanden sind. Es gibt also 5 Fehlleistungen in eigener Verantwortung. Diese hätten, mit Ausnahme der Fehlleistung 2) Stelle (d), vermieden werden können, also 4 Fehlleistungen von 5, wenn die Übersetzerin Kenntnis der japanischen Grammatik gehabt hätte. Hier stellt sich die sicherlich berechtigte Frage, ob der Verlag Suhrkamp tatsächlich die Korrektheit und Angemessenheit der Übertragung vom Englischen ins Deutsche zureichend geprüft hat. Wenn ja, dann ist die Kontrollleistung mangelhaft.

5   Schlussbemerkung: „Lost in Translation" ?!

Wenn wir abschließend den deutschen Übertragungstext [5] (Abschnitt 2) mit der Übersetzungsversion der Verfasserin [2] (evtl. zusammen mit der Version in Fußnote 15) vergleichen, wird die Tragweite des misslungenen Wissenstransfers recht deutlich: Der im deutschen Text [5] wiedergegebene Sachverhalt [Gefühl des Geschädigtseins] entspricht dem des japanischen Textes [1] kaum (von (b) bis (d)) bzw. gar nicht (von (d) bis Ende des Texts), gar nicht vor allem deshalb, weil das Eigentliche der Geben-Nehmen-Ausdrücke des japanischen Textes [1] völlig unverstanden bleibt. Der korrekte Wissenstransfer ist hier gescheitert.

Zum japanisch-deutschen literarischen Übersetzen stellt Schlecht (1991) fest:

> „Daß sie [T. T.-W.: die Übersetzung] uns [...] einen Einblick in eine andere Kultur, in eine andere Denkweise und nicht selten sogar in eine Welt gewährt, in der völlig andere Wertvorstellungen herrschen, muß sie für uns um so wertvoller und attraktiver machen." (Schlecht 1991:198f).

Auch beim Übersetzen pragmatischer Texte geht es manchmal um den Wissenstransfer von Vorstellungen einer anderen Kultur und die Übermittlung anderer Denkweise und Wertvorstellungen, wie in unserem Beispiel. Auf die Korrektheit der Übersetzung muss sich der der Originalsprache unkundige Leser verlassen können. Dass dies nicht immer gewährleistet wird, und dass erhoffte wertvolle und attraktive Erkenntnisse durch den Fehltransfer verloren gehen können, sollte unsere obige Ausführung zeigen. Sie sollte auch zeigen, wo eine Kontrolle möglich ist, und auch wo nicht, und auf das Versäumen oder gar Verweigern von Kontrolle aufmerksam machen.

Was die Kontrollinstanz (5) „Kritiker" angeht, kommt eine Kontrolle eigentlich immer zu spät: Man hofft auf eine übersetzerische Verbesserung bei einer möglichen Neuauflage, die dann aber nicht unbedingt diese übersetzerische Verbesserung bringt. Gerade deswegen erscheint uns eine - rechtzeitige - Qualitätskontrolle durch die übrigen Kontrollinstanzen umso sinnvoller, denn sie ist bei den pragmatischen Texten für die Qualität des Wissenstransfers besonders relevant.

Angesichts gegenwärtig vorhandener qualifizierter deutschsprachiger Übersetzer für die japanische Sprache gibt es gewiss eins, was zu vermeiden ist und was auch vermieden werden kann. Zu vermeiden ist das indirekte Übersetzen aus einer Nicht-Originalsprache ins Deutsche, mit seinen negativen Begleiterscheinungen vor allem bei originalsprachunkundigen ÜbersetzerInnen. Sonst sind nicht nur solche indirektheitsbedingten Fehlleistungen allein, sondern auch die Fehler aus Mangel an Kenntnis der Originalkultur unvermeidbar. Es ist kaum zu überschätzen,

> „Welch hohen Ansprüchen der Übersetzer genügen muß, wie groß seine Verantwortung ist" (Schlecht 1991: 197).

Eine Verantwortung trägt wohl auch der Verlag.

6   Quellenangabe

Doi, T. (1971): *Amae no kôzô* [Die Struktur von *amae*]. Tokyo: Ikubundô.

Doi, T. (1973): *The anatomy of dependence*. Tokyo, New York, London: KO-DANSHA INTERNATIONAL. (Aus dem Japanischen von John Bester).

Doi, T. (1982): *Amae - Freiheit in Geborgenheit. Zur Struktur japanischer Psyche*. [es 1128. edition suhrkamp. Neue Folge Band 128]. Frankfurt am Main: Suhrkamp. (Aus dem Amerikanischen von Helga Herborth).

7   Literatur

Antos, G. (2001): Transferwissenschaft. Chancen und Barrieren des Zugangs zu Wissen in Zeiten der Informationsflut und der Wissensexplosion. In: Wichter, S. / G. Antos (Hg.): Wissenstransfer zwischen Experten und Laien. Umriss einer Transferwissenschaft (= Transferwissenschaften 1). Frankfurt / Main etc.: Lang, S. 3-33.

Apel, F. (1983): Literarische Übersetzung (= Sammlung Metzler -Realien zur Literatur Band 206). Stuttgart: J. B. Metzlersche Verlagsbuchhandlung.

Bourstin, P. / O. Shimizu / J. Washio (1987): „Verben des Besitzes und Besitzwechsels im Deutschen und Japanischen". In: Kaneko, T. / G. Stickel (Hg.): Syntaktisch-semantische Kontraste (= Band 4 der Sonderreihe Deutsch und Japanisch im Kontrast). Heidelberg: Julius Groos, S. 501-529.

Gôda, S. (1983): „'Teyaru / tekureru / temorau' to tai-go no hyôgen – hai no yôhô ni chûmoku shite – („-Te Yaru, -Te Kureru, -Te Morau" in Japanese and Their Corresponding Expressions in the Thai Language – Focusing on the Usage of „Hai". In: NI-HONGO KYÔIKU (Journal of Japanese Language Teaching) No. 49, February 1983, S. 119-134.

Haßler, G. (2001): „Übersetzung als Sprachkontakt. Grenzen und Folgen einer interkulturellen Praxis". In: Hassler, G. (Hg.): Sprachkontakt und Sprachvergleich (= Studium Sprachwissenschaft Beiheft 34). Münster: Nodus Publikationen.

Heise, J. (1990) (Hg.): Die kühle Seele. Selbstinterpretation der japanischen Kultur. Frankfurt / Main: Fischer.

Hijiya-Kirschnereit, I. (1993): „Von der Übersetzbarkeit japanischer Literatur". In: Hijiya-Kirschnereit, I. (Hg.): Traumbrücke ins ausgekochte Wunderland. Ein japanisches Lesebuch. Frankfurt / Main / Leipzig: Insel, S. 71-83.

Hijiya-Kirschnereit, I. (1996): „Nintendô-Oper und Bonsai-Geschichten. Zur aktuellen Rezeption japanischer Literatur im deutschen Sprachraum". In: Wierlacher, A. / G. Stötzel (Hg.): Blickwinkel. Kulturelle Optik und interkulturelle Gegenstandskonstitution. Akten des III. Internationalen Kongresses der Gesellschaft für Interkulturelle Germanistik Düsseldorf 1994. München: iudicium, S. 701-712.

Himeno, T. (1991): „Irai to kan'yû juekisha-hyôgen no nichiei-taishô o chûshin ni" (Request and invitation: Expressions of the beneficiary in Japanese and English). In: The Japan Foundation Japanese Language Institute (ed.): *Nihongokyôiku-ronshû <sekai no nihongokyôiku> dai-1-gô* (Japanese-Language Education around the Globe, Vol. 1). Tokyo: The Japan Foundation Japanese Language Institute, S. 69-81.

Kakinuma, Y. (1997): „Pragmatische Eintragungen eines zweisprachigen Adjektivwörterbuchs". In: T. Hayakawa / T. Sengoku / N. Kimura / K. Hirao (Hg.): Sprache, Literatur und Kommunikation im kulturellen Wandel. Festschrift für Eijirô IWASAKI anläßlich seines 75. Geburtstags. Tokyo: Dogakusha, S. 271-284.

König, H. G. / P. Kußmaul (1982): Strategie der Übersetzung. Ein Lehr- und Arbeitsbuch. Tübingen: Narr.

Koller, W. (1998): „Das Problem der Übersetzbarkeit - sprachliche, textuelle und kulturelle Aspekte". In: Börner, W. / K. Vogel (Hg.): Kontrast und Äquivalenz. Beiträge zu Sprachvergleich und Übersetzung (= Tübinger Beiträge zur Linguistik 442). Tübingen: Narr, S. 118-135.

Kôno, I. (1975): Hon'yaku jôtatsu-hô. [Zur Verbesserung der Übersetzungstechnik] (= Kôdansha gendai-shinsho 412). Tokyo: Kôdansha.

Lewin, B. (1996): Abriß der japanischen Grammatik auf der Grundlage der klassischen Schriftsprache (4. unveränderte Auflage). Wiesbaden: Harrassowitz.

Loveday, L. (1982): Japanese donatory forms: Their implications for linguistic theory. In: Studia Linguistica 36 (1), S. 39-63.

May, K. (1982): „Siegfried Lenz' ,Deutschstunde' für Japaner. Betrachtungen zur Vermittlung von Stil". In: Abteilung für Ostasienwissenschaften der Ruhr-Universität Bochum (Hg.): Bochumer Jahrbuch zur Ostasienforschung, Band 5. Bochum: Studienverlag Dr. Norbert Brockmeyer, S. 177-227.

Nakamura, Y. (1973): „Hon'yaku no gijutsu" [Die Technik des Übersetzens] (= Chûôshinsho 345). Tokyo: Chûôkôronsha.

Nitta, H. (1999): Sprecherstandpunkt und Sprechereinstellung - yaru/kureru im Japanischen und deutsche Datine -. In: Nitta, H. / M. Shigeto / G. Wienold (Hg.): Kontrastine Studien zur Beschreibung des Japanischen und des Deutschen. München: iudicium, S. 145-157.

Ohye, S. (1975): Nichi-eigo no hikaku-kenkyû - shukansei o megutte [Japanisch-englische vergleichende Untersuchung - über die Subjektivität]. Tokyô: Nan'undô.

Okutsu, K. (1983): Juju-hyôgen no taishô-kenkyû - nichi-chô-chû-ei no hikaku [Kontrastive Untersuchung der Geben-Nehmen-Ausdrücke - Japanisch, Koreanisch, Chinesisch und Englisch im Vergleich]. In: Nihongogaku [Japanologische Linguistik] Vol. 2, Nr. 4, S. 22-30.

Ohno, K. (1991): Indirectification of benefactive and directional verbs in Japanese. In: The Japan Foundation Japanese Language Institute (Hg.): Nihongokyôiku-ronshû <sekai no nihongokyôiku> dai-1-gô (Japanese-Language Education around the Globe, Vol. 1). Tokyo, The Japan Foundation Japanese Language Institute, S. 105-127.

Schilling, U. (1999): Kommunikative Basisstrategien des Aufforderns. Eine kontrastive Analyse gesprochener Sprache im Deutschen und im Japanischen (= Reihe Germanistische Linguistik 204). Tübingen: Niemeyer.

Schlecht, W. E. (1991): „Nachwort". In: Tanaka, S. / W. E. Schlecht: Wabun-dokuyaku no sasupensu (Japanisch-deutsche Übersetzung aus zwei Perspektiven). Tokyo: Hakusuisha, S. 195-199.

Schmitt, P. A. (1987): „Fachtextübersetzung und „Texttreue": Bemerkungen zur Qualität von Ausgangstexten". In: Lebende Sprachen, Heft 1 / 1987, S. 1-7.

Sekiguchi, I. (1995): „Doitsu ni okeru kyôshi / hon'yakusha / tsûyakusha yôsei to haken". [Ausbildung und Auslandsstellenvermittlung für Lehrer / Übersetzer / Dolmetscher]. In: Nihongo-gaku, vol. 14, 12, S. 52-60.

Shimozaki, M. (1989): „Bungaku-sakuhin no hon'yaku kara mita nichi-eigo no chigai (Notes on the stylistic differences between Japanese literary texts and their English translation)". In: Dokkyo University Studies in foreign language teaching No. 8, August 1989, S. 197-242.

Siegel, M. (1997): Die maschinelle Übersetzung aufgabenorientierter japanisch-deutscher Dialoge. Lösungen für Translation Mismatches. Berlin: Logos.

Takayama-Wichter, T. (1990): Japanische Deutschlerner und ihre Lernersprache im gesprochenen Deutsch. Untersuchungen zum Deutschen als Fremd- und Zweitsprache in den Bereichen Syntax und Pragmatik. (= Werkstattreihe Deutsch als Fremdsprache. Bd. 28). Frankfurt / Main etc.: Lang.

Takayama-Wichter, T. (1996): Zielsprache Japanisch für deutschsprachige Lerner. Lernersprachuntersuchungen in den Bereichen Morphosyntax und Pragmatik. (= Europäische Hochschulschriften. Reihe XXI Linguistik, Bd. / Vol. 171). Frankfurt / Main etc.: Lang.

Takayama-Wichter, T. (2000a): „Lernerleistungen in der Übersetzung Deutsch-Japanisch in der japanologischen Sprachausbildung". In: Lebende Sprachen, Nr. 1 / 2000, S. 8-15.

Takayama-Wichter, T. (2000b): „Lernerprobleme mit den Ausdrücken für die ‚Sprecher-Stellungnahme' im Japanischen – die Hilfsverbfunktion der [Geben-Nehmen-Verb]gruppen *YARU, KURERU* und *MORAU*." In: Göttinger Beiträge zur Sprachwissenschaft, Heft 2 / 2000, S. 73-111.

Takayama-Wichter, T. (2002): „Übersetzungs- und Lernerprobleme mit nicht-expliziertem Agens im Japanischen. ‚Versubjektivierung' der Erzählperspektive durch die ‚literarisch-stilistische Ellipse der Leserintegration' in *Yukiguni* [Schneeland]". In: Lebende Sprachen, Nr. 1 / 2002, S. 6-15.

Ueki, M. (1993): „Problematik bei der Übertragung von deutschen und japanischen Fachtexten". In: Frank, A. P / K.-J. Maaß / F. Paul / H. Turk (Hg.): Übersetzen, verstehen, Brücken bauen. Geisteswissenschaftliches und literarisches Übersetzen im internationalen Kulturaustausch Teil 1 (= Göttinger Beiträge zur Internationalen Übersetzungsforschung Band 8.1). Berlin: Erich Schmidt, S. 228-236.

Wichter, S. (1994): Experten- und Laienwortschätze. Umriß einer Lexikologie der Vertikalität (= RGL 144 Kollegbuch). Tübingen: Niemeyer.

Wichter, S. (2003): Gesellschaftliche Kommunikation als linguistischer Gegenstand. In: Henne, H. / H. Sitta / H. E. Wiegand (Hg.): Germanistische Linguistik: Konturen eines Faches (= RGL 240). Tübingen: Niemeyer, S. 67-95.

Wichter, S. / G. Antos (Hg.) (2001): Wissenstransfer zwischen Experten und Laien. Umriss einer Transferwissenschaft (= Transferwissenschaften Bd. 1). Frankfurt / Main etc.: Lang.

Wichter, S. / O. Stenschke (Hg.) (2004): Theorie, Steuerung und Medien des Wissenstransfers (= Transferwissenschaften Bd. 2). Frankfurt / Main etc.: Lang.

Yamamoto, S. / A. Yoshimoto / Y. Katagiri / H. Nomura (1984): „Ei-nichi-hon'yaku ni okeru jukyû-hyôgen no atsukai ni tsuite" [Über die Behandlung der Geben-Nehmen-Ausdrücke in der englisch-japanischen Übersetzung]. In: *Shizengengo-shori 45-2* (WGNL Meeting 45-2) (Information Processing Society of Japan), S. 1-7.

Feste Wortverbindungen in Fachsprachen

Viktoria Umborg (Tallin)

In diesem Beitrag werden verschiedene Arten fester Wortverbindungen behandelt, wie Phraseologismen, Mehrworttermini und phraseologische Termini. Unter phraseologischen Termini werden solche Wortverbindungen verstanden, die sich im Grenzgebiet zwischen der Phraseologie und der Terminologie befinden und für die deutschen Fachsprachen der Wirtschaft und Technik typisch sind.

Es werden Abgrenzungskriterien dieser festen Wortverbindungen vorgeschlagen und ihr Gebrauch in verschiedenen Textsorten der Fachsprachen Wirtschaft und Technik untersucht.

1   Einleitung

Die Untersuchung des Wortschatzes von Fachtexten aus verschiedenen Bereichen der Wirtschaft und Technik hat ergeben, dass für Fachtexte feste Wortverbindungen unterschiedlicher Art charakteristisch sind.

Es handelt sich erstens um terminologische Wortverbindungen (=Mehrworttermini), zweitens um phraseologische Wortverbindungen (=Phraseologismen), und drittens um solche Wortverbindungen, die die Eigenschaften sowohl der Phraseologismen als auch der Termini aufweisen. Diese letzte Gruppe von festen Wortverbindungen wird hier als die der phraseologischen Termini bezeichnet.

Phraseologische Termini werden ihrerseits in zwei Untergrupen eingeteilt: phraseologisierte Mehrworttermini und terminologisierte Phraseologismen.

Im Beitrag werden also folgende feste Wortverbindungen betrachtet:

1) Mehrworttermini,

2) Phraseologismen,

3) phraseologische Termini:

a) phraseologisierte Termini,

b) terminologisierte Phraseologismen.

Andere feste Wortverbindungen wie onymische terminologische Wortverbindungen (z. B. *Ohmscher Widerstand* [phys.]), Redemittel oder Routineformeln (z. B. *rein geometrisch gesehen*) und Funktionsverbgefüge (z. B. *außer Betracht bleiben*), die ebenso oft in Fachtexten vorkommen, werden hier nicht analysiert, sondern nur bei der Erstellung statistischer Tabellen berücksichtigt.

In der vorliegenden Darstellung wird **Phraseologismus** als Oberbegriff für feste, reproduzierbare Konstruktionen mit verschiedenem Idiomatizitätsgrad verwendet (vgl. Fleischer 2001, Gréciano 1988).

Unter **Mehrwortterminus** wird „ein zusammengesetzter Ausdruck verstanden, dessen Bedeutung bzw. Gebrauch eindeutig festgelegt/definiert ist; ein spezieller, in seiner besonderen Bedeutung/Bezeichnung eingegrenzter möglichst eindeutiger und interlingualer Ausdruck, der immer im systemhaften Zusammenhang einer bestimmten Terminologie vorkommt, der seine notwendige Eindeutigkeit sichert" (Reformatskij, zitiert nach. Lewandowski 1990: 1152).

Bekanntlich gibt es Termini nicht nur in der Struktur von Einzelwörtern (Simplizia) wie *„Algorithmus"* oder Wortbildungskonstruktionen wie *„Analogrechner"*, sondern als einheitliche Benennung (Nomination) auch mit Wortgruppenstruktur (vgl. Fleischer 1982: 74) *„binäres Suchen", „die Wurzel ziehen"*. In diesen Fällen spricht man von Termini als Wortgruppen oder Mehrworttermini. Ihre Wortgruppenstruktur ist von sekundärer Bedeutung für ihre Funktion.

Es werden hier nur Mehrworttermini untersucht, weil ihre Struktur mit der der Phraseologismen vergleichbar ist.

Fleischer vertritt Meinung, dass es nicht angebracht sei, innerhalb einer Darstellung der Phraseologie die terminologischen Wortverbindungen (Mehrworttermini) zu berücksichtigen (vgl. Fleischer 1982: 77, Fleischer 2001: 108). Diese Behauptung betrifft aber nur einen Teil der terminologischen Wortverbindungen, nämlich solche, deren Bedeutung durch eine Definition festgelegt ist und deren Konstituenten nicht idiomatisch gebraucht werden, z. B. *stochastischer Algorithmus* (vgl. Wiese 2001: 461). Andere terminologische Wortverbindungen, die sich ebenso wie Phraseologismen durch vollständige oder teilweise semantische Umdeutung (Idiomatizität) und durch formativ-strukturelle Stabilität auszeichnen und zugleich einen terminologischen Charakter haben, z. B. *der grüne Plan, die öffentliche Hand* [wirt.], *kritischer Punkt, magnetisches Moment* [phys.], *der weiße Zwerg* [astr.], werden hier als **phraseologische Termini** bezeichnet.

Ich möchte in diesem Beitrag nicht behaupten, dass phraseologische Termini entweder zum phraseologischen System oder zum terminologischen System gehören. Vielmehr möchte ich darauf hinweisen, dass sie an der Schnittstelle zwischen beiden Disziplinen (Phraseologie und Terminologie) liegen. Das Ziel dieser Arbeit ist es also einerseits herauszufinden, welche Typen von festen Wortverbindungen in Fachtexten vorkommen und andererseits zu zeigen, dass eine besondere Gruppe von phraseologischen Termini existiert, die die Eigenschaften sowohl der Phraseologismen als auch der Termini besitzen.

Phraseologische Termini werden in der Fachliteratur sowie von Phraseologie- als auch von Terminologieforschern erwähnt (s. Burger 1982, Gréciano 1995 bis 2004, Hoffmann 1988, Arntz / Picht 1995 u. a.). Das zeugt davon, dass phraseologische Termini für Forscher beider Fachrichtungen von Interesse sind.

2 Abgrenzungskriterien fester Wortverbindungen

Es gibt Versuche, phraseologische Termini von Phraseologismen (Duhme 1991) abzugrenzen. Unten werden auch weitere Abgrenzungskriterien phraseologischer Termini von Phraseologismen einerseits und von Mehrworttermini andererseits vorgeschlagen (vgl. Umborg 1996: 72).

Tabelle 1: ABGRENZUNGSKRITERIEN FESTER WORTVERBINDUNGEN DER FACHSPRACHE

Phraseologismen	Phraseologische Mehrworttermini	Mehrworttermini
Polylexikalität	Polylexikalität	Polylexikalität
Stabilität	Stabilität	Stabilität
Reproduzierbarkeit	Reproduzierbarkeit	Reproduzierbarkeit
Lexikalisierung	Lexikalisierung	Lexikalisierung
Homonymie	Homonymie	Homonymie
Synonymie	Synonymie	Synonymie
Eindeutigkeit	Eindeutigkeit	Eindeutigkeit
Mehrdeutigkeit	-	Mehrdeutigkeit
Idiomatizität	Idiomatizität	-
Konnotation	Konnotation	-
-	Terminologisierung	Terminologisierung
Alltags- und fachbezogener Situationsgehalt	-	-
	fachbezogener Situationsgehalt	fachbezogener Situationsgehalt
-	kontextunabhängig	kontextunabhäng
kontextabhängig	kontextabhängig	-
Allgemeinsprach- und Fachsprachgebrauch	selten Fachsprachgebrauch	kaum Fachsprachgebrauch

Wie die Tabelle zeigt, haben phraseologische Termini folgende gemeinsame Eigenschaften mit Phraseologismen und Mehrworttermini: Polylexikalität, Stabilität (Festigkeit), Reproduzierberkeit, Lexikalisierung, Homonymie und Synonymie. Merkmale wie Idiomatisierung und Konnotation haben indes nur Phraseologismen und phraseologischen Termini gemeinsam.

Eine weitere Gemeinsamkeit zwischen den Phraseologismen und phraseologischen Termini besteht darin, dass sie sich in vollidiomatische (*der weiße Zwerg)* und teilidiomatische Einheiten (*die springende Gene, der schwarze Kasten*) gliedern lassen (vgl. Fleischer 2001: 123). Alle weiteren Eigenschaften sind hauptsächlich für phraseologische Termini und Mehrworttermini typisch.

Der Unterschied zwischen Mehrworttermini und phraseologischen Termini besteht darin, dass erstere immer kontextunabhängig sind. Phraseologische Termini aber können sowohl kontextabhängig als auch kontextunabhängig sein: z. B. *der Keller ist voll, der schwarze Kasten* werden ohne fachlichen Kontext als freie Wortverbindungen der Allgemeinsprache verstanden, aber *springende Gene, junge Aktie* sind kontextunabhängig, sie werden auch ohne Kontext als Fachausdrücke aufgefasst. Voraussichtlich sind phraseologische Termini nur dann kontextunabhängig, wenn eine Konstituente in ihrer direkten Bedeutung gebraucht wird, also sind sie nur teilidiomatische Ausdrücke.

Die Gemeinsamkeit zwischen phraseologischen Termini und Mehrworttermini besteht in ihrem vorwiegend fachsprachlichen Gebrauch und fachbezogenen Situationsgehalt.

Seltener können auch Phraseologismen diese Merkmale aufweisen, z. B. *etwas auf dem Konto haben, etwas auf Lager haben, auf den gemeinsamen Nenner bringen, Bilanz ziehen* u. a.

Es hat sich herausgestellt, dass die Eigenschaft der Eindeutigkeit nur für phraseologische Termini typisch ist. Unter Phraseologismen und Mehrworttermini gibt es eindeutige und polysemische Einheiten (vgl. Fleischer 1982: 184, Möhn / Pelka 1982: 15 ff.).

Andere semantische Eigenschaften wie Synonymie und Homonymie sind für alle analysierten festen Wortverbindungen charakteristisch.

3   Phraseologische Termini

Die semantische Analyse von phraseologischen Termini hat gezeigt, dass sie keine homogenen Einheiten sind und sich in zwei Gruppen unterteilen lassen. Wie oben schon erwähnt, können die Kriterien der Festigkeit und Idiomatizität bei phraseologischen Termini ebenso wie bei Phraseologismen unterschiedlich gewichtet werden.

Phraseologische Termini der ersten Gruppe sind gekennzeichnet durch eine serielle Verknüpfung einer semantisch transformierten Konstituente mit einem Lexem in der eigentlichen Bedeutung (vgl. phraseologische Verbindungen der

Allgemeinsprache bei Cernyševa 1980: 35), z. B. *totes, lebendes, laufende, ruhendes Konto.*

Die am meisten verbreiteten phraseologischen Termini haben folgenden syntaktischen Aufbau: Adjektiv/Adverb + Substantiv (*totes Kapital, oberer/unterer Totpunkt, zylindrische Schnecke*), Substantiv + Verb (*Dividende ausschütten, abwerfen*), Substantiv + Substantiv (*Erholung der Preise, der Kurse, des Marktes, der Konjunktur*). Sie werden hier als **phraseologisierte Termini** bezeichnet.

Zur zweiten Gruppe gehören feste Wortverbindungen mit der Struktur Adjektiv + Substantiv mit einer ganzheitlichen Bedeutung, die aufgrund metaphorischer Prozesse oder durch Spezialisierungen entstanden sind (z. B. *lange Wellen* [wirt.], *magisches Viereck* [wirt.], *schwarzes Loch, der weiße Zwerg* [astr.]).

Da diese sprachlichen Einheiten durch eine vollständige semantische Transformation der Komponenten entstanden sind und also mehr einen idiomatischen als einen terminologischen Charakter haben, dabei aber fast ausschließlich in der Fachsprache gebräuchlich sind, werden sie hier als **terminologisierte Phraseologismen** bezeichnet.

Es gibt noch eine gemischte Gruppe von phraseologischen Termini, die wie die Einheiten der ersten Gruppe serielle Verknüpfung von Konstituenten haben, und die sich wie die Einheiten der zweiten Gruppe, durch vollständige Metaphorisierung der beiden Konstituenten auszeichnen, z. B. *der Speicher ist voll/leer, läuft über* [Informatik].

Entsprechend den Beziehungen Phraseologismus – Idiom als Ober- und Unterbegriffe werden hier phraseologische Termini als Oberbegriff und phraseologisierte Termini sowie terminologisierte Phraseologismen als Unterbegriffe verstanden.

Die folgende Grafik veranschaulicht die Beziehungen zwischen unterschiedlichen festen Wortverbindungen.

Abb 1: Beziehungen zwischen festen Wortverbindungen

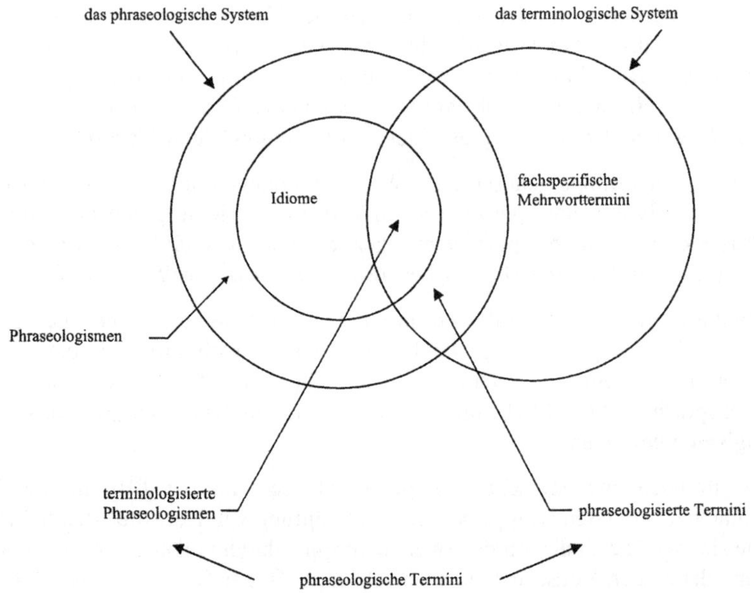

Aus einer exemplarischen Korpusanalyse geht hervor, dass phraseologisierte Termini (d.h. Wortverbindungen mit einer semantisch transformierten Konstituente) häufiger in Fachtexten vorkommen als terminologisierte Phraseologismen, deren beide Konstituenten idiomatisiert sind. Das analysierte Korpus beinhaltet insgesamt 58 phraseologische Termini, davon sind 35 phraseologisierte Termini und nur 23 terminologisierte Phraseologismen.

4   Semantische Eigenschaften von festen Wortverbindungen

Aus verschiedenen Phraseologie- und Terminologieuntersuchungen geht hervor, dass sowohl Phraseologismen als auch Termini durch Uneindeutigkeiten, Polysemie und Synonymie gekennzeichnet sind (vgl. Wiese 2001: 462).

In dieser Arbeit wurden synonymische und homonymische Beziehungen auch unter phraseologischen Termini festgestellt. Polyseme feste Wortverbindungen wurden nur unter Phraseologismen und Mehrworttermini beobachtet. Im analysierten Material (58 Einheiten) wurden keine mehrdeutigen phraseologischen Termini gefunden. Deshalb werden hier nur Beispiele für Synonymie und Homonymie angeführt.

Synonymie

Es lassen sich fünf Typen von synonymen Beziehungen unterscheiden 1) zwischen zwei Phraseologismen, 2) zwischen einem Phraseologismus und einer freien Wortverbindung, 3) zwischen einem phraseologischen Terminus und einem Einwortterminus, 4) zwischen einem Mehrwortterminus und einem Einwortterminus, 5) zwischen zwei Mehrworttermini:

1) Phraseologismus – Phraseologismus
   etw. auf einen gemeinsamen Nenner bringen - etw. auf eine (einfache) Formel bringen

2) Phraseologismus – freie Wortverbindung
   die Quadratur des Kreises- eine unlösbare Aufgabe

3) Phraseologischer Terminus – Einwortterminus
   Schnelles Geld – Sofortgewinn

4) Mehrwortterminus – Einwortterminus
   spezifischer Leitwert - Leitfähigkeit, Leitvermögen

5) Mehrwortterminus – Mehrwortterminus
   starrer Körper [phys.] – fester Körper [phys.]

Homonymie

Die Metaphorisierung oder Terminologisierung gängiger Wortverbindungen führt zur Parallelität von phraseologischer und nicht phraseologischer („wörtlicher") Bedeutung der gleichen Wortgruppe, d. h. es existieren (zwei) homonyme Konstruktionen oder verschiedene mögliche „Lesarten" (vgl. Lewandowski 1990).

Ähnliche Erscheinungen sind auch unter phraseologischen Termini anzutreffen, z. B. *der Speicher ist voll.* Dieser Ausdruck wird als feste terminologische Wortverbindung in der Fachsprache der Informatik oder in direkter Bedeutung als freie Wortverbindung in der Allgemeinsprache gebraucht.

Hier sind einige Beispiele der homonymen Beziehungen unter festen Wortverbindungen:

Phraseologismus	Mehrwortterminus
Aktien steigen/fallen	*Aktien steigen/fallen* [wirt.]
Phraseologismus	freie Wortverbindung
lange Leitung	*lange Leitung*
ein dünnes Brett bohren	*ein dünnes Brett bohren*
Phraseologischer Terminus	freie Wortverbindung
die Höhe des Baumes [inform.]	*die Höhe des Baumes*
schwarzes Loch [astr.]	*schwarzes Loch*
der schwarze Kasten [tech.]	*der schwarze Kasten*
phraseologischer Terminus	phraseologischer Terminus
lange Wellen [wirt.]	*lange Wellen* [rundf.]
Mehrwortterminus	freie Wortverbindung
harte/weiche Feder [phys.]	*harte/weiche Feder*
symmetrisches Profil [tech.]	*symmetrisches Profil*

5   Häufigkeitsvorkommen von festen Wortverbindungen in Fachtexten

Statistische Daten zeigen, dass solche festen Wortverbindungen, wie phraseologische Termini, Mehrworttermini, onymische Mehrworttermini, Routineformeln und Funktionsverbgefüge zum unentbehrlichen Wortschatz eines Fachtextes gehören (vgl. Lange 1997: 110).

Phraseologische Wortverbindungen finden dagegen auch in Fachtexten nur begrenzte Anwendung. Dabei ist ihr Gebrauch in verschiedenen Textsorten unterschiedlich.

Im Unterschied zu Phraseologismen beziehen sich phraseologische Termini und Mehrworttermini in der Regel auf bestimmte Fachbereiche und werden hauptsächlich in der Fachsprache des betreffenden Fachbereichs verwendet, z. B. *Erholung der Konjunktur* in der Wirtschaftssprache, *die Höhe des Baumes* in der Fachsprache der Informatik u. a.

Es gibt auch fachübergreifende feste Wortverbindungen, die in vielen Fächern verwendet werden (vgl. Wiese 2001: 461): z. B. *goldener Schnitt* wird in der Mathematik, Biologie, Typographie, Kunst und anderen Fachsprachen mit der gleichen Hauptbedeutung (*die Teilung einer Strecke in zwei Teile, deren größere sich zum kleineren verhält wie die ganze Strecke zum größeren Teil* – Duden) gebraucht.

Andere phraseologische Termini und Mehrworttermini haben einen speziellen Fachbezug und erhalten in jeder Fachsprache eine neue terminologische Bedeutung, wie z. B. *lange Wellen* in Fachsprachen der Wirtschaft, der Physik oder des Rundfunks.

Phraseologische Termini lassen sich also ebenso wie Mehrworttermini in fachspezifische und allgemeinwissenschaftliche Einheiten unterteilen.

Feste Wortverbindungen werden in dieser Untersuchung aus Texten verschiedener Fachgebiete ausgewählt. Dabei werden unterschiedliche Textsorten wie Lehrbüchertexte, populärwissenschaftliche Texte und Wortartikel aus Fachlexika (100 Seiten aus jedem Fachgebiet) analysiert. Nach Disziplinen werden feste Wortverbindungen folgenderweise unterteilt: Wirtschaft, Technik, Physik, Informatik, Astronomie.

Das analysierte Korpus besteht aus 669 festen Wortverbindungen, darunter Phraseologismen betragen 84 Einheiten, phraseologische Termini 58, Mehrworttermini 256, Onyme 54 und Redemittel (bzw. Routineformeln und Funktionsverbgefüge) 217 Einheiten.

Die nachfolgende Tabelle veranschaulicht die Häufigkeit des Vorkommens der untersuchten festen Wortverbindungen in Texten verschiedener Fachbereiche und verdeutlicht, dass feste Wortverbindungen in sehr unterschiedlichen Disziplinen zu verzeichnen sind.

Tabelle 2: Häufigkeitsvorkommen von festen Wortverbindungen in Fachtexten

Fachbereich	Phraseo-logismen	phras. Termini	Mehr-wort-termini	Onyme	Rede-mittel	Insges.
Wirtschaft	31	22	44	2	47	146
Technik	24	6	100	12	53	195
Physik	5	8	91	16	35	155
Informatik	2	16	9	9	22	58
Astronomie	22	6	12	15	60	115
Insgesamt	84	58	256	54	217	669

400 Viktoria Umborg

6 Literatur

aLOLLArntz, Reiner / Heribert Picht (2002): Einführung in die (übersetzungsbezogene) Terminologiearbeit. Olms.

Burger, Harald / Annelies Buhofer / Ambros Sialm (1982): Handbuch der Phraseologie. Berlin, New York.

Cernyševa, Irina (1980): Feste Wortkomplexe des Deutschen in Sprache und Rede. Moskau.

Delplanque, Carine (1997): Phraseme der Wirtschaft: eine rollensemantische Untersuchung. In: Phraseme in Kontext und Kontrast. Gréciano, Gertrud / Annely Rothkegel (Hg.). Bochum.

Duhme, Michael (1991): Phraseologie der deutschen Wirtschaftssprache. Essen.

Friederich, Wolfgang (1991): Moderne deutsche Idiomatik. München.

Fleischer, Wolfgang (1982): Phraseologie der deutschen Gegenwartssprache. Leipzig.

Fleischer, Wolfgang (2001): Phraseologie. In: Kleine Enzyklopädie Deutsche Sprache. Fleischer, Wolfgang / Gerhard Helbig / Gotthard Lerchner (Hg.). Frankfurt / Main.

Gréciano, Gertrud (i. Dr.): Phraseme in medizinischen Texten. In: Handbuch Phraseologie. Berlin, (HSK)

Gréciano, Gertrud (i. Dr.): Europa unter einem Dach / L'Europe sous un seul toit / Europe under a single roof. Phraseologie für Europa. Bratislava. Phraseologische Gesellschaft.

Gréciano, Gertrud (i. Dr.): Phraseographische Prioritäten, erfüllt und unerfüllt. Akten des 11th International Symposium on Lexicography at the University of Copenhague.

Gréciano, Gertrud (2003): Amtlichkeit und Bürgernähe im Europakorpus. In: Akten des X. Internationalen Germanistenkongresses Wien 2000 : Sektion 3 Sprache der Öffentlichkeit. Bern: Peter Lang (Jahrbuch für Internationale Germanistik Reihe A, Band 55, S. 361-367).

Gréciano, Gertrud (2001): Europa(rats)verträge als Gemeinschaftstexte? In: Studien zum romanisch-deutschen und innerromanischen Sprachvergleich. Akten des Internationalen Kolloquiums in Leipzig (1999: (357-363). Hrsg.Wotjak G., Frankfurt / Main: Peter Lang.

Gréciano, Gertrud (1998): (Fach)Textvergleich. In: Grenzsteine und Wegweiser. Textgestaltung, Redesteuerung und formale Zwänge. Festschrift für M.Perennec. M. Dalmas / R. Sauter (Hg.) Eurogermanistik 12, S. 233-244. Tübingen: Narr.

Gréciano, Gertrud (1998): Phraseologie und medizinisches Wissen. In: Phraseologismen in Text und Kontext, 197 - 208.Wirrer, Jan (Hg.). Bielefeld: Aisthesis Verlag (BSLL11).

Gréciano, Gertrud (1998): Europaphraseologie im Vergleich. In: Europäische Phraseologie im Vergleich: Gemeinsames Erbe und kulturelle Vielfalt. Akten des Internationalen Kongresses EUROPHRAS 95, S. 247-262. (Studien zur Phraseologie und Parömiologie 15). W. Eismann (Hg.). Bochum: Brockmeyer.

Gréciano, Gertrud (1995): Fachphraseologie. In: Metrich, René / Marcel Vuillaume (Hg.): Rand und Band. Abgrenzung und Verknüpfung als Grundtendenzen des Deutschen. Festschrift für E. Faucher zum 60. Geburtstag. (Eurogermanistik 7, S. 183-195). Tübingen: Narr.

Gréciano, Gertrud (1988): Affektbedingter Idiomgebrauch. In: Stilistisch-rhetorische Diskursanalyse. Sandig, Barbara (Hg.). Tübingen.

Hoffmann, Lothar (1985): Kommunikationsmittel Fachsprache: eine Einführung. Berlin.

Lange, Winfried (1996): Onyme in Bezeichnungs- und Benennugsprozessen in der Verfahrens- und Umwelttechnik. In: Eigennamen in der Fachkommunikation. Bd. 12. Gläser, Rosemarie (Hg.). Frankfurt / Main: Peter Lang.

Lewandowski, Theodor (1990): Linguistisches Wörterbuch. Bd. 3. Wiesbaden.

Möhn, Dieter / Roland Pelka (1984): Fachsprachen. Eine Einführung. Tübingen.

Umborg, Viktoria (1996): Kontrastive Untersuchungen zu Fachsprachen im Deutschen und Estnischen. In: riangulum. Germanistisches Jahrbuch für Estland, Lettland und Litauen. Dritte Folge. Lepa, Karl / Claus Sommerhage (Hg.). Tartu.

Wiese, Ingrid (2001): Fachsprachen. In: Kleine Enzyklopädie Deutsche Sprache. Fleischer, Wolfgang / Gerhard Helbig / Gotthard Lerchner (Hg.). Frankfurt / Main.

Wissenstransfer
und die Evaluation universitärer Forschung

Thorsten Unger (Hannover/Göttingen)

1 Wissenstransfer in Forschungsevaluationen
2 Forschungsevaluationen als Wissenstransfer
3 Literatur

Die Transferwissenschaft, die sich nach und nach als eine neue interdisziplinäre Subdisziplin zu etablieren scheint, nahm nicht zufällig ihren Ausgangspunkt in der Sprachwissenschaft.[1] Spätestens seit der Klassischen Moderne sind es Probleme der Kommunikation, die angesichts der zunehmenden Ausdifferenzierung der Gesellschaft in funktionale Teilsysteme und speziell der Ausdifferenzierung der Wissenschaften in immer spezialisiertere Wissenssysteme angesprochen werden und die Frage nach einem Wissenstransfer zwischen diesen Systemen aufwerfen. Ebenso eindrücklich wie humorvoll beschreibt beispielsweise Robert Musil solche Kommunikationsprobleme anhand des Salons der Diotima, einem der Schauplätze, an denen im Roman *Der Mann ohne Eigenschaften* die große „Parallelaktion" vorbereitet wird:

> Diotimas Gesellschaften waren berühmt dafür, daß man dort an großen Tagen auf Menschen stieß, mit denen man kein Wort wechseln konnte, weil sie in irgendeinem Fach zu bekannt waren, um mit ihnen über die letzten Neuigkeiten zu sprechen, während man den Namen des Wissensbezirks, in dem ihr Weltruhm lag, in vielen Fällen noch nie gehört hatte. Es gab da Kenzinisten und Kanisisten, es konnte vorkommen, daß ein Grammatiker des Bo auf einen Partigenforscher, ein Tokontologe auf einen Quantentheoretiker stieß, abzusehen von den Vertretern neuer Richtungen in Kunst und Dichtung, die jedes Jahr ihre Bezeichnung wechselten und neben ihren arrivierten Fachgenossen in beschränktem Maße dort verkehren durften. Im allgemeinen war dieser Verkehr so eingerichtet, daß alles durcheinander kam und sich harmonisch mischte; [...].[2]

Es führt literaturwissenschaftlich kaum weiter, illustriert aber den wissenschaftsgeschichtlichen Horizont des vorliegenden Beitrags, wenn man die Beschreibung von Diotimas Salon versuchsweise einmal auf eine Volluniversität des beginnenden 21. Jahrhunderts überträgt. Zahlreiche neue Namen von Wissensbezirken sind hinzugekommen; heutige Spezialisten befassen sich etwa mit metaplektischer Geometrie, molekularer Zellbiologie des Zytoskeletts oder mit hochdynamischen Parallelstrukturen mit adaptronischen Komponenten. Aber

---

[1] Zur Orientierung über relevante Fragestellungen vgl. Antos (2001).
[2] Musil [1930], S. 100.

dass sich alles harmonisch mischte, lässt sich für die Universität nicht sagen. Angesichts knapper Kassen stehen die Fächer vielmehr in harter Konkurrenz zueinander. Außerdem erscheint das Kommunikationsproblem noch durch eine weitere Dimension verschärft, denn die Ausdifferenzierung hat längst auch die Verwaltungsebene erfasst. In den Zuständigkeitsbereichen der Dekanate, der Hochschulverwaltungen und der Ministerialbürokratie befasst man sich aktuell mit Akkreditierungsangelegenheiten, mit Globalhaushalten und mit Zielvereinbarungen; und spätestens wenn von einer Professionalisierung der Universitäts- und Fakultätsleitungen die Rede ist, wird deutlich, dass Verwaltungstechniken dieser Art längst ebenfalls als Spezialwissen eingestuft werden. Der Umgang damit will gelernt sein, am besten von der Pike auf. Es überrascht nicht (und wäre eine linguistisch-transferwissenschaftliche Untersuchung wert), dass Kommunikationsakte zwischen Professorinnen und Professoren auf der einen und Ministerialdirigenten und -räten auf der anderen Seite recht anfällig sind für Missverständnisse und Irritationen. Teilweise erschweren außerdem noch Weisungsbefugnisse und die Möglichkeit, hochschulpolitische Entscheidungen durch Verordnungen umzusetzen, die Kommunikation.

Auch universitäre Forschungsevaluationen werden von den zu evaluierenden Wissenschaftlern zunächst oft als ein weiteres Instrument des politisch-bürokratischen Apparats erlebt, dem sie sich zu unterwerfen haben, nicht selten als eine Gängelung, zuweilen als eine Zumutung.[3] Gedacht sind Evaluationen idealerweise indessen als Instrumente der Qualitätssicherung und der Beratung von Hochschullehrern, Hochschulpolitik und Hochschulverwaltung. In dieser Hinsicht lassen sich Forschungsevaluationen als Wissenstransfer auffassen, der Angehörige unterschiedlicher Professionalitätsbereiche – wenn nicht miteinander ins Gespräch bringt, so doch als eine Basis für ein solches Gespräch dienen kann. Zugleich aber werden auch *in* Forschungsevaluationen Formen des Wissenstransfers berücksichtigt. Entsprechend geht es in diesem Beitrag um zwei Aspekte:

Erstens wird gefragt, in welchem Sinne Leistungen des Wissenstransfers von Fachgutachtern als Forschungsindikator eingestuft werden und welche Unterschiede es in dieser Hinsicht zwischen verschiedenen Fächern und Fachgruppen gibt. Hierzu berichte ich aus der Praxis der Forschungsevaluationen der Wissenschaftlichen Kommission Niedersachsen. Zweitens werde ich einige Überlegungen darüber zur Diskussion stellen, inwieweit Evaluationen selbst als Akte des Wissenstransfers angesehen werden können und mit welchen Bedingungen und Problemen des Gelingens zu rechnen ist.

---

[3]   Zum „schwierigen Verhältnis zwischen Wissenschaft und Politik" vgl. Kromrey (2003), S. 105f.

1   Wissenstransfer in Forschungsevaluationen

Fachbezogene Forschungsevaluationen werden in Niedersachsen hochschulvergleichend nach dem Modell des *peer review* durchgeführt. Die Hochschulinstitute stellen in Selbstberichten Daten zu Forschungsindikatoren zusammen (Publikationen, Drittmittel, Promotionen, Forschungskooperationen etc., ggf. auch Wissenstransfer) und erläutern diskursiv ihre Forschungsschwerpunkte, ihr Selbstverständnis und ihre Strukturplanungen. Eine jeweils fachspezifisch zusammengestellte Gutachterkommission verwendet diese Selbstberichte als Informationsbasis und führt während einer Begehung der Forschungseinrichtungen Gespräche mit den Wissenschaftlern vor Ort. Auf dieser Grundlage beschreiben und beurteilen die Gutachter die Forschungsleistungen unter Berücksichtigung der vorgefundenen Rahmenbedingungen. Sie sprechen (Struktur-) Empfehlungen aus, die sich an die einzelnen Institute und Wissenschaftler, an die Hochschulleitungen wie auch an das Wissenschaftsministerium wenden. Angestrebt wird mit diesem Verfahren eine Beratung der Wissenschaftsverwaltung und der Wissenschaftspolitik durch unabhängige Fachexperten.[4]

In einem Leitfaden hat die Wissenschaftliche Kommission die Aspekte zusammengestellt, die von den Fächern bei der Erstellung der Selbstberichte berücksichtigt werden sollen. Darin werden die einzelnen „Forschungseinheiten" – gemeint sind je nach Fach entweder ganze Arbeitsgruppen, oder aber einzelne Wissenschaftler – aufgefordert, unter anderem den in ihrem Zusammenhang geleisteten Technologie- und Wissenstransfer darzustellen. Der entsprechende Punkt lautet:

> Technologie- oder Wissenstransfer: Darstellung bestehender Transferbeziehungen zu Öffentlichkeit, kulturellen Institutionen, Wirtschaft, Verwaltung und Politik unter Berücksichtigung folgender Indikatoren, soweit zutreffend: Anzahl und Art der in den vergangenen fünf Jahren durchgeführten Beratungen, der erstellten Gutachten, der Forschungsarbeiten, die in Kooperation mit Firmen, Behörden, kulturellen Institutionen usw. durchgeführt worden bzw. deren Themenstellungen auf unmittelbares Interesse dieser Bereiche zurückzuführen sind; ggf. Beschreibung anderer Formen des Transfers.[5]

Man sieht: Die Formulierung ist sehr weit gefasst. Es ist beabsichtigt, damit allen Fächern gerecht zu werden und keine Leistungen auszuschließen, die von den Fachwissenschaftlern als Wissenstransfer eingestuft werden. Gewissermaßen als Zielsysteme des Transfers werden Öffentlichkeit, Kulturinstitutionen, Wirtschaft, Verwaltung und Politik erwogen. Dabei tragen die Signalwörter „Kooperation" und „Interesse dieser Bereiche" der Überlegung Rechnung, dass

---

[4]   Zu Zielen und Erträgen des Verfahrens vgl. Ebel-Gabriel (2002). Für einen Überblick über die fünfjährige Praxis vgl. Wissenschaftliche Kommission Niedersachsen (2003a).

[5]   Wissenschaftliche Kommission Niedersachsen (1999/2002), S. 10.

Wissenstransfer prinzipiell keine Einbahnstraße ist, sondern als Komplex von wechselseitigen Kommunikationszügen aufgefasst werden muss.[6] Die Auflistung impliziert ferner eine Eingrenzung auf einen Begriff des Wissenstransfers, der Transferleistungen zwischen verschiedenen gesellschaftlichen Teilsystemen meint;[7] an Aspekte des Transfers von Wissen *innerhalb* eines Wissenssystems ist in dieser Nomenklatur weniger gedacht. Als Beispiele werden Beratungen, Gutachten und kooperative Forschungsarbeiten genannt; der letzte Satz öffnet den Punkt für fachspezifisch ‚andere Formen des Transfers'.

Entsprechend bleibt die Beurteilung, was von den auf dieser Basis berichteten Aktivitäten als forschungsrelevanter Wissenstransfer einzustufen ist, den Gutachterkommissionen für die einzelnen Fächer überlassen. Nach dem Konzept der Wissenschaftlichen Kommission wird von den Fachgutachtern erwartet, dass sie die berichteten Leistungen in Forschung und Wissenstransfer im Hinblick auf ihre Relevanz, ihre Qualität und Innovationstiefe sowie auch ihre Effektivität beurteilen und dazu für ihr jeweiliges Fach die Maßstäbe definieren.[8]

Erwartungsgemäß zeigt die Evaluationspraxis, dass für die einzelnen Fächer und Fachgruppen sehr unterschiedliche Formen des Wissenstransfers von Bedeutung sind. Ich berichte über einige markante Beispiele:

In den Ingenieurwissenschaften ist naturgemäß der größte Anteil des Wissenstransfers auf die technische und wirtschaftliche Verwertbarkeit von Forschungen und Entwicklungen ausgerichtet. Die Gutachter der Forschungsevaluationen im Maschinenbau sowie der Elektrotechnik und Informationstechnik in Niedersachsen konstatieren in ihrer Gewichtung der Evaluationskriterien sogar, dass eine „strikte Trennung zwischen Grundlagenforschung und angewandter Forschung" in den Ingenieurwissenschaften „nicht möglich" sei.[9] Schon die Karrie-

---

[6]   Das betont Wichter in seiner Begriffseingrenzung im Kontext der Identifizierung des Wissenstransfers als eines wichtigen, aber vernachlässigten Teilbereichs der gesellschaftlichen Kommunikation. Vgl. Wichter (2003), bes. S. 73-75.

[7]   Der Begriff ist insoweit gut an das systemtheoretisch basierte Gesellschaftsmodell Luhmanns anschließbar, das für die neuzeitlichen Gesellschaften Prozesse einer Ausdifferenzierung funktionaler Teilsysteme mit der Ausprägung einer je spezifischen Semantik als charakteristisch ansieht. Vgl. grundlegend beispielsweise Luhmann (1970).

[8]   Im Konzept zur Forschungsevaluation lautet der entsprechende Spiegelpunkt in einer ersten Auflistung der Kriterien: „Bedeutung von Kooperationen mit Wirtschaft, Verwaltung, Politik und Kulturinstitutionen. Bedeutung des Transfers im Bereich der grundlagen-, anwendungs- und produktorientierten Forschung, zum Beispiel durch gemeinsame Nutzung von Großgeräten, gemeinsame Projekte, Auftragsforschung, Patente, Produktentwicklung. Besonders in den Geistes- und Sozialwissenschaften können für diesen Punkt auch Gutachtertätigkeiten und Beratungstätigkeiten, sowohl im Wirtschafts- als auch im öffentlichen und kulturellen Sektor, oder andere Service- bzw. Dienstleistungen charakteristisch sein." Wissenschaftliche Kommission Niedersachsen (1999/2002), S. 5.

[9]   Wissenschaftliche Kommission Niedersachsen (2001a), S. 41 und S. 61.

ren der Wissenschaftler führen in diesen Fächern typischerweise nach der Promotion durch die Praxis in der Industrie, bevor eine Berufung zurück an die Hochschule erfolgt. Im Fach Maschinenbau ist sodann eine auftragsinduzierte Forschungs- und Entwicklungstätigkeit mit industriellen Partnern die Regel und wird von den Fachgutachtern auch für unverzichtbar gehalten, „um die Aktualität neuer Forschungsprojekte zu sichern und Weiterentwicklungen anzuregen".[10]

Ganz ähnlich stellt sich der Sachverhalt in den Fächern Architektur und Bauingenieurwesen dar. Auch hier empfängt die universitäre Forschung aus der Praxis aktuelle Anregungen. An den Instituten für Bauingenieurwesen werden neben den eigentlichen Forschungsaufgaben zum Beispiel häufig routinemäßig Dienstleistungen in der Art einer Prüfanstalt erbracht. Und auf sogenannte Entwurfslehrstühle der Architektur werden in der Regel erfolgreiche Architekten berufen, von denen erwartet wird, dass sie sich auch als Hochschullehrer weiterhin an Ausschreibungen beteiligen. Für die qualitative Beurteilung der Forschungsrelevanz solcher Aktivitäten betonen die Gutachter, dass es für Universitäten nicht ausreicht, wenn solche Praxisbezüge lediglich in die Lehre einfließen. Aufgabe der Ingenieurwissenschaften an Universitäten müsse vielmehr sein, Praxiserfahrungen wissenschaftlich auszuwerten und offene Fragen in weiterführenden Forschungsprojekten aufzugreifen.[11]

Unter dem Aspekt des Wissens- und Technologietransfers in der Öffentlichkeit vielleicht am breitesten diskutiert – und nicht nur für die Ingenieurwissenschaften – werden Patente. An den Hochschulen sind patentrechtlich geschützte Erfindungen durch die Neuregelung des Arbeitnehmererfindungsgesetzes im Jahr 2002 ins Gespräch gekommen. Seither liegt das geistige Eigentum für Erfindungen von Hochschullehrern nicht mehr bei den Professorinnen und Professoren, sondern bei den Universitäten. Dadurch werden Patente unter dem Gesichtspunkt der Hochschulfinanzen bedeutsam und vielfältig gefördert: Das Bundesministerium für Bildung und Forschung (BMBF) betreibt eine aktive Patentpolitik mit dem Ziel, dass alle wirtschaftlich nutzbaren Forschungsergebnisse in Deutschland zum Patent angemeldet und gute Erfindungen kommerziell genutzt werden. In einer Verwertungsoffensive fördert das BMBF zum Beispiel den Aufbau von Patent- und Verwertungsagenturen.[12] Sie unterstützen inzwischen landauf, landab die Hochschulen und Hochschullehrer bei der Patentierung und Verwertung von Erfindungen.[13] In Niedersachsen macht das die N-Transfer

---

[10] Ebd., S. 61.

[11] Ebd., S. 12.

[12] Zur aktuellen deutschen Patent-Politik vgl. die Internet-Präsentation des BMBF unter http://www.patente.bmbf.de/de/patentpo_34.php (1.09.2003).

[13] Mit den Transferstellen an Universitäten wird allerdings zunächst auf die gesteigerten Außenerwartungen nach einer besseren Ausnutzung der Forschungsergebnisse in wirtschaftlichen Zusammenhängen reagiert. Ob sie für den tatsächlich stattfindenden Transfer in

GmbH. Die durchaus erheblichen Kosten für Patentanmeldungen und die jährlich fälligen Patentgebühren zur Aufrechterhaltung der Patente übernehmen die
Universitäten; an finanziellen Erträgen aus den Patenten sollen die Erfinder später mit einem gewissen Anteil beteiligt werden. An manchen Universitäten sind
regelrechte ‚Patentscouts' damit beauftragt, wissenschaftliches Personal und bereits Studierende zu bewegen, mögliche Erfindungen tatsächlich anzumelden.[14]
Und auch bei Berufungen spielen Patente in erfindungsintensiven Fächern eine
Rolle.

Nach § 1 Abs. 1 des Patentgesetzes werden Patente für Erfindungen erteilt, die
neu sind, auf einer erfinderischen Tätigkeit beruhen und gewerblich anwendbar
sind. Aus der Perspektive der Forschungsevaluation ist es besonders der durch
das Patentverfahren bescheinigte Aspekt der Neuheit, der Patente zu einer hoch-
rangigen Publikationsform macht. Bei Patenten ist die Invention mit Brief und
Siegel bescheinigt. Sie gilt unabhängig davon, ob sich das Patent in der tech-
nisch-industriellen Umsetzung auch rentiert. Bei einer großen Zahl von Patenten
gelingt die „Überführung von (wissenschaftlicher) Invention in (ökonomisch
tragfähige) Innovation" nicht.[15] Aus der Sicht der Patentverwertungsagenturen
ist die Markttauglichkeit und Verkäuflichkeit der auf Patenten basierenden Produkte der entscheidende Aspekt.[16] Aber Patente dokumentieren wissenschaftliche Leistungen wegen der in ihnen bescheinigten Neuheit auch unabhängig von
der wirtschaftlichen Verwertung. Zudem sind Patente objektiv verifizierbar –
und: gut zählbar, mithin auch für Forschungsrankings ein geeigneter Indikator.
Wenn zum Beispiel im Jahr 1999 in Baden-Württemberg auf 100 000 Einwoh-
ner 112 Patentanmeldungen kamen, im Bundesschnitt aber nur 62 (Niedersachsen: 43),[17] so ist das ein Befund, der nicht nur die Aussagen zur technologischen
Leistungsfähigkeit Baden-Württembergs, sondern auch zur Spitzenstellung
südwestdeutscher Universitäten etwa bei den Drittmitteleinwerbungen, bei den
Promotionszahlen und bei der Beliebtheit bei Humboldt-Stipendiaten aus dem
Ausland unterstreicht. Aber auch in den Forschungsevaluationen in Niedersachsen ergab sich das Bild, dass Forschungseinheiten, die von den Gutachtern in
einem ingenieurwissenschaftlichen Fach als international angesehen eingeschätzt wurden, oft auch bei Patentanmeldungen besonders aktiv waren.

Zukunft eine bedeutendere Rolle spielen werden, bleibt abzuwarten; bislang scheinen sie
hauptsächlich Schaufensterfunktionen für die Universität wahrzunehmen. Vgl. dazu Krücken (1999). Vgl. auch: http://wwwhomes.uni-bielefeld.de/kruecken/lfp/. (15.12.2003).

[14] Vgl. beispielsweise das Interview mit dem Kanzler der Technischen Hochschule Aachen,
Dr. Michael Stückradt, „Warten auf Profit" in: DUZ 15-16/2003, S. 14.

[15] Vgl. Claassen (2002), S. 132.

[16] Vgl. Bartsch (2003), S. 16f.

[17] Vgl. Niebuhr / Stiller (2003), S. 50. Vgl. dazu Schnabel (2003).

Ein ganz anderes Bild zeichnet die Forschungsevaluation im Fach Physik. Als Vertreter einer grundlagenorientierten Wissenschaft halten Physiker zwar den Kontakt zu benachbarten Anwendungsbereichen, und Ergebnisse physikalischer Forschung gehen in die Technik ein, aber sie selbst sind von den Anwendungen meist noch weit entfernt. Die Gutachter der Forschungsevaluation Physik haben deswegen ausdrücklich betont, dass Patentanmeldungen in der Physik „eine eher nachgeordnete Rolle spielen".[18] Zwar gibt es auch in der Physik patentintensive Forscher, wie etwa das Beispiel des Heidelberger Physikers Christoph Cremer zeigt, der mehrere erfolgreiche Patente hält. Der positive Ertrag für die Hochschule liegt in diesem Fall vor allem in der Einwerbung erheblicher Drittmittelsummen, die in Verbindung mit den Patenten möglich war.[19] Insofern korrelieren hier die Forschungsindikatoren Drittmittel und Patente. Das Fehlen von Patenten ist in der Physik jedoch keinesfalls ein Indikator für geringe Forschungsaktivitäten.

Es war naheliegend, mit den Patenten in den Themenkomplex einzusteigen, denn in der Tat dominieren in den öffentlichen Debatten über Wissenstransfer in aller Regel wirtschaftliche Aspekte. In dem Band zur modernen Hochschulpolitik, den der ehemalige Niedersächsische Wissenschaftsminister kurz vor Ende seiner Amtszeit vorlegte, hat nicht zufällig den Artikel zum Wissenstransfer ein Vertreter der Wirtschaft beigesteuert: Utz Claassen, lange Vorstandsvorsitzender der Sartorius AG, einer gründerzeitlichen „Ausgründung" aus der Universität Göttingen (1870), seit Mai 2003 Chef der EnBW Energie Baden-Württemberg AG und – hier schließt sich der Kreis zur Hochschulpolitik – Mitglied des ersten Stiftungsrates der Universität Göttingen. Claassen plädiert dafür, „Wissenschaftspolitik" generell als „antizipierende Wirtschaftspolitik" aufzufassen, als „Vorstufe von Wirtschaftspolitik bzw. wirtschaftlichem Erfolg".[20] Wissenstransfer behandelt er folgerichtig primär unter ökonomischen Aspekten; gefragt wird etwa, wie Wissenschaft „unmittelbar wertschöpfend" sein kann, wie Wissenschaftspolitik die „Exportpotentiale einer Volkswirtschaft" fördern kann und unter welchen Bedingungen unsere Wissenschaft dazu beitragen kann, im „ökonomischen Wettbewerb mit unseren amerikanischen Freunden" zu bestehen. Bei allen „denkbaren Formen von Wissens- und Technologietransfer", schreibt Claassen, gehe es „um die notwendige Kombination wissenschaftlich-technologischer mit ökonomisch-unternehmerischer Kompetenz".[21]

Dieser ausschließlich ökonomische Zugang zum Problemkomplex ist natürlich sehr einseitig, auch wenn die große Bedeutung von Fragen der Wirtschaftlichkeit und Finanzierung nicht bestritten werden kann und soll. Aber Transferleis-

---

[18] Wissenschaftliche Kommission Niedersachsen (2002), S. 11.

[19] Zum genannten Beispielfall vgl. Bebber (2003).

[20] Claassen (2002), S. 128.

[21] Vgl. ebd., S. 133.

tungen zum Beispiel in Form von Politikberatung, wie sie in den Umweltwissenschaften wichtig sind, oder in Form von Publikationen, die sich an interessierte Laien wenden – in den Wirtschaftswissenschaften etwa spielen sogenannte „Management-Bücher" für Praktiker eine gewisse Rolle[22] –, werden unter Marktgesichtspunkten allein nicht angemessen beschrieben.

Und vor allem: Wissenschaftspolitik hat auch (und vielleicht: besonders!) Verantwortung zu übernehmen für Wissenssektoren der Gesellschaft, die sich nicht (oder allenfalls indirekt und mit niedrigeren Zahlen) wirtschaftlich niederschlagen. Dazu gehört der große Bereich der theorie- und methodenbewussten Selbstverständigung über Kulturleistungen, eigene und fremde; und dazu gehört natürlich auch die von jeder Generation neu zu leistende Erforschung und Aneignung der Geschichte.

Eine wichtige Form des Wissenstransfers in den Kultur- und Geisteswissenschaften ist die Ausstellung. In den Forschungsevaluationen der Wissenschaftlichen Kommission spielten Ausstellungen bislang in der Kunstgeschichte/Kunstwissenschaft und in der Anglistik eine Rolle; bei der Kunstgeschichte liegt das auf der Hand,[23] aber auch Ausstellungen zu Spezialaspekten der Literaturgeschichte finden sich häufig. Im vorliegenden Fall hatte eine anglistische Forschergruppe in Oldenburg eine sehr erfolgreiche, international gezeigte Wanderausstellung zu Robin Hood aufgebaut.

Wie auch bei anderen Formen des Wissenstransfers stellt sich aus dem Blickwinkel der Forschungsevaluation die Frage nach der Forschungsrelevanz von Ausstellungen. Der Akzent liegt hier ja auf der öffentlichen Präsentation und der Vermittlung von Inhalten unter bestimmten Fragestellungen. Dafür gibt es professionelles *know how*, das Studierenden an verschiedenen Hochschulen in Studienfächern wie ‚Museumspädagogik' zur Vorbereitung angeboten wird. Ausstellungsmacher müssen für die Präsentation nicht notwendigerweise neue und eigene Forschungsergebnisse vorlegen, sie sollten aber hinter den aktuellen Forschungsstand nicht zurückfallen. Entscheidend ist die für eine breitere interessierte Öffentlichkeit verständliche und ansprechende, meist auch lehrreiche, jedenfalls publikumswirksame Aufbereitung.

Nun gibt es prominente Beispiele forschungsintensiver Ausstellungen. In den neunziger Jahren und bis über die Jahrhundertwende hinaus hat zum Beispiel die große Wanderausstellung „Vernichtungskrieg. Verbrechen der Wehrmacht 1941

---

[22] Die Gutachter der Forschungsevaluation Wirtschaftswissenschaften haben solche Management-Bücher wie auch Lehrbücher gewürdigt, allerdings nicht unter dem Aspekt der Forschung. In der Regel werde hier bewährtes Wissen des jeweiligen Gebietes wiedergegeben, nicht aber würden aktuelle Forschungsergebnisse präsentiert. Vgl. Wissenschaftliche Kommission Niedersachsen (2001b), S. 11f.

[23] Vgl. dazu knapp Wissenschaftliche Kommission Niedersachsen (2003b), S. 12.

bis 1944" des Hamburger Instituts für Sozialforschung (HIS) (zuerst 1995) Furore gemacht. Die Ausstellung zielte darauf, das seit Kriegsende über Massenblätter, Trivialromane und Filme in der Öffentlichkeit aufrecht erhaltene Bild einer ‚sauberen Wehrmacht', die mit anständigen Soldaten und vorbildlichen Offizieren einen ‚ganz normalen Krieg' geführt hätte, zu destruieren. Um demgegenüber zu zeigen, dass es sich „auf dem Balkan und in der Sowjetunion" um „einen Vernichtungskrieg gegen Juden, Kriegsgefangene und Zivilbevölkerung, dem Millionen zum Opfer fielen" gehandelt hat,[24] wurde eine Fülle authentischer Fotos mit Kriegsverbrechen gezeigt und durch Texte erläutert. Die Ausstellungsmacher konnten bereits an Erkenntnisse, die etwa seit den achtziger Jahren in historiographischen Spezialstudien publiziert worden waren,[25] anschließen, haben für die Ausstellung aber auch sehr viel bislang unbekanntes Fotomaterial zusammengetragen und ausgewertet. Darin liegt ein beträchtlicher Forschungsinput.

Unter dem Aspekt des Wissenstransfers ist aber entscheidend, dass durch die Ausstellung ein Gegenstandsbereich historischer Forschung in den öffentlichen Diskurs gehoben wurde. Das Verhalten der Wehrmacht im Zweiten Weltkrieg wurde breit in den Feuilletons diskutiert, es gab Stellungnahmen und Proteste von berufener und unberufener Seite. Nur zum Teil waren diese ebenfalls forschungsbasiert, vielfach eher diskursbasiert. Das musste bei einem Gegenstand, der für einen guten Teil der Gesellschaft im kollektiven Gedächtnis präsent ist, nicht überraschen.[26] Wie auch immer die öffentlichen Stellungnahmen in der inhaltlichen Ausrichtung ausgefallen sind, jedenfalls dürfte die Medienresonanz der Wehrmachtsausstellung nicht nur für eine breite kulturinteressierte Öffentlichkeit, sondern auch für die Entscheidungseliten in der (Wissenschafts-) Politik die Wichtigkeit historischer Forschung einmal mehr unterstrichen haben.

Es liege im Interesse der Wissenschaft – und gerade der Geisteswissenschaften – ihre Forschungsleistungen nach außen zu vermitteln, betonen die Gutachter der Forschungsevaluation Anglistik und Amerikanistik. Entsprechend haben sie Leistungen des Wissenstransfers und der (im weiteren Sinne) Öffentlichkeitsarbeit wie Nachwörter zu Textausgaben, Ausstellungen, Essays und Rezensionen für Zeitschriften oder den Rundfunk, Zusammenfassungen des Forschungsstandes für Gesamtdarstellungen, Literaturgeschichten und Handbücher in allgemein verständlicher Form, die sich über die Fachdisziplin hinaus an eine breitere Öffentlichkeit wenden, ausdrücklich positiv gewürdigt. Dies sei zwar nicht Forschung im engeren Sinne, setze aber neben kommunikativen Fähigkeiten ein

---

[24] Vgl. Hamburger Institut für Sozialforschung (1996), S. 7.

[25] Vgl. für eine Bibliographie ebd., S. 220.

[26] Zur Terminologie vgl. Assmann (1988).

hohes Maß an wissenschaftlicher Versiertheit und theoretischer Kompetenz voraus.[27]

In der gegenwärtigen Situation der knappen öffentlichen Mittel stehen die wissenschaftlichen Disziplinen in Konkurrenz zueinander, ebenso wie die Wissenschaft insgesamt mit anderen gesellschaftlichen Teilbereichen mit Finanzbedarf konkurriert, etwa mit dem Schulsystem und dem System öffentlicher Sicherheit. Nicht nur in Niedersachsen wirkt sich diese Konkurrenz politisch ganz konkret in der Verteilung der Mittel auf die Ressorts aus. Nach Einschätzung der Gutachter können die Forschungen zur englischen Sprache, Literatur und Kultur in Deutschland deshalb auf Dauer nur erfolgreich sein, wenn ihre Bedeutung und Inhalte der universitären und außeruniversitären Öffentlichkeit vermittelt werden.[28]

2   Forschungsevaluationen als Wissenstransfer

Hier schließen die Überlegungen zur Betrachtung von Forschungsevaluationen als Leistungen des Wissenstransfers unmittelbar an. Einige Merkmale des Wissenstransfers sind bei Forschungsevaluationen ganz offensichtlich gegeben. In Evaluationsberichten bemühen sich hochrangige Spezialisten, Inhalte und Bedeutung von Forschungsleistungen in ihrer Fachdisziplin den Akteuren in Hochschulpolitik und Hochschulmanagement, aber auch in anderen Ressorts und in der Öffentlichkeit in einer allgemein verständlichen Sprache zu vermitteln. Eine Zusammenfassung jedes Evaluationsberichts der Wissenschaftlichen Kommission wird zum Beispiel eigens für den Niedersächsischen Landtag hergestellt. Auf der ersten Ebene (und explizit) sind die Berichte damit ohne Zweifel Gutachten zur Politikberatung. Nicht zu unterschätzen ist daneben die öffentliche, über die Medien vermittelte Wirkung. Hochschulen nutzen die Evaluationsberichte, zumal wenn sie für ihren Standort positiv ausfallen, inzwischen vielfach zum Hochschulmarketing. Das gute Abschneiden der Göttinger Juristen etwa wird in der Lokalpresse zu einer Schlagzeile wie „Rechtsgeschichtliche Grundlagenforschung mit Weltrang".[29] Inhaltliche Spezifika treten in der Berichterstattung eher zurück; entscheidend ist der generelle Eindruck: Die Göttinger Rechtsgelehrten sind Spitzenforscher von großem internationalen Ansehen. Das ist ein Angebot zur kollektiven Integration nicht nur für die Juristen und Nicht-Juristen in Süd-Niedersachsen, sondern auch für die politischen Repräsentanten im Niedersächsischen Landtag und die Mitglieder des Landeskabinetts. Wenn Forschung positiv im öffentlichen Diskurs der Medien ist, werden sich auch Kabinettsmitglie-

---

[27] Vgl. Wissenschaftliche Kommission Niedersachsen (2004), S. 15f.

[28] Vgl. ebd.

[29] Vgl. Göttinger Tageblatt vom 29. November 2002.

der weniger schwer tun, die Bemühungen des Wissenschaftsministers um einen hinreichenden Anteil am Landeshaushalt zu unterstützen.

In diesem Sinne können Forschungsevaluationen dazu beitragen, universitärer Forschung ein Standing in der Öffentlichkeit zu verschaffen. Sie braucht das, um den Kampf um die knappen Mittel nicht zu verlieren. Öffentlichkeitsarbeit ist deshalb nicht nur eine fakultative Zutat zur Hochschulforschung, sondern ein wichtiger Beitrag zu ihrem Erhalt. Die Hochschulleitungen sehen das bereits so und investieren Zeit und Geld in aufwändige Broschüren und Internetauftritte. Den Fächern scheint das nicht in allen Fällen bewusst zu sein, wie lieblos zusammengeheftetes Informationsmaterial für Studierende und oft noch eher unbeholfen gestaltete Internetseiten der Institute zeigen.

Anders als bei den meisten anderen Transferleistungen, auch bei den Ausstellungen und Patenten, löst sich bei der Forschungsevaluation aber der Transfergegenstand von den Forschungsgegenständen ab. Beurteilt werden letztlich die komplexen Aktivitäten der Forschungsakteure, ihre Publikationsgepflogenheiten, ihre Nachwuchsförderung, ihre Drittmitteleinwerbungen sowie zumindest im Kontext der Rahmenbedingungen auch ihre Leistungen in der Lehre und im Wissenschaftsmanagement. Die Forschungsschwerpunkte selbst werden dabei meist nur knapp benannt, die Ergebnisse nicht dargelegt, sondern nach definierten Kriterien (wie Innovativität, Anschlussfähigkeit, internationale Resonanz etc.) beurteilt. Insofern haben wir es bei Forschungsevaluationen gewissermaßen mit einem Transfer von Strukturwissen zu tun.

Welche Bedingungen für das Gelingen dieses besonderen Falls von Wissenstransfer lassen sich in Anschlag bringen? Ein entscheidender Punkt ist hier die Frage der Akzeptanz der Forschungsevaluationen. Die Wissenschaftliche Kommission sucht sie herzustellen durch die Offenlegung der Verfahrensregeln, durch die Autorität erstrangiger Experten, die als unabhängige Fachgutachter eingesetzt werden, sowie durch eine strikte Trennung von gutachterlicher und administrativer Tätigkeit in den Evaluationsverfahren. Bei den Hochschulleitungen und im Wissenschaftsministerium ist die Akzeptanz der Forschungsevaluationen und die Bereitschaft, die Gutachterempfehlungen umzusetzen, hoch. Bei den zu evaluierenden Fachwissenschaftlern reicht das Spektrum von tendenzieller Zustimmung über signalisierte Gleichgültigkeit bis zu vehementer Ablehnung. Aufgeschlossener für Evaluationen zeigen sich in der Regel Wissenschaftlerinnen und Wissenschaftler, die selbst in ähnlichen Zusammenhängen als Gutachter tätig waren (etwa DFG-Gutachter); aber auch Gastdozenturen an einer englischen oder amerikanischen Universität scheinen eine positivere Voreinstellung zu begünstigen. Es lässt sich zudem beobachten, dass die Verfahren im Verlauf der Begehungen eine gewisse Dynamik entwickeln und die Akzeptanz auf der Seite der evaluierten Fachvertreter dabei eher wächst.

Kontraproduktiv ist auf jeden Fall eine zu hohe Frequenz von Evaluationen und vergleichbaren Datenerhebungen. Schon jetzt ist der bürokratische Arbeitsaufwand erheblich, der dem wissenschaftlichen Personal für die Erstellung von Forschungsberichten und Selbstberichten für Evaluationen, für die Ausarbeitung von Akkreditierungsanträgen und für die Bereitstellung von Datenmaterial für Rankings abverlangt wird. Im Ranking-Wesen ist für die nächste Zukunft nach dem gegenwärtigen Stand der hochschulpolitischen Diskussion eher noch eine Ausweitung zu erwarten. Hier kann es leicht zu Überlastungen kommen, die nicht nur auf Kosten der Aufgaben der Wissenschaftlerinnen und Wissenschaftler in Forschung und Lehre gehen, sondern in verschiedener Hinsicht auch die Qualität der Evaluations- und Rankingverfahren selbst gefährden.

Vor allem aber wird sich die Akzeptanz der Forschungsevaluationen auf der Seite der Hochschulen nur erhalten lassen, wenn sie über einen hinreichenden finanziellen Spielraum zur Umsetzung der Evaluationsempfehlungen verfügen können. Wenn der Eindruck entsteht, dass Evaluationsberichte lediglich für Haushaltskürzungen herangezogen werden und durch die Beteiligung an den aufwändigen Verfahren nichts mehr zu gewinnen ist, wird die Bereitschaft zur Mitwirkung nicht nur bei den Hochschulen, sondern auch bei potentiellen Gutachtern schwinden. Die Wissenschaftspolitik würde dann ihr eigenes Instrument der Qualitätssicherung gefährden. Ein gemeinsames Interesse der Akteure in Wissenschaft, Wissenschaftsverwaltung und Hochschulpolitik an der Sicherung und Verbesserung der Forschungsqualität kann unterstellt werden. Wenn aber Forschungsevaluationen im Sinne eines Wissenstransfers die Verständigung der Akteure über konkrete Zielsetzungen und Maßnahmen zur Qualitätssteigerung erleichtern sollen, muss den Hochschulen im Gegenzug finanzielle Planungssicherheit verlässlich zugesagt werden.

Eine gesunde Portion Skepsis bleibt in diesem komplexen Gefüge angebracht, denn wie alle sozialen Interaktionen sind auch Kommunikationsakte über die Grenzen von Wissenssystemen hinweg täuschungsanfällig. Nicht eine Forschungsevaluation, sondern ein Pfingstereignis wäre nötig, um angesichts des erreichten Differenzierungsgrades der Wissenschaften einen Wissenstransfer ohne Reibungsverluste zu bewerkstelligen. Das mag zum Schluss erneut der Erzähler des *Mannes ohne Eigenschaften* am Beispiel der Bemühungen Diotimas um ‚die alte österreichische Kultur' illustrieren:

> Und im Grunde entspringt auch wirklich alle solche gewaltsame Geselligkeit wie die bei ihr [in Diotimas Salon; T.U.], wenn sie nicht ganz naiv und roh ist, dem Bedürfnis, eine menschliche Einheit vorzutäuschen, welche die so sehr verschiedenen menschlichen Betätigungen umfassen soll und niemals vorhanden ist. Diese

Täuschung nannte Diotima Kultur und gewöhnlich mit einem besonderen Zusatz die alte österreichische Kultur.[30]

3 Literatur

Antos, Gerd (2001): Transferwissenschaft. Chancen und Barrieren des Zugangs zu Wissen in Zeiten der Informationsflut und der Wissensexplosion. In: Sigurd Wichter / Gerd Antos (Hgg.): Wissenstransfer zwischen Experten und Laien. Umriss einer Transferwissenschaft. Frankfurt am Main (= Transferwissenschaft 1), S. 3-33.

Assmann, Jan (1988): Kollektives Gedächtnis und kulturelle Identität. In: Kultur und Gedächtnis. Hrsg. v. Jan Assmann und Tonio Hölscher. Frankfurt am Main (= stw 724).

Bartsch, Michael (2003): Der Weg zum Spin-off. In: DUZ 15-16, S. 16f.

Bebber, Frank van (2003): Jedes Patent ist ein Kampf. In: DUZ 15-16, S. 12f.

Claassen, Utz (2002): Wissenstransfer und Wagniskapital. In: Vom Staatsbetrieb zur Stiftung. Moderne Hochschulen für Deutschland. Hrsg. v. Thomas Oppermann. Göttingen, S. 128-141,

Ebel-Gabriel, Christiane (2002): Qualität sichern durch Evaluation. In: Vom Staatsbetrieb zur Stiftung. Moderne Hochschulen für Deutschland. Hrsg. v. Thomas Oppermann. Göttingen, S. 105-116.

Hamburger Institut für Sozialforschung (1996) (Hg.): Vernichtungskrieg. Verbrechen der Wehrmacht 1941 bis 1944. Ausstellungskatalog. Hamburg.

Kromrey, Helmut (2003): Evaluation in Wissenschaft und Gesellschaft. In: Zeitschrift für Evaluation 1, S. 93-116.

Krücken, Georg (1999) (Hg.): Jenseits von Einsamkeit und Freiheit. Institutioneller Wandel von Universitäten. Eine Untersuchung zum Wissens- und Technologietransfer an den Universitäten des Landes Nordrhein-Westfalen; Projektbericht. Bielefeld. Auch: http://wwwhomes.uni-bielefeld.de/kruecken/lfp/. (15.12.2003).

Luhmann, Niklas (1970): Gesellschaft. In: Ders.: Soziologische Aufklärung. Aufsätze zu einer Theorie sozialer Systeme. Band 1. Opladen, S. 137-153.

Musil, Robert [1930]: Der Mann ohne Eigenschaften. Hrsg. v. Adolph Frisé. Reinbek 1978.

Niebuhr, Annekatrin / Silvia Stiller (2003): Norddeutschland im Standortwettbewerb. Hamburg (= HWWA-Report 222). Auch: http://www.hwwa.de/Publikationen/Report/2003/↯ Report222.pdf (28.10.2003).

---

[30] Musil [1930], S. 101.

Schnabel, Ulrich (2003): Im Ländle der Gelehrten. Was macht den Erfolg der baden-württembergischen Hochschulen aus? Eine Reise durch Maschinenräume und Denkerstuben. In: Die Zeit Nr. 28, 3. Juli, S. 28.

Wichter, Sigurd (2003): Gesellschaftliche Kommunikation als linguistischer Gegenstand. In: Germanistische Linguistik: Konturen eines Faches. Hrsg. v. Helmut Henne, Horst Sitta und Herbert Ernst Wiegand. Tübingen (= RGL 240), S. 67-95.

Wissenschaftliche Kommission Niedersachsen (1999/2002): Forschungsevaluation an niedersächsischen Hochschulen und Forschungseinrichtungen. Grundzüge des Verfahrens. Hannover seit 1999, Fassung vom 20.12.2002. Auch: http://www.wk.niedersachsen.de/Materialien/FE-Konzept.pdf (1.09.2003).

Wissenschaftliche Kommission Niedersachsen (2001a): Forschungsevaluation an niedersächsischen Hochschulen und Forschungseinrichtungen: Ingenieurwissenschaften. Berichte und Empfehlungen. Hannover. Auch: http://www.wk.niedersachsen.de/Materialien/ IngWiss.pdf (1.09.2003).

Wissenschaftliche Kommission Niedersachsen (2001b): Forschungsevaluation an niedersächsischen Hochschulen und Forschungseinrichtungen: Wirtschaftswissenschaften. Bericht und Empfehlungen. Hannover. Auch: http://www.wk.niedersachsen.de/Materialien/ FE-WiWi.pdf (1.09.2003).

Wissenschaftliche Kommission Niedersachsen (2002): Forschungsevaluation an niedersächsischen Hochschulen und Forschungseinrichtungen: Physik. Bericht und Empfehlungen. Hannover. Auch: http://www.wk.niedersachsen.de/Materialien/FE-Physik.pdf (1.09. 2003).

Wissenschaftliche Kommission Niedersachsen (2003a): Tätigkeitsbericht 1997-2003. Hannover.

Wissenschaftliche Kommission Niedersachsen (2003b): Forschungsevaluation an niedersächsischen Hochschulen und Forschungseinrichtungen: Kunstgeschichte / Kunstwissenschaft. Ergebnisse und Empfehlungen. Hannover. Auch: http://www.wk.niedersachsen. de/Materialien/FE-Kunstgeschichte.pdf (15.12.2003).

Wissenschaftliche Kommission Niedersachsen (2004): Forschungsevaluation an niedersächsischen Hochschulen und Forschungseinrichtungen: Anglistik und Amerikanistik. Bericht und Empfehlungen. Hannover. Auch: http://www.wk.niedersachsen.de/Materialien/FE-Anglistik.pdf (30.04.2004).

Terminologie als einer der Kanäle von Wissenstransfer

Maja N. Volodina (Moskau)

1 Termini als besondere Repräsentationform von Fachwissens

Menschliche Sprache kann man sich als langfristiges Zeichengedächtnis vorstellen, das nationales und internationales kollektives Wissen speichert. Heuristische Rolle sprachlicher Repräsentation des Wissens hängt dabei mit der Form seiner Materialisation zusammen. Als hochadäquate (verbale) Träger von Fachbegriffen stellen Termini eine besondere Art der Repräsentation des Fachwissens dar, das in der menschlichen Kommunikation vergesellschaftlicht ist.

Termini treten als Medien im Prozess der Fachkommunikation auf, die sie optimieren. Durch Termini (Fachwörter) wird Fachwissen vom Vater zum Sohn, vom Lehrer zum Schüler, vom Gelehrten zu Gleichgesinnten, also vom Fachmann zum Interessenten übergeben. Darin besteht den sozial-kommunikativen Charakter der Termini. Dabei stellen sie eines der wichtigsten Werkzeuge des fachlichen Denkens dar. Dementsprechend bezieht sich menschliches Denken auf das komplexe System nationalen und internationalen Fachwissens, und Termini können als Träger von national oder international zum Ausdruck kommender terminologischer Information wahrgenommen werden.

2 Spezifik terminologischer Information

Termini sind „berufen", konkrete terminologische Informationen zu fixieren, zu speichern und zu reproduzieren. Die Hauptquelle terminologischer Informationen ist umwandelnde praktische Tätigkeit der Menschen, ihre sozial-kognitiven Erfahrungen. Damit wird soziales Wesen terminologischer Informationen bestimmt, die kollektives fachliches und wissenschaftliches Gedächtnis in sich konzentrieren. Terminologische Informationen stellen begriffliche (semantische) Informationen dar, die einen Zeichennatur haben, denn die Träger dieser Informationen – Termini – treten als sprachliche Repräsentationsformen von Fachbegriffen auf.

Wobei Begriffe fachliches und wissenschaftliches Wissen ordnen, spielen sie eine systematisierende und klassifizierende Rolle. In diesem Kontext hat terminologische Information einen besonderen Wert – auf bestimmte Weise fachliche und wissenschaftliche menschliche Tätigkeit zu regulieren und zu lenken. Terminologische Information kann auch als dynamische Information des optimierenden Intellekts betrachtet werden, die zur weiteren Entwicklung von kreativer menschlicher Tätigkeit beiträgt.

Ausgangspunkt der menschlichen Erkenntnis ist bekanntlich eine dem Wesen nach invariante Abstraktion, und zum adäquaten Mittel ihrer Materialisation wird ein sprachliches Zeichen, das sich durch seine nationale Spezifik auszeichnet. Demgemäss ist der begriffliche Inhalt terminologischer Information invariant, was aber nicht ihre Unabhängigkeit von der Sprache bedeutet, in der diese Information zum Ausdruck kommt. Besonderheiten sprachlicher Widerspiegelung der Wirklichkeit bei verschiedenen Völkern zeigen sich vor allem darin, dass in einem zu terminierenden Objekt unterschiedliche Benennungsmerkmale zum Vorschein kommen.

3   Benennungsmerkmale im Prozess terminologischer Nomination

Die Bildung von Termini kann als System des Modellierens sekundärer Nominationseinheiten betrachtet werden, das sich gemäß den Gesetzen der jeweiligen Sprache ausbildet. Grundlage der sekundären Benennung ist der allen Sprachen gemeinsame Mechanismus, der die Auswahl der Nominationsmerkmale bestimmt. In der Regel ist das eine Charakteristik von zu benennenden Objekten anhand ihres Vergleichs mit anderen, bereits bekannten Objekten.

Das Benennungsmerkmal ist dabei eine gesondert erfassbare, abgrenzbare Eigenschaft, die ihren Träger kennzeichnet, ihn zu beschreiben oder zu definieren erlaubt. Das Merkmal kann als ein konkretes Klassifizierungsmittel für die Bildung eines Begriffs bestimmt werden. Die zahlreichen Merkmale eines zu terminierenden Objekts und die Möglichkeit seiner unterschiedlichen Erfassung im Erkenntnisprozess die eigentliche Ursache dessen sind, dass bei der Benennung ein und derselben Phänomene unterschiedliche Merkmale für die Nomination in den Vordergrund traten.

Die Wahl eines Wortes oder eines Wortstammes zur Benennung eines neuen Begriffs wird häufig durch spezifisch nationale, interdependente innersprachliche und außersprachliche Faktoren diktiert. In diesen Fällen werden in der Regel motivierte Termini mit einer „lebendigen inneren Form" gebildet, die den Muttersprachlern bewusst ist. Häufig werden dabei zur Bezeichnung identischer Begriffe in verschiedenen Sprachen durchaus nicht identische Merkmale als Basis der Nomination gewählt, obwohl sie gewöhnlich den am meisten hervorstechenden Seiten des benannten Phänomens entsprechen. Vgl.: (russ.) самолет – „Selbstflieger", (deutsch) Flugzeug, (engl.) aircraft, (franz.) avion.

Assoziatives menschliches Denken trägt zur Herausbildung von Termini anhand des nationalen Wortschatzes bei, indem die Bedeutungen allgemeinsprachlicher Wörter spezialisiert werden: *Strom* (Elektrizität), *senden – Sendung, empfangen – Empfang* (Rundfunk und Fernsehen), *Speicher* (Computer) usw. Solche Wörter codieren entsprechende Informationen zweimal: im ersten Fall wird allgemeinsprachliche und im zweiten terminologische Information codiert. Indem solche Termini gleichzeitig Einheiten allgemeinsprachlichen und fachlichen Wissens sind, speichern sie sprachliche und terminologische Informationen. Die „durchsichtige innere Form" dieser Termini ermöglicht ihre „technische Entzifferung".

Die Auswahl des dominanten Merkmals, das den neuen Terminus motiviert, kann mit der Geschichte der Entstehung des jeweiligen Begriffes oder auch mit der konkreten sprachlich-historischen Bedingungen verbunden sein, unter denen dieser Terminus gebildet wurde. Deshalb enthält die „innere Form" eines Terminus ziemlich oft zusätzliche semantisch-terminologische Information, die die Herausbildung dieses Terminus begleitet. Nur die „innere Form" der genuin deutschen Termini *Funk, Rundfunk* (bzw. Hör*funk* und Fernseh*funk*) speichern semantisch-terminologische Information über die erste „Funkenetappe" der Entstehung von Radiokommunikation.

Sehr oft erwerben Wörter einer bestimmten Sprache terminologische Funktion, ohne spezialisiert zu werden: *Kraft* (Physik), *Winkel* (Mathematik), *Wasser* (Chemie). Die in so einem Terminus kondensierte Information kann mit Hilfe einer konkreten Definition „entziffert" (decodiert) werden. Terminologische Information gewinnt also ihren Wert in einem speziellen Begriffssystem, einer besonderen Terminologie.

4   Terminologische Mikrosysteme mit einheitlichen Basiselementen

Konkrete terminologische Aufgabenstellung diktiert die Auswahl der jeweils optimalen Mittel zum Ausdruck des Fachbegriffes. Zu einem besonders charakteristischen Prinzip der terminologischen Nomination wird die Regularität von Wortbildungsmodellen innerhalb einer bestimmten Terminologie, das heißt: die Wiederholbarkeit bestimmter Ausdrucksmittel bei der Benennung verwandter Begriffe eines konkreten wissenschaftlich-technischen Gebietes.

Auf der Grundlage spezieller, sich regelmässig wiederholender terminologischer Elemente, nämlich nationaler und internationaler Morpheme, wird eine ganze Reihe von Mikrosystemen entsprechender Termini gebildet. Im Rahmen eines terminologischen Mikrosystems mit einem einheitlichen Basiselement existiert ein sich regelmässig wiederholender Komplex terminusbildender Modelle, der das gesamte terminologische System durchdringt. Die Benutzung spezieller terminusbildender Morpheme und Modelle erklärt sich durch die Notwendigkeit, motivierte Termini mit einer prognostizierbaren Semantik zu bilden.

Als ein anschauliches Beispiel dafür kann das System der deutschen Termini auf dem Gebiet der Elektronik dienen:

lesen	*peilen*	*regeln*	*schalten*	*tasten*	*wobbeln*
Lesen	*Peilen*	*Regeln*	*Schalten*	*Tasten*	*Wobbeln*
Leser	*Peilung*	*Regler*	*Schalter*	*Taster*	*Wobbler*
Lesung	*Peiler*	*Regelung*	*Schaltung*	*Tastung*	*Wobblung*

Es ist zu sehen, dass logische und klassifizierende Interdependenz fachlicher Begriffe notwendig eine wechselseitige Bedingtheit ihrer sprachlichen Ausformung, gesetzmässige Wiederholbarkeit und präzise Spezialisierung der sprachlichen Mittel nach sich zieht.

Dabei muss betont werden, dass die terminusbildende Produktivität eines bestimmten Wortstammes / Basiselements durch pragmatische Bedürfnisse bedingt und in direkter Abhängigkeit von der Aktualität der entsprechenden Begriffe ist. Sie hängt vom sozialen Auftrag ab.

So zählen auf dem Gebiet der Elektronik zu den besonders produktiven Basiselementen folgende Morpheme: *Bild-/Video-, Empfangs-, Fern-/Tele-(1), Fernseh-/Tele-(2), Frequenz-, Funk-/Rundfunk-/Radio-, Impuls-, Informations-, Halbleiter-, Leucht-/Licht-, Leit-, Netz-, Photo-, Radar-, Schall-/Ton-, Sende-, Speicher-, Steuer-, Zeit-* ... Fast die Hälfte davon sind internationale Morpheme.

5   Internationalisierung von Terminologien

Die Internationalisierung terminologischer Nomination basiert auf dem internationalen Charakter der Entwicklung von Wissenschaft und Technik, was in der letzten Zeit besonders deutlich zum Vorschein kommt. Eine der Grundforderungen für terminologische Benennung besteht heute in ihrer internationalen Identifizierbarkeit, die durch den internationalen Charakter von Form und Inhalt bedingt ist.

Auf allen Fachgebieten gibt es Termini, die von griechischen oder lateinischen Morphemen auf grund einer „kompressieven Definition" (oder Nominalisierung) gebildet werden. Es handelt sich um terminologische Nomination, die zuerst als Wortverbindung ausgedrückt, dann aber zu einem Substantivkompositum zusammengezogen wird (Volodina 1993: 37), und zwar mit Hilfe internationaler terminusbildender Elemente (vor allem griechischer oder lateinischer Herkunft).

Das betont insbesondere den propositiven Charakter des Terminus (Volodina 1997: 32), dessen Herausbildung sich auf grund einer Aussage (Definition) vollzieht. Dieses definierende Verfahren terminologischer Nomination ist international sehr weit verbreitet. Man vergleiche: dt. *Eurovision* – russ. *евровидение* (evrovidenie); dt. *Holographie* – russ. *голография* (golografija)., dt. *Telemetrie* – russ. *телеметрия* (telemetrija) usw. Dabei sind solche Termini, ihre „innere Form", informativ genug, um zu Medien im Prozess der internationalen Fachkommunikation zu werden.

In diesem Kontext ist die Bildung eines „richtig orientierenden" Terminus besonders wichtig, denn bewusste Einwirkung der bestimmten terminologischen Information auf den Verbraucher hat einen konkreten pragmatischen Wert – in das Wesen des zu benennenden Begriffes eindringen zu helfen.

6   Literatur

Bungarten, Th. (1981): Wissenschaft, Sprache und Gesellschaft // Wissenschaftssprache. München.

Hahn, W. (Hrsg.) (1981): Fachsprache. Darmstadt.

Hoffmann, L. (1990): Kommunikationsmittel Fachsprache. Forum für Fachsprachenforschung. Band 1. Tübingen.

Kallmeyer, Werner / Maja N. Volodina (Hg.) (2005): Perspektiven auf Mediensprache und Medienkommunikation. Mannheim: Institut für Deutsche Sprache. Amades

Volodina, M. (1985): Terminologische Nomination und ihre Besonderheiten. In: Sprachwissenschaft. Heidelberg. Band 10. Heft 2. S. 107 – 119.

Володина, М. Н. [Volodina M.] (1993): «Национальное и интернациональное в процессе терминологической номинации». М. (Nationales und Internationales im Prozess terminologischer Nomination. Moskau).

Volodina, M. (1996): Zur Geschichte der Nomination von Massenmedien im Deutschen. In: Deutsche Sprache. 24. Jahrgang. Berlin. Heft 4. S. 359 – 365.

Володина, М. Н. [Volodina M.] (1997): «Теория терминологической номинации». М. (Theorie von terminologischer Nomination. Moskau).

Volodina, M. (2003): Internationalismen in der Informationsgesellschaft: Ihr Kommunikationspotential. In: W. Wilss (Hrsg.): Die Zukunft der internationalen Kommunikation im 21. Jahrhundert (2001 – 2020). Tübingen, 2003. S. 278 – 284.

Terminologische Nomination und ihre Besonderheiten. In: Sprachwissenschaft. Heidelberg. Band 10 (1985) (1985). Heft 2.

On cognitive linguistics in Germany. In: New letter, Moscow, 1993. Issue-No 3.

Zur Geschichte der Nomination von Massenmedien im Deutschen. In: Deutsche Sprache. 24. Jahrgang. Berlin. Heft 4/1996.

Über den internationalen Charakter terminologischer Nomination. In: Beiträge zur Terminologie und Wissenstechnik. Internationales Institut für Terminologieforschung: IITF- Series 7. TermNet. Wien, 1997.

Über Medienkultur in der Informationsgesellschaft. In: Das Wort. DAAD, M., 1997.

Termini aus historischer Sicht. In: Das Wort. DAAD, M., 1998.

Internationalismen in der Informationsgesellschaft: Ihr Kommunikationspotential. In: Die Zukunft der internationalen Kommunikation im 21. Jahrhundert (2001 – 2020). (Hrsg.) W. Wilss. Günter Narr Verlag. Tübingen, 2003.

Mediensprachforschung. In: Germanistik – wohin? Tagungsband der XX. Germanistikkonferenz des DAAD in Russland. Archangelsk, 2003.

Autorin von 4 Monographien (russische Fassung, Moskau):

«Национальное и интернациональное в процессе терминоло-гической номинации» (Nationales und Internationales im Prozess terminologischer Nomination), 1993;

«Термин как средство специальной информации» (Terminus als Mittel der Fachinformation), 1996;

«Теория терминологической номинации» (Theorie von terminologischer Nomination), 1997;

«Когнитивно-информационная природа термина» (Kognitiv-informatives Wesen des Terminus), 2000.

Herausgeberin vom Lehrbuch (russische Fassung, Moskau):

«Язык СМИ как объект междисциплинарного исследования» ("Mediensprache als Objekt interdisziplinärer Forschungen") – 460 S.

Fax: 007/095/939 55 96
E-mail: volodina@philol.msu.ru
medium@philol.msu.ru

Was Auskunft-Suchende von Experten erwarten (können). Wissenstransfererfolg vor dem Hintergrund konfligierender Teilnehmererwartungen

Tilo Weber (Halle)

In diesem Beitrag geht es um eine Art von Wissen, die für soziale Interaktion in jeder Form, wenn auch in unterschiedlichem Ausmaß, von Bedeutung ist. Gemeint sind die Erwartungen der Teilnehmer, ihre Vorannahmen darüber, was sie sich von der Interaktion erhoffen können, wie sie verlaufen wird und vor allem, was sie von ihren jeweiligen Partnern im Hinblick auf deren Kooperativität im Allgemeinen und bezüglich ganz bestimmter Handlungen im Besonderen erwarten dürfen. Ob die Teilnehmer ein Gespräch als geglückt oder erfolgreich bewerten, bemisst sich relativ zu eben diesen Vorerwartungen.

Die hier vorzustellenden Überlegungen und Beobachten beziehen sich konkret auf die Analyse eines einzelnen Beratungsgesprächs, das einem größeren Korpus entstammt. Bevor ich jedoch zu einer detaillierten Untersuchung komme, soll kurz der Verlauf der Folgenden Ausführungen skizziert werden: Am Anfang steht die Präsentation einer Sequenz, die einführend verdeutlicht, um welche Phänomene es im Anschluss geht (1). Im folgenden Abschnitt formuliere ich dann die Ziele der Untersuchung (2), bevor ich kurz auf das Korpus eingehe, dem das hier näher betrachtete Gespräch entnommen ist (3). In dem zentralen Teil des Beitrags (4) beantworte ich fünf Fragen über die Manifestation von Teilnehmererwartungen im Gespräch: Wer, was, wie, wann und warum? Das

Fazit schließlich stellt noch einmal den Zusammenhang her zwischen (enttäuschten oder erfüllten) Teilnehmererwartungen an Gesprächsverläufe und der Frage nach dem Erfolg von Wissenstransferversuchen und dessen Sicherstellung und Kontrolle.

1   Erwartungsmanifestationen. Eine exemplarische Sequenz

Einen ersten konkreten Eindruck von der Relevanz, die den Teilnehmererwartungen in dem Gespräch *Rundumversicherung* von den Teilnehmern selbst zugewiesen werden, vermittelt der folgende Sequenz 1. Dabei sind für das hier behandelte Thema vor allem die Beiträge von Frau *B* am Anfang und am Ende von Bedeutung:

Sequenz 1:   Ich dachte ...[1]

```
085   B:    na:; dAs is ja eben SCHWIErig.=
086         =ich DACHte,
087         sie könnten mir ne verBRAUcherzentrale nennen,
088         wo [ich da HINgehen könnte,]
089   C:       [ne:. ne:. ne:.]
090   B:    oder sie [SELBST-]
091   C:             [d- das] kann ich NICH.
092         .hh sie müssen sich da wirklich KÜMmern;
093         genAUso äh: wie se in mehreren KAUFhäusern ihre-
094         die ANgebote vergleichen,=
095   B:    =nu=JA:; [ä-]
096   C:            [so is] es hier AUCH.
097         ich kAnn ihnen da wirklich-
098         .hh <<all> es gIbt nich> (.) DIE (.) versIcherung (.)
099         die of sie (.) am besten PASST, (.)
100         sie müssen immer RAUSfinden was
101         äh <<p, genuschelt> [ganz individue:->
102   B:                        [<<krächzstimme> naja;
103   C:    <<pp> (individuELL [......)]>
104   B:                       [<<krächzstimme> ja, un deswegen]
105         wollte ich mich eigentlich [be]↑RAten [lassen;]
106   C:                               [ja.]        [ja.]
```

In der Sequenz *Ich dachte ...* manifestiert Frau *B* ihre Erwartungen an das Gespräch und an den Experten in einer Reihe von Beiträgen:

-   Die Sequenz wird „eingerahmt" durch Äußerungen, mit denen Frau *B* ihre Erwartung an den Experten *als* eine solche formuliert, die sie bisher gehegt

---

[1]   Die in diesem Beitrag eingefügten Transkripte folgen den Konventionen des Systems *GAT* (Selting et al. 1998; s. auch die detaillierten Erläuterungen am Beitragsende).

hat und mit der sie das Gespräch überhaupt erst gesucht und aufgenommen hat (Z. 86/7; „ich dachte, Sie könnten mir eine Verbraucherzentrale nennen."; 104-106 „Deswegen wollte ich mich eigentlich beraten lassen").

- Sie macht deutlich, dass sie diese Erwartung enttäuscht sieht („Ich dachte ..." – nun denkt sie das nicht mehr; „Ich wollte mich *eigentlich* beraten lassen" – aber wenn die Dinge so liegen, wie der Experte sagt, kann sie damit wohl nicht rechnen).

- Sie interpretiert das vom Experten geäußerte Lösungsangebot als Zurückweisung ihrer Auskunftsfrage. Dies macht ihre Reaktion deutlich, wenn sie statt den Vorschlag in irgendeiner Form positiv zu bewerten oder in anderer Form zu ratifizieren, ihre Erwartungsformulierung vom Sequenzanfang variiert.

Der Experte *C* hingegen

- weist die von *B* geäußerte Erwartungen als nicht realisierbar zurück (Z. 89/91; Z. 97-99)

- skizziert einen Lösungsweg für das von der Ratsuchenden formulierte Problem (Z. 92-94; Z. 100-103)

- deutet eine Begründung der Zurückweisung an – Stichwort „ganz individuell" (Z. 101/103) –, die er an anderen Stellen im Gespräch bereits formuliert hat und später erneut vortragen wird.

In dieser zum Zweck der Illustration aus dem Gesprächszusammenhang gelösten Sequenz wird deutlich, wie Erwartungen der Ratsuchenden *B* manifest werden und dass dies geschieht, als sich herausstellt, dass sich diese nicht mit den Erwartungen des Partners decken. Mit Blick auf das Gespräch als Ganzes und auf ähnliche Gespräche ist u. a. zu fragen, an welchen Stellen im Verlauf solche Erwartungen manifestiert werden, auf welche Weise dies geschieht und zu welchen Zwecken diese Manifestationen den Teilnehmern dienen.

Erwartungen beziehen sich auf die Zukunft. Annahmen, wie die in *Ich dachte ...* zum Ausdruck gebrachten, sind Vor-Annahmen; sie gehören zum Vorwissen von Gesprächsteilnehmern, mit denen sie die Interaktion aufnehmen, und sind damit Teil der Ausgangsbedingungen, auf denen Gespräche basieren, auf denen sie aufbauen können, die von den Teilnehmern als selbstverständlich hingenommen werden. Das hier näher betrachtete Gespräch *Rundumversicherung* zeichnet sich nun dadurch aus, dass die Beteiligten ihre Erwartungen aus dem Hintergrund in den Vordergrund rücken und zum Bezugspunkt der Interaktion selbst machen. In dieser Hinsicht stellt es unter den ca. 100 Gesprächen des Beratungskorpus ein Paradebeispiel für die auch sonst immer wieder, wenn auch nicht in dieser Häufung, zu beobachtende Bearbeitungen von Erwartungen und

Erwartungserwartungen dar. Dass solche in *Rundumversicherung* wiederholt anzutreffen sind, ist kein Zufall, sondern wird unten als Folge des Interaktionsverlaufs und Ausdruck seines besonderen Charakters erklärt.

2 Die Fragestellung

Man kann die Frage nach den Erwartungen von Teilnehmern an ein Gespräch in dreierlei Weise stellen:

(1) Welche Erwartungen *haben* die Teilnehmer *tatsächlich* in Bezug auf das Gespräch, welches Wissen über das Gespräch und die Gesprächspartner bringen sie *tatsächlich* mit?

(2) Welche Erwartungen, welches Wissen *können* und *müssten* die Teilnehmer (berechtigterweise und voneinander) haben?

(3) Welche Erwartungen werden, welches Wissen wird im Gespräch selbst *manifest* und damit für die jeweiligen Partner, aber auch für den Beobachter, wahrnehmbar?

Insofern die erste dieser Fragen auf innere mentale Zustände einzelner Sprecher abzielt, lässt sie sich mit gesprächsanalytischen Mitteln nicht beantworten.

Die zweite Frage danach, was Teilnehmer an Beratungsgesprächen erwarten *können*, werde ich gegen Ende des Beitrags (s. Abschnitt 4.) vor dem Hintergrund der vorher gebotenen Fallstudie anreißen. Im Zentrum steht dabei die Frage nach dem *Gemeinsamen Wissen*, das die Teilnehmer über die Gesprächsvorgeschichte und den Gesprächskontext einerseits und über die kommunikative Gattung *Beratungsgespräch* bzw. *Telefonforum* andererseits teilen bzw. teilen müssten.

Im Zentrum dieser Untersuchungen jedoch steht das Anliegen, am Beispiel des Gesprächs *Rundumversicherung* zu zeigen,

- welcher der Beteiligten (s. u. 4.1)
- welche Erwartungen (s. u. 4.2)
- auf welche Weise (s. u. 4.3)
- in welchen Phasen des Gesprächs (s. u. 4.4)
- zu welchem Zweck, in welcher Funktion (s. u. 4.5)

manifestiert, d. h. für seine Partner ebenso wie für den externen Beobachter wahrnehmbar zum Ausdruck bringt. Gerade an dem letzten Punkt der Zwecke und Funktionen von Erwartungsmanifestationen wird auch eine Verbindung zur Frage nach der Kontrolle und Sicherstellung von Wissenstransferversuchen erkennbar sein. Ähnlich nämlich wie bei der Kontrolle, ob ein Versuch, Wissen zu vermitteln, erfolgreich gewesen ist, geht es im Zusammenhang mit Erwartungsmanifestationen um das Problem, mit hinlänglicher Verlässlichkeit zu beurteilen, ob jemand tatsächlich über ein bestimmtes Wissen verfügt bzw. bestimmte Erwartungen hegt und warum er dies tut.

3   Einige Bemerkungen zum Datenmaterial

Das Gespräch *Rundumversicherung* ist eines von 12, die Mitte der 90er Jahre im Rahmen des Telefonforums einer mitteldeutschen Tageszeitung zum Thema „Versicherungen" geführt und aufgezeichnet wurden. Das Korpus insgesamt umfasst ca. 100 Gespräche zu unterschiedlichen Themen. Foren der genannten Art veranstaltete die Zeitung seit Jahren und sie tut es bis heute. Dabei findet sich auf dem Titelblatt eine kurze Anzeige mit der Ankündigung, dass am Erscheinungstag zu einer bestimmten Zeit „Experten" zu einem bestimmten Thema für telefonische Anfragen bereitstehen, so wie es Abbildung 1 illustriert:

Abb. 1:   Einladung zum Telefonforum *Eigenheimfinanzierung*

Die Interessenten rufen also an, treffen auf eine Rezeptionistin, die dann in immer wiederkehrender Form und offenbar einem Skript folgend Name und Berufstätigkeit aufnimmt. Anschließend fragt sie nach dem Anliegen, was sehr häufig in der Form „Sagen se mal ein Stichwort" erfolgt. Durch dieses „Stichwort" geleitet, vermittelt die Rezeptionistin die Anrufer weiter an den ihrer Meinung nach einschlägigsten der zur Verfügung stehenden Experten.

Auf der Basis von Untersuchungen, die wir an anderer Stelle vorgestellt haben (Weber / Palm 2003), stellt Abbildung 2 für diejenigen Gespräche aus dem Korpus, in denen die Beratung bzw. die Auskunftserteilung störungs- und unterbrechungsfrei verläuft, ein Strukturschema dar, das einen groben Überblick über einen typischen Gesprächsverlauf gibt:

I.   Einladung zur Telefonberatung in der Zeitung (s. Abb. 1)

II.   das Beratungs- bzw. Auskunftsgespräch:

     (1)   Vorgespräch zwischen Rezeptionistin und Ratsuchender/m

     (2)   das Gespräch Experte–Ratsuchende/r

     (2.1) Kontaktetablierung Experte–Ratsuchende/r (Gruß–Gegengruß, Vorstellung)

     (2.2) Problembearbeitung
* Problemexplikation und -exploration
* Problemlösungsangebot
* Ratifikation der Problemlösung

     (2.3) Gesprächsbeendigung

III.   „Verwertung" der Gespräche zu einem Thema im Rahmen eines Sammelartikels in der Zeitung.

Abb. 2:   Strukturschema „problemloser" Beratungsgespräche

Wenn übrigens hier und im Folgenden von *Beratungsgesprächen, Experten* und der *Ratsuchenden* die Rede ist, dann greift dies Bezeichnungen auf, die die Teilnehmer selbst verwenden (s. z. B. Abb. 1: Einladung zum Telefonforum und Z. 101 der Sequenz *Ich dachte ...*). Ob diese Selbstkategorisierungen gerechtfertigt sind, also ob es etwa der Anrufenden im vorliegenden Fall nicht viel eher um eine (bloße) Auskunft als um eine Beratung geht, muss hier unerörtert bleiben.

Zum Gespräch *Rundumversicherung* (5 Minuten, 6 Sekunden) selbst ist Folgendes zu sagen: Frau *B* konsultiert den unabhängigen Versicherungsexperten *C* wegen des anstehenden Abschlusses einer Versicherung – es geht wohl um eine Haftpflicht- und / oder Unfallversicherung – für ihren 20-jährigen Sohn, der sich in der Berufsausbildung befindet. Konkret möchte sie wissen „welche Versicherung die günstigste ist" (Z. 20). Der Experte macht von Anfang an und mit Nachdruck deutlich, dass er auf diese Frage keine Antwort geben kann oder möchte und dass sie sich doch bitte an einen „unabhängigen Versicherungsvermittler" wenden möge. Die besondere Dynamik des Gesprächs entsteht nun dadurch, dass die Gesprächspartner im Verlauf der Problembearbeitung einerseits kaum aufeinander zugehen, das Gespräch andererseits aber zunächst auch nicht beenden. Stattdessen durchlaufen sie eine ganze Reihe von Problembearbeitungszyklen, die letztlich vergeblich bleiben und in einen abrupten Abbruch des Gesprächs münden.

4 Fünf Aspekte der Manifestation von Teilnehmererwartungen im Beratungsgespräch

Oben wurden fünf Fragen bezüglich der Teilnehmererwartungen an das Gespräch formuliert, die im Folgenden zu beantworten sind.

4.1 Wer manifestiert Erwartungen an das Gespräch?

Die eingangs zitierte Sequenz *Ich dachte ...* ist in dieser Hinsicht repräsentativ: Es ist vor allem die Anruferin, die Ratsuchende, die ihre Erwartungen mehr oder weniger explizit zum Ausdruck bringt. Die Annahmen des Experten werden dabei indirekt insofern kenntlich, als deutlich wird, dass sie sich mit denen von Frau *B* nicht decken und auch im weiteren Verlauf nicht in Deckung zu bringen sind.

4.2 Welche Erwartungen macht die Ratsuchende manifest?

Frau *B* lässt immer wieder erkennen, dass sie das Gespräch mit der Annahme aufgenommen hat und beharrlich fortführt, von dem Experten Angebote möglicher Lösungen für ihr konkretes Versicherungsproblem zu erhalten. Dieses hatte sie zu Beginn des Gesprächs in einer Phase der Problemexploration dargelegt und an deren Ende in der in Sequenz 2 wiedergegebenen Weise zusammengefasst:

Sequenz 2: Die erste Anliegensformulierung

```
020    B:    ich wollte mich beRAten lassen,
021          WELche verSIcherunk (.) is die GÜNStichste? .hh
```

*B*s Erwartungsmanifestationen am Beginn jedes neuen Zyklus der Problembearbeitung dienen vor allem der Variation und der Elaborationen dieser ersten Anliegensformulierung. Für eine solche Interpretation spricht, dass der Experte auf diese Äußerungen in erstaunlich gleich bleibender Weise so reagiert, als habe *B* ihr Anliegen erneut vorgetragen. Bemerkenswert ist dabei, dass diese von den Gesprächsteilnehmern als Anliegens*re*formulierungen behandelten Beiträge formal durchaus nicht in der Gestalt eines expliziten Wunsches „Bitte beraten Sie mich" auftreten. Vielmehr erscheinen sie als Manifestationen der Enttäuschung von Erwartungen, wie es beispielhaft zu Beginn der oben zitierten Sequenz 1, aber auch in Sequenz 3 zu beobachten ist:

Sequenz 3:

```
159   B:   <<t; krächzstimme> ja:, aber äh:
160        TROTZdem;> ich meine- (..)
161   C:   [ne:-]
162   B:   [↑SO] hab ich mir en forum vOrgestellt,
163        dass sie mir en RAT geben,
164        nich dass-
```

4.3   Auf welche Weise manifestiert die Anruferin ihre Erwartungen?

Es lassen sich drei formale Typen von Erwartungsmanifestationen unterscheiden:

- epistemische Modalkonstruktionen

- explizite Formulierungen der Erwartung mit Verben des Denkens in der ersten Person Singular Präteritum oder Perfekt

- die Kontrastierung mit einem als positiv bewerteten Beispiel oder Fall, in dem die gerade enttäuschte Erwartung erfüllt wurde.

(1) Im Rahmen einer epistemischen Modalkonstruktion, wie in den Sequenzen 4 bis 6, macht *B* deutlich, dass die Erwartung, die Absicht mit der sie das Gespräch vor allem führt, einerseits zumindest prinzipiell erfüllbar sein müsste und andererseits zumindest bisher noch nicht erfüllt wurde:

Sequenz 4:

```
048   B:   <<f> ja:. aber; ↑WO kann ich erfahren,=>
049        ich meine es ↑MUSS doch ne möglichkeit geben,
      (...)
```
Sequenz 5:

```
      (...)
131   B:   wir- [da] MUSS doch ne möglichkeit bestehn,
133        dass ma sAgt,
      (...)
```
Sequenz 6:

```
180   B:   ja=aber- eh man kann doch (.) zuMINdestens sagen,
      (...)
```

(2) Die explizite Formulierung mit Verben des Denkens in der ersten Person Singular Präteritum oder Perfekt (Sequenzen 7 - 9) bringt zum Ausdruck, dass die Sprecherin ihre manifestierte Erwartung nicht erfüllt sieht und darüber hinaus an eine spätere Erfüllung auch nicht mehr glaubt:

Sequenz 7:

```
086   B:    =ich DACHte,
087         sie könnten mir ne verBRAUcherzentrale nennen,
(...)
```

Sequenz 8:

```
104   B:    <<krächzstimme> ja, un DESwegen
105         wollte ich mich eigentlich [be] ↑RAten [lassen;]
```

Sequenz 9:

```
162   B:    [↑SO] hab ich mir en forum vOrgestellt,
163         dass sie mir en RAT geben,
(...)
```

(3) Schließlich macht *B* ihre Frustration und die endgültige Aufgabe ihrer Erwartung durch eine starke, elaborierte und auch prosodisch, u. a. durch besonderen Wortakzent (Z. 204/5), markierte Kontrastierung der gerade erfolgten „Beratung" mit einem als positiv bewerteten Beispiel deutlich:

Sequenz 10:

```
202   B:    [<<f> denn wenn] ich jetzt (.)>
203   C:    [(ja)]
204   B:    herr ↑BÜSer früh sehe im fErnseh oder so. .hh
205         da: äh eh <<all> das sind> ↑RATgeber.
206   C:    ja.
207   B:    ja. aber äh wie SIE?
208         sie sagen noch nich mal ne zen↑TRAle
209         könn sie mir ürjendwie em↑PFEHlen.
210   C:    (ne:[=sie)]
211   B:            [es gIbt] doch verBRAUcherzen[traln. ]oder-
212   C:                                        [ne: (.) kann]
213         ne:; das kann ich NICH.
(...)
```

Gegen Ende dieser Sequenz fallen die Überlappungen auf, die entstehen, als *C* *B*s Ansätze, ihr Anliegen noch einmal variierend aufzunehmen, zu unterbrechen sucht und schließlich auch erfolgreich zurückweist. Dies mag man hier als Zeichen wachsender Ungeduld des Experten interpretieren, die auf das nahe Ende des Gesprächs hindeuten.

4.4   Wo im Gespräch manifestiert die Ratsuchende ihre Erwartungen?

Die in den Sequenzen 4 bis 10 zitierten Manifestationen (enttäuschter) Erwartungen finden sich nicht etwa unsystematisch verteilt im Gespräch, sondern typischerweise an Stellen, die man als Gelenkstellen zwischen zwei Zyklen der Problembearbeitung bezeichnen kann. Solche finden sich immer im Anschluss an „Lösungs-"Vorschläge, die C für Bs Problem unterbreitet. Um potenzielle Lösungen handelt es sich dabei zumindest insofern, als C Handlungsalternativen formuliert, die, wenn B sie denn akzeptierte, das gegenwärtige Gespräch zu einem Ende führen würden. B allerdings bewertet diese Bemühungen des Experten durchweg negativ und kommt dann anschließend erneut auf ihr Anliegen zurück. Erwartungsmanifestationen sind ein zentrales Element dieser Wiederaufnahmen. Diese Positionierung an Gelenkstellen zwischen zwei Problembearbeitungszyklen exemplifizieren die Sequenzen 11 und 12:

Sequenz 11:

```
045   C:   da können wir ihnen auch keinen RAT geben, (.)
046        die versIcherungen sind alle (.) gut wenn se PASsen.
047        und das zu entschEIden können se nur SELber tun.=
048   B:   =<<f> ja:. aber; ↑WO kann ich erfahren,=
049        =ich meine es ↑MUSS doch ne möglichkeit geben,
      (...)
```

Sequenz 12:

```
082   C:   am BESten is immer sie-
083        sie wEnden sich an- an Unabhängige
                               versicherungsverMITTler, (.)
084        [äh::/]
085   B:   [na:;] dAs is ja eben SCHWIErig.=
086        =ich dachte,
087        sie könnten mir ne verBRAUcherzentrale nennen,
```

Im ersten Fall gibt sich B nicht mit dem Hinweis zufrieden, sie müsse die Entscheidung über die beste Versicherung schon selbst treffen, und weist ihn direkt zurück. Cs späteren Rat, sie solle sich an einen „unabhängigen Versicherungsvermittler" wenden, bewertet sie als problematisch und setzt ihm die Erwartung entgegen, auf deren Erfüllung sie eigentlich gehofft hatte. Darauf reagiert der Experte mit einer neuen Begründung dafür, dass er dem nicht entsprechen kann, und eine weitere Problembearbeitungsrunde nimmt ihren Lauf.

Bezüglich der sequenziellen Anordnung der Erwartungsmanifestationen im untersuchten Beratungsgespräch ist also festzustellen: Sie folgen stets im Anschluss an Lösungsangebote des Experten, die die Ratsuchende zunächst mit einem Ausdruck der Ablehnung beantwortet („ja aber"; „das is ja eben schwierig" etc.). Erst dann formuliert sie ihre eigentliche Erwartung an den Experten.

Dem oben als stärkste Form des Ausdrucks von Erwartungsfrustration gewerteten Vergleich mit dem Fernsehberater Büser (s. Sequenz 10), folgt dann auch bald das Gesprächsende, nachdem C seinen bereits wiederholt zurückgewiesenen Vorschlag einem Fazit gleich noch einmal mit Nachdruck und mit der Andeutung, mehr könne er nicht für B tun (s. „nur" in Z. 215), vorgetragen hat:

Sequenz 13: Wiederhörn

```
215          <<all> ich kann ihn nur den RAT geben,>
216          wenden sie sich an einen MAKler,
(...)
221   B:     jA; das hätt ich vorher AUCH gewusst.
222          DAN[ke] schön. WI[derhörn.]
223   C:        [JA.]            [<<h> (bis DANN.)]
224   B:     ((legt auf))
225   C:     ((legt auf))
```

Das Gespräch bricht schließlich eher ab, als dass es von den Beteiligten regelrecht beendet wird. Besonders bei den Abschiedsformeln fällt auf, dass sie nicht alternierend, sondern fast parallel geäußert werden und B den Telefonhörer unmittelbar nach ihrem schroffen „WIderhörn" auflegt, ohne auf die zu erwartende Erwiderung ihres Gesprächspartners zu warten.

4.5   Welche Funktion haben die Erwartungsmanifestationen im Gespräch *Rundumversicherung?*

Fassen wir zusammen: Es ist die Ratsuchende, die ihre Erwartungen an das Gespräch, insbesondere an ihren Gesprächspartner, immer wieder zum Ausdruck bringt. Sie tut das stets im Anschluss an einen Problemlösungsvorschlag seitens des Experten („Wenden Sie sich an einen unabhängigen Vermittler"). Diesen Vorschlägen folgt nun nicht – wie in Gesprächen, die wir als geglückt beschreiben – eine Ratifizierung seitens der Ratsuchenden, sondern ein Ausdruck der Unzufriedenheit in der Form einer negativen Bewertung („Das is ja eben schwierig") bzw. eine Überleitung, die das Folgende als im Gegensatz zu dem vom Experten Gesagten stehend markiert („ja, aber ...").

Erst jetzt folgt die Manifestation der Erwartung und zwar als einer bereits enttäuschten („Ich dachte ..." und nicht: „Ich denke ..."), zumindest aber noch nicht eingelösten Erwartung („Es muss doch möglich sein ...").

An solchen Stellen ist das Gespräch im Sinne der Ratsuchenden eigentlich gescheitert. Sie hat nicht die Auskunft bekommen, die sie wollte. Wenn man sich die Beiträge des Experten genauer anschaut, kann man feststellen, dass er ihr tatsächlich von Beginn an keine Hoffnung macht, ihr in irgendeiner Weise weiterhelfen zu können. Eine bloße Wiederholung des Beratungswunschs macht vor diesem Hintergrund für die Ratsuchende keinen Sinn. Eine Alternative ist sicher die Gesprächsbeendigung, was aber erst recht nicht zu einer Problemlösung führen würde.

In dieser Situation bietet die Manifestation von Erwartungen als von enttäuschten bzw. noch nicht erfüllten Erwartungen die Möglichkeit, das Anliegen in indirekter Weise nochmals vorzutragen, es zu erläutern, zu paraphrasieren und zu erweitern. An einigen Stellen geschieht das in der Form des Insistierens, was sprachlich durch die Verwendung von Partikeln wie „aber trotzdem ...“ unterstrichen wird. Zumindest der Experte scheint diese Äußerungen in diesem Sinne zu verstehen. Er reagiert auf die Erwartungsmanifestationen wie auf die ursprüngliche Bitte um Auskunft bzw. Beratung: Er wiederholt, paraphrasiert, elaboriert seinen Vorschlag, die Anruferin solle sich an einen Makler wenden. Natürlich ist diese Wiederholung für die Ratsuchende nicht befriedigend, was ja dann auch zunehmend zu hörbarer Gereiztheit, Frustration und schließlich zum Abbruch des Gesprächs führt. Die Hartnäckigkeit der Anruferin, die den Experten durch einige Runden von Problembearbeitungen führt, ist es, was dieses Gespräch auszeichnet und im Sinne des Untersuchungsgegenstands so interessant und ergiebig macht.

4.6   Was Ratsuchende von Experten erwarten *können*

Bis hierhin habe ich ausgeführt, welche Erwartungen die Ratsuchende in Bezug auf den Experten hegt oder, vielmehr, welche dieser Erwartungen sie im Gespräch selbst manifestiert und welche Funktion diese Manifestationen die Verfolgung ihres Anliegens besitzt.

Bevor ich zu einer Zusammenfassung komme, möchte ich zumindest noch kurz auf die im Titel mit-formulierte Frage eingehen, was Ratsuchende von Experten erwarten *können*.

Wenn man dies nicht aus der Sicht eines allwissenden Beobachters oder gar in normativer Weise tun möchte, ist diese Frage eng verbunden mit der, was als anerkanntes gemeinsames und damit einklagbares Wissen der Beteiligten über die Interaktion gelten kann, in die sie sich hier begeben haben.

Ohne dies jetzt im Detail ausführen zu können (vgl. hierzu Weber / Palm 2003) sind hier neben der Untersuchung der im Gespräch selbst manifest werdenden Festlegungen vor allem zwei Faktoren in Betracht zu ziehen:

Zum einen ist die direkte, den Beteiligten zugängliche Vorgeschichte des Gesprächs zu berücksichtigen. Im vorliegenden Fall gehören dazu vor allem die Anzeige auf der Titelseite der Zeitung, die zu dem Forum eingeladen hat, und die Informationen zum Thema und zu den „Experten“, die dort gegeben werden (s. o. Abb. 1). Generell spielen alle Faktoren eine Rolle, die auf die Frage antworten: Wie kommt es überhaupt dazu, dass sich die Ratsuchende gerade an diesen Experten wendet. – Offenbar geht sie aufgrund der Anzeige davon aus, dass sie eine Lösung für ihr Problem erhalten wird.

Zum anderen ist das Wissen der Teilnehmer über die Textsorte oder besser: die kommunikative Gattung (i. S. von Luckmann 1986) „Telefonforum“ bzw. Beratungsgespräch in Betracht zu ziehen. Konstituierend für diese Gattung scheint mindestens zu sein, dass diejenigen, die einen Rat suchen oder eine Auskunft erfragen, unterstellen und erwarten, dass der hier auch so genannte „Experte" sich mit dem Themenkomplex auskennt und Antworten auf diesbezügliche Fragen zu geben vermag.

Vor dem Hintergrund dieser Überlegung erscheint die Zurückweisung des Anliegens, das Frau *B* in *Rundumversicherung* vorträgt, durch den Experten *C* zwar nicht als unzulässig, aber doch als aus der Perspektive der Ratsuchenden unerwartete und natürlich auch als dispräferierte[2] Handlung. Sie hätte vom Experten wenn schon keine Lösung, so doch eine intensive Bemühung darum, und wenn nicht das, so doch zumindest ein Signal des Bedauerns, eine Art von Erklärung (*account*) für seine Unfähigkeit zu helfen erwarten können. Schließlich bezieht *C* seine Funktion als Gesprächsteilnehmer im Telefonforum aus seiner Rolle als Experte mit allen damit verbundenen Rechten und Pflichten. Wenn er diese Rolle für die Ratsuchende nicht erfüllen kann, ist das mindestens erklärungs- und rechtfertigungsbedürftig.

5   Zusammenfassung

Das hier vorgestellte Gespräch *Rundumversicherung* hat sich für eine beispielhafte Analyse zum Thema Teilnehmererwartungen deshalb angeboten, weil es – dank einer gewissen Hartnäckigkeit der Anruferin – aus einer ganzen Abfolge von Zyklen ähnlich strukturierter Problembearbeitungssequenzen besteht: Die Ratsuchende formuliert zunächst ihr Problem, es folgt eine interaktive Bearbeitung, der Experte bietet eine Lösung an, und die Ratsuchende evaluiert dieses Angebot jeweils negativ. Ich habe gezeigt, dass die Funktion der expliziten Problem- und Anliegensformulierung in Runde 1 in späteren Runden durch die Manifestation von Erwartungen an den Experten übernommen wird.

Im Hinblick auf die Frage „Wer manifestiert eigene Erwartungen?" ist klar: Es ist die Ratsuchende. Sie tut das, nachdem der Experte ihr Problem für sie unbefriedigend bearbeitet hat. Und warum ist es sie, die dies tut? – Nun, zunächst einmal weil sie es ist, deren Erwartung an das Gespräch immer wieder enttäuscht wird. Darüber hinaus jedoch lässt sich diesen Manifestationen eine weitere Funktion zuschreiben: Die Ratsuchende kann auf diese Weise ihr bereits zurückgewiesenes Anliegen in modifizierter Form noch einmal vortragen, ohne ihre als solche bereits gescheiterte Anfrage wiederholen oder das Gespräch als aus ihrer Perspektive gescheitert beenden zu müssen.

Im Zusammenhang des Themas *Wissenstransfer* lässt sich das folgende Fazit ziehen: Bei dem hier untersuchten Fall handelt es sich um den eines ganz offen-

---

[2]   Zum konversationsanalytischen Begriff der Präferenz vgl. Schegloff / Jefferson / Sacks 1977 und Pomerantz 1984.

sichtlich gescheiterten Versuchs eines Wissenstransfers. „Nun bin ich so schlau wie vorher", zieht die Anruferin ihr Fazit und bricht das Gespräch ab. Wie es zu diesem Misserfolg kommt, konnte ich nur kurz andeuten. Mit Blick auf die Frage nach der Kontrolle des Erfolgs von Wissenstransfers lässt sich jedoch ein anderer Aspekt hervorheben. Was in diesem Gespräch zu beobachten ist, ist – wie gesagt – ein Transfer*miss*erfolg. Und tatsächlich können wir in der Tonaufnahme unverkennbare Anzeichen dieses Misserfolgs beobachten oder, vielmehr, hören, weil die Anruferin ihn immer wieder in gegen Ende zunehmend drastischer Weise manifestiert.

Hier zeichnet sich ein Merkmal von Transferprozessen in sozialer Interaktion ab, das allgemeine Gültigkeit zu besitzen scheint: Der Erfolg von Wissenstransferversuchen wird manifest – für alle Beteiligten wie für externe als Beobachter – wenn er sich *nicht* einstellt. Das Scheitern eines Transfers steht außer Zweifel, sobald die Teilnehmer sich dieses Scheitern wechselseitig bestätigen. Ich habe hier einige Verfahren bis hinein in die grammatische Realisierung vorgestellt, die Teilnehmer dabei benutzen. Der Erfolg von Wissenstransfer im Sinne eines tatsächlichen Wissensgewinns seitens der Ratsuchenden ist, wenn überhaupt, ungleich schwerer sicherzustellen. Die Beschreibung der Mittel, die Ratsuchende nutzen, um Wissensgewinn anzuzeigen, bzw. der Verfahren mittels deren die Experten die Ratsuchenden zu einer positiven Rückmeldung zu veranlassen suchen, bleibt deshalb auch ein Untersuchungsziel, das sich im Rahmen der Transferwissenschaft und auf der Basis unserer Daten zu verfolgen lohnt.

6   Transkriptionskonventionen nach GAT (Selting et al. 1998):

* Sequenzielle Struktur/Verlaufsstruktur:
[   ]   Überlappungen und Simultansprechen
[   ]
=   schneller, unmittelbarer Anschluss neuer Turns
                                         oder Einheiten

* Tonhöhenbewegung am Einheitenende
?   hoch steigend
,   mittel steigend
–   gleichbleibend
;   mittel fallend
.   tief fallend

* Pausen:
(.)   Mikropause
(-), (--), (---)   kurze, mittlere und längere geschätzte Pausen von ca. 0,25
                                         bis 0,75 Sek. Dauer

* Sonstige segmentale Konventionen
:, ::, :::   Dehnung, Längung, je nach Länge
äh, öh, ...   Verzögerungssignal, sog. „gefüllte Pausen"

- Akzentuierung
akZENT   Haupt- bzw. Primärakzent
akzEnt   Neben- bzw. Sekundärakzent
ak!ZENT!   extra starker Akzent

- Auffällige Tonhöhensprünge
↑   nach oben
↓   nach unten

- Veränderungen gegenüber dem normalen mittleren Tonhöhenregister einer Sprechers
<<t>   >   tiefes Tonhöhenregister mit Beginn (<<...) und Ende (...>)
<<h>   >   hohes Tonhöhenregister mit Beginn (<<...) und Ende (...>)

- Lautstärke und Veränderung der Sprechgeschwindigkeit
<<f>   >   forte (laut) mit Beginn (<<...) und Ende (...>)
<<all>   >   allegro (schnell) mit Beginn (<<...) und Ende (...>)

- Ein- und Ausatmen
.h, .hh, .hhh   Einatmen, je nach Dauer

- Sonstige Konventionen
((schnieft))   para- und außersprachliche Handlungen und
                                Ereignisse

7   Literatur:

Antos, Gerd / Thomas Schubert (1997): Unterschiede in kommunikativen Mustern zwischen Ost und West. In: ZGL 25, 308-330.

Antos, Gerd / Jörg Palm / Stefan Richter (2000): Die diskursive Organisation von Beratungs-gesprächen. Zur unterschiedlichen Distribution von sprachlichen Handlungsmustern bei ost- und westdeutschen Sprechern. In: Peter Auer / Heiko Hausendorf (Hg.): Kommuni-kation in gesellschaftlichen Umbruchsituationen. Mikroanalytische Aspekte des sprach-lichen und gesellschaftlichen Wandels in den Neuen Bundesländern (= Reihe Germanis-tische Linguistik 219). Tübingen: Niemeyer.

Luckmann, Thomas (1986): Grundformen der gesellschaftlichen Vermittlung des Wissens: Kommunikative Gattungen. In: Kölner Zeitschrift für Soziologie und Sozialpsychologie Sonderheft 27: Kultur und Gesellschaft. Hgg. von Friedhelm Neidhardt et al., 191-211.

Pomerantz, Anita (1984): Agreeing and disagreeing with assessments. Some features of pre-ferred / dispreferred turn shapes. In: J. Maxwell Atkinson / John Heritage (Hg.): Struc-tures of social action. Studies in conversation analysis. Cambridge: Cambridge Univer-sity Press, 57-102.

Schegloff, Emanuel A. / Harvey Sacks / Gail Jefferson (1977): The preference for self-correction in the organization of repair in conversation. In: Language 53(3), 361-382.

Selting, Margret, et al. (1998): Gesprächsanalytisches Transkriptionssystem (GAT). In: Lin-guistische Berichte 173, 91-122.

Weber, Tilo, und Jörg Palm (2003): Experte *und* Laie. Zur lokalen Konstitution von Teilneh-
merrollen in Beratungsgesprächen. Vortrag gehalten in der AG 4 Wissenschaftliche Expertise als Darstellungsproblem: Soziale Positionierungen zwischen „Experten", „Lai-
en" und „Bürgern" auf der 25. Jahrestagung der Deutschen Gesellschaft für Sprachwissenschaft, München, 26.-28. Februar 2003.

Computergestützte Mittel im DaF- / Germanistik-Unterricht

Tatjana Yudina (Moskau)

1   Vorbemerkungen

Die Entwicklung des globalen Informationsnetzes hat ihre Auswirkungen auf die traditionellen Formen des Wissenstransfers und der Wissensvermittlung ausgeübt. Das Internet gehört zu den Kommunikations- und Informationsmedien und als solches bleibt es nicht ohne Konsequenzen auch für die Inhalte, die dieses Medium verbreitet.

Kultur und traditionelle Wissenschaft setzen Geschlossenheit voraus, Medien dagegen eine Transparenz. Kultur setzt Zeit voraus und ein Vertiefen der Dinge. Medien leben von der Schnelligkeit, von der Anbietung der Informationen in ihrer Dynamik, von Aktualität und geradezu totaler Präsenz.

Durch die Medien entsteht die Vernetzung der Tatsachen und Gedanken. Diese Vernetzung beeinflusst die Wahrnehmung der Kategorien Raum und Zeit. Die Vorstellungen von Raum und Zeit haben durch die Digitalisierung eine neue Ausprägung gewonnen, was in der Fachliteratur schon recht ausführlich dargelegt ist.

Das Internet hat aber auch Veränderungen in der interpersonellen Kommunikation und in der wissenschaftlichen Kommunikation verursacht und somit den ganzen Prozess des Wissenstranfers transformiert. Wenn man wissenschaftliche Tätigkeit als ein Handlungssystem interpretiert, so bewirken digitale Mittel auch gewisse Verschiebungen in diesem System, z. B. im Bereich Linearität vs. Dimensionalität. Gemeint ist, dass sich die traditionelle Form der Darbietung des Wissens in linearer Form entfaltet. In der linearen Form ist der traditionelle Text, das Buch organisiert, egal, ob man das Buch von vorne nach hinten oder von hinten nach vorne liest. Natürlich treffen wir auch in traditionellen Texten solche Begleiterscheinungen wie Fußnoten und Kommentare, die die lineare Präsentation des Textuellen einigermaßen brechen. Aber in den digitalen Formen der Wissensrepräsentation spielt gerade das Linksystem, d. h. der Bruch der Linearität eine große Rolle.

Sowohl die Produktion, die Generierung vom Wissen, als auch seine Wahrnehmung vollzogen sich in der Vor-Internet-Zeit als ein linearer Prozess. Technologische Entwicklungen schaffen neue Möglichkeiten für die Vernetzung vom Wissen. Inwieweit wird dadurch auch der Wissenschafts- und Forschungsbedarf beeinflusst?

Niklas Luhman entwickelt in seiner Theorie der gesellschaftlichen Semantik die These von der Temporalisierung der Komplexität.

Demzufolge hat „Temporalisierung von Komplexität ihren Auswirkungsbereich nicht nur im zeitlichen Nebeneinander... oder in der Beschleunigung; sie verändert... den Formenreichtum und den Dispositionsbereich der Gegenwart" (Luhmann 1993: 241).

2   Gegenstand

DaF-Unterricht und Germanistikstudium gehören zwar zu unterschiedlichen Ausbildungsstudiengängen, sind aber im Bereich der Auslandsgermanistik eng miteinander verbunden. Insbesondere die Lehrerausbildung ist eine wesentliche Gelenkstelle zwischen der Wissenschaftsdisziplin Germanistik und der Praxis des Sprachunterrichts.

3   Technische Kompetenzen im geisteswissenschaftlichen Bereich

Der Umgang mit der Technik wird immer weiter vereinfacht. Entwicklung, Verbreitung und Einsatz der EDV-Produkte im Hochschulbereich bedingt ein neues Herangehen an das Wissen und einen neuen Umgang mit Wissen. Diese Begleiterscheinungen der modernen Arbeitswelt haben auch Auswirkungen auf das Verständnis von Wissen, auf die Vorstellung davon, was Wissen ist, auf die Wahrnehmungsprozesse. Internet-Technologien haben den Such-Prozess bedeutend erleichtert sowie die Methoden, wie man mit großen Wissensmengen umgeht, vervollkommnet. Gespeichert wird das Wissen heute auch mit Hilfe der digitalen Mittel.

Beim Thema „Wissenstransfer" wird man mit zwei Aspekten konfrontiert:

-    Die Ergänzung des traditionellen Kommunikationsmodells im Hinblick auf die digitale Realität (theoretische Dimension).

- Internet als ein technisches Medium für die Optimierung des Wissenstransfers (hochschuldidaktische Dimension).

4 Digitale Unterstützung beim Spracherwerb

Beim DaF-Erwerb wird vor allem die kommunikative Kompetenz angestrebt. Es gibt unterschiedliche Ebenen der kommunikativen Kompetenz. Durch die digitalen Techniken eröffnen sich die Möglichkeiten, gruppenspezifische und lernerzentrierte Anpassungsmodelle zu entwickeln. In Bezug auf die studentische Gruppen sind darunter zusätzliche Aufgaben und Ergänzungsaufgaben gemeint. Als Quelle treten sowohl im Internet untergebrachten Lehrmittel, als auch das Intranet-Angebot einer Fakultät (Beispiel: das Intranet der Verwaltungs-Fakultät der Lomonossov-Universität-Moskau). Internet-Surfen und E-Mail-Kommunikationen geben die Chancen für authentische Sprachbegegnungen. Schon im Grundstudium ist das ein Faktor der zusätzlichen Motivation.

Seit der Zeit der Verbreitung der CALL-Methode (Computer Assisted Language Learning) haben sich die drei wichtigsten Einsatz- und Verständnisrichtungen im Bereich Computernutzung durchgesetzt: Computer als Lehrmittel, Computer als Instrument und Computer als Kommunikationsmittel.

Der Computereinsatz im DaF-Unterricht ist zur gängigen Praxis an vielen Ausbildungsstätten geworden.

Die neuentwickelten Lernsoftwares ermöglichen traditionelle Übungs- und Trainingsformen attraktiver zu machen.

Computer als Lehrmittel erlaubt auch fertige Programme aus dem Internet herunterladen. Gemeint sind dabei Programme zum Training der Lernfertigkeiten. Interaktive Übungen in den online-Komponenten moderner Lehrwrke (z. B. http://www.stufen.de; http://www.goethe.de; http://www.passwort-deutsch.de) bieten effektive Ergänzungen in Form von Multiple-Choice-Übungen, Einsatzübungen, Auswahlübungen an. Lernpsychologisch sind diese Angebote eine wichtige Erweiterung der Selbstlernprogramme. Man kann sie gut an die individuellen Bedürfnisse und Interessen der Lernenden anpassen. Sie können aber auch im gewissen Sinne zur Trennlinie zwischen den Generationen werden.

5 Sind computergestützte Mittel im Unterricht wirklich unentbehrlich?

Der technische Fortschritt hatte in der Geschichte der Menschheit immer deutliche Auswirkungen. Aus eigener Erfahrung kann ich sagen, dass die Mentalität, die Einstellung zum Studium und die Motivation zum Studium bei den russischen Jugendlichen in den letzten 5 Jahren deutliche Transformationen erlebt hat. Die heutigen Studenten sind in hohem Maße technisch orientiert, sie können gut mit der digitalen Technik umgehen und haben der Technik gegenüber viel Vertrauen (manchmal auch zu viel). Die Erfahrung zeigt, dass auch zweisprachige elektronische Wörterbücher (trotz ihren inhaltlichen Mängel und auch einer gewissen Umständlichkeit im Gebrauch) von etwa 20% der Studenten bevorzugt werden. Natürlich ist es möglich, die Sprache auch ohne Computermittel erfolgreich zu erlernen, deren Einsatz kann aber große Unterstützung in den Unterrichtsprojekten leisten sowie auch mehr Variabilität der Unterrichtsformen und Lernstrategien sicherstellen. Die Variabilität bezieht sich aus der Perspektive des Lerners vor allem auf die variable Zeiteinteilung und individuelles Arbeitstempo, aus der Perspektive des Lehrers ist die Verknüpfung mit anderen Wissensquellen sowie die Verknüpfung des Visuellen mit dem Auditiven besonders wichtig.

6   Neue Kommunikationsmodelle

Zur Selbstreflexion der modernen Gesellschaft gehören die Begriffe „Wissensgesellschaft" und „Kommunikationsgesellschaft". Einige Analytiker sprechen aber bereits vom Ende des Wissenschaftszeitalters, und die Kommunikation wird öfter nur noch als die digitalisierte Kommunikation verstanden.

Das Internet als Medium hat die Kommunikation in der Gesellschaft und die interpersonelle Kommunikation deutlich modifiziert.

In dem Kommunikationsmodell „Lehrkraft-Student" ist das Internet immer noch im gewissen Sinne eine Schnittstelle zwischen Generationen. Das betrifft sowohl die Beherrschung neuer Techniken des Zugangs zum Wissen als auch die Rezeption des Wissens durch die neuen Medien. Das ist nicht nur das Problem der professionellen Kompetenz, der technischen Kompetenz, sondern auch oft das Problem der inneren Akzeptanz des Mediums und somit auch das Problem der medialen Sozialisation. Durch das Internet entstehen auch neue Sprachverarbeitungsstrategien und Lernstrategien. Das didaktische Potenzial trägt zur Individualisierung des Lernprozesses beim Spracherwerb bei. Die grundsätzlich ausgearbeiteten Lern- und Arbeitstechniken können durch die individuelle Kreativität in diesem Bereich ergänzt werden.

Wenn es um wissenschaftliche und um Fachkommunikation geht, scheint dabei die Wissenszentriertheit Vorrang zu haben. Wissen gehört zu den konstitutiven Merkmalen des Gesellschaftssystems und wird sprachlich, aber auch technisch repräsentiert. Ein Beispiel dafür sind enorme Bibliotheksbestände, die online stets zur Verfügung stehen und eine neue Qualität von Lehre und Lernen schaffen.

Die Interaktionsmittel und -weisen der miteinander kommunizierenden Partner befinden sich in ständiger Veränderung. Das Wissen und die Wissenschaft entfalten sich in den diskursiven Praktiken. Alle daran Beteiligten oder auch davon Betroffenen sind Teilnehmer und Mitgestalter dieser Kommunikation.

Im Hinblick auf die zunehmende Internationalisierung der Lehre muss dem Studenten der frühe Zugang zur internationalen Germanistik ermöglicht werden. Noch aktueller wird dieser Zugang in Bezug auf die Doktoranden.

7 Praxis

Die Internet-Kommunikation im hochschuldidaktischen Bereich hat folgende Vorteile: variable Zeitplanung, individuelles Arbeitstempo, Kreativität, Entwicklung der Selbständigkeit. Es gibt aber auch Nachteile: Die mündliche Kommunikation kommt zu kurz; spekulative Argumentation ist nicht vorgesehen; Wissen tritt mehr als Ergebnis in Erscheinung und weniger als Prozess. Die innere Entwicklung einer Sache, eines Sachverhaltes ist nicht völlig nachvollziehbar und epistemisch zu verstehen.

Die Anwendung von digitalen Mitteln entfaltet sich in folgenden Formen:

1) die Themen der studentischen Referate und Seminararbeiten sind darauf ausgerichtet, selbständig bestimmte Informationen aus dem Internet zu bekommen und sie zu verarbeiten, unter anderem auch landeskundliche Informationen;

2) Computer wird als Werkzeug benutzt (Datenverarbeitungsprogramme).

Der Student wird dabei mehr mit papierlosen Formen der Kommunikation konfrontiert. In der Kette Student-Lehrkraft entstehen neue Kommunikationsrahmen. Dazu gehört eine variable Zeitplanung und ein individuelles Arbeitstempo.

Im Bereich der Auslandsgermanistik kommt es darauf an, die Service-Funktion des Internets von der des Wissenstransfers zu unterscheiden.

Die Funktion des Wissenstransfers wird unter anderem durch den Ausbau des Intranets eines Lehrstuhls / einer Fakultät erreicht. Unsere bisherige Erfahrung beruht auf dem Versuch institutionsinterne Kontakte in der Kette Lehrkraft-Student auszubauen. Das System funktioniert so, dass man von außen keinen Zugang zu diesen Materialien hat. Die Studenten haben auch keine technische Möglichkeit, die im Intranet vorgestellten Aufgaben und Materialien zu modifizieren. Sie haben aber die Möglichkeit, die notwendigen Aufgaben zu erfüllen und im Rahmen einer individuellen Zeitplanung an die Lehrkraft zu übermitteln sowie auch die schon korrigierte Arbeit zurückzubekommen.

Gleichzeitig wird aber auch die Service-Funktion berücksichtigt. Dafür ist die Informationsseite für die Studenten gedacht.

Die Startseite soll das Portal für das Gesamtangebot bilden. Von hier aus gelangt man zu aktuellen Inhalten.

Das Angebot wird ergänzt durch die Einfügung der linguistischen Internet-Adressen. Als ein Punkt der Internationalisierung werden hier Hinweise auf internationale Projekte, Aktivitäten und News angegeben. Die Angabe der ausländischen Kontakte ist darauf gerichtet, Kreativität und Selbständigkeit der Studenten zu fördern.

Das Internet ist gut dafür geeignet, unterschiedliche Wissenssysteme zu vernetzen und auch Mehrsprachigkeit zu unterstützen. In dieser Richtung wird auch viel im europäischen Kontext, in Rahmen der EU-Projekte unternommen.

8   Fazit

Wir müssen auch neuen Marktanforderungen gerecht werden, auf die Marktbedürfnisse reagieren, ohne aber dabei zu deren Geiseln zu werden. Die Universität als eine souveräne Stelle der Wissensvermittlung, aber auch der Wissenspflege und -weiterleitung beizubehalten, ist in den Ländern mit Reformwirtschaft noch schwieriger als in den Ländern mit gut entwickelter und stabiler (wenn auch nicht problemloser) Wirtschaft.

Die Frage bleibt, ob das Internet die Dialogfähigkeit und die Dialogizität der wissenschaftlichen Kommunikation unterstützen kann.

Das Wissen ist in unserem Zeitalter in enormer Geschwindigkeit gewachsen. Aber nicht Wissen allein schafft die Macht, sondern die Fähigkeit, unendlich viele Erkenntnisse mit Unterstützung der digitalen Mittel zu vernetzen.

Jede Epoche hatte ihr eigenes Verständnis und Selbstverständnis von Wissen.

Jetzt ist der Zugang zu Wissen so frei, wie nie zuvor, aber auch die Wissensvolumina sind viel größer geworden. Digitale Mittel können den direkten Kontakt zwischen dem Lehrenden und dem Lernenden kaum ersetzen. Immerhin setzen geisteswissenschaftliche Kompetenzen auch gewisse technische Kompetenzen voraus und vermitteln somit der akademischen Tätigkeit ein neues Bild.

9   Literatur

Arntz, Reiner (1995): Einführung in die Terminologiearbeit. Hildesheim-Zürich-New York, Olms.

Freibichler, Hans (2000): Multimediea und Internet. Werkzeuge zum Sprachenlernen. Berlin, Cornelsen.

Luhmann, Niklas (1993): Gesellschaftsstruktur und Semantik. Studien zur Wissenssoziologie der modernen Gesellschaft. Bd.1. Frankfurt / M., Suhrkamp.

Schenk, Michael (1987): Medienwirkungsforschung. Tübingen, Mohr C. B.

Schmidt, Siegfried J.(1994): Kognitive Autonomie und soziale Orientierung. Konstruktivistische Bemerkungen zum Zusammenhang von Kognition, Kommunikation, Medien und Kulturen. Frankfurt / M., Suhrkamp, Taschenbuch.

Transferwissenschaften

Herausgegeben von Gerd Antos und Sigurd Wichter

Band 1 Sigurd Wichter / Gerd Antos (Hrsg.). In Zusammenarbeit mit Daniela Schütte und Oliver Stenschke: Wissenstransfer zwischen Experten und Laien. Umriss einer Transferwissenschaft. 2001.

Band 2 Sigurd Wichter / Oliver Stenschke (Hrsg.). In Zusammenarbeit mit Manuel Tants: Theorie, Steuerung und Medien des Wissenstransfers. 2004.

Band 3 Gerd Antos / Sigurd Wichter (Hrsg.). In Zusammenarbeit mit Jörg Palm: Wissenstransfer durch Sprache als gesellschaftliches Problem. 2005.

Band 4 Gerd Antos / Tilo Weber (Hrsg.): Transferqualität. Bedingungen und Voraussetzungen für Effektivität, Effizienz, Erfolg des Wissenstransfers. 2005.

Band 5 Sigurd Wichter / Albert Busch (Hrsg.): Wissenstransfer – Erfolgskontrolle und Rückmeldungen aus der Praxis. 2006.

www.peterlang.de

Peter Lang · Europäischer Verlag der Wissenschaften

Sigurd Wichter / Oliver Stenschke (Hrsg.)
In Zusammenarbeit mit Manuel Tants

Theorie, Steuerung und Medien des Wissenstransfers

Frankfurt am Main, Berlin, Bern, Bruxelles, New York, Oxford, Wien, 2004.
348 S., zahlr. Abb. und Tab.
Transferwissenschaften. Herausgegeben von Gerd Antos und Sigurd Wichter.
Bd. 2
ISBN 3-631-51832-3 · br. € 56.50*

Dieser Sammelband geht auf das Göttinger Kolloquium Wissenstransfer des Jahres 2001 *Theorie, Steuerung und Medien des Wissenstransfers* zurück. Er behandelt den gesellschaftlichen Rahmen des Wissenstransfers und die Ausdifferenzierung seiner Kategorien (als Beitrag zur *Theorie* des Wissenstransfers), spezifische Wissenstransfere und didaktische Konzeptualisierungen (als Beitrag zur Frage der *Steuerung* des Wissenstransfers) sowie Aspekte, Praktiken und Optimierungsfragen der internen und externen Organisationskommunikation (im Licht vor allem der Neuen *Medien* des Wissenstransfers). Die Beiträge des Sammelbandes beziehen sich auf verschiedene gesellschaftliche Orte und Arten des Wissenstransfers. In einigen Beiträgen wird auch deutlich, dass die Linguistik im Zusammenwirken der – theoretischen – Disziplinen und der – arbeitspraktischen – Domänen sinnvollerweise eine größere Verantwortung übernehmen sollte.

Aus dem Inhalt: Theoretische Aspekte: Sigurd Wichter, Tilo Weber, Silke Jahr, Oliver Stenschke, Dagmar Barth-Weingarten / Markus Metzger, Karl-Heinz Best · *Wissenstransferdidaktik:* Matthias Ballod, Bernd Dewe, Gerd Antos, Antonie Hornung, Ulrike Pospiech, Volker Harm · *Organisationskommunikation:* Carina Börries, Markus Nickl, Albert Busch, Helmut Ebert, Andrea Grote, Ingrid Wiese, Taeko Takayama-Wichter

Frankfurt am Main · Berlin · Bern · Bruxelles · New York · Oxford · Wien
Auslieferung: Verlag Peter Lang AG
Moosstr. 1, CH-2542 Pieterlen
Telefax 00 41 (0) 32 / 376 17 27

*inklusive der in Deutschland gültigen Mehrwertsteuer
Preisänderungen vorbehalten

Homepage http://www.peterlang.de